GRAETZ · GESCHICHTE DER JUDEN

GESCHICHTE DER JUDEN

VON DEN ÄLTESTEN ZEITEN
BIS AUF DIE GEGENWART

Aus den Quellen neu bearbeitet von

DR. H. GRAETZ

ZWEITER BAND

ZWEITE HÄLFTE

Vom babylonischen Exile (586) bis zum Tode des Juda Makkabi (160)

Dritte Auflage

Geschichte der Israeliten

vom Tode des Königs Salomo
(um 977 vorchristlicher Zeit)
bis zum Tode des Juda Makkabi
(160)

Von

Dr. H. Graetz

arani

Reprint der Ausgabe letzter Hand, Leipzig 1902

Gesamtherstellung: Ebner Ulm
ISBN 3-7605-8673-2

Geschichte der Juden

von

den ältesten Zeiten bis auf die Gegenwart.

Aus den Quellen neu bearbeitet

von

Dr. H. Graetz,

weil. Professor an der Universität und am jüdisch-theologischen Seminar zu Breslau.

Leipzig,

Oskar Leiner.

Geschichte der Israeliten

vom

Tode des Königs Salomo

(um 977 vorchr. Zeit)

bis

zum Tode des Juda Makkabi (160).

Von

Dr. H. Graetz,

weil. Professor an der Universität und am jüdisch-theologischen Seminar zu Breslau.

Zweiter Band.

Zweite Hälfte.

Vom babylonischen Exile (586) bis zum Tode des Juda Makkabi (160).

Dritte Auflage.

Leipzig,

Oskar Leiner.

Inhalt.

Zweite Epoche. Die Wiedergeburt im Elend.

Erstes Kapitel.

Zweites Kapitel.

Drittes Kapitel.

Viertes Kapitel.

Siebentes Kapitel.

Achtes Kapitel.

Elftes Kapitel.

Noten.

Zweite Epoche.

Die Wiedergeburt im Elend.

Erstes Kapitel.

Die babylonische Verbannung.

Milde Nebukadnezars gegen die judäischen Exulanten. Ihre Wohnsitze in Babylonien. Fortbestand der Familienverbände. Landbesitz der Exulanten; Ewil-Merodach folgt auf Nebukadnezar. Seine Gunst für Jojachin. Sein Sturz und Tod. Zahl der judäischen Verbannten. Ezechiels Tätigkeit in der ersten Zeit der Verbannung. Beginn einer Sinnesänderung. Zersprengte Überbleibsel der Zehnstämme in Babylonien mit den Judäern in Lebensgemeinschaft. Vertiefung in das Schrifttum. Baruch, Sammler der Jeremianischen Reden und des umfassenden Geschichtsbuchs. Die Bußpsalmen der exilischen Zeit. Die Trauernden um Zion. Die Richtung nach Jerusalem beim Gebete. Die Bethäuser. Proselyten für die judäische Lehre. Judäer in Babylonien verlegen sich auf Handel und erlangen Reichtum. Nachahmung der babylonischen Sitten. Die fromme und die weltliche Partei. Poetische Schöpfungen dieser Zeit. Neue Psalmen und neue Sprüche. Das Buch Hiob und seine Bedeutung.

(586—555.)

War es ein Zufall oder eine eigene Fügung, daß die nach Babylonien verbannten Judäer von dem Sieger Nebukadnezar milde und freundlich behandelt wurden? Gibt es überhaupt in der Geschichte der Völker und in der Verkettung der Begebenheiten einen Zufall? Kann man ernstlich behaupten, daß die Verhältnisse und die Lagen der Menschen ganz anders gestaltet gewesen wären, als sie es geworden sind, wenn dieser oder jener Umstand zufällig anders ausgefallen wäre? Sollte im Reiche der Freiheit allein Willkür herrschen, während im Reiche der Natur feste und unabänderliche Gesetze das Kleinste wie das Größte regeln? Für den Verlauf der Geschichte des judäischen Volkes war Nebukadnezars mildes Verfahren gegen dasselbe jedenfalls von großer Tragweite. Die Fortdauer und die Erhaltung des durch so vielfaches Elend zusammengeschmolzenen Häufleins der Verbannten wurden durch diese Milde wesentlich gefördert. Nebukadnezar glich nicht jenen wilden Eroberern früherer oder späterer Zeiten, welche am Zerstören Freude fanden und ihre Grausamkeit zu befriedigen suchten. Ihm lag Bauen und Schaffen ebensosehr, wie Eroberung am Herzen. Das neu gegründete chaldäische Reich wollte er groß, bevölkert und reich machen. Die von ihm erweiterte Hauptstadt Babel sollte womöglich das zerstörte Ninive noch übertreffen. Er hatte einen neuen Stadtteil an der Ostseite des Euphrats angelegt und eine Mauer um die alte Stadt aufrichten lassen, welche den erstaunlichen Umfang von mindestens neun Meilen betrug[1]). Eine solche Riesenstadt mußte von einer entsprechend zahlreichen Bevölkerung bewohnt werden, sonst würde sie einer Einöde geglichen haben. Nebukadnezar ließ daher die Stämme und Völkerschaften, welche er besiegt und ihrem Lande entzogen hatte, in seiner Hauptstadt wahrscheinlich in dem neuen Stadtteil ansiedeln. Auch viele judäische Gefangene erhielten Wohnplätze in der Hauptstadt[2]), ganz besonders wohl diejenigen, welche freiwillig zu ihm übergegangen waren. Diese wurden mit be-

[1]) Nach einer anderen Quelle gar 12 Meilen. Diodor II, 7 gibt den Umfang der Mauer von Babel auf 360 Stadien, Strabo 385 Stadien, Herodot 480 Stadien an.

[2]) Es ist ein alter doppelter Irrtum, daß die judäischen Exulanten, wo nicht alle, so doch ein großer Teil derselben am Fluß Chaboras angesiedelt gewesen wären. Es wird durch Ezechiels Angaben belegt, daß die Golah am נהר כבר wohnte, und dieser wird ohne weiteres mit dem Chaboras identifiziert. Allein dagegen spricht entschieden, daß die Gegend um den Chaboras, also Nordmesopotamien, gar nicht zu Babylonien, sondern zu Medien gehört hat. Denn die medische Mauer, welche zur Verteidigung Babyloniens gegen die Meder angelegt wurde, sei es von Nebukadnezar selbst oder von Nitokis, seiner Frau oder von einem der Nachfolger (vergl. Dunker, Geschichte d. Alterth. I, S. 470 Anmerk.), also diese Mauer lief nur 10 Meilen oberhalb Babylons, hier war also die Grenze zwischen Medien und Babylonien. Folglich gehörte die Gegend des Chaboras, die über 100 Meilen von Babylon entfernt war, zu Medien. Zu Medien gehörte ganz bestimmt das ehemalige Assyrien und auch noch eine ganze Strecke südlich vom großen Zab, um so mehr das nördliche Mesopotamien. Daß die Exulanten in Babylon gewohnt, geht doch zu bestimmt aus Ps. 137 hervor: על נהרות בבל שם ישבנו d. h. an dem Flusse Euphrat bei Babel und an den von ihm ausgehenden Kanälen, d. h. wohl an dem Königsfluß נהר מלכא. Die ersten Exulanten haben entschieden in Babel gewohnt. Jeremia schrieb an sie (29, 7) דרשו את שלום העיר אשר הגליתי אתכם שמה. Hier kann nur von der Stadt Babel die Rede sein. Ezechiel sagt (17, 4–5), Nebukadnezar habe nicht bloß Jojachin, sondern auch מזרע הארץ in die Handelsstadt gesetzt, בעיר רכלים שמו d. h. in Babel. Die Lokalität על נהר כבר kann daher nur der große Kanal, נהר מלכא, verschrieben Armacale bei Abydenos-

sonderer Zuvorkommenheit behandelt[1]). So weit ging die Milde, daß ganze Familien und Bewohner der judäischen und benjaminitischen Städte mit ihren Angehörigen und Sklaven in Gemeinschaft bleiben und ihren ehemaligen Verband behalten durften. Sie waren Freie, und ihre Familienrechte und Gewohnheiten blieben unangetastet. So blieben in Gemeinschaft die Bewohner der Städte Gibeon, Bethlehem, Netopha, Anatot, Kirjat-Jearim mit Kephira und Beërot, Rama mit Geba, Michmas Bethel mit Ai, Jericho und noch andere[2]). Die aus Jerusalem angesiedelten Geschlechter, wie die Prinzen des königlichen Hauses (die Söhne Davids), die Nachkommen Joabs oder die Familie Pachat-Moab, die Familie Parosch, welche als die erste galt, und noch andere, bildeten je einen eigenen Verband und durften sich selbst nach Familientraditionen regieren. Selbst die ehemalige Tempelsklaven (Nethinim) und die Staatssklaven, so viel ihrer mit ihren Herren ins Exil gewandert waren, lebten in eigenen Gruppen untereinander[3]).

Höchst wahrscheinlich erhielten die Exulanten Grund und Boden angewiesen statt dessen, was sie in der Heimat eingebüßt hatten[5]). Babylonien hatte noch viel unbebaute Plätze, und selbst in dem Umfange der Stadt gab es Felder, deren Pflege dem Staatsganzen nur zum Vorteil gereichen konnte. Die ihnen zugeteilten Ackerparzellen bebauten die Verbannten selbst oder ließen sie von ihren Leuten bearbeiten. Sie besaßen, wie angegeben, nicht bloß Sklaven, sondern auch Rosse, Maultiere, Kamele und Esel[6]). Wahrscheinlich

Eusebius d. h. Nahar Malka oder *βασίλειος ποταμός* gewesen sein. תל אביב bei Ezech. und תל מלח תל חרשא bei Esra sind nicht zu ermitteln, beweisen aber weder für noch gegen die Ansiedelung der Exulanten in der Stadt Babel. Denn da, wie die Nachgrabungen ergeben haben, Borsippa noch zur Stadt gehört hat, so können auch diese Plätze dazu gerechnet worden sein.

[1]) Folgt aus Ps. 106, 46 ויתן אותם לרחמים לפני כל שוביהם. Daß dieser Ps. der exilischen Zeit angehört, ist sonnenklar und folgt ganz besonders aus V. 47 וקבצנו מן הגוים und aus dem Umstande, daß darin die Schuld des Götzentums zum Bewußtsein gebracht wird. Wäre der Psalm jünger, wie einige Ausll. annehmen, so wäre die Erinnerung an die götzendienerische Zeit müßig. Vgl. übrigens Könige II, 8, 50 ונתתם לרחמים לפני שביהם ורחמים. In diesem exilischen Zusatze wird die milde Behandlung als Faktum aufgestellt.

[2]) Verzeichnis in Esra 2 und Parallele Nehemia 7, 26.

[3]) Verzeichnis der Familiengruppen Esra das. und Nehemia das. Diese Hauptquelle für die nachexilische Geschichte soll hier unter dem Namen Verzeichnis zitiert werden.

[4]) Verzeichnis.

[5]) Folgt aus Jes. 36, 17 u. Parall. Könige.

[6]) Verzeichnis.

mußten sie von ihren Äckern und deren Ertrag Abgaben an den Staat zahlen. Insofern sie Grundsteuer und vielleicht noch eine Kopfsteuer entrichteten und sich den Befehlen des Königs unterwarfen, durften sie ihre Selbständigkeit genießen und nach ihren eigenen Gesetzen leben. Sie unterhielten wahrscheinlich untereinander eine um so engere Verbindung und einen nationalen Zusammenhang, als sie, wie Verbannte überhaupt, den Gedanken nicht aufgaben, daß sie bald wieder, durch irgendein unbekanntes Ereignis begünstigt, in ihr Vaterland zurückkehren würden. Noch ein anderer Umstand kam den Exulanten zustatten. Im chaldäischen Reiche war die aramäische Sprache vorherrschend, und da diese Zwillingsschwester der hebräischen war, so konnten sie sie leicht erlernen und sich den Einwohnern verständlich machen. Aneignungsfähigkeit für fremde Sprachen besaßen die Judäer schon damals. Der Prophet Ezechiel bediente sich bereits nach kurzem Aufenthalte in Babylonien aramäischer Bezeichnungen.

Noch günstiger gestaltete sich die Lage der Judäer in Babylonien nach dem Tode Nebukadnezars (561). Dieser König, welcher durch glückliche Kriege und großartige Bauten die Welt in Erstaunen gesetzt hatte, wurde für die erfinderische Sage ein Gegenstand übertreibender Erzählungen. Sie dehnte einerseits seine Eroberungen bis zu den Säulen des Herkules aus, und anderseits ließ sie seinem Hochmute eine sonderbare Züchtigung widerfahren, daß er von seinem Throne gestoßen, die Wildnis mit den Tieren des Feldes geteilt, vom Tau des Himmels sieben Jahre durchnäßt worden sei und wie das Vieh sich vom Grase genährt habe, daß sein Haar wie Nägel geworden, dann sei er wieder auf seinen Thron gelangt und habe den Gott Israels und seine Macht anerkannt[1]). —

Nebukadnezars Sohn und Nachfolger, Ewil-Merodach (Illorodamos), war seinem Vater durchaus unähnlich. Er hatte weder Kriegsmut, noch Kriegslust, kümmerte sich wenig um die Staatsgeschäfte, sondern brachte sein Leben unter Buhldirnen und Verschnittenen in seinem Palast zu. An seinem Hofe scheinen auch judäische Jünglinge, namentlich aus dem königlich-davidischen Hause herangezogen und als Eunuchen verwendet worden zu sein[2]). Wie

[1]) Sagen über Nebukadnezar bei Strabo, Josephus und Daniel.

[2]) Das Faktum, daß Nachkommen Davids als Eunuchen am babylonischen Hofe lebten, folgt aus Jesaia 39, 7 u. Parall. Könige. Die Erziehung schöner judäischer Jünglinge und besonders מזרע המלוכה ומן הפרתמים am babylonischen Hofe (Daniel 1, 3 f.) beruht in der Hauptsache auf einem Faktum.

oft haben solche Wärter des Harems und Diener der Launen ihrer Herren sich nicht zu deren Herren emporgeschwungen! Der König Ewil-Merodach scheint unter dem Einflusse eines judäischen Eunuchen gestanden zu haben, der ihn günstig für den noch immer im Kerker gehaltenen König Jojachin stimmte. In demselben Jahre, in welchem Ewil-Merodach zur Herrschaft gelangte, wendete er diesem eine erstaunliche Gunst zu. Er befreite ihn von seiner siebenunddreißigjährigen Kerkerhaft (561), sprach gnädig und freundlich mit ihm, schenkte ihm königliche Gewänder, zog ihn an seine Tafel und versorgte ihn reichlich mit allen Bedürfnissen. Wenn der babylonische König mit außerordentlichem Prunk Hof hielt und die Großen seines Reiches um sich versammelte, ließ er für Jojachin einen Thron errichten, der höher war als die Throne der besiegten Könige, denen er ebenfalls Gunst zugewendet hatte [1]. Alle Welt sollte erfahren, daß er dem ehemaligen judäischen Könige einen besonderen Vorzug eingeräumt wissen wollte. Ohne Zweifel fielen einige Gnadenstrahlen auch auf Jojachins Stammesgenossen; der Kreis ihrer Freiheiten wurde wohl noch mehr erweitert, und diejenigen, welche unter Nebukadnezar wegen ihrer feindlichen Haltung in strengen Banden gehalten worden waren, wurden wohl daraus erlöst. Wahrscheinlich erhielt Jojachin über seine Stammesgenossen eine Art Herrschaft und war vielleicht der erste Fürst der Gefangenschaft (Resch Galuta). Wer weiß, ob Ewil-Merodach nicht dahin gebracht worden wäre, die Verbannten wieder in ihre Heimat zu entlassen und Jojachin wieder zum König über Juda einzusetzen, hätte ihn nicht der Tod ereilt. Nach zweijähriger Regierung brachte ihn sein Schwestermann, Neriglissar um (560) und regierte an seiner Stelle drei Jahre und einige Monate (559—556) [2]. Der Traum, den einige babylonische Judäer von der Rückkehr gehegt haben mögen, war damit zerronnen. Bald sollten sie das herbe Los der Gefangenschaft kennen lernen.

Die eine der vielfachen Prophezeiungen, welche von Jesaia bis Jeremia und Ezechiel so oft wiederholt wurden, daß vom ganzen Volke nur ein kleiner Rest übrig bleiben werde, war in Erfüllung gegangen. Klein genug war das Überbleibsel. Von den vier Millionen Seelen, welche die Bevölkerung der Stämme zur Zeit Davids ungefähr zählte, wovon auf die Stämme Juda, Benjamin — die Leviten nicht mit gerechnet — ungefähr eine Million kam,

[1] Jeremia 52, 31 f. und Parall. Könige II, Ende. Der erstere Text ist besser erhalten als der letzte. Über die Chronologie f. Note 9.

[2] Nach dem Ptolemäischen Kanon.

vielfach wohl in den vier Jahrhunderten vermehrt, hatte sich ihre Zahl auf etwa Hunderttausende vermindert[1]). Millionen waren also durch Schwert, Hunger und Pest umgekommen oder durch Gefangenschaft in fremden Ländern verschollen und verloren. Mehr als ein Jahrhundert vorher hatte Jesaia es verkündet: „Wenn dein Volk auch so zahlreich wie Sand am Meer sein wird, so wird doch nur ein Überrest zurückbleiben.“ Auch die Prophezeiung Michas II. hatte sich erfüllt: „Du wirst bis Babel kommen, dort wirst du gerettet werden“[2]). Aber die andere Seite der Vorausverkündigung der Propheten hatte sich noch nicht bewährt. Der große Teil der judäischen Verbannten, besonders die vornehmen Geschlechter, ungebessert durch die zermalmenden Schläge, welche die Nation und das Vaterland getroffen hatten, verharrte in seiner Halsstarrigkeit, in seiner Herzenshärtigkeit, Verkehrtheit und in seinem Wahn. Den Götzendienst, an den sie in der Heimat gewöhnt waren, setzten sie in Babylonien fort. Wie schwer war es, den götzendienerischen Wahn aus dem Herzen des Volkes zu bannen! Die Familienhäupter oder Ältesten, welche eine Art Herrschaft über die Glieder beanspruchten, fuhren fort in der Fremde, wie in der Heimat diese auszusaugen und zu mißhandeln oder, was auf dasselbe hinauslief, sich um ihre Untergebenen nicht zu kümmern, sie in der fremden Umgebung dem Zufall zu überlassen, wie sie ihre Existenz führen sollten. Von dem Ackerlande, das ihnen zugewiesen war, wählten sie für sich die besten und fruchtbarsten Teile aus und überließen ihren Untergebenen das Schlechtere[3]). Ezechiel hatte allen prophetischen Eifer angewendet, um diese Torheit und Gemütsverhärtung aus den Herzen der ersten Verbannten zu überwinden. Während der Kampf um und in Jerusalem wütete und die Ältesten ihn bestürmten, ihnen den Ausgang zu verkünden, hatte er geschwiegen[4]). Wozu sollte er zum hundertsten Male wiederholen, was er so oft verkündet hatte, daß Stadt, Nation und Tempel unrettbar dem Untergang geweiht seien? Erst als ein Flüchtling ihm angekündigt hatte, daß das angedrohte Elend Wirklichkeit geworden war, brach er sein Schweigen. Er täuschte sich zwar

[1]) Über die Zahl der Exulanten s. Note 9.

[2]) S. B. II. 1. Hälfte. S. 221.

[3]) Folgt aus Ez. Kap. 34. Hier ist nicht von den Königen in der Heimat, sondern von den Familienhäuptern im Exil die Rede, was aus V. 12 f. folgt. Aus derselben Zeit und derselben Lokalität ist wohl auch Jeremia 23, 1—8 und ist nur an die Rügen gegen die Könige angereiht.

[4]) Ez. 24, 27; 33, 22.

nicht, daß die Zuhörer, die sich um ihn sammelten, nicht um der Belehrung willen zu ihm kamen, sondern um einen Ohrenschmaus zu haben. Sie hörten seine angenehme Stimme gern, und sie klang ihnen wie ein Liebeslied; seinen Ermahnungen Folge zu leisten, dachten sie gar nicht [1]). Allein diese traurige Wahrnehmung hielt ihn nicht zurück, immer wieder zu sprechen; wenn von den Hunderten, die ihn hörten, auch nur ein einziger gebessert davonginge, hätte er Lohnes genug. Jedenfalls sollten sie wissen, daß ein Prophet unter ihnen war [2]). Zunächst wandte sich Ezechiel gegen die gewissens- und herzlosen Familienhäupter, die Großen, welche sich im Exil eine behagliche Existenz geschaffen und ihre Stammesgenossen mit Härte behandelten. „O, ihr Hirten Israels, die sich selbst weiden! Die Milch verzehrt ihr, kleidet euch in die Wolle, schlachtet das Gesunde . . . Das Schwache habt ihr nicht gestärkt, das Kranke nicht geheilt, das Verwundete nicht verbunden, das Verirrte nicht zurückgebracht, das Verlorene nicht aufgesucht und mit Härte sie behandelt und mit Quälerei . . . Ist es zu wenig, daß ihr die beste Weide euch aneignet, so tretet ihr noch die übrige Weide mit euren Füßen, zu wenig, daß ihr das klarste Wasser trinket, so verschlemmt ihr noch den Rest mit euren Füßen? Soll meine Herde das von euren Füßen Zertretene weiden und das von euren Füßen Verschlemmte trinken? Aber ich werde richten zwischen den feisten und den magern Schafen, weil ihr mit der Seite und mit der Schulter die Schwachen verdrängt und mit euren Hörnern sie stoßet, bis ihr sie nach außen hin zerstreut habt [3])."

Ezechiel hatte aber auch nach einer anderen Seite hin den verkehrten Anschauungen entgegenzutreten. Er, wie die übrigen Propheten, hatte mit aller Bestimmtheit verkündet, daß das judäische Volk in seine Heimat zurückkehren, aber auch eine Sinnesänderung an sich vollziehen werde. „Ich werde euch sammeln aus allen Ländern, euch in euer Vaterland zurückführen, ich werde reines Wasser über euch sprengen und euch von aller eurer Unreinheit und euren (götzendienerischen) Gräueln reinigen, werde ein reines Herz und einen reinen Geist in euer Inneres geben, euer Herz von Stein entfernen und euch ein Herz von Fleisch geben. Meinen Geist werde ich in eure Mitte geben und werde veranstalten, daß ihr in meinen Satzungen wandelt und meine Vorschriften beobachtet . . . Und das verödete Land wird wie ein Garten Eden werden und die zerstörten

[1]) Ez. 33, 30—32.

[2]) Das. V. 33.

[3]) Das. Kap. 34, V. 3 muß statt הַחֵלֶב gelesen werden הֶחָלָב LXX γάλα.

Städte werden befestigt und bevölkert sein"[1]. Es gab aber nicht wenige unter den Verbannten, welche durch die gehäuften Unglücksschläge an der Wiedergeburt des Volkes verzweifelten, sich selbst aufgaben und die Hoffnung auf dereinstige Rückkehr für einen Traum hielten. Sie sprachen: „Vertrocknet sind unsere Gebeine und geschwunden unsere Hoffnung, wir sind vernichtet[2]." Das Schlimmste aller Übel ist, wenn ein Volk an sich selbst verzweifelt und jede Hoffnung fahren läßt. Diese trübsinnige Anschauung aus dem Herzen zu bannen, betrachtet Ezechiel als eine höchst wichtige Aufgabe. In einem schönen Gleichnis führte er die erhoffte Wiedergeburt vor Augen. In einem Tale, verkündete er, habe er viele, viele Gebeine gesehen, die sehr trocken waren. Eine Stimme habe ihn gefragt: ‚Können diese Gebeine wieder aufleben?' Darauf habe er geantwortet: ‚Du, Gott, weißt es.' Und als er den Gebeinen zugerufen, daß sie aufstehen mögen, habe er eine geräuschvolle Bewegung vernommen. Gebein rückte an Gebein, Fleisch bedeckte sie, Haut spannte sich über sie, aber noch fehlte der Lebensodem. Da habe er den Winden zugerufen: „Von allen vier Seiten hauchet diese Leichen an." Da kam der Geist, sie standen auf ihren Füßen, eine große, große Menge. Das ist das Vorbild für das Haus Israel: „Ich werde eure Gräber öffnen, euch daraus erlösen und euch zum Boden Israels hinbringen, ich werde euch meinen Geist einhauchen und euch in eurem Lande Ruhe gewähren[3]."

Es gab aber eine andere Gruppe, welche aus einem anderen Grunde an dem Aufkommen des vernichteten Volkstums verzagte. Sie fühlte sich von der Sündenlast erdrückt. Jahrhunderte lang hatte das Volk seinem Gotte durch Götzendienst und andere Missetaten Ärgernis bereitet. Das alles könne ja nicht wieder ungeschehen gemacht werden, sondern die Sünden müßten doch wohl ihre unvermeidliche Folge haben, den Tod des Sünders. Diese Gruppe sprach: „Unsere Vergehen und unsere Sünden liegen auf uns, und durch sie müssen wir vermodern, wie könnten wir leben"?[4] Auch diese verzweifelnde Anschauung bekämpfte der Prophet Ezechiel. Er erschütterte die alte tiefgewurzelte Anschauung von dem unzertrennlichen Zusammenhang von Sünde und Strafe, daß eine Freveltat unvermeidlich den Tod oder das Unheil des Frevlers herbeiführen müsse. Er stellte, wenn auch nicht zuerst, doch am eindringlichsten die trost-

[1] Ez. 36, 24 f.
[2] Das. 37, 11.
[3] Das. 37, 1 f.
[4] Das. 33, 10.

reiche Lehre von der Reue auf. Wer seine Sünden aufrichtig bereut und festen Vorsatz zur Besserung faßt, könne die Folgen seiner Sünde abwenden. Gott wünsche nicht den Tod des Sünders, sondern, insofern er seinen bösen Wandel fahren läßt, so werde er leben. „Kehret zurück von euerm bösen Wandel, Haus Israel, damit ihr nicht untergeht" [1]). Öfter und in verschiedenen Wendungen sprach Ezechiel von der zukünftigen Erlösung und malte sie mit idealen Farben aus. An dieser Heilszukunft würden nicht bloß die verbannten Stämme Juda, Benjamin, sondern auch diejenigen, welche in die assyrischen Länder verpflanzt und zerstreut worden waren, Teil haben. Die Stämme würden nach der Erlösung und Heimkehr nicht mehr in zwei gespalten sein, sondern eine brüderliche Einheit bilden. Symbolisch deutete Ezechiel diese Vereinigung an durch das Zusammenlegen zweier Stäbe, auf deren einem die Namen Juda und seine Mitstämme, und auf deren anderm die Namen Ephraim und des ganzen Hauses Israel eingezeichnet waren. Über die geeinigten Stämme oder über die vereinigten Häuser Israel und Jakob werde ein König aus dem Hause David und diesem gleich an Tugenden herrschen [2]).

So selbstgewiß war für diesen Propheten des Exils die Wiederherstellung der alten Ordnung in der Heimat, daß er einen Plan für den Bau des zukünftigen Tempels und eine Ordnung des Kultus und der Priester verkündete [3]). Diejenigen Ahroniden, welche sich an dem Götzendienst befleckt hatten, sollten in der neuen Ordnung vom heiligen Dienst ausgeschlossen und nur zur Bewachung des Tempels und zur Hilfeleistung für die treugebliebenen Ahroniden von den Söhnen Zadoks verwendet werden [4]). Zwei Mißstände, welche die Verirrung und den Untergang des judäisch-israelitischen Staates herbeigeführt hatten, sollten in Zukunft bei der Neugestaltung vermieden werden. Das Königtum soll zwar im Hause Davids verbleiben, aber die Träger desselben sollen nicht mehr unbedingte Gewalt über alles und alle haben, sondern sie sollen durchs Gesetz beschränkt werden. Der Herrscher soll nicht mehr König, sondern der Höchstgestellte (Nassi) genannt, und ihm soll ein Gebiet innerhalb des Landes zugewiesen werden; davon dürfte er allerdings an seine

[1]) Ez. 33, V. 11 bezieht sich nicht auf einen einzelnen Sünder wie V. 19, sondern auf das sündhafte Volk, das zum Bewußtsein seiner Sündhaftigkeit kommen sollte.

[2]) Das. 37, 16 f.

[3]) Kap. 40 f.

[4]) Das. 40, 45; 41, 10 f.

Söhne Geschenke machen, aber nicht an seine Diener; auch dürfte er nicht dem Volke Landbesitz entziehen[1]). — Der zweite Übelstand, die ungleiche Verteilung des Landes unter die Stämme, wodurch Eifersucht, Neid, gegenseitige Feindschaft und die Spaltung in das Haus Juda und Israel eingezogen waren, soll sich im neugestalteten Staate nicht wiederholen, sondern sämtliche zwölf Stämme sollten einen gleichen Anteil, einen Landesgürtel, von Ost nach West reichend, erhalten. Zwischen den Stämmen Juda und Benjamin soll für den zukünftigen Tempel und die diensttuenden Priester und Leviten ein Landesviereck ausgesondert werden. Die Hauptstadt, welche allen Stämmen gemeinsam sein soll, werde zwölf Tore haben, welche die Namen der zwölf Stämme führen sollen. Die heilige Stadt soll nicht mehr Jerusalem, sondern Jhwh-Schamah (Gott-ist-dort) benannt sein. Sie soll an einer anderen Stelle erbaut werden, zwischen Juda im Norden und Benjamin im Süden[2]).

Ezechiel war wohl weit entfernt, diese glanzvolle und geläuterte Zukunft nah zu denken. Die Stimmungen, Vorstellungen und Handlungen der Exulanten, die er täglich wahrgenommen hatte, waren nicht der Art, um eine so kühne Hoffnung darauf zu bauen. Wie seine prophetischen Vorgänger verlegte wohl auch er diese ideale Zukunft in das „Ende der Tage". Er und die übrigen Gottesmänner haben indes dazu beigetragen, daß ein kleiner Anfang damit gemacht wurde. Unversehens trat wohl nicht lange nach Ezechiels und Jeremias Hinscheiden eine Wendung zum Bessern ein. Das Exil mit seinen, trotz der freundlichen Behandlung von Seiten Nebukadnezars und seines Sohnes, unangenehmen Folgen trug zwar auch zur Gesinnungsänderung bei, mehr aber noch das eigenartige Schrifttum. Inmitten des götzendienerischen Unrates im Reiche Ephraim und Juda war die Kulturblüte einer höheren Sittlichkeit aufgegangen. „Der Geist Gottes hatte inmitten der Unreinheit des Volkes geweilt." Die hohen Gedanken, welche die Propheten und die Sänger im Laufe der Jahrhunderte erweckt hatten, waren nicht mit der Rede und dem Gesang in die Lüfte verflogen, sondern hatten in einigen Herzen Wurzel geschlagen und waren schriftlich festgehalten worden. Die Priester von den Söhnen Zadoks, welche sich vom Götzentum freigehalten, hatten ins Exilland die Thora, das Fünfbuch (Pentateuch), die Prophetenjünger die schwungvollen prophetischen Reden, die Leviten die erhabenen Psalmen, die Weisen den Schatz von Weisheitssprüchen, die Kenner der Zeiten die vorhandenen Geschichtsbücher

[1]) Ez. 46, 16 f.
[2]) Das. Kap. 48.

mitgebracht. Die Schätze waren verloren, ein Schatz war geblieben, der nicht geraubt werden konnte und diesen hatten die Verbannten in die Fremde mitgenommen. So war mit ihnen ein reiches, glänzendes, mannigfaltiges Schrifttum ins Exil gewandert, und dieses wirkte belehrend, veredelnd und verjüngend. Aus diesem Schrifttum strahlten lauter Wunder heraus. Hatte sich nicht buchstäblich die Vorausverkündigung bewährt, daß das Land Israel das Volk wegen seiner Torheit und Lasterhaftigkeit ausspeien werde, wie es die kanaanitischen Völkerschaften ausgespien hatte? Hatten sich nicht die Strafandrohungen der Propheten in erschreckender Weise erfüllt? Jeremia hatte den Untergang des Volkstums, des Staats, der Hauptstadt und des Tempels tagtäglich in unzweideutigen Worten verkündet. Ebenso hatte Ezechiel die grauenvolle Zeit des Krieges und des Elends im voraus geschildert, und die Schilderung war eingetroffen, und so immer höher hinauf Jesaia, Hosea, Amos und selbst Mose hatte den Untergang und das Exil auf Übertretung der Lehre in sichere Aussicht gestellt. Waren nicht die Brüder, Schwestern, Kinder, Verwandte und Freunde der Verbannten auf Schiffen weit und breit zerstreut und als Sklaven verkauft worden? Und doch war trotz dieses grauenvollen Elends das Volk nicht völlig untergegangen. Ein Rest war übrig geblieben, winzig zwar und ohne Heimat, aber doch noch immer vorhanden. Das Überbleibsel hatte gerade Gunst in den Augen seiner Sieger gefunden. Es zeigte sich also, daß selbst im Lande ihrer Feinde Gott sie nicht verworfen, nicht ganz und gar verabscheut hatte, um sie aufzureiben, und sein Bündnis mit ihnen zu lösen[1]).

Noch ein anderes Wunder vollzog sich vor den Augen der Verbannten. Ein Teil der Nachkommen der Zehnstämme, welche seit mehr als einem Jahrhundert in den assyrischen Provinzen zerstreut, für verschollen galten, hatte sich in seiner Eigenart behauptet und sich den leidensgenössischen Brüdern, von denen Eifersucht und künstlich geschärfter Haß ihn so lange getrennt hatten, in herzlicher Eintracht genähert. Diejenigen Israeliten, welche in der Hauptstadt Ninive gelebt, hatten ohne Zweifel beim Untergang Assyriens die fluchbeladene Stadt verlassen und sich in das nahegelegene Babylonien geflüchtet. In der von Nebukadnezar bekriegten und wahrscheinlich auch unterworfenen Landschaft Elam (Elymais, Susiana), in welcher später die Stadt Susa zur Residenz erhoben wurde, hatten sich, wie es scheint, Israeliten von den Zehenstämmen, besonders von Ephraim

[1]) Könige I, 8, 46 f. Levitikus 26, 44.

und Manasse, angesiedelt, und diese waren dadurch den Judäern im babylonischen Exile bedeutend näher gerückt[1]). Also auch nach dieser Seite hatten sich die Worte der Propheten, daß Israel mit Juda wieder in Brudergemeinschaft treten werde, erfüllt. Diese Erfüllung flößte denen, welche nicht abgestumpft und verblendet waren, Vertrauen auf die Unvergänglichkeit der Nachkommen Abrahams ein. Diejenigen, welche lesekundig waren, nahmen daher das gerettete Schrifttum zur Hand und vertieften sich darin, um sich daraus zu belehren und Trost zu schöpfen[2]). Ganz besonders wurden Jeremias Reden und Verkündigungen vielfach gelesen; der weiche, elegische Ton, der daraus herausklingt, paßte zu der Stimmung der in der Verbannung Lebenden. Jeremias Blätter, welche wahrscheinlich sein Jünger Baruch aus Ägypten nach Babylonien gebracht hatte, wurden ein Volksbuch für dieselben[3]). Was das frisch sprudelnde Wort von den Lippen der Propheten nicht vermocht hatte, das bewirkte der tote, auf Schreibmaterial erhaltene Buchstabe. Der Geist der Pro-

1) Daß sich unter den zurückgekehrten Exulanten auch Israeliten von den Zehnstämmen befunden, die aus den assyrischen Provinzen sich nach Babylonien geflüchtet hatten, dürfte auch ohne Beleg vorausgesetzt werden. Das Faktum läßt sich aber auch belegen. Chronik I, 9, 3 heißt es: ובירושלם ישבו מן בני יהודה ומן בני בנימין ומן בני אפרים ומנשה. Diese Partie gehört der nachexilischen Zeit an und ist parallel erhalten Nehem. 11, 4 f. (vgl. Note 15). In der Parall. fehlt indes dieser Passus; beide sind von einem und demselben Redakteur eingefügt. Daß es in der Exilszeit neben den בני יהודה auch בני ישראל gegeben und ihr Dasein den Propheten bekannt war, folgt unzweideutig aus dem derselben Zeit angehörigen Stücke, Jeremia 50, 4 20; 51, 5. Noch ein anderes Moment kann dafür angeführt werden. Aus Jesaia 10, 11 geht hervor, daß israelitische Exulanten in Elam (Elymais) waren. Höchst wahrscheinlich sind diese unter den בני עילם und בני עילם אחר im Verzeichnis zu verstehen. Denn daß sie von dem obskuren Benjaminiten עילם (Chronik I, 8, 23) abstammen sollten, wie Bertheau z. St. vermutet, ist doch gar zu unwahrscheinlich. Hätte dieser Elam eine zahlreiche und notorische Familie gebildet, so hätte der Chronist nicht verfehlt, sie neben den בני אליפעל בני ששק, und anderen als בני עילם aufzuführen. Dazu kommt noch die Aufzählung der בני עילם אחר, d. h., noch eine andere elamitische Familie. Dieser V. muß durchaus intakt gelassen werden, weil er in Nehemia 7, 34 wiederholt ist. Bertheau bezweifelt ihn mit Unrecht (zu Esra), weil er in Ezra gr. fehlt; das. fehlen überhaupt Verse, die im hebr. Text stehen.

2) Daß in der Exilszeit die prophetischen Schriften viel gelesen wurden, folgt aus Jesaia 34, 16: דרשו מעל ספר ה' וקראו.

3) Folgt daraus, daß in der alten Sammlung das Buch Jeremia den Anfang der Propheten bildete (Talmud Baba Batra 14 b: סדרן של נביאים ירמיה ויחזקאל ישעיה ותרי עשר. Nur seiner Popularität verdankte es diesen Vorzug; sonst hätte Jesaia oder Hosea den Anfang bilden müssen. Daher kommt es, daß kein prophetisches Buch so viele Zusätze aus späterer Zeit hat, wie Jeremia, weil es ein Volksbuch geworden war.

pheten ging in die Seele der Leser über, erfüllte sie mit Hoffnungen und Idealen und machte sie für eine Sinnesänderung empfänglich.

Um diese beginnende Besserung zu kräftigen, wendeten die geistigen Führer des Volkes neue Mittel der Belehrung an. Einer derselben, wahrscheinlich Baruch[1]) stellte (um 555) ein umfassendes Geschichtsbuch für Leser zusammen, die lange Reihe der Begebenheiten von der Weltschöpfung und den ersten Anfängen des israelitischen Volkstums bis auf die unmittelbare Gegenwart, bis zur Zeit, als Jojachin aus dem Kerker befreit, von Ewil-Merodach mit Gunstbezeugungen überhäuft wurde, (o. S. 4 f.). Dieser Sammler reihte aneinander die Thora, das Buch Josua, die Geschichte der Richter, Samuels, Sauls und Davids, welche früher zusammengestellt worden waren. An diese fügte er die Geschichte der Könige von Salomo bis auf Jojachin, dessen Geschickeswendung er wohl mit eigenen Augen gesehen hatte. Den Stoff der Königsgeschichte entlehnte der Sammler und Verfasser aus den Jahrbüchern der Könige von Israel und Juda und aus anderen Quellen, welche aus dem Zusammensturze gerettet worden waren. Den Verlauf der Königsgeschichte stellte er indes unter eigener Beleuchtung dar, um zum Bewußtsein zu bringen, daß die rückläufige Bewegung seit Salomos Tod und die Unglücks-

[1]) Talmud das. 15b ist angegeben: ירמיה כתב ספרו וספר קינות וספר מלכים, was insofern richtig ist, als alle diese Bücher im Jeremianischen Geist gehalten sind. Da nun Baruch höchst wahrscheinlich Jeremias Reden zu didaktischem Zwecke redigiert hat, was auch aus dem Schlusse der ersten Sammlung Jerem. Kap. 45 folgt, so ist er wohl auch als Redakteur von מלכים und insofern auch als Schlußredakteur der ganzen Sammlung anzusehen. Daher läßt es sich erklären, daß die ausführliche Geschichte Jeremias und Gedaljas nach der Zerstörung nicht in das Buch der Könige aufgenommen ist, weil sie schon früher durch das Buch Jeremia bekannt war, und Baruch der Verfasser beider war: er wollte sie nicht wiederholen. Zu übersehen ist nicht, daß die Thora und sämtliche Bücher bis zum Schlusse der Könige eine fortlaufende Reihe bilden. Sie sind durch das ו conjunctivum aneinandergereiht. Der Tetrateuch an Deuteronomium, dieses an Josua, dieses an Richter, Samuel und Könige. Es ist nicht richtig, was Bleek und andere behaupten, daß zwischen Richter und Samuel eine Lücke zu sein scheine. Die beiden Anhängsel zu שופטים beginnen ebenso mit ויהי איש, wie das erste Kap. in Samuel I. — Aus der Verschiedenheit der Sprache der verschiedenen Bestandteile dieser Sammlung ist indes ersichtlich, daß sie nur einheitlich redigiert, keineswegs von einem und demselben Autor verfaßt sind. — Die meisten Isagogisten nehmen Baruch als Redakteur an; unrichtig behaupten aber einige, daß er diese Sammlung in Ägypten angelegt habe. Woher konnte er da die günstige Wendung von Jojachins Geschick, welche in Babylonien vor sich ging, wissen? Wenn Baruch der Redakteur war, so muß er aus Ägypten nach Babel gekommen sein. Darauf weist auch Jeremia 45, 5b: על כל המקומות אשר הלך שם, was mehrere Wanderungen Baruchs andeutet.

schläge, welche beide Reiche betroffen hatten, durch den Abfall der Könige und des Volkes von Gott, durch Götzendienst und allerlei Verkehrtheiten herbeigeführt worden waren. Er flocht auch die Erzählungen von den Propheten, besonders von Eliahu und Elisa ein, welche ihre Jünger in farbige Hülle gekleidet hatten. Aus allem diesen machte dieser Sammler, wahrscheinlich, wie schon gesagt, Jeremias Jünger Baruch, ein einheitliches Ganze. Kurz, der Sammler stellte ein Geschichtsbuch zusammen, wofür es kein Seitenstück gibt, so kurz, und doch so reich an Inhalt und Belehrung, so schlicht und doch so kunstvoll, und ganz besonders so lebendig und eindringlich. Es war das zweite Volksbuch für die babylonischen Exulanten, und sie haben es nicht bloß mit Spannung gelesen, sondern auch beherzigt und befolgt. Schreibkundige Leviten haben davon Exemplare angefertigt. Dieses Schrifttum begann das Herz von Stein in ein Herz von Fleisch zu verwandeln und dem Volke einen neuen Geist einzuhauchen. Was Ezechiel angebahnt hatte, setzte Jeremias Jünger Baruch fort.

Die nächste Wirkung der Beschäftigung mit dem Schrifttum war Betrachtung über sich selbst, Reue, tiefe Reue über die so lange fortgesetzte Unbotmäßigkeit und den götzendienerischen Abfall von Gott. Die häßliche Vergangenheit des hartnäckigen Götzendienstes und des Undankes gegen Gott wollten diejenigen, welche zur Erkenntnis ihrer tiefen Schuld gelangt waren, durch Tränen der Zerknirschung auslöschen. Sie erkannten, daß die Unglücksschläge, die sie getroffen hatten, wohl verdient waren: „nach ihren Wegen und Untaten ist Gott mit ihnen verfahren“ [1]). Mit ganzem Herzen bereuten viele ihre häßliche Vergangenheit [2]). Die vier Unglückstage aus der letzten Zeit — den Tag, an dem Nebukadnezar Jerusalem zu belagern anfing (im zehnten Monat), den Tag der Eroberung (im vierten Monat), den Tag der Zerstörung (im fünften Monat) und den Tag der Ermordung Gedaljas (im ~~zehnten~~ Monat) — diese vier Tage, am meisten aber den Tag der Erinnerung an die Zerstörung der heiligen Stadt, beging zuerst ein Teil der Exulanten und dann ein immer größerer Kreis als Trauertage. Sie pflegten an demselben zu fasten und zu klagen [3]), Trauergewänder anzulegen, sich auf Asche zu setzen

[1]) Das ist der Sinn von Zacharia 1, 6 וישובו ויאמרו (אבתיכם) כאשר זמם ה׳ לעשות לנו כדרכינו ובמעללינו כן עשה אתנו.

[2]) Vgl. Könige I, 8, 47—48.

[3]) Zacharia 7, 1. 5. /19. Aus dem letzten V. geht hervor, daß vier Fasttage eingeführt waren, und aus den beiden ersten Stellen, daß der Fasttag des fünften Monats, d. h. der zehnte Ab, der bedeutendste Trauertag war.

und ihr Haupt in tiefer Zerknirschung zu beugen [1]). Diese Trauertage bekunden die Erhebung des Volkes aus der Dumpfheit und seine Neigung zur Sinnesänderung; es gab damit zugleich Zeichen der Reue und beging nationale Gedenktage, die ersten in der nachexilischen Zeit.

Die tiefe Empfindung der Reue über die Vergangenheit erzeugte eine eigene Art Psalmen, die man „Buß- oder Sündenbekenntnispsalmen" nennen kann. Einige Leviten oder Priester, welche sich der Sünde des Götzendienstes schuldig gemacht haben mochten und zur Einsicht gelangt waren, wie groß ihr Vergehen war, baten mit zerknirschtem Gemüt um Sündenvergebung und um Zeichen der Gnade und gossen ihre Empfindungen und Gebete in Psalmform.

„Begnadige mich, o Gott, nach deiner Liebe,
Nach deiner Gnadenfülle lösche meine Schuld aus.
Mehr noch wasche mich von meiner Missetat,
Und von meiner Sünde reinige mich;
Denn meine Schuld erkenne ich,
Und meine Sünde ist mir stets gegenwärtig.
Dir allein habe ich ja nur gesündigt
Und das, was dir mißfällt, begangen, —
Damit du gerecht seiest mit deinem Worte,
Lauter mit deinem Richten.
Sieh, in Sünde bin ich geboren,
In Schuld hat mich meine Mutter gewärmt.
. . . .
Entsühne mich mit Ysop, daß ich rein sei,
Wasche mich, daß ich weißer werde denn Schnee.
. . . .
Birg dein Antlitz vor meiner Schuld,
Und alle meine Missetaten lösche aus,
Ein reines Herz schaffe mir, o Gott,
Und meinen festen Geist erneure in meinem Innern.
Verwirf mich nicht vor deiner Gegenwart
Und deinen heiligen Geist entzieh' mir nicht.
. . . .
So will ich Abtrünnige deine Wege lehren,
Daß Sünder zu dir zurückkehren.
. . . .
Herr, öffne meine Lippen,
Daß mein Mund dein Lob verkünde,
Denn verlangtest du Opfer,
So würde ich sie geben
An Brandopfern hast du keinen Gefallen,
Opfer für Gott ist ein zerknirschtes Gemüt,
Ein zerknirschtes und gebeugtes Herz verachtest du, o Gott, nicht" [2]).

[1]) Jesaia 58, 5.

[2]) Ps. 51. Die meisten Ausleger halten mit Recht diesen Ps. als exilisch durch die Anklänge an Deutero-Isaia רוח קדשך V. 13 mit Jesaia 63, 1 und

Ähnlich flehte ein anderer Psalmist, der in der Jugend seinem Gott abtrünnig war und nun seine ganze Seligkeit in ihm fand.

„Zu dir, Ihwh, erhebe ich meine Seele,

. . . .

Tue mir deine Wege kund,
Lehre mich deine Pfade.

. . . .

Gedenke deiner Barmherzigkeit und deiner Gnade,
Die von Ewigkeit her sind,
Der Sünden meiner Jugend und meiner Schuld gedenke nicht,
Nach deiner Gnade gedenke meiner
Um deines Namens willen.
Gut und gerecht ist der Herr,
Darum weist er den Sündern den Weg.
Er leitet die Dulder mit Gerechtigkeit.

. . . .

Alle Wege des Herrn sind Gnade und Treue
Für die, die da bewahren seinen Bund und seine Warnung.
Um deines Namens willen wirst du meine Sünde verzeihen,
Wenn sie auch groß ist“ [1].

Ein anderer Sänger, dessen Vergangenheit rein war, und der die Hoffnung hegte, der Gnade Gottes und der Freude seines Volkes bei dessen Erlösung teilhaftig zu werden, führte in einem Psalm dem Volke dessen Sünden und Halsstarrigkeit einerseits und Gottes Gnadenwaltung anderseits in epischer Erzählung vom Urbeginn des Volkes bis zur Verbannung in übersichtlicher Kürze vor. Der Psalm vergegenwärtigt die Verblendung des Volkes in Ägypten, seinen Unglauben am Schilfmeer, seinen Rückfall in der Wüste und hebt besonders seinen Ungehorsam hervor, wie es beim Einzug in Kanaan sich mit fremden Völkern vermischt, dadurch Götzendienst getrieben und sogar Menschenopfer gebracht und darum von Gott verworfen worden. Er schöpfte aus der Tatsache, daß Gott ungeachtet der Unwürdigkeit des Volkes seines Bundes nicht vergessen, es mit seiner Gnade geleitet und für dasselbe das Erbarmen seiner Herren in der Verbannung rege gemacht, die Zuversicht für die Zukunft des Volkes. Der Sänger bittet zum Schluß:

לב נשבר mit Jesaia 61, 1. Für nachexilische Zustände ist keine Andeutung darin. Unverkennbar ist der Psalm individuell gehalten und hat keine Spur von allgemeinem synagogalen Charakter. Der Psalmist bereut seine eigene Sündhaftigkeit, die aber nur gegen Gott allein gerichtet war, nicht gegen Menschen, V. 6, d. h. nur in götzendienerischer Verkehrtheit bestand. Falsch daher Ewalds Auffassung, daß der Psalmist Mord auf dem Gewissen gehabt habe; dafür würde die Reinigung mit Ysop V. 9 wahrlich nicht genügen.

[1]) Ps. 25. Daß dieser Psalm exilisch ist, kann keinem Zweifel unterliegen, die Zeitlage ist deutlich durch V. 13 וזרעו יירש ארץ. Vgl. Note 10.

„Hilf uns, Jhwh, unser Gott,
Und sammle uns von den Völkern,
Damit wir deinen heiligen Namen preisen
Und uns deines Lobes rühmen können" [1]).

Wie nach dem Auszuge aus Ägypten, während der Wüstenwanderung das jüngere Geschlecht zum Gottvertrauen und zum Eifer für das ausgesteckte Ziel herangebildet wurde, so wurde auch während des babylonischen Exils die Jugend für die Sinnesänderung erweckt [2]). Damals hatte die großartige Persönlichkeit Moses das Erziehungswerk vollzogen, in Babylonien hat es das Schrifttum vollbracht, es hat die Begeisterung für die ureigene Lehre entzündet. Die Zahl der Treuen oder der „Eifrigen für Gottes Wort" oder der „Gottsuchenden" [3]) mehrte sich. Den Kern derselben bildeten selbstverständlich die Dulder [4]). Sie trauerten um den Untergang Jerusalems und der ehemaligen Herrlichkeit, deren glänzendes Bild ihnen aus dem Schrifttum herausstrahlte. Sie gingen gebrochenen Herzens und demütigen Geistes, wahrscheinlich auch mit äußerlichen Trauerzeichen umher und nannten sich die „Trauernden um Zion" [5]). Zu diesen gesellten sich auch Personen aus vornehmen Geschlechtern, welche an dem babylonischen Hof ein Amt oder eine Würde hatten [6]). Ihr Gemüt war von Jerusalem erfüllt. Sie liebten die Steine der heiligen Stadt und sehnten sich nach ihren in Staub liegenden Trümmern [7]). Jener Levite, welcher im Namen seiner Genossen die Erinnerung an Jerusalem so poetisch verklärt hat, gibt die Stimmung dieser Trauernden um Zion volltönend wieder:

„An den Kanälen Babels, da saßen wir und weinten,
Als wir Zions gedachten,
An die Weiden in ihrer Mitte hängten wir unsere Harfen auf,
Denn dort verlangten von uns unsere Sieger Gesangsweisen
Und unsere Plünderer Lieder der Freude.
Singet uns doch von den Liedern Zions!"

1) Ps. 106. Der exilische Charakter dieses Psalms ist unzweifelhaft. Vgl. o. S. 3 Anmerk. 1.

2) Es folgt daraus, daß zwei der Führer, welche beim Auszug aus Babel an der Spitze der Rückkehrenden standen, in diesem Lande geboren wurden, so gewiß Serubabel, der Enkel Jechanjas, ferner der junge Hohepriester Jesua, dessen Vater Jozadak nach Chronik 5, 41 ins Exil geführt wurde. Dem jüngeren Geschlechte gehörten wohl auch die übrigen zehn Führer an.

3) Jesaia 66, 2, 5. Ps. 34, 11; 24, 6. Vgl. Esra 10, 3.

4) Ps. 37, 11, 29. S. Note 10.

5) Jesaia 61, 3; 66, 10. Ps. 69, 11. Dieser Ps. ist unstreitig exilisch, wie V. 36—37 deutlich angeben.

6) Jesaia 56, 4.

7) Ps. 102, 14—15.

Wie sollten wir Gottes Lieder im fremden Lande singen?
Wenn ich dein vergäße, Jerusalem, so welke meine Rechte ab,
Es klebe meine Zunge am Gaumen,
Wenn ich dein nicht gedenke,
Wenn ich Jerusalem nicht erhebe auf den Gipfel meiner Freuden" [1]).

Die Trauernden um Zion richteten ihr Angesicht beim Gebet um Erlösung oder bei ihrem Sündenbekenntnis nach Jerusalem zu, als wenn die Stätte, wo einst der Tempel stand, noch Heiligkeit hätte und von dort aus gnadenreiches Erhören zu erwarten wäre [2]). Da diese „Eifrigen auf das Wort Gottes" in der Fremde kein Opfer darbringen mochten, so gewöhnten sie sich daran, das Gebet als Ersatz dafür anzusehen. Dreimal des Tages versammelte sich dazu eine größere oder geringere Zahl, welche eine Gemeinde bildete [3]). Das Bethaus ersetzte ihnen den Tempel [4]). Wahrscheinlich sind die Buß- und Trauerpsalmen aus den Betstätten in Babylonien erklungen und für sie gedichtet worden.

Was die begeisterte Schwärmerei für Jerusalem, die Erlösung und die Lehre noch mehr steigerte, war die erstaunliche Wahrnehmung, daß sich auch Heiden zu dieser Lehre bekannt oder sich dem Bunde angeschlossen hatten [5]). Durch welche Anregung sind Heiden, seien es viel oder wenig gewesen, aus den bunten Völkerschaften, die in der Riesenstadt Babylon lebten, für die judäische Bundeslehre so eingenommen worden, um ihre götzendienerischen Gewohnheiten aufzugeben? Auch in dem geistigen Bewegungsraum pflegen größere Massen auf kleinere eine Anziehungskraft auszuüben, aber nicht umgekehrt. Ein winziges Völkchen inmitten eines großen, organisierten und gebietenden Volkskörpers nimmt in der Regel unwillkürlich von diesem Sitten, Gewohnheiten und Anschauungen an. So haben die Judäer im Lande des Exils von ihrer Umgebung Fremdes angenommen. Wie ist es aber zu erklären, daß das winzige judäische

[1]) Ps. 137. Es ist sonderbar, daß die Ausleger sich durchaus darauf kaprizieren, diesen Psalm in die Zeit nach der Rückkehr zu setzen, obwohl der Ton durchweg eine düstere Stimmung verrät. Man vgl. dagegen den nachexilischen Ps. 126; die Verwünschung gegen Babel setzt entschieden den intakten Bestand des babylonischen Reiches voraus. Die Ausdrücke אם אשכחך ירושלם und אם לא אזכרך erinnern an Jeremia 51, 50: זכרו מרחוק את ה׳ וירושלים תעלה על לבבכם, das unstreitig der Exilszeit angehört.

[2]) Könige I, 8, 48 f. Daniel 6, 11.

[3]) Daniel das. Ps. 55, 18. Auch dieser Ps. ist exilisch.

[4]) Jesaia 56, 7, wo zuerst בית תפלה genannt wird.

[5]) Dieses Faktum folgt aus mehreren exilischen Schriften, Jesaia 56, 6 הנלוים על ה׳ וגו׳, das. 8 עוד אקבץ עליו לנקבציו: ich werde zu denen, die sich von Fremden bereits gesammelt, noch mehrere sammeln, vgl. Könige I, 8, 41.

Überbleibsel auf Babylonier oder Glieder anderer Völkerschaften Einfluß üben konnte? Das anziehende Schrifttum kann unmöglich diese Belehrung und Bekehrung bewirkt haben; denn weder Chaldäer, noch die Glieder anderer Völker konnten die Sprache verstehen, in der es geschrieben war. Begeisterte Judäer müssen also diese wunderähnliche Erscheinung zustande gebracht haben. Hingebende, selbstlose Begeisterung entzündet Begeisterung und übt einen Zauber aus. Die Bekehrten scheinen eifrige Bekehrer geworden zu sein; die ehemaligen Sünder, zum Bewußtsein ihrer Schuld gelangt, haben wohl „den Sündern die Wege ihres Gottes gezeigt". Die judäische Bundeslehre besaß auch Überlegenheit genug über das götzendienerische Wesen aller damaligen Völker, um Anziehung auf solche auszuüben, welche sich aus der stumpfen Gewohnheit aufraffen konnten. Wie leicht war es, der kindischen Albernheit der Bilderverehrung der Chaldäer die Lehre von einem hoch erhabenen, geistigen Gott gegenüberzustellen und jene lächerlich zu machen! Wenn die babylonischen Künstler aus Holz ein Götzenbild schnitzten, es in der Not um Hilfe anflehten, mit dem Spanabfall Feuer machten, dabei Brot buken oder kochten und sich wärmten [1]), konnte da der dabei anwesende Judäer, der von seinem Gott erfüllt war, den Spott oder wenigstens ein spöttisches Lächeln zurückhalten? Dieser unwillkürliche Spott, der nicht von vereinzelten Gottesmännern, sondern von den Tausenden geäußert wurde, die auf ihre Erblehre stolz geworden waren, machte Proselyten. Ließen sich Judäer mit Heiden in Religionsgespräche ein, so bot ihnen das judäische Schrifttum Stoff genug, die Vortrefflichkeit ihrer Lehre hervorzuheben. So ließen manche, welche von dem großen Namen des Gottes Jsrael, von seiner starken Hand und seiner Leitung des Volkes Jsrael mit Begeisterung sprechen hörten [2]), ihren Wahn fahren und gesellten sich dem Volke, das eine ganz andere Gotteserkenntnis hatte, zu. In der Regel ist das niedrige Volk geneigter, eine neue Lehre anzunehmen, als die vornehmen Klassen; die Tempel- und Staatssklaven aus Judäa, welche mit dem niedrigen Stande der babylonischen Bevölkerung in nahe Berührung kamen, mögen auch unbewußt das Werk der Bekehrung vollbracht haben. Die gewonnenen Proselyten beobachteten nach ihrer Bekehrung den Sabbat, befolgten die Gesetze und scheinen sich auch der Beschneidung unterworfen zu haben [3]). Das war die erste

[1]) Vgl. Jesaia 44, 10 f. Jeremia 10, 8 f.

[2]) Könige I, 8, 42.

[3]) In Jes. 56, 6 בני הנכר . . . מחזיקים בבריתי scheint die Annahme der Beschneidung zu liegen.

Errungenschaft, welche die Exulanten in der Fremde erlangt haben. Diese Errungenschaft übte auf die Judäer eine Rückwirkung. Sie begannen ihren Gott und ihre Lehre um so mehr zu lieben, als sie wahrnahmen, daß Heiden dafür gewonnen worden waren. Kaum zwei Jahrzehnte nach dem Tode der Propheten Jeremia und Ezechiel, die sich so oft über das Kieselherz des Volkes beklagt hatten, war die Wiedergeburt desselben vollzogen. Das zugänglich gemachte Schrifttum, die Thora und die Propheten, war eine Verjüngungsquelle, welche den Geist erfrischte und das Herz sänftigte. Es zeigte dem judäischen Volke sein eigenstes, inneres Wesen, lehrte es, sich darin zu vertiefen oder sich darin wiederzufinden. Indessen mußte sich der neue Geist, der in das Innere des Volkes eingezogen war, erst bewähren, durch Kämpfe und Leiden erprobt und gefestigt werden. Die Gelegenheit zur Prüfung fehlte nicht.

Der Lichtseite gegenüber, welche das jüngere Geschlecht der Exulanten durch die Vertiefung in das Schrifttum, durch Begeisterung für die glanzvolle Vergangenheit und endlich durch die Vergegenwärtigung seiner Ideale darbot, trat eine Schattenseite um so greller hervor. Ein Teil des Volkes, ganz besonders die vornehmen Familien, verharrte nicht nur in seiner alten Verkehrtheit, sondern nahm auch neue aus seiner Umgebung an. Die riesige Hauptstadt Babel und das ausgedehnte chaldäische Weltreich übten einen Zauber auf die Höherstehenden aus, verlockten sie zur Nachahmung des chaldäischen Wesens, eröffneten einen weiten Gesichtskreis und boten ihnen Gelegenheit, ihre Kräfte zu entfalten. In Babylonien blühte der Handel mit den Erzeugnissen des Bodens und kunstvoll angefertigten Stoffen des Landes, welche auswärts gesucht und weithin ausgeführt wurden. Babylon war eine bedeutende Handelsstadt [1]. Nebukadnezar hatte dem Handel durch die Erweiterung der Schiffahrt noch mehr Aufschwung gegeben. An dem Meerbusen, in den sich die Zwillingsflüsse Euphrat und Tigris ergießen, hatte er eine bedeutende Stadt Teredon erbaut, welche Stapelplatz für die Handelsverbindung mit Arabien und Indien war [2]. Die Unzucht der babylonischen Frauen, sich den Fremden preiszugeben, die unbegreifliche Nachsicht der Ehemänner gegen dieselben und der Väter gegen das schamlose Benehmen ihrer Töchter bei den Gelagen den Fremden gegenüber, alles hatte nur den einen Zweck, recht viele Kaufleute ins Land zu locken. Die judäischen Familien, welche schon früher Handel getrieben hatten,

[1] Ezechiel 17, 1 עִיר רֹכְלִים Jesaia 47, 15. Vgl. dazu G. Rawlinson, the five Monarchies III, p. 445 f.

[2] Abydenus bei Eusebius.

fanden in Babylonien Gelegenheit, ihn nicht nur fortzusetzen, sondern noch schwunghafter zu betreiben. Sie machten öfter Reisen auf längere Zeit und nahmen den Geldbeutel mit, um Handelsartikel dafür einzukaufen und umzusetzen[1]). Die judäischen Kaufleute erlangten dadurch großen Reichtum[2]). In einem üppigen Lande macht Reichtum üppig. Die Judäer, welche Mittel hatten, ahmten das weichliche Leben der Babylonier nach. Ihre Betten waren mit weichem Pfühl und mit Decken von feinen ägyptischen Linnen belegt und von Wohlgerüchen durchduftet[3]). Die reichen Familien nahmen auch den babylonischen Götzendienst an, bereiteten dem Glücksgott (Gad) einen Tisch mit Speisen und füllten den Weinkrug für die Schicksalsgöttin (Meni), damit sie ihnen in ihren Unternehmungen günstig seien, schnitzten sich Götterbilder oder verfertigten solche aus Metall, ahmten die Weise der Chaldäer nach und aßen dabei das Fleisch von Schweinen, von Mäusen[4]).

So vollständig lebten sich die wohlhabenden Judäer in das babylonische Wesen ein, daß sie ihrer Heimat und Jerusalems, das noch vor kurzem Endziel ihrer Wünsche gewesen war, völlig vergaßen, nichts davon wissen und von der Rückkehr dahin nichts hören mochten[5]). Sie wollten Babylonier sein und bleiben und verspotteten diejenigen, welche von Jerusalem schwärmten. Indessen solche weltlich Gesinnte, welche ferngerückte Aussichten als Träume zu verlachen pflegen, gab es zu jeder Zeit. Die reich gewordenen Judäer streiften aber mit dem angeborenen Volkstum auch die Keuschheit ab; das unzüchtige Treiben der Babylonier fand bei ihnen Eingang. Die

[1]) Sprüche 7, 19—20. Über die Abfassungszeit dieses Stückes vgl. Note 10. Der Sinn von 20b ליום הכסא יבא ביתי ist: der Ehemann wird erst zur Vollmondszeit ins Haus zurückkehren. (Über כסא s. II. 1. Hälfte. S. 332.) Die lüsterne Ehefrau, die das weiß, erwartet aber den Buhlen in dunkler Nacht (V. 9), als der Mond noch nicht schien; sie beruhigt ihn damit, daß er keine Überraschung vom Ehemann zu befürchten habe, indem dieser erst zur Vollmondszeit zurückzukehren gedenke.

[2]) Folgt aus Esra 1, 4, 6, daß sie viel Gold und Silber für die Rückkehrenden spendeten. Auch später sandten die babylonischen Judäer Gold und Silber nach Jerusalem (Zacharia 6, 10—11. Vgl. Josephus, Altert. XII, 3, 4). *τῶν ἀπὸ τῆς Μεσοποταμίας καὶ Βαβυλωνίας Ἰουδαίων οἴκους δισχιλίους .... εἰς Λυδίαν καὶ Φρυγίαν σὺν ἐπισκευῇ μεταγαγεῖν.* Diese 2000 judäischen Familien, welche aus Babylonien nach Lydien und Phrygien verpflanzt wurden, waren ohne Zweifel Kaufleute. Die kleinasiatischen Juden, welche in der Römerzeit bedeutenden Handel getrieben und Reichtum erlangt haben, waren gewiß Nachkommen dieser Kolonie der 2000 Eingewanderten.

[3]) Sprüche 7, 16—17.

[4]) Jesaia 65, 3. 11; 66, 17.

[5]) Das. 64, 11 a.

Männer, welche von der schamlosen Haltung der babylonischen Frauen und Töchter Gebrauch machten, steckten damit ihre Familien an. Das Auge des Ehebrechers wartete die Dämmerung ab und machte sich durch eine Larve unkenntlich, um unerkannt eine Ehefrau zu verführen[1]), und geile Frauen lauerten in verführerischer Kleidung, während der Abwesenheit ihrer Männer auf schöne Jünglinge und flüsterten ihnen schmeichlerische Liebesworte ins Ohr, um sie zur Sünde zu verlocken[2]). Die Entartung der Reichen wirkte selbstverständlich auch verderblich auf die unteren Volksschichten. Da der Reichtum Lebensbehaglichkeit und Genüsse verschaffte, so trachteten auch diese, reich zu werden, und wenn sie nicht auf redlichem Wege Gewinn erlangen konnten, so schlugen sie verbrecherische Wege ein. Diejenigen, welche von den adligen Geschlechtern mißhandelt oder ausgestoßen wurden, schlossen sich, um rasch reich und ihren Unterdrückern ebenbürtig zu werden, Räuberbanden an und schreckten auch vor Mord nicht zurück. Allmählich gewöhnten sie sich an die Freveltaten und wurden deren Sklaven, von deren Fesseln sie sich nicht losmachen konnten. Die Sittenrichter dieser Zeit schilderten diese Klassen mit grellen Farben: „Sie können nicht schlafen, wenn sie nichts Böses getan, und ihre Ruhe ist geraubt, wenn sie nicht Fallstricke legen. — Ihre Füße laufen zum Bösen, und sie eilen, Blut zu vergießen. Ihre Pläne sind auf Gewalttat gerichtet, Unheil und Unglück auf ihren Pfaden. — Es weicht zurück die Treue, und die Gerechtigkeit steht von Ferne; denn die Treue wird auf der Landstraße zu Fall gebracht und die Gradheit kann nicht näher kommen"[3]).

Das war die Schattenseite gegenüber der Lichtseite in der Wandlung, welche innerhalb der judäischen Gemeinde im Exile zum Vorschein kam. Der Gegensatz, welcher überwunden werden sollte, verschärfte sich vor seinem Verschwinden noch schroffer. Auf der einen Seite glühende Frömmigkeit, Feuereifer für die Bundeslehre und Schwärmerei für das idealgedachte Jerusalem, und auf der anderen Seite weltlicher Sinn, Genußsucht und Abgestorbenheit für die alten Erinnerungen. Der Gegensatz war von zwei Parteien vertreten, die einander haßten[4]). Um so mehr dachten die Eifrigen und Begabten daran — und deren gab es einige inmitten der Verbannung

[1]) Hiob 24, 10. Daß dieses Buch der exilischen Zeit, der Zeit der Herrschaft der כשדים, angehört, wie mehrere Ausll. annehmen, gedenke ich an einem andern Orte durch neue Beweise zu erhärten.

[2]) Sprüche 7, 9f.; vgl. weiter unten.

[3]) Das. 1, 16; 4, 16. Jesaia 59, 7f. Vgl. darüber Note 10.

[4]) Jesaia 66, 5.

— ihn auf geistigem Wege zu überwinden. Sie suchten zuerst sich zu stärken und die zu ihrer Partei gehörenden Glieder in ihrer Überzeugung zu befestigen; aber sie wollten auch durch ihren Eifer Einfluß auf ihre andersgesinnten, ihnen feindlichen Stammesgenossen üben. Durch diese Kraftanstrengung entstand ein neuer Kranz schöner dichterischer Blüten, welcher die alten fast noch übertraf. Die letzten zwei Jahrzehnte des Exils waren fast noch schöpferischer, als die Zeit Chiskijas. Die Männer des Geistes, die Jünger Jeremias und Ezechiels, die sich in das unbekannte Schrifttum vertieft und ihr Inneres damit in Einklang gebracht hatten, erzeugten befruchtende Gedanken und umhüllten sie mit einer schönen Form. Die Quelle der Poesie sprudelte frisch in der Fremde inmitten der Leiden des Exils, sie schien unerschöpflich. Die hebräische Sprache, welche von den Exulanten in der aramäischen Umgebung gehegt, vielleicht aus Vaterlandsliebe noch mehr gehegt wurde, diente noch immer als Organ für die dichterischen Erzeugnisse. Es entstanden in den letzten Jahrzehnten des Exils nicht bloß neue Psalmen und Weisheitssprüche, sondern auch eine ganz neue Art prophetischer Beredsamkeit und eine ganz neue Kunstform.

Ein Sänger dichtete einen Lehrpsalm in Form von Sprüchen, um den Irrtum derer zu zerstreuen, welche, von den äußeren Vorgängen geblendet, im Wahn waren, daß das Glück gewissermaßen mit der Freveltat eng gepaart und das Elend dagegen das Los der Dulder sei. Überhaupt suchten die Treuen und Eifrigen in verschiedenen Wendungen den Gedanken auszuprägen, daß der Frevler keinen Bestand habe, der Dulder dagegen durch die Rückkehr in das Vaterland und das Einwurzeln in dasselbe des Glücks in Fülle genießen werde[1]). Sie dichteten Lehrpsalmen, welche für die damalige Lage berechnet waren.

„Erhitze dich nicht ob der Missetäter,
Sei nicht eifersüchtig auf die Frevler.
Denn wie Gras werden sie schnell geknickt,
Und wie grünes Kraut verwelken sie.
Vertraue auf Ihwh und tue Gutes,
So wirst du das Land (wieder) bewohnen.
Wenn du dich in Gott erfreuest,
So wird er dir deines Herzens Wünsche gewähren.
— — — — — — — — — — — — — — — —
Die Dulder werden das Land in Besitz nehmen
Und ewig darin weilen.
Der Mund des Gerechten äußert Weisheit,

[1]) Ps. 34, 73, wahrscheinlich auch Ps. 77, 112.

Seine Zunge redet Recht,
Gottes Lehre ist in seinem Herzen;
Darum wanken seine Schritte nicht.
Es lauert der Frevler dem Gerechten auf
Und sucht ihn zu töten.
Gott wird ihn aber nicht überlassen seiner Hand
Und nicht verdammen, wenn er zu Gericht geht.
— — — — — — — — — — — — — — —
Bewahre Einfalt und hüte Redlichkeit:
Denn Nachkommenschaft bleibt dem Manne des Friedens[1]".

Dieser Psalmist und andere hatten ihre Denksprüche an die eigenen Gesinnungsgenossen gerichtet, um sie von der Nachahmung des bösen Beispiels fernzuhalten. Ein anderer Dichter wendete sich aber an diejenigen Kreise, welche den Weltlichen nahestanden, besonders an die verführbare Jugend, die sich vom Reize der Sünde locken ließ. Er sprach nicht eigene Gedanken aus, sondern ließ die Weisheit reden und auseinandersetzen, daß die Freveltat sich in die eigenen Schlingen verwickele und zu Fall komme, daß sie geradezu eine Torheit und Verblendung sei, weil sie denen, welche sie üben, Schaden bringe. Der namenlose Dichter sammelte die Weisheitssprüche aus alter Zeit, die bereits in Chiskijas Zeit zusammengestellt waren (II. 1. Hälfte. S. 243), und fügte ein Vorwort hinzu, welches die Zustände seinerzeit deutlich abspiegelt[2]). Nicht aus der israelitischen Vorzeit entlehnte er seine Belehrungen, sondern aus den vernünftigen Betrachtungen der menschlichen Taten und ihrer Folgen. Diese aus der Erfahrung entnommene Einsicht oder Weisheit (Chochmah), obwohl menschlichen Ursprunges, führe zu demselben Ergebnisse, wie die israelitische Lehre, welche göttlichen Ursprunges sei. Wenn die weltlich Gesinnten auch nur der Stimme der Weisheit Gehör schenken wollten, würden sie auch von ihren bösen Wegen lassen. Diese Weisheit führt der Dichter redend ein, belebt sie und läßt sie ihr eigenes Lob verkünden, damit ihre Lehren mehr Gewicht erhalten sollten.

„Fürwahr die Weisheit ruft,
Und die Einsicht erhebt ihre Stimme,
Auf dem Gipfel der Höhe, am Wege,
Zwischen den Straßen steht sie.
An der Seite der Tore dicht an der Stadt,
Im Eingang der Pforten ruft sie laut:
‚Euch Männern rufe ich zu,
Und meine Stimme gilt den Menschensöhnen.
Begreift ihr Einfältigen die Klugheit,
Ihr Narren richtet euer Herz,

[1]) Ps. 37, vgl. darüber Note 10.
[2]) Die ersten zehn Kap. der Sprüche. S. Note 10.

Denn besser ist Weisheit, denn Perlen.
Und alle Kostbarkeiten kommen ihr nicht gleich,

— — — — — — — — — — — — —

Ich, die Weisheit, meine Nachbarin ist die Klugheit
Erkenntnis von Gedanken finde ich.

— — — — — — — — — — — —

Durch mich regieren Könige,
Und geben die Herrscher Gesetze der Gerechtigkeit,
Durch mich herrschen Fürsten,
Die Vornehmen, alle Richter der Erde.

— — — — — — — — — — — —

Gott hat mich als Erstling seines Tuns geschaffen,
Vor allen seinen Werken von jeher.

— — — — — — — — — — — —

Ehe noch Meerestiefen waren, wurde ich geboren,
Ehe noch Quellen, die wasserreichen,
Ehe noch Berge eingesenkt wurden,
Vor den Hügeln wurde ich geboren,
Ehe er noch Erde und Straßen gebildet,
Die Summe des Staubes der Welt.
Als er die Himmel gründete war ich da,
Als er einen Kreis um das Wasser zog,
Als er die Regenwolken von oben stärkte,
Als er die Quellen der Meerestiefen kräftigte,
Als er dem Meere seine Schranken setzte,
Daß die Gewässer nicht seinen Befehl übertreten,
Als er die Grundfeste der Erde gründete,
War ich bei ihm sein Liebling,
Ich war sein Gespiele Tag für Tag,
Spielend vor ihm zu jeder Zeit,
Spielend auf seiner Erdenwelt,
Und meine Ergötzlichkeit bei den Menschensöhnen[1]'".

Die Weisheit, ein Kind Gottes, welche die Ordnung in der Natur geschaffen, bewirkte auch die Ordnung in der sittlichen Welt, unter den Menschensöhnen. Sie ist eine Feindin der Unordnung und des Frevels. Sie haßt Hochmut, bösen Wandel und die Sprache der Verkehrtheit. Gegen zwei Laster läßt der Dichter die Weisheit ganz besonders heftig sprechen, gegen Gewalttat und Unzucht.

„Höre mein Sohn, die Zucht deines Vaters,
Und weise nicht ab die Lehre deiner Mutter.
Denn ein Schmuck der Anmut ist sie für dein Haupt
Und eine Kette für deinen Hals.
Mein Sohn, wann dich Sünder betören,
So stimme nicht zu.
Wenn sie zu dir sprechen:

[1]) Sprüche 8, 1 f. V. 12: שָׁכַנְתִּי עָרְמָה gibt einen schlechten Sinn und שכן kann nicht transitiv sein. Man muß dafür lesen שְׁכֵנָתִי „meine Nachbarin".

‚Komm mit uns, wir wollen auf Blut lauern,
Wollen dem Unschuldigen unverdient nachstellen
— — — — — — — — — — — —
Wir werden reiches Vermögen finden,
Unsere Häuser mit Gütern füllen,
Dein Los wirf in unsere Mitte,
Ein Beutel sei für uns alle'.
Mein Sohn geh' nicht mit ihnen;
Denn ihre Füße laufen zum Bösen.
Und sie eilen Blut zu vergießen,
Denn absichtslos ist das Netz ausgelegt in den Augen der Vögel,
Während man auf ihr Blut lauert, ihrem Leben nachstellt,
So ist die Weise des nach Gewinn Trachtenden,
Das eigene Leben nimmt er" [1]).

Mehr noch eifert der Dichter gegen die Unkeuschheit.

„Mein Sohn lausche auf meine Weisheit,
Zu meiner Einsicht neige dein Ohr.
Denn Honig träufeln die Lippen der Fremden (Buhlerin),
Und glatter denn Öl ist ihr Mund,
Zuletzt aber ist sie bitter wie Wermut,
Schneidend wie ein zweischneidiges Schwert.
Entferne von ihr deine Wege,
Und nähere dich nicht der Tür ihres Hauses,
Daß du anderen dein Vermögen gebest
Und deine Jahre einem Grausamen,
Damit nicht Fremde sich von deinem Vermögen sättigen
Und an deinem Reichtume im Hause eines Ausländers.
Du würdest am Ende seufzen,
Wenn geschwunden dein Fleisch und dein Leib
Und sprechen: ‚Ach, wie konnte ich Zucht hassen,
Und mein Herz Belehrung verachten!'
— — — — — — — — — —
„Trinke Wasser aus deiner Zisterne
Und Flüssiges aus deinem Brunnen,
Verbreiten würden sich deine Quellen nach außen,
Auf weiten Straßen Wasserkanäle.
Sie würden dir allein gehören
Und keinem Fremden mit dir.
Deine Quelle wird gesegnet sein,
Und erfreue dich des Weibes deiner Jugend [2]).
— — — — — — — — — — — — —
„Kann jemand Feuer in seinem Schoß schüren,
Ohne daß seine Kleider verbrannt werden?
Oder kann jemand auf Kohlen gehn,
Ohne daß seine Füße verbrannt werden?
So wer da geht zu einer verehelichten Frau,
Nicht ungestraft bleibt, wer ihr nahkommt.

[1]) Sprüche 1, 8—19.
[2]) Das. 5, 1f.

Verachtet man nicht den Dieb,
Wenn er stiehlt, sich zu sättigen, so er hungert?
Wenn er betroffen wird, muß er siebenfach zahlen,
Das ganze Vermögen seines Hauses muß er hergeben.
Wer Ehebruch treibt, ist sinnlos,
Wer sich selbst verderben will, mag's tun.
Schlag und Schmähung wird er finden,
Seine Schmach wird nicht ausgelöscht werden.
Denn Eifersucht ist Zornesglut des Mannes,
Er wird nicht schonen am Tage der Rache,
Er wird nicht auf Sühnegeld Rücksicht nehmen,
Er wird nicht zustimmen, wenn du viel Schenkung anbietest"[1]).

Künstlerisch und drastisch schildert der Dichter des Sprucheinganges die Verführungskunst der Ehebrecherin.

„Durch die Fensteröffnung meines Hauses
Durch das Luftloch blickte ich hinaus
Und sieh da! unter den Einfältigen bemerkte ich,
Unter den Jünglingen einen Unverständigen
Schreitend auf dem Marktplatz neben ihrem Erker
Und den Weg zu ihrem Hause gehend.
In der Dämmerung beim Sinken des Tages
In einer schwarzen, dunkeln Nacht,
Sieh da! ein Weib kam ihm entgegen,
Im Anzug der Buhlerin und Herzensräuberin.
Stürmisch ist sie und unbändig,
In ihrem Hause weilen ihre Füße nicht,
Bald auf der Landstraße, bald auf weiten Plätzen,
Und an jeder Ecke lauert sie.
Da erfaßte sie ihn und küßte ihn,
Und frechen Antlitzes sprach sie:
‚Opfer lag mir ob,
Heute habe ich mein Gelübde gelöst,
Darum ging ich dir entgegen,
Dein Angesicht zu suchen und habe dich gefunden!
Mit Polstern habe ich überlegt mein Bett,
Mit Teppichen ägyptischen Linnens.
Habe durchduftet mein Lager
Mit Myrrhe, Aloe und Zimmet.
Komm', wir wollen der Liebe pflegen,
Bis zum Morgen wollen wir uns am Kosen ergötzen.
Denn der Mann ist nicht zu Hause,
Er ging auf Reisen in die Ferne,
Den Geldbeutel hat er in seine Hand genommen,
Am Tage des Vollmondes wird er in sein Haus zurückkehren.
Sie verführt ihn durch sprudelnde Rede,
Durch die Glätte ihrer Sprache verleitet sie ihn.
Er geht ihr bald nach,
Wie der Stier zur Schlachtbank geht"[2]).

[1]) Sprüche 6, 27f. [2]) Das. 7, 4f.

Dieser Spruchdichter rügt zwar auch andere Laster, die Gleißnerei, die Tücke, den Hochmut, die Lüge[1]). Doch am meisten lag es ihm am Herzen, vor Unkeuschheit, Ehebruch und schönen Sünden zu warnen. Dichterisch gelungen ist die Wendung, wie er zuletzt die Weisheit der Torheit gegenüberstellt.

„Die Weisheit hat ihr Haus erbaut,
Ihre sieben Säulen gemeißelt,
Ihr Mahl bereitet, ihren Wein eingegossen,
Auch ihren Tisch geordnet.
Sie sandte ihre Dienerinnen aus,
Daß sie auf den Höhen der Stadt rufen:
‚Wer unberaten ist, kehre hier ein,
Und wer unverständig ist!‘
Dann spricht sie zu ihm:
‚Kommet, genießet meine Speise,
Und trinket den Wein, den ich eingegossen,
Verlasset die Torheit, so werdet ihr leben,
Und wandelt auf dem Pfade der Einsicht‘[2]).

— — — — — — — — — — — —

Die Torheit stürmt in Einfältigkeit,
Und weiß nicht was,
Sie sitzt an der Tür ihres Hauses,
Auf einem Thron auf der Höhe der Stadt
Einzuladen die Reisenden,
Die da den geraden Weg ziehen.
Wer unerfahren ist, kehre hier ein,
Und wer unverständig ist.
Dann spricht sie zu ihm:
‚Gestohlenes Wasser schmeckt süß,
Und heimliches Brot ist angenehm.‘
Aber er merkt nicht,
Daß gestürzte Riesen dort sind,
In des Grabes Tiefe sind ihre Gäste[3]).“

Der zusammenfassende Inhalt dieses Spruchdichters ist, daß der Anfang der Weisheit Gottesfurcht ist[4]) und diese vor Verderben schützt. Die Sünde dagegen ist Torheit und bringt den Frevler zu Falle. Der Wohlstand der Toren tötet sie und ihr Glück vernichtet sie[5]).

1) Sprüche 6, 12f.

2) Das. 9, 1f. Auch V. 3b muß gelesen werden vor ואברה לו, wie in der Parallele V. 16b.

3) Das. 9, 13f. Das Wort אשת vor כסילות ist unverständlich; es ist dittographiert vom vorangehenden תשא. Ferner ist הומיה als Prädikat anzusehen und Subjekt ist כסילות, entgegengesetzt der חכמות V. 1 vielleicht hier und 1, 20 חכמות, wie כסילות. — פתיות gleich בפתיות ist eine Art Adverb.

4) Das. 1, 7; 9, 10.

5) Das. 1, 32. משובת ist wohl nicht richtig, es paßt nicht zum Parallelismus. Vielleicht מנוחת.

Welcher Lohn ist aber den leidenden Frommen oder, was dasselbe ist, den Weisen zugedacht? Auch dieser Dichter wußte, wie die Psalmisten in der Exilsgemeinde, nichts anderes darauf zu antworten, als auf die schöne Zukunft der Rückkehr nach der Heimat zu verweisen:

„Die Redlichen werden das Land wieder bewohnen,
Und die Harmlosen werden darin bleiben[1]."

Aber wenn diese Antwort auch den Frommen, den Gottessuchenden, den Trauernden um Zion genügte, so war sie doch weit entfernt, die Schwankenden zu trösten und zu befriedigen, und noch weniger die Weltlichen, die den heiligen Berg vergessen hatten und sich an Babylon anklammerten, die habsüchtigen und frevelhaften Reichen zur Gesinnesänderung zu bewegen. In dem übersehbaren Beobachtungsfelde ließ sich die Wahrnehmung nicht abweisen, daß die Frevler allerdings im Glück lebten und die Gottesfürchtigen, welche Idealen nachhingen, nicht selten von Unglück heimgesucht wurden. Der Erfahrungssatz jenes Psalmisten, daß ein Gerechter nicht verlassen sei[2]), wurde tagtäglich Lügen gestraft, oder der Wandel eines solchen mußte verdächtig werden. Dieser grelle Mißklang in der sittlichen Weltordnung, welcher an der Lehre der Väter und an Gottes gerechter Weltregierung zweifeln machte und von den Denkenden innerhalb der babylonisch-jüdischen Gemeinde schmerzlich empfunden wurde, erheischte eine befriedigende Ausgleichung. Ein Dichter unternahm die Lösung dieser beklemmenden Fragen und schuf ein Kunstwerk, das zu den vollendetsten gezählt wird, welche der Menschengeist je zustande gebracht hat. Der unbekannte Dichter schuf das Buch Hiob[3]), welches Klarheit in die Gedankentrübung der Zeitgenossen bringen sollte. Allerdings bezweckte dieses auch Belehrung, aber nicht in der jetzt weniger anziehenden Weise des Psalmes oder der Spruchweisheit, sondern auf eine andere Art, daß die Zuhörer und Leser davon wie von einer außerordentlichen Erscheinung ergriffen werden sollten. In einer ernsten, aber doch fesselnden Unterredung von Freunden sollte die Frage, welche die Gemüter der babylonischen Gemeinde in Spannung hielt, zur Entscheidung gebracht werden. Dieses Zwiegespräch der Freunde ließ der Dichter sich nicht in trockener, pedantischer Auseinandersetzung abwickeln, sondern machte es durch Einkleidung, Form, dichterischen Schwung und Gleichnisse außerordentlich fesselnd. Er legte dem Zwiegespräche eine Geschichte

[1]) Sprüche 2, 21 f. S. Note 10.
[2]) Ps. 37, 25 fg.
[3]) Vgl. o. S. 22, Anm. 1.

von dem Dulder Hiob zugrunde und diese machte er von Anfang bis zu Ende spannend.

Die Anlage dieser Dichtung ist durchweg künstlerisch; die Gedanken, welche der Dichter auseinandersetzen wollte, hat er an verschiedene Rollen verteilt. Jede der in dem Dialoge auftretenden Personen hat einen bestimmten Charakter und bleibt ihm treu. Dadurch wird das Zwiegespräch lebendig, und die darin entwickelten Gedanken erregen Aufmerksamkeit.

Wer war der Dichter des Buches Hiob? Er hat sich in Namenlosigkeit gehüllt. Was sollte sein Name zur Sache beitragen? Er wollte belehren, überzeugen, beschwichtigen, die Zweifel niederschlagen. Doch scheint der Dichter ein erfahrener Mann gewesen zu sein; er hatte sich ohne Zweifel in Ägypten aufgehalten, hatte die Pyramiden (Chorbot) gesehen, welche die Könige von Ägypten für ihre Unsterblichkeit bauen ließen, und das Nilpferd beobachtet, wie es unter Lotospflanzen lagert und einen Fluß einzuschlürfen scheint. Er kannte das ägyptische Krokodil, dessen Schuppen so dicht aneinander gereiht sind, daß kein Pfeil eindringen kann[1]. Er hatte die Metallgrabungen gesehen in dem idumäischen Gebirge oder in den Minengruben der Sinaïhalbinsel[2]. Er kannte die Tierwelt im einzelnen und hat ihr Leben und Treiben beobachtet[3]. Der Dichter kannte auch die Sternenwelt, die er wohl erst nach seiner Wanderung von Ägypten nach Babylonien kennen gelernt hat, und wußte ihre Wirkungen dichterisch zu verwerten[4]. Hier in Babylonien erzeugte er wahrscheinlich sein Kunstwerk zur Belehrung für die Exilsgemeinde. Er war ein Mann, der sich in der Welt umgesehen hatte, und er durfte sich herausnehmen, die für den Menschengeist so peinliche Untersuchung von Gottes Vorsehung, Gerechtigkeit und Vergeltungsgesetzen zu behandeln. Der Dichter des Hiob war wahrscheinlich der erste Religionsphilosoph und gewiß der erste, der diese Untersuchung in das Gewand der Dichtung gehüllt hat. Zu welcher Dichtungsart gehört das Buch Hiob? Man kann es mit keinem anderen dichterischen Erzeugnis vergleichen, es bildet eine eigene Gattung. Es ist keineswegs ein Drama, sondern nur ein dramatisches Zwiegespräch mit einer geschichtlichen Einleitung und einem geschichtlichen Schluß.

Die Einleitung erzählt die Veranlassung zu dem hochwichtigen

[1] Hiob 3, 4; 40, 15 f.; 41, 1 f.
[2] Das. 28, 1 f.
[3] Das. 38, 39 f.; 39, 1 f.
[4] Das. 9, 9; 38, 31 f.

Zwiegespräche. Im Lande Uz — das in der Nähe des roten Meeres bei Ezion-Geber lag und einen Teil von Edom ausmachte — lebte ein harmloser, aufrichtiger, gottesfürchtiger und das Böse scheuender Mann, Hiob (Ijob), der mit Kindern und Reichtum gesegnet war und in hohem Ansehen unter seinen Stammesgenossen stand. . Der Dichter schildert nicht die Art der Frömmigkeit und Tugend dieses seines Helden, sondern läßt ihn selbst bei passender Gelegenheit davon sprechen.

„Der Segen des Unglücklichen kam mir zu,
Und das Gemüt der Witwe habe ich jauchzen gemacht.
Auge war ich für Blinde
Und Füße für Lahme,
Vater für Leidende,
Und einen Streit, der mich nicht anging, untersuchte ich.
— — — — — — — — — — — —
War mein Herz betört von einem Weibe?
Und habe ich an der Türe eines Hauses gelauert?
— — — — — — — — — — — —
Habe ich das Recht meines Sklaven oder Sklavin verachtet,
Wenn sie mit mir einen Streit hatten?
— — — — — — — — —
Habe ich Geld zu meiner Zuversicht gemacht
Und zu Metall gesprochen: ‚Du bist mein Vertrauen?‘
— — — — — — — — — — — —
Habe ich mich beim Unglück meines Feindes gefreut,
Und mich ergötzt, wenn ihn Unheil getroffen?
— — — — — — — — — — — —
Im Freien durfte kein Fremder weilen,
Meine Türe habe ich dem Reisenden geöffnet[1].“

Von solcher Art war die Gottesfurcht Hiobs. Einst versammelte sich das Himmelsheer bei Gott, unter ihnen war auch ein Ankläger (Satan). Diesen fragte Gott: „Hast du dir meinen Knecht Hiob gemerkt? Seinesgleichen gibt es nicht noch auf Erden.“ Darauf der Ankläger: „Fürchtet Hiob Gott ohne Grund? Du hast ihn und sein Haus von allen Seiten geschützt und sein Vermögen gesegnet. Entziehe du ihm dieses, wahrlich, so wird er dich ins Angesicht lästern.“ Darauf gestattete Gott dem Ankläger, Hiob alles Seinigen zu berauben, ihn selbst aber unverletzt zu lassen. Mit einem Male kamen Hiob Unglücksposten auf Unglücksposten. Die Sabäer hatten sein Großvieh samt Hütern geraubt, der Blitz hatte sein Kleinvieh samt Sklaven erschlagen, Streifscharen der Chaldäer hatten seine Kamele erbeutet, und ein Sturmwind hatte das Haus, worin seine Kinder ihr Mahl hielten, über sie zusammenstürzen gemacht und sie

[1]) Hiob 29, 13 f.; 31, 9 f.

hatten sämtlich den Tod unter den Trümmern gefunden. Diese schwere Prüfung bestand Hiob standhaft. Er trauerte zwar um den Verlust, aber er sprach gottergeben: „Nackt kam ich aus dem Mutterschoß und nackt kehre ich wieder dahin zurück. Gott hat's gegeben, Gott hat's genommen, sein Name sei gepriesen." — Als sich das Himmelsheer zum zweiten Male um Gott versammelte, und dieser wieder Hiobs erprobte Gottergebenheit rühmte, machte der Ankläger wieder einen Einwand. Wenn Hiob an seinem Leibe getroffen würde, so würde er die Prüfung nicht bestehen, sondern Gott lästern. Darauf erhielt der anklägerische Satan den Auftrag, Hiob auch dieser Prüfung zu unterwerfen. Der Held wurde mit einem häßlichen Aussatz vom Scheitel bis zum Fußballen behaftet und mußte sich mit einem Scherben die zerborstene Haut schaben. Er hatte kein Haus und saß auf einem Aschenhaufen. Seine Frau fragte ihn höhnisch: „Hältst du noch an deiner Frömmigkeit fest? Lästere Gott, so wirst du sterben und aller Qual los sein!" Der Dulder aber antwortete: „Auch du sprichst gleich einer der Verworfenen. Sollten wir denn nur das Gute von Gott annehmen und nicht auch das Böse?" Hiob bestand auch diese Prüfung. Aber Klagen und Fragen an den Himmel richten, das durfte er doch, warum er denn so ganz unschuldig leide! Diese Klagen und Fragen spricht er seinen Freunden gegenüber aus, die gekommen waren, ihm Beileid zu zeigen und ihn zu trösten. Hiob begann, nachdem er sieben Tage in stillem Schmerze zugebracht, sich durch Reden Luft zu machen; er beklagte sein Geschick und verwünschte seinen Geburtstag:

„Warum bin ich nicht im Mutterschoße gestorben?
Nicht verschieden, als ich den Mutterleib verließ?
Wozu sind mir Kniee entgegengekommen,
Wozu Brüste mich zu säugen?
Denn jetzt läge ich und hätte Ruhe,
Ich schliefe, mir wäre wohl,
Mit Königen und Erdenherrschern,
Die sich Pyramiden aufbauen,
Oder mit Fürsten, die Gold besitzen,
Ihre Häuser mit Silber füllen[1]."

Der Dichter gebraucht den feinen Kunstgriff, von Hiobs Klagen über sein persönliches Leid passende Übergänge zu Betrachtungen über die allgemeinen Leiden der Zeit und aller Zeiten zu machen.

„Dort im Grabe hören die Frevler auf zu toben,
Dort ruhen sich die Kraftерschöpften aus.
Allsamt sind die Gefesselten beruhigt,

[1]) Hiob 3, 3f.

„Sie hören nicht mehr des Schergen Stimme.
Klein und groß ist dort gleich,
Der Sklave frei von seinem Herrn.
Warum gibt er dem Mühseligen Licht,
Und Leben den Verzweifelten,
Denen, die den Tod herbeiwünschen,
Die ihn aus der Verborgenheit ausgraben möchten,
Die sich freuen über einen Steinhaufen,
Frohlocken würden, ein Grab zu finden[1]?"

Um aber nicht aus der Rolle zu fallen, lenkt der Dichter stets wieder ein und kehrt von allgemeinen Betrachtungen zu den persönlichen Klagen Hiobs zurück. Dadurch sind die Gespräche so fesselnd.

Die drei Freunde können diese Klagen, die doch wie Anklagen gegen Gott aussehen, nicht ruhig mit anhören. Sie bemühen sich daher, Gottes Gerechtigkeit zu rechtfertigen. Es sind Männer der alten Zeit; ihre Gottesrechtfertigung dreht sich um zwei Gedanken: Leiden seien lediglich Folgen der Sünden, und wenn ein Mensch von Unglück heimgesucht wird, so müsse er eben ein Sünder sein, wenn er auch äußerlich als ein Gerechter und Frommer erscheine. Sie entwickeln sämtlich die alte Lehre, welche die Psalmisten und die jüngsten Spruchdichter geltend gemacht haben, daß dem Frevler Untergang beschieden sei. Mit diesem Gedanken verbinden sie einen anderen, daß kein Mensch ganz lauter sein könne; denn selbst die Himmel sind nicht rein vor Gottes Augen und selbst an seinen Boten findet er Tadel[2]. Für die Leiden der Frommen haben sie nur den einen Trost, die Auferstehung. Sie würden einst zu einem besseren Leben erwachen. Diese zwei Grundgedanken läßt der Dichter von den Freunden in verschiedenen Wendungen mit mehr oder weniger Nachdruck auseinandersetzen: Eine andere Weisheit kennen die Freunde, die Vertreter der alten Anschauung, nicht. Jeder von ihnen ergreift dreimal das Wort, um diese Gedanken zu wiederholen, und Hiob macht gegen jeden von ihnen und gegen ihre veralteten Anschauungen Gegenbemerkungen: Geflissentlich läßt der Dichter die Freunde, die Vertreter der alten Lehre, sich in Wiederholungen ergehen; es ist sein Zweck, diese Lehre abgeschmackt erscheinen zu lassen. Er hat aber auch darin seine künstlerische Begabung gezeigt, daß er diese drei Freunde, wenn sie auch immer dasselbe und fast mit denselben Worten vorbringen, durch feine Schattierungen zu unterscheiden und jedem einen eignen Charakterzug zu geben wußte.

Eliphas (Eliphaz), der älteste derselben, aus der idumäischen

[1] Hiob 3, 20.
[2] Das. 4, 17 f.; 25, 4 f.

Stadt Taiman, der sich rühmt, noch älter als Hiobs Vater zu sein[1]), spricht von oben herab und wägt jedes Wort ab, weil er sich für unfehlbar hält: „Dies haben wir ergründet, so ist es, höre es und merke es dir[2])." Eliphas deutet nebenbei an, daß er einer Art prophetischer Offenbarung gewürdigt worden sei. In einer nächtlichen Erscheinung, als tiefer Schlaf die Menschen befiel, sei ein Geist vor ihm vorübergezogen, an Gestalt nicht erkennbar, aber eine leise Stimme habe er unter solchen Schrecken vernommen, daß ihm die Haare zu Berge standen[3]). Eliphas gibt gleich im Anfang Hiob zu verstehen, daß er ein Sünder sein müsse, eben weil ihn ein so herbes Mißgeschick betroffen. Durch die Leiden solle seine Schuld gesühnt werden:

„Glücklich der Mensch, den Gott züchtigt,
Und die Belehrung Schaddaïs solltest du nicht verachten;
Denn er macht Schmerzen und verbindet,
Verwundet und seine Hände heilen"[4]).

Da aber Hiob sich immer und immer auf seine Gerechtigkeit und seinen frommen Wandel beruft und die Verdächtigung seiner Tugend und Frömmigkeit zurückweist, rückt Eliphas mit der Sprache heraus, daß er ihn im Verhältnis zum Übermaß seiner Leiden für einen argen Frevler halten müsse.

„Deine Schlechtigkeit ist groß und unendlich deine Sünde.
Du mußt deine Brüder unverdient gepfändet
Und den Nackten die Kleider ausgezogen haben,
Dem Müden kein Wasser gereicht, dem Hungrigen Brot versagt,
Im Wahne, daß dem Manne des Armes die Erde gehöre,
Und der Bevorzugte sie allein bewohnte.
Witwen mußt du arm verjagt und Waisen verstoßen haben.
Darum sind Schlingen um dich,
Und plötzlicher Schrecken hat dich entsetzt gemacht"[5]).

Eliphas wirft dem Dulder die ganze Lieblosigkeit der Reichen jener Zeit vor. Der Leser merkt aber, daß er nur aus Rechthaberei solche Beschuldigungen gegen Hiob vorbringt, und er stellt sich auf die Seite des unschuldig Verdächtigten.

Der zweite Freund und Unterredner, Bildad, aus dem halb arabischen, halb midianitischen Stamm Schuch, tritt nicht so zuversichtlich auf, spricht zarter und rücksichtsvoller gegen Hiob. Auf dessen wiederholte Klage über sein ungerechtes Leiden und über den

1) Hiob 15, 10.
2) Das. 5, 27.
3) Das. 4, 12f.
4) Das. 5, 17f.
5) Das. 22, 5f.

eitlen Trost, daß Gott die Menschen damit nur prüfen wolle, erwidert Bildad:

„Kann Gott das Recht verdrehen
Und die Gerechtigkeit verabscheuen?"

Er wirft nicht ihm selbst Sündhaftigkeit vor, sondern seinen Kindern:

„Als deine Söhne gesündigt,
Hat er sie den Folgen ihres Vergehens preisgegeben" [1].

Für das Mißverhältnis von Tugend und Unglück beruft sich Bildad auf die Vergeltungslehre, welche die uralten Geschlechter überliefert haben; „denn wir sind von gestern, und unser Leben ist wie ein Schatten auf Erden" [2]. Diese uralte Vergeltungslehre läßt der Dichter durch ein passendes Gleichnis, einerseits von dem hochschüssigen Papyrusschilf und Nilgras und anderseits von dem niedrigen saftigen Immergrün veranschaulichen:

„Kann Papierschilf ohne Sumpf hochaufschießen?
Das Nilgras ohne Wasser wachsen?
Aber während es am Halme ist,
Noch nicht abgeschnitten werden soll,
Vertrocknet es schneller als niedriges Gras.
So der Verlauf der Gottvergessenen,
Des Gewissenlosen Hoffnung schwindet.
Sommerfaden ist sein Vertrauen,
Spinngewebhaus seine Zuversicht.
Er stützt sich auf sein Haus, es bleibt nicht, —
Klammert sich daran, und es besteht nicht.
Feucht ist's (Immergrün) im Anblick der Sonne,
Über den Garten hinaus dringen seine Ranken,
Über einen Steinhaufen verknoten sich seine Wurzeln,
Zwischen Steinen lebt es.
Reißt man's aus seiner Stätte,
Und diese verläugnet es:
‚Ich kenne dich nicht!'
Das ist seines Wesens Freude,
Aus anderem Erdreich blüht es wieder auf" [3].

Mit dem Gleichnis von dem Immergrün, das aus einem andern Boden wieder aufblüht, deutet Bildad die Auferstehung an; der Gerechte gleicht dieser Pflanze, der Frevler dagegen dem in Feuchtigkeit und Wasserfülle aufschießenden Papyrusrohr, das trotzdem schnell verdorrt. Auch Bildad behauptet fest den unvermeid-

[1] Hiob 8, 3 f.

[2] Das. 8, 9.

[3] Das. V. 10—20. Vor Vers 17 muß eine Lücke sein, ein Vers fehlt, welcher im Gegensatz zu גמא und אחו von einer unvergänglichen, niedrigen Pflanze ein Gleichnis enthielt, sonst ist das Stück unverständlich.

lichen schrecklichen Untergang des Frevlers und die unvermeidliche Sündenbefleckung des Menschen.

„Wie kann der Mensch bei Gott gerecht sein,
Wie der Weibgeborene lauter sein?
Sieh' er (Gott) tut den Mond ab,
Und er leuchtet nicht,
Die Sterne sind in seinen Augen nicht lauter,
Um wie viel weniger der Menschenwurm,
Der Adamssohn, eine Made“[1].

Der dritte Freund Hiobs, Zophar aus dem Lande Naamah (Maon?)[2], beruft sich auf eine geheimnisvolle Weisheit Gottes, die der Mensch nicht zu ergründen vermöge. „Wenn Gott nur sprechen, seinen Mund dir gegenüber öffnen wollte, dann würde er dir die Geheimnisse der Weisheit verkünden; denn er hat doppelten Ratschluß“[3]. Da der Mensch diese Weisheit nicht erforschen kann, so bleibt ihm nur eins zu tun übrig, frommes Denken und sittliches Handeln[4].

„Denn es gibt eine Quelle für's Silber
Und einen Ort, für's Gold zu läutern
— — — — — — — — —
Aber wo findet sich die Weisheit,
Und wo ist der Ort der Einsicht?
Der Mensch kennt ihre Lage nicht,
Und sie findet sich nicht im Lande der Lebenden.
Die Tiefe spricht ‚sie ist nicht in mir‘
Und das Meer spricht ‚sie ist nicht bei mir‘
— — — — — — — — — — — —
Und wo findet sich die Weisheit,
Und wo ist der Ort für die Einsicht?
Sie ist allen Lebenden verborgen,
Und den Vögeln des Himmels unbekannt.
Grab und Tod sprechen:
‚Wir haben von ihr gehört,
Kennen aber ihren Ort nicht.‘
Gott allein begreift ihren Weg
Er kennt ihren Ort,
— — — — — —
Als er machte dem Winde Gewicht
Und das Wasser maß mit dem Maße,
Als er dem Regen Gesetze vorschrieb,

1) Hiob Kap. 18 und 25.

2) Die LXX haben für נעמתי *Μιναῖος*, als wenn er aus der idumäisch-arabischen Stadt Maon gewesen wäre, s. B. II. 1. Hälfte. S. 396.

3) Das. 11, 5—6 כפלם לתושיה ist nach der Peschito zu emendieren in כפלים לו תושיה.

4) Das. 28, 28 f.

Und einen Weg dem Donner,
Da sah er sie, rühmte sie,
Begründete und ergründete sie,
Und sprach zum Menschen:
,Sieh' Gottesfurcht ist Weisheit
Und vom Bösen weichen Einsicht'"[1].

So hat der Dichter des Hiob die Rolle unter die Freunde verteilt. Es lag ihm besonders daran, die Hinfälligkeit der von ihnen vertretenen Vergeltungslehre gründlich darzutun. Ihre Behauptung, daß der Grund der Leiden und des Übels in der Sündhaftigkeit der Menschen zu suchen sei, wird durch Hiobs Tugendgröße erschütttert. Der Dichter läßt diesen Dulder maßvoll von einer Unschuld und seinen Verdiensten sprechen und sogar Gott herausfordern, er möge doch einmal aus seiner Schweigsamkeit heraustreten, mit ihm zu Gericht gehen und ihm die Sünden vorhalten.

„Wie viel sind meine Verbrechen und Sünden,
Meine Schuld und Sünden tue kund.
Warum verbirgst du dein Antlitz,
Und betrachtest mich als deinen Feind?
Willst du ein verwehtes Blatt erschrecken
Und trockene Spreu verfolgen?
Daß du meinen Ungehorsam aufzeichnest
Und mich die Vergehungen meiner Kindheit erben lassest?
In einen Block meine Füße einklemmst,
Alle meine Wege bewachst!"[2]

Die Behauptung der Freunde, daß die Frevler einem schrecklichen Lose verfallen, läßt der Dichter aus Vorgängen seiner Gegenwart in nichts auflösen, er setzt Erfahrung gegen Erfahrung. Den Trost, den die Hoffnung auf die einstige Auferstehung aus dem Grabe den leidenden Frommen gewähren könnte, und auf den Hiobs Freund ihn verwiesen, läßt der Dichter, als wenig überzeugend, mit geflissentlicher Schroffheit abweisen.

„Die Wolke schwindet und vergeht,
So ersteht nicht wieder, wer ins Grab gefahren,
Er kehrt nimmermehr in sein Haus zurück,
Und seine Stätte erkennt ihn nicht wieder.

— — — — — — — — — —

Ein Baum hat Hoffnung,
Wenn umgehauen, so wechselt er,
Und seine Schößlinge hören nicht auf.
Altert seine Wurzel in der Erde,

[1]) Hiob 28, 1 f. Diese Partie gehört Zophar an, vgl. Frankel-Graetz, Monatsschrift, Jg. 1872 S. 244 f.

[2]) Das. 13, 23 f.

Stirbt der Stamm ab im Staube,
So blüht er vom Wassergeruch wieder auf
Und treibt Zweige wie eine junge Pflanze.
Stirbt der Mensch aber, so vergeht er,
Schwindet der Mann ihm, wo bleibt er?
Das Wasser schwindet aus dem Meere,
Der Strom vertrocknet und versieget,
So, wenn der Mensch stirbt, steht er nicht mehr auf,
Bis zu des Himmels Untergang erwachen sie nicht,
Und werden nicht aus ihrem Schlafe erweckt.
O, wenn du mich ins Grab bärgest,
Mich entzögest, bis dein Zorn gewichen,
Mir eine Frist setztest,
Dann dich meiner erinnertest!
Aber wenn der Mensch stirbt,
Kann er wieder aufleben?
Dann würde ich alle meine gezählten Tage hoffen,
Bis ein Wechsel einträfe.
Aber ein Berg stürzt zusammen,
Der Fels wankt von seiner Stelle,
Steine zerreibt das Wasser.
— — — — — — —
So hast du des Menschen Hoffnung vernichtet"[1].

Der Dichter läßt Hiob, der allen Grund zum Unmut hat, ein düsteres Ergebnis seiner Betrachtungen aufstellen:

„Eins ist's, ich spreche es aus,
Den Unschuldigen, wie den Schuldigen reibt er auf.
Die Erde ist der Gewalt des Frevlers überliefert,
Das Antlitz ihrer Richter hat er verhüllt.
Wenn nicht so, wer will mich Lügen strafen"?[2]

So ist nun der Knoten geschürzt und er muß gelöst werden; denn es steht nicht weniger auf dem Spiele, als die Gerechtigkeit Gottes und das sittliche Verhalten der Menschen. Ist vor Gott Recht und Unrecht, Tugend und Frevel ganz gleich, so braucht der Mensch jene nicht zu hegen und diese nicht zu meiden. Um diese schwer wiegende Frage der Vergeltungslehre der Lösung näher zu führen, läßt der Dichter noch eine Person auftreten, einen Jüngling, Elihu, aus einer aramäischen Familie, der bisher unbeachtet dem Wechselgespräche zugehört und wegen seiner Jugend nicht gewagt hatte, mitzusprechen. Die Wendung, welche das Ganze genommen, drängte ihn seine Meinung kundzugeben, weil einerseits sich Hiob für gerechter als Gott hält und anderseits seine Freunde ihn zum vollendeten Bösewicht stempeln. Gegenüber der veralteten Ver-

[1]) Hiob 7, 9 f.; 14, 7 f. auch 16, 22; 17, 13—16.
[2]) Das. 10, 22 f. zu V. 24 b מי הוא muß ergänzt werden יכזיבני, wie 24, 25.

geltungslehre von der Wechselwirkung von Sünde, Strafe und Leiden macht sich eine neue jugendliche geltend, welche Elihu vertritt. Diese junge Lehre macht sich anheischig, des Lebens Rätsel zu lösen.

Zunächst widerlegt Elihu Hiobs Klage, daß Gott sich verhülle und den von Unmut geplagten Menschen in der Irre ließe. Er behauptet dagegen, daß Gott sich wohl den Menschen eröffne, aber in einer eigenen Sprache, als Warnung im Traum und als Prüfung durch Krankheit[1]). Leiden treffen den Menschen, so führt Elihu weiter aus, nicht als Folgen der Sünden, sondern als Warnungszeichen, sich der Sünde nicht zu überlassen, durch Fülle und Reichtum nicht dazu verführt zu werden.

„Er erlöst den Dulder durch seine Leiden
Und öffnet durch Drangsal das Ohr.
— — — — — — — — — — — — —
Er prüfte dich, daß dich die Fülle nicht verführe,
Und die Menge Sühnegeldes dich nicht verleite.
— — — — — — — — — — — — —
Hüte dich, daß du dich nicht dem Unrecht zuwendest.
Denn deswegen bist du durch Elend geprüft worden“[2]).

Diese Anschauung, daß die Leiden ein Erziehungsmittel bilden, beruhigt jedenfalls besser das zweifelnde Gemüt als die alte Vergeltungslehre. Der Dichter läßt durch Elihu den Beweis führen, daß Hiobs absprechendes Urteil über Gottes Gerechtigkeit unüberlegt sei. Verführe Gott mit Willkür, dann könne die Ordnung der Welt nicht einen Augenblick bestehen, und würde in das Chaos zurückfallen:

„Männer von Einsicht, hört mir zu!
Unwürdig ist Gottes das Unrecht,
Sondern er zahlt dem Menschen nach seinem Tun
Und läßt ihn nach seinem Wandel finden.
Auch in Wahrheit kann Gott nicht ungerecht handeln,
Und der Mächtige nicht das Recht beugen.
Wer hat ihm die Erde anvertraut?
Und wer den ganzen Weltkreis gemacht?
Wenn er seinen Sinn darauf richtete,
Seinen Hauch und seine Seele für sich zurückzöge,
So würde alle Kreatur vergehen,
Und der Mensch in den Staub zurückkehren“[3]).

[1]) Hiob 33, 14 f. V. 23 f. nach LXX, die hier einen anderen und besseren Text voraussetzen lassen.

[2]) Dieser Gedanke ist in 36, 9 f. ausgedrückt und nur durch Textkorruption öfter verdunkelt.

[3]) Das. 34, 10 f.

Seiner Rolle gewiß, läßt der Dichter den Jüngling Elihu jugendlich übersprudeln. Er kann seine Gedanken nicht ordnen, knüpft bald hier, bald dort an und springt von einem zum andern. Zuletzt läßt er ihn die Wunder in der Natur schildern, worin sich die Allmacht Gottes offenbart; Elihu spricht von den Wolkenschläuchen, von der Wirkung des Regens, des erschütternden Donners, des Sturmes; wie vom Hauch Gottes sich das Eis bildet und Wasserweiten spiegelfest und glatt werden, und wiederum die Kleider zu warm werden, wenn der Wind die Erde vom Süden beschwichtigt. Darum verehren ihn die Menschen, und sollte der Weise ihn nicht auch verehren?[1])

Indessen vermag der Vertreter der jungen Weisheit auch nicht die peinigenden Rätsel befriedigend zu lösen, wie Gott selbst es vermöchte. Der Dichter läßt daher die Gottheit aus einem Sturme sprechen und eine ihrer würdige Sprache führen. Er läßt sie Fragen auf Fragen mit zermalmendem Spotte an Hiob richten, wodurch sie nicht bloß die göttliche Allmacht, sondern auch die Fürsorge für das Größte und Kleinste auf der Erdenwelt kund gibt.

„Wer ist's, der Gedanken verdunkelt
Mit Worten ohne Erkenntnis?
Gürte wie ein Mann deine Lenden,
Ich will dich fragen, und tue mir kund.
Wo warst du, als ich die Erde gegründet?
Künde, wenn du es weißt, Einsicht:
Wer hat ihre Säulen gesetzt,
(Wenn du es weißt)
Oder wer an ihr das Meßseil gespannt?
Worauf sind ihre Schwellen eingesenkt,
Oder wer hat ihre Stützen gesetzt?
— — — — — — — — —
— — — — — — — — —
Hast du je dem Morgen Befehle erteilt,
Der Morgenröte den Platz angewiesen?
— — — — — — — — — —
— — — — — — — — — —
Hat der Regen einen Vater?
Oder wer hat die Taukügelchen gezeugt?
— — — — — — — — — —
— — — — — — — — — —
Kannst du für die Löwin Beute fangen,
Und der jungen Löwen Gier sättigen,
Wenn sie kauern in Höhlen,
Sitzen im Dickicht auf der Lauer?
Wer bereitet für den Raben Futter,

[1]) Hiob 36, 26 f. 37, 1 f.

Wenn seine Jungen zu Gott aufschreien,
Umherirren ohne Fraß?
Kennst du die Geburtszeit der Felsblöcke,
Der Gazelle Wehen beobachten,
Zählen die Monde ihrer Trächtigkeit
Und kennst die Zeit ihres Gebärens?
— — — — — — — — —
Gabst du dem Rosse Mut,
Hast du seinen Hals mit der Mähne bekleidet?
Schwingt sich durch deine Weisheit der Geier auf,
Breitet seine Flügel nach Süden aus?
Oder erhebt sich der Adler nach deinem Befehle
Und legt sein Nest hoch an?
Auf Fels weilt und wohnt er,
Auf einer Felsbank und Spitze!
Von dort erspäht er die Beute,
In die Weite blicken seine Augen.
Seine Jungen lecken Blut,
Und wo Leichen sind, ist auch er"[1].

Überwältigt von dieser langen Reihe von Fragen, die sämtlich des Weltordners Fürsorge und Güte bekunden, antwortet Hiob: „Ja, ich bin zu geringe, was soll ich erwidern? Ich verstumme. Einmal habe ich gesprochen und will nicht wiederholen, und zweimal und wills nicht mehr"[2]. Um den Eindruck noch mehr zu verstärken, läßt der Dichter die Schilderung der beiden Wundertiere Ägyptens, des Nilpferdes (Behemot) und des Krokodils (Leviathan), ihre Kraft und den Bau ihrer Glieder vor die Seele führen. Dadurch wird Hiob vollends zum Bekenntnis seiner Unwissenheit geführt: „Ich weiß, daß du alles vermagst und nichts ist dir verwehrt. Ich gestehe, daß ich nichts begreife. Es ist mir zu wunderbar, und ich weiß es nicht. Ich habe bisher nur von dir gehört, nun habe ich dich selbst gesehen. Darum schweige ich, und bereue in Staub und Asche"[3]. Die Wunder der Natur, welche der Dichter eben so schön wie erhaben darzustellen wußte, die zugleich eine höhere Ordnung und Leitung bekunden, müssen dem denkenden Menschen das Bekenntnis seiner Ohnmacht, wie seiner Unwissenheit abringen. Der Dulder erkennt selbst, daß Ungerechtigkeit und Willkür nicht auf der Erdenwelt herrschen können. Aber das Hauptrătsel des Lebens scheint damit doch noch nicht gelöst. Warum leidet Hiob unverschuldet, und so viele, viele mit ihm?

Die Beantwortung dieser beklemmenden Frage hat der Dichter

[1] Hiob 38, 1 f.
[2] Das. 40, 3—4.
[3] Das. 42, 3.

schon im Eingange nahe gelegt, daß die Leiden nur zur Prüfung auferlegt worden seien, ob der Fromme, arm und verlassen und selbst von körperlichen Schmerzen gepeinigt, in seiner Gerechtigkeit und Frömmigkeit verharren werde. Diese Prüfung hat Hiob bestanden. „Sollen wir denn nur das Gute von Gott hinnehmen und nicht auch das Böse?“ hat er seiner Frau erwidert, die ihn zur Lästerung Gottes hinreißen wollte. „Bis ich vergehe, werde ich meine Frömmigkeit nicht aufgeben,“ hat Hiob im Verlaufe der Zwiegespräche geäußert[1]. Hiob hat nur den Grund der Leiden der Gerechten auf der einen Seite und des Wohlergehens der Frevler auf der andern Seite ergründen wollen; aber das Warum zu erforschen, vermochte weder er, noch die ältern Freunde, noch Elihu, das ist Gottes tiefverborgene Weisheit. Und als ihm das klar vor Augen gelegt wurde, hat Hiob in Demut seine in Unmut aufgeworfenen Fragen bereut. Er hatte also die Probe, welche ihm infolge des Zweifels des Anklägers aufgelegt wurde, voll bestanden. Darum hat ihn Gott noch zuletzt belohnt — wie das Nachwort erzählt — er hat ihm den Verlust doppelt ersetzt, und Hiob starb alt und satt an Tagen. So hat der Dichter mit seiner Kunstschöpfung seine Aufgabe gelöst. Er hat die Zweifel beschwichtigt, „er hat viele belehrt, schlaffe Hände gestärkt, Strauchelnde haben seine Worte aufgerichtet und wankende Knie aufrecht erhalten“[2]. Er hat in einem künstlerisch ausgearbeiteten Schriftwerke die erste Religionsphilosophie aufgestellt, und damit hat er die Zweifel, welche das menschliche Herz zu allen Zeiten beunruhigen und quälen, wenn auch nicht gelöst, so doch als unberechtigt abgewiesen.

[1] Hiob 27, 5f.
[2] Das. 4, 3—4.

Zweites Kapitel.

Die nahende Erlösung.

Nabonad, Usurpator von Babylonien und Cyrus. Das Gesuch der Judäer um Rückkehr von Nabonad verweigert. Haß der Nationalgesinnten gegen Babylon. Nabonads Verfolgung gegen sie. Die Märtyrer für die judäische Lehre. Die exilischen Propheten. Der babylonische Jesaia. Seine Tiefe und sein Schmelz. Die von ihm aufgestellte Heilslehre. Seine Tröstungen, Ermahnungen und Hoffnungen. Cyrus' Kriegszug gegen Babylonien. Babels Sturz. Das völlige Schwinden des Götzentums aus der judäischen Gemeinde in Babylonien. Eifer für die Rückkehr. Cyrus erteilt die Erlaubnis dazu. Serubabel, Jeschua und die übrigen zehn Führer. Zahl der Rückkehrenden und ihre Freude.

555—538.

Indessen fielen in Babylonien und in Vorderasien Vorgänge vor, welche das Geschick der Judäer im Exil bestimmen sollten. Neriglissar, der Nachfolger des ihnen freundlichen Ewil-Merodach (o. S. 4 f.), war gestorben und hatte einen noch unmündigen Thronfolger hinterlassen. Aus irgendeinem Grunde töteten die babylonischen Großen den jungen Königssohn, und einer derselben Nabonad (Nabonned, Nabonnid, Labynet) bemächtigte sich des babylonischen Thrones und Reiches (555). Einige Jahre vorher hatte ein persischer Krieger, der Held Cyrus (Koresch), den medischen König Astyages gestürzt und sich zunächst des medischen Reiches mit der Hauptstadt Ekbatana (Achmatana) bemächtigt und die dazu gehörigen Provinzen unterworfen. Die Frommen und Enthusiasten unter den babylonischen Judäern erblickten in diesen Vorgängen ein Vorzeichen, daß dadurch auch für ihr Geschick eine Wendung eintreten werde, zumal die Propheten Jeremia und Ezechiel auf das allerbestimmteste im voraus verkündet hatten, daß nach einiger Zeit die Exulanten in ihre Heimat wieder eingesetzt werden würden. Sie scheinen sich an Nabonad gewendet zu haben, daß er die Judäer aus der Verbannung entlassen und in ihre Heimat zurückkehren lassen möge [1]). Sie mögen

[1]) Folgt aus Jeremia 50, 33: וכל שוביהם החזיקו בם מאנו שלחם, es liegt nämlich darin, daß das Gesuch gestellt worden war, sie zu entlassen.

um so eher auf Erfüllung ihres Wunsches gerechnet haben, als Nabonad gleich nach seiner Thronbesteigung einen phönizischen Großen aus dem königlichen Hause, namens Merbal, auf das Gesuch der Phönizier nach der Heimat zurückkehren ließ und zum Könige derselben einsetzte, und als dieser nach einigen Jahren gestorben war, gestattete er dessen Bruder Hirom (Eiromos) nach Tyrus zurückzukehren und die Herrschaft anzutreten[1]. Sollte Nabonad nicht auch den Judäern dieselbe Gunst gewähren? Schaltiel, der Sohn des Königs Jojachin, mag dieses Gesuch an den gekrönten Emporkömmling gestellt und die judäischen Eunuchen am babylonischen Hofe es unterstützt haben. Allein Nabonad mochte die Söhne Judas ebenso wenig aus Babylon entlassen[2], wie vormals Pharao die Söhne Israels aus Ägypten.

Diese getäuschte Hoffnung oder diese Zurücksetzung entzündete in den Gemütern der nationalgesinnten Judäer einen glühenden Haß gegen Babel und seinen König. Die alten Wunden brachen wieder auf. Sie erinnerten sich lebhafter an die Eroberung, an die Einäscherung Jerusalems und an die Entweihung des Tempels. „Aufgerieben, verzweifelt hat mich Nebukadnezar gemacht, er hat mich als leeres Gefäß zurückgelassen, hat mich wie ein Ungeheuer verschlungen, hat seinen Wanst von meinen Leckerbissen gefüllt und mich verbannt. Mein Leid komme über Babel, spricht Zion, und mein Blut über die Bewohner Chaldäas. — Wir schämen uns, daß wir so viel Schmähung vernommen, Schmach bedeckt unser Antlitz, daß Barbaren über das Heiligtum des Tempels Gottes gekommen waren[3]. — Zwiefaches hat dich betroffen — wer kann dich bemitleiden? Plünderung und Zerstörung, Hunger und Durst, wer kann dich trösten? Deine Söhne lagen verschmachtet an allen Straßen wie der Auer im Garn[4]." — „O grausame Tochter Babel, glücklich, wer dir das vergelten könnte, was du an uns getan, glücklich, wer deine Kinder ergreifen und an den Fels schleudern könnte[5]." Babel wurde von dieser Zeit ebenso wie Edom verabscheut. Dieser glühende Haß der nationalgesinnten Judäer mag nicht an sich gehalten, sondern sich in Worten oder Handlungen Luft gemacht haben. Der baldige

[1] Josephus contra Apionem I. 21, aus einer phöniz. Quelle. Die Zeit ergibt sich daraus, daß das 14. Jahr des Eiromos mit dem ersten Jahre des Cyrus (538) zusammenfällt, daß also dieser um 551 zurückgekehrt ist und sein älterer Bruder Merbal 4 Jahre vorher, 555 in Nabonads erstem Regierungsjahr.

[2] Jeremia a. a. O. folgt auch aus Jes. 14, 17b.

[3] Jeremia 51, 34. 51.

[4] Jesaia 51, 19f.

[5] Ps. 137, 8—9.

Untergang dieses sündhaften, von Götzentum und Unzucht strotzenden Landes schien ihnen gewiß. Mit Spannung folgten sie daher den kriegerischen Fortschritten des Helden Cyrus, weil ein Zusammenstoß zwischen dem aufstrebenden medisch-persischen Reiche und Babylonien unvermeidlich schien. Cyrus hatte seine Waffen gegen das lydische Reich des Krösus gerichtet, und dieser hatte ein Schutz- und Trutzbündnis mit Nabonad und mit dem König Amasis von Ägypten geschlossen. Diese sahen voraus, daß die Reihe auch an sie kommen werde und suchten sich durch gegenseitige Bündnisse zu stärken. Aber diese Bündnisse reizten den persischen Eroberer nun noch mehr, die Selbstständigkeit Babyloniens, das seinem Reiche am nächsten lag, zu brechen. Haben vielleicht die judäischen Eunuchen am babylonischen Hofe oder die zur judäischen Lehre übergetretenen Heiden mit Cyrus Unterhandlungen angeknüpft und ihm heimlich Kunde von den Vorgängen in Babel hinterbracht? Das Wohlwollen, das der persische Held später den Judäern zeigte, und die Verfolgung, welche Nabonad über die Judäer verhängte, führen auf die Vermutung, daß ein Einverständnis zwischen Cyrus und einigen Judäern bestanden oder wenigstens, daß der babylonische König sie im Verdacht eines solchen Einverständnisses gehalten hat. Nabonad war mit Ingrimm gegen sie erfüllt[1]).

Diese Verfolgung war zunächst gegen die Nationalgesinnten und Frommen gerichtet; harte Strafen wurden über sie verhängt und mit Grausamkeit vollstreckt, als sollte der Kern des Volkstums, wie Hiob, durch Leiden geprüft und geläutert werden. Einigen wurde harte Zwangsarbeit aufgelegt, und davon blieben selbst Greise nicht verschont[2]). Andere wurden noch grausamer in dunkle Kerker gebracht[3]) oder wurden gerauft, geschlagen und verhöhnt[4]). Selbst dem Martertod wurden einige ausgesetzt[5]), wahrscheinlich die eifrigsten, welche sich nicht scheuten, von der nahen Erlösung durch Cyrus öffentlich zu sprechen. Der Enkel des Hohenpriesters Seraja, welcher von Nebukadnezar hingerichtet worden war (II. 1. Hälfte. S. 361), scheint ebenfalls dem Tode und zwar dem Feuertode geweiht worden zu sein[6]). Da die Verfolgten dem Kreise der Dulder angehörten, so erduldeten

1) Jesaia 41, 11—12; 51, 13b.

2) Jesaia 47, 6.

3) Das. 42, 7. 22; 49, 9; Ps. 107, 10—16.

4) Das. 50, 6; 21, 10.

5) Folgt aus Jes. 53, 7 f. und Ps. 102, 21: אנקת אסיר — בני תמותה, vgl. darüber weiter unten.

6) Folgt aus Zacharia 3, 1—2. Jesua wird אוד מצל מאש genannt.

sie die vielfachen Leiden mit Standhaftigkeit und bestanden die Prüfung des Märtyrertums.

Ein zeitgenössischer Prophet, welcher diese Verfolgung mit erlebte oder vielleicht selbst davon betroffen wurde, schilderte sie mit wenigen, aber Schmerz erregenden Zügen. Indem er die Dulder für den Kern des Volkes ansah, spricht er von ihren Qualen, als wenn sie das ganze Volk erduldet hätte:

„Verachtet und verlassen unter den Menschen
Ein Dulder der Schmerzen und vertraut mit Leiden
— — — — — — — — — — — —
Wurde es gepeinigt, obwohl unterwürfig,
Und öffnete seinen Mund nicht.
Wie ein Lamm zur Schlachtbank geführt,
Und wie ein Schaf vor den Scherern verstummt,
Öffnete es seinen Mund nicht.
Durch Kerkerhaft und Gericht wird es hingerafft,
Und sein Umherirren, wer kann es erzählen?
Denn es wurde aus dem Lande der Lebendigen gerissen.
— — — — — — — — — — — —
Man bestimmte bei Frevlern sein Grab
— — — — — — — — — — — —
Obwohl es nicht Unrecht übte,
Und kein Trug in seinem Munde ist[1]).

Sie sprachen zu dir: ‚Bücke dich,
Wir wollen über dich hinwegschreiten!‘
Da machtest du wie die Erde deinen Leib
Und wie eine Straße für die Vorübergehenden[2])“.

Es war ein Leidensstand für die Judäer in Babylonien eingetreten, der viel Ähnlichkeit mit dem ihrer Vorfahren in Ägypten hatte, nur mit dem Unterschiede, daß, statt der Sklaverei und des Arbeitszwanges auf den Feldern und bei Bauten, Kerker und Tod ihrer harrte, und daß diejenigen, welche ihre Nationalität verleugnet hatten, ungefährdet und unangefochten blieben. Auch in Babylonien stiegen die Wehklagen über die Grausamkeit zum Himmel. Die trübe Stimmung eines solchen leidenden Dulders, untermischt mit Hoffnung auf Erlösung, veranschaulicht ein Psalm, welcher in dieser Zeit der Verfolgung gedichtet wurde:

„Herr, erhöre mein Gebet
Und meine Klage möge vor dir kommen.
— — — — — — — — — —
Denn es schwinden wie Rauch meine Tage

1) Jesaia 53, 3fg. V. 8 muß statt des unverständlichen ואת דורו gelesen werden ואת רודו von רוד oder ריד „umherirren“.
2) Das. 51, 23b.

— — — — — — — — — —
Ich gleiche einem Pelikan der Wüste,
Ich wurde wie eine Eule der Trümmer.
— — — — — — — — — —
Den ganzen Tag lästern mich meine Feinde,
Meine Spötter sättigen sich an mir.
Denn Staub wie Brot esse ich,
Und meinen Trank mische ich mit Tränen.
— — — — — — — — — — —
Du aber, Herr, weilst auf immer,
Dein Name ist für und für.
Du mögest dich erheben, dich Zions erbarmen.
Denn es ist Zeit sie zu begnadigen,
Denn die Frist ist eingetroffen,
Und es herzen deine Diener ihren Staub
Und schätzen hoch ihre Steine
Dann werden Völker den Namen Gottes verherrlichen
Und alle Erdenkönige deinen Ruhm.
Weil geschaut hat der Herr von seiner heiligen Höhe,
Hat vom Himmel zur Erde geblickt,
Zu hören das Seufzen der Gefesselten,
Zu lösen die dem Tode Geweihten,
Zu rühmen in Zion Gottes Namen
Und sein Lob in Jerusalem.
Wenn sich die Völker zusammen sammeln,
Und Königreiche, den Herrn anzubeten[1])".

Die von Kerker und Marter bedrohten Frommen verfolgten mit um so größerer Seelenspannung Cyrus Siege. Jeder Fortschritt in seinen Eroberungen schien ihre Erlösung zu beschleunigen. Als endlich Lydien unterworfen und Krösus besiegt war (zwischen 548 und 546), steigerte sich ihre Hoffnung, daß bald die Reihe an Babylonien kommen und der Sieger auch ihr schweres Joch brechen werde. Indessen vergingen noch mehrere Jahre, ehe Cyrus den Krieg gegen Babylonien unternahm. In dieser Zeit traten mehrere Propheten auf, deren Namen der Vergessenheit verfielen, welche zum Trost der Dulder den unvermeidlichen Untergang Babels und die baldige Erlösung der Verbannten mit erstaunlicher Gewißheit verkündeten. Zwei derselben haben Reden hinterlassen, welche denen der besten der älteren Propheten nicht nachstehen. Einer derselben hat eine solche Kraft der Beredsamkeit und Poesie entwickelt, daß seine Reden zu den schönsten nicht bloß des hebräischen Schrifttums gehören. Der eine dieser exilischen Propheten hat mehr Gewicht auf das Strafgericht gelegt, das Babel zugedacht sei, und hat seine Verkündigung in eine

[1]) Ps. 102. Die meisten Ausleger setzen mit Recht diesen Ps. in die exilische Zeit, und der ganze Inhalt spricht dafür, nichts dagegen.

Art Spottlied gekleidet. Er begann indes mit einer erhabenen Einleitung.

„Auf kahlen Bergen erhebet das Banner,
Ruft ihnen laut zu, schwenket mit der Hand,
Daß sie in der Vornehmen Pforten einziehen!
‚Ich habe meine Geweihten entboten,
Aufgerufen Helden für meinen Zorn,
Triumphierende durch meine Hoheit.‘
Horch, ein Toben auf den Bergen gleich vielen Volkes
Horch das Rauschen!
Die Reiche der Völker sammeln sich,
Der Herr Zebaoth führt das Kriegsheer an!
Sie kommen vom fernen Lande, vom Himmels Ende,
Ihwh mit den Werkzeugen seines Ingrimmes,
Das Land zu zerstören.
— — — — — —
Ich errege gegen sie die Meder,
Die Silber nicht achten und an Gold kein Gefallen haben;
Die Bogen werden Jünglinge zerschmettern,
Und die Leibesfrucht nicht schonen.
Dann wird Babel, die Pracht der Reiche,
Der Stolz der Chaldäer, wie die Zerstörung von Sodom und Gomorrha sein.“

Der Prophet schildert darauf die Verödung, welche Babel treffen wird, daß Tiere in den Prachtpalästen hausen werden, und daß die Zeit nahe sei. Er fährt dann fort:

„Denn Ihwh wird wieder Jakob sich erküren
Und Israel wieder erwählen,
Wird sie heimführen in ihr Land,
Und Fremde werden sich ihnen anschließen
Und sich anschmiegen an Jakobs Haus.
— — — — — — — — — —
Und dann, am Tage, wenn der Herr dich beruhigt hat
Von deiner Mühsal, deiner Unruhe
Und dem schweren Dienst, der dir auferlegt ward,
Dann wirst du dieses Spottlied gegen den König von Babel anstimmen:
‚O, wie feiert der Zwingherr,
Feiert die Schmerzensbringerin!‘
Ihwh hat den Stab der Frevler,
Die Geißel der Tyrannen zerbrochen;
Der die Völker geschlagen,
Wird geschlagen ohne Unterlaß,
Der die Völker verfolgt,
Wird verfolgt ohne Aufhören.
— — — — — — — — — —
Es sind still und ruhig die Bewohner der ganzen Erde
Und brechen in Triumph aus.
Auch die Zypressen haben Schadenfreude an dir,

„Die Zedern des Libanon:
‚Seitdem du liegst, kommt der Zerstörer nicht über uns.‘
— — — — — — — — — — — — —
Wie bist du vom Himmel gefallen,
Lichtstern, o Sohn der Morgenröte!
Und du sprachest in deinem Herzen:
‚Den Himmel will ich besteigen,
Über die Gottessterne meinen Thron erheben,
Sitzen auf dem Berge der (Götter) Versammlung,
Am äußersten Ende des Nordens.
In die Unterwelt wirst du gestürzt werden,
In die äußerste Tiefe des Grabes[1].‘“

Zur selben Zeit, immer noch ehe Cyrus seinen Kriegszug gegen Babel unternahm, verkündete ein zweiter Prophet dasselbe[2]: den Sturz des sündenbelasteten und frech übermütigen Landes und die Erlösung der gebannten und mißhandelten Judäer in einer zwar weniger dichterischen Form, aber mit einer hinreißenden Fülle der Beredsamkeit. Dieser zweite namenlose Prophet, dessen lange Rede Jeremia beigelegt wurde, sah Babels Untergang so sicher voraus, daß er den Verbannten zurief, sich aus dem Lande der Verbannung zu entfernen, es zu verlassen und heimwärts in das verödete Vaterland zurückzukehren, damit sie nicht das Mißgeschick, welches über Babel unfehlbar eintreffen werde, teilen sollten. Auch er begann mit einem feierlichen Eingang:

„Verkündet es unter die Völker und ruft es aus,
Erhebt das Banner, rufet aus und verschweigt es nicht,
Sprechet: ‚Erobert ist Babel, beschämt Bel,
Gebrochen Merodach, beschämt ihre Kunstgötzen,
Gebrochen ihre Scheusalgötter!
Denn es zieht gegen sie ein Volk aus dem Norden,
Dieses wird ihr Land zur Einöde machen,
Und kein Bewohner wird in ihm bleiben,
Von Menschen bis Vieh ausgewandert, entwichen
In denselben Tagen und in dieser Zeit‘
(spricht Gott)
Werden die Söhne Israels kommen,
Sie und die Söhne Judas zusammen,
Weinend werden sie wandern,
Und den Herrn, ihren Gott, werden sie aufsuchen,

[1]) Jesaia Kap. 13—14. 23. Es braucht nicht auseinandergesetzt zu werden, daß diese beiden Kapitel nicht Jesaia, sondern der Exilszeit angehören.

[2]) Jeremia Kap. 50—51. Auch dieses gehört der Exilszeit an, wie sämtliche besonnene Kritiker einstimmig annehmen. Um das Zeitverhältnis beider zu bestimmen, muß man davon ausgehen, daß beide noch vor Cyrus' Expedition gegen Babel gesprochen wurden, was aus Jesaia 13, 17. 22b, Jeremia 50, 2f. 9. 10. hervorgeht.

Zion werden sie erfragen
Zum Wege dorthin ihr Gesicht richten:
‚Kommet, lasset uns Jhwh anschließen,
In ewigem Bündnis, unvergeßlich[1]‘“.

Babels Geschick verkündete er im voraus ganz so, wie es sich erfüllt hat:

„Läufer wird gegen Läufer rennen,
Und Boten gegen Boten,
Dem König von Babel zu verkünden,
Daß seine Stadt von allen Enden erobert ist.
Die Furten sind besetzt,
Die Burgen in Feuer verbrannt,
Und die Männer des Krieges entsetzt.
— — — — — — — —
Ich werde ihr Meer austrocknen lassen
Und ihre Quelle versiegen machen[2]“.

Effektvoll sind manche Wendungen auch dieses Propheten: Von Babels Macht und Eroberung sprechend, redete er es im Namen Gottes an, in dessen Hand es ein Werkzeug war:

„Ein Hammer warst du mir, ein Kriegsgerät.
Ich schlug mit dir Völker
Und zerstörte mit dir Reiche,
Schlug mit dir Roß und Reiter,
Schlug mit dir Kriegswagen und Kämpfer,
Schlug mit dir Mann und Weib,
Schlug mit dir alt und jung,
Schlug mit dir Jüngling und Jungfrau,
Schlug mit dir Ackersmann und sein Gespann,
Schlug mit dir Statthalter und Fürsten.
So werde ich Babel und allen Bewohnern Chaldäas heimzahlen
Alles Böse, das sie an Zion vor meinem Auge getan.
Ich komme über dich, du Berg des Verderbens,
Welcher die ganze Erde verderbte,
Strecke meine Hand über dich aus,
Stürze dich von den Felsen
Und mache dich zu einem feuerspeienden Berge,
Man wird von dir nicht einen Stein zur Zinne
Und nicht einen Stein zur Grundfeste machen,
Denn ewige Trümmer wirst du sein[3]“.

Die judäischen Verbannten in Babylonien forderte der Prophet auf, den Untergang Babels nicht abzuwarten, sondern die Angst, in der es schwebt, zu benutzen, es zu verlassen, um nicht mit ihm unterzugehen.

1) Jeremia 50, 2 f.

2) Das. 51, 31 f. Vers 32 muß man statt אגמים lesen ארמונים; denn die Seen können doch nicht verbrannt werden!

3) Das. 51, 20 f.

„Weichet aus Babel und ziehet aus dem Lande der Chaldäer,
Und seid wie Leitböcke vor der Herde.
— — — — — — — — —
Fliehet aus Babel und rette ein jeder sich selbst,
Daß ihr nicht in ihrer Schuld untergeht!
— — — — — — — — — —
Ihr vom Schwert Geretteten, gehet, weilet nicht,
Denket aus der Ferne an Zion,
Und Jerusalem möge euch eingedenk sein[1].“

Als Cyrus endlich den längst gehegten Eroberungszug gegen Babylonien antrat, und die Spannung unter den judäischen Exulanten beklemmend wurde, zumal die Verfolgung gegen die Nationalgesinnten sich noch immer mehr steigerte, trat ein Prophet auf mit einer Glut von Beredsamkeit, welche in dieser Form ihresgleichen sucht. Wenn ein Kunstwerk darin seine Vollendung hat, daß Inneres und Äußeres, Gedanke und Form in Einklang sind, daß diese die Tiefe der Ideen anschaulich und allgemein verständlich macht, so ist die lange prophetische Rede oder die Reihe der Reden dieses Propheten — den man aus Unkenntnis seines Namens notbehilflich den „zweiten Jesaia“ oder den „babylonischen Jesaia“ nennt, — ein rednerisches Kunstwerk ohne Seitenstück. Vereint findet sich in diesen Reden Gedankenfülle mit Formvollendung, hinreißende Kraft mit schmelzender Weichheit, Ebenmaß von Einheit und Mannigfaltigkeit, dichterischer Schwung mit Einfachheit, und dieses alles in einer so edlen Sprache und in so warmen Tönen gehalten, daß sie, obwohl nur für die damalige Zeitlage berechnet, zu allen Zeiten verstanden werden und ergreifend wirken. Der babylonische Jesaia hat seine leidenden judäischen Zeitgenossen tröstend erheben und auf ein hohes Ziel hinweisen wollen und hat damit dem leidenden israelitischen Stamm vor den Augen aller mit Sinn und Herz Begabten, welchem Stamme und welcher Zunge sie auch angehören, die Lösung eines Rätsels nahegelegt, deren Richtigkeit die nachfolgenden Jahrtausende bewährt haben: wie ein Volksstamm zugleich klein und groß, zugleich elend und zum Tode gehetzt und doch unsterblich, zugleich verachteter Knecht und erhabenes Musterbild sein kann. An Gedankenhoheit und Glanz übertrifft der zweite Jesaia bei weitem den ersten, obwohl jener nur innerhalb des engen Kreises einer zählbaren Gemeinde ein beschränktes Gebiet für seine Beredsamkeit hatte, die leicht in Eintönigkeit und Wiederholungen hätte verfallen können, während dieser in einer volkreichen Hauptstadt im Anblick des Heiligtums mit Abwechslung über die sich darbietenden Stoffe sprechen konnte. Nur

[3]) Jeremia 51, 6. 10. 45. 50.

in einem Punkte steht der zweite Jesaia dem ersten nach, in der glücklichen Wahl dichterischer Bilder und Gleichnisse, oder richtiger jener scheint von der Höhe seiner lichtvollen und zugleich poetischen Darstellung diesen Schmuck verschmäht zu haben. Wer war dieser Prophet, zugleich tiefer Denker und Dichter? Nichts, gar nichts hat er von sich verlauten lassen, noch haben andere etwas über seine Lebensumstände überliefert. Die Sammler prophetischer Schriften haben, weil sie in der Fülle und Hoheit seiner Sprache Ähnlichkeit mit der des älteren Jesaia fanden, diese Reden an die des letzteren angereiht und sie zusammen zu einem Buche verbunden. Nur ein einziges Mal scheint der Prophet des Exils von sich zu sprechen:

„Der Geist des Herrn Jhwh kam über mich,
Weil Jhwh mich auserkor, den Duldern frohe Botschaft zu bringen,
Er sandte mich die Herzensgebrochenen zu heilen,
Den Gefangenen Freiheit zu verkünden
Und den Gefesselten Erlösung,
Zu verkünden ein Jahr der Gnade für den Herrn,
Und einen Tag des Eifers für unsern Gott,
Alle Trauernden zu trösten,
Den Trauernden um Zion Ehre zu gewähren,
Ihnen Kopfschmuck statt Asche zu geben,
Öl der Freude, statt Trauergewand,
Prachthülle statt des gedrückten Gemütes[1]."

Keiner verstand es in der Tat so gut, wie dieser Prophet, die schmerzensreiche Gemeinde Judas so gemütvoll zu trösten und so ermutigend zu erheben. Seine Worte lindern, wie Balsam auf eine Wunde oder wie ein fächelnder Luftzug auf eine glühende Stirne. „Tröstet, tröstet, mein Volk" so begann er:

„Tröstet, tröstet, mein Volk, spricht euer Gott,
Redet Jerusalem zu Herzen und rufet ihr zu,
Daß ihre Dienstzeit vollendet ist,
Daß gesühnt ihre Schuld,
Daß sie aus der Hand Gottes doppelt empfangen für alle ihre Strafen:
Eine Stimme ruft:
,In der Wüste räumet einen Weg für Jhwh,
Ebnet in der Einöde eine Straße für unsern Gott!
Jedes Thal erhöhe sich,
Und jeder Berg und Hügelkegel senke sich,
Die Krümmung werde zur Gradheit,
Und die Unebenheiten zum Tale,

[1] Jesaia 61, 1 f. In Vers 3 muß hinter לשום לאבלי ציון notwendig ergänzt werden כבוד. Die Annahme eines exilischen Propheten, den man Deutero-Jesaia nennt, kann gegenwärtig als unanfechtbare Tatsache ohne Beweisführung aufgestellt werden. Ihm gehören sämtliche Kapitel Jes. 40—66 mit Ausnahme von 56, 9—12 und 57, 1—13a an.

Jhwhs Herrlichkeit wird sich offenbaren,
Dann wird alle Kreatur schauen,
Daß Gottes Mund gesprochen[1].'"

Die bis zur Erschöpfung leidende und trostesbedürftige Gemeinde stellt dieser Prophet als eine wegen ihrer Schuld verstoßene und ihrer Kinder beraubte Mutter dar, die aber ihrem Gatten noch immer als Jugendgeliebte teuer geblieben ist[2]. Diese Verlassene nennt er Jerusalem, und dieser Name war für ihn der Inbegriff aller Zärtlichkeit und Herzensregung. Er ruft dieser verlassenen Mutter zu:

„Ermuntere dich, ermuntere dich, auf, Jerusalem!
Die du aus der Hand Gottes den Taumelkelch getrunken!
Keinen Führer hat sie von allen Kindern,
Die sie geboren,
Keiner faßt ihre Hand von allen Söhnen,
Die sie groß gezogen!
. . . .
In Wahrheit, höre das, Unglückliche und Berauschte ohne Wein!
So spricht dein Herr, Jhwh:
,Ich nehme den Taumelkelch aus deiner Hand
Du sollst ihn nicht mehr trinken.
Ich gebe ihn in die Hand deiner Unterdrücker,
Die da zu dir sprachen:
Lege dich nieder, wir wollen über dich schreiten!'
Und du machtest wie die Erde deinen Leib,
Und wie eine Straße für die Vorübergehenden.
Erwache, erwache, kleide dich in Macht Zion,
Ziehe deine Prachtkleider an, Jerusalem, heilige Stadt!
Denn nicht mehr soll in dich einziehen ein Unbeschnittener und Ureiner.
Schüttele dich ab vom Staube, stehe auf, Gefangene Jerusalems,
Löse von dir deines Halses Joch, gefangene Tochter Zion[3]!
. . . .
Unglückliche, Durchstürmte, Ungetröstete!
Ich lege deine Schwellen mit Glanzsteinen,
Und mache deinen Grund aus Saphiren . . .
. . . .
Und alle deine Söhne zu Gottesjüngern,
Und groß wird das Heil deiner Söhne sein[4]."
. . . .
Wie ein Mann, den seine Mutter tröstet,
So werdet ihr getröstet werden,
Und in Jerusalem getröstet werden"[5].

[1] Jesaia 40, 11. In Vers 1 muß statt יאמר gelesen werden אמר perfect; das י dittographiert vom vorhergehenden עמי. Vers 4 הנקם statt הנקב.

[2] Das. 54, 6 f.; 50, 1.

[3] Das. 51, 17—23; 52, 1 f.

[4] Das. 54, 11 f.

[5] Das. 66, 13.

Worin dieser Trost besteht? Nicht in Hoffnung auf eitlen, weltlichen Glanz, nicht auf Macht und Herrschaft, sondern auf ein weltumfassendes Heil. Dieser Prophet des Exils hat zuerst den Gedanken von dem an Abraham verheißenen Segen für alle Geschlechter der Erde[1]) als Heilslehre (Jescha, Jeschuah, Zedakah)[2]) aufgefaßt und ihre ganze Tiefe zum klaren Verständnis gebracht. Eine ganz neue sittliche Ordnung soll in die Welt einziehen, gewissermaßen ein neuer Himmel und eine neue Erde geschaffen werden, und das Alte soll vergessen und vergeben sein[3]). An diesem Heile werden alle Völker, alle Enden der Erde teilnehmen; vor dem Gotte, den Israel verehrt und verkündet, wird jedes Knie sich beugen, zu ihm jede Zunge schwören:

> „Lauschet mir Völker und Nationen vernehmet,
> Denn eine Lehre wird von mir ausgehen,
> Und mein Recht zum Lichte der Völker beschleunige ich.
> Nahe ist meine Gerechtigkeit, aufgegangen mein Heil.
> . . . .
> Auf mich werden die Küstenländer hoffen,
> Und auf meinen Arm (Kraft) harren" [4]).

Für dieses Heil ist Abraham aus weiten Erdenräumen berufen und seine Nachkommen von Mutterleibe an auserwählt worden[5]). Israel, das Volk Gottes, ist von Ihwh als sein Knecht und Sendbote an die Völker auserkoren worden, um diesen als Licht und als Bündnis zu dienen, um blinde Augen zu öffnen[6]). Das sei eben der Zweck Gottes, der seine Vorsehung von Anbeginn im Auge gehabt. Als er den Himmel gespannt und die Erde gegründet, hat er zugleich Israel oder Jeschurun zu seinem Volke, seinem Knechte und seinem Apostel in Aussicht genommen[7]).

Dieses auserkorene Apostelvolk, der Träger des Heils für alle Völker und alle Zungen, verherrlicht die poetische Beredsamkeit dieses Propheten so überschwenglich, daß es als ein Ideal erscheint. Gibt es denn etwas Höheres als Führer der Völker auf dem Wege des Rechtes, der Wahrheit und des Heils zu sein? Sollte Israel nicht stolz darauf sein, sollte sein Herz nicht höher schlagen im Bewußtsein, zu so hohem Beruf auserkoren zu sein? Der Prophet gab

[1]) S. Bd. I. S. 7 u. II. 1. Hälfte. S. 159.
[2]) Jesaia 46, 13; 49, 6; 51, 5—6. 8; 52, 7; 56, 1 u. a. St.
[3]) Das. 43, 18—19; 65, 17; 66, 22.
[4]) Das. 51, 4 f. 45, 22—23.
[5]) Das. 41, 8—9; 44, 24; 46, 3; 49, 5.
[6]) Das. 42, 6—7. 19; 44, 26.
[7]) Das. 51, 16. Das nennt der Prophet 53, 10 b: חפץ ה׳; von diesem „Endzweck Gottes" ist auch die Rede 44, 28; 48, 14.

zugleich an, wie dieses Ideal-Volk sein Apostelamt verwirklichen sollte:

„Sieh'! Auf meinen Knecht, auf den ich mich stütze,
Auf meinen Auserwählten, den meine Seele liebt,
Habe ich meinen Geist gegeben,
Daß er das Recht den Völkern offenbare.
Er wird nicht schreien, noch lärmen,
Wird nicht auf der Straße seine Stimme hören lassen.
Nicht ein geknicktes Rohr wird er zerbrechen,
Nicht einen verglimmenden Docht wird er auslöschen.
Zur Wahrheit wird er das Recht offenbaren,
Er wird weder ermatten noch eilen,
Bis er festgestellt auf Erden das Recht,
Und auf seine Lehre werden die Küstenbewohner harren" [1]).

Nicht durch Gewalt soll der Sendbote Gottes die Wahrheit zum Siege bringen und die Lehre verbreiten, nicht einmal dem bereits sinkenden Götzentum soll er den letzten Stoß geben. Wie soll er aber die Lehre zur allgemeinen Anerkennung bringen? Durch das eigene Beispiel, indem er sich zum Märtyrer und zum Opfer für seine eigene Lehre freiwillig hingibt, standhaft allen Verfolgungen gegenüber bleibt, Schmähung und Verachtung geduldig erträgt. Unnachahmlich setzt dieser Prophet des Exils diese von Israel erkannte Lebensaufgabe mit kurzen Worten auseinander, und diese Worte legte er dem Volke selbst in den Mund:

„Mein Herr Jhwh gab mir die Sprache gelehrter Jünger,
Zu wissen den Ermatteten ein Wort zu erwidern [2]),
Er erweckt mir jeden Morgen,
Erweckt mir das Ohr zu hören, gleich gelehrten Jüngern.
Mein Herr Jhwh hat mir das Ohr geöffnet,
Und ich widerstrebte nicht und wich nicht zurück.
Meinen Leib gab ich den Schlägen preis,
Und meine Wangen den Raufenden hin.
Mein Antlitz habe ich nicht verhüllt vor Schmach und Anspucken.
Mein Herr Jhwh wird mir beistehen,
Darum machte ich mein Gesicht wie Kiesel.
Ich wußte, daß ich nicht beschämt werden werde."

Dieses mit Bewußtsein getragene Märtyrertum, die Standhaftigkeit auf der einen Seite und die sanftmütige Erduldung auf der andern Seite müssen, so verkündete der babylonische Jesaia, die Lehre der Gerechtigkeit, welche das Ideal-Israel vertritt, siegreich machen und

[1]) Jesaia 42, 1 f. V. 2 ist לא ישׂא unverständlich; es muß לא ישאג gelesen werden.

[2]) Das. 50, 4 f. Statt לעות, das ohne Analogie ist, muß man lesen לענות; das Verb. ענה regiert den doppelten Akkusativ, also hier: לענות דבר את יעף.

ihm den gebührenden Lohn eintragen. Auch diesen Gedanken läßt er durch den Mund des Volkes verkünden:

„Höret ihr Küstenvölker mir zu,
Und lauschet Nationen in der Ferne.
Jhwh hat mich von Mutterschoß berufen.
. . . .
Machte meinen Mund wie ein scharfes Schwert,
Barg mich im Schatten seiner Hand.
Machte mich zu seinem auserwählten Pfeil,
Barg mich in seinem Köcher
Und sprach zu mir: ‚Mein Knecht bist du,
Israel, dessen ich mich rühme.‘
Und ich meinte, vergeblich habe ich mich gequält,
Um nichts und Hauch meine Kraft erschöpft.
Indes ist mein Recht bei Jhwh
Und mein Lohn bei meinem Gotte.
Und jetzt sprach Jhwh, der mich von Mutterschoß sich zum Knecht gebildet,
Daß er Jakob zu sich zurückführen will,
Und Israel soll nicht untergehen,
Ich werde in Jhwhs Augen geehrt sein
Und mein Gott ist meine Macht geworden.
Er sprach:
‚Ein Geringes ist's mir, mir Knecht zu sein,
Aufzurichten die Stämme Jakobs
Und Israels Schößlinge zurückzuführen,
So mache ich dich zum Lichte der Völker,
Daß mein Heil bis an der Erde Grenze sei [1].‘“

Die Völker selbst werden zur Einsicht gelangen, daß dieses Volk in Knechtsgestalt gerade wegen seines Leidensstandes, seiner Ausdauer und seiner Opferfreudigkeit eine große Aufgabe gelöst, den Völkern Heil und Frieden gebracht habe. Einst werden sie vom Knechte Gottes sprechen:

„Sieh', mein Volk wird glücklich sein,
Erhöht, hoch und erhaben gar sehr.
Wie viele über ihn erstaunten:
‚Ist doch sein Aussehen so entstellt von Menschen,
Und seine Gestalt von Menschensöhnen‘,
So wird er viele Völker auffahren machen,
Könige werden ihren Mund verschließen.
Denn was ihnen nicht erzählt worden,
Werden sie gesehen,
Und was sie nicht vernommen,
Werden sie eingesehen haben.
‚Wer hätte unserer Kunde geglaubt,
Und wem war Jhwhs Arm (Macht) geoffenbart?
Er stieg vor ihm wie ein Reis auf,

[1] Jesaia 49, 1 f.

Und wie eine Wurzel aus einem Lande der Wüste,
Hatte kein Ansehen, keinen Reiz, daß wir sein begehrten,
Verachtet und verlassen unter den Menschen,
Ein Mann der Schmerzen, vertraut mit Leiden.
. . . .
In Wahrheit ertrug er unsere Krankheit,
Und unsere Schmerzen erduldete er.
Wir aber glaubten ihn von Gott getroffen, geschlagen, gepeinigt,
Indes wurde er von unseren Sünden verwundet,
Gedemütigt von unserer Schuld.
Die Zucht unseres Heils liegt auf ihm,
Und durch seine Wunde werden wir selbst geheilt.
Wir alle irrten wie eine Herde umher,
Ein jeder ging seines Weges,
Und Gott hat durch ihn unser aller Schuld gezüchtigt.
. . . .
. . . .
Jhwh beabsichtigte ihn bis zur Schwäche zu demütigen;
Wenn er sich selbst zum Opfer macht,
Wird er Nachkommen sehen, lange leben,
Und der Zweck Jhwhs wird durch ihn gelingen[1].'"

Den Grundgedanken, den der Prophet des Exils in einen dichterisch gestalteten Monolog der Völker einkleidete, drückte er in einer anderen Wendung kurz und eindringlich aus: „Der Tempel für den Gott Israels wird einst ein Bethaus für alle Völker werden[2]."

So hat der babylonische Jesaia das dunkle Rätsel im Lebensgange des israelitischen Volkes gelöst. Es hat den schweren Beruf des Apostelamtes für die Völker überkommen, und dieses Amt soll es durch Leiden und Standhaftigkeit lösen. Als Märtyrer-Volk ist es ein Apostel-Volk und bleibt unsterblich. Zu diesem Zwecke hat Gott das Exil über sein Volk verhängt, zu seinem eignen Besten, damit es in dem Schmelztiegel des Leidens geläutert werde[3].

Das Eintreffen des Heils für die Völker vermittelst des seit Anbeginn dazu erwählten Knechtes Gottes hielt der Prophet für nahe bevorstehend[4]. Der Sturz des babylonischen Reiches mit seinem zugleich albernen und unzüchtigen Götzentum und die Erlösung der judäischen Gemeinde aus der Verbannung sollten dieses Heil fördern. Der Untergang des sündhaften Babel stand auch diesem Propheten als unabwendbare Aussicht so fest, daß er davon nicht in prophetischer Vorschau, sondern wie von einer Tatsache sprach. Er widmete Babel ein höchst gelungenes Spottlied:

[1] Jesaia 52, 13f. 53, 1f. Statt עליך 52, 14 muß man lesen עליו.
[2] Das. 56, 7f.
[3] Das. 43, 14; 48, 10.
[4] Das. 46, 13; 51, 6, wo statt לא תחת gelesen werden muß לא תאחר.

„Steig' hinab und sitz' im Staube, Tochter Babel,
Sitz auf der Erde, du hast keinen Thron mehr, Tochter Chaldäa,
Man wird dich nicht mehr Zarte und Verzärtelte nennen!
Nimm die Mühle und mahle Mehl, nimm die Kopfbinde ab,
Entblöße den Fuß, entblöße das Bein, durchschreite Flüsse.
Möge deine Scham entblößt, deine Schmach sichtbar werden!
Rache will ich nehmen und keinen Menschen schonen.
Sitze schweigend und geh' ins Dunkel, Tochter Chaldäa,
Man wird dich nicht mehr nennen die Herrin der Reiche[1]!"

Er verspottete auch die astrologische Kunst, deren sich die babylonischen Weisen rühmten, daß sie dadurch den Schleier der Zukunft zu lüften vermöchten:

„Tritt doch auf mit deinen Himmelsteilen, mit der Fülle deiner Zauberei,
Um welche du dich seit deiner Jugend abgemüht,
Vielleicht kann es dir nützen, vielleicht kannst du Schrecken einflößen!
Du bist erschöpft bei der Menge deiner Ratschlüsse;
Mögen sie doch auftreten und dir helfen, die Himmelsteiler,
Die Sternseher, die allmonatlich kund tun,
Was über dich kommen wird[2]!"

Das plumpe Götzentum der Chaldäer verspottete er mit so beißender Ironie, wie keiner seiner Vorgänger[3]. Den Sieg des Helden Cyrus (Koresch) verkündete er mehr als gewisse Tatsache, denn als Gegenstand der Prophezeihung; was er in prophetischer Vorschau voraussagte, das war, daß Cyrus den judäischen und israelitischen Verbannten die Freiheit geben werde, in ihre Heimat zurückzukehren und Jerusalem und den Tempel zu erbauen[4]. Der Prophet bemerkte dabei ausdrücklich, daß er es im voraus prophezeihe, damit, wenn es eingetroffen sein würde, das prophetische Wort und die göttliche Vorsehung dadurch beurkundet erscheinen mögen. Dieses weittragende Ereignis werde eben so unfehlbar eintreffen, wie sich frühere Verkündigungen bewährt haben[5]. Der persische Sieger über Medien und Baktrien, über Lydien, Kleinasien und über so viele Völker sei nur ein ausgewähltes Rüstzeug für den Zweck, daß durch ihn die Erlösung eintrete und das Heil gefördert werde.

„Wer hat von Osten ihn erweckt,
Daß man das Heil bei seinem Schritt verkünde?
Wer unterwarf ihm Völker und ließ ihn Könige beherrschen?
. . . .
Ich habe die Erde gebildet

1) Jesaia 47, 1f.
2) Das. V. 12f. Statt חבריך muß gelesen werden הֹבְרֵךְ.
3) Das. 44, 9f.; 45, 20; 46, 1f. 5—6.
4) Das. 44, 28 und andere Stellen.
5) Das. 42, 9; 45, 21; 46, 10—11; 48, 3f.

Und Menschen darauf erschaffen,
Meine Hände haben die Himmel ausgespannt
Und alle die Himmelsheere entboten,
Ich habe ihn erweckt zum Heile,
Habe alle seine Wege gebahnt.
Er wird meine Stadt erbauen
Und meine Verbannten entlassen,
Nicht um Tausch und nicht um Geschenke.
. . . .
So sprach Gott zu seinem auserwählten Koresch,
Dessen Hand ich erfaßt, um Völker vor ihm zu unterwerfen!
. . . .
,Ich ging vor dir her und ebnete die Wege,
Zerbrach ehrne Pforten und durchschnitt eiserne Riegel,
Gab dir Reichtümer des Dunkels und tiefverborgene Schätze,
Damit du erkennest, daß ich Jhwh bin,
Der dich berufen hat, der Gott Israels,
Um meines Knechtes Jakob willen[1].'"

Nebenher deutete der Prophet an, daß Cyrus, sowie die Perser und ihre stammgenössischen Völker, obwohl dem babylonischen Götzentum und Bilderdienst abgeneigt, auch nicht den reinen Gottesbegriff der Bundeslehre Israels hegten. Sie erkennen einen Gott des Lichtes (Ormuzd, Ahura-Mazda) und einen Gott der Finsternis (Ahriman, Angro-Mainyus), einen Gott des Guten und einen Gott des Bösen, an:

,Ich berief dich, aber du kennst mich nicht,
Ich gürtete dich, aber du erkennst micht nicht an.
Damit sie von Sonnenaufgang bis Sonnenniedergang erkennen,
Daß es außer mir keinen Gott gibt,
Der das Licht und die Finsternis geschaffen,
Glück und Unglück hervorgebracht,
Ich habe beides gemacht[2].'

Dieser Prophet des Exils hat zuerst mit unzweideutigen Worten den Gedanken voll ausgesprochen, daß die göttliche Einheit die Einheit der Welt bedinge, daß die Zwiespältigkeit in der Gottheit und der Widersteit in der Schöpfung einer und derselben Quelle entspringe, und daß der Weltschöpfer auch Weltleiter sei durch den Auf- und Niedergang in der geschichtlichen Aufeinanderfolge[3]. Cyrus' Siege bedeuteten nach diesem Propheten die Morgenröte des Heils, und die Erlösung der Verbannten soll dessen Vollendung anbahnen. Diese Erlösung

[1]) Jesaia 41, 2f.; 45, 11f.; das. V. 1f.

[2]) Das. 45, 4f.

[3]) Der letzte Gedanke liegt in der Aneinanderreihung der beiden Verse 45, 12—13.

und Rückkehr schilderte der Prophet im voraus mit den lebhaftesten Farben in dichterischem Schwunge:

„Fürchte dich nicht, denn ich bin mit dir,
Von Osten werde ich deine Nachkommen heimbringen
Und von Westen dich sammeln,
Werde zum Nord sprechen: ‚Gib heraus‘
Und zum Süden: ‚Halte nicht zurück,
Bring heim meine Söhne aus der Ferne
Und meine Töchter von den Enden der Erde,
Alle, die sich nach meinem Namen nennen,
Und die ich zu meinem Ruhme geschaffen, gebildet und gemacht[1].‘“

Für die Heimkehrenden werden die Wunder des Auszuges aus Ägypten sich wiederholen; die Wege werden sich vor ihnen ebnen, in der Wüste werden Quellen zu ihrer Erquickung hervorsprudeln, und die Einöde werde sich in einen blühenden Garten verwandeln[2]. In der Heimat werden die Zurückgekehrten die Trümmer aufbauen, die verödeten Städte aufrichten, die Wüsteneien in einen Garten Gottes umwandeln und ungestört ihrem Berufe in Freuden leben können[3]. Der Geist, den Gott auf seinen Volksknecht gelegt, und die Lehre, die er ihm in den Mund gelegt, werden nimmer von ihm in allen folgenden Geschlechtern weichen[4].

Einem großen, die religiöse Anschauung in der Zukunft umgestaltenden Gedanken lieh dieser zukunftkündende Prophet des Exils sein beredtes Wort, daß die Gottheit zu erhaben sei, um in einem noch so ausgedehnt angelegten Tempelraume weilend vorgestellt zu werden, und daß das Innere des Menschen ein Tempel Gottes sein soll!

„Der Himmel ist mein Thron nnd die Erde mein Fußschemel.
Was für einen Tempel wollet ihr mir bauen,
Und welcher Ort kann mein Ruhplatz sein?
Dieses alles hat meine Hand erschaffen,
Sprach's und dieses alles ist entstanden.
Nur auf einen solchen blicke ich.
Auf einen Demütigen und Gemütsgebeugten,
Der auf mein Wort eifrig ist[5].“

Die geläuterte Frömmigkeit einiger Judäer im Exile machte diesen Gedanken zu ihrem Eigentum: „Die Himmelshöhen können dich (Gott) nicht fassen, um wie viel weniger ein Tempel“[6].

1) Jesaia 43, 5f.
2) Das. 40, 3f.; 41, 18f.; 49, 9f.
3) Das. 51, 3, 11 und a. St.
4) Das. 59, 21.
5) Das. 66, 1f.; vor ויהיו ist אמרתי zu ergänzen.
6) Könige II, 8, 27.

So weit die Lichtseite, welche der Prophet des Exils geschildert und verkündet hat. Aber die Schattenseite war noch stärker, sie zeigte sich in dem ganzen Zustande der damaligen Gegenwart. Der als Gottesknecht Berufene versagte den Dienst, der Apostel, welcher die Wahrheit verkünden sollte, war blind und taub. Statt die ihm überlieferte Lehre zu verherrlichen, hat das Volk sie nur verächtlich gemacht und ist dadurch selbst zur Verachtung geworden.

„Ihr Tauben höret, und ihr Blinden sehet zu schauen!
Wer ist so blind, wie mein Knecht, wer so taub wie mein gesandter Bote?
Vieles hast du gesehen und nichts beachtet,
Ohren sind ihm geöffnet, und er höret nicht.
Gott bezweckte, um seines Heiles Willen,
Daß er die Lehre erhebe und verherrliche,
Und es ist ein verachtetes und geplündertes Volk,
In Höhlen hineingestoßen und in Kerkerhäusern verkrochen [1]."

Eben deswegen, weil die Wirklichkeit des Volkes dem Ideale so wenig entsprach, wurde dem Propheten die Aufgabe zu predigen, zu ermahnen, zu rügen und aufzurütteln. Die judäische Gemeinde im Exil bestand aus zwei einander feindlichen Klassen oder Parteien, aus den Frommen und Nationalgesinnten, den Trauernden um Zion auf der einen und den Weltlichen auf der andern Seite, die von Zion, von der Rückkehr, von der Heilslehre nichts wissen mochten. Jene, durch Verfolgung und Leiden kleinmütig und verzagt geworden, wagten nicht in der spannungsvollen Zeit aufzutreten und sich zu einer Tat aufzuraffen [2], und diese haßten, verachteten, ja verfolgten diejenigen, welche von Erlösung, Heimkehr und Veränderung sprachen. Jene rangen verzweifelt mit dem beklemmenden Gedanken, daß Gott sein Volk aufgegeben und vergessen habe [3], und diese riefen ihnen höhnisch zu: „Möge sich doch Gott groß zeigen, wir wollen eure Freude sehen" [4]. Der Hauptzweck der Rede dieses großen unbekannten Propheten war, die eine Klasse zu ermutigen und die andere durch sanfte und harte Worte zur Gesinnungsänderung zu bewegen. Diesen rief er zu, sie mögen aus den Zeichen der Zeit erkennen, daß Gottes Gnade nahe sei, und sie benutzen, um ihre bösen Wege und Pläne aufzugeben:

[1] Jesaia 42, 18f.

[2] Das ist der Sinn der so oft wiederholten Klage: Daß kein Mann da ist, 50, 2; 63, 4f. Die Deutero-jesaianischen Reden, die aus einem Gusse sind, sind so angelegt, daß die Rügen zuerst nur leise angedeutet, und erst gegen Ende, vom Kapitel 57 an herber ausgesprochen werden. Vergl. 48, 22 mit 57, 20f.

[3] Das. 40, 27; 49, 14.

[4] Das. 51, 7; 66, 5.

„Denn meine Pläne sind nicht eure Pläne, und meine Wege nicht eure Wege. Denn wie Regen und Schnee vom Himmel niederfahren und nicht dahin zurückkehren, sie hätten denn die Erde erquickt und befruchtet, so wird mein Wort, das aus meinem Munde fährt, nicht leer zurückkehren, es hätte denn bewirkt, was ich bezweckt, und gelingen lassen, wozu ich es gesendet"[1]). Denen, welche an äußerlicher Frömmigkeit, an Fasten und Beugungen Genüge fanden, sagte der Prophet an einem feierlich begangenen Fasttage, worin die Frömmigkeit bestehen soll:

„Zu lösen die Knoten der Bosheit,
Zu sprengen die Bande des Joches,
Die gewaltsam Geknechteten freizulassen,
Und jedes Joch sollt ihr zerbrechen.
Wahrlich, wenn du den Hungrigen dein Brot brichst,
Und irrende Arme ins Haus bringest,
Wenn du einen Nackten siehst und ihn bedeckest,
Und von deinen Blutsverwandten dich nicht abwendest,
Dann wird ausbrechen wie die Morgenröte dein Licht,
Und dein Heilmittel wird bald aufblühen[2])."
. . . .

Den groben Verbrechern hielt er ihre Schandtaten ungescheut vor und sagte ihnen, daß ihre Sünden bisher eine Scheidewand zwischen Gott und ihnen gebildet[3]). Er legte ihnen ein Gebet und ein Sündenbekenntnis in den Mund, um ihnen die zermalmende Antwort darauf im Namen Gottes zu erteilen:

„Ich habe mich suchen lassen für die, so nicht nach mir gefragt,
Habe mich finden lassen für die, so mich nicht gesucht,
Habe, ‚da bin ich, da bin ich' geantwortet,
Einem Volke das meinen Namen nicht anrief.
Habe die Hand alltäglich gereicht
Einem unbändigen Volke, das einen nicht guten Weg geht,
Seinem Plane nach"[4]).

Je mehr sich der Prophet dem Schlusse seiner Rede näherte, desto herber sprach er gegen die Weltlichen, Gleichgültigen, Selbstischen, die sich vom Götzentum und seinen unsinnigen Bräuchen und von dem daraus entsprungenen unsittlichen Wandel nicht losmachen konnten. Er verhieß diesen harte Strafe und den Frommen als Belohnung eine ungetrübte Freude[5]). Zuletzt schilderte der Prophet die Erlösung und Heimkehr und prophezeite, wie sämtliche Zerstreute von

[1]) Jesaia 55, 6f.
[2]) Das. 58, 1f.
[3]) Das. 59, 1f.
[4]) Das. 63, 7f.; — 65, 1f.
[5]) Das. 65, 11f.; 66, 3f.

Juda und Israel zum heiligen Berge Jerusalems gesammelt werden würden.

„Wer hat solches gehört, wer solches gesehen?
Kann ein Land in einem Tage bevölkert werden,
Oder kann ein Volk auf einmal geboren werden?
Denn es kreist Zion und gebiert ihre Söhne!
. . . .
,Die Zeit ist gekommen, alle Völker und Zungen zu sammeln,
Sie werden kommen und meinen Ruhm sehen.
Ich werde an ihnen ein Zeichen geben
Und werde Flüchtlinge von ihnen senden,
Zu den Völkern nach Tarschisch (Spanien),
Nach Put (Südarabien), Lud (Lybien), den bogenspannenden,
Nach Tubal (Tibarene) und nach Jonien,
Den fernen Inseln, die meinen Namen nicht vernommen,
Und meinen Ruhm nicht gehört,
Und sie werden meinen Ruhm unter die Völker verkünden,
Sie werden alle eure Brüder von den Völkern
Als Huldigungsgeschenk bringen
Auf Rossen, Wagen, bedeckten Wagen, auf Maultieren und Rennern
Hinauf zu meinem heiligen Berge Jerusalem.
. . . .
Und auch von ihnen werde ich zu Priestern und Leviten nehmen'"[1].

Dann wird alle Kreatur an jedem Sabbat und jedem Neumond nach Jerusalem wallfahrten, um den Gott Israels anzubeten; die Frevler aber, deren Strafe sie wahrnehmen wird, werden ihr zum Abscheu dienen[2].

Der König Nabonad und das babylonische Volk waren vielleicht nicht in so erregter Spannung über den Ausgang des Krieges zwischen Persien und Babylonien, als die judäische Gemeinde in Babylonien. Hochfliegende Hoffnungen und beklemmende Befürchtungen wechselten in ihrem Innern ab, ja, Fortbestand oder Untergang des judäischen Stammes knüpfte sich daran. Die Babylonier dagegen sahen mit einer gewissen Gleichgültigkeit Cyrus' Kriegsrüstungen entgegen[3]. Das Land schien nämlich im Norden hinlänglich durch die sogenannte medische Mauer geschützt, welche vom Euphrat bis zum Tigris das Eindringen von Feinden unmöglich machen sollte, und von den übrigen Seiten erschwerten die beiden Flüsse und die Kanäle, welche das Land durchschnitten, den Einfall oder die Bewegung feindlicher Heere.

[1] Jesaia 66, 18 f. Hinter ואנכי מעשיהם ומחשבתיהם muß ergänzt werden ראיתי und dann zu באה das Komplement כי הנה הנה. Vers 19 muß statt פול gelesen werden פוט, wie schon von einigen emendiert wurde.

[2] Das. 66, 23–24.

[3] Herodot 1, 190.

Indes wußte Cyrus, als er den Krieg unternahm (540), diese Schwierigkeiten zu beseitigen. Er hatte zahlreiche Armeen und keine Eile und ließ von seinen Soldaten durch Teilung und Ableitung der Flüsse sie seicht und durchschreitbar machen. Ehe sich's die Babylonier versahen, stand sein großes und kampflustiges Heer diesseits des Tigris. Die babylonischen Truppen, welche Nabonad ihm entgegenschickte, wurden von den Persern geschlagen, und das ganze Land stand dem Sieger offen. Noch setzte Nabonad seine Hoffnung auf die festen Mauern, Türme und das Wasserwehr des Euphrat seiner Hauptstadt, die sie in der Tat uneinnehmbar machten. Gegen eine noch so langwierige Belagerung schützten sie die Mundvorräte, welche Nabonad für zwanzig Jahre ausreichend hatte anhäufen lassen.

In dieser Zeit der Spannung, als die treuen Judäer zwischen Hoffnung und Furcht schwebten, verkündete ein namenloser Prophet in einer kurzen, rätselhaften, aber bedeutungsvollen Rede den baldigen Sturz Babels:

„Wie Stürme den Süden durchstreifen,
So kommt es aus der Wüste, aus dem schrecklichen Lande.
Ein schweres Gesicht ist mir verkündet worden:
Der Räuber wird beraubt, der Eroberer wird erobert.
‚Auf Elam! Medien belagere! Alle ihre Ruhe störe ich!‘
. . . .
Auf der Warte stehe ich stets am Tage,
Und auf der Wache stehe ich alle Nächte,
Da kam Reiterei, Ritter paarweise,
Und sprach:
‚Gefallen, gefallen ist Babel,
Und alle ihre Götzen hat er zur Erde gestürzt!‘
Mein Zerdroschnes, Sohn meiner Tenne,
Was ich von Jhwh Zebaoth, dem Gotte Israels, vernommen.
Habe ich euch verkündet[1]“.

Und so traf es auch ein.

Als Cyrus sich überzeugt hatte, daß die Belagerung Babels vergeblich war, ließ er durch Ableitung des Euphratwassers in einen gegrabenen See den Fluß, welcher die Stadt in zwei Hälften teilte, seicht machen, und seine Krieger drangen in der Nacht durch das Flußbette in die Stadt, während die Bewohner an einem Feste sorglos und sinnlos in Schwelgereien und Tänzen taumelten. Ein Teil der Stadt war bereits von dem eindringenden Feinde eingenommen und das Wehklagen der Ermordeten wurde von dem Freudenrausch in dem anderen Teil derselben übertönt. Als der Tag anbrach,

[1] Jesaia 21, 1—10.

war Babel von Feinden erfüllt und jeder Widerstand vergeblich. Nabonad ergab sich dem Sieger und überließ ihm Thron und Reich. So fiel das sündhafte Babel (August 539)[1]) nach zweijährigem Kriege ganz so, wie die judäischen Propheten vorausverkündet hatten. Nur das grausige Strafgericht traf weder den König noch das Volk. Cyrus war ein milder Sieger. Aber das scheußliche Götzentum sank an demselben Tage. Die Gottesverehrung der siegenden Völker, der Perser und Meder, war im Vergleich zu jener der Babylonier lauter; sie hatten nur zwei oder drei Götter, hatten einen Abscheu vor der Bilderverehrung der Babylonier[2]) und haben vielleicht deren Götzen zerstört.

Der Fall Babels hat die ganze judäische Gemeinde vom Götzendienst gründlich und für alle Zeiten geheilt. Hat sie doch mit eigenen Augen gesehen, wie die noch Tages vorher hochverehrten Götter in den Staub sanken, wie Bel hinkniete, Nebo sich krümmte und Merodach sank[3]). Babels Sturz hat die Umwandlung des judäischen Volksstammes vollendet; sein Herz von Stein wurde erweicht. Alle, alle hingen seit der Zeit dem Gotte ihrer ursprünglichen Lehre an, auch die weltlich Gesinnten und die Sünder. Haben sie doch erfahren, wie sein Wort, durch den Mund der Propheten gesprochen, sich treu bewährt hat. Die Dulder, die Trauernden um Zion, waren für diese nicht mehr Gegenstand des Hasses und der Verachtung, wurden vielmehr von ihnen mit Ehrfurcht behandelt und an die Spitze der Gemeinde gestellt.

Die Frommen oder Nationalgesinnten waren sofort nach der Eroberung Babyloniens tätig, auch die Verheißung der Propheten von der Erlösung und Heimkehr zu verwirklichen. Cyrus hatte sich in den Besitz des Thrones und des Palastes gesetzt; er ließ sich als König von Babylonien huldigen und als Nachfolger der früheren Könige betrachten; er begann nach der Einnahme Babels das erste Jahr seiner Regierung (538) zu zählen[4]). Sämtliche Diener des Palastes, welche vor Nabonad krochen und zitterten, wurden Cyrus' Diener. Unter diesen befanden sich auch Eunuchen aus der judäischen Königsfamilie, welche der Lehre Jhws' treu zugetan waren (o. S. 4 f.).

[1]) Über das Datum s. M. v. Niebuhr, Assur und Babel. S. 229.

[2]) Herodot 1, 131.

[3]) Jesaia 46, 1; Jeremia 50, 2.

[4]) Nicht bloß in Chronik II. 36, 22 und Esra 1, 1 wird nach der Einnahme Babels das 1. Jahr des Cyrus gezählt, sondern auch im Ptolemäischen Regenten-Kanon wird er nach Nabonad als König von Babylonien aufgezählt und angegeben, daß er im ganzen nur 9 Jahre regiert habe, während er über Persien und Medien bereits 20 Jahre regiert hatte.

Diese oder die ehemaligen Heiden, welche sich der judäischen Gemeinde angeschlossen hatten, taten sofort Schritte, wahrscheinlich in Gemeinschaft mit dem Enkel des Königs Jojachin, Namens Serubabel (Zerubabel), von Cyrus die Freiheit für ihre Genossen zu erwirken. Zunächst wurden wohl die eingekerkerten und wegen ihrer Anhänglichkeit an ihre Lehre bestraften Judäer in Freiheit gesetzt[1]). Aber sie erwirkten noch mehr von Cyrus: Er bewilligte auch ihr Gesuch, daß die Judäer in ihre Heimat zurückkehren, Jerusalem wieder aufbauen und den Tempel wiederherstellen dürften. Mit der Besitznahme von Babylonien fielen Cyrus von selbst alle die Länderstrecken zu, welche Nebukadnezar erobert hatte, alle Provinzen westlich vom Euphrat bis zum Mittelmeer und südlich vom Libanon und Phönizien bis zur Grenze Ägyptens. Judäa gehörte also ohne weiteres zum persischen Reiche. Was für Gründe haben die Bittsteller für ein solches, einem mächtigen Sieger gegenüber scheinbar kühnes Gesuch geltend gemacht, den Judäern gewissermaßen stattliche Selbständigkeit zu gewähren? Und was mag Cyrus bewogen haben, es in hochherziger Weise zu bewilligen? War es Eingebung einer augenblicklichen Laune oder Gleichgültigkeit gegen einen Strich Landes, den er wahrscheinlich nicht einmal dem Namen nach kannte, dessen geschichtliche Bedeutung ihm jedenfalls fremd war? Oder hat ihn ein staatsmännischer Gedanke geleitet, sich an der Grenzscheide Ägyptens und der wasserlosen Wüste, die dahin führt, ein dankbares Völkchen zu gewinnen für einen etwaigen Kriegszug gegen den ägyptischen König Amasis, der sich mit Krösus und Nabonad gegen ihn verbunden hatte?[2]) Oder hat dem persischen Sieger einer der judäischen Eunuchen wirklich, wie später erzählt wurde, die Mitteilung gemacht, daß ein judäischer Prophet von ihm und seinen Siegen im voraus geweissagt und verkündet habe, daß er gestatten werde, das verbannte Volk in dessen Heimat zurückkehren

[1]) Folgt aus Ps. 107, 10 f., der unstreitig sich auf den Exodus aus dem babylonischen Exil bezieht, wie viele Ausl. annehmen. Vergl. Frankel-Graetz Monatsschrift. Jahrg. 1869 S. 242 f.

[2]) Der Überläufer Phanes riet Kambyses, wie Herodot erzählt (III, 4), als dieser die Expedition gegen Ägypten unternahm, sich mit dem König der Araber in gutes Einvernehmen zu setzen, um seinen Truppen einen sicheren Durchzug durch das Land bis Ägypten zu gestatten. Das Grenzland Ägyptens war also für Persien wichtig. Was sich Kambyses erst raten lassen mußte, das war ohne Zweifel dem strategischen Blicke Cyrus' von selbst einleuchtend, daß er in dieser Gegend für einen Feldzug nach Ägypten, den er gehegt hatte, eine befreundete Bevölkerung nötig haben würde. Daher mag er den Judäern gestattet haben, ihre alten Wohnsitze einzunehmen und sie zu bevölkern.

und einen Tempel wieder aufbauen zu lassen? [1]) Oder endlich haben ihm die judäische Lehre, von der er Kunde erhalten, und die Bekenner derselben, welche ihretwegen Verfolgung und grausige Leiden erduldet hatten, so sehr imponiert, daß er darin etwas Göttliches erkannt hat und sie daher bevorzugen wollte? Später erzählte man sich, Cyrus habe aus Anerkennung der Macht des Gottes Israels sich innerlich angeregt gefühlt, diesem Gotte einen Tempel zu erbauen und seinen Bekennern Rückkehr und Freiheit zu gestatten. Er habe noch dazu in seinem ganzen Reiche durch Herolde verkünden und auch ein schriftliches Edikt ergehen lassen, daß es allen Judäern freistehen sollte, nach Jerusalem zu ziehen und dort ein Heiligtum zu errichten. Cyrus habe ferner gestattet, daß die Zurückbleibenden die Heimkehrenden mit Gold und Silber und mit Lasttieren versehen dürfen. Er habe dann noch das Maß für den Tempelraum angegeben und befohlen, daß die Kosten des Baues vom königlichen Schatze getragen werden sollten. Endlich habe er auch seinem Schatzmeister Mithradat den Befehl erteilt, die heiligen Tempelgeräte, welche Nebukadnezar erbeutet und in den Belus-Tempel als Siegeszeichen niedergelegt hatte, den zur Rückkehr Gerüsteten auszuliefern. Über alle diese Gunstbezeugungen habe Cyrus eine Urkunde zum Andenken ausstellen und in seiner Hauptstadt Ekbatana niederlegen lassen [2]).

[1]) Josephus erzählt Alterthümer XI, 1, 2: Cyrus habe die Deuterojesaianische Prophezeihung gelesen und sich dadurch zur Gunstbezeugung bewogen gefühlt. Nun, gelesen kann er Jesaia oder Deutero-Jesaia unmöglich haben. Aber kann nicht einer von den סריסים ihn darauf aufmerksam gemacht und vielleicht gar die Prophezeihung für älter ausgegeben haben? Josephus hat die Nachricht wahrscheinlich aus dem apokryphischen Esra (Ezra Apocryphus oder Ezra Graecus genannt) geschöpft, der ihm vorgelegen hat, und aus dem er das entlehnt haben muß, was sich in dem kanonischen Esra-Nehemia nicht findet. Dieser apokryphische Esra war ohne Zweifel eine selbständige Schrift, welche die Geschichte über die Zeit nach Esra — Nehemia weiter geführt hat, wie einige Kritiker richtig bemerkt haben. Das Buch war ursprünglich hebräisch und enthielt manches Historische, das anderweitig sich nicht findet, vgl. weiter unten. Allerdings sind auch Sagen mit aufgenommen. Diese apokryphische Schrift ist nicht bloß zum Schluß defekt, wie der Augenschein lehrt, da sie in der Mitte einer Erzählung (9, 55 entsprechend Nehemia 8, 12) abbricht, sondern läßt auch in der Mitte Lücken wahrnehmen. So fehlt entschieden zwischen Kap. 2—3 die Erzählung, wie Zerubabel an Darius' Hof gekommen ist, was Josephus erzählt. Ezra Apocryphus kann also verhältnismäßig als gute Quelle angesehen werden. Hier soll sie unter diesem Titel Ezra Apocryphus zitiert werden.

[2]) Zwei Quellen erzählen dieses, Esra 1, 1 f., und 6, 3. Das letztere aus einer angeblichen Urkunde, die sich in אחמתא, d. h. Ekbatana (persisch Ekmatana) befunden haben soll. Der weitere Verlauf der Geschichte widerspricht aber zum Teil den Angaben beider Quellen.

Sobald die Erlaubnis zur Rückkehr bewilligt war, traten Männer zusammen, um diese zu organisieren und die voraussichtlichen Schwierigkeiten und Hindernisse zu beseitigen. An die Spitze stellten sich zwei gleichaltrige Männer, denen vermöge ihrer Abstammung die Führerschaft gebührte, der eine war Serubabel, auf babylonisch Scheschbazar genannt[1]), Sohn Schaltiels und Enkel des Königs Jojachin, also ein Sproß Davids, und der andere Jeschua, Sohn Jehozadaks und Enkel des letzten Hohenpriesters Seraja (o. S. 45). Ihnen schlossen sich zehn Männer an, so daß sie zusammen eine Zwölf-Zahl bildeten, um gewissermaßen die zwölf Stämme zu vertreten[2]). Serubabel bekleidete Cyrus mit einer hohen Würde; er ernannte ihn zum Statthalter (Pechah)[3]) des Gebietes, welches die Heimkehrenden wieder besetzen sollten, gewissermaßen zum Regenten; im Grunde war es eine Vorstufe zur Königswürde. Bei diesen Führern meldeten sich diejenigen, welche geneigt waren, in die Heimat zurückzukehren. Die Zahl derselben war zwar im Vergleich zu denen, welche einst aus Ägypten auszogen, sehr gering, doch bedeutender als erwartet werden konnte, 42 360 Männer, Frauen und Kinder vom zwölften Jahr an gerechnet[4]). Die größte Zahl bestand aus den beiden Stämmen Juda und Benjamin, dann Ahroniden in vier Gruppen, zusammen mehr als viertausend, aber wenig Leviten, Sänger nur etwa hundert, nicht viel mehr Pfortenwärter, aber diensttuende, den Priestern hilfeleistende Leviten am wenigsten. Auch aus anderen Stämmen und aus anderen Völkerschaften, welche sich zu dem Gott Israels bekannten (Gerim, Proselyten) schlossen sich, wenn auch nicht viel, dem Zuge an[5]).

[1]) Die Identität von זרובבל und ששבצר braucht wohl jetzt kaum mehr erwiesen zu werden. Zum Überflusse sei auf Ez. Apocr. 6, 17 verwiesen: *παρεδόθη Σαραβανασσάρῳ Ζοροβάβελ.* — Serubabel wird in den meisten Stellen בן שאלתיאל genannt; nur Chronik I. 3, 19 scheint es, als wenn er Sohn Pedajas genannt wäre. Der Text ist aber das. schadhaft.

[2]) In dem doppelt mitgeteilten Verzeichnis der Heimgekehrten fehlt in dem ersten der Name נחמני. Manche Namen variieren, entstellt sind sie meistens in Ez. Apocr. 5, 8.

[3]) Haggaï nennt Serubabel stets פחת יהודה, 1, 1 u. a. St. Esra 5, 14 heißt es, Cyrus habe Scheschbazar zum Pechah gemacht: די פחה שמה, das. 1, 8 wird er הנשיא ליהודה genannt.

[4]) Im Verzeichnis. Ez. Apocr. hat wohl das Richtige erhalten, daß auch Söhne und Töchter von 12 Jahren an darunter gerechnet waren, 5, 41: *ἀπὸ δώδεκα ἐτῶν καὶ ἐπάνω.* Frauen sind jedenfalls dabei mitgezählt, da doch unter die Zahl der Sklaven auch Sklavinnen subsumiert sind. In dem zweiten Verzeichnis der Rückkehrenden sind ausdrücklich nur Männer erwähnt: לזכרים Esra 8, 3f.

[5]) Vergl. o. S. 18.

Die Freude derer, welche sich zum Auszug und zur Heimkehr rüsteten, war überwältigend. Es kam ihnen wie ein süßer Traum vor, daß sie gewürdigt werden sollten, das Heimatland wieder zu betreten, es wieder anzubauen und das Heiligtum wieder aufzurichten. Das Ereignis machte auch unter den Völkern Aufsehen, man sprach davon und sah darin ein Wunder, das der Gott Israels seinem Volke erwiesen. Ein Lied gibt die Stimmung voll wieder, welche die Heimkehrenden beseelte:

„Als Jhwh die Gefangenen Zions zurückführte,
Waren wir, als träumten wir.
Damals füllte sich unser Mund mit Fröhlichkeit,
Und unsere Zunge mit Jubel.
Damals sprachen sie unter den Völkern:
‚Großes hat Jhwh mit diesen getan!'
Ja, Großes hat Jhwh mit uns getan,
Wir waren freudig" [1]).

Als sich die Nationalgesinnten anschickten, von der Freiheit Gebrauch zu machen und nach Jerusalem zurückzukehren, rief ihnen ein Sänger in einem Psalm zu, sie mögen sich prüfen, ob sie auch dieser Gnade würdig seien:

„Des Herrn ist die Erde und ihre Fülle,
Der Erdkreis und seine Bewohner.
Denn er hat sie auf Meere gegründet,
Und an Strömen gefestigt.
Wer darf zu Jhwhs Berg hinaufziehen,
Wer weilen an seiner heiligen Stätte?
Wer rein an Händen, lauter im Herzen,
Der nicht dem Eitlen dessen Wesen übertragen.
Nicht bei dem Truge geschworen.
Ein solcher wird von Jhwh Segen empfangen,
Und Heil vom Gott seiner Hilfe.
Das ist das Geschlecht seiner Eifrigen,
Die dein Antlitz suchen, Gott Jakobs" [2]).

1) Ps. 126.

2) Daß Ps. 24 nachexilisch ist, hat Olshausen geahnt. Er gehört aber wohl der Zeit an, als das Exil eben zu Ende gehen und die Rückkehr beginnen sollte. Dafür spricht מי יעלה, nämlich עלה מבבל. Richtig ist wohl, daß die ersten 6 Verse mit den folgenden nicht zusammenhängen, wie mehrere Ausl. annehmen, vergl. I. S. 287, Anm. 2. Sie sind wohl erst bei der feierlichen Einweihung des zweiten Tempels kombiniert worden. Vers 4 לא נשא לשוא נפשי nach Khetib oder נפשו nach Keri ist unstreitig gleich לא תשא את שם ה׳ לשוא, und dieses bedeutet, den falschen Göttern nicht Gottes Namen, Wesen und Bedeutung beilegen; vergl. das. S. 38 Note. Der Sinn ist: wer nicht rein an Handlung und Gesinnung und nicht frei von götzendienerischem Hange ist, soll nicht zum Berge Gottes hinaufziehen, nur דור דרשיו sei dazu würdig. Vor יעקב Vers 6 muß man nach LXX und Peschito אלהי ergänzen.

Das war das Programm der frommen Sanftmütigen für die Neugestaltung des Gemeinwesens, welche mit der Rückkehr nach der Heimat ihren Anfang nehmen sollte. Nur die Würdigen und die Gottsuchenden sollten sich an Gottes Stätte wieder sammeln. Wer wollte aber die Scheidung vornehmen?

Drittes Kapitel.

Der Auszug aus Babel und das neue Gemeinwesen in Juda.

Der freudige Auszug. Die Beteiligung der Zurückgebliebenen. Besitznahme des Gebietes. Rückkehr judäischer Flüchtlinge aus vielen Ländern. Anschluß von Proselyten. Einweihung des Altars. Vorkehrungen zum Bau des Tempels. Grundsteinlegung. Stellung zu den Samaritanern. Störung des Tempelbaues. Feindseligkeit von seiten der Nachbarn. Mißernte und Verwilderung. Die Mutlosigkeit. Die tröstenden Psalmen. Kambyses' Tod und Darius' Thronbesteigung. Chaggaïs und Zacharias Ermahnungen, den Tempelbau fortzusetzen, finden Anklang. Bedeutung ihrer prophetischen Reden. Fortsetzung des Tempelbaues. Darius' Teilnahme an den Judäern. Vollendung des Tempels und Einweihung. Beschaffenheit des Heiligtums. Die Stadt Jerusalem. Die Bezirkseinteilung und die Steuern. Die Tempelbeamten. Spannung zwischen Serubabel und Jesua. Die Psalmen, Ausdruck der Stimmungen in dieser Zeit. Serubabel weicht vor dem Hohenpriester. Die Statthalter Judäas. Vereinigung mit den Samaritanern und Nachbarn und Verschwägerung mit ihnen. Sanballat und Tobija.

(537–459).

In demselben Monat, in dem ihre Vorfahren acht oder neun Jahrhunderte vorher aus Ägypten gezogen, verließen die Enkel nach neunundvierzigjährigem Exil (Frühjahr, Nissan 537)[1]) das Land Babylonien, um das so lang vermißte Heimatsland und das heißersehnte Jerusalem wieder in Besitz zu nehmen, ein bedeutungsvoller Augenblick, der Jahrtausende in seinem Schoße trug.

Nicht wie zitternde Sklaven, die eben von der Kette losgelöst,

[1]) Ez. Apoc. 5, 6 ist angegeben, daß sie im 2. Jahre im Nissan hinaufgezogen sind. Dies kann sich nur auf die ersten Rückkehrenden beziehen unter Cyrus. Das. V. 2 steht zwar der Name Darius; er wird aber allgemein als eine Korruptel statt Cyrus angesehen. Vergl. Bertheau, Commentar zu Esra 1, 11. Das zweite Jahr des Cyrus ist = 537, folglich dauerte die Verbannung, von 586 an gerechnet, 49 Jahre, 7 Sabbatjahre. So gibt auch das Seder Olam Rabba Kapitel 28 zur Erklärung von Daniel 9, 25 an und bezieht die שבעים שבעה auf den Aufenthalt in Babel: שבעים שבעה אלו שעשו בגולה. Im folgenden Kapitel berechnet indes das Buch die Exilszeit auf 52 Jahre.

zogen sie aus, sondern freudigen Mutes, mit gehobener, begeisterter Stimmung und mit idealen Hoffnungen in der Brust. Chöre mit Saitenspiel und Handpauken begleiteten sie; neue Jubellieder stimmten sie an, deren Anfang und Kehrvers war: „Danket dem Herrn, denn er ist gütig und ewig währt seine Gnade.“ Die in Babylonien zurückgebliebenen Judäer — und deren waren nicht wenige, die reichen Handelsherren und Grundbesitzer — bezeugten ihre Teilnahme durch das Geleite, das sie den Abziehenden gaben, und durch reiche Geschenke, die sie für den Anbau in der Heimat spendeten. Der König Cyrus gab ihnen tausend Reiter mit, welche sie auf der weiten Reise vor Anfällen räuberischer Völker schützen und zugleich den in Judäa inzwischen angesiedelten Stämmen den Befehl überbringen sollten, es zu räumen und den Heimkehrenden zu überlassen[1]. Die erst kurz vorher verkündete Prophezeiung, „In Freuden werdet ihr ausziehen und in Frieden werdet ihr heimgeführt werden“[2], ging in Erfüllung. Friedlich und ungefährdet konnten sie die weite Strecke von mehr als 150 Meilen von Babylonien bis Judäa zurücklegen, von der sie begleitenden persischen Schar gedeckt. Der Auszug aus Babel hat daher, ungleich dem aus Ägypten, keinerlei Erinnerungen hinterlassen; es schien unnötig, ein Verzeichnis der Ruhestätten zu überliefern, da wahrscheinlich kein bemerkenswertes Ereignis vorgefallen ist. Die Vornehmen ritten auf der Reise auf Rossen oder Maultieren, arme Greise und Kinder auf Eseln und Kamelen; die Auswanderer führten 6720 Esel, 420 Kamele, 736 Rosse und 245 Maultiere mit[3]. Da indes der größte Teil derselben die weite Strecke zu Fuß zurücklegen mußte, so dauerte die Reise wohl mehrere

[1] Die Erzählung vom freudigen Auszug und der Begleitung von 1000 Reitern hat nur Ez. Apoc. das. V. 2—3. Diese Relation wird von den Kritikern als echthistorisch angesehen, die im hebräischen Text ausgefallen sein muß. Bestätigt wird die Tatsache von der Truppenbegleitung durch die Erzählung von Esra 8, 22, daß er sich gescheut habe, חל ופרשים, also Schutztruppen von Artaxerxes zu verlangen. Sie würden ihm also bewilligt worden sein. Daß beim Auszuge aus Babel Danklieder gesungen wurden, folgt aus Psalm 107, welcher an der Spitze den oft in den nachexilischen Psalmen wiederkehrenden Vers hat: הודו לה' כי טוב וגו'. Der folgende Vers יאמרו גאולי ה' וגו' muß **perfektisch und erzählend** genommen werden, wie das. V. 8, 15, 21, 31, nicht als Wunsch; vielleicht muß man gar lesen אָמְרוּ גאלי ה'. Dieser Psalm wird von den meisten Auslegern als **nachexilisch** angesehen. Schon die syrische Überschrift dazu hat diese Zeitlage des Psalms erkannt: כנש אנון אלהא ליודיא מן שביקתא ואסק אנון מן בביל.

[2] Jesaia 55, 12 u. a. St.

[3] Nach dem Verzeichnis in Esra und Nehemia. Nach Ez. Apoc. 5, 42 hatten sie 7036 Rosse, gewiß zu viel statt 700.

Monate[1]). „Gott führte sie auf geradem ungefährdeten Wege, um sie zur Stätte ihrer Sehnsucht zu bringen“[2]).

Als die Rückkehrenden im vierten oder fünften Monate seit ihrem Auszug das Land ihrer Sehnsucht erblickten, war ihre Freude gewiß überwältigend. Die Prophezeiungen, Hoffnungen und hochfliegenden Träume waren Wirklichkeit geworden. Sie durften das Land der Verheißung, wo die Gräber ihrer Ahnen waren[3]) und ihren Vätern sich einst die Gnade Gottes erwiesen hatte, das Land durften sie ihr Eigentum nennen und von neuem der göttlichen Gnadenwaltung gewärtig sein. Indessen war ihre Freude nicht ungetrübt. Das Land und besonders die heilige Stadt, der Gegenstand ihrer Liebe, war verödet. Ein großer Teil des Landes war von Fremden bewohnt, im Norden von den Samaritanern oder Chuthäern[4]) und im Süden von den Idumäern[5]), welche, wie es scheint, ihr Gebiet westlich bis Gaza ausgedehnt hatten.

Während der fünfzigjährigen Verbannung hatten diese Völker-

[1]) Die 2. Auswanderung unter Esra brauchte für die Reise beinahe 5 Monate (Esra 7, 8; 8, 31). Da diese indes keine Truppenbegleitung hatte (s. S. 72), daher sichere und ungefährdete Wege aufsuchen und ohne Zweifel Umwege machen mußte, so dauerte ihre Reise länger, als die der ersten Auswanderung.

[2]) Psalm 107, 7.

[3]) Vergl. Nehemia 2, 3.

[4]) Da die בני ל׳ד חדיד ואונו ihr ehemaliges Territorium wieder besetzt haben (vergl. weiter), so folgt daraus, daß die Samaritaner, welche es bis dahin besessen haben mußten, gezwungen wurden, es den Zurückkehrenden einzuräumen. Dadurch ist es erklärlich, daß die Gegend von Lydda stets ein Zankapfel zwischen Judäern und Samaritanern blieb. Demetrius Soter bestätigte den ersteren die Grenzbezirke, welche sie den Samaritanern abgenommen und ihrem Lande einverleibt hatten (Makkabäer I, 11, 34): *ἐστήκαμεν . . αὐτοῖς τά τε ὅρια τῆς Ἰουδαίας καὶ τοὺς τρεῖς νόμους Ἀφαίρεμα καὶ Λύδδαν καὶ Ῥαμαθέμ* (*Ῥαμαθείν*). Die Lokalität Rammathem ist wohl identisch mit Arimathia unweit Diospolis — Lydda, nach Angabe von Eusebius und Hieronymus. Aphairema oder Apherema ist wohl identisch mit אפרים in der Talebene (בבקעה), nach Menachot IX, 1, d. h. in der Schephela. Es hat also nicht in dem Gebirge bei Bethel gelegen, wie die Geographen annehmen. Dieses Territorium hatte also während der Makkabäerkämpfe zu Samaria gehört. Josephus erzählt, die Samaritaner hätten unter Onias II., also vor der Makkabäerzeit, ein gewisses Gebiet den Judäern gewaltsam entrissen (Altertümer XII, 4, 1): *τὴν . . χώραν αὐτῶν τεμόντες.* Das bezieht sich ohne Zweifel auf das Grenzgebiet Lydda.

[5]) Nach Ez. Apoc. 4, 50 hat Darius befohlen, daß die Idumäer die Dörfer, deren sie sich bemächtigt hätten, den Juden herausgeben sollten: *ἵνα οἱ Ἰδουμαῖοι ἀφιῶσι τὰς κώμας, ἃς διακρατοῦσι τῶν Ἰουδαίων.* Vergl. Herodot III, 4—5; unter den dort genannten Arabern können nur Idumäer verstanden werden.

schaften mit oder ohne Erlaubnis der babylonischen Könige oder ihrer Statthalter die leergewordenen Stätten besetzt und waren bis nahe an das Gebiet von Jerusalem gerückt. Diese besetzten Striche mußten die Samaritaner und Idumäer zum Teil verlassen und sie den heimgekehrten Judäern einräumen. Der damalige Statthalter des großen Ländergebietes, welches vom westlichen Euphratufer bis Phönikien und südlich bis zur Grenze Ägyptens reichte, hatte unstreitig von Cyrus die Weisung erhalten, der von ihm begünstigten jüdischen Kolonie zur Wiederbesetzung ihrer Heimat zu verhelfen [1]). Cyrus' Name genügte indes, die bisherigen Besitzer zu veranlassen, die bezeichneten Städte und Dörfer ohne Widerstand, wenn auch widerwillig, zu räumen. So konnten die heimgekehrten Judäer und Benjaminiten ihre ehemaligen Wohnsitze wieder einnehmen: im Norden in der Jordangegend Jericho, ferner Bethel mit Ai verbunden, Michmas, Geba mit Rama verbunden, Gibeon, die drei früheren gibeonitischen Städte Kirjat-Jearim, Khephira und Beerot, ferner in der Nähe Jerusalems Anatot, Geburtsort des Propheten Jeremia, Nob, die ehemalige Priesterstadt und Azmawet, in der Nähe des Meeres Lydda mit den dazu gehörigen Plätzen Adida und Ono, und endlich im Süden Jerusalems Bethlehem, Netopha und wahrscheinlich auch Hebron [2]). Die Judäer und Benjaminiten, welche diese und andere Plätze wieder besetzten, fanden wahrscheinlich Häuser oder Hütten vor, welche die bisherigen Bewohner hatten verlassen müssen. Nicht so diejenigen, welche früher in Jerusalem gewohnt hatten und sich wieder da ansiedeln wollten. Die große Mehrheit, welche den Kern der Heimgekehrten bildete, fand da nur einen Trümmerhaufen vor, welcher zuerst weggeräumt und bebaut werden mußte. Die ehemaligen Jerusalemer, und dazu gehörte der größte Teil der Ahroniden, Leviten und die vornehmsten judäischen und benjaminitischen Familien, mußten sich so lange mit Zelten behelfen, bis neue Wohnungen aufgebaut waren [3]). Selbst der prinzliche Statt-

[1]) Daß die persischen Könige den Pechas von Abar-Nahara und von Syrien bezüglich der Judäer schriftliche Weisungen erteilten, folgt aus Esra 8, 36; Nehemia 2, 7.

[2]) Vergl. Verzeichnis. Statt גבר in Esra muß nach Nehemia גבעון gelesen werden. Hebron ist wahrscheinlich ausgefallen, denn es ist undenkbar, daß die ehemaligen Bewohner es nicht wieder besetzt haben sollten; im Städteverzeichnis Nehemia 11, 25 ist es genannt. Es fehlen überhaupt Ortsnamen, so בית צור zwischen Jerusalem und Hebron, תקוע, בית הכרם, welche anderweitig genannt werden. Diese Städte gehörten noch vor Nehemias Ankunft zu Judäa.

[3]) Esra 2, 79 וישבו הכהנים והלוים ומן העם והמשררים והשערים

halter des neuen Juda, Serubabel, und der Hohepriester Jesua (Jeschua) mußten wohl eine Zeitlang in Zelten wohnen. So war der Anfang des neuen judäischen Gemeinwesens klein und ärmlich. Nicht einmal das ganze ehemalige Gebiet des judäischen Reiches konnte es wieder besetzen. Die Bevölkerung von 40 000 reichte nicht hin, ein weiteres Gebiet anzubauen. So gruppierte sich die heimgekehrte Kolonie um die noch aufzubauende Hauptstadt Jerusalem in einem Umkreise von etwa fünf Meilen von Süd und Nord, von Hebron bis Bethel, und von fünf und einer halben Meile von Ost nach West, von Jericho bis Lydda. Diese Eingeengtheit hatte auch ihr Gutes; die Landbevölkerung war dadurch der Hauptstadt nahegerückt und konnte von allem, was in ihr vorging, Kunde haben und Anteil daran nehmen.

Wenn indes das äußerst beschränkte Gebiet ihrer Ansiedlung und die Winzigkeit des Anfangs geeignet waren, die hochfliegenden Hoffnungen, welche die babylonisch-judäischen Propheten der letzten Zeit in der Brust der Heimkehrenden erweckt hatten, herabzustimmen und sie mit Unmut zu erfüllen, so haben unerwartet eingetretene Ereignisse ihre Begeisterung für die Neugestaltung des Gemeinwesens wieder angefacht.

Aus vielen Ländern von Ost, West, Süd und Nord, aus Ägypten, Phönizien und selbst von den griechischen Küstenländern und Inseln, wohin sie freiwillig ausgewandert oder als Sklaven verkauft worden waren, strömten judäische Verbannte herbei, um sich wie Kinder an die wieder auferstandene Mutter Jerusalem zu drängen. Durch Wüsteneien waren sie gewandert oder hatten den Gefahren der Meeresfahrt getrotzt, um sich mit ihren Stamm- und Schicksalsgenossen wieder zu vereinigen[1]). Vor den Augen der Heimgekehrten erfüllten sich die Prophezeiungen des babylonischen Jesaia, daß aus

והנתינים בעריהם וכל ישראל בעריהם ist unverständlich. Die Parallelstelle Nehemia 7,73 gibt auch keinen besseren Sinn, obwohl sie eine richtigere Ordnung einhält הלוים והשוערים והמשררים ומן העם והנתינים וגו'. Die richtige L.-A. ist Ez. Apoc. erhalten (8,45): *καὶ κατῳκίσθησαν οἱ ἱερεῖς καὶ οἱ Λευῖται καὶ οἱ ἐκ τοῦ λαοῦ (αὐτοῦ) ἐν Ἰερουσαλὴμ καὶ τῇ χώρᾳ* d. h. ... וישבו הכהנים ומן העם בירושלם. Ahroniden, Leviten aller drei Klassen, ferner Nethinim und ein Teil des Volkes setzten sich in Jerusalem fest, das übrige Israel in seinen ehemaligen Städten. Denn unmöglich können sich Nethinim in ihren Städten angesiedelt haben, da sie keine hatten und auf Jerusalem angewiesen waren, und ebenso wenig die Ahroniden und Leviten. Statt וכל ישראל würde es bei einem besseren Stilisten, als der Chronist war, gelautet haben ישאר ישראל.

[1]) Folgt aus Psalm 107, vergl. o. S. 72 und Monatsschrift, Jahrg. 1869 S. 244 f.

allen Weltgegenden ihre Kinder zu Zion eilen werden[1]). Aber nicht bloß Stammesgenossen haben sich mit ihnen vereinigt, sondern auch Fremde in nicht geringer Zahl aus den verschiedensten Völkerschaften „Große und Kleine", Angesehene und Geringe, sammelten sich zu ihnen und traten in einen engen Verband mit ihnen. Freudig wurden sie aufgenommen. Es waren solche, welche aufrichtig den Gott Israels bekannten und seine Lehre befolgen wollten[2]). Diese Proselyten verliehen der jungen Gemeinde eine gewisse Stütze, mehr aber noch Selbstvertrauen, als sie die Vorschau der Propheten von dem Anschluß der Völker an das Haus Jakobs[3]) vor ihren Augen verwirklicht sah.

Als der siebente Monat heranrückte, in welchen nach der Gesetzesvorschrift und nach altem Brauche mehrere Feste fallen, sammelten sich die Familienältesten aller Klassen in Jerusalem und schritten unter Anleitung der beiden Hauptführer, des Statthalters Serubabel und des Hohenpriesters Jesua, zum ersten Akte der Neugestaltung; sie errichteten einen Altar aus Stein.

Ungeachtet der Aussprüche der älteren und der jüngeren Propheten, daß das Opfer unwesentlich sei, sahen die junge Gemeinde und ihre Führer doch in dem Opferwesen den Hauptausdruck des Gottesdienstes. Der Altar sollte der erste Ansatz zu einem Tempel sein, dessen Bau von vornherein in Aussicht genommen wurde, um Mittelpunkt des neuen Gemeinwesens zu bilden, der aber aus Mangel an Baustoffen noch nicht errichtet werden konnte. Der Altar wurde auf derselben Stelle errichtet, auf welcher er im Salomonischen Tempel gestanden hatte; es gab noch unter den heimgekehrten Ahroniden und Leviten Greise, welche das alte Heiligtum vor dessen Zerstörung gesehen hatten, die Stätte des Altars kannten und sie genau bezeichnen konnten. Obwohl die Tonangeber der Gemeinde es als eine Gewissenssache betrachteten, das neue Heiligtum nach dem Muster des alten einzurichten und Neuerungen auszuschließen, gaben sie doch dem Altar einen größeren Umfang; die obere Platte oder der Herd wurde um vier Ellen Länge und Breite geräumiger angelegt. Infolge dieser Erweiterung des oberen Teils nahm der neue Altar an der Basis einen bedeutenden Raum ein, zweiunddreißig Ellen nach jeder Seite, und da die Höhe derselben zehn Ellen betrug und Stufen zum Besteigen nicht angewendet werden durften, so mußte eine langgestreckte Terrasse (32 Ellen L. 16. B.)[4]) dazu angelegt werden. Aus

[1]) Vergl. o. S. 60.
[2]) Vergl. Monatsschrift, Jahrg. 1875 S. 6f.
[3]) Vergl. o. S. 63.
[4]) Traktat Middoth III. 3.

welchem Grunde wurde diese Veränderung und Vergrößerung des Altars vorgenommen? Weil auf eine größere Beteiligung an demselben gerechnet wurde, nicht bloß von seiten der Judäer, welche nicht mehr wie früher auf Privatkultusstätten opfern würden, sondern auch von seiten heidnischer Proselyten, deren zahlreicher Zutritt mit Bestimmtheit erwartet wurde[1]). Sobald der Altar vollendet war, wurden Vorkehrungen zum Opfern auf demselben getroffen; eingeweiht wurde er am ersten des siebenten Monats (September 537)[2]).

Inzwischen waren von den Führern auch Vorkehrungen getroffen worden, den Tempel zu errichten. Von den reichen Spenden, die sie mitgebracht hatten, mieteten sie Arbeiter und Handwerker, um Steine aus dem Gebirge zu brechen und sie zu behauen. Zedernstämme wurden wie in Salomos Zeit vom Libanon herbeigeschafft. Sidonier und Tyrier besorgten die Förderung derselben vom Gebirge bis zum Meere, von einem phönizischen Hafenplatz bis zum Hafen von Jafo (Joppe), und von hier wurden sie auf Kamelrücken nach Jerusalem gebracht. Cyrus hatte die Erlaubnis erteilt, die Zedern des Libanon, der durch das Recht der Eroberung sein Eigentum geworden war, für den Tempelbau zu fällen[3]). — Als eine genügende Menge von Steinen gebrochen und angefertigt waren, schritt man zur Grundlegung für den Bau des Heiligtums. Nicht bloß die Führer, sondern auch die Familienhäupter und eine große Volksmenge, die aus der Nähe leicht zur Hauptstadt gelangen konnte, wohnte diesem Akte bei; er wurde überhaupt mit großer Feierlichkeit begangen. Die Ahroniden erschienen wieder in ihren Priestergewändern und stießen in die Posaunen, die Leviten vom Hause Aßaph sangen ein Danklied[4]), daß Gottes Gnade ewig währt, und

[1]) Vergl. Frankel-Graetz, Monatsschrift, Jahrg. 1875 S. 3 f.

[2]) Esra 3, 1—6.

[3]) Das. V. 7. Das כרשיון כורש bezieht sich auf das Fällen der Zedern im Libanon.

[4]) V. 8, 11—13. Gewiß sind damals Psalmen gesungen worden. Es läßt sich aber nicht mit Bestimmtheit angeben, welche von den vorhandenen Psalmen dabei in Anwendung gekommen sind. Zunächst scheint Psalm 105 gesungen worden zu sein, weil Chronik I, 16, 7 f. erzählt, daß ein Teil dieses Ps. unter David beim Einrichten des Zeltes für die Bundeslade gesungen worden sei. Es ist wohl eine Verwechselung der Zeiten. Das. ist auch angegeben, V. 23 f., daß auch ein Teil der zusammengehörigen Psalmengruppe 95—99 gesungen wurde. Auch diese würde auf die Grundsteinlegung des Tempels passen. Die Zusammengehörigkeit dieser Partie springt in die Augen, wenn man Psalm 95 als Einleitung betrachtet und die 4 folgenden Psalmen als Strophen, von denen 1—3 mit שירו לה' שיר חדש und 2—4 mit ה' מלך beginnen.

das Volk brach in Jubel aus, daß der längst ersehnte Tag endlich eingetroffen war. Indessen mischte sich die Stimme wehmütiger Trauer in den Jubelrausch, weil der neue Tempel kleiner und nicht so reich angelegt wurde wie der Salomonische, den einige der Heimgekehrten, welche noch jung nach Babylonien verbannt worden waren, gesehen hatten und einen Vergleich anstellen konnten. Indes wurden die Klagen von dem Jubelrausch übertönt. Dann wurde der Bau fortgesetzt. Die Leviten von der Klasse der Hilfeleistenden überwachten die Arbeiter und Bauleute[1]. Inzwischen wurde auch das mit Trümmern besäete Jerusalem aufgebaut.

Indessen dauerte die Freude der Begeisterung nicht lange, die Flitterwochen der Neugestaltung verflogen rasch, und Sorgen stellten sich ein. Hart an der Grenze Judas wohnte die Mischbevölkerung der Samaritaner oder Chutäer, welche einer der assyrischen Könige in das ehemalige samaritanische Reich hatte ansiedeln lassen (II. 1. Hälfte. S. 257). Diese, durch israelitische Priester vom Tempel zu Bethel belehrt, hatten zum Teil den israelitischen Kultus angenommen, dabei ihre aus der Heimat mitgebrachte götzendienerische Weise und Sinnesart beibehalten, oder richtiger sie hatten den israelitischen Gott Jhwh in ihr Vielgöttertum aufgenommen. Die aus Babylonien Eingewanderten setzten ihren unzüchtigen Kultus mit Zellen für die sich preisgebenden Weiber weiter fort; die aus Chutha verehrten noch immer den Nergal, die Sipparener (Hipparener) opferten ihre Kinder dem Feuer für ihre Götzen Adramelech und Anamelech, und noch andere hatten andere Götzen[2].

Als der König Josia die Kultusstätten in Bethel und anderen Städten Samarias zerstört und die Priester israelitischer Abkunft hatte umbringen lassen[3], pflegten die Samaritaner von Zeit zu Zeit nach Jerusalem zu kommen und sich an dem Gottesdienst durch Darbringung von Opfern zu beteiligen. Nach dem Untergang des judäischen Reiches mögen sie wieder in götzendienerische Verwilderung zurückgefallen sein.

Ganz unerwartet erschienen[4] samaritanische Häuptlinge in Jeru-

[1] Esra 3, 8b—9. Der lange Vers 8 ist mit Recht in Ez. Apoc. in drei zerlegt, denn zum Verbum החל im hebr. Text fehlt das Hauptverbum ליסוד, das im Griechischen mit Objekt und Zeitumstand enthalten ist. Aus Chaggaï 1, 15 18 und Zacharia 7, 9 folgt übrigens, daß im zweiten und folgenden Jahre des Darius der Grundbau noch nicht vollendet war.

[2] Könige II, 17, 29—31.

[3] Band II. 1. Hälfte. S. 289.

[4] Esra 4, 1. Es kann kein Zweifel obwalten, daß hier von den Samaritanern die Rede ist, obwohl ihr Name nicht genannt ist. In dem angeblichen

salem mit dem Wunsche, sich am Bau des Tempels zu beteiligen, und stellten den Antrag, daß sie als Glieder der judäischen Gemeinde aufgenommen werden mögen. Haben sie es mit dem beantragten Anschluß ernstlich gemeint oder war er nur ein Vorwand, um, wenn zugelassen, durch ihre Zahl die Stammgemeinde zu beherrschen, und wenn abgewiesen, Grund zur Feindseligkeit zu haben? Die Sache erschien den Judäern so wichtig, daß sie in Beratung darüber traten. Serubabel und Jesua zogen die Familienältesten zur Beratung hinzu, wie denn überhaupt in dieser Zeit die republikanische Ordnung zur Geltung kam, daß bei jeder einigermaßen wichtigen Angelegenheit die Häupter zur Mitberatung zugezogen zu werden pflegten. Die Entscheidung fiel abweisend aus. Serubabel eröffnete den samaritanischen Häuptlingen, daß sie zum Bau des Tempels nicht zugelassen werden sollten oder könnten. Diese Entscheidung war für die Zukunft von unangenehmen und störenden Folgen. Die Samaritaner begannen seit dieser Zeit das judäische Gemeinwesen mit Haß und Ingrimm zu verfolgen, es mit offener Gewalt oder Hinterlist auf allen seinen Wegen zu hemmen. Die beratende Gemeinde hat wohl auch die Folgen der Abweisung nicht übersehen; aber sie hat das geistige Wohl des neuen Gemeinwesens ins Auge gefaßt und vorgezogen, das Volk von götzendienerischer Vermischung und Befleckung fern zu halten, von dem es sich erst kurz vorher freigemacht hatte. Serubabel und der Vertreter des Priestertums, die Tonangeber, scheinen wohl in Erwägung gezogen zu haben, daß der traurige Geschichtsgang des Volks bis zum Untergang des Reiches und bis zur Verbannung lediglich durch die Vermischung mit götzendienerischen Völkerschaften verschuldet war. Hätten sie die Chuthäer in den Verband aufgenommen oder, was dasselbe wäre, sich mit ihnen verbunden, dann hätten sich die traurigen Zeiten nach dem Tode Josuas und der Richter wiederholt. Das Götzentum hätte wieder Eingang gefunden, und die damit verbundene Unsittlichkeit und Geistesstumpfheit wären wieder Folge desselben gewesen. Die Versammlung der Familien-

Sendschreiben das. V. 10 sind die Bewohner Samarias als Gegner genannt, והותיב המו בקריה די שמרין. Josephus Altert. XI. 2, 1 bezieht die Tatsache mit Recht auf die Samaritaner. Nach Ez. Apoc. (5, 63 f.) schließt sich die Relation in Esra 4, 1 eng an das Vorhergehende an, welches von dem Getöse der Freude bei der Grundlegung des Tempels spricht. *Καὶ ἀκούσαντες οἱ ἐχθροὶ.. ἦλθοσαν ἐπιγνῶναι· τίς ἡ φωνὴ τῶν σαλπίγγων. καὶ ἐπέγνωσαν, ὅτι οἱ κ. τ. λ.* d. h. וישמעו צרי יהודה. ויבאו לדעת מה קול התרועה. וידעו כי בני הגולה בונים וגו'. Dieser Passus ist also im hebr. Texte ausgefallen. Wenn die „Feinde" den Jubel in Jerusalem gehört haben, so müssen sie in nächster Nähe gewohnt haben; es sind also die Samaritaner darunter zu verstehen.

häupter bei der Beratung über Zulassung oder Abweisung der Samaritaner hat mit richtigem Takt gehandelt, die judäische Gotteserkenntnis und Lehre rein von fremder Beimischung zu erhalten und die ausschließliche Selbständigkeit zu bewahren. Es war eine Entscheidung von großer Tragweite für die Zukunft. Daraus entwickelte sich sofort Reibung zwischen den Judäern und ihren Nachbarn im Norden.

Diese begannen ihren feindseligen Geist zu betätigen, als hätte es ihnen weniger am Herzen gelegen, am Kultus in Jerusalem teilzunehmen, als daran, das judäische Gemeinwesen zu schädigen und den Tempelbau zu verhindern. Auf der einen Seite suchten sie die Judäer, mit denen sie in Berührung kamen, lau gegen den Tempelbau zu machen, und auf der anderen Seite gewannen sie persische Beamte, ihn geradezu zu stören[1]). Wahrscheinlich haben sie Verleumdungen angebracht, daß, wenn die Judäer im Besitz eines Tempels sein und dadurch Anhänger für denselben gewinnen würden, sie eine zahlreiche Bevölkerung ausmachen und sich von Persien unabhängig machen würden[2]). So unterblieb der Bau, entweder von selbst eingestellt oder von oben verboten, ganze fünfzehn Jahre. Cyrus mag keine Kunde davon gehabt haben, da er in den letzten Jahren seiner Regierung in Kriege in weitentfernten Ländern, mit den Indiern und Massageten (Saken) beschäftigt war. Nach seinem Tode (529) rüstete sein Sohn Kambyses einen umfassenden Kriegsplan, um nicht nur Ägypten, sondern auch Äthiopien, Nubien und Karthago zu unterwerfen. Er hatte demnach kein Ohr für die etwaigen Beschwerden der Judäer, daß die von seinem Vater erteilte Erlaubnis unausgeführt bleiben sollte. Kambyses mußte, um einen sicheren Durchzug für sein zahlreiches Fußvolk längs der Küste des Mittelmeeres durch das ehemalige Gebiet der Philister zu gewinnen, sich um eine Art Bundesgenossenschaft mit den dort wohnenden Arabern oder Idumäern bewerben[3]). Dieses südliche Nachbarvolk Judas, da es sich von dem mächtigen persischen König umworben sah, durfte ungehindert das judäische Gemeinwesen schädigen. So wiederholte sich für die eingewanderten Judäer die schlimme Lage der Zeit nach dem ersten Einzug der Israeliten in Kanaan: Der von ihnen eingenommene Landstrich wurde ihnen von den Nachbarvölkerschaften mißgönnt, und sie stießen auf allen Seiten auf Feindseligkeit[4]). Was konnten sie

[1]) Esra 4, 4—5.

[2]) In dem Esra das. V. 12 f. mitgeteilten Sendschreiben ist diese Anklage vorgebracht. Indes sind die Schreiben unecht oder stammen jedenfalls aus einer späteren Zeit.

[3]) Herodot III. 4—5; vergl. oben S. 67 Anmerk. 1.

[4]) Folgt aus Zacharia 1, 15; 2, 2—4. 12.

dagegen tun? Zu kriegerischer Gegenwehr fehlte ihnen so gut wie alles.

In dieser unbehaglichen Lage dachten die Glieder des Gemeinwesens zunächst nur an sich, nicht an das Allgemeine. Der Tempelbau wurde selbstverständlich aufgegeben. Die angesehenen Familienhäupter, die Großen, bauten für sich schöne und prächtige Häuser, wie es scheint, aus dem Baumaterial, welches für den Tempel herbeigeschafft worden war[1]). Dazu kamen noch Mißernten, welche mehrere Jahre anhielten. Brand und Hagel täuschten die Hoffnung des Landmanns, und selbst der Weinstock, die Feigen-, Granat- und Olivenbäume trugen keine Früchte. Man säete viel aus und heimste wenig ein, es gab nicht einmal satt zu essen und kein Gewand in der Kälte zu wärmen, und wer etwas erwarb, erwarb für einen durchlöcherten Geldbeutel[2]). Es gab keinen Lohn für Menschen und keinen für die Lasttiere, keiner konnte friedlich aus- und eingehen vor den Feinden, es war ein allgemeiner Kriegszustand[3]). Noch schlimmer war die sittliche Verwilderung, welche infolge der leiblichen Not eintrat. Der Rückfall in das Götzentum, um sich mit den feindlichen Nachbarn in ein freundliches Verhältnis zu setzen, wie zur Zeit nach dem ersten Einzug der Israeliten, wiederholte sich allerdings nicht mehr; von dieser Verkehrtheit waren auch die niedrigsten Judäer und selbst die Tempelsklaven gründlich geheilt; sie verfielen nicht mehr in die Torheit, die Kreatur als Gottheit zu verehren oder der Unzucht mit religiöser Andacht zu fröhnen. Aber kleinliche Vergehungen und Laster kamen zum Vorschein. Der Eigennutz nahm auf eine häßliche Weise überhand; Lieblosigkeit des einen Volksgenossen gegen den anderen, falsches Maß und Gewicht bei Kauf und Verkauf und Diebstahl, welchen die Ärmeren, um das Leben zu fristen, begingen. Wurden solche gemeine Verbrecher vor den Richter geführt, ohne durch Zeugen überführt werden zu können, so scheuten sie sich nicht falsche Reinigungseide zu leisten[4]).

[1]) Chaggaï 1, 4.

[2]) Das. 2, 16–19; 1, 6. 9–11.

[3]) Zacharia 8, 10.

[4]) Zacharia 5, 3–4; 8, 17 klagt zunächst über verbreiteten Diebstahl, Meineid und Lieblosigkeit. Indessen wird das. in einem Symbol noch ein anderes Laster gerügt. Dieses Symbol ist aber von den Auslegern vollständig mißverstanden worden. V. 5 ist angegeben, die Engel haben den Propheten ins Freie geführt, und dieser habe ein *Maß geschaut*. Die darauf folgende Deutung läßt das Symbol nicht verkennen, daß hier von *falschem Maße* die Rede ist. V. 6. ויאמר זאת האיפה היוצאת ויאמר זאת עינם בכל הארץ. Das verkannte

Dieser Zustand, der so grell gegen die Hoffnungen abstach, mit welchen die Heimkehrenden das Land betreten hatten, machte auch den Mut der Besseren sinken. Was war aus den Verheißungen für die Rückkehr nach der ersehnten Stadt geworden? Leibliches Elend und Niedrigkeit der Gesinnung. Es ist nicht bekannt geworden, was die beiden Hauptführer, Serubabel und Jesua, zur Abwendung dieser niederbeugenden Lage getan haben. Der letztere scheint nicht frei von Verschuldung an diesen unerquicklichen Zuständen gewesen zu sein, wenigstens wurde auf sein Verhalten tadelnd angespielt[1]). Es ist auch nicht bekannt, ob die beiden Propheten, welche zurzeit in Jerusalem lebten, Chaggaï und Zacharia, damals dagegen gesprochen oder dazu geschwiegen haben. Aber die Sänger schwiegen nicht. Sie dichteten eine Reihe herzlicher Lieder, teils um den gesunkenen Mut wieder zu beleben, und teils um dem Volke zum Bewußtsein zu führen, daß es die trostlose Lage selbst verschuldet hat. Ein Sänger erinnert an die Freude und Begeisterung, welche bei der Rückkehr aus dem Exile geherrscht hat, und knüpfte daran die Hoffnung, daß diese Gnadenzeit nicht vergeblich sein könne; es sei ja erst die Zeit der Aussaat, die Ernte könne erst später eintreten:

„Die da säen in Tränen,
Werden in Jubel ernten.
Weinend geht der Träger mit der Last der Samen,
Heimkehren wird er in Jubel, die Garben tragend[2])."

Wort עֵינָם, woraus Ewald ein „Theater" machte, wird in der Peschito durch חובא und in LXX durch *ἀδικία* wiedergegeben, d. h. עֲוֹנָם „das ist ihre Sünde im ganzen Lande". Mit dem Maße sündigen sie am meisten. Dieses Symbol wird noch deutlicher VV. 7—8 erklärt. וזאת אשה יושבת בתוך האיפה ויאמר זאת הרשעה, das Weib, welches im Maße saß, bedeutet die Schlechtigkeit, die Lasterhaftigkeit mit falschem Maß. Statt des unpassenden Wörtchens וזאת haben LXX *ἰδού*, d. h. והנה, was besser zur Konstruktion paßt. VV. 9—11 ist angegeben, daß zwei Weiber das Maß nach Babylonien getragen und es dort auf den rechten Platz gestellt. Auch dieses Symbol ist deutlich: das Maß, das falsche Maß, gehört nach Babylonien, dem Krämerlande (vergl. Ezechiel 17, 4 מאל ארץ כנען בעיר רכלים שׂמו), nicht nach Juda; dort ist sein Platz: והוניחה שם על מְכֻנָתָהּ. Dunkel bleibt nur noch das Symbol vom Bleiklumpen, der in das Maß, ja in den Mund des die Schlechtigkeit symbolisierenden Weibes geworfen wurde. Weil falsches Maß in Juda am meisten überhand genommen hatte, verweilte Zacharia am meisten dabei.

1) Zacharia 3, 3: לבוש בגדים צאים.

2) Psalm 126, diesen Psalm setzen die meisten Ausleger in die unmittelbar nachexilische Zeit. In diese Zeit gehören wohl sämtliche 15 Ps., welche die Überschrift שיר המעלות haben, und davon „Stufengesänge" genannt werden.

Ein anderer oder derselbe Sänger tröstete mit dem Hinweis auf die Leiden, welche das judäische Volk von jeher erduldet hat, und auf die Erlösung, die stets darauf gefolgt ist:

„Vielfach haben sie mich von meiner Jugend an bedrängt,
So kann Israel wohl sprechen,
Vielfach haben sie mich von meiner Jugend an bedrängt,
Und doch haben sie mir nicht beikommen können.
Auf meinen Rücken haben Pflüger gepflügt,
Haben lange Furchen gezogen.
Der gerechte Gott hat der Frevler Seile zerschnitten.
Es werden beschämt werden und zurückweichen alle Feinde Zions,
Werden wie Gras der Dächer sein,
Das, ehe es noch ausgerissen wird, verdorret[1]."

Ein Psalmist von tieferer Kunstbegabung machte in zarter Weise auf das unangemessene sittliche Verhalten des Volkes, als auf den tieferen Grund der unbehaglichen Lage, aufmerksam. Er legt dem Volke eine Klage über seine Lage in den Mund, und in der Antwort auf diese in Frageform ausgesprochene Klage deutet er leise den Tadel an:

„Du hast, Ihwh, dein Land gesühnt,
Hast Jakobs Gefangene zurückgeführt,
Hast deines Volkes Schuld verziehen,
Hast all' ihre Sünden zugedeckt,
Hast deinen ganzen Zorn eingezogen,
Hast deinen glühenden Ingrimm aufgegeben.
Stelle uns wieder her und laß deinen Ingrimm fahren!
Willst du ewig über uns zürnen,
Deinen Groll ausdehnen für Geschlecht und Geschlecht?
Du solltest uns doch wieder beleben,
Und dein Volk sollte sich doch dein freuen!
So zeige uns doch, Ihwh, deine Gnade,
Und gewähre uns deine Hilfe!" —
Ich möchte hören, was Gott Ihwh antworten wird,
Wenn er Heil seinem Volke verkünden sollte,
Und seinen Frommen, daß sie nicht zur Torheit zurückkehren.
In Wahrheit nah' ist seinen Verehrern seine Hilfe,
Daß Ehre in unserem Lande weile.
Begegnen sich Liebe und Treue,
So küssen sich Heil und Frieden.
Sproßt die Treue aus der Erde,
So schaut Heil vom Himmel.
Gewiß, Gott wird das Glück gewähren,
Und unser Land seinen Ertrag geben.
Geht Heil ihm (dem Volke) voran,
So mag es auf den Weg seine Schritte setzen[2]."

[1] Ps. 129. V. 4. ה' צדיק muß gelesen werden ה' הצדיק (das ה' absorbiert). V. 6 statt שקדמת שלף יבש muß gelesen werden שֶׁקֶּדֶם תִּשָּׁלֵף יבש.

[2] Ps. 85. Vergl. über die Konstruktion desselben, Graetz, der einheitliche Charakter der Prophetie Joels S. 9 f. Anm.

Die Poesie war die Trösterin in den Leiden; sie fand in der langen Zeitreihe der Geschichte und in dem eigenartigen Gang des judäischen Volkes reichen Stoff für den Trost.

Kambyses' Tod (521) und die Nachfolge Darius', des dritten persischen Königs (521—485), welche von großer Bedeutung in der Völkergeschichte der damaligen Zeit war, führten auch eine günstige Wendung für Juda herbei. Darius war seinem Vorgänger entgegengesetzt und Cyrus ähnlich, ein milder und hochherziger Herrscher. Eine seltsame Sage läßt Serubabel nach Persien gehen und ihn bei Darius wegen seiner Weisheit Gunst finden. Zum Beweise seiner Huld habe er ihm gestattet, nach Jerusalem zurückzukehren und den Tempel auf königliche Kosten zu erbauen[1]). Indessen so leicht ging die Sache nicht vonstatten, wie die Sage es sich ausgedacht hat. Die Führer des Volkes, Serubabel und Jesua, haben wohl daran gedacht, nachdem die kriegerischen Unruhen in der Nähe mit Kambyses' Tod aufgehört hatten[2]), den unterbrochenen Bau wieder aufzunehmen. Aber das Volk, d. h. die Familienhäupter sprachen: „Die Zeit ist noch nicht gekommen, den Tempel zu bauen[3])". Es bedurfte erst des Feuereifers der beiden Propheten Chaggaï und Zacharia, daß das Werk wieder in Angriff genommen wurde[4]). Diese Propheten haben in fünf Monaten (Elul bis Kislew 520) mehrere Male das Wort ergriffen, um dem Volke Mut und Eifer einzuflößen und zugleich ihm den Schleier der Zukunft zu enthüllen. Chaggaï mag dem älteren Geschlechte angehört haben, welches noch den ersten Tempel gesehen hatte. Sein Berufsgenosse dagegen, Zacharia, Sohn Iddos[5]), war jung[6]) aus Babel zurückgekehrt und hatte bereits fremde Anschauungen aus dem Exile mitgebracht[7]).

Chaggaï trat an die beiden Hauptführer mit einer Standrede heran: „Das Volk spricht, die Zeit sei noch nicht günstig, den Bau des Tempels fortzusetzen. Ist es für euch Zeit in euren Häusern

[1]) Ez. Ap. Kap. 3—4.

[2]) Die eingetretene Ruhe ist angedeutet Zach. 1, 11. והנה כל הארץ יושבת ושקטת.

[3]) Chaggaï 1, 2.

[4]) Esra 5, 1—2.

[5]) Vergl. Bd. II. 1. Hälfte. S. 396.

[6]) Zacharia 2, 8: דבר אל הנער הלז bezieht sich selbstverständlich auf den Propheten. Ewald machte aber daraus einen „jungen Engel".

[7]) Zacharia bediente sich der assyrisch-babylonischen Monate 1, 7; 7, 1 und der sieben Engel entsprechend den sieben Amschaschpands der eranischen Religions-Anschauung, 4, 10. Vergl. Note 14.

gedeckt zu wohnen, während das Heiligtum verödet ist?“ Er führte die lang anhaltende Unfruchtbarkeit und das Mißgeschick, welches die junge Gemeinde so hart betroffen hatte, auf die Lässigkeit und die Gleichgültigkeit gegen den Tempelbau zurück[1]). Diese Standrede machte Eindruck, und sofort gingen nicht bloß die Führer, sondern das ganze Volk daran, Hand an den Bau zu legen[2]). Die älteren Propheten mit ihrer feurigen Beredsamkeit fanden taube Ohren und harte Herzen, den jüngeren kam das Volk mit Willfährigkeit und Gefügigkeit entgegen. Als Chaggaï die älteren Männer unmutig wegen der Winzigkeit der Anlage des neuen Tempelgebäudes sah, ermutigte er sie mit Worten, welche sich nach Jahrhunderten wunderbar erfüllen sollten: „Wer ist unter euch, der noch das Heiligtum in seinem früheren Glanze gesehen hat, und dem das neue, mit dem alten verglichen, wie nichts erscheint? Aber seid nur mutig, mein Bündnis und mein Geist weilen noch in eurer Mitte (spricht Gott). Größer wird die Ehre dieses Hauses als des ersten sein, und an diesem Orte werde ich Frieden geben“[3]).

Zacharia sprach zwar auch ermunternde Worte für die Wiederaufnahme des Baues, aber drang mehr auf Veredelung der Gesinnung. In der ersten Rede, die er zwei Monate nach Chaggaïs Auftreten gehalten hat, führte er das Geschick der Väter auf, wie diese lange Zeit hindurch taub gegen die Ermahnungen der älteren Propheten waren, bis die herbe Erfahrung der Zerstörung und der Verbannung sie zu dem Geständnisse gebracht hat, daß sie mit Recht gezüchtigt worden sind. Das jüngere Geschlecht möge nicht in denselben Ungehorsam und dieselbe Verkehrtheit verfallen[4]). Als endlich einen Monat später (24. Khislew, Ende 520) der Grundbau des Tempels weiter geführt und Stein auf Stein gelegt wurde, verkündete Chaggaï, daß von diesem Tage an der Fluch von der Gemeinde gebannt sei, und Segen dafür eintreten werde[5]). Mit auffallender Absichtlichkeit hielt Chaggaï an demselben Tage eine Anrede an Serubabel: Eine große Umwälzung werde eintreten, verkündete er

[1]) Chaggaï 1, 1 f.

[2]) Das. V. 15 bezieht sich das Datum auf das Vorangehende, daß sie bereits am 24. des 6. Monats, 23 Tage, nachdem Chag. gesprochen, an die Arbeit gingen.

[3]) Das. 2, 1—9.

[4]) Zacharia 1, 1—6.

[5]) Chaggaï 2, 10—19. Aus den Worten Vers 15 מן היום הזה ומעלה und Vers 18 מן היום הזה . . . למן היום אשר יסד בית ה׳ geht hervor, daß erst an diesem Tage, am 24. des 9. Monats, der Grundbau fortgesetzt wurde. Vers 1, 14 b spricht lediglich von מלאכה, d. h. von Vorbereitungen zum Grundbau.

darin, die Throne der Könige werden umgestürzt, die Stärke der Reiche der Völker vernichtet werden, und die Krieger werden gegeneinander kämpfen. „An dem Tage werde ich dich, Serubabel, als meinen Knecht nehmen und dich wie einen Siegelring machen, denn dich habe ich auserkoren [1])." Er wollte ihm damit die Königswürde und den davidischen Glanz andeuten.

Indessen mußte das Volk über die Armseligkeit der Gegenwart hinweggehoben werden, wenn die Neugestaltung sich erhalten und fortentwickeln sollte. Von dem Glanze und dem sittlichen Aufschwung, welchen die Propheten für die Zeit der Rückkehr verheißen hatten, war keine Spur eingetreten. Der „Gesalbte Gottes" (Messias), welcher die Herrlichkeit für Israel bringen und begründen sollte, den der vielgelesene Prophet Jeremia unter dem Namen „Zemach" angekündigt hatte [2]), ließ sich nicht blicken. Der Nachkomme und Träger des davidischen Königshauses Serubabel war ein Knecht des persischen Hofes und mußte jeden seiner Schritte abmessen, um nicht von den Feinden der judäischen Kolonie bei Hofe verdächtigt zu werden. Das ganze Volk war in Knechtschaft und fühlte sich bedrückt. Was sollte da der Tempel, noch dazu in geringem Maßstab und ohne Glanz angelegt, nützen, von dem Chaggaï, als dem Urgrunde einer neuen Ordnung, so viel gerühmt hat? Und wenn das neue Heiligtum vollendet sein wird, wird sich denn an demselben Gottes Gnadenwaltung, wie in früheren Tagen zeigen? War doch das Volk wieder von Sündhaftigkeit befleckt und „all sein Händewerk war unrein [3])!" Diese Zweifel nagten an dem Herzen der Großen; Chaggaïs Verkündigungen hatten diesen inneren Unmut nicht beschwichtigt. Zudem gab es in der Gemeinde Nüchterne, welche über diese kleinlichen und armseligen Anfänge spotteten [4]), daß daraus sich nimmer etwas Großes und Überwältigendes entwickeln könne. Alle diese nagenden Zweifel und Fragen löste Zacharia in seiner zweiten, längeren Rede, indem er dem Volke einen weit ausgedehnten Gesichtskreis öffnete. Er hat damit die erloschene Begeisterung wieder entzündet.

Wie Ezechiel im Exile, so teilte auch Zacharia, der ihm überhaupt an Lebendigkeit der Phantasie ähnlich war, seine prophetischen Verkündigungen für die Zukunft in symbolischen Gesichten mit. Jener erblickte in sinnbildlichen Vorgängen, wie Gott die Stadt Jerusalem

[1]) Chaggaï 2, 20—23.
[2]) Jeremia 23, 5; 33, 15.
[3]) Chaggaï 2, 14.
[4]) Zacharia 4, 10.

und den Tempel allmählich verlassen und ihnen damit ihren Charakter der Heiligkeit und Bedeutsamkeit entzogen habe[1]).

Zacharia erblickte und vernahm, wie Gott wieder in die neuerbaute Stadt und in das im Bau begriffene Heiligtum einziehe und ihnen dadurch die entschwundene Heiligkeit wieder verleihe. Er teilte dem Volke mit, was er in der eben vergangenen Nacht geschaut und vernommen hatte. Er sah zunächst Boten Gottes, von denen einer auf schnellfliegenden Rossen einen Ritt durch die Länder gemacht, und einen anderen, der ihn angeredet und ihm Zeichen verdolmetscht habe. Auf die Klage: „Wie lange wirst du, o Gott, dich nicht Jerusalems erbarmen, dem du schon siebzig Jahre zürnest?" habe er tröstende und beruhigende Worte vernommen und den Auftrag erhalten, zu verkünden, daß Gott wieder voll Eifer für Jerusalem und Zion sei, daß er in Erbarmen in die Stadt zurückkehren, daß der Tempel aufgebaut werde, daß Gott Zion wieder tröste, und Jerusalem wieder erwählt habe. — In einem anderen Bilde sah er vier Hörner, die Völker, welche Juda und Jerusalem zerstreut haben, und vier Meister, welche die Hörner abhauen sollten. Dann sah er wieder einen Mann mit einem Meßschauer, um für Jerusalem einen weiten Umfang auszumessen. Die Stimme des Gottesboten habe ihm hierauf verkündet, daß das neue Jerusalem wegen Fülle von Menschen und Tieren weit ausgedehnt sein werde, daß es Mauern werde entbehren müssen, daß aber Gott es schützen und ihm eine „Feuermauer" sein werde. Diese Menschenfülle werde es durch den Zufluß der Zerstreuten und besonders der aus Babylonien erhalten. Ein Ruf erging an diese: „O eile nach Zion, Bewohnerin Babels!" Aber nicht bloß Stammesgenossen, sondern auch andere Stämme werden Jerusalem bevölkern: „Jauchze und freue dich, Zion, denn ich komme und weile in deiner Mitte und viele Völker werden sich Jhwh anschließen und mir zum Volke sein."

Mit einem dritten Bilde wurde Zacharia eine neue Ordnung im Innern eröffnet. Er sah den Hohenpriester Jesua vor einem Gottesboten in besudeltem Anzug, und ein Ankläger stand ihm zur Rechten, um ihn anzuklagen. Der Gottesbote fuhr indes den Ankläger an, doch nicht den anzuklagen, der wie ein aus dem Feuer gerettetes Stück sei. Er befahl hierauf dem Hohenpriester, reine Gewänder anzuziehen und einen reinen Kopfbund aufzusetzen, und bedeutete ihn, daß damit seine Sünden abgetan sein sollten. Er be-

[1]) Vgl. Bd. II. 1. Hälfte. S. 348.

deutete ihn ferner, wenn er in Gottes Wegen wandeln und die Hut des Tempels sorgsam übernehmen werde, dann werde der Hohepriester unter den ihm Gleichstehenden Diener und Gefolgschaft haben[1]. Er und seine Freunde werden Männer des Vorbildes werden. Der verheißene Gesalbte „Zemach" werde bald eintreffen. Vorher werden alle Sünden an einem Tage getilgt werden. Aus einem Stein mit sieben Quellen vor Jesua werde so viel Wasser fließen, daß die Unsauberkeit davon weggespült werden werde.

Dann sah Zacharia in einem vierten Bilde plötzlich wie vom Schlafe erwacht, einen goldenen Leuchter mit einer Kugel an der Spitze und mit sieben Lampen und sieben Schnäbeln an jeder Lampe. Zu jeder Seite des Leuchters stand je ein Ölbaum mit Zweigen, die je mit einem Kanal in Verbindung standen. Der Gottesbote habe ihm, da er das Bild nicht verstanden zu haben bekannte, dasselbe gedeutet und erklärt: „Nicht durch Heeresmacht und nicht durch körperliche Kraft, sondern in meinem (Gottes) Geiste" werde das neue Gemeinwesen gedeihen.

Der Gottesbote verkündete ferner dem Propheten, daß Serubabel, der den Grund zum Tempel gelegt, ihn auch ausführen werde, alle Hindernisse beseitigt werden würden, und diejenigen, welche über „den Tag der Kleinheit" gespottet, sich freuen werden, das Bleilot in Serubabels Hand zu sehen. Die beiden Ölbäume, welche von selbst für den Leuchter Öl spenden, bedeuten die „beiden Söhne des Öls" (der Salbung), den Sohn Davids und den Nachkommen Ahrons.

In einem fünften Gesichte sah er, wie die sündhaften Gewohnheiten getilgt werden. Er erblickte eine große, unbeschriebene, fliegende Rolle; sie bedeutete den Fluch, der die Diebe und Meineidigen treffen und ihre Häuser zerstören werde. Dann sah er, wie die Gemeinheit des falschen Maßes und Gewichtes unter dem Bilde eines Weibes, das im Scheffel saß, zwischen Himmel und Erde hinweggetragen wurde, um es im Lande Babel, wohin es gehörte, abzusetzen[2]. In einem letzten Bilde sah Zacharia die vier Winde unter dem Symbol von vier Wagen mit verschiedenfarbigen Rossen in die vier Weltgegenden stürmen, um überall hin Gottes Geist zu tragen, ganz besonders aber in das Land des Nordens, nach Babylonien, wo noch zahlreiche Judäer wohnten[3]. — Seine Verkündigungen gipfelten

[1] Über die Bedeutung des Ausdruckes Zacharia 3, 7b: ונתתי לך מהלכים בין העמדים האלה, vergl. Monatsschr. Jahrg. 1869, S. 293. — V. 3, 2 muß man mit der syrischen Version lesen ויאמר מלאך ה' statt ה'.

[2] S. o. S. 81 f., Anmerk. 4.

[3] Die aufeinanderfolgenden Gesichte Zacharia 1, 8—6, 8. Über 4, 2 f.

in der Vorschau, daß die judäische Gemeinde nicht immer so winzig und armselig bleiben, vielmehr Zuwachs und Glanz durch die Teilnahme der reichen Stammesgenossen am Euphrat und durch den Anschluß der Heiden erhalten werde. — Ein Teil dieser Erwartungen traf nicht lange darauf ein; die in Babylonien zurückgebliebenen Judäer begannen ihre Teilnahme an dem Gemeinwesen in der Heimat durch reiche Spenden zu betätigen. Drei Männer aus Babylonien: Chelem, Tobija und Jedaja, sandten durch einen eigenen Abgesandten Josija, Sohn Zephanjas, Silber und Gold nach Jerusalem[1]). Da empfing Zacharia den prophetischen Auftrag, die Gold- und Silbersendung an sich zu nehmen und daraus eine Krone[2]) zu machen. Diese Krone sollte er dem Hohenpriester Jesua auf das Haupt setzen, ihn zum gekrönten Führer des Volkes bestimmen und ihn bedeuten, daß er zu Großem berufen sei. Er sollte ihn folgendermaßen anreden: „Sieh! der Mann, dessen Name Zemach ist, wird von ihm aus aufsprießen, und er wird den Tempel Gottes bauen. Er wird den Tempel bauen und Glanz tragen,

vergl. Monatsschr. Jahrg. 1869, S. 294 Anmerk. — In der Schilderung der vier Wagen mit Rossen, als Symbole der vier Winde 6, 1–8 muß in Vers 7 hinter והאמצים יצאו eine Lücke angenommen werden, und zwar אל ארץ קדם. Die Rosse sind bestimmt für alle Weltgegenden להניח את רוח ה', dahin Gottes Geist zu tragen, vorzüglich aber nach Babylonien, daher werden in V. 6 die schwarzen Rosse, welche nach Norden ziehen, zuerst genannt. V. 8 הניחו את רוחי בארץ צפון bedeutet, daß dort in Babel die Wirkung des göttlichen Geistes bereits von Erfolg begleitet sei.

[1]) Zacharia 6, 9—15 bildet augenscheinlich ein selbständiges Stück, das mit dem vorigen nicht zusammenhängt. Es kommt darin keine Vision vor und auch nicht der מלאך הדבר בי. Auch die Eingangsformel V. 9: ויהי דבר ה' אלי לאמר sticht gegen die Redeform in den voraufgehenden Stücken ab. Von diesem Eingang scheint das Datum dieser Rede zu fehlen, nämlich die Zeit zwischen dem Ende des 2. und dem des 4. J. des Darius. — Nach Jerusalem gekommen waren nicht sämtliche 4 aufgezählten Männer, sondern lediglich einer, nämlich Josia b. Zeph., V. 10 ובאת בית יאשיה בן צפניה אשר באו מבבל, haben LXX und Peschito den Sing. Erstere: τοῦ ἥκοντος ἐκ Βαβυλῶνος, die andere: דאתא מן בבל. Die drei zuerst genannten haben Silber und Gold gesendet und der vierte Jos. hat es nach Jerusalem gebracht; demgemäß muß auch V. 14 berichtigt werden, der in seiner gegenwärtigen Fassung unverständlich ist: והעטרת תהיה לחלם ולטוביה ולידעיה ולחן בן צפניה לזכרון בהיכל ה'. Teilt man diesen Vers ab und ergänzt ihn, so erhält er einen guten Sinn: והעטרת תהיה לחלם . . . לחן [ולאשיה] בן צפניה לזכרון בהיכל ה'. Der Ausdruck זכרון will viel mehr sagen als חן: der Name dessen soll zum Andenken eingeschrieben werden; vergl. Nehemia 2, 20 b.

[2]) Das. Vers 11 עטרות kann nach Vers 14 nur eine einzige Krone bedeuten, welche lediglich dem Hohenpriester Josua aufgesetzt werden soll; vergl. Monatsschrift das. S. 293, daß der Hohepriester damals zum Regenten designiert wurde, mit Ausschluß des Davidssohnes Serubabel.

sitzen und herrschen auf seinem Thron und Priester auf seinem Thron sein. Und ein Rat des Friedens wird zwischen beiden sein." Es war ein Ausspruch von nicht geringer Tragweite; er bestimmte die Zukunft. Zacharia fügte zum Schluß hinzu, daß aus der Ferne Fremde in Jerusalem eintreffen werden, um an dem Bau des Tempels zu helfen [1]).

In der Tat nahm die Teilnahme der babylonischen Juden an dem neugestalteten Gemeinwesen immer mehr zu. Es trafen abermals einige Männer aus Babel in Jerusalem ein (4. Khislew 518), Scharezer und Regem-Melech mit einem Gefolge [2]), um an der Stätte des Tempels zu beten und zugleich eine Gewissensfrage an die Priester und Propheten zu richten, ob die Fasttage, welche die Frommen in Babylonien zur Erinnerung an die Zerstörung des ersten Tempels zu beobachten pflegten (o. S. 14), unter den veränderten Verhältnissen noch fortdauern sollten. Zacharia, der junge Prophet, ergriff das Wort und erteilte darauf die Antwort im Namen Gottes, um eine Erklärung abzugeben, was Frömmigkeit ist [3]). „Wenn ihr fastet und klaget, fastet ihr mir? Und wenn ihr esset und trinket, so seid ihr es doch, die da essen und trinken?" Die älteren Propheten haben lediglich darauf Gewicht gelegt, daß gerechtes Gericht gehalten, daß Liebe und Erbarmen geübt, daß die Hilflosen nicht bedrückt werden sollten, und daß keiner gegen seinen Bruder Schlechtigkeit im Herzen hege. Weil die Vorfahren auf die Worte der älteren Propheten nicht gehört haben, darum hat sie Gott hinweggestürmt aus dem Lande und dieses verödet gemacht. Jetzt aber hat Gott

1) Zach. 6, 15.

2) Zacharia 7, 1 f. Der Eingang Vers 2: וישלח בית אל שראצר ורגם מלך ist äußerst dunkel. Zunächst ist die Frage, wohin ist geschickt worden? Nach Bethel? das ist unmöglich, denn diese Stadt hatte in der nachexilischen Zeit keinerlei Bedeutung, auch gab es da keine Propheten und Priester, welche hätten befragt werden können. Dann fragt es sich, woher kam diese Gesandtschaft? Raschi und andere Komment. haben mit richtigem Takt erraten, daß die Sendung von Babylon ausgegangen sein müsse. Dann ist man berechtigt zu lesen וישלח מבבל statt ביתאל. Fraglich ist auch: Wer hat gesandt oder was ist in diesem Halbv. Subjekt und was Objekt. Die Peschito setzt die Eigennamen in den Akkusativ. ושדר . . . לשראצר ורב מג. Den letzten Namen hat sie statt: רגם, eine Verwechslung aus Jeremia 39, 3: שראצר רבמג. Den Namen מלך übersetzt sie wie LXX als „König," wenn also Scharezer und die übrigen die Gesandten waren, so müssen sie andere gesandt haben, also wohl eine Gemeinde in Babylon.

3) Zacharia 7, 5 f. In Vers 7 scheint ein Verbum zu fehlen, und Vers 8 gehört nicht in den Zusammenhang. — Vers 8, 23 Ende gibt die griechische Version gut wieder: διότι ἀκηκόαμεν, ὅτι ὁ θεὸς μεθ' ὑμῶν ἐστιν: כי שמענו אלהים עמכם.

Zion wieder zu seinem Sitz erkoren, aber sie soll „die Stadt der Treue und Wahrheit“ und der Tempelplatz der „heilige Berg“ genannt werden. Die Straßen Jerusalems werden sich mit Greisen und spielenden Kindern füllen, „denn auch aus dem Osten und Westen werden die Verbannten zurückkehren“. Auch der Friede, welcher bisher vermißt wurde, werde einkehren, und seine Wirkung wird große Fruchtbarkeit sein. „So wie ihr zum Fluche unter den Völkern waret, so werdet ihr durch die Hilfe Gottes zum Segen werden.“ — „Aber das sind die Dinge, die ihr tun sollet: einer soll zum andern in Wahrheit sprechen, mit Wahrheit und friedlichem Rechte sollet ihr in euren Städten richten, ihr sollet nicht in eurem Herzen Schlechtigkeit gegen den Bruder hegen, und nicht falsche Eide lieben; denn dieses alles hasse ich.“ „Das ist Gottes Wort.“ „Die Fasttage werden zur Freude und zu Festtagen werden, wenn ihr Wahrheit und Frieden liebet. Dann werden mächtige Völker Jhwh in Jerusalem aufsuchen und ihn dort anbeten. Zehn Männer von allen Zungen der Völker werden den Zipfel eines judäischen Mannes anfassen und sprechen: ‚Wir wollen mit euch gehen, denn wir haben erfahren, daß Gott mit euch ist.‘“ Zacharia gebrauchte diese Wendung, um die in der jungen Gemeinde vermißten Tugenden und besonders die Eintracht ihr ans Herz zu legen. Seine schwungvollen und eindringlichen prophetischen Reden haben eine gute Wirkung geübt und wieder einen besseren Geist eingehaucht.

Der Bau des Tempels, welcher für die Gemeinde die wichtigste Angelegenheit war, machte daher Fortschritte unter der Leitung der Führer und der Propheten. Er soll zwar abermals von einer Unterbrechung bedroht gewesen sein. Es wird erzählt, der persische Statthalter Tathnaï und seine Mitbeamten hätten sich nach Jerusalem begeben und die Männer an der Spitze befragt, mit welchem Rechte und mit welcher Erlaubnis sie denn den Bau fortführten. Diese hätten sich auf Cyrus berufen und auf eine von ihm darüber ausgestellte Urkunde verwiesen. Der Statthalter Tathnaï hätte darauf an Darius darüber Bericht erstattet, dieser habe die Urkunde des Cyrus in der medischen Hauptstadt Ekbatana (Achmata) gefunden und den Befehl erteilt, den Bau keineswegs zu stören, vielmehr ihn zu fördern, die Kosten desselben von den königlichen Einnahmen zu bestreiten und noch dazu Opfertiere, Weizen, Salz, Wein und Öl dazu zu liefern, damit die Judäer in dem Tempel für des Königs und seiner Kinder Leben beten mögen. Er soll sogar eine Strafe verhängt und einen Fluch ausgesprochen haben über denjenigen, der sich am Tempel vergreifen sollte. Tathnaï habe darauf Darius' Befehl den Führern in

Jerusalem mitgeteilt [1]). Alles dieses hat aber keinen tatsächlichen Grund.

Allerdings hatte der König Darius eine Art Vorliebe für die Judäer und mag ihnen Gunst bezeugt haben, aber nicht, damit sie für sein langes Leben beten mögen, sondern weil er eine geläutertere Religionsanschauung hatte und verbreitet wissen wollte. Ein eifriger Verehrer des Lichtgottes Ahura-Mazda und des von dem Religionsstifter Zoroaster (Zarathustra) überlieferten Gesetzes, welches die Verbildlichung der Gottheit ebenso verabscheut [2]), wie die Lehre vom Sinaï, mußte Darius diese Lehre erhabener finden, als die Religions-

[1]) Es ist sonderbar, wie selbst Kritiker die Echtheit der sog. Urkunde Esra 5, 3 gelten lassen konnten. Soll Darius wirklich eine Strafe gesetzt haben für denjenigen, der seinen Befehl bezüglich des Tempels ändern würde (V. 6, 11)? Oder soll er einen Fluch über denjenigen ausgesprochen haben, der sich am Tempel vergreifen würde (V. 6, 12)? Soll Darius Freigebigkeit für den Tempel (das. 8—9) historisch sein? Und aus welchem Beweggrunde? Damit die Priester für das lange Leben des Königs und seiner Söhne opfern und beten mögen (das. V. 10)! Das alles kann nur Tendenzzusatz des Chronisten sein. Außerdem sind noch andere Unzukömmlichkeiten in dieser Partie. Die Urkunde des Cyrus soll in Babel niedergelegt und auch dort gesucht worden sein, sei aber in אחמתא = Ekbatana entdeckt worden (5, 17; 6, 1—2). Hat denn Cyrus wirklich eine Urkunde für den Tempel ausgestellt und zugleich das Maß für denselben bestimmt (nach 6, 3—4)? Außerdem ist in dieser Partie nicht bloß vom Tempel, sondern auch von Mauern die Rede (אשרנא 5, 3. 9). Diese Mauern können sich nur auf die der Stadt beziehen (wie 4, 12 f., wo auch dasselbe Verbum gebraucht wird שוריא ישתכללון). Das ist aber ein ganz neues Moment, das gar nicht zum Tempelbau gehört. Noch auffallender zeigt sich die Unechtheit des ganzen Stückes im Schluß, 6, 14: ישכללו . . . מטעם כורש ודריוש וארתחששתא. Wie konnte Arthachschuischt (Artaxerxes) auf den Tempelbau Einfluß üben? Nur deswegen, weil der Redakteur im folgenden (7, 15 f.) auch von Artaxerxes eine günstige Urkunde für die Judäer ausstellen läßt. Kurz, sämtliche chaldäische Urkunden in Esra sind durchaus unecht. Über die zweite und dritte Urkunde vergleiche weiter. — Von derselben Art ist auch das als Urkunde ausgegebene Schreiben des Darius bei Jos. Altertümer XI, 4, 9. Da die Samaritaner den Judäern immer noch Schaden zugefügt und ganz besonders die von Darius befohlenen Beiträge für den Tempel in Jerusalem nicht geleistet hätten, seien judäische Gesandte, Serubabel, Ananja und Mardochaï mit einer Beschwerde zu Darius gekommen, und dieser habe ein Schreiben an *Γαγγανά, Σαμβαβά*, an die Befehlshaber der Samaritaner, an *Σαδράκης* und *Βαβήλων*, die Mitknechte in Samaria, erlassen, den Bau des Tempels nicht zu hindern und aus dem königlichen Schatze Geld für Opfer in Jerusalem zu liefern. Diese sogenannte Urkunde kann Josephus nur Ez. Ap. entlehnt haben, wie alles aus der persischen Zeit, das sich in den hebräischen Texten nicht findet. Man sieht daraus, daß Urkunden in diplomatischer Form zu irgendeinem Zwecke gemacht worden sind.

[2]) Herodot I, 131.

formen der asiatischen Völker und Ägyptens, welche durchweg Götterbilder anbeteten. Außerdem empfand er einen Abscheu vor Menschenopfern, welche viele Völker jener Zeit und selbst Griechen ihren Göttern darzubringen pflegten [1]. Als Darius einst eine Gesandtschaft nach Karthago sandte, um diese Handelsstadt zur kriegerischen Hilfeleistung zu bewegen, stellte er unter anderem die ausdrückliche Forderung, daß die Punier die Menschenopfer einstellen mögen [2]. So sehr lag ihm die Abschaffung dieser scheußlichen Religionsform am Herzen, daß er sie gewissermaßen als Bedingung für die einzugehende Bundesgenossenschaft aufstellte. In den Inschriften, die er in Felsen zum ewigen Andenken an seine Taten eingraben ließ, empfahl er seinen Nachfolgern, die falsche Götterverehrung in seinem Reiche nicht zu dulden [3]. Es war wohl Darius nicht unbekannt

[1] Bis tief in die historische Zeit herab waren Menschenopfer im Gebrauche, nicht bloß bei Karthagern (Diodor XX, 14; Plin. hist. natural. 36, 4, 12) und bei den Tyriern noch in Alexanders Zeit (Curtius IV, 3, 15), sondern auch bei den Griechen. Porphyrius erzählt (de abstinentia II, 55) *ἔθυον δὲ καὶ ἐν Χίῳ τῷ Ὠμαδίῳ Διονύσῳ ἄνθρωπον διασπῶντες καὶ ἐν Τενέδῳ, ὡς φησὶν Εὔελπις ὁ Καρύστιος. ἐπεὶ καὶ Λακεδαιμονίους, φησὶν ὁ Ἀπολλόδωρος, τῷ Ἄρει θύειν ἄνθρωπον.* Die Römer haben noch während des zweiten punischen Krieges Menschenopfer gebracht, allerdings in ihrer selbstsüchtigen Weise nicht eigene Volksgenossen, sondern Fremde. Wegen gehäufter Unglücksfälle und zur Sühne des unzüchtigen Vergehens eines Priesters mit einer Vestalin ließen die Dezemvirn auf Grund der befragten sibyllinischen Bücher Fremde opfern (Liv. XXII, 56 zum Jahre 216): inter quae Gallus et Galla, Graecus et Graeca in foro Bovario sub terra vivi dimissi sunt in locum saxo conseptum jam ante hostiis humanis . . . . . imbutum. Livius fügt freilich hinzu minime Romano sacro, allein das kann nur von seiner Zeit gelten. In der früheren Zeit müssen Menschenopfer auch in Rom vorgekommen sein, da die sibyllinischen Bücher oder die priesterlichen Kommentatoren derselben solche Opfer als außerordentliche Sühnemittel vorgeschrieben haben. Auch bei den Ägyptern müssen sie im Gebrauch gewesen sein, da nach Porphyrius' Angabe (a. a. O.) erst der König Amosis, d. h. Amasis, sie abzustellen befohlen hat.

[2] Justinus hat eine Nachricht von historischer Wichtigkeit erhalten, (XIX, 1) Legati a Dario, Persarum rege, Carthaginem venerunt, offerentes edictum, quo Poeni humanas bestias immulare et canina vesci prohibeantur, mortuorumque corpora terra potius obruere, quam cremare (nach Kirchmanns Emendation). Diese Relation ist durchaus historisch; denn sie wird von den persischen Sitten und Lehren bestätigt. Daß die Perser den Hunden eine Art religiöser Schonung angedeihen ließen, geht aus dem Vendidad (Fargard XIII) hervor. Auch Herodot erwähnt diese Eigenheit, daß die Magier oder persischen Priester alle Tiere (besonders schädliche) mit eigener Hand zu töten pflegten, mit Ausnahme von Menschen und Hunden (I, 140): *πλὴν κυνὸς καὶ ἀνθρώπου*. Die Scheu der Perser, die Toten zu verbrennen, damit das ihnen als göttlich geltende Feuer dadurch nicht verunreinigt werde, ist bekannt.

[3] Diese Ermahnung kommt öfter in den Inschriften von Bisitun vor.

geblieben, wenn auch Serubabel nicht an seinem Hofe lebte und von ihm als der Weiseste ausgezeichnet worden ist, daß die Lehre der Judäer ebenso wie das Gesetz Zoroasters Menschenopfer als Gräuel betrachtet und noch andere Religionsgebräuche der Völker verwirft, die auch ihm widerwärtig waren. Aus diesem Grunde scheint er den Judäern Wohlwollen zugewendet zu haben. Die Chuthäer, welche ebenfalls an Menschenopfer gewöhnt waren, scheinen sie unter Darius, dessen Abscheu davor sie wohl gekannt haben, aufgegeben und sich mehr der judäischen Lehre in ihrer nächsten Nachbarschaft zugeneigt zu haben. Von dieser Seite unbelästigt, und unter Darius' stillschweigendem oder ausdrücklichem Schutz konnten die Führer in Jerusalem das Werk des Tempels vollenden.

Der Bau hatte vier Jahre gedauert (519—516), und als das Heiligtum nach so vielen Hindernissen und Anstrengungen vollendet war, wurde die Einweihung desselben am dreiundzwanzigsten A d a r, kurz vor dem Passahfeste mit Freudengefühl begangen[1]).

Gerade siebzig Jahre waren verstrichen, seitdem der Salomonische Tempel von Nebusaradan zerstört worden war. Das ganze Volk war wohl zur Einweihung nach Jerusalem gekommen, um sich an dem vollendeten Tempel zu weiden, welcher fortan den Mittelpunkt des Gemeinwesens bilden sollte. Gewiß sind bei dieser feierlichen Gelegenheit nicht bloß von den Priestern Opfer dargebracht, sondern auch von den Leviten Psalmen gesungen worden[2]), wie denn überhaupt in dem zweiten Tempel Psalmgesänge einen wesentlichen Bestandteil des Gottesdienstes bildeten[3]). Zum Andenken an die Gunst von seiten des Königs Darius wurde am Osttore[4]) des Tempels

(I, 8, nach der Übersetzung von H. Rawlinson journal of royal Asiatic society. whoever was a heretic (A r i c a) I have rooted out entirly. (IV, 5): The man, who may be heteric (Arica) him destroy entirly).

[1]) Esra 6, 15 f. Ezra Ap. hat statt des 6. Adar den 23.; im hebr. Text ist das Zahlwort 20 wohl ausgefallen.

[2]) Welcher Ps. bei der Einweihung gesungen wurde, ist nicht angegeben, wahrscheinlich Ps. 24, welcher aus zwei Ps. zusammengesetzt scheint, aus einem exilischen Ps. (o. S. 69) und aus dem Ps., welcher wohl bei der Einweihung des ersten Tempels gesungen worden war (Bd. I. S. 287).

[3]) Traktat Tamid VII, 3—4.

[4]) Das. I. 3 vergl. Tr. Menachot p. 88a. שער המזרחי עליו שושן הבירה צורה. Das Tor führte daher den Namen שושן הבירה schlechtweg, vergl. Menachot das. und Parallst. Es scheint auch den Namen „K ö n i g s t o r" gehabt zu haben, weil es zum Andenken an Darius, der Susa zur Hauptresidenz gemacht, angebracht war (Chronik I. 9, 18). Bertheau z. St. hat, von Thenius verleitet, diese Stelle falsch aufgefaßt. Unmöglich kann ein König von Jerusalem den Umweg gemacht haben, von seinem Palaste aus durch das Osttor

die neue persische Hauptstadt Susa abgebildet. Wie weit entfernt war diese Huldigung gegen den Herrscher von jener Liebedienerei der Achas und Jojakim, welche das Götzentum und die Unsitten der Länder ihrer Herren angenommen haben! — Drei Wochen nach der Einweihung des Tempels beging die ganze Gemeinde das Passahfest mit zahlreicher Beteiligung, und die Heiden, welche sich ihnen aufrichtig angeschlossen hatten, nahmen ebenfalls teil daran[1]).

Der Tempelraum, welcher von der Zeit an das Herz des judäischen Volkes bildete, war eigentümlich gestaltet. Der Tempelberg (Har-ha-Bajith) oder der Morijahügel betrug mehr als ein Zehntel geographischer Meile (6 Stadien $^{3}/_{20}$ M.)[2]) und war mit einer Mauer umgeben. In der Mauer waren fünf Tore, zwei im Süden, weil der Haupteingang von dieser Seite war (Huldapforten genannt), und je eine auf den übrigen drei Seiten; auf der Ostseite das Susa-Tor, wie schon erwähnt. Das nördliche Tor war lediglich des Gleichmaßes wegen angebracht; denn von dieser Seite kamen keine Tempelbesucher[3]). Innerhalb dieses Raumes des Tempelberges war eine zweite niedrige Mauer oder eigentlich ein Gitterwerk (Sorêg)[4]) von niedriger Höhe. Diese diente dazu, Heiden und Unreine vom Besuch des inneren Raumes abzuhalten; es war diesen nur gestattet, bis zu diesem Gitterwerk vorzudringen. Hier waren sieben Pforten angebracht, drei im Norden, drei im Süden und eine im Osten[5]). Durch

in den Tempel zu gehen. Das Westtor lag ihm näher. In Ezechiels Entwurf wird die Lage der zukünftigen Stadt anders gedacht, daher wird bei ihm das Osttor für den König reserviert.

[1]) Esra 7, 19 f.

[2]) Joseph. jüd. Kr. V. 5, 2. Das Maß des Tempelgebäudes (τὸ ἱερόν) bestimmt er (Altert. XV, 11. 3) auf ein Stadium Länge und Breite, d. h. 4 Stadien im Umfange. Das gilt aber vom Herodianischen Tempel, der Serubabelsche dagegen war viel kleiner. Die Angabe in Middot (II. 1), daß der הר הבית 500 Ellen lang und ebenso breit war, ist lediglich Ezechiel 45, 2 entlehnt.

[3]) Middot I, 1—2. Da hier die Tore mit Namen genannt werden, so ist an deren Bestehen nicht zu zweifeln. Die Namen sind jedoch rätselhaft, Das Tor קפונוס im Westen erinnert an Coponius, und das Tor טדי im Norden klingt ebenfalls ausländisch. Die Tore, von welchen Josephus Altert. XV. 11, 5 spricht, waren innere Tore, welche vom äußeren Vorhof in den Raum חיל führten, deren Namen Abba-Joé b. Chanan Middot II, 6 tradiert. Josephus hat sie aber für Tore der äußeren Umfangmauer ausgegeben (τοῦ περιβόλου) und hat die Ausleger irregeführt.

[4]) Middot II, 3; Kelim I, 10, Megillat Taanit zum Monat Marcheschwan, wovon auch Makkab. I, 9. 54 spricht: τεῖχος τῆς αὐλῆς ἐσωτέρας.

[5]) Middot I, 4. Das. I. 1 ist zwar scheinbar angegeben, daß auch hier nur 5 Tore wären; der Sinn ist aber, daß die Leviten nur bei 5 Toren des

das Gitterwerk war der Raum in zwei Höfe abgeteilt, in den äußeren und inneren Vorhof (Azarah). Der innere Vorhof war in vier Räume geschieden. Der erste (Chêl) hatte nur zehn Ellen Breite; dann erhob sich eine Terrasse von 135 Ellen Länge und ebenso breit, zu welcher von der Ostseite zwölf Stufen nach Westen führten. Dieser Raum war für das weibliche Geschlecht bestimmt, das ebenfalls Zutritt zu dem Heiligtum hatte; er wurde daher der „Vorhof der Weiber" (Ezrat-Naschim) genannt. Von diesem Vorhofe führten fünfzehn Stufen zu einer noch höher gelegenen Terrasse von 175 Ellen von Ost nach West und 135 Ellen Breite von Süd nach Nord. Auf den fünfzehn Stufen, die halbrund angelegt waren, sangen die Leviten zum täglichen Gottesdienste Psalmen. Die zweite Terrasse war der eigentliche innere Vorhof, dem eine größere Heiligkeit zugeschrieben wurde. Hier durften zwar auch Laien eintreten, aber nur innerhalb elf Ellen von Ost nach West und in der ganzen Breite von 135 Ellen. Der übrige Raum war nur den Priestern vorbehalten. Innerhalb dieses Raumes stand nördlich der Altar aus Steinen von zweiunddreißig Ellen im Geviert, südlich davon ein großes Wasserbehältnis zum Waschen für die diensttuenden Ahroniden. Westlich war eine offene Vorhalle (Ulam), und hinter dieser im Westen der Tempel. Dieser war, wie der ältere Salomonische, ebenfalls in zwei Räume geschieden und von demselben Maße; der vordere von vierzig Ellen Länge und zwanzig Breite im Innern, das Heiligtum (Hechal), und der hintere von zwanzig Ellen im Geviert, das Allerheiligste (Kodesch Kodaschim). Nur die Höhe dieses Tempels war geringer und wohl auch der äußere Umfang kleiner als der Salomonische[1]).

inneren Vorhofes Wache hielten, nicht bei sämtlichen 7; denn zwei derselben wurden von den Priestern bewacht. Das. II. 6. heißt es, daß 13 Tore zum inneren Vorhofe führten; das gilt aber vom Herodianischen Tempel, worauf sich auch Josephus' Angabe a. a. O. bezieht.

[1]) Die Maße, welche in Middot II. 5 f. V, 1 angegeben sind, gelten wohl auch für den Serubabelschen Tempel, der innere Raum des Tempels war im Herodianischen Tempel auch nicht größer: 40—20 für den Hechal und 20 □ für das Allerheiligste. So wird der Serubabelsche auch nicht kleiner gewesen sein. Die Klagen über die Winzigkeit des neuen Tempels (o. S. 78, 88) bezogen sich wohl auf den äußeren Umfang, auf die dürftige Ausstattung und auf die geringere Höhe. Von dieser berichtet Josephus (Altert. XV, 11, 1); allein die Stelle ist nicht recht verständlich. Es ist daselbst angegeben, daß der Salomonische Tempel den Serubabelschen um 60 Ellen überragt haben soll. Dieser war aber nur im Innern 30 Ellen hoch, wie hoch das darauf angebrachte Söllergebäude war, ist nicht bekannt. In dem apokryphischen Esra wird die Höhe des Serubabelschen Tempels auf 60 Ellen angegeben. Das Dimensionsverhältnis desselben ist also dunkel, weil nicht überliefert.

Innerhalb des Raumes des Heiligtums befand sich, wie in dem Salomonischen, an der Südseite ein goldener Leuchter, an der Nordseite ein goldbelegter Tisch für die jeden Sabbat zu erneuernden zwölf Brote und im Hintergrunde ein kleiner Altar mit Goldbelag für das Räucherwerk. Im Allerheiligsten dagegen befand sich nichts, gar nichts; die Bundeslade mit den steinernen Tafeln des Zehnwortes war lange vorher verschwunden. Wohin ist sie gekommen? Wo sind die Bundestafeln, die bewährten Zeugen aus der uralten Zeit, geblieben? Es hat sich keine treue Erinnerung davon erhalten, und darum hatte die Sage freien Spielraum für mögliche und unmögliche Erdichtungen: die Bundeslade sei irgendwo auf dem Platze des zerstörten Tempels verborgen worden, oder sie sei mit den Exulanten nach Babylon gewandert, oder der Prophet Jeremia habe sie auf dem Berge Sinaï, woher sie stammten, vergraben [1]). Gerade in der Zeit, in welcher die heiligen Tafeln besser gewürdigt worden wären als früher, waren sie verschwunden. Indessen hatte das uralte Zehnwort einen besseren Platz gefunden im Herzen des Volkes oder wenigstens im Herzen der Volkslehrer. Statt der Bundeslade befand sich in dem neuen Tempel ein Stein, Satijah genannt [2]). — Auf drei Außenseiten des Tempelgebäudes waren Zellen oder Hallen (Thaïm) von drei Stockwerken und auch in den Vorhöfen waren bedeckte und unbedeckte Hallen und geschlossene Räume angebracht. So war das Heiligtum beschaffen, welches die junge Gemeinde zwanzig Jahre seit der Rückkehr beschäftigt hat. Ohne Zweifel wurde während dieser Zeit Jerusalem ebenfalls aufgebaut und mit einer Umwallung umgeben [3]). Welche Stadt konnte in jener Zeit ohne Mauern bestehen? Das neue Jerusalem war auf dem Platz des alten erbaut, auf den drei Hügeln, Zion, Millô und Morija; der erstere wurde die Oberstadt, der zweite die Unterstadt genannt. Es scheint aber nach Norden zu mehr ausgedehnt worden zu sein [4]) und mehr Tore gehabt zu haben, als das alte; mindestens neun Tore [5]). Auch

[1]) Jeruſ. Traktat Schekalim VI, p. 49c. bab. Joma, p. 53b u. a. St. II. Makkab. 2, 4 f.

[2]) Trakt. Joma V, 2. Der Ausdruck אבן .. גבוהה מן הארץ ג׳ אצבעות ist sehr dunkel. Bedeutet es, der Stein sei nur 3 Fingerbreite, kaum 3 Zoll hoch gewesen, oder daß der Stein auf einer Unterlage von dieser Höhe geruht hat? Es scheint in dem Passus die größere Zahl des Maßes zu fehlen.

[3]) Vergl. folgendes Kapitel.

[4]) Folgt aus Nehemia 7, 4.

[5]) Die Namen der Tore werden an verschiedenen Stellen in Nehemia aufgeführt; die Lage derselben ist aber schwer zu bestimmen. Die Aufeinanderfolge in Nehemia Kap. 3 gibt nicht immer die Angrenzung an. Das Wasser-

mehrere Türme außer dem aus der alten Zeit stammenden, wie es scheint, starken und darum erhaltenen Turm Hananel wurden auf der Mauer aufgerichtet [1]).

Die Hauptplätze für Volksversammlungen waren der Tempelberg und ein weiter Raum vor dem Wassertor im Osten [2]). — Das Ländchen wurde, wie es scheint, schon damals in Bezirke (Pelech) eingeteilt, und jeder Bezirk hatte einen Beamten für die Verwaltung [3]). Nach dem Vorgang des Königs Darius, welcher sein ausgedehntes Reich von Indien bis Jonien und die griechischen Inseln und von Äthiopien bis zum Kaukasus in zwanzig große Satrapien sonderte, und wie jeder Satrap auf dieselbe Weise das Gebiet seiner Herrschaft in kleinere Kreise einteilte, die von untergeordneten Fürsten oder Statthaltern verwaltet wurden, so hat wahrscheinlich auch Serubabel das von ihm verwaltete Ländchen in abgerundete Bezirke zerlegt. Mußte er doch für die Abgaben an den Hof oder an den Satrapen Sorge tragen. Denn Juda war keineswegs steuerfrei, sondern mußte auch zu den, allen Völkern unter dem persischen Zepter auferlegten Steuern beitragen. Zunächst mußte es einen Teil der Grundsteuer für die Satrapie Phönizien — Palästina — Cypern liefern [4]), etwa den achtzehnten Teil der Gesamtsumme von 350 Talenten, zwanzig Talente (etwa 90,000 Mark). Dann mußte es wohl

tor war im Osten (13, 37). Das שער הישנה (das. 3, 6; 12, 39), welches LXX durch *Ἰασαναΐ* wiedergeben, ist wohl dasselbe, welches Josephus (j. K. V, 4, 2) *Ἐσσηνῶν πύλη* nennt; falsch ist daher die Übersetzung: „Essener-Tor."

[1]) Genannt werden מגדל המאה (das. 3, 1, 12, 39); מגדל היוצא (das. 3, 25, 27, V. 26 ist das Wort von V. 27 dittographiert und in diesem V. ist das Wort הגדול wieder dittographiert von מגדל); ferner מגדל התנורים (3, 11; 12, 38).

[2]) Esra 10, 9; Nehemia 8, 3; Ez. Apoc. 5, 46.

[3]) Vergl. im folgenden Kapitel.

[4]) Herodot berichtet (III, 91), daß die Satrapie, zu welcher ganz Phönizien, das sogenannte *Συρίη ἡ Παλαιστίνη* und Cypern gehörten, zusammen 350 Talente Grundsteuer zu zahlen hatten. Unter den palästinensischen Syrern versteht er die Philister (III, 5), aber auch die Judäer (nach II, 104). Steuerfrei waren diese keineswegs, denn nach Herodot war nur ein Teil von Arabien, d. h. Idumäa steuerfrei (III, 91). Was die Steuern betrifft, so werden dreierlei namhaft gemacht: מדה oder מנדה, ferner בלו und הלך. (Esra 4, 13. 20; 6, 8; 7, 24; Nehemia 5, 4 מדת המלך). Unter מדה ist wohl Grundsteuer von dem Maße des katastrierten Ackers zu verstehen. Die zwei anderen Benennungen sind dunkel. — Den wievielten Teil Judäa zu der Gesamtsumme von 350 Tal. hat leisten müssen, läßt sich aus der Summe schließen, die es an die Ptolemäer jährlich zu zahlen hatte, nämlich 20 Tal. (Josephus Altert. XII, 4, 1) d. h. das Verhältnis von 20 zu 350 = 2 zu 35). Die mazedonischen Herren haben ohne Zweifel die von ihren persischen Vorgängern taxierte Grundsteuer unverändert bestehen gelassen.

auch gleich den übrigen Provinzen zur Unterhaltung der persischen Truppen und der Hofhaltung des Satrapen einen entsprechenden Teil liefern. Diese Steuerbeiträge haben wohl die Beamten der Bezirke von den Grundbesitzern eingezogen und an Serubabel abgeliefert, der die gesammelten Steuern dem Satrapen zuzustellen hatte. Wahrscheinlich hat dieser auch für seine eigene Haushaltung von jedem Grundbesitzer Beiträge bezogen[1]). Die Bezirksbeamten mögen auch die Gerichtsbarkeit ausgeübt haben.

Serubabel hatte demnach, allerdings in abhängiger Stellung, das weltliche Regiment über Juda. Die geistlichen Machtbefugnisse dagegen über den Tempel und dessen Diener hatte der Hohepriester Jesua. Diese Diener waren in zwei Hauptklassen eingeteilt, in Ahroniden, welche die Opfer besorgten, und in Leviten, welche Nebenfunktionen hatten. Die ersteren bildeten anfangs vier Familien: Jedaja, aus welcher auch der Hohepriester hervorging, ferner Immar und Paschchur, deren Stammväter den Propheten Jeremia unbarmherzig gequält hatten, und endlich Charim (Rechum)[2]). Bei der Rückkehr zählten sie zusammen mehr als 4000 Personen. Die Leviten zerfielen in drei Unterabteilungen, in die Gehilfen oder eigentlichen Leviten, welche den Ahroniden beim Opferwesen zur Seite standen, die Torwärter und endlich die Sänger. Die ersteren zählten fünf[3]) Hauptfamilien: Josua, Kadmiel, Bani, Binnuj und Hodijah. Weil bei dem Opferwesen beschäftigt, war diese Klasse, die Leviten im engeren Sinne, gegen die zwei übrigen bevorzugt. Ihr zunächst stand die Torwärter- oder Hüterklasse, aus sechs Familien bestehend: Schallum, Talmon, Akub, Chatita, Ator, Schobaï (oder Tobi). Ihnen lag es ob, an den Eingängen des Tempels zu wachen und Unreinen und Unberufenen den Zutritt zu verwehren. Die Sängerklasse aus drei Familien bestehend, Mathanja, Bakbukja und Obadjah, leitete den Gottesdienst mit Psalmen und Saitenspiel. Da ihre Beschäftigung Kenntnisse und Fertigkeiten zur Ausübung der Kunst erforderte, so waren sie darauf angewiesen, ihre Kinder dazu anzuhalten und zu unterrichten[4]). Außer

[1]) Folgt aus Nehemia 3, 15. 18. Die Leistung wird לחם הפחה genannt; vergl. Maleachi 1, 8.

[2]) Verzeichnis in Esra und Nehemia. Der Stammvater der בני פשחור wird Nehemia 11, 12 und Chronik I. 9, 12 genannt פשחור בן מלכיה, dieser ist identisch mit dem Jeremia 38, 1 aufgeführten. Die בני אמר stammten von פשחור בן אמר Jeremia 20, 1, der diesen Propheten in den Kerker brachte. חרים wird an anderen Stellen unter dem Namen רחום aufgeführt.

[3]) S. Note 11.

[4]) Folgt aus Chronik I. 24, 8.

diesen Tempeldienern gab es noch Tempelsklaven, Nethinim, die Überbleibsel der alten Gibeoniten. Sie bildeten noch immer eine eigene Volksgruppe, da Judäer keine Ehe mit ihnen eingingen, und bestanden bei der Rückkehr aus Babylonien noch aus achtunddreißig Familien [1]). Sie hatten noch immer die niedrige Beschäftigung, für den Tempel Wasser zu schöpfen, Holz zu hauen und die Unsauberkeiten vom Tempel fortzuschaffen. Sie nahmen wieder ihren früheren Wohnsitz auf dem Ophel (Ophla), der südlichen Abdachung des Tempelhügels, ein. Zwei ihrer Familien führten die Aufsicht über die übrigen, Zicha und Gischpa (oder Chasupha) [2]). Die Nethinim waren indes Freie, durften ihrem eigenen Erwerb obliegen und brachten es auch teilweise zum Wohlstande [3]). Tief unter ihnen standen die Staatssklaven, die Überbleibsel der Kanaaniter, welche Salomo zur Dienstbarkeit geknechtet und davon sie den Namen „Salomosklaven" [4]) hatten; welchen Dienst diese Parias in dem neuen judäischen Gemeinwesen zu verrichten hatten, läßt sich nicht bestimmen.

Die alte Stammesverfassung war durch die neuen Verhältnisse zum Verschwinden gelockert. Wie die Exulanten in Babylonien familienweise ohne Rücksicht auf Stammesursprung zusammengewohnt hatten, so auch in der Heimat; sie setzten diese Gewohnheit nach der Rückkehr fort. Die Simeoniten waren bereits vor dem Exile mit den Judäern vollständig verschmolzen und untergegangen, auch die Überbleibsel der Nordstämme, namentlich die Ephraimiten und Manassiten, welche sich im Gebiete der Stämme Juda oder Benjamin niedergelassen hatten, gingen unter diesen unter. So blieben nur noch diese beiden Stämme; aber ihre Gesondertheit behauptete sich lediglich in den Landstädten, in der Hauptstadt dagegen, in welcher die vornehmsten Geschlechter beider Stämme ihren Wohnsitz hatten, verschwand der Unterschied und sie sonderten sich lediglich in Familiengruppen ab. Dergleichen Geschlechter gab es mehr als dreißig [5]),

[1]) Verzeichnis der Rückkehrenden.

[2]) Nehemia 3, 26; 11, 21. ציחא und גישפא das. sind wohl identisch mit den בני צירחא und בני חשופא im Verzeichnis.

[3]) Folgt daraus, daß sie nach Neh. 3, 26 einen Teil der Mauer aus ihren Mitteln gebaut hatten.

[4]) Verzeichnis der Rückkehrenden.

[5]) Im Verzeichnis der Rückkehrenden werden etwa 20 oder 21 Geschlechter aufgezählt. Es ist aber, wie allgemein anerkannt wird, lückenhaft. Ezra Apoc. hat drei mehr, nämlich *Χοϱβέ*, wahrscheinlich רכב, die Familie der Rechabiten, welche Neh. 3, 14 vorkommt, ferner *Ἀζαϱός* = עזור Neh. 10, 18, endlich *Ἀϱώμ* = רחום oder חרים, auch Esra 10, 31; Neh. 3, 11; 10, 26. Außer-

von denen sich einige Namen bis in die späteste Zeit erhalten haben [1]. Nur die Nachkommen Ahrons, die Priester und die Leviten, die ebenfalls in Familiengruppen zerfielen, hielten sich von Vermischung mit den Laienfamilien oder, wie sie offiziell genannt wurden, den „Israeliten", fern und bildeten einen eigenen Stock, weil sie sich nicht bloß durch den Dienst im Tempel, sondern auch durch den Mangel an Bodenbesitz von diesen scharf unterschieden. Das alte Gesetz der Thora, daß die Tempeldiener nicht festen Besitz haben sollten, wurde in der nachexilischen Zeit mindestens im Anfange streng ausgeführt. Überhaupt wurde die Thora von dem jungen Gemeinwesen zur Richtschnur genommen. Die Zehnten und die übrigen Leistungen an Ahroniden und Leviten wurden unter Serubabel regelmäßig geliefert [2].

Indessen, so sehr auch die junge Gemeinde nach Vollendung des Heiligtums von dem Geiste der Thora und der Propheten durchdrungen war, und so sehr sie auch nach Einigkeit strebte, so entstand doch in ihrer Mitte ein Zwiespalt, der nicht so leicht überwunden werden konnte und daher zu Reibungen Veranlassung gab. Es gab zwei einheimische Herren, den Statthalter Serubabel von davidisch-königlichem Geschlechte und den Hohenpriester von ahronidischer Abkunft. Der eine bildete die weltliche und der andere die geistige Macht. Übergriffe des einen Gebietes in das andere waren unvermeidlich. Serubabel hatte allerdings für sich die Zugetanheit des Volkes zu dem davidischen Königshause, weil er die Erinnerungen an die ehemalige Glanzzeit und die Verkündigung der Propheten für die Wiederherstellung derselben verlebendigte. Der Prophet Chaggaï hatte ihn einen auserwählten Liebling Gottes und dessen kostbaren Siegelring genannt (o. S. 86). Aber eben deswegen war er ein Hindernis.

dem gab es noch eine Familie משזבאל und בענה (Neh. 3, 4; 10, 22, 29). Die erstere scheint (nach 11, 24) eine judäische Familie von Serach gewesen zu sein: פתחיה בן משזבאל מבני זרח בן יהודה ליד [פחת] המלך לכל דבר לעם. Es gab ein Geschlecht הלחש (Neh. 3, 12; 10, 25), eine Familie כל חזה בן (das. 3, 15; 11, 5). Noch andere Namen in dem Verzeichnis Neh. Kap. 3 und 10 waren wahrscheinlich Geschlechtsnamen. — Außerdem werden noch in Chronik (I. 8, 14—27) fünf benjaminitische Familien genannt, welche in der nachexilischen Zeit ihre Wohnsitze verlassen und sich in Jerusalem niedergelassen hatten (vergl. Bertheau z. St.), nämlich die בני ששק, בני שמרי, בני בריעה, בני אלפעל und בני ירוחם. Von den letzteren wird (das. 9, 8) בניה בן ירוחם genannt.

[1] Trakt. Taanit babli p. 12a; lat. p. 68b u. a. St., wo ein nach der Zerstörung des zweiten Tempels lebender Tannaite tradiert: אני מבני סנאה בן־בנימין.

[2] Neh. 12, 47.

Die Feinde der Judäer hatten einen Grund zur Anklage gegen die judäische Gemeinde, daß sie den Gedanken hegte, den Davidssohn zum Könige auszurufen. Auch den „Häuptern der Vaterhäuser", welche an die Freiheit der demokratischen Verfassung gewöhnt waren, mag der zukünftige Träger der königlichen Krone nicht bequem gewesen sein. Auf der anderen Seite hatte der Prophet Zacharia verkündet, daß der Hohepriester Jesua die Krone tragen, auf dem Throne sitzen und die messianischen Hoffnungen verwirklichen werde (o. S. 89). Hat dieser Prophet aus Mißfallen an Serubabels Tun ihm einen Nebenbuhler erwecken wollen, wie einst der Prophet Achija dem Hause Davids an Jerobeam einen Nebenbuhler erweckt hatte? Oder hat ihn der prophetische Geist voraussschauen lassen, daß das davidische Königtum nicht werde errichtet werden können? Genug, er hatte dem Hohenpriester den Vorzug vor dem Nachkommen Davids erteilt, und so entstand eine Spannung und Spaltung unter den beiden Führern der Gemeinde. Die Verkündigung, daß der Rat der Eintracht zwischen beiden fortbestehen werde (o. S. 90), hat sich nicht bewährt, sie scheinen vielmehr in Zwietracht geraten zu sein, und diese teilte sich wohl der Gemeinde mit, von der ein Teil Partei für den einen und ein anderer für den andern nahm [1]).

Einzelheiten über den Parteikampf zwischen dem Vertreter des Königtums und des Priestertums fehlen, aber er muß tief gewühlt haben; denn ein Psalmist aus jener Zeit flehte und beschwor förmlich die Einwohner Jerusalems, doch die Zwietracht zu bannen und den gestörten Frieden wiederherzustellen. Er erinnerte an die Freude, welche die Vollendung des Tempels in den Herzen erregt hatte, und führte als Vorbild das alte Jerusalem auf, welches ein Einigungsband für alle Stämme gewesen, und in dem unter dem Hause Davids die Brüderlichkeit geherrscht:

„Wie habe ich mich gefreut, als sie sprachen:
‚Wir werden in den Tempel Gottes gehen!'
Stehen geblieben sind unsere Füße in deinen Toren, Jerusalem,
Das gebaut ist gleich einer Stadt,
In der allsamt Brüderlichkeit war,
Wohin die Stämme, die Stämme Gottes, zogen,
Als Versammlungsort für Israel,
Zu danken dem Namen Gottes.
Denn dort standen Throne für das Recht,
Throne für das Haus Davids!
Bittet doch um den Frieden Jerusalems!
Mögen deine Freunde friedlich sein,

1) Vergl. Monatsschrift, Jahrg. 1869, S. 290 f.

> Möge Frieden sein in deinen Mauern,
> Eintracht in deinen Palästen!
> Um meiner Brüder und Freunde willen
> Rede ich dich um Frieden an,
> Und des Tempels unseres Gottes willen,
> Flehe ich um Glück für dich[1]!"

Es war nicht der einzige Psalm, welcher zur Eintracht aufforderte[2].

Indessen konnte der Friede nur durch das Zurücktreten eines der beiden Führer wiederhergestellt werden. Ihr Bestehen nebeneinander hätte nur immer neuen Zündstoff in die Gemüter geworfen. Sollte eine Wahl getroffen werden, so verstand es sich von selbst, daß Serubabel weichen mußte, weil der Hohepriester unentbehrlicher als der Königssohn war, ja dieser wie eine beständige Herausforderung galt und daher dem Aufblühen des Gemeinwesens nachteilig war. Die Volksstimmung scheint sich immer mehr dem Hohenpriester zugewendet zu haben, und das Davidshaus mußte sich daher gefaßt machen, zu weichen und abzudanken. Aber schmerzlich war es, daß die Hoffnung auf die Erneuerung der ehemaligen Glanzzeit durch eben dieses Haus, von den Propheten angefacht und genährt, zu Grabe getragen werden sollte. Diesem Schmerz gaben Psalmen einen ergreifenden Ausdruck, wie denn überhaupt in dieser Zeit mehr noch als früher die Psalmendichtung die Dolmetscherin der Gefühle und Stimmungen war. — Ein Psalm erinnerte an die großen Verdienste Davids gerade um das Heiligtum, daß er zuerst die Bundeslade aus ihrer Verborgenheit nach Jerusalem gebracht, ja daß er seinen Augen keinen Schlaf gegönnt, bis er der Bundeslade eine feste und sichere Stätte gegründet. Der Psalm erinnerte auch an die Verheißung Gottes durch den Mund der Propheten, daß Davids Nachkommen für immer den Thron einnehmen werden:

> „Gedenke, o Gott, David alle seine Mühseligkeit,
> . . . .
> . . . .
> Um deines Knechtes David willen
> Weis' das Antlitz deines Gesalbten nicht zurück!
> Gott hat dem David zugeschworen,
> Eine Wahrheit, von der er nicht abgehen kann:
> ‚Von deiner Leibesfrucht will ich auf deinen Thron setzen.
> Wenn deine Söhne mein Bündnis bewahren

[1] Pf. 122. Man setzt allgemein diesen Psalm in die nachexilische Zeit. Er darf aber nicht zu tief in die Zeit herabgesetzt werden, weil Vers 1 noch die frische Erinnerung an die Freude über die Vollendung des Tempels andeutet.

[2] Vergl. Pf. 133 und den wiederholten Schluß in zwei aus der ersten Zeit der Rückkehr stammenden Stufenpsalmen: שלום על ישראל 125 und 128.

Und meine Gesetze, die ich sie gelehrt,
So werden ihre Kinder auf immer auf deinem Thron sitzen.‘
Denn Jhwh hat Zion auserkoren, es zu seinem Sitze gewünscht:
‚Dieses sei meine Ruhestätte für immer,
Hier will ich weilen, denn ich habe sie vorgezogen,
. . . .
Dort werde ich Davids Macht wachsen lassen.
Ich habe meinem Gesalbten einen Anteil angeordnet,
Seine Gegner werde ich in Schmach kleiden,
Und auf ihm soll seine Krone glänzen[1].‘“

Ein anderer tiefer und dichterischer angelegter Psalm erhebt gewissermaßen eine Anklage gegen Gott, daß er seine Treue dem Hause Davids gebrochen und seine Verheißung durch die Propheten für dessen Nachkommen unerfüllt gelassen, da er die Gegner des letzten Sprößlings über ihn triumphieren lasse. Serubabel selbst oder ein Sänger seiner Partei hat diesen abgerundeten Psalm zu dessen Gunsten gedichtet. Er will besonders dem Einwurf begegnen, daß das Haus Davids durch die Mißregierung und Schlechtigkeit vieler seiner Könige das Anrecht auf die Krone verwirkt habe. Gott habe auch das den Nachkommen Davids verheißen, insofern sie die Lehre übertreten und sündigen sollten, werde er sie zwar züchtigen, aber ihnen nicht die Gnade entziehen und seinem Versprechen untreu werden. Der Rechtfertigungs- und Klagepsalm beginnt mit einem allgemeinen Eingang:

„Die ewige Gnade Gottes will ich besingen,
Will deine Treu für Geschlecht zu Geschlecht mit meinem Munde künden.
Denn ich meine, die Welt ist durch Gnade erbaut,
In die Himmel hast du deine Treue gesetzt.
(Du sprachst)
‚Ich habe mit meinem Auserwählten ein Bündnis geschlossen,
Habe meinem Knechte David zugeschworen:
Für ewig will ich deine Nachkommen begründen,
Und für Geschlecht und Geschlecht deinen Thron erbauen.‘
. . . .
. . . .
Einst sprachst du zu deinem Frommen:
‚Ich habe auf einen Helden eine Krone gesetzt,
Habe einen Auserwählten aus dem Volke erhoben,
Habe meinen Knecht David gefunden,
Salbte ihn mit meinem heiligen Öl.
. . . .
. . . .
Und meine Treue und Gnade sei mit ihm,

[1] Ps. 132 stammt unstreitig aus der nachexilischen Zeit und ist nur durch die Lage, daß Davids Haus abdanken sollte, erklärlich. Vers 17: נר למשיחי ist gleich ניר Könige I. 11, 36.

Und in meinem Namen soll seine Macht sich erheben,

. . . .

. . . .

Seine Nachkommen sollen für immer sein,
Und sein Thron gleich der Sonne vor mir,
Wie der Mond auf ewig begründet,
Als treuer Zeuge am Himmel.'
Jetzt hast du aber verstoßen und verworfen,
Zürnest deinem Gesalbten,
Hast das Bündnis mit deinem Knecht aufgelöst,
Zur Erde seine Krone entweiht!

. . . .

Wo ist deine alte Gnade,
Die du in deiner Treue David zugeschworen?
O, gedenke, Gott, die Schmähung deines Knechts,

. . . .

Mit der deine Feinde geschmäht,
Geschmäht den letzten deiner Gesalbten[1])!"

Alle diese Berufungen auf frühere Verheißungen durch die Propheten waren umsonst. Das Bedürfnis der Gegenwart nach einheitlicher Leitung und nach Frieden war stärker. Serubabel mußte weichen, und es ist wohl möglich, daß er Jerusalem verlassen und nach Babylon zurückgekehrt ist[2]), sei es wegen gekränkten Ehrgefühls oder großmütig, um nicht ein Störenfried zu sein. Dadurch war das davidische Haus in den Hintergrund geschoben. Serubabel hatte zwei Söhne, Meschullam und Chananja, und eine Tochter Schelomit, und von dem zweiten Sohne haben sich noch fünf Generationen fortgepflanzt. In Babylonien oder Persien, deren judäische Bewohner mehr Wert auf das Königsgeschlecht legten, mögen dessen Nachkommen eine Art Herrschaft als „Fürsten des Exils" (Resch-Golah, Exilarchen) über dieselben ausgeübt haben, aber in Juda galten sie nichts mehr. Nur eine dämmernde Hoffnung blieb in den Gemütern, daß die Verheißungen der Propheten von der dauernden Herrschaft der Nachkommen Davids sich noch in einer besseren Zukunft verwirklichen werden, und daß der Gesalbte (Maschiach, Messias) aus dem

[1]) Ps. 89, vergl. Monatsschr., Jahrg. 1869, S. 296 f.

[2]) Die Nachricht findet sich nur in dem erst spät abgefaßten Seder Olam Zutta, daß Serubabel nach Babylonien zurückgekehrt sei, indes mag der Verf. eine ältere Quelle dafür vor sich gehabt haben. Die Tatsache läßt sich auch daraus bestätigen, daß Serubabels Enkel חטוש (nach Chronik I, 3, 22) mit Esra aus Babylon nach Judäa zurückgekehrt ist, Esra 8, 2. Die Nachkommen Serubabels von seinem zweiten Sohn Chananja sind Chr. a. a. O. aufgeführt 1. חנניה, 2. שכניה, 3. שמעיה, 4. נעריה, 5. אליועני und 6. sieben Söhne des Eljoenaj. Diese sechs Generationen sind parallel den fünf Nachkommen Jesuas 1. יויקים, 2. אלישיב, 3. יוידע, 4. יוחנן und 5. ידוע.

Königsgeschlechte das Heil und den ewigen Frieden bringen werde[1]. — Nach Serubabels Beseitigung blieb die Leitung des Gemeinwesens in der Hand des Hohenpriesters Jesua und nach seinem Tode in der Hand seines Sohnes Jojakim. Ob der Tausch ein günstiger war? Es wird zwar nichts Schlimmes von den beiden ersten Hohenpriestern berichtet, aber auch nichts besonders Vorteilhaftes, daß sie sich um die Hebung und Stärkung des Gemeinwesens verdient gemacht hätten. Vielleicht waren sie auch nicht imstande, Bedeutendes zu leisten; denn die obrigkeitliche Gewalt über das Volk scheint nicht in ihren Händen gewesen zu sein, sondern in denen der Statthalter oder Landpfleger (Pechah), welche die persischen Könige oder die Satrapen von Syrien und Phönizien über Juda ernannt haben[2]. Diese hatten zwar nicht ihren Sitz in Jerusalem, pflegten aber von Zeit zu Zeit sich dahin zu begeben und auf einem Throne sitzend die Streitigkeiten anzuhören und zu schlichten, wenn nicht aus Übelwollen Verwirrungen anzurichten, mehr Hader zu entzünden[3] und Anklagen gegen die Judäer zu erheben. Denn weil einzelne Judäer noch immer die durch die prophetische Verkündigung angeregte und genährte Hoffnung hegten, daß Juda noch ein mächtiger Staat werden würde, dem die Völker und Könige untertänig sein würden, erregten sie auch nach der Beseitigung des davidischen Hauses den Argwohn, daß das Volk auf Abfall von Persien sänne. Kamen solche Äußerungen zu Ohren der Landpfleger, so berichteten sie darüber an den persischen Hof und stellten das Verlangen, daß den Judäern die ihnen von Cyrus und Darius bewilligten Freiheiten wieder entzogen werden mögen. Dergleichen Anklagen begannen namentlich gleich nach dem Tode des Darius unter seinem Nachfolger Xerxes[4] (Achaschworosch, 485—464).

[1] S. Note 15.

[2] Aus Maleachi 1, 8 scheint hervorzugehen, daß die Pechah bis zur Zeit Nehemias Fremde waren, auch aus Esra 8, 56 und Neh. 5, 15.

[3] Nehemia 3, 7 לכסא פחת עבר הנהר geben LXX durch *ἕως θρόνου* wieder, d. h. עד לכסא. Es muß also ein Gebäude an der Mauer Jerusalems gewesen sein, wo der Pechah auf einem Throne Sitzungen zu halten pflegte. Übrigens ist wohl die Annahme nicht richtig, daß der Pechah von עבר נהרא über die Länder westlich vom Euphrat gesetzt gewesen sei. Sie beruht darauf, daß unter נהרא der Euphrat zu verstehen sei, und stützt sich auf die konstante Übersetzung von Ezra Apoc. *Φοινίκη καὶ κοίλη Συρία*. Allein aus der Bezeichnung Esra 4, 10. 17 שמרין ושאר עבר נהרה folgt, daß darunter lediglich das Land diesseits des Jordans zu verstehen ist, also etwa Galiläa, Samaria, Judäa und die Annexe.

[4] Esra 4, 6. In den folgenden VV. herrscht eine Konfusion. Angegeben ist, daß z. B. unter Artaxerxes בשלם מתרדת טבאל Anklagen geschrieben hätten. Im folgenden werden aber nur רחום בעל טעם ושמשי, also ganz andere Namen,

Die Feinde der Judäer, namentlich die Samaritaner, verfehlten nicht, auf die Gemeinschädlichkeit der Judäer aufmerksam zu machen und dadurch ungünstige Verordnungen gegen sie vom Hofe oder von den Satrapen von Syrien und Phönizien zu veranlassen. Außerdem suchten die aufeinanderfolgenden Landpfleger die Grundbesitzer auf jede Weise durch fast unerschwingliche Forderungen zu bedrücken. Sie verlangten von ihnen Tafelgelder für Brot und Wein, und ihre Diener behandelten das Volk mit Übermut und Frechheit [1]). Die Lage der Judäer in der Heimat, welche die Rückkehrenden mit geschwellten Hoffnungen betreten hatten, verschlimmerte sich in der zweiten und dritten Generation von Tag zu Tag mehr.

Um wenigstens von der einen Seite die Plackereien los zu werden, taten die vornehmen Geschlechter einen Schritt, der in der Folgezeit arge Verwickelungen herbeigeführt hat. Sie näherten sich den Nachbarvölkern oder nahmen deren Entgegenkommen zu freundnachbarlichem Verhalten versöhnlich auf und, um Bürgschaft für die guten Beziehungen zu haben, verschwägerten sie sich mit ihnen. Wie in der Zeit der ersten Einwanderung der Israeliten ins Land Kanaan, im Beginn der Richterzeit, das Bedürfnis nach friedlichem Verkehr mit den Nachbarn zu Mischehen geführt hat [2]), so hat nach der zweiten Einwanderung dasselbe Bedürfnis zu demselben Schritt gedrängt. Aber die Zeiten waren doch nicht dieselben, die Verhältnisse lagen jetzt anders. Die Kanaaniter, Chittiter und die übrigen Urbewohner des Landes huldigten einem abscheulichen Götzendienste und steckten mit ihren lasterhaften Gewohnheiten die Israeliten an. Dagegen hatten die Nachbarn des judäischen Gemeinwesens, besonders die Samaritaner, ihre götzendienerischen Gewohnheiten aufgegeben und sehnten sich ernstlich und aufrichtig, an dem Gottesdienste in Jerusalem teilzunehmen [3]). Sie waren eigentlich judäische Proselyten oder wollten es sein, und wünschten in die religiöse Lebensgemein-

genannt. Um die Konfusion auszugleichen, hat Ezra Apoc. sämtliche Namen zusammengezogen. Es scheint aber, daß die Namen in V. 7 zu V. 6 gehören, und es müßte etwa gelesen werden: ובמלכות אחשורוש . . כתבו שטנה . . בשלם ובימי ארתחששתא כתבי רחום בעל טעם ושמשי und dann מרדה מבבאל ספרא. Übrigens dokumentiert sich V. 6 noch als historisch, dagegen ist das Folgende apokryph.

[1]) Neh. 5, 15. Übrigens muß das. statt אחר nach Vulgata „quotidie“ gelesen werden ליום אחד, wie das. V. 18. Die Pechah ließen sich täglich für Brot und Wein 40 Sekel zahlen, das wäre allerdings nicht viel, etwa 100 Mark. Vielleicht fehlt das Wort מאה vor ארבעים.

[2]) Vergl. Bd. I, S. 92.

[3]) Aus Neh. 2, 20 folgt, daß die Nachbarvölker Anteil an Jerusalem und dem Tempel zu haben wünschten. Vergl. weiter unten.

schaft der Judäer einzutreten, oder sich dem judäischen Wesen eng anzuschließen. Sollten sie noch immer starr und mürrisch abgewiesen werden? Die meisten vornehmen judäischen Geschlechter waren entschieden dafür, die Fremden in den Verband aufzunehmen, und der damalige Hohepriester, entweder Jojakim oder sein Sohn Eljaschib, war damit einverstanden oder war dafür mit dem Gewichte seiner Würde eingetreten. Wahrscheinlich ist darüber eine förmliche Beratung der Volkshäupter vorangegangen und ein Beschluß nach der Mehrzahl der Beratenden gefaßt worden. Infolgedessen fanden zahlreiche Verschwägerungen mit den Samaritanern und anderen Nachbarvölkern statt, selbst aus der Familie des Hohenpriesters [1]).

Infolge dieser gegenseitigen Annäherung scheint sich die Lage gebessert zu haben. Die Feindseligkeit und die gegenseitigen Reibungen hörten von selbst auf und damit auch die Verdächtigungen und Anklagen. Samaritaner und Judäer waren nahe daran, zu einem einzigen Volke zu verschmelzen.

Es muß nämlich damals in der Nähe Judäas eine tiefeingreifende Veränderung vorgefallen sein. Ein bis dahin unbekanntes Volk, das nabatäische, scheint in der ersten Hälfte des fünften

[1]) Esra 9, 1—2; 10, 2. 18 f. V. 18 bis 44 sind mehr als 100 Namen aufgeführt, von Ahroniden, Leviten, Sängern, Torwärtern und vornehmen Judäern, welche Frauen aus den Familien der Nachbarvölker heimgeführt hatten. Es ist von allen Historikern übersehen worden, daß, da der Hohepriester und die Leviten usw., also die geistlichen Spitzen, solche Mischehen eingegangen sind, sie dieselben für erlaubt, selbst nach dem Gesetze der Thora erlaubt gehalten haben müssen. Sie haben also die עמי הארצות, wie sie Esra und Nehemia nannten, nicht als Götzendiener, sondern als גרים, Proselyten, betrachtet und haben damit das als gesetzlich sanktioniert, was später als selbstverständlich galt (Mischnah Kidduschin IV, 1): לוי וישראל גרים וחרורים מותרין לבא זה בזה, daß Ehen mit Proselyten gestattet sind. Daß Ahroniden später davon ausgeschlossen wurden, leitet der Talmud das. p. 70 aus Mangel an einer Gesetzesstelle von den Vorgängen unter Nehemia ab; allein Nehemia und Esra haben Mischehen mit Proselyten überhaupt für verpönt gehalten, und das war eben die Differenz der Ansichten. Diese waren eben Rigoristen. Dagegen haben die Autoritäten in Jerusalem kein Bedenken gegen solche Mischehen gehabt. Nur dadurch sind die Konflikte, welche unter Esra und Nehemia ausbrachen, begreiflich. Esra 9, 1 hat der gr. Vertent Ez. Apoc. und nach ihm Ewald mißverstanden. כתועבתיהם לכנעני . . . והאמרי ist die richtige L.-A. Das כ will die Ähnlichkeit der Vorgänge angeben. So wie die Israeliten in der ersten Zeit sich durch Mischehen mit Kanaanitern usw. verunreinigt haben, so jetzt die neue Generation mit andern Völkern; aber der Fall war nur ähnlich, aber nicht gleich, weil die letzteren nicht Götzendiener waren. Esra 9, 14 להתחתן בעמי התעבות würde zwar darauf führen, daß sie doch dem Götzentum anhingen, allein die Versionen hatten die L.-A. בעמי הארצות, wie das. V. 11.

Jahrhunderts auf Eroberungen ausgezogen zu sein und sich der Länderstrecken zwischen dem toten und roten Meere und des Ostjordanlandes bemächtigt zu haben. Die Idumäer wurden aus ihrem Gebiete verdrängt, und ihre Hauptstadt Sela auf der Höhe des Seïrgebirges gehörte seit der Zeit den Nabatäern[1]). Idumäische Flüchtlinge drangen in das Gebiet Judas ein, besetzten es und gründeten hier ein anderes Idumäa. Auch Ammoniter und Moabiter scheinen aus ihren Wohnsitzen von den nabatäischen Eroberern verdrängt worden zu sein, über den Jordan gesetzt und sich hier in der Nähe der Samaritaner angesiedelt zu haben. Auch diese ammonitischen und arabischen Ankömmlinge suchten mit den Judäern in ein freundliches Verhältnis zu treten.

An der Spitze der Ammoniter stand ein Mann, der sogar einen hebräischen Namen angenommen hatte, Tobija (Tobias), dem seine Gegner den Spitznamen „ammonitischer Knecht" beigelegt haben, und den Arabern oder Nabatäern, die sich ebenfalls im Westjordanlande angesiedelt hatten, stand ein Häuptling Gaschmu vor[2]). Die Samaritaner hatten damals einen Mann von unverdrossener Willensstärke und Tatkraft zum Häuptling, klug, listig, wild und beharrlich, namens Sanballat (Sanaballat). Ihm war es mit dem judäischen Bekenntnisse völliger Ernst; er wollte aufrichtig Anteil an dem Gotte Israels und an dem Tempel haben; allein er wollte gewissermaßen das Himmelreich erstürmen, und wenn ihm die Beteiligung daran versagt würde, sie mit Gewalt oder List ertrotzen[3]). Stammte Sanballat aus Bethoron, dem diesseitigen Lande, oder aus Choronaïm, dem jenseitigen Lande Moab? Sein Beiname „der Choronite" läßt sein Geburtsland zweifelhaft. Indes, wenn er auch nicht ein Moabiter war, so gehörten doch auch andere Moabiter zu denen, mit denen sich die Judäer verschwägert haben, wie mit Ammonitern. Tobija, der Ammoniter, war doppelt mit judäischen Geschlechtern verschwägert. Er hatte eine Tochter aus der adligen Familie Arach geheiratet, und ein angesehener Mann in dieser Zeit, Meschullam, Sohn Berachjas, hat seine Tochter Tobijas Sohn zur

[1]) S. Monatsschrift, Jahrg. 1875, S. 49f.

[2]) Neh. 2, 29; 4, 1 u. a. St.

[3]) Daß es Sanballat ernst mit dem Bekenntnis war, folgt aus Josephus' Relation (Alterth. XI, 18, 2 u. f.), daß er für seinen Schwiegersohn Manasse einen Tempel für den Gott Israels auf dem Berge Gerisim erbaute. Von diesem Gesichtspunkte aus sind die Angaben über ihn in Neh. 2, 10. 19 u. a. St. zu beurteilen. Sie sind parteiisch; auch Sanballat war ein Proselyte גר und es verdroß ihn, ausgestoßen zu werden. Daß er zu den Samaritanern gehörte, folgt aus Neh. 3, 34.

Frau gegeben[1]). Mischehen mit Ammonitern und Moabitern waren aber bis zum zehnten Geschlechte ausdrücklich vom Gesetze verpönt[2]). Die Vertreter des judäischen Gemeinwesens, der Hohepriester und andere, da sie doch nicht geradezu das Gesetz haben übertreten wollen, müssen also ihr Gewissen durch irgendwelche milde Auslegung desselben beschwichtigt haben. Bedenklich war aber noch ein anderer Umstand. Infolge der Mischehen lernten die daraus geborenen Kinder von den fremden Müttern deren Sprache und verlernten das Hebräische[3]), welches in dem neuen Gemeinwesen als heilige Sprache galt, weil das hochverehrte Gesetz in dieser Sprache abgefaßt ist und die Propheten sich ihrer bedient hatten. Die Mundart der Nachbarvölker war eine getrübte Mischsprache, aus aramäischen und anderweitigen, auch chuthäischen Elementen zusammengesetzt, die hebräische Sprache dagegen, obwohl auch sie aus dem babylonischen Exil und der Umgebung fremde Bestandteile entlehnt hatte, hatte doch ihr ursprüngliches Gepräge bewahrt und sich nur durch Aufnahme fremder Elemente erweitert und bereichert. Die Vertreter des Gemeinwesens hatten also die Sprachreinheit preisgegeben, um den Frieden mit ihrer Umgebung zu erhalten. Allein so gefügig waren nicht alle. Ein Bruchteil der edelsten Geschlechter hatte sich rein von dieser Vermischung erhalten und beklagte diese als Gesetzesübertretung und Trübung des judäischen Wesens durch die Verschmelzung mit wildfremden Elementen. Ganz besonders scheint sich die Klasse der Sänger, die Pfleger und Erhalter der hebräischen Sprache und des alten, hochverehrten Schrifttums, von Mischehen ferngehalten zu haben[4]).

[1]) Neh. 6, 18.

[2]) Deuteronomium 23, 4. Auf dieses Verbot beruft sich Esra 9, 13 und Neh. 13, 1—2. Die Übertretung dieses Gesetzes hat also am meisten Anstoß erregt. Daher wird besonders angeführt, daß auch mit Moabitern und Ammonitern Ehen eingegangen worden sind, das. 13, 23.

[3]) Neh. 13, 24. Die aschdoditische Sprache braucht durchaus nicht, nach Hitzigs Phantasie, indogermanisch gewesen zu sein; sie scheint vielmehr ganz besonders barbarisch gewesen zu sein, nach Zacharia 9, 6 und Deuteron. 23, 3 (ממזר); darum wird sie in Neh., weil sie besonders entartet war, besonders genannt.

[4]) Esra 10, 24 wird von der Sängerklasse nur ein einziger (nach Ezra Apoc. zwei) aufgeführt, der eine Mischehe eingegangen, während von sämtlichen 4 Ahronidenklassen, ferner von den Leviten katexochen, d. h. den Liturgisten, und den Torwärtern mehrere aufgezählt werden. Die Klasse der משררים hat sich also von den Mischehen fern gehalten. Esra 9, 1 wird erzählt, daß sofort nach Esras Ankunft sich „die Fürsten", השרים, über die eingerissenen Mischehen beklagt haben. Wer waren diese השרים, und noch dazu mit dem bestimmten Artikel? Man könnte daher geneigt sein, dafür zu lesen המשררים, die „Sänger" haben bei Esra darüber Klage geführt.

Sie mögen ihre Stimme gegen diese allzugroße Nachgiebigkeit und Schmiegsamkeit, gegen die Verschmelzung mit den Fremden erhoben haben; allein da sie in der Minderzahl waren, drangen sie mit ihrer strengen Ansicht nicht durch. Als aber eine tonangebende Autorität aus dem Exilslande in Jerusalem eintraf, erhob diese Minderzahl ihre Stimme lauter gegen das Geschehene und bewirkte eine so durchgreifende Reaktion, daß daraus unangenehme Verwickelungen entstehen mußten.

Viertes Kapitel.

Esra und Nehemia.

Verhältnis der Judäer in der Heimat und in Persien zueinander. Günstige Lage der Judäer in Persien unter Artaxerxes. Nehemia, Mundschenk des Königs. Eifer für das Gesetz unter den persischen Judäern. Esra. Seine Tätigkeit, das Gesetz zu erfüllen und zu lehren. Esras Auswanderung nach Judäa mit einem großen Gefolge. Artaxerxes' Gunstbezeugung für ihn. Esras Ankunft in Jerusalem. Klage über Mischehen. Esra reißt die Gemeinde zur Reue darüber hin. Trennung von den fremden Frauen und Kindern. Folgen der Absonderung. Feindseligkeit der Nachbarvölker gegen Jerusalem. Zerstörung der Befestigungsmauer. Zerfahrenheit in Judäa. Nehemias Stellung am persischen Hofe. Seine Ankunft in Jerusalem. Seine Hofhaltung und seine Pläne. Die Befestigung der zerstörten Mauern. Hindernisse von seiten der Nachbarvölker und Sanballats. Die falschen Propheten. Nehemias Sorgfalt für die Unglücklichen; er bevölkert das halbverödete Jerusalem und säubert die Geschlechter. Esras Vorlesungen aus dem Gesetzbuche. Sehnsucht des Volkes nach dem Worte der Thora. Zweitmalige Sonderung von den Mischehen. Die große Versammlung unter Esra und Nehemia zur Befolgung der Gesetze. Einweihung der Mauern Jerusalems. Befestigung des Tempels durch die Burg Birah. Einsetzung von Beamten. Sorgfalt für die Abgaben an Ahroniden und Leviten. Nehemias Rückkehr nach Susa. Rückfall in Mischehen. Der Hohepriestersohn Manasse heiratet Sanballats Tochter. Zwietracht in Jerusalem. Der Prophet Maleachi. Sehnsucht nach Nehemia, seine zweitmalige Ankunft in Jerusalem und seine Maßregeln. Nebenbuhlerischer Kultus auf dem Berge Gerisim von Sanballat und Manasse eingeführt. Nehemias Denkschrift und Tod.

(459—420.)

Selten machen sich geschichtliche Neubildungen durch schroffe Übergänge so augenfällig, daß die Mitlebenden selbst davon betroffen und bei jeder Wendung und Lebensäußerung gemahnt werden, daß das Alte dahin und eine neue Ordnung der Verhältnisse eingetreten ist. In der Regel merkt das Geschlecht, das in einen Wendepunkt der Geschichte gestellt ist, den Wechsel nicht, der in ihm selbst, in seinen Anschauungen, Sitten und selbst in seiner Sprache vor sich geht. Während die Mitlebenden noch glauben in den ausgefahrenen alten Gleisen zu wandeln, hat eine unsichtbare Kraft sie in neue Bahnen geschoben, die in einer anderen Richtung gehen und zu anderen Zielen führen, und erst beim Rückblick auf die zurückgelegte Strecke mögen sie gewahr werden, daß das Alte entschwunden und etwas Neues an dessen Stelle getreten ist, und daß sie selbst unter der Hand verwandelt sind. Eine solche anfangs unmerkliche, aber im Verlaufe durchgreifende Umwandlung vollzog sich in der ersten Hälfte des fünften Jahrhunderts innerhalb der Judäer. In der Meinung, daß sie nur einfach das Werk ihrer Vorfahren auf dieselbe Weise und mit denselben Mitteln fortsetzten, hatten sie sich selbst verändert und arbeiteten an einer neuen Gestaltung der Zustände. Diese Neubildung hat indes ihre Entstehungsgeschichte, welche, wenn auch dem mitlebenden Geschlechte nicht erkennbar, den später Lebenden nicht entgehen kann. Die Umwandlung ging nicht von dem Gemeinwesen in Juda und Jerusalem, sondern von dem Exile aus, hat aber in kurzer Zeit auch dieses in ihren Kreis gezogen und ihm ihr Gepräge aufgedrückt.

In dem Exilslande Babylonien war ein ansehnlicher Teil der Nachkommen der Exulanten zurückgeblieben, sei es aus Rücksicht auf die Vermögensverhältnisse, oder aus Bequemlichkeit oder anderen Gründen. Die überwältigende Begeisterung für die Rückkehr nach Jerusalem und den Neubau des Gemeinwesens hatte zwar auch die Zurückgebliebenen ergriffen; sie beteiligten sich daran mit ihren Segenswünschen und ihren reichen Spenden. Auch diejenigen, welche noch bis zum Schlusse der Exilszeit dem Götzentum anhingen, ließen es völlig fahren und wurden Anhänger ihres Gottes und ihrer Lehre. Verknüpfte sie doch ein enges Band mit denen, welche in die Heimat zurückgekehrt waren, indem ein Teil ihrer Familienglieder dorthin gewandert war. Es fand daher ein lebendiger Verkehr zwischen dem Mutterlande und der, wenn man sie so nennen darf, judäischen Kolonie in den Euphratländern, statt. Jerusalemer machten hin und wieder die Reise zu ihren Brüdern in der Golah, wie die babylonischen Judäer genannt wurden, um Klagen über heimische Zustände anzubringen und Abhilfe bei ihnen zu suchen[1]), und von diesen wanderten noch öfter welche nach Jerusalem, um sich vom Tempel aus in eine geweihte Stimmung versetzen zu lassen und Geschenke dahin zu bringen. Gerieten Judäer aus der Heimat in Gefangenschaft oder wurden als Sklaven verkauft, so machten ihre Brüder Anstrengungen und scheuten kein Opfer, sie auszulösen und ihnen die

1) Nehemia 1, 2 f.

Freiheit zu erwirken[1]). Sie waren in der glücklichen Lage, dem Mutterlande Mittel spenden und ihnen unter die Arme greifen zu können, da sie größtenteils wohlhabend waren; das ausgedehnte persische Reich bot ihrem Unternehmungsgeiste weiten Spielraum. Seitdem Susa Residenzstadt der persischen Könige geworden und Babylon sein Ansehen und seine Bedeutung verloren hatte, wanderten Mitglieder der babylonisch-judäischen Gemeinde ostwärts ins persische Reich ein, setzten sich namentlich in Susa fest und bildeten auch hier Gemeindegruppen. Der vierte persische König Artaxerxes (Arthachschaschta 464—423) begünstigte sie ebenso, wie sein Großvater Darius. Ein durch körperliche Vorzüge und durch Klugheit hervorragender Judäer, Nehemia, erlangte an seinem Hofe eine einflußreiche Stellung als Mundschenk. Der König und seine Hauptgemahlin Damaspia waren ihm besonders gewogen und gewährten ihm manchen Wunsch, den er geschickt und in gefälliger Form vorzutragen wußte[2]). Durch diesen und noch andere bei Hofe wohlgelittene Judäer erlangten die persischen und babylonischen Gemeinden eine günstige Lage.

Die auswärtigen Judäer legten aber Wert darauf, ihre Eigenart zu bewahren und ihren nationalen Charakter zu behaupten; sie schlossen sich von der sie umgebenden Welt ab, heirateten nur untereinander und nahmen die überkommene Lehre zur Richtschnur ihrer Lebensweise. Gerade weil sie in einer fremden Umgebung lebten und vom Mutterlande räumlich entfernt waren, wendeten sie einen besonderen Eifer an, Judäer zu sein und zu bleiben und die Vorschriften ihrer Lehre zu befolgen, um daran ein festes Band zu haben, welches sie als Glieder eines eigenen Volkstums umschlingen sollte. Opfer konnten sie allerdings nicht darbringen und ebensowenig die Gesetze beobachten, welche auf den Tempel Bezug haben. Desto eifriger beobachteten sie diejenigen Vorschriften, welche vom Heiligtum unabhängig sind, den Sabbat, die Festtage, die Beschneidung und die Speisegesetze. Ohne Zweifel hatten sie Bethäuser, worin sie sich zu gewissen Zeiten zum Gebete vereinigten. Selbst die hebräische Sprache pflegten sie so weit, daß sie ihnen nicht fremd geworden ist, oder bedienten sich derselben im Verkehr untereinander[3]). Woher entnahmen sie die Kenntnis dieser Sprache? Aus dem Schrifttum,

[1]) Nehemia 5, 8.

[2]) Das. 2, 2. 5—6.

[1]) Folgt daraus, daß Nehemia, der in Babylonien oder Persien geboren war, nach Neh. 13, 24 so viel Wert auf die hebr. Sprache legte, und daß er seine Denkschrift in dieser Sprache abfaßte; vergl. weiter unten.

das sie in Händen hatten, und in das sie sich um so eifriger hineinlasen, als sie nur daraus ihr religiöses Verhalten schöpften und regeln konnten. Dadurch kam jener Teil desselben zur Geltung, welcher bis dahin nur wenig oder nur gelegentlich beachtet wurde, das Fünfbuch der Thora, mit seiner Gesetzes- und Pflichtenlehre. Früher, während der Exilszeit, waren die Schriften der Propheten beliebter, weil sie die für die Ertragung der Widerwärtigkeiten und zur Erweckung von Hoffnungen nötige Stimmung erzeugten, und weil sie Trost spendeten. Sobald es aber galt, die Stimmung und Gesinnung zu betätigen und den Lebensäußerungen einen eigenen Charakter aufzudrücken, mußte das Gesetzbuch hervorgesucht und befragt werden. Die in der Heimat so lange vernachlässigte Thora oder das Gesetz kam erst auf fremdem Boden zu Ehren und Ansehen. In Judäa wurde z. B. der Sabbat lange nicht so streng gefeiert, wie in den babylonisch-persischen Gemeinden [1]). Wenn auch die Neigung und Empfänglichkeit für eine solche Richtung in diesem Kreise allgemein vorhanden war, so ging die Anregung dazu, sie leidenschaftlich und eifrig zu verfolgen, von einzelnen aus. Verkörpert war dieser Eifer für die volle Betätigung der Thora, richtiger für die Erfüllung der in ihr vorgeschriebenen Gesetze, in Esra, der jenen Wendepunkt in dem Geschichtsgange des judäischen Volksstammes herbeiführte und ihm einen neuen Charakter verlieh; doch stand er nicht vereinzelt, sondern hatte Gesinnungsgenossen [2]).

Vermöge seiner Abstammung war dieser Mann, welcher der Schöpfer der religiös-gesetzlichen Richtung wurde, wie berufen, den Eifer für die Thora zu entflammen. Er war ein Nachkomme der Hohenpriester; sein Urahn Chilkija hatte das deuteronomische Gesetzbuch im Tempel gefunden und durch Einhändigung desselben für den König Josia einen Umschwung herbeigeführt (II. 1. Hälfte. S. 270). Er war Spätenkel jenes Hohenpriesters Seraja [3]), den Nebukadnezar hinrichten ließ, und dessen Söhne das Buch der Thora nach Babylonien gebracht haben mögen. Esra hatte demnach Gelegenheit, sich mit diesem

[1]) Folgt aus Nehemia 13, 15 f., auch 10, 32. Nehemia, der auswärts geboren, mußte erst die Judäer zur Beobachtung der Sabbatfeier zwingen.

[2]) In Esras und Nehemias Zeit wird auch ein Zadok als סופר schlechthin bezeichnet (Nehemia 13, 13). Dann werden von Esra selbst zwei „Lehrer" (מבינים) aufgeführt, die mit ihm ausgewandert sind (Esra 8, 16 b).

[3]) Kaum braucht es gesagt zu werden, daß Esra keineswegs Sohn Serajas war, wie es (nach Esra 7, 1) den Anschein hat. Hier ist bloß angegeben, daß Esra in direkter Linie durch Seraja, den letzten H. P. der vorexilischen Zeit, von Ahron abstammte. Es fehlen aber mehrere Mittelglieder zwischen Esra und Seraja; vergl. Bertheau z. St. und weiter unten.

Buche zu beschäftigen. Aber mehr als seine Vorgänger und seine Verwandten von der hohenpriesterlichen Linie hat er ihm Aufmerksamkeit zugewendet. Nachdem er sich eifrig hineingelesen und darin vertieft hatte, sorgte er dafür, daß es nicht bloß toter Buchstabe bliebe, sondern durch Betätigung und Erfüllung der Vorschriften lebendig werde. Selbstverständlich begann er mit sich selbst. Alle die Pflichten, welche das Gesetz der Thora dem einzelnen in Kleidung, Speisen und bezüglich der Festeszeiten auflegt, suchte Esra gewissenhaft zu erfüllen. Dann trat er als Lehrer für seine Stammesgenossen auf, legte ihnen das Gesetz so faßlich aus, daß die Zuhörer es verstehen konnten, und ermahnte sie, es nach allen Seiten hin zu befolgen[1]. Das Gesetzbuch war für ihn der Ausfluß der Gottheit, die es Mose für Israel offenbart hat. Er stellte es daher höher, unendlich höher als die übrigen Schriften der Propheten, da der erste Prophet und Gesetzgeber höher als die übrigen Propheten stand und gewürdigt war, „Gott von Angesicht zu Angesicht zu schauen". Selbst von der Göttlichkeit des Mose überlieferten Gesetzes durchdrungen und von Eifer beseelt, es zur Geltung zu bringen, wurde es ihm leicht, den babylonisch-persischen Gemeinden, die ohnehin die Neigung hatten, sich in dem Kreise des eigenen Volkstums zu bewegen, ihnen diese Überzeugung und diesen Eifer einzuflößen. Esra nahm daher unter diesen eine geachtete Stellung ein; sein Wort hatte Autorität, und er fand willigeres Gehör als die Propheten mit ihrer Feuersprache. Allerdings hatten diese ihm vorgearbeitet; sie hatten die Gemüter für die Lehre empfänglich, das Herz von Stein der Hartnäckigen weich gemacht. Israel war nicht mehr das „Haus des Ungehorsams und der Widerspenstigkeit".

Hatte Esra Kunde davon, daß in dem Heimatland das Gesetz nur lau befolgt wurde, und gedachte er mit seiner Reise dahin und seiner Tätigkeit ihm volle Geltung zu verschaffen? Oder hat ihn nur ein Herzensdrang getrieben, sich in Jerusalem niederzulassen und dort auch diejenigen religiösen Pflichten zu erfüllen, welche der Tempel und das Opferwesen auflegten? Was auch der Beweggrund gewesen sein mag, Esra hat mit der Auswanderung nach Juda, die er ins Werk setzte, eine Wendung herbeigeführt. Sobald der Entschluß in ihm feststand, sich dahin zu begeben, verständigte er sich

[1] Esra 7, 10 beschreibt Esras Tätigkeit sehr treffend. עזרא הכין לבבו לדרש את תורת ה׳ ולעשות וללמד בישראל חק ומשפט. Er hat für sich die Lehre Gottes gesucht, sich um sie gekümmert, um sie zu betätigen (לעשות) und zugleich andere belehrt, die Gesetze und Vorschriften zu erfüllen. Die Methode der Auslegung ist angegeben Neh. 8, 8.

mit Gesinnungsgenossen, die bereit waren, sich ihm anzuschließen. Es war eine ansehnliche Zahl, mehr als 1600 Männer nebst Frauen und Kindern von den angesehenen Familien, die noch im Exilslande zurückgeblieben waren, und unter ihnen auch ein Urenkel Serubabels von der davidischen Linie[1]). Diejenigen, welche sich an der Auswanderung nicht beteiligen konnten, gaben Esra reiche Spenden an Gold, Silber und kostbaren Geräten für den Tempel mit. Erstaunlich ist es, daß der König Artaxerxes (Longimanus) ebenfalls Weihgeschenke für das Heiligtum in Jerusalem gespendet hat und nach seinem Beispiele auch seine Räte und andere persische Großen[2]). Hat Esra persönlich dem König von Persien nahegestanden, oder haben die judäischen Günstlinge in seinem Innern eine so außerordentliche Zugetanheit für ihre Lehre und ihren Stamm zu erregen gewußt? Tatsache ist es, daß in dieser Zeit der Gott Israels unter den Persern und anderen Völkern andächtige Verehrer und Anbeter hatte, von Sonnenaufgang bis zum Sonnenuntergang war sein Name groß und angesehen unter den Völkern[3]). Gehörte vielleicht Artaxerxes

[1]) Die Zahl der Auswanderer Esra 8, 2—14 variiert um mehr als 200 nach Ez. Apocr., namentlich sind die בני עדין das. auf 250, im hebr. Text dagegen nur auf 50 angegeben. Es fehlte aber die Zahl der zwei Ahronidischen Familien, da V. 2 nur zwei angegeben sind: מבני פנחס גרשם מבני איתמר דניאל, während nach V. 24 mehr als 12 Ahroniden ausgewandert sein müssen. Bei sämtlichen Zahlen ist angegeben לזכרים oder הזכרים, daß nur Männer gezählt waren. — Die L.-A. גרשם von den בני פנחס kann nicht richtig sein, da der Name weiter nicht genannt wird, während der mit ausgewanderte Daniel, als eine besondere Priesterabteilung bildend (Neh. 10, 7 neben גנתון), aufgeführt wird. Dieser גנתון bildete ebenfalls eine Priesterabteilung (Neh. 12, 4. 16). Man muß also an der St. Esra 8, 2 lesen: מבני פנחס גנתון. — Chattusch von den Söhnen Davids war nach Chr. I, 3, 19f. das vierte Glied von Serubabel. — חנניה — שכניה = שמעיה — זרובבל חטוש, er stammte von der Familie בני שכניה (das. V. 22). Folglich ist die L.-A. in Ez. Apoc. (8, 29) *Ἀττοὺς ὁ Σεχενίου* annähernd richtig, nämlich die Wiedergabe des Textes: מבני דוד חטוש מבני שכניה. Denn eine israel. Familie שכניה kommt weiter nicht vor, und wenn es auch eine gegeben hätte, durfte sie nicht vor den בני פרעש aufgeführt werden, da diese stets die Reihe der israel. Familien eröffnen.

[2]) Esra 8, 25. Diese Nachricht stammt aus Esras Denkschrift, ist demnach echt historisch.

[3]) Maleachi 1, 11: כי ממזרח שמש ועד מבואו גדול שמי בגוים und V. 14b ושמי נורא בגוים. Maleachi beruft sich auf die verbreitete Verehrung des Gottes Israels, wie auf eine allgemein bekannte Tatsache — und er lebte in Artaxerxes' Zeit (vergl. weiter unten). Der allerdings in seiner allgemeinen Fassung rätselhafte V. ובכל מקום מקטר מגש לשמי ומנחה טהורה läßt sich vielleicht durch die L.-A. der LXX. erklären: *θυσίαμα προσάγεται τῷ ὀνόματι καὶ θυσία καθαρά* d. h. zurückübersetzt ובכל מקום מִקְטָר מגש לשמי. Der Vers

auch zu diesen Verehrern? Wie dem auch gewesen sein mag, Artaxerxes gestattete Esra nicht nur das Gesuch, mit den Stammesgenossen nach Jerusalem auszuwandern, sondern gab ihm auch Freibriefe an die Satrapen der Länder, durch welche die Wege führten, und an die Landpfleger von Palästina. Er hätte ihm auch Geleitstruppen mit beigegeben, welche die Auswanderer auf der weiten Reise vor räuberischen Angriffen und Feindseligkeit schützen sollten, wenn Esra es verlangt hätte. Er verlangte aber diesen Schutz nicht, weil er und seine Genossen versichert hatten, ihr Gott werde ihnen, sowie allen, die ihn anbeten, vor Gefahren Beistand leisten [1]).

Denen, die sich zur Auswanderung anschickten, hatte Esra die Weisung zugehen lassen, sich um ihn an einem Vereinigungspunkte zu sammeln, und als sie zu ihm an einem unbekannten Flusse Ahwa (in Persien?) stießen, ließ er sich von den Familienhäuptern ihre Geburtslisten vorzeigen, um sich zu überzeugen, daß sie von echt judäischer oder levitischer oder ahronidischer Abkunft waren [2]). Zu seinem Erstaunen fand er keinen einzigen Leviten unter den Auswanderern. Haben diese Bedenken getragen, sich in Jerusalem anzusiedeln, in der Voraussicht, daß sie unter den Ahroniden am Tempel eine untergeordnete Stellung einnehmen würden? Esra lag aber so viel daran, auch Leviten in seinem Gefolge zu haben, daß er eine angesehene Deputation von zwölf Männern an einen hochgestellten Mann Iddo in der Stadt Chasiphia (?) mit dem Auftrage sandte, daß er die in diesem Orte lebenden Leviten bewegen möge, sich dem Zuge anzuschließen. Diese Botschaft erreichte ihren Zweck, sie brachte zwei oder drei angesehene levitische Familien-

will also nicht aussagen, daß allüberall dem Gotte Israels Weihrauch dargebracht worden, nur die von Sonnenaufgang bis Niedergang zerstreuten Verehrer unter den Völkern widmen ihm einen reinen Kultus. Das ist wohl der Sinn des V., welcher von den Kirchenvätern als Beleg für die Ausbreitung der Kirche unter den Heiden angewendet wurde.

1) Esra 8. 22, 36 aus derselben Quelle. Nur diese Angaben können als historisch angesehen werden. Dagegen ist die sog. Urkunde Artaxerxes' für Esra das. 7, 12—26 ohne Zweifel apokryph. Denn der König spricht darin von dem Gott Israels und von den judäischen Interna wie ein geborener Judäer. Hätte Esra die Machtbefugnis gehabt, die ihm der König nach V. 25 eingeräumt haben soll, so hätte er in Jerusalem ganz anders verfahren können, als er es getan hat. Kurz, auf diese günstige Urkunde ist so wenig zu geben, wie auf die feindselige des Artaxerxes, 4, 19 f., die ohnehin einander widersprechen und aufheben. Vergl. weiter unten.

2) Folgt aus Esra 8, 1 f. והתיחשם, es bedeutet das genealogische Zurückführen auf reine Abstammung, wie Neh. 7, 5 ואקבצה . . את הנם להתיחש und Chr. I, 9, 1 וכל ישראל התיחשו.

häupter samt ihren Söhnen und Verwandten mit und noch dazu hundertundzwanzig ehemalige Tempelsklaven (Nethinim)[1]. Esra scheint die Gleichstellung der Leviten mit den Ahroniden ins Auge gefaßt zu haben, daß sie, obwohl beim Tempel zu einem anderen Dienste bestimmt, doch in der Gesellschaft den gleichen Rang mit diesen einnehmen sollten. Er wählte zu diesem Zwecke eine Kommission von zwölf Ahroniden und zwölf Leviten und ihnen übergab er die Weihgeschenke an Silber und Gold mit der Ermahnung, über diese dem Heiligtume geweihten Kostbarkeiten sorgfältig zu wachen und sie bei der Ankunft dem Schatzmeister zu überliefern[2]. Ehe sich Esra mit dem Zuge von mehreren Tausend in Bewegung setzte, veranstaltete er am Fluß Ahwa einen Fasten- und Gebettag, um von Gott Sicherheit der Reise vor Fährlichkeit zu erflehen; denn Bedeckung mochte er, wie schon erwähnt, nicht annehmen, und Gefahren genug bedrohten die Auswanderer. Sie legten indes den weiten Weg von Persien und Babylonien in fast fünf Monaten (Nißan bis Ab) ohne unangenehme Begegnung zurück[3].

Die Ankunft Esras und seines großen Gefolges in Jerusalem (459—458) muß hier großes Aufsehen erregt haben. Sie kamen mit vollen Händen, mit begeistertem Sinne und mit Empfehlungen vom Könige. Esras Ruf als Schriftkundiger und Gesetzesausleger war ohne Zweifel auch nach Judäa gedrungen, und er wurde hier mit großer Aufmerksamkeit behandelt. Wird er und die Eingewanderten sich der alten Ordnung fügen oder sie umstoßen? Esras erster Schritt war ein stillschweigender Tadel gegen den Hohenpriester. Das mitgebrachte Silber und Gold lieferte er nicht an diesen, damals wohl Eljaschib, Jojakims Sohn, sondern an einen untergeordneten Ahroniden Meremot von der Familie Ha-Koz, und an drei andere Personen, einen Ahroniden und zwei Leviten[4]. Er hat

[1] Esra 8, 15—20. V. 17 muß man mit Ez. Apoc. und Vulgata lesen אל אדו ואחיו הנתונים בכספיא; (Khetib). Es kann unmöglich Nethinim bedeuten. Iddo und seine Verwandten, wenn sie Tempelsklaven gewesen wären, hätten nicht Einfluß auf die Leviten haben können, sie zur Auswanderung zu bewegen. Peschito übersetzt das Wort als Partizip. די שרין בכספיא. — Der Ortsname כספיא ist bisher ebenso wenig ermittelt, wie der Fluß oder Kanal אהוה. Ist כספיא vielleicht Choaspes? Es ist zwar der Name des Flusses, der bei Susa floß, aber kann nicht auch davon ein Ort Choaspia genannt worden sein?

[2] Esra das. 24. Hier ist ausdrücklich von 12 כהנים und von Scherebja und Chaschabja mit noch 10 Leviten die Rede, also ebenfalls 12 Leviten. Bertheau hat das im Komment. übersehen.

[3] Das. 8, 21 f. 31; 7, 8—9.

[4] Das. 8, 32.

damit diese als Vertreter des Gemeinwesens anerkannt und den Hohenpriester geflissentlich übergangen. Bald sollten die Jerusalemer noch tiefere Eingriffe in die bisherige Ordnung von den neuen Ankömmlingen erfahren. Sobald Esra sein Lehramt angetreten hatte, brachten die streng Gesinnten, welche die Mischehen mit den Nachbarvölkern und namentlich mit Moabitern und Ammonitern mißbilligt hatten, ihre Klage vor seinen Richterstuhl über die Laien, welche solche Verbindungen eingegangen waren. Esra war bei der Kunde von diesen Vorgängen wie entsetzt. Die Vertreter des Volkes und Tempels haben sich zum Hohne des Gesetzes mit Heiden verschwägert! Esra hielt es für eine entsetzliche Sünde; nach seiner Anschauung bildete der judäische oder israelitische Stamm eine „heilige Nachkommenschaft“, und erleide durch Vermischung mit fremden Völkerschaften, auch wenn sie das Götzentum fahren gelassen, eine Entweihung[1]. Nach Esra's Auslegung des Gesetzes dürften Heiden, die sich der judäischen Lehre angeschlossen, allerdings in den Gemeindeverband aufgenommen, aber nicht völlig gleichgestellt werden, sondern sollten als eine eigene Gruppe gesondert bleiben. Wie die ehemaligen Gibeoniten, die Tempelsklaven, bereits seit mehr als einem Jahrtausend dem Staate einverleibt und der Lehre zugetan, doch gesondert gehalten und von der Verschwägerung mit Urisraeliten ausgeschlossen wurden, so sollten auch die zugetretenen Proselyten aus den heidnischen Völkern behandelt werden. Die Verbindung mit ihnen sollte keine innige werden, nicht aus eitlem Adelstolz, der in der Vermischung mit einer niedriger gestellten Klasse oder Rasse eine Selbsterniedrigung erblickt, sondern aus religiös-sittlichen Bedenken, daß die den Nachkommen Abrahams und Israels angeborene oder anerzogene Empfänglichkeit für ein heiliges Leben sich nicht abschwäche und verliere. Esras Auslegung des Fremdengesetzes der Thora war eine irrige und ist später berichtigt worden; aber ihn leitete ein dunkles Gefühl, das in jener Zeit wohl seine Berechtigung hatte, daß die Aufnahme zahlreicher Proselyten oder Halbproselyten, welche

[1]) Esra 9, 1f. Man beachte den Ausdruck והתערבו זרע קדש בעמי הארצות. Als Gesetzbeleg für die Übertretung berief sich Esra (das. 9, 12) auf Deuteron. 23, 4–6. Dieses Verbot bezieht sich indes lediglich auf Moabiter und Ammoniter. Esra mußte also dieses Vergehen verallgemeinern; dafür hatte er aber keinen direkten Beleg aus dem Pentateuch. Er mußte also zu einem indirekten Beleg Zuflucht nehmen. V. 9, 11: הארץ אשר אתם באים לרשתה ארץ נדה היא וגו'. Das ist eine Anspielung auf Leviticus 18, 24—25 und auf Exodus 34, 15f., paßt aber nicht, da hier von kanaanitischen Völkerschaften und Götzendienern die Rede ist, was die Familien, die sich mit Judäern verschwägert hatten, nicht mehr waren. Vergl. o. S. 108, Anm.

nicht den Läuterungsprozeß durchgemacht haben gleich dem Samen Abrahams, nicht in dem „Schmelzofen des Elendes“ geprüft wurden, in die innigste Lebensgemeinschaft, dem fremden Elemente das Übergewicht geben und die sittlich-religiösen Errungenschaften zerstören könnte. Diese, man kann nicht sagen, übertriebene Befürchtung hat sein ganzes Wesen ergriffen. Im Schmerze über die in seinen Augen höchst verderbliche, den Bestand des Volkstums gefährdende Versündigung eines großen Teils der Gemeinde zerriß Esra seine Kleider, raufte sich das Haar vom Kopf und Bart aus und saß bis nachmittags traurig und zerstört, ohne etwas zu genießen. Dann begab er sich in den Vorhof des Tempels und sprach auf den Knien liegend ein erschütterndes Sündenbekenntnis aus, daß das Volk ungebessert von den harten Schicksalsschlägen wieder in die alte Sündhaftigkeit verfallen sei, obwohl Gott ihm durch die persischen Könige Gunst zuwenden und einen kleinen Rest bestehen ließ. „Sollen wir wieder deine Gebote übertreten und uns mit den Völkern des Landes verschwägern, so müßtest du uns bis zur Vernichtung ohne Überbleibsel und Rest vertilgen. Und nun sind wir in unserer Schuld vor dir, und wie könnten wir dabei bestehen?“ [1]) Dieses tiefempfundene Bekenntnis, unter Schluchzen und Tränen ausgesprochen, riß die Anwesenden, die sich nach und nach um den auf den Knien flehenden Schriftkundigen gesammelt hatten, Männer, Weiber und Kinder hin; das Weinen steckte alle an, ein Tränenstrom ergoß sich, als wenn das Volk damit die häßlichen Blätter seiner Geschichte auszulöschen gedachte; es beteiligte sich im Gefühle an dem Sündenbekenntnis. Von dem Augenblick der Rührung ergriffen, sprach einer der Anwesenden, Schechanja, von der elamitischen Familie, ein gewichtiges Wort aus. Es gäbe ja ein Mittel, das Geschehene wieder gut zu machen und die Folgen der Vergehung abzuwenden. „Wir wollen ein Bündnis schließen, die fremden Weiber zu entlassen und die von ihnen in Mischehen geborenen Kinder aus dem Gemeinwesen auszuweisen.“ Schechanja forderte Esra auf, die Sache in die Hand zu nehmen und vermöge seiner Autorität durchzusetzen. Dieses Wort ergriff Esra sofort, stand auf und forderte die anwesenden Familienhäupter auf, in Gegenwart des Heiligtums bei Gott zu schwören, daß diejenigen, welche aus fremden Völkern Frauen heimgeführt, diese samt den Kindern verstoßen würden. Es war ein Augenblick, der für die ganze Zukunft des judäischen Volkes entscheiden sollte. Auf die Schmiegsamkeit und Anlehnung an die andersartige Umgebung der früheren Zeit, welche Götzentum, Lasterhaftig-

[1]) Esra, das. 9, 3 f. 10, 1–5.

keit und Auflösung zur Folge hatten, sollte von diesem Augenblick an Absonderung, strenge Absonderung von der sie umgebenden Welt durchgeführt werden. Juda sollte sich von jeder fremden Beimischung rein erhalten. Esra und seine Gesinnungsgenossen haben eine Scheidewand zwischen dem judäischen Volke und der sie umgebenden Welt aufgeführt. Diese Absonderung war keineswegs streng nach dem Buchstaben des Gesetzes, und Esra selbst, bei aller seiner Schriftkunde, war nicht imstande, sie auf das Wort der Thora zurückzuführen, daß eheliche Verbindungen mit Familien anderer Abstammung verpönt seien, wenn diese den Gott Israels bekannten. Allein diese Strenge war wohl doch zurzeit notwendig, wenn das winzige Juda sich nicht im Gewühle der Völker verlieren und seine geistigen und sittlichen Errungenschaften einbüßen sollte. So mußten denn dieser Notwendigkeit Opfer gebracht werden.

Diejenigen, welche im Augenblick der Erregung einen feierlichen Eid geleistet hatten, mußten ihr Wort einlösen, sich mit blutendem Herzen von den Frauen aus den Familien der Nachbarvölker trennen und ihre eigenen Kinder verstoßen. Die Söhne und Verwandten des Hohenpriesters mußten mit dem Beispiel vorangehen. An dem Tage, an dem sie die fremden Frauen aus dem Hause wiesen, bekannten sie, daß sie mit der Mischehe eine schwere Sünde begangen hätten und brachten ein Schuldopfer [1]). Ihnen folgten die übrigen Priester, Leviten und Geschlechter, die in Jerusalem wohnten. Nicht so leicht machte sich die Sache in den Landstädten. Die Bewohner derselben standen in engerer Gemeinschaft mit den Nachbarvölkern und mußten fürchten, daß sie diese durch Entlassung der aus ihren Familien heimgeführten Frauen zur Feindseligkeit reizen würden. Aber auch sie sollten sich der Strenge unterwerfen. Aus den für die Ausführung des Gesetzes eifrigsten Ältesten wurde eine Art Senat gebildet, und dieser ließ durch Herolde in allen Städten Judas den Beschluß verkünden, daß alle diejenigen, welche Mischehen eingegangen

[1]) Esra 10, 18—19. Es ist kaum denkbar, daß die hohenpriesterlichen Familien und alle übrigen, die in Jerusalem wohnten, mit der Lösung ihrer Ehen mehrere Monate bis nach dem Nisan des folgenden Jahres, bis das Untersuchungskomitee (das. V. 16) eingesetzt war und seine Arbeit vollendet hatte, gewartet haben sollten. Sobald sie den Eid geleistet hatten, haben sie ohne Zweifel ihn auch gleich darauf betätigt. Das Komitee war lediglich *für die Judäer der Landbevölkerung* eingesetzt. V. 19 ויתנו ידם להוציא schließt sich an V. 5b, an וישבעו. Was ואשמים betrifft, so hat Bertheau den Sinn verkannt, wenn er es durch: „und sind schuldig" übersetzt. Es steht vielmehr für ואשָׁמים und ist eine Ellipse zu הקריבו, wie es die beiden griechischen Versionen wiedergegeben haben. Sie brachten *Schuldopfer* wegen unerlaubter Vermischung nach Leviticus 19, 20f.

waren, sich innerhalb dreier Tage in Jerusalem einstellen sollten, bei Strafe mit ihrem Vermögen zu büßen und aus dem Gemeinwesen ausgestoßen zu werden. Alle, alle fügten sich. Welche Verwandelung gegen frühere Zeit, als die vornehmen Geschlechter hartnäckig am Götzentum hielten und den Propheten und selbst dem Befehle der besseren Könige Widerstand leisteten! Nachdem die Weinlese und Feldarbeit vorüber waren, fanden sich die Landbewohner in Jerusalem ein (Khislew — November 458) und versammelten sich auf dem weiten Platz vor dem Tempel. Esra, auf die Lehrtätigkeit sich beschränkend, hielt eine Anrede an die Versammelten, brachte ihnen ihr Vergehen zum Bewußtsein und forderte sie auf, ihre Schuld offen zu bekennen und sich von den Völkern des Landes und besonders von den fremden Frauen zu trennen. Die Versammlung erwiderte mit lauter Stimme: „Alles, was du verlangst, wollen wir tun," machte aber geltend, daß sie in der Regenzeit nicht in Jerusalem so lange weilen könnten, bis die Sache ausgetragen sein werde. Darauf wurde ein Vorschlag gemacht und billig gefunden, eine eigene Ausforschungsbehörde für diese Sache einzusetzen. Esra selbst wählte die Mitglieder derselben aus, und diese vollendeten ihre Aufgabe in drei Monaten (Tebet — Adar 457)[1]). Sie zogen Erkundigungen über die Personen ein, welche Mischehen eingegangen waren, und forderten sie auf, nach Jerusalem zu kommen und zu erklären, daß sie die Scheidung von den fremden Frauen vollzogen haben und wahrscheinlich auch das dafür bestimmte Schuldopfer darzubringen, womit ein Sündenbekenntnis verknüpft war[2]). Die Ältesten der Stadt oder die Richter sollten zur Beglaubigung des vollzogenen Beschlusses in Jerusalem mit eintreffen. Infolge dieses strengen Befehles der Ausführungsbehörde trennten sich alle diejenigen aus den Landstädten, welche sich zur Tagsatzung eingestellt hatten, ebenso wie früher die Jerusalemer von Frauen und Kindern. Indes scheinen doch manche, aus Liebe zu den Ihrigen und aus Rücksicht auf deren Eltern und

[1]) Esra 11, 7 f. Hier ist bloß von den *Landstädtern* die Rede, nicht von den Jerusalemern. Denn es wäre doch Unsinn, daß sich die Jerusalemer in Jerusalem einfinden sollten. Das Wort ירושלם muß gestrichen werden. Zum Beweis, daß diese Partie nur von den Landstädten handelt, dient V. 14 וכל אשר בערינו . . . יבא לעתים מזמנים. Das Geschäft des ausgewählten Komitees (V. 14, 16) war, לדריוש הדבר (oder לדריש), sich um die Angelegenheit zu kümmern, sich ausschließlich damit zu befassen und zwar die Übertreter zu einer Tagsatzung nach Jerusalem zu laden (לעתים מזמנים) und sie zur Auflösung der Mischehen zu zwingen. Dunkel ist V. 15. Man weiß nicht, ob darin eine Opposition gegen den Beschluß liegt. Ebenso dunkel ist V. 17. Beide sind wohl lückenhaft erhalten.

[2]) Esra das. folgt auch aus Nehemia 9, 2. Vergl. o. S. 122 Anmerk. 1.

Verwandten, mit denen sie in innigem Verkehr standen, Widerstand geleistet zu haben[1]). Ob die auf die Unfügsamkeit verhängte Strafe der Güterkonfiskation und der Verbannung an ihnen vollzogen wurde, ist nicht bekannt geworden.

Diese Härte in der Durchführung der Absonderung von den Nachbarvölkern, den Samaritanern, Ammonitern und anderen, führten, wie sich voraussehen ließ, trübe Folgen herbei. Die Scheidewand, welche Esra und die strenge Partei selbst gegen diejenigen, welche gottesfürchtig waren, und sich der Gemeinschaft angeschlossen hatten, aufgeführt wissen wollten, erbitterte diese in einem hohen Grade. Sie sollten fortan von dem Gotte, den sie erwählt, und dem Heiligtum in Jerusalem, an dem sie sich bisher beteiligt hatten, ausgeschlossen werden? Der Scheidebrief, der ihnen zugestellt wurde, verwandelte mit einem Male ihre freundlichen Beziehungen zum judäischen Gemeinwesen in feindliche; der Haß, der aus zurückgewiesener Liebe entspringt, ist am heftigsten. Die Trauer der Töchter oder Schwestern, welche von ihren judäischen Ehemännern verstoßen und ausgewiesen, der Anblick der Kinder, welche von ihren Vätern verleugnet worden waren, konnten nicht verfehlen, im Herzen ihrer Verwandten das Gefühl der Erbitterung zu erwecken und zu steigern. Zum Unglück für die Judäer standen zwei tatkräftige und erfindungsreiche Männer an der Spitze derer, welche von der judäischen Lebensgemeinschaft ausgeschlossen waren, **Sanballat** und **Tobija** (o. S. 109). Der Ammoniter Tobija war mit judäischen Familien verschwägert, und wahrscheinlich auch Sanballat. Sie waren der judäischen Lehre zugetan und sie wurden zurückgestoßen. Sofort nahmen sie eine feindliche Haltung gegen Juda an, sie wollten mit Gewalt oder List ihre Beteiligung am Tempel in Jerusalem und an dem Gott, der in demselben verehrt wurde, durchsetzen. Anfangs mögen wohl von ihrer Seite Schritte geschehen sein, das einträchtige Zusammenleben wieder herzustellen und den Beschluß der Absonderung rückgängig zu machen. In Jerusalem und in den Landstädten gab

[1]) Esra 10, 44: כל אלה נשאו נשים נכריות ויש מהם נשים וישימו בנים ist außerordentlich dunkel, und ist bisher noch nicht befriedigend erklärt worden. Ez. Apoc. (9, 36) übersetzt den letzten Teil *καὶ ἀπελύθησαν αὐτὰς σὺν τέκνοις*, d. h. ויגרשום עם בנים und zwar נשים in ויגרשום emendiert. Darin läge, daß sämtlich daselbst Aufgeführte die Ehescheidung vorgenommen haben. Indessen ist durch die zweite griech. Version und durch die Peschito der Eingang ויש מהם gesichert, und das kann nur bedeuten „**ein Teil von ihnen**“. Daß nicht alle die Mischehen aufgelöst haben, geht daraus hervor, daß die בני ארח nicht aufgeführt sind, die nach Neh. 6, 18 mit Tobija verschwägert blieben.

es ohne Zweifel eine Partei von milderer Anschauung bezüglich der Mischehen, welche Esras Verfahren nicht billigen mochte. Wie viele Judäer mögen sich nur aus Zwang dem Beschlusse der Trennung von den ihnen teuren Frauen und Kindern unterworfen haben? Andere haben gewiß vorgezogen, das Vaterland zu verlassen, um die Ihrigen zu behalten; die Ausgewanderten wurden wohl von den Samaritanern herzlich aufgenommen. Auch sie mußten ein bitteres Gefühl gegen die Machthaber in Jerusalem, gegen ihre eigenen Stammesgenossen, hegen. Sie machten wohl mit den aus der Gemeinschaft ausgeschlossenen Proselyten gemeinsame Sache. Die Kundigen unter ihnen waren überhaupt anderer Meinung über die Zulässigkeit oder Nichtzulässigkeit von Mischehen mit Frauen, welche, wenigstens äußerlich, der Lehre zugetan waren[1]). War denn diese Strenge nach dem Buchstaben des Gesetzes? Enthielten die geschichtlichen Erinnerungen aus der Vorzeit nicht Beispiele genug, daß Israeliten fremde Frauen geehelicht hatten? Solche und ähnliche Fragen sind wohl damals aufgeworfen worden. Ein Nachhall der Stimmung und Beurteilung der Vorgänge von der milderen Seite klingt aus einem lieblichen Schriftwerke heraus, das höchst wahrscheinlich dieser Zeit entsprungen ist, aus dem Buche Ruth. Der dichterische Verfasser erzählt scheinbar harmlos eine idyllische Geschichte von einer vornehmen judäischen Familie aus Bethlehem, die nach Moab ausgewandert war, und aus welcher zwei Söhne moabitische Frauen geheiratet haben, aber er berührte damit die brennende Tagesfrage.

In der Richterzeit, so erzählt diese Idylle, war wegen Hungersnot ein Ehepaar Elimelech und Naëmi mit zwei Söhnen nach Moab ausgewandert. Diese Söhne hatten moabitische Frauen, Orpha und Ruth, geehelicht. Nachdem der Gatte und die zwei Söhne in der Fremde gestorben waren, kehrte die tiefbetrübte Witwe Naëmi nach Bethlehem zurück, und ihre zwei Schwiegertöchter mochten sie nicht verlassen, obwohl sie sie widerholentlich ermahnte, in ihrem Geburtslande zu bleiben und sich wieder zu verheiraten. Ganz besonders klammerte sich Ruth an sie und sprach zu ihrer Schwiegermutter: „Dringe nicht in mich, dich zu verlassen! Wohin du gehst, gehe auch ich, wo du weilen wirst, werde auch ich weilen, dein Volk ist mein Volk, dein Gott ist mein Gott, wo du stirbst, will auch ich sterben und an deiner Seite begraben sein. Nur der

[1]) Aus Nehem. 6, 10 f. 14 folgt, daß nicht bloß Laien, sondern auch Propheten, also gewiß auch Schriftkundige es mit Sanballat gegen Esra und Nehemia hielten.

Tod soll mich von dir trennen". Die Moabiterin Ruth hielt auch treu ihr Wort. Nach Bethlehem mit ihrer verwitweten und verarmten Schwiegermutter eingewandert, sorgte sie zärtlich für sie und sammelte auf dem Felde die zurückgelassenen Ähren Tag für Tag während der Ernte. Ihre Hingebung und Züchtigkeit blieb nicht unbeachtet. Ein angesehener Grundbesitzer Boaz (Boas), in dessen weitausgedehnten Feldern sie am meisten sammelte, lobte sie: „Gott möge deine Tat vergelten, und dein Lohn möge voll sein vom Gotte Israels, unter dessen Flügeln dich zu schützen du gekommen bist." Diesem Boaz fiel es nach dem Gesetze zu, das hinterlassene Grundstück des Elimelech zu erwerben und damit auch die Ruth zu ehelichen. Das tat er auch gewissenhaft. Bei ihrer Verheiratung rief das Volk dem Boaz zu: „Gott möge diese Frau, die in dein Haus kommt, wie Rachel und Lea machen, welche beide das Haus Israels erbaut haben." Der Sohn, den ihm Ruth geboren, wurde der Stammvater Davids, des frommen Königs von Israel. Die einzelnen Züge dieses zarten und lieblichen Buches sind fein und künstlerisch ausgearbeitet. Dem Dichter war es aber darum zu tun, zwei Tatsachen nahe zu legen, daß das königliche Geschlecht in Israel von einer Moabiterin stammte, und daß diese Moabiterin, nachdem sie sich eng an das judäische Volk angeschlossen und sich unter Gottes Flügel geborgen hatte, die Tugenden bewährte, wie sie nur eine Tochter Israels zieren können, Züchtigkeit, Zartsinn und Opferfreudigkeit [1]). Die Anwendung aus diesem Schriftwerk auf die brennende Tagesfrage lag zu nahe, als daß sie nicht gemacht worden sein sollte. Gab es unter den Frauen, welche verstoßen wurden oder verstoßen werden sollten, nicht auch solche, welche der Ruth glichen? Und die Kinder, von den fremden Frauen geboren und von judäischen Vätern gezeugt, sollten als Heiden verleugnet werden? Gehörte also das Haus Davids, der königliche Stamm, dessen Urahn eine Moabiterin geheiratet hatte, auch nicht dem judäischen Volke an?

Indessen alle diese Gründe verfingen nicht: Esra und der regierende Senat in Jerusalem beharrten mit Strenge auf der Aus-

[1]) Daß Ruth keinen historischen, sondern einen didaktischen Hintergrund hat, wird von den Ausl. meistens zugegeben. Sie differieren lediglich bezüglich der Lehrpointe. Diese hat Umbreit richtig erfaßt (Stud. u. Krit., Jahrgang 1834, S. 308 f.); Geiger hat diese Ansicht aufgenommen und weitergeführt (Urschrift S. 52). Diese Pointe ist augenfällig gegen die Ausschließung der Moabiter aus der Gemeinschaft gerichtet, und paßt durchaus für diese Zeitlage. Ohnehin zeugen die Aramaismen in Ruth für die nachexilische Abfassungszeit.

schließung aller Elemente aus der Gemeinschaft, welche nicht von judäischer Abstammung, „vom heiligen Samen“, waren. Als die Vermittelungsversuche, die ohne Zweifel angestellt worden waren, an der Festigkeit der Eiferer in Jerusalem gescheitert waren, kam es zu feindlichen Reibungen. Einzelheiten darüber sind nicht bekannt geworden; denn das Tagebuch oder die Denkschrift, die Esra über seine Erlebnisse und Vorgänge seinerzeit niedergeschrieben, hat sich nur unvollständig erhalten [1]). Diese Reibungen dauerten mehrere Jahre (457—444), und die Jerusalemer zogen gewiß den Kürzeren, weil Esra kein Mann der Tat war, nur beten und rühren konnte, und viele Familien es ohnehin heimlich mit den Gegnern hielten, Sanballat dagegen und seine Genossen, von entschlossenem Charakter und von leidenschaftlichem Hasse gegen ihre Verächter geleitet, jede Gelegenheit benutzten, ihre Feinde zu schädigen. Es kam so weit, daß sie Angriffe auf Jerusalem selbst machten. Was mag ihnen diese Kühnheit eingegeben haben, da sie doch wußten, daß Esra von dem persischen Hofe begünstigt wurde, und judäische Günstlinge bei Artaxerxes viel vermochten? Haben sie vielleicht auf den Wankelmut und die Wandelbarkeit der Laune dieses persischen Königs gerechnet? Oder hat ihnen der Aufstand des Satrapen Megabyzus von Syrien, dem auch Juda wie Samaria unterstanden, Vorschub geleistet? Haben sie, während dieser ein persisches Heer nach dem andern schlug, von diesem begünstigt, den kriegerischen Angriff unternommen, um ihre Feinde ins Herz zu treffen?

Was auch Sanballat und seine Genossen zu einem kriegerischen Schritte gegen Jerusalem ermutigt haben mag, es gelang ihnen vollständig. Sie befehligten eine kriegerische Schar [2]), und die Machthaber in Jerusalem verstanden sich wohl wenig auf das Waffenhandwerk. Die Folge war, daß die Samaritaner Breschen in die Mauern Jerusalems machten, die Tore aus Holz in Feuer verbrannten und auch viele Häuser der Stadt zerstörten; Jerusalem glich wieder einem Trümmerhaufen [3]). Den Tempel aber verschonten sie; er war auch ihnen heilig. Vermittelst des feindlichen Angriffs gedachte Sanballat Esra, den Senat und die Eiferer zu zwingen, ihn und die Seinigen wieder wie früher in den Bund aufzunehmen. Allein

[1]) Das Buch Esra ist offenbar zuletzt defekt; es erzählt aus Esras Zeit nur die Vorgänge des ersten Jahres oder der wenigen Monate seit Esras Ankunft in Jerusalem.

[2]) Neh. 3, 34; es muß gelesen werden: לפני אחיו חיל שמרון statt וחיל. Das Wort bedeutet in dieser Literatur „Heer“.

[3]) Das. 1, 3; 2, 3. 17.

der Tempel wurde doch verwaist. Die meisten Bewohner Jerusalems, des Schutzes der Mauern beraubt, verließen es und siedelten sich da an, wo sie ein Unterkommen finden konnten [1]). Die Ahroniden und Leviten, welche nicht mehr Abgaben und Zehnten von der Ernte erhielten, verließen den Tempel und suchten sich Lebensunterhalt, wo sie ihn finden konnten [2]). Es war eine traurige Zeit für das seit kaum einem Jahrhundert wieder organisierte Gemeinwesen Judas. Was tat Esra und was seine Gesinnungsgenossen in dieser Zeit? Wo hielt Esra sich auf? Es verlautet nichts darüber. Viele edle Geschlechter machten ihren Frieden [3]) mit den Nachbarn, nahmen die verstoßenen Frauen wieder ins Haus oder verschwägerten sich von neuem mit solchen. Um der Verbindung Sicherheit zu geben, scheinen sie sich gegenseitig durch einen Eid verpflichtet zu haben. Esras Werk schien für den Augenblick vereitelt und selbst der Bestand des Gemeinwesens gefährdet. Wie viel fehlte noch zur völligen Auflösung?

Indessen der Eifer, den Esra entflammt hatte, war zu tief eingedrungen, als daß er durch Unglücksfälle so leicht hätte erlöschen können. Er wirkte auch in solchen, die eine bescheidene Stellung einnahmen und im Rate keine Stimme hatten. Sobald die Zerstörung und Verödung Jerusalems erfolgt war, eilten einige Männer, vom Schmerz über die traurigen Vorgänge in Juda durchwühlt, nach Persien, um von dort aus Hilfe zu suchen. Sie rechneten besonders auf **Nehemia**, den judäischen Mundschenk an Artaxerxes' Hofe (o. S. 114), dessen Verwandter **Chanani** Augenzeuge der Vorfälle gewesen war. An ihn wandten sie sich und machten ihm eine grauenhafte Schilderung von der traurigen Lage der Judäer in der Heimat und von dem Verfall der heiligen Stadt [1]). „Die

[1]) Neh. 7, 4; 11, 1.

[2]) Das. folgt aus 12, 44. 47. Auch aus 10, 36 f., daß diese Abgaben vor dieser Zeit nicht geliefert wurden. Vergl. das. 12, 27—29.

[3]) Das. 6, 18. Folgt aus dem Ausdruck בעלי שבועה, der darauf hinweist, daß dabei ein Eid geleistet wurde, wie auch Bertheau z. St. richtig bemerkt. Nur muß man diesen Eid nicht als Garantie gegen die Auflösung der Mischehen auffassen, sondern einfach als Bündnis mit den Nachbarn, einen **modus vivendi** einzuhalten.

[4]) Bertheau bemerkt mit Recht zu Neh. 1, 4, daß aus dem Eingange der Nehemianischen Denkschrift hervorgeht, daß Chanani und die Männer mit ihm einen Unglücksschlag meldeten, von dem die Gemeinde in Juda erst jüngst betroffen und dessen Umfang dem Nehemia bis dahin unbekannt geblieben war. Da diese Folgerung feststeht, so müssen zwei Schlüsse daraus gezogen werden: 1. daß die sog. Urkunde von Artaxerxes zur Vereitelung der Befestigung Jerusalems (Esra 4, 17 f.) unecht sein muß. Denn wenn die Mauern in

Überbleibsel dort im Lande sind in großem Unglück und in Schmach, die Mauern Jerusalems sind durchbrochen und die Tore verbrannt." Nehemia war bei der Nachricht entsetzt. Er gehörte zu den Gesetzeseifrigen in Persien und war womöglich noch strenger als Esra [1]). Jerusalem, die heilige von Gott besonders beschützte Stadt, lebte in seiner Vorstellung wie mit einer Feuermauer umgeben, der sich kein Feind ungestraft nähern dürfte. Und nun war sie wie jede andere irdische Stadt geschwächt und geschändet! Indessen ließ er sich von dem Schmerze nicht übermannen. Nehemia war ein Mann von unermüdlicher Tatkraft und Erfindungsgabe. Am Hofe hatte er die Kunst des Regierens gelernt, wie man mit festem Willen die Menschen lenken und die Verhältnisse bändigen kann. Sein Entschluß stand sofort fest, sich persönlich nach Jerusalem zu begeben und der elenden Lage ein Ende zu machen. Überzeugt war er, daß diese Lage nur durch die Übertretung des Gesetzes oder durch die Lauheit der Bewohner Judas verschuldet sei. Würde dieses aufs strengste befolgt werden, dann würde Gott wieder in Jerusalem weilen und ihm Schutz sein. Diesen Plan wollte er durchführen, Jerusalem wieder widerstandsfähig machen, das Gemeinwesen wiederherstellen und die strenge Beobachtung des Gesetzes, als Schutzmittel, durchsetzen. Allein, wie sollte er abkommen? Er war an den Hof durch seinen Dienst gebunden. Gerade die Gunst, die er bei Artaxerxes genoß, fesselte ihn an Ort und Stelle und benahm ihm die Aussicht, sich nach Jerusalem begeben zu können. In einem inbrünstigen Gebete erflehte er Gottes Beistand, seinen Plan durchführen und besonders den König dafür günstig stimmen zu können [2]).

Klug, wie Nehemia war, wartete er mit seinem Gesuche bei Artaxerxes, ihm die Reise nach Jerusalem zu gestatten, eine günstige Gelegenheit ab, die sich ihm aber erst nach vier Monaten darbot [3]). Der Schmerz aber nagte so sehr an seinem Herzen, daß sein Aussehen und sein anmutiges Wesen darunter gelitten hatten [4]). Als er

Artaxerxes' Zeit — vor Nehemias Rückkehr — nicht errichtet werden durften, so konnten sie nicht zerstört worden sein. Es ist also falsch, diese Urkunde als authentisch anzusehen. 2. Daß die Zerstörung der Mauern, worauf sich ein großer Teil der Nehemianischen Denkschrift bezieht, von Sanballat, Tobija und den Samaritanern ausgegangen sein muß. Wer sollte sie sonst angerichtet haben, wenn nicht diese Feinde? Und als Grund zu dieser leidenschaftlichen Feindschaft muß die Entlassung der Frauen angesehen werden.

[1]) Folgt aus allen Angaben seiner Denkschrift, auch aus Neh. 1, 11 החפצים ליראה את שמך, worunter er sich besonders zählt; auch das. V. 7.

[2]) Neh. 1, 4 f.

[3]) Das. 2, 1 f. verglichen mit das. 1, 1.

[4]) Das. 2, 2.

eines Tages dem König und der Königin Wein kredenzte, fiel sein leidendes Aussehen auf, und Artaxerxes befragte ihn darüber. Sofort ergriff er diese günstige Stimmung und erwiderte: „Wie sollte ich nicht schlecht aussehen, da die Stadt, wo die Gräber meiner Vorfahren sind, verödet ist und ihre Tore verbrannt?" Er brachte zugleich seinen Wunsch an, sich dahin zu begeben und der traurigen Lage abzuhelfen. Artaxerxes war so gnädig, ihm alles, alles zu gewähren, die Reise zu unternehmen, die Mauern wieder aufzubauen und das zerrüttete Gemeinwesen wieder in Ordnung zu bringen. Er gab ihm Empfehlungsbriefe an die königlichen Beamten mit, seiner Durchreise kein Hindernis in den Weg zu legen und ihm Bauholz zu liefern. Selbst ein Geleite von Fußtruppen und Reitern gab er ihm mit und ernannte ihn zum Statthalter oder Landpfleger (Pechah) von Juda. Nur eine Bedingung knüpfte der König an seine Abreise, daß Nehemia sich nicht dauernd in Jerusalem ansässig machen, sondern nach einer abgelaufenen Frist wieder an den Hof zurückkehren möge[1]). Diese Bedingung konnte nur schmeichelhaft für ihn sein; Artaxerxes mochte ihn nicht missen.

Mit Nehemias Reise nach Jerusalem beginnt wieder eine Wendung im Geschichtsgang des judäischen Gemeinwesens, oder vielmehr sie ergänzte die Wendung und Richtung, welche Esra angebahnt hatte. Mit einem großen Gefolge verließ Nehemia die Residenz Susa, mit Verwandten, Dienern[2]) und mit kriegerischem Geleite. In der Nähe des Libanons angekommen, zeigte er das königliche Schreiben vor, daß ihm Holz vom Libanon geliefert werden sollte[3]).

Da er auf seiner Durchreise durch das ehemalige Gebiet des Zehnstämmereiches dem Landpfleger seine Empfehlungsbriefe vorzeigte, so erfuhren auch Sanballat und Tobija von Nehemias Reiseziel und sie ahnten, daß eine Zeit des Kampfes für sie anbrechen würde; es war eine unangenehme Enttäuschung für sie, daß ein Judäer, Artaxerxes' Günstling, zum Landpfleger eingesetzt war und wahrscheinlich sich seiner verfolgten Stammgenossen annehmen würde[4]).

1) Neh. 2, 5 f.

2) Das. 4, 10. 17; 5, 10.

3) Das. 2, 8. Der אל אסף שמר הפרדס kann nur Aufseher über die Waldungen des Libanon gewesen sein, die Eigentum des Königs waren. Nur vom Libanon konnte Bauholz bezogen werden, sonst gab es keins in Judäa. Nehemia hatte also die Erlaubnis erhalten, vom Libanon Holz nach Jerusalem befördern zu dürfen.

4) Das. 2, 9–10. Beide VV. erklären einander: Sanballat hat Nehemias

Als Nehemia in Jerusalem eingetroffen war, hielt er sich drei Tage unsichtbar. Er wollte erst den Schauplatz seiner Tätigkeit und die Personen, mit denen er zu tun haben würde, kennen lernen. Er richtete indes eine Art Hofhaltung ein — er besaß fürstlichen Reichtum und machte fürstlichen Aufwand, führte eine reichbesetzte Tafel und lud viele Gäste dazu ein[1]). Den Zweck seiner Ankunft hielt er anfangs so geheim, daß er nicht einmal den judäischen Großen Mitteilung davon machte; er traute ihnen nicht. In einer Nacht ritt er heimlich aus, sich den Umfang der Zerstörung der Mauern anzusehen, um einen Plan zur Ausbesserung derselben fassen zu können. Sodann berief er die Vorsteher der Geschlechter, auch diejenigen, welche in den Landstädten wohnten und eröffnete ihnen zu ihrer Überraschung, daß er vom König Artaxerxes Vollmachten in Händen habe, nicht bloß die Mauern wiederherzustellen, sondern auch das Land zu verwalten, und daß es seine Absicht sei, die Schmach und das Elend des judäischen Gemeinwesens abzutun. Er fand die versammelten Männer bereit, nicht bloß ihn zu unterstützen, sondern auch Hand ans Werk zu legen[2]). Selbst diejenigen, welche mit den Fremden verschwägert waren und mit ihnen auf gutem Fuße standen, zollten ihm Beifall[3]). Die Verwüstung, welche die Feinde an Jerusalem gemacht hatten, scheint auch manche gegen sie entfremdet zu haben, die früher auf gutem Fuße mit ihnen gestanden hatten. Außerordentlich schwierig war indes die Aufgabe, die sich Nehemia auferlegt hatte. Er sollte ein ganz zerrüttetes Gemeinwesen wieder aufbauen, dessen Glieder, von Furcht, Schwäche, Eigennutz oder Rücksichten verschiedener Art geleitet, nicht Festigkeit genug besaßen, Gefahren zu trotzen. Und Gefahren drohten von vielen Seiten. Sanballat und seine Genossen, das wußte Nehemia, sahen den Aufbau des jüdischen Gemeinwesens mit Schelsucht und Ingrimm und waren entschlossen, ihm Hindernisse in den Weg zu legen oder es geradezu

Absichten erraten, weil dieser den Pechas der Länder, welche er auf seiner Reise berührt hat, die königlichen Briefe vorgezeigt hatte.

[1]) Neh. 5, 17—18. Der letzte V. und besonders der Ausdruck: בכל יין להרבה sind dunkel. Daß nur je am zehnten Tage Wein auf die Tafel gekommen sein sollte, ist nicht begreiflich, da Wein keine Seltenheit war. Eher können sich die 10 Tage auf die צפרים „Vögel“ oder „Hühner“ beziehen. וצפרים נעשו לי בין עשרת הימים, בכל (יום) יין להרבה.

[2]) Das. 2, 17—18. Hier fehlt ein V., welcher angegeben haben müßte, daß Nehemia eine Versammlung zusammenberufen habe. Josephus teilt (Alterth. XI, 5, 7) Nehemias Anrede an die berufene Versammlung mit, die er bei dieser Gelegenheit gehalten. Josephus hat sie wohl aus Ezr. Apocr. geschöpft.

[3]) Folgt aus das. 3, 4 verglichen mit 6, 18.

9*

zu stören. Seine nächste Sorge ging dahin, Jerusalem zu befestigen, weil sonst jede Unternehmung und jede Verbesserung durch einen Handstreich hätten vereitelt werden können.

Die Arbeit der Befestigung leitete Nehemia selbst und erleichterte sie durch Verteilung. Die Mauern waren nur stellenweise zerstört, hatten Risse und Breschen; es galt also, diese auszubessern. Infolge von Nehemias unermüdlich eifriger Tätigkeit übernahmen einige Geschlechter oder Städteverbände oder auch einzelne Personen einen Teil der Mauern, ein gewisses Maß auszubessern; manche übernahmen zwei Teile. Von den Städten, welche sich dabei beteiligt haben, werden Jericho, Thekoa, Gibeon, Mizpeh, genannt. Ahroniden, Leviten und selbst die Tempelsklaven (Nethinim) trugen das ihrige dazu bei, und gewisse Innungen, Salbenhändler, Goldarbeiter, Gewürzhändler, traten zusammen, um gemeinschaftlich Hand ans Werk zu legen und die Kosten zu tragen. Die Ausbesserung der Mauern war verhältnismäßig leicht. Die Steine, welche von der Zerstörung in Trümmerhaufen lagen, konnten dazu benutzt werden. Schwieriger war es, die Tore mit Flügeltüren, Riegeln und Klammern zu versehen. Sie mußten aus festen Bohlen gezimmert werden, und solches dauerhafte Holz lieferten die Waldungen der judäischen Berge nicht. Es mußte erst auf dem Libanon gefällt und an Ort und Stelle geschafft werden[1]), was selbstverständlich viel Zeit in Anspruch nahm.

[1]) Die Art der Ausbesserung der Mauern ist ausführlich gegeben Neh. 3, 1 bis 32. Der Bericht ist aber lückenhaft, nicht bloß wie Bertheau vermutet, hinter V. 7, wo das Ephraimtor erwähnt sein sollte, sondern auch an noch anderen Stellen. Gleich V. 1 zeigt eine Lücke. Hier heißt es: Eliaschib der Hp. und seine Verwandten haben das Schaftor verfertigt: המה קדשוהו· ויעמידו דלתתיו ועד (עד) מגדל המאה. Nun, statt קדשוהו, woraus die Ausll. einen Unsinn gefolgert haben, als ob jedes Mauerstück geweiht worden wäre, muß man lesen קרוהו, wie V. 3 u. 6. Aber gleich darauf V. 1b heißt es קדשוהו (קרוהו) עד מגדל חננאל. Hier fehlt also der Name des Tores und derer, welche es verfertigt und eingesetzt haben, denn das Verbum קרה bezieht sich nur auf die Torflügel, nicht auf die Mauer. — V. 26 fehlt bei Erwähnung der Nethinim, welchen Teil sie gebaut haben, nämlich המה החזיקו העפל עד נגד שער המים. V. 20 ist החרה eine Dittographie für החזיק, da in dem älteren Schriftcharakter ז und ר ähnlich waren. Die Emendation ההרה, der auch Bertheau das Wort redet, ist abgeschmackt. — Bei genauer Betrachtung des Berichtes merkt man, daß auf die Anfertigung der Tore ein größeres Gewicht gelegt wird, als auf die der Mauern (V. 1, 3, 6, 13, 14, 15). Das kommt daher, weil es nicht leicht war, festes Holz dafür zu beschaffen; die Berge Judas liefern solches Holz keineswegs. Das ist Bertheau entgangen. Neh. 2, 8 ist deutlich genug angegeben, daß Nehemia eine Weisung an einen persischen Beamten mitgebracht hat, ihm Holz für die Tore der Stadt

Indessen, so leicht ging der Bau nicht vonstatten. Die zurückgestoßenen Proselyten, Sanballat und Tobija an der Spitze, denen Nehemia gleich beim Beginne seiner Tätigkeit jede Hoffnung auf Vereinigung abgeschnitten hatte — „ihr sollt keinen Anteil, kein Verdienst und kein Andenken in Jerusalem haben" [1]) — entwickelten eben so viel Eifer, ihn zu stören, als dieser das Werk zu vollbringen. Anfangs verfuhren sie mit List; sie suchten Nehemia zu verdächtigen, als sänne er auf Abfall und Loslösung von Persien und auf den ehrgeizigen Plan, König der Judäer zu werden. Dann suchten sie die Arbeiter zu entmutigen, spotteten höhnisch über den Bau, daß er so schwach sei, daß er von einem Schakal durchbrochen werden könnte [2]. Als aber die Mauern zur Hälfte ihrer Höhe ausgebessert und geschlossen waren, verabredeten die Feinde heimlich einen Angriff auf die Arbeiter zu machen und das Werk zu vereiteln. Sie waren aber so unbesonnen, die heimliche Verschwörung den unter ihnen wohnenden und mit ihnen verkehrenden Judäern erraten zu lassen, und diese hatten noch Anhänglichkeit genug an ihre Stammesverwandten, Nehemia Mitteilung davon zu machen. So gewarnt, nahm dieser mit seiner bewaffneten Mannschaft eine kriegerische Haltung an, gab auch den Arbeitern Waffen in die Hand und suchte ihnen Mut einzuflößen [3]). Da Sanballat und das Mischvolk die Judäer gewarnt und gerüstet sahen, unterließen sie den beabsichtigten Überfall. Nehemia hatte aber ein wachsames Auge. Er ließ seit der Zeit einen Teil seiner Leute und die judäischen Herren mit Waffen in der Hand Wache halten; die Arbeiter gürteten ein Schwert an die Seite, und die Lastträger trugen in der einen Hand eine Waffe und mit der anderen die Last. Um die Vollendung der Mauer zu beschleunigen, ließ Nehemia von der Morgendämmerung bis zum

und andere Baulichkeiten zu liefern. Auch hier ist derselbe Ausdruck gebraucht: לְקָרוֹת את שערי. Darunter kann nur Holz vom Libanon verstanden sein (vergl. o. S. 130). Um dieses auf dem Meereswege nach Jerusalem zu schaffen, dazu bedurfte es viel Zeit. Die Vorbereitungen zur Befestigung der Mauern und besonders der Tore haben also viel Zeit in Anspruch genommen.

[1] Neh. 2, 20.

[2] Neh. 2, 19 f., 3, 33 f. V. 33 ist zum Teil sehr dunkel. Bertheaus Erklärung von היעזבו לְהם היזבחו ist gezwungen. Nach LXX ist zu lesen: הֲיְכַלּוּ בַיּוֹם statt היכלו ביום.

[3] Das. 3, 38: 4, 6—8. V. 6b אשר תשובו עלינו ist weder durch Emendation ישבו statt תשובו, noch durch Bertheaus Erklärung, als Anrede der Samaritaner an die unter ihnen wohnenden Judäer, verständlich. Man muß תָּשְׁבוּ lesen statt תשובו (so auch Herzfeld, Geschichte d. Volkes Israel II, S. 47). Man muß auch noch dazu ergänzen לָבֹא, also: מכל המקומות אשר חשבו לבא עלינו. V. 7 ist בצחחים sehr dunkel und dadurch der ganze erste Halbvers.

Aufgang der Sterne arbeiten, und einen Teil der Mannschaft innerhalb Jerusalems Wache halten; die Wachenden kamen eine Zeitlang nicht aus den Kleidern. Er selbst war beständig auf dem Bauplatze bald hier, bald da, und ihm zur Seite ein Mann mit einem Horn. Die Arbeiter, welche in dem weiten Umfang zerstreut waren, bedeutete er, sobald sie den Hornton vernehmen sollten, sollten sie sich schleunigst um ihn sammeln[1]).

Indessen versuchten Sanballat und seine Genossen nicht mehr, die Arbeit durch einen Überfall zu stören, sondern schmiedeten Ränke. Sie sprengten aus, Nehemia ginge mit dem Plane um, sobald Jerusalem befestigt sein werde, sich von den Judäern als König ausrufen zu lassen und von Persien abzufallen. Dadurch machten sie den Leichtgläubigen Angst und gedachten sie vom Werke abzuziehen, um nicht bei den Persern als Mitschuldige zu gelten. Für Geld gewannen sie Verräter unter den Judäern, welche teils Nehemia dringend ermahnten, um der eigenen Sicherheit willen nicht auf der Vollendung der Mauern zu beharren, und teils versuchten, ihn zu einem übereilten Schritte hinzureißen. Merkwürdigerweise traten wieder in der Zeit äußerster Spannung Propheten auf, und auch von diesen sollen sich einige von Sanballat gegen Nehemia haben gewinnen lassen. Genannt werden zwei Propheten Noadjah und Schemajah, Sohn Delajahs[2]).

Auf der andern Seite suchten die Führer des Mischvolkes eine Annäherung an Nehemia und richteten Briefe an ihn, um ihn zu einer Zusammenkunft aufzufordern. Auch die Geschlechtshäupter, welche mit ihnen befreundet waren, traten in lebhaften Verkehr durch Briefe mit Tobija. Nehemia, aus Mißtrauen und auch aus Abgeneigtheit gegen jede Verbindung mit den Halb-Israeliten, wies indes jede Unterhandlung ab. Da sandte Sanballat ihm einen offe-

[1]) Neh. 4, 9—17. Die Beschleunigung und die angestrengten Nachtwachen begannen erst in der zweiten Hälfte der Arbeit infolge der von allen Seiten verkündeten Absicht eines Überfalles. V. 10b muß mit dem Anfang von V. 11 verbunden werden: והשרים (והחרים) אחרי כל בית יהודה הבונים בחומה. Dadurch erhalten der Rest von V. 11 und V. 12 die erforderliche Symmetrie והנשאים בסבל עמשים ... והבונים ... אסורים. Über V. 17 f. weiter unten.

[2]) Das. 6, 10 f. bis 14. Vor V. 9 muß die Lücke eines Verses angenommen werden, welche von dem Propheten Noadjah gesprochen worden sein muß. Sonst ist V. 9 ganz unverständlich bei aller künstlichen Exegese, die Bertheau darauf verwendet hat. Statt ועתה חזק את ידי muß man lesen ואתה wie öfter. Dann ist es aber eine Anrede an einen Befreundeten. Da nun V. 14 von נועדיה הנביא spricht, ohne daß er vorher genannt worden wäre, muß von ihm schon früher die Rede gewesen sein, und zwar bei V. 9. — V. 13 muß das erstemal למעני gelesen werden, statt למען.

nen Brief, für jedermann leserlich, worin er rund heraus sagte, es solle dem König von Persien kund werden, daß Nehemia den ehrgeizigen Plan verfolge, sich als König anerkennen zu lassen, sich von dem persischen Reiche zu trennen und eine feindliche Haltung gegen dasselbe einzunehmen. Nehemia konnte allerdings mit gutem Gewissen den Verdacht zurückweisen. Allein genügte das dem Satrapen von Syrien, dem Juda und sein Landpfleger unterstanden? Konnte dieser ihn nicht ohne weiteres absetzen oder gar hinrichten lassen? Und wenn nun gar die von den Feinden ausgesprengten Gerüchte Artaxerxes zu Ohren kämen! Nehemia muß sehr fest in seiner Gunst gestanden haben, daß dieser schlaue Anschlag gegen ihn ihm nicht geschadet hat. Da Nehemia sich von nichts erschüttern ließ, so machten ihm seine Volksgenossen Angst, es sei auf sein Leben abgesehen. Einer der sogenannten Propheten, Schemajah, wollte ihn überreden, Schutz im Innern des Tempels zu suchen, das er, als Laie, nicht betreten durfte. Es war darauf abgesehen, ihn durch diesen Schritt in den Augen des Volkes als Schänder des Heiligtums zu verdächtigen. Aber alle diese Ränke scheiterten an Nehemias Festigkeit; er vollendete das Werk, das er mit soviel Eifer unternommen hatte, und zwang dadurch den Feinden selbst Bewunderung ab[1]. Wie es scheint, haben sie seit der Zeit ihre Anschläge, die doch zu nichts geführt hatten, ein für allemal aufgegeben und weder Nehemia beunruhigt, noch das Werk gestört.

Im Innern hatte Nehemia nicht minder Kämpfe zu bestehen. Manche der adligen Geschlechter spielten nicht bloß eine zweideutige Rolle, hielten es heimlich mit den Feinden und hinterbrachten ihnen jedes Wort von ihm, sondern bedrückten die Armen auf die herzloseste Weise. Hatten diese von den Reichen Geld für die Grundsteuer an den König oder Getreide in der Notzeit zum Lebensbedarf entlehnt und dafür ein Unterpfand, entweder ihre Felder, Wein- oder Ölberge oder ihr Haus oder gar ihre Kinder gegeben, so behielten die Gläubiger, wenn die Schuld nicht bezahlt war, den Boden als Eigentum zurück und behandelten die Söhne und Töchter als Sklaven. Als die Klagen der von der Härte Betroffenen immer häufiger und immer lauter in Nehemias Ohren drangen, entschloß

[1] Neh. 6, 1 f. Merkwürdig ist die Übersetzung der syr. Version von V. 7: ואמרין דהוא אמלך עזרא ביהוד. Wenn dieser Übersetzung ein echter Text zugrunde läge, so würde sich daraus ergeben, daß Esra während dieser Zeit nicht bloß gelebt hat, sondern auch tätig gewesen ist. V. 16 ויפלו מאד בעיניהם, der Bertheau und allen Ausl. so viel Schwierigkeit gemacht, ist einfach zu lesen: ויפלאו מאד בעיניהם, es schien den Feinden etwas Außerordentliches; dann paßt das Folgende sehr gut.

er sich, die hartherzigen Reichen darüber zu Rede zu stellen, obwohl er sein ganzes Unternehmen dabei aufs Spiel setzte, wenn die Vornehmen ihn, den Sittenrichter, im Stiche ließen und sich mit den Feinden verbänden. Er berief eine große Versammlung und sprach entschieden gegen diese vom Gesetze ganz besonders verdammte Herzlosigkeit: „Wir Judäer in Persien haben unsere Brüder, welche an die Heiden als Sklaven verkauft waren, von ihnen losgekauft, soweit unsere Mittel reichten. Wenn ihr eure Brüder verkaufen solltet, so würden sie an uns wieder verkauft werden," so sprach er höhnisch zu ihnen. So groß war indes Nehemias Ansehen, so gewichtig seine Stimme und zugleich so empfänglich selbst die Großen und Reichen für die Ermahnungen im Namen der Thora, daß sie sofort versprachen, nicht bloß den geknechteten Personen ihre Freiheit wiederzugeben, sondern auch Häuser, Äcker und Gärten den Eigentümern zurückzuerstatten und die Schulden überhaupt zu löschen. Diese günstige Stimmung benutzte Nehemia, um die Reichen einen Eid leisten zu lassen, daß sie ihr Wort verwirklichen würden. Freudig taten sie es, sprachen „Amen" auf die Eidesformel und führten sofort ihr Versprechen aus [1]).

Es war ein bedeutender Sieg, den das Gesetz, von Nehemia würdig vertreten, über den Eigennutz davon getragen hat. Der judäische Landpfleger ging aber allen mit dem Beispiele opferwilliger Selbstlosigkeit voran. Nicht nur nahm er die Leistungen, die ihm gebührten, nicht an, sondern er machte noch den Armen Vorschüsse an Geld und Getreide, und wenn diese zahlungsunfähig waren, ließ er die Schuld verfallen. Seine Verwandten und Diener handelten ebenso uneigennützig und edelmütig [2]).

Durch dieses Beispiel konnte Nehemia alle Schwierigkeiten überwinden, um das Gemeinwesen wieder in regelmäßigen Gang zu bringen. Das Volk hing an seinem Munde, und auch die Edlen folgten ihm willig. Verlegenheiten gab es indes noch genug. Als die Mauern von allen Seiten vollendet und auch die Tore bereits eingehängt waren, zeigte es sich, daß die levitischen Torwärter und überhaupt die Leviten aller drei Klassen, denen die Überwachung übertragen werden sollte, fehlten [3]). Sie waren, weil sie während

1) Neh. 5, 1 f. V. 2 muß man lesen אנחנו ערבים statt des unverständlichen אנחנו רבים, ganz so wie V. 3. V. 8b muß man lesen ואם אתם statt וגם. Dann ist die Dunkelheit der Konstruktion gehoben, V. 11 משאת statt מאת.

2) Das. 5, 10, 14—16.

3) Das. 7, 1 kann ויפקדו nur bedeuten, „es wurden vermißt" sonst, wenn

der Zerstörung den Zehnten nicht erhalten hatten, aufs Land gewandert. Die Stadt war überhaupt dünn bevölkert, viele Häuser waren zerstört oder verödet. Es galt also, Jerusalem zu bevölkern und den Tempel mit Dienern zu versehen.

Nehemia scheint an alle diejenigen, welche wegen der Unsicherheit Jerusalem verlassen oder von Anfang an sich in den Landstädten niedergelassen hatten, einen Aufruf erlassen zu haben, dauernden Wohnsitz in der Hauptstadt zu nehmen. Viele von den vornehmen Geschlechtern erboten sich freiwillig dazu[1]) vom Stamme Juda, Benjaminiten, Ahroniden, Leviten aller Klassen und auch von dem kleinen Reste der Ephraimiten und Manassiten, welche aus Babylonien nach Juda zurückgekehrt waren[2]). Unter den Benjaminiten waren auch Seitenverwandte des Hauses Saul; dagegen scheinen die Nachkommen dieses Königs von dem lahmen Mephiboschet, die so mannigfache Wandlungen überlebt hatten, Jerusalem gemieden zu haben und in Gibeon verblieben zu sein[3]). Indessen, da die Zahl der Freiwilligen noch nicht genügte, Jerusalem gebührend zu bevölkern, so wurde bestimmt, daß der zehnte Teil der Landbevölkerung nach der Hauptstadt übersiedeln sollte und zwar nach dem Lose. Allein Nehemia hielt nicht jedermann würdig, Bürger der heiligen Stadt zu werden. Die Propheten hatten verkündet, daß nur Fromme und Gottesfürchtige gewürdigt werden sollten, in Jerusalem zu wohnen[4]). Am wenigsten mochte Nehemia, in dessen Hand die Entscheidung lag, zugeben, daß diejenigen, welche aus Mischehen geboren waren, Anteil an der heiligen Stadt haben sollten. Er ließ sich zu dem Zwecke das Verzeichnis der aus Babylonien zurückgekehrten Familien vorlegen und prüfte die Abstammung jeder einzelnen Familie, um die Entscheidung über die Würdigkeit zu treffen. Nehemia verfuhr dabei sehr streng[5]).

es „ernennen" bedeuten sollte, hätte die Präposition על und die Funktion, die ihnen ubertragen worden, stehen müssen. Aus 12, 27—29 geht hervor, daß viele Leviten aller Klassen außerhalb Jerusalems gewohnt hatten.

[1]) Neh. 11, 2. V. 1 וישבו שרי העם בירושלם will auch dasselbe sagen, daß sich שרי העם in Jerusalem niedergelassen haben. Diese werden von V. 4 an namentlich aufgezählt. Es ist eine Liste derer, die sich freiwillig dazu erboten hatten. Vergl. Note 15.

[2]) Vergl. o. S. 12.

[3]) Chronik I, 8, 33 f. 9, 29 f. Es sind 13 Generationen von Saul bis Ulam aufgezählt, diese geben ungefähr 400 Jahre, Ulam war demnach ungefähr ein Zeitgenosse des Exils, und seine Enkel (das. 8, 40) können noch zur Zeit Nehemias gelebt haben. Vergl. Bertheau Comment. zur Chronik z. St. und Note 15.

[4]) Jes. 4, 2; Zephania 3, 12f.

[5]) Neh. 7, 5 geht dem Verzeichnis der Familien voran ויתן אלהים אל

Drei Familien, 642 Personen, welche nicht nachweisen konnten, daß sie von Israeliten abstammten, wurden zurückgesetzt, und drei ahronidische Geschlechter, welche ihre Stammlisten nicht beibringen konnten, wurden von Nehemia der Priesterwürde bis auf weiteres für verlustig erklärt. Von diesen Geschlechtern stammt das eine, die Benê-Barsilaï, mütterlicherseits von dem ehrwürdigen Barsilaï (I. S. 255), der sich des Königs David auf seiner Flucht mit so rührender Sorgfalt angenommen, und das andere von der alten Priesterfamilie Ha-Koz, nämlich Meremot, welcher bei Esras Ankunft Schatzmeister des Tempels war und bei der Wiederherstellung der Mauer ein doppeltes Maß ausbesserte[1]). Aber weder Ansehen, noch Verdienst waren für Nehemia maßgebend, Milde walten zu lassen. Das Gesetz, wie er es auslegte, stand ihm höher.

Nachdem Nehemia Jerusalem befestigt und Sorge getroffen hatte, es zu bevölkern, dem Gemeinwesen wieder einen Mittelpunkt und dem Volke gewissermaßen einen widerstandsfähigen Leib gegeben hatte, war er darauf bedacht, diesem Leibe auch die Seele, das Gesetz, einzuhauchen. Aber dazu bedurfte er der Mithilfe der Schriftkundigen, da tiefe Gesetzeskunde nicht seine starke Seite war. Esra, welcher während der eifrigen Tätigkeit Nehemias im Hintergrunde stand, trat nun in den Vordergrund oder wurde von diesem dahin

לבי ואקבצה את החרים ... להתיחש. Nehemia betrachtete also den Gedanken, sich das genealogische Verzeichnis vorlegen zu lassen oder die Abstammung der Familien zu untersuchen — was in להתיחש liegt — als eine höhere Eingebung. Was sollte damit bezweckt werden? Keineswegs um die Zahl der Bevölkerung zu kennen, sondern um die Reinheit der Familien zu prüfen. Höher hinauf als bis zur Zeit der Rückkehr konnte er nicht gehen. Daß eine Prüfung der Abstammung vorgenommen werden sollte, geht entschieden aus V. 61—64 hervor. Drei ahronidische Familien, welche ihre Abstammung nicht nachweisen konnten, wurden vom Priestertum ausgeschlossen. Von wem? Nun V. 64 sagt es ja deutlich: von התרשתא, und das ist kein anderer als Nehemia, nach 8, 9; 10, 2. Zum Überfluß hat Ezr. Apocr. zu diesem V. *Νεεμίας (καὶ) Ἀτθαρίας* (5, 40). Auch das. V. 70 התרשתא נתן לאוצר ist nur Nehemia darunter zu verstehen, die zweite griech. Version hat auch richtig dafür *Νεεμία*; man macht sich umsonst Schwierigkeiten, wenn man annimmt, daß auch Serubabel den Titel ha-Tirschata geführt habe. Das Verzeichnis der Zurückkehrenden hatte seine ursprüngliche Stelle in Nehemias Denkschrift, und erst von hier aus hat es der Chronist dem Buche Esra einverleibt, und zwar mit allen Zusätzen, welche aus Nehemias Zeit stammen, Nehemia hat also das Verzeichnis geprüft, die Würdigen aufgenommen und die Unwürdigen oder Zweifelhaften zurückgewiesen.

1) Neh. 3, 4. 21 מרמות בן אוריה בן הקוץ. Esra 8, 33 וישקל הכסף .. על ידי מרמות בן אוריה הכהן ist derselbe Meremot und zwar von dem ahronidischen Geschlechte הקוץ Chronik I, 24, 16.

gestellt. Am ersten Tag des siebenten Monates, an einem Festtage, versammelte er alles Volk, auch vom Lande, in Jerusalem auf dem weiten Platze vor dem Wassertore. Hier war ein hohes Gerüste angebracht, auf dem Esra stehen und aus dem Gesetze vorlesen sollte [1]. Es war darauf angelegt, eine außergewöhnlich nachhaltige Feierlichkeit zu begehen. Die Versammlung war zahlreich; nicht bloß Männer, sondern auch Frauen und reife Kinder waren erschienen. Esra zur Seite standen rechts und links je sieben Ahroniden. Als er die Rolle des Gesetzbuches aufschlug, erhoben sich sämtliche Anwesende, um dem Behältnis der Lehre Ehrfurcht zu zollen, und als er die Vorlesung mit einem Segensspruche eröffnete, fiel das ganze Volk mit hocherhobenen Händen mit einem lauten „Amen" ein. Dann begann Esra mit lauter Stimme einen Abschnitt aus der Thora vorzulesen, und die Anwesenden lauschten mit gespannter Aufmerksamkeit. Denen, welche dem Inhalte nicht folgen konnten, Frauen und Landleuten, erklärten ihn schriftkundige Leviten so deutlich, daß auch sie alles verstanden haben. Beim Vernehmen des Vorgelesenen brach die ganze Volksversammlung in Weinen aus und war aufs Tiefste erschüttert. Was hat diese Wirkung hervorgebracht? Höchstwahrscheinlich hatte Esra den Abschnitt aus dem Deuteronomischen Gesetzbuch vorgelesen, welcher die schauerlichsten Straffolgen auf Übertretung des Gesetzes in Aussicht stellt, und dem Volke wurde dadurch sein Schuldbewußtsein lebendig; es fühlte sich der göttlichen Gnadenleistung unwürdig und war zerknirscht. Nehemia, Esra und die Leviten hatten Mühe, die in Trauer versunkene Gemeinde zu beruhigen. Sie riefen ihr zu, an diesem heiligen Festtage nicht zu trauern und überhaupt nicht betrübt zu sein, denn die Lehre Gottes, sein Eigentum und Erbe, sei seine Kraft [2]. Nachdem die Versammlung sich beruhigt hatte, beging sie den Festtag mit gehobener Stimmung und freute sich, das Vorgelesene verstanden zu haben. Es war das erstemal, daß das ganze Volk das Gesetzbuch in sein Herz geschlossen, es als Teil seiner selbst und sich selbst als Träger desselben gefühlt hat. Keine der früher vorgekommenen gelegentlichen Vorlesungen aus dem Gesetzbuche hat einen so tiefen und nachhaltigen Eindruck gemacht, wie die auf dem Platze vor dem Wassertor. Die Umwandlung, welche im babylonischen Exile begonnen hatte, wurde damals vollendet. Was die Propheten angebahnt hatten, vollendeten die Schrift-

[1] Neh. 8, 1 f.

[2] Das. V. 10 כי חדות ה' היא מעזכם ist durchaus unverständlich, man muß dafür lesen כי תורת ה', das gibt der ganzen Anrede die rechte Abrundung.

kundigen. Bezeichnend ist es, daß die so bedeutsame Versammlung nicht im Tempel stattgefunden hat, sondern neben dem Tempel; der Hohepriester hatte dabei nichts zu tun. Das Heiligtum mit Altar und Opfergeräten trat gewissermaßen in den Hintergrund. Unbewußt hat Esra, obwohl selbst Priester, die Loslösung der Lehre vom Tempel oder Zurücksetzung des Priestertums hinter die Schriftkunde angebahnt.

So verliebt wurde das Volk in die Thora, die es bis dahin gar nicht oder nur wenig beachtet hatte, daß es immer mehr davon hören wollte. Die Häupter der Geschlechter, deren Väter so lange den Propheten hartnäckigen Widerstand geleistet hatten und unverbesserlich schienen, begaben sich tages darauf zu Esra und forderten ihn auf, die Vorlesung fortzusetzen und das Volk anzuweisen, was es zunächst laut der Vorschrift des Gesetzes zu tun habe. Dieser las darauf den Abschnitt von den Festen vor, welche im siebenten Monate gefeiert werden sollten. In diesem Abschnitt kommt auch die Vorschrift vor, daß jedermann sieben Tage in Hütten zubringen sollte zum Andenken daran, daß die Israeliten während der Wanderung durch die Wüste in Hütten gewohnt[1]). Infolgedessen ließen die Volkshäupter durch Herolde bekannt machen, daß das ganze Volk von den nahegelegenen Bergen Zweige von Olivenbäumen, Myrten, Palmen und anderen Blattpflanzen zur Errichtung von Hütten herbeischaffen sollte. Und das Volk vollzog mit freudigem Eifer den Auftrag und beging das Fest in Hütten, welche die Einwohner teils auf den platten Dächern ihrer Häuser und teils in den Höfen, die Fremden in dem Vorhof des Tempels und auf den weiten Plätzen des Wasser- und Ephraimtores erbaut hatten, in so freudiger Stimmung, wie nie zuvor. An dem achttägigen Feste wurde täglich aus der Schrift des Gesetzbuches vorgelesen, es galt von nun an als Bestandteil des Gottesdienstes[2]).

[1]) Aus Nehemia 8, 14 folgt nicht, daß bloß der Abschnitt von den Hütten vorgelesen worden sei, sondern es wird nur hervorgehoben, daß das Volk das Gesetz vor dem Hüttenbau eifrig ausführte. Es konnte sich bei Erfüllung dieses Gesetzes tätig zeigen; der darauf bezügliche Abschnitt kann nur Leviticus 23, 39 fg. gewesen sein; denn in den Gesetzen über die Feste in den übrigen Büchern kommt vom Bau von Hütten gar nichts vor. Ist nun dieser Abschnitt damals vorgelesen worden, so wurde selbstverständlich die Partie vom Versöhnungstage ebenfalls verlesen, und das Volk hat den Tag unzweifelhaft begangen. Erwähnt wird es nicht, weil dabei keine Gelegenheit war, tätig anzugreifen. Der Sühnetag war nicht ein Trauertag, daß an demselben hätte das vorgenommen werden können, was am 24. desselben Monats, zwei Tage nach Schluß des Festes, vorgenommen wurde. Dadurch ist das Gerede erledigt, welches die oberflächliche Kritik dabei angebracht hat.

[2]) Das. 8, 16 f.

Die gehobene Stimmung wollten Esra und Nehemia benutzen, um diejenigen, welche noch in Mischehen lebten, zu bewegen, sie freiwillig aufzulösen. Zu diesem Zwecke sollte eine Fastenversammlung stattfinden. Um aber nicht so schroff unmittelbar auf die Festtage einen Fasttag folgen zu lassen, wurde erst der darauffolgende Tag (24. Tischri) dazu ausersehen. Alle erschienen fastend in Trauergewändern und mit Staub bedeckt. Der Abschnitt des Gesetzbuches, welcher Ehen mit Ammonitern und Moabitern verbietet, wurde vorgelesen und erläutert; dann wurde von den Leviten ein Sündenbekenntnis im Namen des Volkes abgelegt. Sofort trennten diejenigen, welche noch fremde Frauen hatten, sich von ihnen, und alle sagten sich von der Verbindung mit den Samaritanern und Mischlingen los [1]). Ehe die Stimmung verflog, setzte Nehemia in Verbindung mit Esra es bei der Versammlung durch, daß sie in feierlicher Weise ein Bündnis einging und die Verpflichtung übernahm, das Gesetz im allgemeinen zu beobachten, noch besonders Vergehungen in Zukunft sich nicht zuschulden kommen zu lassen und die Unterlassungssünden nicht zu wiederholen, welche bis dahin im Schwange waren. Das Gemeinwesen sollte fortan von dem Gesetze, das durch Mose geoffenbart worden, durchweht sein. Jedermann, auch Frauen, verständige Kinder, die Tempeldiener und die Proselyten, die treu zu den Judäern hielten, gaben durch einen Eid das Versprechen, alle übernommenen Verpflichtungen zu halten. Die besondern Punkte waren, die Töchter nicht an Fremde zu verheiraten und von diesen keine Frau heimzuführen. Diese Sache lag Esra und Nehemia am meisten am Herzen, daher wurde sie an die Spitze gestellt. Das zweite war, Sabbat und heilige Tage zu feiern und an denselben von den Fremden, welche Waren zu Kauf brachten, nichts zu kaufen. Ferner am siebenten Jahre die Felder brach liegen und die Schulden verfallen zu lassen. Zur Unterhaltung des Tempels und seiner Bedürfnisse sollte jeder Mündige ein Drittel Sekel (4/5 Mark)

[1]) Neh. 9, 1—3. Dazu gehört auch das. 13, 1—2. Diese Verse beziehen sich offenbar auf den Vorgang am 24. Tischri, und werden nur daselbst angeführt, um Nehemias Vorgehen gegen Tobija, gegen die Mischehen und gegen den Sohn des Hohenpriesters Jojada zu rechtfertigen, daß es dem Gesetze und dem Volksbeschlusse gemäß geschehen sei. In V. 9, 2: ויבדלו זרע ישראל מכל בני נכר und V. 13, 3: ויבדילו כל ערב מישראל liegt auch, daß sie die Verbindungen mit den Fremden aufgegeben haben. V. 9, 5—37 soll das Sündenbekenntnis sein, von dem V. 2 die Rede ist. Allein V. 36—37 weisen auf eine spätere Zeit hin, auf eine Zeit der Bedrückung, können also nicht aus der günstigen Zeit unter Nehemia stammen. Sie gehören dem Chronisten an.

jährlich leisten und zu bestimmten Zeiten nach dem Lose Holz für den Altar liefern. Ferner die Erstlinge von Feld- und Baumfrüchten jährlich in den Tempel zu bringen und überhaupt das Heiligtum nicht zu vernachlässigen. Endlich für die Priester und Leviten die Abgaben zu liefern.

Der Wortlaut dieser übernommenen Verpflichtungen wurde in eine Rolle niedergeschrieben, von den Familienhäuptern aller Klassen, den Vertretern des Volkes, unterzeichnet und versiegelt, damit er für die Zukunft im Andenken bliebe und den etwaigen Übertretern als Wort- und Bundesbruch vorgehalten werden könnte. An der Spitze der Unterschriebenen war Nehemia[1]), und im ganzen haben drei- oder fünfundachtzig angesehene Männer ihre Namen darunter gesetzt. Es sollen aber, nach einer Überlieferung, hundertundzwanzig Volksvertreter das Bündnis durch ihre Unterschrift besiegelt haben. Man nannte diese zahlreiche Zusammenkunft „die große Versammlung“ (Kenéset ha-gedolah).

Viel, außerordentlich viel hat Nehemia in kurzer Zeit durchge-

[1]) Neh. 10, 1 f. Die Konstruktion im Eingange ist sehr schwerfällig, namentlich das ובכל זאת. Bertheaus Erklärung: „Bei all diesem, was wir am 24. des 7. Mon. vorgenommen hatten, also nach all diesem,“ ist gezwungen. Wenn man ועל זאת liest, ist die Konstruktion verständlicher. — חתום und חתומים bedeutet die versiegelte Rolle, wie Bertheau richtig erklärt hat. — V. 29 und 30a ist als Paranthese anzusehen ... ושאר העם הנתינים וכל הנבדל.. מחזיקים על אחיהם אדיריהם, d. h. diejenigen, welche nicht unterschrieben haben, also die ganze Versammlung minus der 83 Namen, auch die Nethinim und die Proselyten, hielten sich an ihre Brüder, lehnten sich an sie an (vielleicht על gleich עם). Das folgende ובאים באלה ובשבועה bezieht sich auf den Eingang, daß die Unterzeichneten durch einen Eid und Fluch bekräftigt haben: אנחנו כרתים אמנה וכתבים ועל (על) החתום .... ובאים באלה ... ללכת בתורת אלהים. Dieser Bericht schließt sich an 9, 1—3. Das Volk hatte am 24. Tischri die Sünde der Mischehen bereut und sich von den Fremden getrennt, und darauf am selben Tage haben die Häupter ein Bündnis geschlossen. Daher steht der Punkt der Mischehen in dem Vertrag an der Spitze. Die Zahl der Namen der Unterzeichneten beträgt im Verzeichnis 83. Die talmudischen Berichte haben 85 gezählt, dazu noch 35 Propheten zugerechnet und diese aus 120 Gliedern bestehende Versammlung als die ecclesia magna, אנשי כנסת הגדולה, angesehen. Hauptst. dafür jerus. Megilla I. p. 70d פה זקנים ומהם (l. ועמהם) שלשים וכמה נביאים, ferner Midrasch zu Ruth c. 3, p. 45. Diese Bemerkung wurde zuerst von N. Krochmal gemacht (Kerem Chemed V. p, 68). Alles, was im Talmud von der ecclesia magna mitgeteilt wird, bezieht sich auf diese unter Nehemia zusammenberufene Versammlung. Auf diese wurden sämtliche Anordnungen zurückgeführt, welche aus alter Zeit stammen. — Wer der Zedekija war, welcher unmittelbar auf Nehemia im Verzeichnis folgt, ist zweifelhaft, schwerlich Nehemias Sekretär. Esras Name kann entschieden nicht gefehlt haben. Vergl. weiter unten.

führt! Er hat nicht bloß das zerrüttete Gemeinwesen wiederhergestellt, es durch die Befestigung der Hauptstadt dauerhaft gemacht und den Feinden die Gelegenheit benommen, es durch Überfälle zu stören und ihm ihren Willen aufzuzwingen, sondern er hat auch das Volk mit seiner Lehre in Einklang gebracht, daß es sich als gefügiges Organ derselben betrachte und sie in allen Lebensäußerungen betätige und verwirkliche. Es hatte bisher, obwohl sich als Volk Gottes fühlend, nicht begriffen, daß dieser Ehrentitel ihm ein größeres Maß von Pflichten auflegt, Pflichten selbstloser Hingebung, Heiligkeit und höherer Sittlichkeit. Es schwankte stets hin und her zwischen Anhänglichkeit am Eigenen und Buhlerei mit dem Fremden, und eine Folge dieser Schwankung war sein trübseliger Geschichtsgang. Allerdings hatte seine Unwissenheit die Schuld an den Verirrungen getragen. Das Volk im großen kannte den Umfang seiner Pflichten nicht; die großen Propheten bis auf Jeremia hatten zu hoch und zu allgemein gesprochen und nicht auf bestimmte Gesetze hingewiesen, die erfüllt werden müßten. Esras und Nehemias Tätigkeit war nun darauf gerichtet, dieser Unkenntnis ein Ende zu machen. Das Volk, bei der großen Versammlung am vierundzwanzigsten des siebenten Monats vollzählig und in allen Schichten anwesend und durch vorangegangene Kundgebungen empfänglich gemacht, war dankbar für die empfangene Belehrung und wurde von ganzem Herzen gelehrig; es empfand innige Freude darüber, daß es den Inhalt der Thora begriffen habe[1]), und übernahm willig die auferlegten Pflichten.

Nehemia scheint absichtlich große Volksversammlungen veranstaltet zu haben, um einen tiefen Eindruck auf die Anwesenden zu erzielen. So ließ er zum zweiten Male das Volk zusammenberufen, um die Mauern, die durch seinen Eifer wiederhergestellt waren, einzuweihen. Auch dabei, wie bei der ersten Vorlesung aus dem Gesetzbuche, wurden Frauen und Kinder zugezogen[2]). Da diese Feierlichkeit eine freudige Stimmung erzeugen sollte, ließ er sämtliche Leviten von der Sängerabteilung, auch die auf dem Lande angesiedelt waren, zu diesem Zwecke nach Jerusalem kommen, um mit ihrem Gesang und Saitenspiel die Herzen zu erfreuen. Er veranstaltete zwei große Gruppen, welche von einem Platze aus in entgegengesetzter Richtung die Mauern umzogen und im Tempel zusammentrafen. Jedem Zug ging ein Chor von levitischen Sängern voran, welcher ein Lob- und Danklied auf das frohe Ereignis sang, und jedem Chor waren acht Leviten beigegeben, welche mit Harfen, Nablien und

[1]). Nehemia 8, 12.
[2]) Das. 12, 43.

Handbecken den Gesang begleiteten. Hinter dem einen Chor schritt Esra und hinter dem anderen Nehemia, die beiden Führer und Häupter des Gemeinwesens. Je sieben Priester stießen in die Posaunen. Jedem Zuge schlossen sich die Hälfte der Fürsten und die Hälfte des Volkes, auch Weiber und Kinder an. So umzog die eine zahlreiche Gruppe vom Westen aus auf der Mauer die Stadt von der West-, Süd- und Ostseite und die andere, von demselben Punkte ausgehend, den westlichen, nördlichen und östlichen Teil der Stadt [1]). Weithin schallten die Töne der Klangbecken, Harfen, Posaunen und der Gesänge aus dem Munde zahlreicher Leviten, von dem Widerhall der Berge vervielfältigt und getragen, und hoben die Herzen. Auf den Trauer- und Bußtag war ein Tag allgemeiner Freude gefolgt. Selbstverständlich wurde die Einweihung der Mauer durch Freuden- und Dankopfer gefeiert [2]). Diese Einweihungsfeier soll acht Tage gedauert haben [3]), zwei Jahre und vier Monate nach dem Beginne des Werkes (um 442) [4]).

[1]) Vergl. Note 12.

[2]) Nehemia 12, 43f.

[3]) Josephus Altertümer XI. 5, 8. Da sich diese Angabe nicht in Nehemia findet, so muß sie Josephus aus Ezr. Apocr. entlehnt haben.

[4]) Bekanntlich herrscht ein Widerspruch bezüglich der Dauer der Arbeit an den Mauern zwischen dem Texte in Nehemia und Josephus. Dort ist angegeben (6, 15), daß das Werk in 52 Tagen vollendet wurde, und hier wird die ganze Zeit von Nehemias Ankunft bis zur Einweihung auf 2 Jahre und 4 Monate ausgedehnt (Altert. XI. 5, 8): *καὶ ταύτην ὑπέμεινε τὴν ταλαιπωρίαν ἐπ᾽ ἔτη δύο καὶ μῆνας τέσσαρας.* Josephus hat dieses Datum wohl aus Ezr. Apocr. entlehnt, d. h. aus derselben Quelle. Diesen Widerspruch haben die Ausleger nicht bewältigen können und haben hier oder da Emendationen vorgeschlagen. Die Lösung ist aber einfach. In Nehemia ist nicht die ganze Dauer auf 52 Tage angegeben, sondern nur von der Zeit an berechnet, als das Werk nach der vorgefallenen Störung wieder aufgenommen worden war. Erst seit diesem Vorfall wurde rasch und eifrig gearbeitet (4, 10): ויהי מן היום ההוא. Die syrische Version hat hier noch einen passenden Zusatz: מן יומא הוא והלה, d. h. מן היום ההוא והלאה. Von diesem Tage an bis zur Vollendung vergingen 52 Tage; im ganzen aber kann das Werk mehr als zwei Jahre gedauert haben, da das Herbeischaffen der Zedernbohlen vom Libanon viel Zeit erforderte (o. S. 133). Auch aus andern Angaben in Nehemia geht hervor, daß die Dauer von Nehemias Ankunft bis zur Vollendung mehr als 52 Tage betragen haben muß. In Kap. 5 wird erzählt, daß während der Befestigung Klagen der verarmten Klasse gegen die Reichen wegen Schuldendruckes vorgebracht wurden. Kann dieses alles innerhalb 52 Tagen, in kaum 2 Monaten vorgefallen sein? Dann ist das. 4, 17 angegeben, daß vor dem Tage der befürchteten Überrumpelung bis zu Ende der Arbeit Nehemia und seine Leute nicht aus den Kleidern gekommen sind. Hier ist ein dunkler Halbvers: איש שלחו המים. Die syr. Version hat aber die richtige L.-A. erhalten: ירחא דיומתא אנש דמנא ליה, d. h. ins Hebräische

Um das Gemeinwesen, dem Nehemia wieder Lebenskraft eingehaucht hatte, dauernd zu machen, sorgte er für fähige, würdige und zuverlässige Beamte. Es scheint, daß er es war, der das Ländchen in kleine Bezirke (Pelech) einteilte und über jeden Bezirk einen Hauptmann setzte, ihn zu verwalten und in Ordnung zu halten. Die Hauptstadt war in zwei Bezirke geteilt, ebenso das Gebiet von Mizpeh, Keïla, Beth-Zur, von Beth-ha-Kerem und anderen[1]). Im Norden des Tempels hat, wie es scheint, Nehemia eine Waffenburg gebaut und stark befestigt, damit sie im Notfall dem Heiligtum Schutz gewähren könnte; diese Burg führte den Namen Birah (*Βᾶρις*). Die Aufsicht über dieselbe übergab er einem treuen und gottesfürchtigen Mann, Chananja[2]). Seinen Genossen in dem Werke der Reorganisation, den Schriftkundigen Esra machte er zum Tempelaufseher[3]).

zurückübertragen: איש לחדש הימים אשר הגיע לי. Aus der Dittographie des ש vom Worte איש, in Verbindung mit לחדש ist שלחי geworden, und הימים ist in המים korrumpiert. Der Sinn ist also: einen Monat um den andern hat Nehemias Mannschaft nicht die Kleider gewechselt. Es müssen also mindestens 2 Monate auf die letzte Arbeit berechnet werden, also mehr als 52 Tage. — Übrigens scheint die Einweihung nicht im Monate Elul stattgefunden zu haben, sondern später. Das Werk war im Elul lediglich vollendet.

1) Nehemia 3, 9 wird genannt שר חצי פלך ירושלם, und ein anderer mit demselben Titel (V. 12); dann שר חצי פלך קעילה (V. 17) und ein anderer ebenso (V. 18), ebenso (V. 16): שר חצי פלך בית־צור. Wenn es nun heißt (V. 15): שר פלך המצפה und dann wieder von einem andern (V. 19): שר המצפה, so muß man in der ersten Stelle ergänzen שר [חצי] פלך und in der zweiten שר [חצי פלך]. Diese Einteilung der Bezirke kommt weder in der vorexilischen noch sonst in der nachexilischen Literatur vor. So kann man nur annehmen, daß Nehemia diese Einteilung organisiert und die Beamten eingesetzt hat.

2) Die Burg Akra im Norden des Tempels, welche später von Herodes Antonia genannt wurde, hat höchstwahrscheinlich Nehemia zuerst angelegt, Neh. 2, 8; 7, 2 חנניה שר הבירה. So faßt es auch Bertheau auf, Komment. zur ersten Stelle. Diese Burg bestand schon zur Zeit des Antiochus Magnus (Josephus Altert. XII. 3, 3): *καὶ τοὺς ὑπὸ Σκόπα καταλειφθέντας ἐν τῇ ἄκρᾳ τῶν Ἱεροσολύμων φρουρούς . . . συνεμάχησαν.* Daraus geht auch hervor, daß diese Akra zur Aufnahme von Truppen und Waffen diente. Wenn es I. Makkab.-Buch (1, 33) heißt, Antiochus Epiphanes habe die Davidstadt (d. h. den Tempelberg) gemacht: *εἰς ἄκραν*, so will es nur sagen, daß er die längst bestandene Burg befestigt habe, „mit einer langen und festen Mauer und festen Türmen". Zur Zeit des Chronisten bestand diese Burg schon, und weil sie mit dem Tempel verbunden war, nennt er auch diesen בירה (Chron. I, 29, 1. 19). Auch im Talmud wird die בירה als Teil des Tempels genannt. Sie wird wahrscheinlich im Hohenliede מגדל דויד genannt, d. h. מגדל עיר דויד.

3) Neh. 11, 11 wird als נגיד בית אלהים aufgeführt die genealogische Reihe von Esras Vorfahren, ganz so wie Esra 7, 1. Daraus folgt, daß der

Vor allem faßte er den regelmäßigen Gang der Tempelordnung ins Auge; wenn der Opferdienst nicht wieder unterbrochen werden sollte, so mußte für den Lebensunterhalt der Ahroniden und Leviten gesorgt werden. Die Ackerbesitzer hatten sich zwar feierlichst verpflichtet, die Abgabe für die einen und den Zehnten für die andern zu liefern; das genügte Nehemia aber nicht, die regelmäßige Lieferung sollte überwacht werden. Zur Zeit der Ernte sollten die Leviten sich aufs Land begeben, den Zehnten einsammeln und ihn nach Jerusalem bringen. Damit die Verteilung des Zehnten, von dem die Ahroniden den zehnten Teil bekamen, und der ausschließlich für die letzteren bestimmten Abgaben gleichmäßig stattfinden und keinem verkürzt werden sollte, richtete Nehemia große Hallen als Speicher für das angesammelte Getreide und die Gartenfrüchte ein, und von hier aus sollte die Verteilung an die einzelnen vorgenommen werden. Sie wurde von eigens dazu bestimmten Beamten überwacht[1]). Wahrscheinlich rührte auch von Nehemia die Ordnung her, daß sämtliche Ahroniden in vierundzwanzig Abteilungen (Machlakot, ἐφημερίας) der Vaterhäuser (Beït-Ab, πατριαί) eingeteilt wurden, von denen jede je eine Woche den Opferdienst zu versehen hatte[2]). Die vier Familien, welche aus Babylon mit Serubabel eingewandert waren (o. S. 99), hatten sich seit dem abgelaufenen Jahrhundert vermehrt, verzweigt und voneinander getrennt. Es waren außerdem in dieser Zeit neue Familien aus Babylonien eingewandert, die ebenfalls be-

Name עזרא an der Spitze der Reihe fehlt. Der fehlende Name ist aber an der Parallelstelle Chronik I, 9, 11 erhalten עזריה; nur fehlt hier wieder שריה. Es ist nicht zweifelhaft, daß עזריה und עזרא identisch sind, wie Nehemia 10, 3 עזריה, 12, 1 עזרא.

[1]) Neh. 10, 38—40; 12, 44; 13, 5, wo statt מצות הלוים gelesen werden muß מנת und V. 12, 44 statt לשדי הערים zu lesen משדי הערים.

[2]) Mit Recht behauptet Herzfeld (Geschichte des Volkes Israel I. S. 339), daß die Angabe der Chronik, David habe schon die Ahroniden in 24 Abteilungen gebracht, aus ihrer Tendenz herzuleiten ist, jüngere Institutionen alt zu machen. Eine naive Relation im Talmud, Megillah p. 27a; Erachin 12b, jerus. Taanit IV. p. 68a gibt richtig an, daß aus den 4 ahronidischen Familien, welche aus dem Exile zurückgekehrt sind, in der späteren Zeit 24 Abteilungen geworden sind. Von diesen 24 Klassen kommen Nehemia 12, 2—7, 12—21 nur 22 vor. Offenbar fehlen zwei Namen. Von diesen 22 kommen bereits 16 unter Nehemia vor, welche den Vertrag unterzeichnet haben (10, 3—9). Denn רחום in dem einen Verzeichnis entspricht חרים in dem andern, ebenso עדוא dem עבדיה. Das Verzeichnis unter Nehemia enthält zwar nur 21 Namen, allein entschieden fehlen darin zwei wichtige Namen, nämlich ידעיה, die hohenpriesterliche Familie, und יויריב; außerdem noch יכין; denn gerade von dieser ist angegeben, daß sie sich in Jerusalem angesiedelt habe (Neh. 11, 10; Chronik I, 9, 10), vergl. Note 15.

rücksichtigt werden mußten. Eine neue Einteilung war darum erforderlich. — Nehemia sorgte, so wie das verödete Jerusalem zu bevölkern, so auch für Wohnungen, worin die angesiedelte Bevölkerung unterkommen sollte. Für diejenigen, die aus eigenen Mitteln nicht Häuser bauen konnten, ließ er solche auf seine Kosten bauen[1]), wie er denn überhaupt mit seinem Vermögen die Bedürfnisse zu befriedigen suchte[2]). So hat er fast einen neuen Staat aufgebaut, dessen Obliegenheit sein sollte, nach dem Muster des Gesetzes zu leben. Zwölf Jahre hat er Juda als Landpfleger verwaltet (444—432). Dann mußte er zurück an Artaxerxes' Hof, bei dem er noch immer in Gunst stand. Er schied mit der Hoffnung, daß das von ihm geschaffene Werk äußerer Sicherheit und innerer Gehobenheit von Dauer sein werde.

Indessen menschliche Schöpfungen sind nun einmal wandelbar. Sobald Nehemia den Rücken gekehrt hatte, trat eine Gegenströmung ein, und diese ging, wie es den Anschein hat, von dem Hohenpriester Eliaschib aus. Der gesetzeseifrige Tirschatha hatte nämlich den höchsten Würdenträger des Tempels mehr als einmal verletzt. Ob er ihn zu den Beratungen zugezogen hatte, ist nicht gewiß, aber bei den Versammlungen und Aufzügen hatte er sicherlich Eliaschib nicht den ersten Platz angewiesen, der ihm gebührte. Es scheint, daß er die Hohenpriester von der Nachkommenschaft des Jesua gar nicht als die rechtmäßigen anerkannt, sondern die Erwartung gehegt hat, daß ein würdigeres Geschlecht deren Stelle einnehmen würde, kenntlich durch die Gnade, die Zukunft vermittelst der Erleuchtung der Urim und Thummim auf dem Herzen offenbaren zu können[3]). Kein Wunder, wenn der damalige Hohepriester, mag es noch Eliaschib oder sein Sohn Jojada gewesen sein, Nehemias Entfernung benutzt hat, um die erfahrene Zurücksetzung zu rächen und seine Würde geltend zu machen. Ein anderer Landpfleger war an Nehemias Stelle getreten[4]); sobald der Hohepriester sich mit diesem verständigt hatte, konnte er vieles durchsetzen. Das erste war, daß er gegen den Beschluß der

[1]) Josephus Altert. XI, 5, 8; alles aus seiner Quelle Ezr. Apocr.

[2]) Neh. 7, 70 ist aufgezählt, wieviel התרשתא zum Schatze gespendet hat, darunter ist nur Nehemia zu verstehen (vergl. o. S. 137, Anm. 5). Mag die Summe von dem Chronisten übertrieben worden sein, so hatte er jedenfalls eine Quelle vor sich, daß Nehemia für die Bedürfnisse gespendet hat. Dieser Bericht ist in die Parallele Esra übergegangen. In diesem Text stand ursprünglich ומקצת ראשי האבות oder ומראשי האבות.

[3]) Neh. 7, 65 עד עמוד כהן לאורים drückt einen Tadel gegen den regierenden Hohenpriester aus.

[4]) Maleachi 1, 8. Vergl. über das Zeitalter dieses Propheten weiter unten.

großen Versammlung sich wieder den Samaritanern und Mischlingen näherte und sich mit ihnen befreundete. Zur Sicherung des Bündnisses heiratete ein Glied des hohenpriesterlichen Hauses, namens Manasse, Sanballats Tochter Nikaso[1]). Ungesetzlich nach dem Buchstaben der Thora war diese Mischehe nicht, da die Mischlinge als Verehrer desselben Gottes und als Proselyten angesehen werden konnten. Dem Beispiele des hohenpriesterlichen Hauses folgten auch andere[2]), welche schon früher heimlich mit Esras und Nehemias strenger Abschließung unzufrieden gewesen sein mögen, aber ihre Gesinnung nicht kundgeben durften. Es war ein vollständiger Systemwechsel. Tobija, der zweite Feind Nehemias, durfte wieder ungehindert nach Jerusalem kommen. Ein Ahronide Eliaschib, der von dem Hohenpriester zum Aufseher über die Speicherhallen für die Zehnten eingesetzt worden, und der mit dem Ammoniter verschwägert war, räumte ihm im Tempelvorhofe eine große Halle zur Wohnung ein[3]). Diese Priester legten das Gesetz der Verschwägerung anders aus[4]), und deren Milde war für viele maßgebend.

Eine tiefeingreifende Zerrüttung war die Folge eines solchen plötzlichen Umschlages, daß heute das für erlaubt gelten sollte, was gestern noch streng verpönt war. Im allgemeinen war nämlich das Volk über den Hohenpriester und seinen Anhang so entrüstet, daß es ihnen offene Verachtung zeigte[5]). Die Grundbesitzer hörten auf, den Zehnten und die Priesterabgaben zu liefern[6]). Sollten sie die Unwürdigen noch belohnen? Dadurch litten aber auch die Unschuldigen, die Leviten büßten auch ihren Teil ein, und um nicht zu darben, verließen sie Tempel und Hauptstadt[7]). Auch die Beiträge für die Opferbedürfnisse blieben aus, und um nicht den Altar leer zu lassen, stellten die Priester, welche für Opfer zu sorgen hatten, kränkliche, lahme, blinde und häßliche Tiere[8]). Manche Priester

[1]) Nehemia 13, 28; Josephus Altert. XI, 7, 2; vergl. weiter unten.

[2]) Neh. das. 13, 23 f.

[3]) Neh. 13, 4. 7. Dieser אלישיב הכהן kann unmöglich identisch sein mit dem Hohenpriester Eljaschib, weil dieser immer das Epitheton führt, הכהן הגדול das. 13, 28; 3, 1. 20, außer da, wo dieser mit einem andern gleichen Namens nicht verwechselt werden kann, wie das. 12, 10. 22—23. Es ist auch undenkbar, daß der Hohepriester Aufseher über die Speicher gewesen sein sollte. נתון בלשכה ist gleich נתון על לשכת.

[4]) Darauf bezieht sich wohl Maleachis Anklage 2, 8: הכשלתם רבים בתורה.

[5]) Maleachi 2, 9.

[6]) Nehemia 13, 10 a; Maleachi 3, 8—10.

[7]) Nehemia 13, 10 b.

[8]) Maleachi 1, 8. 13—14. Statt גזול, das keinen Sinn gibt, muß man

machten sich selbst über diese Art Opfer lustig und witzelten darüber: „Der Tisch Gottes ist besudelt und seine Speise ekelhaft“ [1]). Von diesem Treiben der Vertreter des Tempels angewidert, wendeten manche ganz und gar dem Heiligtum und dem Gemeinwesen den Rücken und verfolgten nur die eigenen Interessen oft mit Hintansetzung des Rechtes und der bei Gott geleisteten Eide [2]). Hatte diese Klasse in ihrer Unternehmung Glück, so wurden Fromme daran irre, die mit der Not des Lebens zu kämpfen hatten: „Vergeblich ist’s, sprachen sie [3]), Gott zu dienen, und welchen Gewinn haben wir, daß wir seine Gesetze befolgen und traurig vor Gott wandeln? Wir müssen die frechen Frevler glücklich preisen!“

Schlimmer noch war die Zwietracht, welche infolge des Umschlages das judäische Gemeinwesen zerrüttete; sie brachte selbst in den Familienkreisen Zerwürfnisse hervor. Was ist Recht und Gesetz? Der Vater stimmte darüber nicht mit dem Sohne überein, der eine folgte der strengen, der andere der milderen Ansicht, und so gerieten sie und die Familienglieder miteinander in Unfrieden [4]). Solchen trübseligen Erscheinungen gegenüber taten sich die eifrig Frommen, die sich in ihrer Überzeugung nicht irre machen ließen, zusammen und verabredeten einen Plan und eine Verhaltungsweise. Ihr Augenmerk und ihre Hoffnung waren auf Nehemia gerichtet, der an Artaxerxes’ Hofe weilte. Wenn er sich entschlösse, wieder nach Jerusalem zu kommen, dann würde er mit einem Schlage dem unerträglichen Unwesen ein Ende machen und Jerusalem wieder Eintracht, Gemeinsinn und Heil bringen [5]). Einer aus diesem Kreise, von der eingerissenen Zerrüttung und besonders von dem Treiben der hohenpriesterlichen Partei tief ergriffen und vom prophetischen Geiste getrieben, trat mit Mut und Kraft auf, um die Bösen zu züchtigen und die Guten zu trösten. Es war Maleachi [6]), soviel bekannt ist,

wohl lesen והבאתם בגאל. Nach der Vorschrift Nehemia 10, 33–34 hatten die Priester für die Beiträge die Opfer zu liefern.

[1]) Maleachi 1, 7. 12.

[2]) Das. 3, 5. 15. 18–19.

[3]) Das. 3, 14; 2, 17.

[4]) Folgt aus Maleachi das. 3, 24.

[5]) Das. 3, 16.

[6]) Maleachis Zeitalter ist richtig von Vitringa, observationum sacr. II. p. 331 f., von Nägelsbach, protest. R. Enzyklop. VIII. S. 752, und von Köhler, nachexilische Propheten IV. S. 22 fixiert worden, nämlich in der Zwischenzeit zwischen Nehemias erster und zweiter Anwesenheit in Jerusalem oder während dessen Abwesenheit am persischen Hof zwischen 432 und 424. Zu den von diesen geltend gemachten Argumenten von dem Schatzhaus für den Zehnten und von den Mischehen lassen sich noch zwei ent-

der letzte Prophet. Würdig schloß er die lange Reihe der Gottesmänner ab, welche in vier Jahrhunderten einander ablösten.

Maleachi fand es für nötig, ehe er seine Strafrede begann, das Volk damit zu beruhigen, daß es noch immer von Gott geliebt sei. Er bewies Gottes fortdauernde Gnade für sein Volk aus Vorgängen der jüngsten Zeit. Die Idumäer, welche nicht aufhörten, die stammverwandten Judäer mit ihrem Haß zu verfolgen, obwohl diese ihnen öfter Freundschaft antrugen, die Idumäer wurden nicht lange vorher von einem harten Strafgericht heimgesucht. Ein bis dahin noch nicht genanntes Volk, dessen Ursprung nicht ermittelt ist, die Nabatäer[1]), hatte einen Einfall in das idumäische Gebiet gemacht, die Bewohner vertrieben und die Städte zwischen dem toten Meer und dem Gebirge Seïr mit den Festungen in Besitz genommen. Die Hauptstadt des Landes, die Felsenfeste (Sela, Petra), vermochte die Söhne Esaus nicht zu schützen, wie es der Prophet Obadja verkündet hatte; sie wurde Hauptstadt der Eroberer und erhielt später den Namen Arekem (Rekem). Der Überrest der Idumäer oder die Flüchtlinge mußten eine neue Heimat aufsuchen und siedelten sich innerhalb des judäischen

scheidendere hinzufügen. Bei der Rüge gegen die Mischehen heißt es (2, 13) וזאת שנית תעשו, was durchaus nur den Sinn haben kann: „Und dieses, die Verbindung mit den Nachbarn, tut ihr zum zweiten Male, d. h. einmal zu Esras Zeit und das zweitemal nach Nehemias Entfernung. Ferner kann unter dem „Herrn und Boten des Bundes“ (3, 4) nur Nehemia verstanden sein; es ist der, welcher von den Frommen erwartet wurde. Auf Elia paßt nicht האדון. V. 3 וישב מצרף ומטהר, er wird sitzen, richtend und läuternd und zwar die Söhne Levi, d. h. nach 2, 4f., die Ahroniden, spielt doch deutlich genug auf einen Herrn an, welcher die unwürdigen Priester abgesetzt hat (o. S. 138) und der in Zukunft noch schärfer mit der Läuterung vorgehen werde. Das Eintreffen des Bundesboten und Herrn wird nicht als letztes Ziel dargestellt, sondern als Vorbereitung ופנה דרך לפני. Weist diese Partie auf Nehemia, so kann sie nur während seiner Abwesenheit gesprochen sein. Dazu kommt noch die Parallele 2, 8 שחתם ברית הלוי und Nehemia 13, 29: גאלי ברית הכהונה. V. 3, 1 ופתאם יבוא אל היכלו bedeutet: er wird in seinen Palast kommen, nicht in seinen Tempel. Daß Maleachi nicht andere Vergehungen, wie die Sabbatentweihung rügt, beweist nicht gegen diese Annahme, denn offenbar ist das Buch defekt. Es schließt mit einer Dissonanz, mit einer Androhung, was von keinem Propheten geschehen ist, sondern sämtliche sprachen zuletzt tröstend und beruhigend. — Zu V. 2, 11 חלל יהודה קדש ה' muß man ergänzen זרע קדש wie Esra 9, 2. In V. 2, 14 בגדתה בה liegt nicht deutlich das Verstoßen judäischer Frauen. Denn בגד hat nur die Bedeutung: die Pflicht gegen die Frau nicht erfüllen (Exodus 21, 8). Offenbar ist die Rüge gegen die erneuerten Mischehen zunächst gegen die Ahroniden gerichtet, was aus V. 2, 12b folgt. — V. 2, 15—16 sind durchaus dunkel und bisher noch nicht befriedigend erklärt. Es liegt am Texte.

[1]) Vergl. Monatsschrift, Jahrg. 1875, S. 1f.

Gebietes bei Marescha und Adora an. Von diesem Vorgang nahm der Prophet Maleachi Veranlassung, das Volk von der noch fortdauernden Liebe Gottes zu ihm zu überzeugen: „Nehmet euch das zu Herzen, ich liebe euch, spricht Gott. Wenn ihr sprechet: ‚Worin zeigt sich das, daß du uns liebest?‘ Nun, ist nicht Esau Jakobs Bruder? Diesen haßte ich und machte seine Berge zur Einöde und sein Gebiet zum Wohnplatz für Wüstentiere. Edom spricht zwar: ‚Wir sind vertrieben, aber wir werden die Trümmer wieder aufbauen‘. Mögen sie bauen, ich werde sie wieder zerstören. Ihr selbst werdet es sehen, und werdet sprechen: ‚Groß zeigt sich Gott auch über Israels Gebiet hinaus‘" [1]). Nach diesem Eingang wendete sich Maleachi an die pflichtvergessenen Priester mit einer überraschenden Anrede: „Der Sohn soll den Vater ehren, der Sklave seinen Herrn fürchten. Bin ich euer Vater, wo bleibt meine Ehre, bin ich Herr, wo bleibt die Ehrfurcht vor mir, so spricht Gott zu euch, ihr Priester, die ihr meinen Namen schändet ... O wäre doch einer unter euch, der die Pforten schlösse, daß ihr nicht zwecklos meinen Altar anzündet, ich habe keinen Gefallen an euch; denn von Sonnenaufgang bis Niedergang ist mein Name groß unter den Völkern ... Ihr aber entweihet ihn".

Maleachi erinnerte die Nachkommen Ahrons oder Levis an den großen Beruf des Priestertums, um den Abstand ihres Verhaltens recht grell erscheinen zu lassen: „Mein Bündnis war mit Levi, ein Bündnis des Lebens und Friedens ... Lehre der Wahrheit war in seinem Munde und Unrecht nicht auf seinen Lippen befunden. In Frieden und Gradheit wandelte er mit mir, und viele hat er von Verkehrtheit abwendig gemacht; denn des Priesters Lippen sollen Erkenntnis ausströmen, und Lehre soll man aus seinem Munde erfragen, denn er ist ein Bote des Herrn Zebaoth. Ihr aber seid vom Wege abgewichen, habet viele in der Lehre straucheln gemacht, habt das Bündnis mit Levi zerstört ... Haben wir nicht alle einen einzigen Vater, hat uns nicht ein Gott geschaffen? Warum sollen wir einer gegen den andern wortbrüchig sein, das Bündnis unserer Vorfahren zu entweihen. Juda ist wortbrüchig geworden und Gräuel ist in Jerusalem geschehen, denn Juda entweihte den heiligen Samen und umbuhlte die Tochter eines fremden Gottes."

Den Unmutigen und Verzweifelnden verkündete Maleachi die baldige Ankunft eines Herrn, des Boten für das Bündnis, nach dem

[1]) Maleachi 1, 1–5. LXX haben zu V. 2 einen Zusatz: *θέσθε δὴ ἐπὶ καρδίας ὑμῶν*, d. h. שימו על לבבכם, eine Redeweise, die Maleachi auch sonst gebraucht 2, 2. V. 4 רששנו ist wohl in גרשנו zu emendieren.

viele Verlangen tragen, der bessere Zeiten bringen werde. „Wer wird den Tag seiner Ankunft ertragen, wer bestehen bei seinem Erscheinen? Denn er ist wie das Feuer der Metallschmelzer und wie die Lauge der Wäscher. Er wird sitzen zu reinigen und zu läutern und wird (besonders) die Söhne Levis reinigen und läutern wie Gold und Silber, dann werden sie Opferer in Gerechtigkeit sein.“ Das ganze Volk ermahnte der Prophet, nicht infolge der Schlechtigkeit weniger den Zehnten vorzuenthalten, sondern ihn wie früher in das Speicherhaus zu liefern. — Für die entfernte Zukunft verkündete Maleachi, wie die ersten Propheten, das Eintreffen eines großen und fürchterlichen Tages, dann wird der Unterschied zwischen den Frommen und Frevlern offenbar werden. Vor dem Eintreffen dieses jüngsten Tages werde Gott den Propheten Eliahu senden, und dieser wird Vater und Sohn wieder versöhnen. Für die Lebensregel verwies der letzte Prophet auf die Lehre Moses, die er auf dem Berge Horeb als Satzungen und Rechte befohlen hat. Damit nahm das Prophetentum Abschied. Die Thora, die durch Esras Eifer vielen zugänglich gemacht wurde und einen Kreis von Lehrern und Pflegern gefunden hatte, machte das prophetische Wort überflüssig. Der Schriftkundige konnte fortan den Gottesmann, die Vorlesung aus dem Gesetze in Volksversammlungen und Bethäusern die prophetische Verkündigung ersetzen. Maleachi bezeichnet selbst wie seine Vorgänger Chaggaï und Zacharia der Jüngere die Abnahme der prophetischen Kraft. Ihre Reden lassen poetischen Schwung, Gliederung und Anwendung treffender Gleichnisse vermissen. Auch an Schauhelle standen sie den alten Propheten nach, sie wiederholten eigentlich nur deren Gedankengang und wendeten ihn auf ihre Gegenwart an. Dennoch fanden ihre Worte mehr Gehör als die jener gewaltigen Propheten, die mit Feuerzungen gesprochen. Die Zeitgenossen der letzten Propheten waren empfänglicher für die Ermahnungen und Belehrungen geworden, weil die älteren ihnen vorgearbeitet hatten.

Hatte Nehemia am persischen Hofe Kunde von der Sehnsucht nach ihm in Jerusalem? Wußte er, daß Maleachi an sein Erscheinen die Hoffnung auf Besserung der zerrütteten Zustände knüpfte? Ehe man sich's in der judäischen Hauptstadt versah, war er da. Er hatte sich abermals vom König Artaxerxes die Erlaubnis ausgebeten, nach seiner geistigen Heimat zurückzukehren (zwischen 430—424)[1]. Bald

[1]) Nehemia 13, 6. Wie lange Nehemia abwesend von Jerusalem war, ist daselbst nicht angegeben; bei ולקץ ימים scheint die Zahl der Jahre zu fehlen. Indessen muß wohl die Abwesenheit mehrere Jahre gedauert haben, da während dieser Zeit nicht bloß Mischehen stattgefunden, sondern die aus solchen Ehen

nach seinem Eintreffen wirkte er in der Tat wie das Feuer der Schmelzer und wie die Lauge der Wäscher. Er reinigte das Gemeinwesen von den unsauberen Elementen. Sein erstes Geschäft war, den Ammoniter Tobija aus der Halle hinauszuweisen, die ihm sein geistiger Verwandter Eljaschib eingeräumt hatte[1]), und diesen entsetzte er seines Amtes[2]). Dann berief er die Volkshäupter und machte ihnen bittere Vorwürfe, daß durch ihre Schuld der Tempel von den Leviten verlassen, weil sie nicht für die Lieferung des Zehnten gesorgt hatten. Ein Aufruf von Nehemia genügte, die Ackerbesitzer geneigt zu machen, das bis dahin Verabsäumte zu leisten, und die Leviten, sich wieder in Jerusalem zum Tempeldienst einzufinden. Die Aufsicht über die angesammelten Zehnten und über die gerechte Verteilung übergab er vier gewissenhaften von seinen Gesinnungsgenossen[3]). Auch den Kultus scheint er in seine Würde eingesetzt und die leichtsinnigen Diener daraus entfernt zu haben[4]). Eine wichtige Angelegenheit war für Nehemia, die Auflösung der wieder geknüpften Mischehen zu veranlassen. Dabei stieß er mit dem hohenpriesterlichen Hause zusammen. Manasse, ein Sohn oder Verwandter des Hohenpriesters Jojada, weigerte sich, von seiner samaritanischen Frau, Nikaso, Sanballats Tochter, sich zu trennen, und Nehemia war fest genug, ihn aus dem Lande zu verbannen[5]). Auch andere Ahroniden und Judäer, welche sich nicht Nehemias Anordnungen fügen mochten,

geborenen Kinder die Sprache der Mutter erlernt hatten nach 13, 24. Da Artaxerxes im Jahre 424 starb, so kann er nur in dessen letztem 4. oder 5. Jahre zurückgekehrt sein.

[1] Nehemia 13, 7—8.

[2] Folgt aus V. 13 das.

[3]) Das. V. 11—13.

[4] Folgt aus V. 14 das. und 30 b.

[5]) Das. V. 28 wird mit Recht mit der von Josephus referierten Tatsache von Manasses Verheiratung mit Sanballats Tochter (Altert. XI, 7, 2; 8, 2) in Verbindung gebracht. Auch diese Relation hat Josephus wohl aus Ezr. Apocr. Aber entweder er oder seine Quelle hat aus der Namenähnlichkeit den Hohenpriester יהוידע mit dessen Enkel ידוע verwechselt; daher setzte er diesen Vorgang unter den letzten und beging dadurch den Anachronismus, Sanballat noch unter dem letzten Darius und Alexander leben zu lassen, ein Jahrhundert nach Nehemia. Die von einigen behauptete Ausgleichung durch die Annahme von zwei Sanballat ist ein schlechter Notbehelf. Die Vorgänge, die Josephus von Manasse, Sanballat, der Errichtung des Tempels auf Gerisim erzählt, muß man durchaus unter Jojada und nicht unter Jaddua setzen. Der Ausdruck in Nehemia ומבני יוידע . . . . חתן לסנבלט bezeichnet nicht gerade einen Sohn Jojadas; es kann eben so gut sein Enkel gewesen sein. Josephus bezeichnet Manasse als Bruder Jadduas (das. 8, 2), d. h. als Sohn Jochanans und Enkel Jojadas.

wurden in gleicher Weise in die Verbannung geschickt[1]. Seine Leute, die er aus Persien mitgebracht hatte, standen Nehemia bei der Vollstreckung dieser haßerregenden Säuberung zur Seite[2]. Als er in der Hauptstadt die alte Ordnung nach dem Gesetze wiederhergestellt hatte, begab er sich in die Landstädte[3], um auch hier die Mißbräuche abstellen zu lassen. In der Gegend, in welcher die Judäer in unmittelbarer Nachbarschaft der fremden Völker, der Aschdoditen, Ammoniter, Moabiter und Samaritaner wohnten, hatten die mit denselben eingegangenen Mischehen zur Folge, daß die aus denselben geborenen Kinder zur Hälfte die Sprache ihrer Mütter redeten und das Judäische vollständig verlernt hatten. Diese Entfremdung der von Judäern erzeugten Kinder vom eigenen Ursprung erregte ganz besonders Nehemias Entrüstung und Eifer. Er zankte mit den Vätern, verwünschte sie, ließ die Widerspenstigen züchtigen und hielt ihnen das Beispiel des Königs Salomo vor, der, obwohl ein weiser König und von Gott geliebt, doch von fremden Weibern zur Sünde verleitet worden. Durch solch tatkräftiges Eingreifen gelang es Nehemia, die Auflösung der Mischehen mit den Nachbarvölkern und die Erhaltung der eigenen Sprache für das heranwachsende Geschlecht durchzusetzen[4].

Auch die Sabbatweihe, die bis dahin nur lau und lässig beobachtet worden war, führte Nehemia mit Gewaltsamkeit und Beharrlichkeit ein. Allerdings hatte das Gesetz das Arbeiten an diesem Tage verboten. Aber welche Tätigkeit ist darunter zu verstehen? Das war noch nicht erläutert. Die Judäer auf dem Lande wußten es daher nicht, kelterten am Sabbat den Wein, luden Getreidehaufen, Trauben, Feigen und andere Lasten auf Esel und brachten sie zum Verkauf für den Markttag nach Jerusalem. Sobald Nehemia diese wochentägige Behandlung des Ruhetages bemerkte, rief er die Landleute, die zu Markte gekommen waren, zusammen und setzte ihnen auseinander, daß ihr Tun ein Vergehen sei, und sie fügten sich. Hartnäckiger hatte er gegen einen eingewohnten Brauch in Jeruselem anzukämpfen. Tyrische Händler pflegten aus der See frische Fische und andere Waren am Sabbat zum Verkauf einzuführen und fanden Käufer. Nehemia schalt auch darüber die Beamten aus, daß sie eine solche Entweihung zuließen, und befahl fortan vom Vorabend des Sabbats bis zum Ausgang die Torflügel geschlossen zu halten und die Händler nicht einzulassen. Diese boten aber ihre Waren vor

[1] Josephus Altert. XI, 8, 2.
[2] Nehem. 13, 19.
[3] Das. V. 23f.
[4] Das. 13, 25f.

den Toren aus, und die Jerusalemer fanden sich trotzdem am Sabbat zum Kaufe ein, aber Nehemia bedrohte sie, Gewalt gegen sie anzuwenden[2]), und brachte es durch Strenge dahin, daß fortan die Sabbatruhe mit peinlicher Gewissenhaftigkeit gehalten wurde. Er hat die Gesetzesstrenge, die Esra angebahnt hat, durchgeführt und die Scheidewand zwischen den Judäern und den übrigen Völkern so befestigt, daß ein Durchbrechen derselben fast unmöglich schien. Diejenigen, welche mit der Ausschließung und der Strenge unzufrieden waren, mußten aus der judäischen Gemeinschaft austreten und eine eigene Sekte bilden. Nehemia selbst erlebte vielleicht noch die erste Sektenbildung, und da er selbst dazu beigetragen hatte, und er vielleicht deswegen von mancher Seite Tadel erfuhr, so hielt er es für nötig, sein Verfahren zu rechtfertigen und seine Verdienste um die Hebung des darniedergelegenen Gemeinwesens hervorzuheben. Er verfaßte eine Art Denkschrift, was auch Esra getan hatte, und erzählte bald ausführlich, bald in kurzen Zügen, was er bei seiner ersten und zweiten Rückkehr für die Sicherheit des kleinen Staates und für die Hebung des Gesetzes getan hatte[1]). Er fügte hin und wieder hinzu: Gott möge ihm das gedenken, was er für das Volk getan und seine Verdienste um das Heiligtum und seine Sicherheit nicht auslöschen. Es war eine Art Rechtfertigungsschrift, die er im Alter verfaßte. Nehemias Name blieb auch in der Erinnerung des dankbaren Volkes. Ihm und Esra, den Schöpfern der Geistesströmung, die fortan im judäischen Kreise eine unwiderstehliche Gewalt erlangte, legte die dankbare Nachwelt alle heilsamen Einrichtungen bei, deren Ursprung ihr unbekannt war.

[1]) Neh. 13, 15 f.

[2]) Es wird von allen Forschern zugegeben, daß der größte Teil des Buches Nehemia aus einer Denkschrift stammt, die Nehemia selbst angelegt. Er spricht auch meistens von sich selbst in der ersten Person, und da er seine Verdienste hervorhebt 5, 19; 13, 14. 22 b. 31 b. und Tadel ausspricht, nicht bloß gegen Sanballat und Genossen 3, 36; 6, 14, sondern auch gegen diejenigen, die es mit ihnen hielten das. und besonders gegen die Schänder des Priestertums 13, 29, so kann diese Schrift recht gut als Rechtfertigungsschrift angesehen werden. Die Relation Makkab. II, 2, 13, daß Nehemia eine Büchersammlung angelegt, woraus dann geschlossen wurde, daß er eine Kanonsammlung angelegt habe, ist durchaus ungeschichtlich. Vergl. Graetz, Kohéle S. 152 f.

Fünftes Kapitel.

Das sopherische Zeitalter.

Haß der Samaritaner gegen die Judäer. Sanballat baut ein nebenbuhlerisches Heiligtum auf dem Berge Gerisim. Manasse, Hoherpriester dieses Tempels. Die Samaritaner geben sich als Nachkommen Josephs oder Ephraims aus. Ihre verdorbene Sprache. Sie nehmen die Thora als Lebensregel an. Die Judäer formulieren im Gegensatz ihr Bekenntnis als Judentum. Das Jobel- und Sabbatjahrgesetz. Sorge für die Armen. Der hohe Rat mit siebzig Mitgliedern. Die regelmäßigen Vorlesungen aus dem Pentateuch. Die Einführung der assyrischen Schriftzeichen. Einführung des Lehrhauses. Die Tätigkeit des hohen Rates oder der Sopherim. Die „Umzäunungen". Die Sabbatstrenge. Die Sabbatweihe. Das Passahfest. Die Gebete. Die Vorlesung aus den Propheten. Der geistige und der Opfer-Gottesdienst. Die Engel- und Dämonenlehre. Die Reinheits- und Unreinheitsgesetze.

(420—338.)

Der aus Liebe entsprungene Haß ist stärker und leidenschaftlicher als der, welcher aus unerklärlicher Abstoßung, Neid oder aus erfahrener Kränkung entsteht. Sanballat, seine Samaritaner und Genossen, hatten sich aus Vorliebe für den Gott, der in Jerusalem verehrt wurde, herangedrängt, in die judäische Gemeinschaft aufgenommen zu werden. Die Heftigkeit ihrer Feindseligkeit gegen Nehemia, der das Gemeinwesen aus dem Zerfalle aufrichtete, war eigentlich ein ungestümer Liebesantrag, um eine innige Verbindung zu ertrotzen. Da sie aber immer und immer abgewiesen wurden, so verwandelte sich ihre sehnsüchtige Liebe in glühenden Haß. Als Sanballat, welcher durch seine Verschwägerung mit der hohenpriesterlichen Familie das Ziel seiner Wünsche erreicht glaubte, die Zurücksetzung erfuhr, daß sein Schwiegersohn Manasse wegen der Verbindung mit seiner Tochter aus dem Lande verbannt wurde, war das Maß voll. Schlau, wie er war, faßte er den Plan, das judäische Gemeinwesen durch die eigenen Glieder unterwühlen zu lassen. Er und die Seinigen wurden vom Tempel in Jerusalem zurückgewiesen. Wie, wenn er einen Tempel für denselben Gott errichtete, der dem Jerusalemischen nebenbuhlerisch den Rang streitig machen könnte? Hatte er doch Priester von den Nachkommen Ahrons, welche den Dienst in dem zu errichtenden Heiligtume in der gesetzlichen Weise, nach Vorschrift der Thora verrichten könnten. Sein Schwiegersohn Manasse könnte darin die Würde des Hohenpriesters bekleiden und die anderen ebenfalls ausgewiesenen Ahroniden ihm zur Seite stehen. So schien sich alles für ihn zum Besten zu fügen. Seine Sehnsucht nach Anschluß an den Gott Israels und sein Ehrgeiz, an der Spitze eines geschlossenen Gemeinwesens zu stehen, könnten zugleich befriedigt werden. Zur Errichtung eines Tempels brauchte man wohl schwerlich eine besondere Erlaubnis vom persischen Hofe, und wenn erforderlich, so war sie von dem Landpfleger oder dem Satrapen nicht gar so schwer zu erlangen.

So errichtete denn Sanballat auf der Spitze des fruchtbaren Berges Gerisim (Garizim) am Fuße der Stadt Sichem in der Gegend, welche so recht den Mittelpunkt des Landes Palästina bildet, einen Tempel, wahrscheinlich nach dem Tode des Königs Artaxerxes (um 420). Die Wahl des Platzes war von den schriftkundigen Ahroniden, welche aus Jerusalem ausgewiesen worden, getroffen, weil von diesem Berge nach der deuteronomischen Gesetzgebung der Segen für die Beobachter der Gesetze, dagegen auf dem gegenüberliegenden, weniger fruchtbaren Ebal der Fluch ausgesprochen werden sollte (II. 1. Hälfte, S. 286). Unter der Hand gaben die Samaritaner dem Worte eine andere Bedeutung. Sie bezeichneten und bezeichnen noch heutigen Tages den Gerisim als „Berg des Segens", als wenn überhaupt von ihm Segen und Heil ausginge. Selbst die Stadt Sichem nannten sie danach „Segen" (Mabrachta)[1]. Indessen verfehlt war doch die Wahl, weil der Gerisim nur von einer einzigen Seite zugänglich ist,

[1]) Es ist bekannt, daß die Samaritaner den Gerisim stets טורה מברכתה oder טור בריך oder arabisch ג̇בל אלברכתה „Berg des Segens" nennen. Diese Benennung kommt in einer Relation des Midrasch bei einer Unterredung zwischen R'Jonathan (3. Jh.) und einem Samaritaner vor. Dieser fragt jenen, warum gehst du nicht beten בהדין טורא בריכא (Genes. Rabba c. 32, Deuteron. Rabba c. 3; hier lautet das Wort טורא קדיש „heiliger Berg". Diese Benennung ist übrigens alt. Josephus tradiert, daß die Samarit. Sichem Mabrachta genannt hatten (jüd. Kr. IV. 8, 1): *παρὰ τὴν Νεάπολιν καλουμένην Μαβορθὰ ὑπὸ τῶν ἐπιχωρίων*. Für *Μαβορθὰ* muß man *Μαβραχθὰ* lesen, was von mehreren emendiert wurde. — Die Zahl der Schriften über die Samaritaner ist Legion. Hier können nur die Quellenschriften, oder die diesen nahe kommen, zitiert werden. Zusammengestellt sind die verschiedenen Nachrichten von Juynboll. commentarii in historiam gentis Samaritanae, Leyden 1846 und Ergänzung dazu, R. Kirchheim כרמי שומרון, Introductio in libr. Talmud de Samaritanis, Frankfurt a. M. 1851.

von den übrigen aber steil in die Täler abfällt. Selbst für die in der Nähe Wohnenden muß es mühsam gewesen sein, auf den Bergrücken zu dem Heiligtume zu gelangen, wenn es an dem der Stadt entgegengesetzten Platz gestanden haben sollte, wo es die letzten Nachkommen der Samaritaner heute noch zeigen. Ein anderer Einfall war glücklicher und macht demjenigen Ehre, der ihn zuerst gehabt hat, daß dieses Mischvolk nämlich nicht Abkömmlinge jener Verbannten wäre, welche einst von einem assyrischen König in diese Gegend verpflanzt wurden, sondern im Gegenteil echte Israeliten, Überbleibsel der Zehnstämme oder des Stammes Joseph und Ephraim [1]). Es mögen allerdings unter ihnen wenige Nachkommen der Familien gewesen sein, die nach dem Untergange des Zehnstämmereiches sich noch bei Samaria behauptet hatten; aber daß sämtliche Chuthäer um Sanballat, die Ammoniter um Tobija und die Araber um Gaschmu, alle welche sich um den Tempel auf Gerisim gruppierten, daß alle diese Mischlinge sich als reine Enkel von Joseph und Ephraim ausgaben und Israeliten nannten, war eine jener glücklichen kecken Fälschungen, die gerade wegen ihrer Ungeheuerlichkeiten selbst diejenigen, die vom Gegenteil fest überzeugt sind, stutzig machen. Indes ihre Sprache verriet sie als ein zusammengelaufenes Mischvolk; sie war ein Kauderwelsch aus aramäischen und anderen so fremdartig klingenden Elementen, daß es nicht gelingen will, ihren Ursprung zu ermitteln [2]), und ihr niedriger Bildungsgrad trug dazu bei, auch das von ihnen gebrauchte aramäische Sprachgut zu verderben, die festesten Mitlaute radebrechend zu verunstalten und die feinen Schattierungen der Selbstlaute zu verwischen.

Indessen der Wurf war gelungen. Die Samaritaner hatten einen Tempel, um den sie sich sammeln konnten, hatten Priester aus dem ahronidischen Hause, setzten keck ihren Hargerisim — wie sie ihren heiligen Berg nannten — dem Morija entgegen, belegten es aus dem Gesetzbuche, daß Gott selbst diesen Berg als heilige Opferstätte angeordnet habe, und nannten sich stolz Israeliten. Sanballat

[1]) Josephus Altert. XI, 8, 6. Aus den verschiedensten Zeiten klingt diese Behauptung heraus. Im zweiten Jahrh. antwortete ein Samaritaner auf die Frage, „woher stammst du?“: מִן דריוסה, aus dem Stamme Joseph. Dasselbe behaupteten die Samaritaner im 12. und 17. Jahrh. und behaupten es noch heute. Richtig bemerkt S. Kohn, daß in dem Passus Könige II, 17, 24f. über den Ursprung der Chutäer in V. 34b אשר צוה ה׳ את בני יעקב אשר שם שמו ישראל ein polemischer Zug enthalten sei, daß nur die Söhne Jakobs, d. h. die Judäer Israel genannt worden, nicht aber die Samaritaner (Samarit. Studien S. 91f. Anmerkung).

[2]) Vergl. über die chuthäischen Wurzeln S. Kohn das. 18f. und 102f.

und seine Nachfolger sorgten dafür, recht viele Judäer anzulocken. Denen, welche zu ihnen übergingen, räumten sie Wohnsitze und Äcker ein und unterstützten sie fördersam. Solche, die sich in Juda oder Jerusalem irgendeines Vergehens schuldig gemacht und die Strafe fürchteten, begaben sich zu den Samaritanern und wurden von ihnen mit offenen Armen aufgenommen[1]). Aus solchen Elementen bildete sich ein neues halbjudäisches Wesen oder eine Sekte, das Samaritertum, in einem abgeschlossenen Gebiete: Samaria, dessen Mittelpunkt entweder die Stadt war, von dem es den Namen erhalten, oder Sichem. Bekenner oder Glieder dieser Sekte wurden ein rühriges, zähes, erfinderisches Völkchen, als wenn Sanballat, der Begründer, ihm seinen Geist eingehaucht hätte. Es hat sich wunderbar trotz seiner Winzigkeit bis auf den heutigen Tag erhalten[2]). Die Entstehung des Samaritertums war eigentlich ein Sieg der judäischen Gottesverehrung und Lehre, indem ein so zusammengewürfeltes Mischvolk sich unwiderstehlich davon angezogen fühlte, sie zum Leitstern seines Lebens machte und trotz Widerwärtigkeiten und Mißgeschick nimmer mehr davon gelassen hat. Die Thora, das von Mose übermittelte Gesetzbuch, welches die aus Jerusalem verbannten Priester ihnen gebracht hatten, hielten die Samaritaner eben so heilig wie die Judäer, regelten nach deren Vorschrift ihre religiösen und bürgerlichen Lebensäußerungen. Allein ungeachtet dieser Gemeinschaft in dem Grundwesen hatte das judäische Volk keine Freude an dem Zuwachs, der seine Lehre erhalten hat. Diese erste judäische Sekte bereitete ihm vielmehr eben so viele Schmerzen, wie die, welche sich später aus seinem Schoße entwickelt haben. Die Samaritaner waren nicht bloß eine geraume Zeit hindurch seine erbittertsten Feinde, sondern sprachen ihm geradezu die Berechtigung der Existenz ab. Sie behaupteten ganz allein Nachkommen Israels zu sein, stellten die Heiligkeit Jerusalems und des dortigen Tempels in Abrede und erklärten alles das, was das judäische Volk geschaffen und geleistet hat, als eine Fälschung des alt-israelitischen Wesens. Sie haben stets über ihre Grenze geschielt, um das, was in Judäa vorging, auch bei sich einzuführen, und hätten doch, wenn es in ihrer Macht gelegen hätte, mit ihrem glühenden Hasse ihr Musterbild vernichtet. Von der judäischen Seite war der Haß gegen die samaritanischen

1) Josephus, Altert. XI, 8, 2, 7.

2) Es existiert noch heute eine kleine samaritanische Gemeinde von etwa 135 Seelen im Nablus, Neapolis-Sichem, mit einer Synagoge, worin eine alte Pentateuchrolle aufbewahrt wird, und mit einem Hohenpriester, der sich rühmt von Ahron in gerader Linie abzustammen.

Nachbarn nicht minder groß. Sie wurden hier „das verworfene Volk, das in Sichem wohnte“ [1]) genannt. Der feindliche Widerstreit zwischen Jerusalem und Samaria aus der Zeit des Bestandes des Zehnstämmereiches lebte abermals auf; er hatte zwar nicht mehr den politischen Charakter, sondern einen inneren, religiösen, aber eben darum war er heftiger und leidenschaftlicher.

Die Entstehung der samaritanischen Sekte hat anregend auf die Judäer zurückgewirkt. Indem sie sich an dem Gegensatze in der nächsten Nähe immer stießen, und von jenseits der Grenze Lehrmeinungen vernahmen, welche ihnen in tiefster Seele zuwider waren, mußten sie sich zusammennehmen, um ihr eigenstes Wesen zu begreifen. Die Samaritaner verhalfen ihnen zur Selbsterkenntnis. Was bedeutet das, was sie nicht bloß von der heidnischen Welt, sondern auch von den, denselben Gott verehrenden und dasselbe Grundbuch anerkennenden Nachbarn unterscheidet? Der Gedanke, daß sie ein eigenes Bekenntnis haben, wurde ihnen dadurch erst recht klar, der Begriff des „Judentums“ [2]) ging ihnen durch den Gegensatz auf. Er bezeichnete nicht mehr das nationale Wesen, sondern das religiöse Bekenntnis. Der Name „Judäer“ verlor die Bedeutung der Stammeseigenheit und wurde in der allgemeinen Bedeutung gebraucht als Anhänger des Judentums, gleichviel ob sie dem Stamme Juda oder Benjamin angehörten oder Ahroniden oder Leviten waren [3]). Zu diesem Bekenntnis gehörte vor allem die Anerkennung des einzigen Gottes, der Himmel und Erde, das Meer und seine Flüsse geschaffen, die Natur im großen und kleinen beherrscht und erhält und zugleich das Volk Israel als seinen Knecht auserkoren.

> „Der da sendet seinen Spruch zur Erde,
> Aufs eilendste läuft sein Wort,
> Der Schnee gibt wie Wolle,
> Reif wie Asche ausstreut,
> Seine Eisschollen wie Stücke schleudert
> Wer kann vor seinem Frost bestehen?

[1]) Sirach 50, 26: *ὁ λαὸς μωρὸς κατοικῶν ἐν Σικίμοις.*

[2]) Die Bezeichnung „Judaismus“ *Ἰουδαϊσμός* kommt zwar erst in Makkab. II, 2, 11 u. a. St. vor; aber der Begriff desselben ist älter. Im Hebr. wurde „Judentum“ durch דת משה ויהודית bezeichnet. המיר דת bedeutete das Judentum aufgeben und zu einer anderen Religion übergehen. Vergl. Esther 3, 8: ודתיהם שנות מכל עם.

[3]) In Nehemia wird die Bezeichnung יהודים noch im Unterschiede von כהנים gebraucht (2, 16) und in der Bedeutung בית יהודה, als Angehörige des Stammes Juda. In Esther dagegen wird schon Mardochaï, obwohl vom Stamme Benjamin, יהודי genannt (2, 5), und so durchweg יהודים als Bekenner des Judentums.

Er sendet sein Wort und macht sie schmelzen,
Läßt seinen Wind wehen, da rinnt Wasser,
Er verkündet sein Wort für Jakob
Seine Gesetze und Bestimmungen für Israel.
Nicht hat er also für irgendein Volk getan,
Bestimmungen hat er ihnen nicht kund getan[1]).“

Zu diesem Bekenntnis gehörte auch die Anerkennung des Gesetzbuches der Thora als der unmittelbaren Offenbarung dieses Gottes durch Moses Vermittelung. So groß früher die Gleichgültigkeit des Volkes im allgemeinen bis auf einen kleinen Bruchteil gegen dieses Grundbuch war, eben so groß war die Verehrung und Verherrlichung desselben in der Zeit nach Esra und Nehemia. „Ein verständiger Mann vertraut dem Gesetze, und das Gesetz ist ihm treu wie der Ausspruch der Wahrheit kündenden Urim und Thummim“[2]), die Thora wurde als Inbegriff aller Weisheit angesehen und verehrt[3]). Die hebräische Poesie, die noch immer rege war, verherrlichte sie mit überschwänglichem Lobe:

„Die Lehre Gottes ist vollkommen, die Seele erquickend.
Seine Ermahnung ist treu, belehrt den Unerfahrenen.
Seine Befehle gerade, herzerfreuend.
Gottes Gebote lauter, Augen erleuchtend.
. . . .
Seine Bestimmungen sind wahr, allsamt gerecht,
Begehrenswerter denn Gold und viel Edelmetall,
Angenehmer denn Honig und süßer Saft[4]).“

Selbstverständlich wurde die Thora infolgedessen das Grundgesetz für den kleinen Staat oder das Gemeinwesen Juda. Bei jedem Tun und Lassen wurde darauf Rücksicht genommen, ob es nach „Vorschrift“ sei[5]). — Die Sklaverei für Einheimische hörte vollständig auf. Wollte sich ein Judäer als Sklave verkaufen, so fand er keinen Käufer. Dadurch war das Jobeljahr, welches den Geknechteten Freiheit bringen sollte, für den wesentlichsten Zweck desselben überflüssig geworden. Dagegen wurde das Sabbatjahr für Personen und Felder

[1]) Diese Anschauung, daß der Beherrscher der Natur Israels Gott ist, wird ganz besonders hervorgehoben in Psalm 147—148. Sie sind entschieden aus der nachexilischen, nach 147, 13 wahrscheinlich aus der nachnehemianischen Zeit.

[2]) Sirach 36, (33) 3. Der vatikanische Text hat *ὡς ἠρώτημα δικαίων*, besser ist die L.-A. des Alexandrinus *δήλων*, d. h. אורים ותמים.

[3]) Das. 24, 1f.

[4]) Ps. 19, 7f. Diese Partie, die vielleicht mit der vorhergehenden nicht zusammenhängt, wird allgemein als nachexilisch angenommen.

[5]) In Chronik — Esra und Nehemia eingeschlossen — wird schlechtweg gebraucht ככתוב und in Verneinung בלא ככתוב.

streng ausgeführt. In jedem siebenten Jahr verfiel die Schuld[1]) der Ärmeren, und die Äcker blieben in diesem Jahre brach. Wahrscheinlich hatten es schon früher die judäischen Günstlinge am persischen Hofe erlangt, daß an diesem Brachjahre die Abgaben von den Bodenerzeugnissen ausfallen sollten[2]). Und so wurde durchweg das öffentliche Leben nach den Vorschriften des Gesetzbuches geregelt. Dem Armenwesen wurde eine besondere Sorgfalt zugewendet, laut der Ermahnung des pentateuchischen Gesetzes, daß kein Notleidender im Lande sein sollte. Almosenspenden galt in dieser Neugestaltung als die höchste Tugend[3]). In jeder Stadt wurden Gemeindeglieder ausgewählt, welche sich mit dem Armenwesen befaßten[4]). Die so oft von den Propheten und Psalmisten wiederholten Klagen über Hartherzigkeit gegen die Notleidenden und Hilflosen brauchten fortan nicht mehr wiederholt zu werden. Ihre Rügen hatten denn doch gewirkt, sie hatten des Volkes Herz von Stein in ein weiches Herz verwandelt, und es wurde durch fortdauernde Übung von Mildtätigkeit und Vererbung so weich, daß warmes Mitgefühl für Leidende eine unbestrittene Eigenschaft des judäischen Volksstammes geworden ist. — Das Gerichtswesen wurde aufs vollkommenste geordnet und mit solcher Gewissenhaftigkeit ausgeübt, daß es allen Völkern der Erde als Muster hätte voranleuchten können. Völlige Gleichheit vor dem Gesetze war so selbstverständlich, daß sie nicht einmal besonders betont zu werden brauchte. Zweimal in der Woche wurde öffentliche Gerichtssitzung in allen größeren Städten veranstaltet, am Montag und Donnerstag, sei es, daß an diesen Tagen schon früher Wochenmärkte für die Landleute stattfanden, oder daß sie durch einen anderen Umstand Bedeutung hatten. Diese Einrichtung wurde auf Esra zurückgeführt[5]), wie alle vortrefflichen Institute, welche in der nachexilischen Zeit eingeführt wurden. War einmal der Anstoß gegeben, das Gemeinwesen im Sinne der Thora oder auf biblischer Grundlage zu ordnen, warum

[1]) Folgt daraus, daß Hillel ein Jahrhundert vor dem Untergang des Staates bei veränderten Umständen eine Modifikation eingeführt hat. Bis dahin bestand also das Schuldentilgungsgesetz.

[2]) Folgt aus Josephus Altert. XI, 8, 5—6, daß die Judäer von Alexander dem Großen die Abgabenfreiheit für das Sabbatjahr erbaten und erlangten, was voraussetzt, daß sie dieses Privilegium auch von den persischen Königen hatten.

[3]) Almosenspenden hieß in der nachexilischen Zeit צדקה, in Daniel 4, 24; Tobit 1, 16; 12, 8; vergl. Esther 9, 19. 22.

[4]) In der Mischna kommt öfter die Einrichtung der גבאי צדקה, der Almosensammler, vor, die ohne Zweifel aus alter Zeit stammt.

[5]) Mischna Ketubot I, 1; Talmud Baba Kama p. 82a; jeruſ. Megilla IV, p. 85a.

sollten die geistigen Führer des Volkes nicht darauf gekommen sein, eine höchste Behörde zusammenzusetzen, welche gesetzauslegende und gesetzgebende Befugnis haben sollte? Im deuteronomischen Gesetze ist die Einsetzung eines obersten Gerichtshofes, welcher in zweifelhaften Fällen die endgültige Entscheidung geben sollte, zur Pflicht gemacht; ein solcher sollte die höchste Autorität haben, vor dessen Aussprüchen niemand weder rechts noch links abweichen dürfte[1]). Die Männer, die in der nachnehemianischen Zeit an der Spitze standen und vom Geiste der Thora erfüllt waren, mußten es demnach als eine Pflicht ansehen, eine solche mit Autorität bekleidete hohe Behörde ins Leben zu rufen. Aus wieviel Mitgliedern sollte sie bestehen? Auch dafür war im Gesetze eine Anleitung gegeben. Mose hatte sich mit siebzig „Ältesten" umgeben, welche die Last der Geschäfte mit ihm teilen sollten[2]): es waren die Vertreter der siebzig Hauptfamilien. Es lag also nahe, den letztentscheidenden und gesetzgebenden hohen Rat aus siebzig „Ältesten" zusammenzusetzen. Dieses eigenartige Institut, dessen Bestand sich die ganze Zeit bis zum Untergang des judäischen Gemeinwesens behauptet hat, Wächter der Gesetze war und zuzeiten eine große Bedeutung hatte, wurde ohne Zweifel in dieser Zeit ins Leben gerufen[3]). Zu welcher anderen

[1]) Deuteronom. 17, 8 f. vergl. Bd. II. 1. Hälfte, S. 278.

[2]) Numeri 11, 16—17. 24. Dozys Einfall, daß diese Stelle erst in der nachexilischen Zeit interpoliert worden sei, um die Berechtigung des Synhedrin von 70 Mitgliedern zu belegen (Israeliten zu Mekka, S. 171 f.), braucht kaum widerlegt zu werden. Der Stil dokumentiert diese Partie als uralt. Die 70 Ältesten entsprachen den 70 Familien in der uralten Zeit.

[3]) Synhedrin I, 6—7, wo von dem Gerichtshofe mit 71 Mitgliedern בית דין של שבעים ואחד und vom großen Synhedrin סנהדרין גדולה של שבעים ואחד die Rede ist, wird der Ursprung mit Recht auf die von Mose eingesetzten 70 Ältesten zurückgeführt. Es will nicht etwa sagen, daß sich diese Institution seit Mose erhalten habe, sondern daß bei der Konstituierung des oberen Gerichtshofes das Gesetz zum Muster gedient hat. Daher werden die Mitglieder des Hohen Rates זקנים *πρεσβύτεροι* genannt, wie die, mit denen Mose sich umgeben hat. Diese Benennung kommt zwar erst entschieden im Makkabäerbuche I vor: 7, 33; 12, 35 *πρεσβύτεροι τοῦ λαοῦ*: 11, 23 *πρ. Ἰσραήλ*; 13, 36. Die anderen Stellen beweisen zwar nicht viel, ebenso wenig wie die *γερουσία* das. 12, 6, da sie in apokryphen Sendschreiben vorkommen. Mehr beweist der Ausdruck *γερουσία* in der Urkunde des Antiochus Magnus, Josephus Altert. XII, 3, 3. So viel beweisen diese Stellen, daß die Mitglieder des hohen Rates זקנים genannt wurden, und diese Benennung kann nur der Vorschrift des Pentateuchs entlehnt sein. Daher werden ältere Gesetzesauslegungen und Anordnungen auf die „Alten" zurückgeführt. (B. Sabbat p. 64 b): זקנים ראשונים אמר ושלא תכחול ... והדוה בנדתה; (Sukkah p. 46 a, jeruſ. Sukkah III, p. 53 d) wird על מצות זקנים von Vorschriften gebraucht, die nicht biblischen Ursprungs sind. Jedes Mitglied wurde bis in die späteste

Zeit hätte er sonst entstehen können? Keine war günstiger für eine solche Schöpfung als diejenige, welche auf Nehemia folgte, weil damals der glühende Eifer für die Erfüllung der Thoragesetze und das Streben, diese Thora zum Muster für die Gegenwart zu nehmen, angeregt waren. Aus der großen Versammlung unter Nehemia, die nur einmal zur Übernahme von Verpflichtungen zusammenberufen war, entwickelte sich eine stehende Körperschaft für Beratungen über wichtige religiöse und sittliche Fragen. Die siebzig Mitglieder für den hohen Rat wurden wahrscheinlich aus den verschiedenen Familien gewählt; der Hohepriester durfte wahrscheinlich nicht übergangen werden, oder vielmehr, ob würdig oder nicht, mußte er an die Spitze gestellt werden und den Vorsitz führen[1]). Die siebzig Mitglieder der Körperschaft mußten deswegen um eins vermehrt werden, und diese Zahl blieb beständig. Der Vorsitzende erhielt den Titel „Vater des Gerichtshofes“ (Ab Beth-din).

Zeit זקן genannt. Die Mitglieder der großen Versammlung, die nur einmal unter Nehemia zusammengekommen war, und auf die alles zurückgeführt wurde, was der Hohe Rat eingeführt hat, werden ebenfalls an verschiedenen Stellen als „alte“ aufgeführt. Josephus nennt bekanntlich an vielen Stellen den höchsten Rat βουλή und die Mitglieder βουλευταί. Diese Benennung ist auch in den Sprachgebrauch übergegangen. Im Talmud ist öfter die Rede von der „Halle der πάρεδροι“ (לשכת פרהדרין oder פלהדרין), in welcher der Hohepriester 7 Tage vor dem Sühntage zurückgezogen zubrachte. Dazu wird bemerkt (Jerus. Joma I, p. 38c): בראשונה היו קורין אותה לשכת בולווטין ועכשיו הן קורין אותה לשכת פלהדרין; vergl. Babli das. p. 8b. Es waren also schon in früher Zeit eine Halle für die βουλευταί, Mitglieder des Rates. — Allerdings kann diese Benennung in der griechisch-mazedonischen Zeit entstanden sein. — Die Zahl 70 für die Mitglieder wird dadurch bestätigt, daß Josephus bei der Übernahme der Verwaltung in Galiläa „70 Älteste“ als Archonten eingesetzt hat (jüd. Kr. II, 20, 5: γηραιῶν ἑβδομήκοντα), jedenfalls nach dem Muster des Hohen Rates in Jerusalem. Auch die Alexandrinische Gemeinde hatte eine Gerusia nach demselben Muster (j. Sukka V. p. 55a): ושבעים קתידראות ... היו שם כנגד שבעים זקנים: (Tosefta Sukka IV): שבעים ואחת קתדראות ... כנגד שבעים ואחד זקן, (B. das. 13, 51b): ע"א קתדראות כנגד ע"א של סנהדרי גדולה. Der Name συνέδριον mag erst zur Zeit der Römerherrschaft eingeführt worden sein, aber das Institut unter dem einheimischen Namen בית דין הגדול ist ohne Zweifel alt, aus der nachnehemianischen Zeit.

[1]) Das Präsidium des Hohen Priesters läßt sich durchaus nicht belegen. Denn was Schürer aus Josephus und dem Neuen Testament dafür anführt (Lehrb. d. neutest. Zeitgeschichte 41) beweist gar nichts, denn die neutest. Stellen sprechen lediglich von einem Kriminalkollegium, und Josephus hat entweder den Zustand seiner Zeit im Auge, als die hohenpriesterlichen Familien die Macht an sich gerissen hatten, oder er referiert pentateuchische Verordnungen. Daß die hasmonäischen Fürsten und Könige an der Spitze der βουλή standen, beweist weder für die frühere, noch für die nachfolgende Zeit. Sie waren die Machthaber.

Sobald die Körperschaft zusammengesetzt war, so zielte ihre Tätigkeit darauf hin, die Richtung, welche mit Esra und Nehemia angebahnt war, zu verfolgen und fortzusetzen, das Judentum oder das Gesetz in das Leben und die Gewohnheit des Volkes einzuführen. Der Hohe Rat der siebzig oder einundsiebzig hat einen völligen Umschwung herbeigeführt. Alle Veränderungen, welche sich zwei Jahrhunderte später in dem judäischen Gemeinwesen zeigten, waren sein Werk; die neuen Einrichtungen, welche die Überlieferung auf Esra zurückführt oder welche unter dem Namen sopherische Bestimmungen (dibré Sopherim) bekannt geworden sind, waren lediglich Schöpfungen dieser Körperschaft. Sie hat einen festen Grund für einen Bau gelegt, der Tausenden von Jahren trotzen sollte. Vor allem wurden in dieser Zeit regelmäßige Vorlesungen aus der Thora eingeführt. Sie, der geistige Schutz des Volkes, das teure Kleinod, dessen Wert wegen der langen Verkennung nur um so höher stieg, das göttliche Wort, die Stimme der Propheten zu ersetzen berufen, sollte nicht mehr verkannt und vernachlässigt, sondern allen vertraut und zu eigen gemacht werden. An jedem Sabbat und an allen Feiertagen, so verordnete die gesetzgebende Körperschaft, sollte ein Abschnitt aus dem Pentateuch der versammelten Gemeinde vorgelesen werden. Aber auch zweimal in der Woche an Werktagen, wenn die Landleute aus den Dörfern sich zu Markte in die nah gelegenen Städte oder zu Gericht einzufinden pflegten, sollten, wenn auch nur wenige Verse, öffentlich vorgetragen werden[1]). Zuerst besorgten wohl die Kundigen die Vorlesung; allmählich gereichte es zur Ehre, zu ihnen gezählt zu werden, und jedermann drängte sich dazu. Es mußte daher eine gewisse Ordnung eingehalten werden, daß zuerst ein Ahronide, dann ein Levite und dann Männer aus der Laienwelt (Israeliten) zur Vorlesung zugelassen wurden[2]). Wenn aber jedermann einige Verse vorlesen sollte, so mußte die Schrift leserlich sein. Nun war aber der Text der Thora bis dahin in einer altertümlichen Schrift mit

[1]) Jerus. Megilla IV. p. 75a und b. Baba Kama 82a ist zwar angegeben, daß Esra die wochentägigen Vorlesungen und die an den Sabbatnachmittagen eingeführt habe. Allein in Babli das. führt sie ein anderes Referat auf Propheten zurück. Die Einführung der Vorlesungen an Sabbaten und Festtagen wird gar Mose zugeschrieben. Allein aus der Erzählung in Esra geht mit Entschiedenheit hervor, daß zu seiner Zeit das Vorlesen etwas ganz Neues war (o. S. 139). Dieser Brauch kann daher nur in der Zeit zwischen Esra—Nehemia und der mazedonischen Epoche eingeführt worden sein.

[2]) Gittin V, 9. Aus Jerus. z. Stelle p. 47b geht hervor, daß diese Ordnung auf einen biblischen V. zurückgeführt wurde, was eben so viel sagen will, als daß sie aus alter Zeit stammt.

phönizischen oder altbabylonischen Schriftzeichen erhalten, welche nur geübte Schriftkundige zu entziffern vermochten. Für die Judäer im persischen Reiche war die Thora mehr noch als für die einheimischen, ein Buch mit sieben Siegeln. Es war also ein Bedürfnis, die altertümlichen Schriftzeichen, „die hebräische Schrift" (Ketbab Ibrit) in eine andere umzuwandeln, die in damaliger Zeit in den Euphrat- und Tigris-Ländern in Gebrauch gekommen war. Diese Schriftart stammte zwar von den Figuren des uralten semitischen Alphabets, ebenso wie der von den Joniern und anderen Völkern gebrauchte Schriftcharakter, und beide, obwohl die Hand der Schreiber in den vielen Jahrhunderten die ursprünglichen Zeichen vielfach gemodelt und verwandelt hatte, konnten die alten Spuren nicht ganz verwischen. Aber die Veränderung war doch so durchgreifend, daß die Züge der Mutter in den Töchtern nicht zu erkennen waren. Diese neue oder gemodelte Schriftart, deren sich die Judäer in der Heimat und mehr noch die in den persischen Provinzen täglich zum praktischen Gebrauch bedienten, wurde auch für die Texte der Thora und der übrigen heiligen Schriften, soweit sie damals vorhanden waren, eingeführt, und sie wurde zum Unterschied von der altertümlichen, die „assyrische" (Ketbab Aschurit) genannt, weil sie sich in einer der ehemaligen assyrischen Provinzen ausgebildet hatte[1]). Die Samaritaner dagegen behielten aus Widerspruchsgeist die alten hebräischen Schriftzeichen für den Text des Pentateuchs bei, obwohl nur wenige unter ihnen, vielleicht nur die zu ihnen übergetretenen Ahroniden sie zu lesen imstande waren, nur um ihren Gegnern den Vorwurf machen zu können, daß diese eine unerlaubte Neuerung eingeführt und die Thora gefälscht hätten. Noch heutigentages ist ihre heilige Schrift in dieser altertümlichen Schriftart gehalten, die selbst den meisten ihrer Priester ein verschlossenes Buch ist. Die Folge davon war, daß während die Judäer durch die Zugänglichkeit jedermanns zu dem belehrenden und erziehenden Schrifttum immer heimischer darin wurden und es als unzertrennlichen Teil ihres Wesens betrachteten, die Samaritaner unwissend blieben und sich zu keinem geistigen Aufschwung erheben konnten; selbst ihre Sprache blieb verwahrlost, ein Gemisch aus verschiedenen Elementen. Selbstverständlich konnte sie zu keiner Zeit eine Schule bilden, in welcher Jünger mit den Buchstaben und dem Geiste des heiligen Schrifttums hätten vertraut gemacht werden können.

Unter den Judäern dagegen entstand durch die regelmäßigen Vorlesungen aus der Thora und durch die Leserlichkeit des Textes

[1]) Vergl. darüber Note 13.

eine geistige Regsamkeit und Gewecktheit, welche allmählich dem ganzen Stamm einen eigenen Charakter verlieh. Die Thora wurde ihr geistiges Eigentum, ein Heiligtum in ihrem Innern. Noch ein anderes Institut wurde in dieser Zeit ins Leben gerufen: Lehrhäuser für erwachsene Jünglinge, um ihnen Kenntnis der Lehre und der Gesetze beizubringen und Liebe dafür in ihrem Herzen anzufachen. Die geistigen Führer des Volkes haben der künftigen Generation eindringlich empfohlen: „Stellet nur recht viele Jünger auf[1]," und was sie als so wichtig empfohlen haben, haben sie ohne Zweifel selbst mit vielem Eifer betätigt. Eine solche höhere Schule (Bet-Waad) wurde gewiß in Jerusalem eingerichtet[2], obwohl die Namen der Leiter derselben unbekannt geblieben sind, sowie überhaupt der Männer, welche still-geschäftig den festen Unterbau zur Erhaltung und zum Fortbestand des Judentums gefügt haben. Die unbeschränkte Lehrfreiheit und der Eifer, Kenntnis der Gesetze zu verbreiten, haben mit der Zeit die Zahl der Jünger vermehrt. Die Lehrer wurden „Schriftkundige" (Sopherim)[3] oder „Weise", die Jünger „Weisenschüler" (Talmide Chachamim) genannt. Die Tätigkeit der Weisen oder Schriftkundigen war doppelter Art, nach der einen Seite, die Gesetze der Thora auszulegen, und nach der anderen, sie für das Leben der einzelnen und der Gesamtheit anwendbar zu machen. Da nämlich manche Vorschriften des Gesetzes

[1]) Abot I, 1 wird zwar der Spruch העמידו תלמידים הרבה, sowie die beiden anderen der ecclesia magna vindiziert; allein da diese nur ephemer war (o. S. 142), so kann diese Empfehlung nur von dem בית דין הגדול ausgegangen sein, welches durchweg mit der ecclesia magna verwechselt wurde.

[2]) Abot I, 4 spricht schon José ben Joëser aus der Makkabäerzeit von einem Lehrhaus, wie von einem längst bekannten Institute. Vergl. Note 17.

[3]) Der Name דברי סופרים wird öfter von Gesetzen gebraucht, welche zur Thora hinzugefügt wurden (Synhedrin XII, 3): חומר בדברי סופרים מדברי תורה (b. Rosch ha-Schana p. 34a; Sifré No. 73): ג' תרועות אחת מדברי תורה ושתים מדברי סופרים. (Jebamot II, 4): שניות מדברי סופרים. Die Gesetzgeber oder Gesetzausleger führten demnach den Titel סופרים. Josephus nennt sie *ἱερογραμματεῖς*. Diesen Namen behielten die Gesetzeslehrer, welche zugleich legislatorische Berechtigung hatten, auch in der Zeit nach der Tempelzerstörung; vergl. Soṭah 15a: הכיחו סופרים und in den neutestamentlichen Schriften *γραμματεῖς*. José ben Joëser spricht aber schon von „Weisen", חכמים, in der makkabäischen Zeit. Sirach identifiziert in der vormakkab. Zeit die „Weisen" mit den Alten (6, 36): *ἐν πλήθει πρεσβυτέρων στῆθι, καὶ τίς σοφός, αὐτῷ προσκολλήθητι.* Den Eingang übersetzt die syr. Version durch בכנושתא דסבא, d. h. בקהל זקנים: darunter ist also ein geschlossenes Kollegium zu verstehen, das zugleich eine Lehrtätigkeit entfaltet. Über *πλῆθος πρεσβυτ.* vergl. noch das. 17, 14. Josephus nennt sie in gezierter Manier *σοφισταί* (jüd. Kr. I, 33, 2; II, 17, 8—9) und *ἐξηγηταὶ νόμων* (Altert. XVII, 6, 2; XVIII, 3, 5).

nicht deutlich genug abgefaßt sind und Dunkelheiten enthalten, namentlich bezüglich des Umfanges ihrer Verbindlichkeit, ob für sämtliche Volksklassen oder lediglich für einzelne, ob für beide Geschlechter oder lediglich für eins derselben, so war es Sache der Schriftkundigen, solche Vorschriften, Gebote und Verbote zu deuten, zu beschränken oder zu verallgemeinern, die Zeit der Verpflichtung zu bestimmen und überhaupt sie zu ergänzen. Diese ergänzende Schriftauslegung wurde Deutung (Midrasch)[1] genannt, die nicht willkürlich sein durfte, sondern wohl von gewissen, wenn auch dunklen Auslegungsregeln bedingt war. Hatte ein Gesetz der Thora im Lehrhause seine Grenzen und seine Anwendbarkeit erhalten, so wurde es in der Versammlung des Hohen Rates zur Gemeingültigkeit erhoben und ihm der Stempel der unbedingten Verpflichtung aufgelegt. Der Rat und das Lehrhaus arbeiteten einander in die Hände und ergänzten einander. Eine unsichtbare, aber tiefeinwirkende Anregung ging davon aus, und sie hat den Nachkommen der Erzväter eine Eigentümlichkeit eingeprägt, die fast wie eine angeborne Eigenschaft wirkt: den Trieb zu forschen, auszulegen, den Scharfsinn anzustrengen, um dem Worte oder der Sache eine neue Seite abzugewinnen. Dieser Trieb bewährte sich zwar nicht stets als Lichtseite, hat vielmehr auch häßliche Auswüchse erzeugt, aber er hat die Denkkraft und das Urteilsvermögen des „Restes Israels" geschärft. Wenn noch eine Spur von der alten Verwandtschaft zwischen diesem und den noch übrigen Völkern semitischer Abstammung geblieben war, so hat sie die neu erworbene Eigentümlichkeit desselben, sich in sein Schrifttum zu vertiefen, zu lesen und zu forschen, völlig verwischt.

Der höchste Rat, von dem nach und nach alle diese Institutionen und Anregungen ausgingen, hat sich indes nicht darauf beschränkt, die in der Thora vorgeschriebenen Gesetze auszulegen und in das Leben einzuführen, sondern gab auch selbständige Gesetze, um das religiös-sittliche Tun des Volkes zu regeln, anzuspornen und zu befestigen. Ein aus alter Zeit stammender Spruch der höchsten Behörde Judäas ermahnte die Mit- und Nachwelt: „Machet einen Zaun um das Gesetz[2]." In dieser Ermahnung war die Richtung für die Gesetzgebung vorgezeichnet, erlaubte Fälle zu verbieten, welche an

[1] Der Ausdruck מדרש kommt in der Chronik zweimal vor, II, 13, 22; 24, 27, hat hier allerdings einen andern Sinn. Er scheint die Bedeutung von „Zusatz" zu haben, nämlich additamentum zu einem Buche, und konnte insofern mit der allgemeiner gewordenen Bedeutung „Interpretation" und „Zusatz" zum geschriebenen Gesetze zusammenhängen.

[2] Abot I, 1.

das Unerlaubte anstreifen oder damit verwechselt werden könnten. Diese peinliche Rücksicht, jeder möglichen Übertretung von vornherein vorzubeugen, oder die „Umzäunung" (Sejag), hatte in der Zeit des Überganges ihre Berechtigung. Das Volk im allgemeinen, das noch nicht belehrt war, sollte dadurch an die Befolgung der Gesetze und Erfüllung der Pflichten gewöhnt werden. Aus diesem Grundsatz, es von Gesetzesübertretung fern zu halten, entsprang eine Reihe von Gesetzen, welche dem sopherischen Zeitalter angehört. Die Verwandtschaftsgrade für Eheverbote wurden aufsteigend, absteigend und seitlich weit ausgedehnt[1]). Der Übertretung der Züchtigkeit wurde vorsorglich vorgebeugt. Ein Mann soll sich nicht mit einer fremden Ehefrau unter vier Augen in einem abgesonderten, wenig besuchten Raume aufhalten[2]). Der Lauheit, mit welcher Verrichtungen am Sabbat in Nehemias Zeit behandelt wurden, ist eine außerordentliche Sabbatstrenge entgegengesetzt worden. Die verschiedenen Arten von verbotenen Arbeiten wurden näher bestimmt, alle Tätigkeiten des Feldbaues, des Sammelns vom Acker, der Umwandlung der Frucht in genießbare Speise, jede Verwandlung von rohen Stoffen in benutzbare Gegenstände oder Geräte, jedes Umgehen mit Feuer oder Licht, Tierschlachten und Tierhäute bearbeiten, schreiben und eine Schrift auslöschen, nähen und auftrennen, alle diese Tätigkeiten und noch dazu die Beförderung eines Dinges aus einem geschlossenen Raume auf die frei, dem Menschenverkehr gehörige Straße und umgekehrt, im ganzen neununddreißig Hauptarbeiten[3]), wurden nach der sopherischen Schriftauslegung als verpönt erklärt. Es wurden aber zur Erhöhung der Sabbatfeier auch andere Verrichtungen untersagt, die mit diesen gar keine Ähnlichkeit haben, wie z. B. auf einen Baum klettern, reiten, schwimmen, tanzen, Gericht halten, kaufen und verkaufen, sich verloben. Es sollte dadurch die Sabbatruhe (Schebût) erzielt werden, um diesem Tage und auch den Feiertagen den werktägigen Anstrich zu benehmen[4]). Die Verschärfung der Sabbat-

[1]) Bezüglich der sog. שניות מדברי סופרים, die aufgezählt sind b. Jebamot p. 21a; Jerus. II. 3d und Derech Erez I, herrschen Differenzen, und daraus geht hervor, daß nicht sämtliche aufgezählte Grade in der sopherischen Zeit verboten wurden.

[2]) Kidduschin IV, 12. Aus dem Umstande, daß hier lediglich von Ausnahmen die Rede ist, folgt, daß das Verbot des tête-à-tête mit einer Ehefrau, wofür der Terminus יחוד ausgeprägt wurde, sehr alt sein muß. In den beiden Talmuden z. St. ist die Tendenz unverkennbar, dieses Verbot biblisch zu begründen, was das hohe Alter desselben beweist.

[3]) Sabbat VII, 2.

[4]) Jom Tob (Bezah) V, 2. Geschäfte am Sabbat zu machen, wird nirgends im Talmud als ausdrücklich verboten aufgeführt, sondern lediglich

strenge ging in dieser Zeit so weit, daß sogar verboten wurde, Werkzeuge und Gerätschaften für eine Arbeit oder für eine Verrichtung von einem Ort zum anderen zu bewegen[1]). Um jeder möglichen Entweihung des Sabbats und der Festtage vorzubeugen, sollte die Arbeit noch vor Sonnenuntergang des vorangehenden Tages eingestellt werden. Zu diesem Zwecke wurde ein Beamter bestellt, der mit einem Horn das Zeichen der Ruhe angeben sollte. Bei dem ersten Zeichen sollten die Feldarbeiter, beim zweiten die Handwerker und beim dritten die am häuslichen Herde Beschäftigten die Arbeit beschließen. Außerdem wurde der Beginn des Sabbats noch besonders durch Hornzeichen angekündigt[2]).

Der Sabbat und die Feiertage sollten aber eine gehobene, weihevolle Stimmung in der Seele erzeugen und die Mühsal und Plagen der Werktage vergessen machen. Zu diesem Zwecke wurde in der sopherischen Zeit angeordnet, beim Eingang und Ausgang dieser Ruhetage einen Becher Wein zu trinken, beim Beginn sich durch eine Segensformel zu vergegenwärtigen, daß diese Tage heilig und von Gott geweiht worden seien (Kiddusch), und beim Ausgang es zum Bewußtsein zu bringen, daß sie gegen die Arbeitstage eine erhöhte Bedeutung haben (Hawdalah)[3]). Durch diese Bestimmungen, die nicht toter Buchstabe geblieben sind, erhielt der Sabbat einen weihevollen Charakter, war den Bekennern des Judentums keineswegs eine Last, sondern verlieh ihnen eine freudig-ernste Stimmung, die über die Alltäglichkeit und die Not des Lebens hinweghob und sie stärkte, die Leiden zu ertragen, die ihnen die Zukunft zugedacht

als bekannt vorausgesetzt. Vergl. darüber Philo de Cherubim, wo dergleichen Geschäfte als zu den Sabbatgesetzen gehörig aufgezählt werden.

1) Sabbat p. 123 .בראשונה היו אומרים שלשה כלים ניטלין בשבת וכו'. Von dieser Erschwerung heißt es: בימי נחמיה נשנית משנה זו, d. h. genau genommen, unmittelbar nach Nehemia und infolge der früheren Laxheit bezüglich des Sabbat. Vergl. dazu Tosaphot Baba Kama p. 94 a.

2) Sukkah IV, 5b. Sabbat p. 35b, jer. Pesachim p. 27 d. differierend, Chulin 1, 6. Aus dieser Stelle hat Maimuni interpretiert, daß auch beim Ausgang des Sabbats das Horn geblasen wurde (הלכות שבת, V, 20), es ist aber ein entschiedener Irrtum und bereits von älteren Kommentatoren widerlegt.

3) Babli Berachot 33a: אנשי כנסת הגדולה תקנו להם לישראל ברכות ותפלות קדושות והבדלות. Darunter ist die sopherische Zeit zu verstehen, vergl. o. S. 167. In bezug auf Kiddusch ist die Differenz zwischen den Hilleliten und Schammaiten interessant. מברך על היין ואחר כך על היום שהיין גורם לקדושה, das. p. 51b. Tosephta Berachot V. Wein zu trinken am Eingang des Sabbats war demnach als Hauptsache beim Kiddusch angesehen. Vergl. Pesachim p. 106a, wo versucht wird, diese Anordnung auf die Bibel zurückzuführen, was für das hohe Alter dieser Institution zeugt; vergl. o. S. 165. Auch die הבדלה wurde ursprünglich bei einem Becher Wein ausgesprochen.

hatte. Der erste Abend des Frühlingsfestes, an dem das Passahlamm verzehrt zu werden pflegte, erhielt ebenfalls in der sopherischen Zeit eine hohe Bedeutung, um die Erinnerung an die Erlösung aus Ägypten und das Gefühl der Freiheit mit jedem Jahre zu erwecken und rege zu erhalten. Es war Vorschrift oder Sitte, an diesem Festesabend vier Becher Wein zu trinken — die Zahl hatte von Ursprung an eine beziehungsreiche Bedeutung — und selbst der Dürftigste verschaffte sich Mittel für diesen, „das Herz erfreuenden Genuß" oder empfing sie aus der Sammlung für die Armen. Traulich saßen die Familienglieder und befreundeten Personen am Passahabend um die Tafel, nicht um ein schwelgerisches Mal zu halten, sondern um sich die wunderbare Befreiung aus Ägypten lebhaft ins Gedächtnis zu rufen und in Lobliedern den Gott ihrer Väter zu preisen, aßen bittere Kräuter, brachen ungesäuerte Brote zur Erinnerung an diesen Vorgang, kosteten ein wenig vom Passahopfer und ließen den Wein kreisen, nicht um sich zu berauschen, sondern das Erinnerungsweihfest mit heiterem Herzen zu begehen. Es wurde allmählich Sitte, daß Freunde sich zusammentaten, um mit ihren Familiengliedern gemeinschaftlich den Passahabend zu feiern und das Lamm in genossenschaftlicher Verbindung (Chaburah, φρατρία) zu genießen [1]). Dabei wurden Psalmen gesungen. Es wurde mit der Zeit ein gemütliches Familienfest. Überhaupt wurde in der sopherischen Zeit durch Einführung von Dank- und Lobsprüchen [2]) bei Speise und Trank dafür gesorgt, daß diese nicht in tierischer Weise zu sich genommen werden, sondern einen menschenwürdigen Charakter haben sollten. Jedem Genuß sollte ein Dank für den Spender der Nahrung vorangehen und jedes Mahl mit einem Tischgebet beschlossen werden. Feste Formeln waren für die Dankgebete oder Danksprüche nicht eingeführt, sondern es blieb jedem überlassen, sie nach Eingebung seines Inneren auszusprechen.

Die Gebete, welche von der sopherischen Behörde vorgeschrieben wurden, hatten eben so wenig ein festes Gepräge, aber der Gedankengang war da im Allgemeinen vorgezeichnet. Die Gebetweise im Tempel wurde für die Bethäuser oder „Gemeindehäuser" (Beth ha-Khenésset) außerhalb Jerusalems das Muster. Der Gottesdienst begann des Morgens in einer Tempelhalle, die aus großen behauenen Quadersteinen erbaut war (Lischkhat ha-Gasith), mit einem oder mehreren ausgewählten Lob- und Dankpsalmen. Zum

[1]) Mechilta Absch. Bo. No. 15, b. Pesachim p. 86a. b; Josephus, Altert. III, 10, 5; jüd. Kr. IV, 9, 3, wo חבורה mit φρατρία wiedergegeben ist.
[2]) Vergl. o. S. 170.

Schlusse der Psalmen fiel die Gemeinde mit einer Anerkennungsformel ein: „Gepriesen sei Jhwh, der Gott Israels, der allein Wunder tut, und gepriesen sei der Name seiner Herrlichkeit für immer, und seine Herrlichkeit möge die ganze Erde erfüllen [1]". Darauf folgte ein Dankgebet [2] für das Licht der Sonne, das Gott allen Menschen und für das Licht der Lehre, das er Israel geschenkt. Daran reihte sich die Vorlesung mehrerer Abschnitte aus der Thora, der zehn Gebote, des Schemâ, welches die Einheit Gottes und die Liebe zu ihm einprägt, eines zweiten damit verwandten Stückes und des Abschnittes, welcher warnt, nicht den Gelüsten der Augen und der Eingebung des Herzens nachzugehen. Beim Schlusse des Schemâ: „Herr Israel, Jhwh unser Gott ist einzig," fiel die Gemeinde abermals, mit den Worten ein: „Gepriesen sei der Name der Herrlichkeit seines Reiches für und für." Der Übergang von dem Vorlesen der Abschnitte aus der Thora zum eigentlichen Gebete bildete das Bekenntnis, daß das Wort der Thora auf Wahrheit beruhe. Das Hauptgebet (Thophillah) bestand aus sechs kleinen Abschnitten und

[1] Vergl. darüber Monatsschr., Jahrg. 1872, S. 481 fg., die Doxologien in den Psalmen.

[2] Über die Gebetstücke und Gebetformeln in alter Zeit ist Mischna Tamid IV, Ende und V, 1 belehrend. Das letztere muß aber kritisch erläutert werden: אמר להם הממונה ברכו ברכה אחת והם ברכו וקראו עשרת הדברים, שמע, והיה אם שמוע, ויאמר ברכו את העם ג' ברכות אמת ויציב ועבודה וברכת כהנים. Was die erste Eulogie betrifft, so waren die Talmudisten selbst zweifelhaft, was darunter zu verstehen ist (babli Berachot 11a): מאי ברכה אחת? אהבה רבה . . . יוצר אור. Es scheint aber, daß beides darin enthalten war, die Eulogie für das Licht und für die Thora. Erst später wurden daraus zwei Eulogien formuliert. Die Gebetpartien sind in dieser Relation nicht in der richtigen Ordnung aufgeführt. In Mischna (Rosch ha-Schana IV. 5), werden sechs ausgeprägte Formeln aufgeführt: אבות וגבורות וקדושת השם . . . עבודה והודאה וברכת כהנים, diese kamen in jedem Gebete vor. Offenbar fehlen in der ersten Stelle die drei ersten Formeln אבות וגבורות וקדושה und auch die zweite der letzten drei, nämlich הודאה. Unverständlich ist überhaupt in dieser Relation der Passus ברכו את העם ג' ברכות. Unmöglich kann es „mit dem Volke" bedeuten. Offenbar bezieht es sich auf den Priestersegen, von dem es (Tamid VII, 2) heißt: וברכו את העם ברכה אחת אלא שבמדינה אומרים אותה שלש ברכות, d. h. der Priestersegen wurde im Tempel beim feierlichen Gottesdienst in einem Stücke, außerhalb desselben aber in drei Stücken gesprochen. Da in der Quaderhalle der Priestersegen nicht von den Ahroniden, sondern von dem Vorbeter rezitiert wurde, so wurde er auch in drei Stücke zerlegt, worauf die Gemeinde „Amen" sprach (vergl. Monatsschr. das. 439). Der ganze Passus muß also emendiert werden: שמע . . ויאמר אמת ויציב אבות גבורות וקדושת השם עבודה והודאה וברכת כהנים וברכו את העם שלש ברכות, vergl. darüber Tosaphat Berachot a. a. O.

hatte zum Inhalt: Dank dafür, daß Gott die Väter zu seinem Dienste auserkoren; Anerkennung der göttlichen Allmacht in der Natur durch befruchtenden Regen und unter den Menschen durch dereinstige Erweckung der Toten aus ihren Gräbern; Anerkennung der Heiligkeit Gottes; Gebet um Gewährung der Wünsche jedes Flehenden und um wohlgefällige Aufnahme der Opfer; Dankgebet für Gewährung des Lebens und seiner Erhaltung, und endlich Gebet um Frieden, das sich an den Abschnitt des Priestersegens anreihte. Nachmittags und abends kam die Gemeinde abermals zum Gebet zusammen, verweilte aber nur kurze Zeit dabei, weil die Einleitung der Psalmen und die Leseabschnitte ausfielen.

An Sabbaten und Feiertagen war der Morgengottesdienst nicht wesentlich verschieden, nur daß ein besonderes Gebetstück eingefügt wurde, wodurch die Heiligkeit des Tages hervorgehoben und zum Bewußtsein gebracht werden sollte. Nur dadurch erhielt der Festgottesdienst eine höhere Bedeutung, daß zum Schlusse desselben ein längerer Abschnitt aus der Thora vorgelesen wurde. Dazu kam noch mit der Zeit die Vorlesung aus den Propheten und zwar solcher Abschnitte, welche auf die Tagesfeier Bezug haben und sie zum Ausdruck bringen. Die Veranlassung dazu lag in dem Gegensatz, in den die Judäer zu den Samaritanern getreten waren. Diese stellten die Heiligkeit des Tempels und Jerusalems in Abrede und verwarfen das prophetische Schrifttum vollständig, weil dieses von der „Gottesstadt" und von der Auserwähltheit des Heiligtums in ihrer Mitte voll ist. Um so dringlicher schien es den Vertretern des Judentums, die Propheten als Zeugen für diesen gewissermaßen zu allererst aufgestellten Glaubensartikel anzurufen, dieses Zeugnis hochanzuschlagen und es den Bekennern desselben Sabbat für Sabbat und an allen Feiertagen zur Erkenntnis zu bringen. Infolge dieser Anordnung ertönte das Wort des Propheten, das während ihrer Lebenszeit nur selten Gehör und Beachtung gefunden hatte, aus jedem judäischen Bethause und gab, wenn auch von den meisten kaum halb verstanden, dem Geiste und Gemüte die Anregung zu einer schwunghaften Stimmung. Da die prophetische Vorlesung den Morgengottesdienst zu beschließen pflegte, wurde sie der Schluß (Haphtarah) genannt[1]). Diese Einrichtung machte es zum Bedürfnis, das prophetische Schrifttum zu sammeln und abzuschließen oder vielmehr zu erklären, welche Bücher dazu gehörten, und welche davon ausgeschlossen werden sollten. Diese Auswahl wurde höchstwahrscheinlich von der gesetzgebenden Behörde der sopherischen Zeit getroffen. Aufgenommen

[1]) Vergl. Graetz, Kohelet S. 171 f.

wurden in diese Sammlung die vier geschichtlichen Bücher (Josua, Richter, Samuel, Könige, die älteren Propheten genannt), ferner die drei umfangreichen Schriften, welche den Namen der Propheten Jesaia, Jeremia und Ezechiel trugen, und endlich zwölf kleinere Propheten (Hosea, Amos, Joël, Obadja, Jona, Micha, Nahum, Habakuk, Zephanja, Chaggaï, Zacharia, Maleachi, mit den größeren drei zusammen die jüngeren Propheten genannt). Zum Gebrauche für die öffentliche Vorlesung wurden alle diese Schriften in eine einzige Rolle eingetragen. Diese Aufnahme und Bestimmung für den gottesdienstlichen Gebrauch, verlieh dem prophetischen Schrifttum den Charakter der Heiligkeit (Kanon, Kanonizität). Während es bis dahin als teures Überbleibsel aus der gnadenreichen Zeit galt, als Gott noch auserwählten Männern seinen Geist eingehaucht und aus deren Mund gesprochen, wurde es infolge der Einreihung in den Gottesdienst als „heilige Schrift" anerkannt, der Thora zwar nicht gleichgestellt, aber ihr nahestehend auf der Rangstufe der Heiligkeit zweiten Grades. —

So wurde der Gottesdienst in der sopherischen Zeit gestaltet; er war einfach und erhebend, hatte nichts Überflüssiges, Störendes oder Ermüdendes und war im Sinn und Geiste der vollen Errungenschaften aus der alten Zeit der Propheten und Psalmisten geschaffen. Nur ein einziges fremdes Element war darin aufgenommen, die Hoffnung und der Glaube an die Auferstehung der Toten nach der Grabesfahrt in einer erwarteten gnadenreichen Zeit des jüngsten Tages. Sonst war alles darin aus der reinen Quelle der uralten Lehre geschöpft. Da die Bewohner der Landstädte, in dem nahen Umkreise der Hauptstadt angesiedelt, auch außerhalb der Festtage nach Jerusalem zu kommen öfter Gelegenheit hatten und hier dem Gottesdienste beiwohnten, so richteten sie ihn in ihrem Kreise auf dieselbe Weise ein. Es bedurfte nicht dazu des Antriebes durch befehlshaberische Verordnungen. So entstanden mindestens in allen Landstädten Gebetshäuser (Synagogen, Maadé-El), welche die Gebetordnung einführten, die bis auf den heutigen Tag in den Gemeinden den Grundstock des Gottesdienstes bildet. Von weittragender Wichtigkeit war der Umstand, daß bei diesem geistigen Kultus für den Priester kein Platz war. Er galt dabei nicht mehr als die übrigen zum Gebete versammelten Gemeindeglieder, von denen je zehn eine volle Gemeinde bildeten[1]). Jeder Kundige galt im Bethause so viel, wo nicht noch mehr als der Priester; denn nur Schriftkundige konnten als Vorbeter und Vorleser fungieren. Das Prophetentum

[1]) Die Zehnzahl für die Gemeinde ist schon angedeutet in Ruth 4, 2.

und das Sängertum, deren Gedanken und Gefühle von den Lippen der Betenden widertönten, hatten das Priestertum aus der Gemeinde wenigstens verdrängt, und diese Beseitigung des Priestertums war für die Zukunft entscheidend.

Es galt aber noch sehr viel im Tempel. Denn neben dem geistigen Gottesdienst in den Synagogen in und außerhalb Jerusalems bestand ein anderer, welcher mit dem Opfer- und Priesterwesen eng verknüpft war. So sehr Propheten und Psalmisten es geringgeschätzt oder wenigstens geringgestellt hatten, es war einmal vom Gesetze als heilig anerkannt und von der Volksmeinung als notwendiges Sühnemittel erkannt und konnte daher in der neuen Ordnung einen weiten Spielraum beanspruchen. Allerdings Opfer in großen Massen wie in der früheren Zeit wurden nicht mehr geschlachtet. Das Gesetz hatte die Zahl derselben auf ein geringes Maß beschränkt. Die einmal vorgeschriebene Regel und Zahl wurden auf das peinlichste, ohne dazu hinzuzutun oder davon hinwegzunehmen, beobachtet. Täglich[1]) wurden regelmäßig für die Gemeinde und in ihrem Namen nur zwei Lämmer geopfert und auf dem Altar verbrannt, das Morgen- und das Abendopfer (Tamid); am Sabbat wurden noch zwei Lämmer mehr, und an den Festtagen sieben nebst einem oder zwei Stieren und einem Widder geopfert und ein Sündenopfer dargebracht. Solche Feste waren je der erste Monatstag, der fünfzehnte des Frühlingsmonates, das Wochenfest fünfzig Tage später, auch der erste des siebenten Monats, welcher eine erhöhte Bedeutung erhielt, und endlich der Schlußtag nach dem siebentägigen Hüttenfeste. Nur zweimal des Jahres war die Zahl der Opfer größer, an dem siebentägigen Hüttenfeste, an welchem statt eines Stieres am ersten Tage dreizehn mit symbolischer Erinnerung an dreizehn Stämme[2]) und zweimal sieben Lämmer, und in den folgenden Tagen ein Stier weniger, und ferner an dem großen Sühnetag, an welchem die Sündopfer den Vordergrund einnahmen, ein Bock geopfert und der andere, als Sündenbock in die Wüste geschickt und in einen Abgrund geschleudert wurde, ohne Zweifel eine sinnbildliche Handlung aus alter Zeit, um die Verwerflichkeit des geilen Bockkultus der Ägypter zu betätigen. Am Passahtage wurden zwar Opfer in großer Menge dargebracht, fast jede Familie ein Lamm oder ein Zicklein. Aber die Passahopfer waren nicht Gemeindeopfer im strengen Sinne, sondern lediglich Sache jedes einzelnen.

[1]) Über die Opfergesetze vergl. Leviticus 23, 4 f. mit Numeri 28, 1 f., wo einige Differenzen ausgeglichen werden müssen.

[2]) Vergl. Bd. I. S. 10 Anmerk. 3.

Zum Opferwesen waren die Priester aus Ahrons Geschlecht unentbehrlich, und dabei nahmen sie eine hervorragende Stellung ein. Die diensttuenden Leviten besorgten zwar das Schlachten der Opfertiere, das Abziehen der Haut und das Reinigen derselben[1]; aber das Sprengen des Blutes an den äußeren und inneren Altar, die Unterhaltung des immerwährenden Feuers auf demselben, das Anzünden des Leuchters und des Räucherwerkes, das Auflegen der zwölf Brode auf den goldenen Tisch Sabbat für Sabbat gehörten zu den ausschließlichen Befugnissen der Ahroniden, die ihnen in der nachexilischen Zeit nicht mehr streitig gemacht wurden. Sie allein trugen weißleinene Gewänder, die sie nur beim Opferdienste tragen durften[2], die Leviten dagegen durften nicht diese äußere Auszeichnung ihres Amtes anlegen[3]. Für diesen Teil des Gottesdienstes wurde eine feste Ordnung eingeführt, wie die Opferhandlungen aufeinander folgen sollten. Während Wein auf den Altar gegossen wurde, begannen die Leviten von den Sängerklassen die für jeden Tag ausgewählten Psalmen unter Begleitung von Seitenspiel und Hörnerklang der Ahroniden auf den fünfzehn Stufen des Vorhofes, welche von dem Frauenvorhofe höher hinaufführten (o. S. 96), zu singen[4]; den Schluß bildete täglich der Priestersegen, welcher auf das Darbringen des Räucherwerkes folgte. Sämtliche Ahroniden versammelten sich auf den Stufen der offenen Vorhalle (o. S. 97) und sprachen mit hoch über den Kopf erhobenen Händen den in der Thora vorgeschriebenen Segen für das Volk in einem Absatze. Worauf das Volk mit der Benedeiung einfiel: „Gepriesen sei der Name der Herrlichkeit seines Reiches für und für[5].“

So bildete der Gottesdienst mit der Ordnung der Opferhandlungen fast einen Gegensatz zu dem Gottesdienst, welcher mit dem lebendigen Worte auf den Geist wirkte. Der eine war im Tempelraum oder richtiger in dem Priestervorhof und der andere in der Quadersteinhalle des Tempels und in den Gemeinden vertreten. Sie gingen eine Zeitlang nebeneinander ohne ahnen zu lassen, daß sie miteinander in Widerstreit seien, und daß eine Zeit kommen könnte, in der dieser Widerstreit offen zutage treten würde. Ja so lange dieser Gegensatz nicht zum Bewußtsein gekommen war, schienen diese beide Formen des Kultus eine Einheit zu bilden, ein

[1] Folgt aus Chronik II, 35, 11 f.
[2] Tamid I, 1.
[3] Josephus Altertümer XX, 9, 6.
[4] Tamid VII, 3 f.
[5] Das. VII, 2. Vergl. Monatsschrift. 1872 S. 581 f.

ander zu ergänzen und die eine von der anderen Eigenheiten zu entlehnen. Der geistige Gottesdienst ordnete sich in Betreff der Tageszeit dem Opferdienste unter. Zur selben Zeit, als die Priester die Opfer darbrachten, versammelten sich die Gemeinden zum Gottesdienste in den Bethäusern dreimal des Tages. An Sabbaten und Feiertagen, an denen im Tempel für die Bedeutung des Tages besondere Opfer dargebracht wurden, (Korban-Mussaph), kam die Gemeinde ebenfalls viermal zum Gebete zusammen (Tephillat-Mussaph). Und der Opferdienst konnte sich dem lebendigen Worte nicht ganz verschließen, auch er mußte sich teilweise vergeistigen, mußte Psalmengesang in die Reihenfolge der Handlungen mit aufnehmen, so mächtig war der Einfluß dieser erhabenen Poesie.

An dem Tempel- und Opferwesen war aber eine stark in die Augen fallende Seite, welche den geistigen Hauch, der aus der prophetischen und psalmistischen Poesie wehte, zu verflüchtigen und den idealen Aufschwung zu hemmen geeignet war. Es war die Seite der vorgeschriebenen Reinheit und der zu vermeidenden Unreinheit. Das Gesetz der Thora hatte zwar auch deutliche Bestimmungen darüber verordnet. Ein Unreiner sollte weder Opfer darbringen noch die Räume des Heiligtums betreten noch Opferfleisch und überhaupt Geweihtes genießen. Es gibt auch mehrere Grade der Unreinheit an. Personen, die mit Aussatz oder mit einem ekelhaften Flusse behaftet wären, oder einen Leichnam oder das Aas vierfüßiger höherer oder niederer Tiere berührt oder sich durch nächtliche Befleckung verunreinigt hätten, Frauen, in einem gewissen Zustande oder einige Zeit nach den Geburtswehen, wurden dem Heiligtume gegenüber als Unreine erklärt. Das Gesetz stellte auch Vorschriften auf, wie solche Unreine oder Verunreinigte in den reinen Zustand versetzt werden und welche Mittel dabei angewendet werden sollten. Auch Räume, welche verunreinigt worden, und Gerätschaften, die mit Unreinem höheren Grades in Verbindung gestanden, galten für unrein. Ganz besonders wurde Quellwasser als Reinigungsmittel vorgeschrieben. Besondere Bestimmungen wurden für die häufiger vorkommende Verunreinigung durch Leichname getroffen. Personen, die mit Leichen oder einem Grab oder auch nur Menschengebein in Berührung gekommen, sollten sieben Tage als unrein gelten und am dritten und siebenten Tage mit eigens zubereitetem Sprengwasser vermittelst eines Ysopstengels besprengt werden. Auch verunreinigte Räume und Gefäße, die sich in einem Raume befinden, worin eine Leiche gelegen, sollten durch Sprengwasser mit Ysop gereinigt werden. Die endgültige Reinigung sollte aber durch Baden in Quellwasser bewirkt werden. Alle diese levitischen Reinheitsgesetze hätten indes nicht eine so weittragende und so alle Lebenskreise beherrschende Wichtigkeit erlangt, wenn die Judäer nicht in und außerhalb ihres Landes jahrhundertelang in Berührung mit den Persern gekommen wären, welche noch viel strengere Reinheitsgesetze hatten und sie aufs peinlichste befolgten. Wie die Israeliten in früher Zeit abwechselnd von Ägyptern, Phönizier und Babyloniern, so nahmen die Judäer auch von den Persern,. ihren Herren, unbewußt Elemente auf und verschmolzen sie mit ihrem eigenen Wesen.

Die persische oder die eranische (iranische) Religionsanschauung, welche jahrhundertelang einen so tiefeingreifenden und umwandelnden Einfluß auf das Judentum ausgeübt hat, bot zugleich eine anziehende und eine abstoßende Seite dar. Die Vorstellung von der Gottheit war zugleich erhaben und albern, und die daraus geflossenen Lehren und Bräuche nährten auf der einen Seite Gesinnungsadel und sittliche Reinheit und auf der andern Seite den wüstesten Aberglauben. Die Parsenreligion, die noch heute besteht und ihre heiligen Schriften Avesta oder Zend-Avesta zu ihrer Grundlage hat, ist selbstverständlich nicht mit einem Male entstanden, sondern hat sich allmählich durch verschiedene Einflüsse ausgebildet. Ursprünglich haben die Völkerschaften, welche man mit dem Gesamtnamen Eranier (Iranier) bezeichnet — zu denen die Meder, Perser, Baktrer, Parther, Skythen, Armenier und noch andere gehörten — dieselben Götter angebetet wie die Inder und ähnliche Religionsgebräuche gehabt. Aber in einer Zeit, welche die Anhänger dieser Religion selbst nicht anzugeben vermochten, hat sich eine durchgreifende Wandlung in ihrer Religionsanschauung vollzogen. Diese Umwandlung ging von dem Priestergeschlechte unter den Medern aus, welches Magier genannt wurde. Als Hauptstifter ihrer neuen Religionsform gaben die Eranier selbst einen ihrer Weisen namens Zarathustra (Zoroaster) aus, den einige in die vorhistorische Zeit, andere in die Zeit der beginnenden Weltherrschaft der Meder setzten. Das Leben, die Taten und Lehren Zarathustras sind aber so sagenhaft erhalten, daß nicht einmal sein Geburtsland und der Schauplatz seiner Tätigkeit bestimmt werden können[1]). Indessen ist es doch so gut wie gewiß, daß der Religionsstifter der eranischen Völker aus dem Priesterstamme, den Magiern, war; denn die auf ihn zurückgeführte Lehre war nichts anderes als das Magiertum[2]).

[1]) Spiegel, Eranische Altertumskunde I. S. 682f., II. 171 das. I. — S. 709 und an anderen Orten kommt Spiegel zum Resultate, daß die Sage Zoroasters Leben nach dem Muster der semitischen d. h. jüdischen Propheten ausgesponnen hat.

[2]) S. Note 14.

Nach dieser Lehre oder nach dem Gesetzbuche des Avesta gäbe es einen höchsten Gott, der die Lichtnatur habe, Ahura-Mazda (Ormuzd), der Himmel und Erde geschaffen, Leben verbreite und zu erhalten suche und die Reinheit und Lauterkeit fördere. Er sei aber nicht allmächtig, sondern habe einen feindlichen Nebenbuhler an dem Gott der Finsternis, Angro-Mainyus (Ahriman), welcher stets über Verderben brüte und den Tod der Kreaturen und namentlich der Menschen erziele. Durch diesen Gegensatz könne das Gute auf Erden und unter den Menschen nicht durchdringen und bestehen. So sehr auch der Lichtgott das Gute wolle und fördere, so werde es stets durch den Neid und Haß seines Widerparts, des Gottes der Finsternis, bekämpft, niedergehalten oder gar vernichtet. In unklarer Vorstellung oder aus gedankenloser Auswahl nahmen die Eranier neben Ahura-Mazda noch mehrere göttliche Wesen an, die sie in ihren Gebeten anriefen, zunächst Mithra, den Gott der Sonne „der reinen Triften, der tausend Ohren und tausend Augen besitze", dann noch andere sechs Gottheiten, Amescha-Spentas (Amschaspands) genannt, welche mit dem höchsten Gott vereinigt seien und mit ihm eine Siebenzahl bilden. Zu diesen sechs Amescha-Spentas gehören das Feuer, das Wasser, die Göttin Spenta-Armaiti oder die Erde, die am meisten verehrt wurde. Zudem erkannte die Zendreligion noch himmlische und irdische Geister (Engel) an, die sie Yazatas (Izeds) nennt, die nach Hunderten und Tausenden zählten, deren oberster Herr und Meister Ahura-Mazda sei. In allen diesen Geistern und Leibern dachten sich die Eranier den höchsten Gott anwesend und mitlebend, besonders aber in Feuer, Wasser, in der Erde und Luft. Diese seien nicht Ausflüsse der Gottheit, sondern Teile ihrer selbst. Das Feuer galt besonders bei den Magiern für göttlich, ihm wurden Opfer gebracht, und es wurde im Gebete angerufen: „Opfer und Preis, gute Nahrung gelobe ich dir, o Feuer, Sohn des Ahura-Mazda. Dir ist zu opfern, du bist zu preisen, mögest du stets mit Opfer und Preis versehen sein in den Wohnungen der Menschen[1])". Wer das Feuer mit dem

[1]) Herodot III, 16. Yaçna 61 f. Die erhaltenen Teile des Avesta sind: 1. Vendidad, das eigentliche Gesetzbuch; 2. Yaçna, liturgische Gebete; 3. Vispered, Zusätze zum Yaçna. Diese drei bilden zusammen den Hauptbestandteil des Avesta, dessen Text zu liturgischen Zwecken rezitiert wurde. Sie führen zusammen den Namen Vendidad-Sade; 4. Gâthâs; 5. Yasht; 6. Nyais; 7. Afrigan; 8. Siroza. Diese letzten fünf Teile sind Anrufungen und Beichtformeln. Das Avesta wurde zuerst von Anquetil de Perron ins Französische und nach ihm von Kleuker ins Deutsche übersetzt. Diese Übersetzung soll aber sehr mangelhaft und textwidrig sein. Spiegel hat eine aus

Munde anblies oder etwas Totes oder Kot hineinwarf, war des Todes[1]). Auch das Wasser und die Erde wurden als göttliche Wesen angerufen[2]).

Mehr noch als der Lichtgott beschäftigte die Eranier der Gott der Finsternis, der Unterwelt. Sie dachten sich ihn stets auf der Lauer, den Menschen Unreinheit, Verderben und Tod zu bringen, und alle ihre Anrufungen an die eingebildete Geisterwelt und alle ihre religiösen Bräuche waren dazu bestimmt, die bösen Wirkungen Angro-Mainyus von sich abzuwehren. Diesem Gotte der Unterwelt gaben sie auch sechs Hauptdiener, Daevas (Dewas) genannt, mit denen zusammen er ebenfalls eine Siebenzahl bildete[3]). Außerdem nahmen sie eine große Zahl böser Geister an, die sämtlich im Dienste des Höllengottes stünden: Drujas und Pairikas, Unholdinnen weiblichen Geschlechtes, welche den Menschen jeden möglichen Schaden zuzufügen suchen. Unter den männlichen Dämonen galt als der schlimmste Aeschmo, der Böse mit schrecklicher Waffe, als Verderber der Seelen, und Açto-Vidhotus, der Engel des Todes[4]). Am meisten gefürchtet war die Drukh-Naçus, die Teufelin des Todes, wodurch der Mensch der Gewalt Angro-Mainyus verfalle; daher müsse sie von allem, was dem Lichtgott angehöre, ferngehalten werden. Wo soll der menschliche Leichnam untergebracht werden? Er durfte weder im Feuer verbrannt, noch ins Wasser geworfen werden; denn diese göttlichen Wesen würden dadurch verunreinigt werden. Er durfte auch nicht dem Schoß der Erde, der göttlichen Spenta-Armaiti, anvertraut, noch der Luft ausgesetzt werden. Die Leichname machten daher den Anhängern des Magiertums viel zu schaffen. Mit vieler Peinlichkeit wurde eine Art Begräbnisplatz (Dakhma) eingerichtet, daß die Leichen mit der Gesamterde nicht in unmittelbare Berührung zu kommen scheinen sollen. Folgerichtig hätten sie den Tieren und Vögeln zum Fraß vorgeworfen werden sollen, und es galt in der Tat für ein Glück, wenn die Leichname von solchen zerfleischt wurden[5]); die Verwandten des Verstorbenen

dem Text veranstaltete Übersetzung geliefert (1852—63). I. Teil Vendidad, II. Teil Vispered und Yaçna nebst Gâthâs, III. Teil die übrigen Stücke unter dem Titel Khorda-Avesta, das kleine Avesta (vergl. Spiegel zu III. S. LXXIX f.).

1) Strabo XV, 13, p. 732.

2) Vendidad XIX, 116.

3) Spiegel, Eranische Altert. II. S. 126 f.

4) Das. Avesta III. Einl. S. XLVIII.

5) Agathias II, 22—23. Vergl. darüber Rapp, Religion und Sitte der Perser nach römischen und griechischen Quellen. Z. d. d. M. Ges. XX. S. 54 f.,

waren unglücklich, wenn dieser unangetastet blieb. Mit der Wegschaffung der Leichname war die daran haftende Unreinheit nicht gebannt. Der Aberglaube der Eranier und Mazdayaçnier wurzelte tief in ihren Gemütern, daß die Dämonin Drukh-Naçus sich beim Tode eines Menschen in der Gestalt einer Fliege stürze und dessen Auflösung und Fäulnis bewirke[1]). Diese Dämonin stürze sich aber von dem Leichnam auf lebende Menschen, verunreinige sie und führe sie damit dem Reiche Angro-Mainyus zu[2]). Die Anhänger der Zendreligion mußten sich daher von jeder Berührung mit Leichen, ja, von der Nähe derselben fern halten, und wenn in Berührung gekommen, mußten sie die vorgeschriebene Reinigung vornehmen und gewisse Gebetformeln zur Abwehrung der unreinen Geister hersagen. Die Leichenträger sollten ihr Haar und ihren Körper einer sonderbaren Reinigung unterwerfen, sie mit Urin von Tieren oder von männlichen und weiblichen Verwandten waschen[3]). Die Wege, auf welchen Leichen getragen worden waren, mußten ebenfalls gereinigt werden.

Die Gesetze der Verunreinigung und Reinigung waren nach dem eranischen Avesta eben so streng, wie ekelerregend. Eine Frau, welche ein totes Kind zur Welt gebracht, wurde förmlich gemartert, weil ihr Leib als eine Leichenbehausung angesehen wurde, an welchem sich auch die später geborenen Kinder verunreinigen könnten. Sie mußte daher von Menschen, von Feuer und Wasser ferngehalten werden, Kuhurin mit Asche genießen und noch andere Quälerei sich gefallen lassen[4]). Als unrein galten Frauen auch nach der Geburt eines lebenden Kindes und in gewissen Zeiten, weil auch über solche die Daevas Gewalt haben. Sie mußten eine Zeitlang von Menschen, von Feuer und Wasser entfernt eingesperrt werden, daß sie die Sonne nicht sehen könnten und nach einer gewissen Zeit sich mit Kuhurin und Wasser waschen[5]). Für unrein wurde auch ein Mann angesehen, der während des Schlafes sich befleckt hat, weil er damit der Dämonin Drukhs eine Empfängnis bereite; er mußte sich daher reinigen und gewisse magische Gebete murmeln[6]). Auch die Haare und Nägel der Menschen wurden als unrein und verunreinigend angesehen. „Es fragte Zarathustra den Ahura-Mazda: ‚Womit, als der größten

welcher die Widersprüche der Angaben bei gr. Schriftstellern bezüglich der Leichen zu lösen suchte. Spiegel, Avesta II. p. XXVI.

1) Vendidad VII. V. 2f.

2) Das. IX, 168f. XI, 31.

3) Das. VIII, 33f.

4) Das. V, 146f.

5) Spiegel, Avesta II. p. XLIVf.

6) Vendidad XVIII, 101f.

Todsünde, verehrten die Menschen die Daevas?' Darauf dieser: ‚Wenn sie auf der mit Körpern begabten Welt sich die Haare schneiden, die Nägel beschneiden, da kommen an diesen entweihten Plätzen die Daevas zusammen'[1]). Die Haare und Nägel mußten daher entfernt vom Feuer und Wasser unter magischen Formeln und lächerlichen Bräuchen in ein Loch gelegt werden. Die Reinigung sollte in der Regel mit Kuhurin, bei einigen Fällen mit Weihwasser, selten mit Erde und Wasser und zwar von einem Feuerpriester (Magier, Athrawa) vollzogen werden. Die Priester hatten überhaupt eine bevorzugte Stellung in der Magierreligion, ohne sie durfte kein Opfer und keine wichtige Handlung vollzogen werden. Sämtliche priesterliche Handlungen, wozu Baumreiser (Barsom, Bereçma), ein Feuerhaken und gewisse, eigens dazu geformte Gefäße nötig waren, dienten dazu, die bösen Geister, die Geschöpfe und Diener Angro-Mainyus' von den Menschen fernzuhalten oder, wenn diese bereits von ihnen besessen wären, zu vertreiben.

In dieser magischen Umgebung lebten die Judäer während der Herrschaft der Perser; die im eigenen Lande und noch mehr die im Auslande hörten täglich von deren Lehren und Gesetzen und sahen deren Gebräuche vor Augen. Es konnte ihnen nicht entgehen, daß manches in derselben auffallende Ähnlichkeit mit ihren eigenen Gesetzen und Bräuchen hatte, nur in anderer Form, und sie erlagen diesem Einflusse. Empfänglichkeit und Aneignungsfähigkeit für Fremdes hatte der judäisch-israelitische Stamm von jeher besessen, und auch Nachahmungssucht, es aufzunehmen und mit seinem eigenen Wesen zu verweben. Diese angestammte Eigenheit hatte das Volk in alter Zeit dahin gebracht, dem Eindringen des götzendienerischen Wesens von den sie umgebenden oder beherrschenden Völkern Tür und Tor zu öffnen, und dieselbe Eigenheit machte es geneigt, auch dem Magiertum sein Inneres zu öffnen und es eindringen zu lassen. Allerdings die Grundüberzeugung von der Gottheit, als einem einzigen, geistigen, vollkommenen Wesen, war im Herzen der Judäer so fest eingewurzelt, daß die, wenn auch vergeistigte Vorstellung von Ahura-Mazda keinen Einfluß darauf üben konnte. Ihre Seher, scharfsichtig, wie sie waren, erkannten sofort den Irrtum, der in der eranischen Religionslehre liegt von der Zwiespältigkeit im Weltall durch den Gott des Lichtes und des Guten, der im Kampfe liege mit einem Widersacher, einem Gotte der Finsternis und des Bösen, einer Lehre, welche die Gottheit zur Ohnmacht verdammt. Sie hatten diesem Gottesbegriff die eigene Überzeugung entgegengesetzt, daß der Gott Israels Licht und Finsternis,

[1]) Vendidad XVII, 1 f.

das Gute und das Böse geschaffen habe[1]), daß die Welt und die Menschen nicht von zwei einander feindlichen Mächten hin und her gezogen und gespalten werden, sondern zur Einheit und zum Frieden berufen seien. Dieses Bekenntnis haben, wie es scheint, die geistigen Führer in der sopherischen Zeit im Morgengebet zum ermahnenden Ausdruck gebracht[2]): Gott ist Bildner des Lichts und Schöpfer der Finsternis, hat die Eintracht geschaffen und das All hervorgebracht. — Allein wenn sie auch den Gottesbegriff des Judentums unangetastet wissen wollten, so haben sie doch einige der persischen Religion entstammende Anschauungen und Gebräuche unbewußt ins Judentum aufgenommen oder wenigstens nicht kräftig genug von ihm ferngehalten. Sie glaubten, die Gottheit dadurch zu verherrlichen, wenn sie ihr nach dem Vorgang der Eranier Myriaden gefügiger, den Willen ihres Gebieters rasch vollstreckender Diener beigaben. Die „Boten Gottes", welche im biblischen Schrifttum als Sendlinge bezeichnet werden, um dessen Aufträge zu vollziehen — worunter aber auch Menschen, besonders Propheten bezeichnet werden — wurden nach dem Muster der Amescha-Spentas und Yazatas in himmlische Wesen mit eigenem Charakter und mit ausgeprägter Persönlichkeit umgewandelt. Nach der Schilderung des Propheten Jesaia von den beflügelten Seraphim und gemäß der Schau Ezechiels von den bewachenden und beschützenden Cherubim konnte sich die Phantasie diese himmlischen Wesen, die „Engel"[3]), mit Flügeln versehen denken, da auch die Yazatas auf persischen Denkmälern beflügelt dargestellt wurden. Die Geburtsstunde der Engel fällt in die sopherische Zeit. War ihr Dasein einmal gesichert, so konnten sie auch ins Unendliche vermehrt werden. Man dachte sich Gottes Thron von einer unzähligen Schar solcher himmlischen, eines Winkes gewärtigen und Befehle vollstreckenden Wesen umgeben: „Tausend mal tausend dienten ihm und Myriaden mal Myriaden standen vor ihm"[4]). Die Engel wurden wie bei den Persern heilige „Wächter" (Irin, Kadischin) genannt[5]). Die Engel erhielten auch eigene Namen: Michael, der Engel oder himmlische Fürst des Volkes Israel, es zu beschützen besonders beauftragt, ferner Gabriel, der Starke, Raphael, der Krankheit heile, Uriel oder Suriel, Metatoron und andere[6]).

[1]) Jesaia 45, 6—7.

[2]) Die Eulogie im Morgengebet: יוצר אור ובורא חושך עושה שלום ובורא את הכל ist unstreitig aus der sopherischen Zeit und im Gegensatz gegen den eranischen Dualismus formuliert.

[3]) Über die Engellehre, als ein persisches Element, vergl. Note 14.

[4]) Daniel 7, 10b. [5]) Das. 4, 10. 14. 20.

[6]) S. Note 14.

Wie die Phantasie die Yazatas in Engel umgewandelt und ihnen ein jüdisches Gepräge und hebräische Namen gegeben hat, so hat sie auch die Daevas nachgeschaffen und auch sie im jüdischen Kreise heimisch gemacht. Die Poesie des Buches Hiob[1]) hatte in einer dramatischen Dichtung unter den Wesen, welche am Rate Gottes teilnahmen, eine interessante Figur aufgestellt, den Satan, dessen Geschäft es sei, so wie bei irdischen Gerichtssitzungen anzuklagen, so auch in den himmlischen die Handlungen und Gesinnungen der Menschen, auch der frömmsten und gerechtesten, zu verdächtigen, ihr Verdienst zu schmälern, um Strafe über sie verhängen oder wenigstens ihren Lohn verkürzen zu lassen. Diesen himmlischen Ankläger (*διάβολος*), der in der Dichtung des Buches Hiob durchaus nicht als wirkliches Wesen und auch nicht bösgeartet, sondern im Gegenteil als scharfsichtiger und strenger Beurteiler geschildert wird, verwandelte die Phantasie in ein bösartiges Wesen, das die Menschen zum Bösen verführe, um sie hinterher anklagen zu können; sie machte aus Satan eine Art Angro-Mainyus. Sie stellte ihn keineswegs als mächtigen Nebenbuhler Gott gegenüber, dazu stand der Gottesbegriff im judäischen Kreise zu hoch. Er, der Heilige, hoch erhaben und allmächtig, durch dessen Wort alles geschaffen worden, könne nicht durch ein anderes Wesen, das ebenfalls sein Geschöpf sei, beschränkt, und seine Ratschlüsse können nicht durch dieses durchkreuzt werden. Allein der erste Schritt war doch getan, wodurch der böse Versucher nach seinem eranischen Vorbilde immer mächtiger ausgestattet wurde und ein eigenes Reich erhielt, das Reich der Finsternis, in dem Satan zur Schädigung des Guten schaltete. War einmal Satan nach dem Ebenbilde Angro-Mainyus' geschaffen, so mußte ihm eine große Schar Dämonen, böse Geister (Schedim Majekim, Malache Chalalah), beigegeben werden[2]). Einige unter ihnen wurden persönlich ausgedacht, mit Anklang an eranische Daevanamen, ein Dämon Aschmodaï und Samael, Meister über eine Schar von Plagegeistern. Auch ein Todesengel (Malach-ha-Mawet) mit tausend Augen wurde ausgedacht, der auf das Leben der Menschen lauere und es ihnen entziehe.

Diese Phantasiegeschöpfe beherrschten alsbald die Judäer und ihr Tun, und dadurch sind Bräuche entstanden, welche mit denen des Magiertums entschieden Verwandtschaft haben. Im Schlafe ruhe ein böser Geist auf den Händen; daher wurde eine Vorschrift eingeführt, des Morgens nach dem Erwachen die Hände zu waschen und ebenso

[1]) S. o. S. 31.
[2]) Vergl. Note 14.

nach der Verrichtung eines Bedürfnisses[1]). Die nächtliche Befleckung wurde ebenso wie im eranischen Kreise als ganz besonders verunreinigend betrachtet, weil ein böser Dämon dahinter gedacht wurde. Wer dadurch verunreinigt würde, sollte sich nicht bloß vom Opfer und Tempel, sondern auch vom Lesen in der heiligen Schrift fernhalten, bis eine Reinigung durch Wasser erfolgt sei[2]). Überhaupt wurden nach dem Beispiele der eranischen Bräuche die Reinigungsgesetze verschärft. Frauen, die nach gewissen Zeiten sich der Reinigung unterziehen, sollten auch ihr Haar in Wasser bringen[3]). Selbstverständlich wurden die levitischen Reinheitsgesetze im Verhältnis zum Tempel- und Opferwesen so weit ausgedehnt, daß jede noch so sehr entfernte Berührung mit einer Leiche als verunreinigend wirkend angesehen wurde. Geräte, die in unmittelbare Berührung damit gekommen wären, sollten die Verunreinigung weiter übertragen auf Personen und Geräte, welche mit diesen in Verbindung gekommen sein sollten. Der Einfluß der Lehre des Avesta von der Scheu vor jeder Berührung der Leichname ist dabei nicht zu verkennen[4]). Das Judentum durfte in der strengen Fernhaltung alles dessen, was mit dem Leichnam auch in unmittelbarer Verbindung steht, nicht hinter dem Magiertum zurückstehen[5]). Der Lehrsatz der geistigen Führer der sopherischen Zeit: „Machet einen Zaun um das Gesetz", und das Beispiel der Anhänger Ahura-Mazdahs in der nächsten Nähe haben das Judentum mit neuen Elementen befruchtet, die in folgerichtiger Entwickelung später das Ursprüngliche und Ureigene überwuchert haben.

Auch eine neue Vergeltungslehre hat sich im Judentum unter dem Einfluß der eranischen Vorstellung ausgebildet. Diese schied das ganze Weltall in zwei große Reiche, in die des Lichtes und der Finsternis, und versetzte die Reinen, die Anhänger des Ahura-Mazda,

[1] Massechet Kallah; Sabbat p. 109; Gittin p. 70.

[2] Baba Kama p. 82, a—b. Berachot 22, a—b und jerus. Megillah IV., p. 75a wird טבילה לבעלי קרי auf Esra zurückgeführt, d. h. der Brauch stammt aus sopherischer Zeit. Daß er dem Eranismus entlehnt ist, ist kein Zweifel.

[3] Auch der Brauch אשה חופפת wird das. auf Esra zurückgeführt.

[4]) Die weite Ausdehnung von טמאת מת (Oholot I, 2—3), ferner טמאת היסט (Siphre No. 127 und and. St.), endlich die weite Ausdehnung von טמאת אהל haben ihren Ursprung im Parsismus. Herodot (I, 187) berichtet, Darius habe sich gescheut, unter dem Tore des Gemaches, in welches die Königin Nitokris ihren Leichnam mit den Schätzen legen ließ, hindurchzufahren. Vergl. damit Oholot VII, 3 u. a. St.

[5]) Vergl. Nehemia 12, 30: ויטהרו . . את השערים ואת החומה; 13, 9: ואמרה ויטהרו הלשכות, eine Lustration, welche in den levitischen Gesetzen des Pentateuch keine Analogie hat.

in das Lichtreich, das Paradies, und die Unreinen, die Anhänger des Angro-Mainyus, in das Reich der Finsternis, in die Hölle. Nach dem Tode des Menschen verweile die Seele noch drei Tage in der Nähe des Leibes, dann werde sie, je nach ihrem Wandel auf Erden, von den Yazatas ins Paradies aufgenommen, oder von den Daevas in die Hölle geschleppt [1]). Auch diese Vorstellung von der Vergeltung nach dem Tode fand im judäischen Kreise Eingang. Der Garten Eden (Gan Eden), in welchen die Schöpfungsgeschichte das erste Menschenpaar im Zustande der Unschuld versetzte, wurde in das „Paradies" umgestaltet und das Tal Hinnom (Ge-Hinnom) bei Jerusalem, in welchem seit Achas Kinderopfer dargebracht wurden, gab den Namen für die neugeschaffene Hölle [2]). In das Gan-Eden wurden die Frommen und Gesetzestreuen und in das Ge-Hinnom die Frevler und Sünder versetzt. Auf welchem Wege können solche Anschauungen in den Vorstellungskreis des judäischen Volkes eingeführt worden sein? Er kann so wenig nachgewiesen werden, wie der Weg verfolgt werden kann, auf dem ein in der Atmosphäre verbreiteter Krankheitsstoff in die Poren des Leibes eindringt. Die Empfänglichkeit für die Aufnahme solcher Elemente, die mit der Lehre des Judentums verwandt schienen, war in der sopherischen Zeit vorhanden, in welcher der Eifer vorwaltete, mit Gesetz und Lehre Ernst zu machen und sie zu kräftigen. Indessen ist die Vorstellungsweise von Engeln, dem Satan und seiner Schar böser Geister, vom Paradiese und der Hölle nicht im Judentume erstarrter Glaube geworden, an dem zu zweifeln eine Todsünde wäre. Sie blieb vielmehr in dieser und der folgenden Zeit dem Belieben jedes einzelnen überlassen, sie aufzunehmen und sein Tun danach zu richten oder sie abzuweisen. Nur eine damit zusammenhängende Vorstellung aus dem eranischen Kreise von der Auferstehung der Menschen aus ihren Gräbern in der Zukunft hat sich so tief in die Denkweise des judäischen Volkes eingenistet, daß sie zu einem bindenden Glaubensartikel gestempelt wurde. Dieser Glaube schmeichelt zu sehr nicht bloß der Eigenliebe jedes einzelnen und reißt den Stachel aus dem Herzen,

[1]) Vergl. Spiegel, Avesta III. S. LXXIV. Von dem „Orte der Reinen" ist öfter die Rede in Vendidad XIX, 89—108; Vispered VIII, 8—9; Yaçna XVII, 42—44. Vergl. Agathias II, 23 *ψυχὴν ἐς τὸν τοῦ ἀγαθοῦ χῶρον ἀναβησομένην.*

[2]) Die Bezeichnungen גן עדן, als Paradies der Seelen, und גיהינום oder גיהנם, *Γέεννα* als Hölle, kommen als ausgeprägte Begriffe in der Mischnah und in den neutestamentlichen Schriften vor und stammen aus der nachexilischen Zeit. Vergl. Josephus Altert. XVIII, 11, 3, wo diese Vorstellungen als Dogmatik der Pharisäer bezeichnet werden.

das sich von dem Gedanken an völligen Untergang durchbohrt fühlt, als daß er nicht gierig aufgegriffen werden sollte, sobald er von irgend einer Seite dargeboten wurde. Das Magiertum der Eranier hat die Lehre von der Auferstehung des Leibes aufgestellt und festgehalten [1]). Es verlegte sie in eine zukünftige Zeit, wenn Ahura-Mazda seinen Widerpart überwunden und vernichtet haben werde, dann werde dieser den Raub der Körper, „der reinen Männer", wieder herausgeben müssen. Diesen hoffnungsreichen und auf die Gesinnung wirkenden Glauben nahm das Judentum in der sopherischen Zeit um so eifriger an, als in seinem Schrifttum Anklänge und Andeutungen dafür vorhanden waren. Der denktiefe Dichter des Hiob hatte zwar die Möglichkeit bezweifelt, daß der Mensch aus seinem Grabe wieder aufleben könnte (o. S. 37 f.). Allein die prophetischen Schriften, die jüngeren wie die älteren, sind voll von der Verheißung eines furchtbaren Tages des Herrn, an welchem eine Läuterung der Menschen vor sich gehen werde. In diesem Hinweis auf den „Tag des jüngsten Gerichts" fanden die Schriftkundigen die Auferstehung angedeutet und nahmen infolgedessen diese Hoffnung als Glaubensartikel an. Im täglichen Gebete wurde Gott dafür Preis erteilt, daß er die Gestorbenen einst wieder zum Leben erwecken werde [2]). Ein Seher aus der Zeit, als das judäische Volk mit dem Tode rang, tröstete die Leidenden: „Viele von den im Staube Entschlafenen werden erwachen, diese zum ewigen Leben und jene zur ewigen Schmach und zur ewigen Verwerfung." Daraus gestaltete sich eine eigentümliche Vergeltungslehre mit farbenreicher Ausmalung der Zukunft oder der „zukünftigen Welt" (Olam ha-Ba). Eine Zauberwelt wurde dem Blicke eröffnet und machte ihn trunken. Einst werden alle Mißklänge des Lebens ausgeglichen sein, alle Täuschungen schwinden: die Frommen und Guten, die Gesetzestreuen und Gerechten, die auf Erden so viel gelitten, werden aus dem Grabe auferstehen und ins ewige Leben in Reinheit und Lauterkeit eingehen. Auch die Sünder, die nur aus Leichtsinn und Schwäche gefehlt, werden, in der Hölle durch Büßung geläutert und zur Erkenntnis gelangt, die Freuden des ewigen Lebens genießen, ja sämtliche Israeliten, mit Ausnahme der großen und frechen Frevler, werden Anteil daran haben [3]). Wie wird aber diese Auferstehung und diese schöne und reine zukünftige Welt gestaltet sein? Darüber Rechenschaft zu geben

[1]) Vergl. darüber Note 14.

[2]) Die zweite Eulogie im täglichen Gebete aus der alten Zeit (o. S. 172) hat die Formel מחיה מתים.

[3]) Vergl. Note 14.

lag außerhalb des Vorstellungskreises. Der feste Glaube und die sehnsüchtige Hoffnung grübeln nicht. Sie gewähren die Beruhigung in dem Bewußtsein, daß einst eine gerechte Vergeltung stattfinden werde, und beschwichtigen den Schmerz über unglückliche Lebenslagen. Obwohl das Judentum den Keim dieser Lehre von der Umgebung empfangen hat, so hat es ihn doch reicher befruchtet und ihm eine versittlichende Wirksamkeit gegeben. Da es ihn mit seinem von Ursprung an sittlichen Gehalt erfüllt hat, wurde seine Entlehnung aus fremdem Kreise unkenntlich gemacht und als ureigenes Erzeugnis gehegt. Nur die Samaritaner sträubten sich lange gegen die Aufnahme des Auferstehungsglaubens und der damit verbundenen Gestaltung der Zukunft [1]. Weil er judäischerseits durch die prophetischen Schriften belegt und beurkundet wurde, durften sie ihm in ihrem Bekenntnisse keinen Platz einräumen, sonst hätten sie die Glaubwürdigkeit der Propheten und folgerichtig auch die Heiligkeit Jerusalems anerkennen müssen und wären dadurch mit sich selbst in Widerspruch geraten. Möglich, daß sie auch ohne diese Gedankenverbindung die Auferstehung verworfen haben und zwar aus dem Grunde, weil sie die Judäer in ihr Religionssystem aufgenommen hatten. Es genügte, daß etwas in Jerusalem beliebt wurde, um in Sichem verworfen zu werden.

[1]) Vergl. Note 14.

Sechstes Kapitel.

Die letzten persischen und die ersten mazedonischen Herrscher über Judäa.

Dürftiger Geschichtsstoff aus der letzten Zeit des Perserreiches. Artaxerxes Mnemon und Artaxerxes Ochus führen den Bilderkultus ein. Judäer in Ungnade bei ihnen. Religionsverfolgung und Standhaftigkeit. Verbannung von Juden an den Kaspi-See. Streit um das Hohenpriestertum zwischen Jochanan und Josua. Der letztere im Tempel ermordet. Bagoses, der Eunuch, legt deswegen den Judäern Strafgelder auf. Ihre hilflose Lage in der letzten persischen Zeit. Das Schrifttum. Die Chronik, ihre Anlage und ihr Lehrzweck. Die Griechen und das Griechentum. Alexander der Große von Mazedonien und sein Verhalten zu den Judäern. Unzufriedenheit der Samaritaner. Juda wird zur Provinz Cölesyrien gerechnet. Die zerstörenden Kriege der Nachfolger Alexanders untereinander. Jerusalem von Ptolemäus eingenommen. Judäa wird zu dem lagidisch-ägyptischen Reiche geschlagen. Die judäischen Kolonien in Ägypten und Syrien und die griechischen Kolonien in Palästina.

(420–300.)

In dieser langen Zeitreihe von nahe zwei Jahrhunderten, in welcher das judäische Gemeinwesen durch Gesetze gefestigt und der Bau des Judentums durch Erweiterung des Eigenen und Aufnahme fremder Elemente aufgeführt wurde, erklingt auch nicht ein einziger Name einer Persönlichkeit, welche dieses großartige Werk, das den Stürmen von Jahrtausenden trotzen konnte, geschaffen hätte. Haben die geistigen Führer des Volkes, die Urheber aller neuen Anordnungen, aus allzugroßer Bescheidenheit sich geflissentlich in Namenlosigkeit gehüllt, um von ihrer Schöpfung jeden Schein persönlicher Einwirkung zu vermeiden? Oder war die Nachwelt so undankbar gegen sie, ihre Namen der Erinnerung zu entziehen? Oder waren die Mitglieder der Versammlung nicht begabt oder bedeutend genug, um eine persönliche Auszeichnung zu verdienen, und verdankte das Gemeinwesen seine Kräftigung und das Judentum seine Entwickelung und Erweiterung lediglich ihrem Gesamteifer, in welchem der Einzelwille völlig aufgegangen war? Erstaunlich bleibt es immerhin, daß aus dieser langen Zeitreihe so wenig oder fast gar nichts Tatsächliches bekannt geworden ist. Entweder es sind keine Jahrbücher über die Vorgänge dieser Zeit geführt worden, oder sie sind untergegangen[1]). Allerdings waren keine denkwürdigen Ereignisse aufzuzeichnen. Die ganze Tätigkeit des judäischen Gemeinwesens war nach innen gekehrt, und diese schien in ihrer Einzelheit den Zeitgenossen nicht bedeutend genug, um ihre Anfänge, ihren Verlauf und ihre Wirkung der Nachwelt zu überliefern. Es war wenig Stoff vorhanden, um daraus Geschichte zu schreiben, und die Zustände, die sich nach und nach entwickelt haben, wären vielleicht einem Fremden aufgefallen; aber was hätte ein Einheimischer, der darin lebte und webte, besonderes daran finden können, um sie durch eine Schilderung zu verewigen? Das judäische Volk befaßte sich lediglich mit friedlichen Beschäftigungen, das Waffenhandwerk verstand es nicht, vielleicht nicht einmal zur Behauptung des eigenen Gebietes gegen Angriffe von Nachbarn. Wie der Prophet Ezechiel die künftige Gestaltung des judäischen Staates nach der Rückkehr verkündet hatte: „als eines Landes abgewendet vom Krieg, gesammelt aus vielen Völkern auf den Bergen Israels" [2]), so war sie in Wirklichkeit geworden. Ein solches friedliches Stilleben entzieht sich der aufmerksamen Beobachtung.

An den kriegerischen Bewegungen, welche an seiner Grenze vorfielen, hat sich das judäische Volk gewiß gar nicht beteiligt. Unter Artaxerxes II. mit dem Beinamen Mnemon (404—362) und unter Artaxerxes III. mit dem Beinamen Ochus (361—338) versuchten die ägyptischen Unzufriedenen, welche sich Könige nannten, mehreremal, sich von Persien frei zu machen und die ehemalige Selbständigkeit ihres Landes wiederherzustellen. Um den persischen Heeren, die zur Dämpfung der Aufstände zusammengezogen wurden, erfolgreichen Widerstand leisten zu können, verbanden sich die ägyptischen Eintagskönige regelmäßig mit den persischen Satrapen von Phönizien, denen auch Judäa zugeteilt war. Öfter zogen persische Heeresmassen längs der judäischen Küste des Mittelmeeres nach Ägypten oder ägyptische nach Phönizien und griechische Söldnerscharen, die von der einen oder der anderen kriegführenden Macht gemietet waren, hin und zurück, und von ihren Bergen aus konnten die Judäer diese Heeres-

[1]) Aus Nehemia 12, 23 nach Angabe des Chronisten haben Tagebücher דברי הימים mindestens bis zur Zeit des Hohenpriesters Jochanan existiert. Vergl. Note 15.

[2]) Ezechiel 38, 8.

züge beobachten. Sie blieben aber nicht immer ruhige Zeugen dieser kriegerischen Bewegungen — die mehr durch Verräterei als durch kriegerische Überlegenheit beendet wurden —, denn wenn sie auch nicht gezwungen wurden, Heeresfolge zu leisten, so blieben sie gewiß von anderweitigen Leistungen nicht verschont[1]). Ihr Verhältnis zu den persischen Königen erlitt ebenfalls eine Störung. Diese, fremden Einflüssen erliegend, fingen ebenfalls an Götzendienst zu treiben. Die Göttin der Lust, der sie auf ihren Zügen überall als Beltis, Mylitta oder Aphrodite begegneten, verlockte die Perser, die ohnehin durch die Eroberungen und erlangten Reichtümer für sinnliche Genüsse empfänglich geworden waren, allzu verführerisch, ihr zu dienen und zu opfern. Sobald sie den Kultus dieser Schandgöttin aufgenommen hatten, gaben sie ihr einen persischen Namen, Anahita, Anaitis, und brachten sie in ihrer Götterlehre unter. Artaxerxes II. verlieh ihm seine königliche Bestätigung, ließ Bildnisse der Göttin überall in seinem großen Reiche, in Babylonien, Susa und Ekbatana, den drei Hauptstädten, ferner in Damaskus, Sardes und in allen Städten Persiens und Baktriens errichten. Dadurch erlitt die eranische Religionsanschauung eine doppelte Verletzung: eine fremde Gottheit wurde eingeführt und Götterbilder wurden zur Verehrung aufgestellt. Dadurch war auch das geistige Band gelöst, welches die Perser mit den Bekennern des Judentums verbunden hatte, die gemeinsame Abneigung gegen Bilderdienst. Nicht mehr wurde unter den Persern dem geistigen Gotte der Judäer reiner Weihrauch gespendet (o. S. 117), die Anaitis hatte ihn aus ihren Herzen verdrängt. Es scheint, daß Artaxerxes Mnemon den Völkern seines Reiches den Kultus dieser Lustgöttin aufgezwungen und diesen Zwang auch den Judäern auferlegt hat[2]); denn es wird erzählt, daß diese von den persischen Königen und Satrapen öfter schimpflich behandelt worden seien, um ihre Überzeugung aufzugeben, daß sie sich aber lieber der schlimmsten Mißhandlung und selbst dem Tode ausgesetzt haben, um das väterliche Gesetz nicht zu verleugnen[3]). Eine seltsame Nachricht lautet,

[1]) Nehemia 9, 36—37. Diese VV., sowie das ganze Gebet, das den Leviten in den Mund gelegt wird, passen durchaus nicht auf Nehemias Zeitlage, in welcher die Judäer vielmehr glückliche Tage genossen haben. Die Klage: הארץ אשר נתתה לאבתינו . . . הנה אנחנו עבדים עליה ותבואתה מרבה למלכים ועל גויתינו משלים ובבהמתנו כרצונם ובצרה גדולה אנחנו, paßt besser auf die Zeit des Chronisten, d. h. unter den letzten persischen Königen.

[2]) S. Note 14.

[3]) Josephus teilt eine Relation aus Hekatäus Abderitas Historie mit, (contra Apionem I, 22), die, wenn sie auch noch nicht von diesem Historiker, sondern von einem judäischen Interpolator stammt, doch ihrem ganzen Tenor

Artaxerxes Ochus habe während seines Krieges gegen Ägypten und dessen König Tachos oder nach dem Kriege (361—360) Judäer aus ihrer Heimat gerissen und nach Hyrkanien an die Gestade des Kaspisees verpflanzt. Wenn die Tatsache eine geschichtliche Grundlage hat, so kann diese Verbannung nur eine Verfolgung wegen ihrer Anhänglichkeit an ihre Lehre und Überzeugung gewesen sein; denn schwerlich haben sich die Judäer an dem Aufstand gegen die Perser, welcher sich von Ägypten aus bis Phönizien verbreitete, beteiligt. Artaxerxes Ochus war grausam genug, eine solche Verfolgung zu verhängen.

nach historisch klingt, daß die Judäer von den Satrapen und persischen Königen mißhandelt worden, aber in ihrer Überzeugung standhaft geblieben seien. *Καὶ προπηλακιζόμενοι (Ἰουδαῖοι) πολλάκις ὑπὸ τῶν Περσικῶν βασιλέων καὶ σατραπῶν οὐ δύνανται μεταπεισθῆναι τῇ διανοίᾳ, ἀλλὰ γεγυμνωμένως περὶ τούτων καὶ αἰκίαις καὶ θανάτοις δεινοτάτοις μάλιστα πάντων ἀπαντῶσι, μὴ ἀρνούμενοι τὰ πατρῷα.* Bestätigt wird dieses Faktum durch die in Eusebius' Chronik erhaltene Nachricht, daß Artaxerxes Ochus Judäer nach Hyrkanien am Kaspi-See deportiert habe. Nur ist die Tragweite dieser Nachricht nicht bestimmbar. Da der Originaltext der Eusebianischen Chronik nicht erhalten ist, wir also auf die Übersetzungen angewiesen sind, und diese voneinander differieren, so folgt eben daraus eine Unbestimmtheit. Die älteste Übersetzung, die Hieronymianische, lautet: Ochus Apodasmo (?) Judaeorum capita in Hyrcaniam accolas translatos juxta mare Caspium conlocavit. Die armenische Übersetzung klingt anders (zur 103. Olympiade): Ochus partem aliquam de Romanis Judaeisque cepit et habitare fecit in Hyrcania juxta mare cazbium. Während in der Hieronymianischen Version der Stadtname Apodasmum stutzig macht, fällt in der armenischen das Wort de Romanis auf. Syncellus hat die Nachricht selbstverständlich in seine Chronographie aufgenommen. Hier lautet sie einfacher, hat aber wieder einen Zusatz: *Ὄχος Ἀρταξέρξου παῖς εἰς Αἴγυπτον στρατεύων μερικὴν αἰχμαλωσίαν εἷλεν Ἰουδαίων, ὧν τοὺς μὲν ἐν Ὑρκανίᾳ κατῴκισε πρὸς τῇ Κασπίᾳ θαλάσσῃ, τοὺς δὲ ἐν Βαβυλῶνι οἳ καὶ μέχρι νῦν εἰσὶν αὐτόθι, ὡς πολλοὶ τῶν Ἑλλήνων ἱστοροῦσιν* (Sync. 486, 10). Dieselbe Nachricht in derselben Form hat auch Paul Orosius (Historia III, 7): Tunc etiam Oxus qui et Artaxerxes post transactum in Aegypto maximum . . . . . bellum, plurimos Judaeorum in transmigrationem egit atque in Hyrcaniam ad Caspium mare habitare praecepit. Orosius' und Syncellus' Angabe stammt aus einer Quelle, der Zusatz bei dem letzteren von der Transportation nach Babylon ist also zu streichen. Könnte man annehmen, daß diese beiden Sekundärquellen den ursprünglichen Eusebianischen Text am besten erhalten haben, dann wäre man der Verlegenheit überhoben, was die Zusätze „de Apodasmo" bei Hieronym. und „de Romanis" in der arm. Übersetzung bedeuten sollen. Sie wären einfach als Korruptelen anzusehen. Eine abrupte und dunkle Nachricht bei dem Kompilator Solynus (de memorabilibus cap. 44) von Artaxerxes in bezug auf Jericho und wahrscheinlich auch in bezug auf Judäer läßt es ungewiß, ob sie mit der von Eusebius erhaltenen Notiz zusammenhängt. Judaeae caput Hierosolyma, sed excisa est. Successit Hiericus, et haec desinit Artaxerxes bello subacta.

In Jerusalem erlitten sie damals Schimpfliches von einer jener Kreaturen, welche bei der zunehmenden Verworfenheit des persischen Hofes und der zunehmenden Altersschwäche des Reiches sich aus dem Staube zu Herrschern über Thron und Länder erhoben. Es war der Eunuche Bagoas (Bagoses), welcher unter dem Könige Artaxerxes III. eine solche Macht erlangte, daß er diesen König und seine ganze Nachkommenschaft aus dem Wege räumte und nach seinem Belieben über Besetzung des erledigten Thrones schaltete. Ehe er aber über diese Machtfülle gebot, war er Anführer der Truppen, welche in Syrien und Phönizien standen, und beutete seine Stellung aus, um große Reichtümer zu erwerben, die ihm als Mittel zu seinen Plänen dienen sollten. An diesen wandte sich ein ehrgeiziger Hohenpriestersohn Josua, um sich von ihm um Bestechung mit der Hohenpriesterwürde belehnen zu lassen. Die Inhaber dieser Würde haben sie von Anfang an meistens durch Ehrgeiz, Ränke und niedrige Gesinnung geschändet. Wie der Stammvater Jesua seinen um die Organisierung des Gemeinwesens so hochverdienten Genossen Serubabel verdrängte (o. S. 106), so hat sein Urenkel Ränke geschmiedet, um seinen eigenen Bruder, dem nach dem Erstgeburtsrecht die Hohenpriesterwürde gebührte, zu verdrängen. Beide waren Söhne des Jojada, dessen Sohn oder Verwandter sich mit Sanballat verschwägert und, von Nehemia aus Jerusalem ausgewiesen, den nebenbuhlerischen Gottesdienst auf dem Berge Gerisim eingeführt hatte (o. S. 109). Als Jojada gestorben war, trat der jüngere Sohn, auf Bagoses' Beistand vertrauend, mit dem Anspruch auf, das hohenpriesterliche Diadem auf sein Haupt zu setzen. Sein älterer Bruder Jochanan war über diese Anmaßung so empört, daß es im Tempel zu einem Streit zwischen beiden und zum Blutvergießen kam. Jochanan erschlug Bagoses' Schützling im Heiligtume. Es war ein betrübendes Vorzeichen für die Zukunft. Auf die Kunde von dem Vorgang in Jerusalem begab sich der Eunuche dahin, nicht um seinen Schützling zu rächen, sondern um unter dem Scheine einer wohlverdienten Strafe Geld zu erpressen. Das Volk mußte für jedes Lamm, das im Tempel täglich geopfert werden sollte, fünfzig Drachmen (ungefähr 352 *M*) Bußgelder zahlen, und diese Buße mußte jeden Morgen vor der Opferhandlung erlegt werden. Bagoses begab sich auch in den Tempel, und als ihn die Priester mit Berufung auf das Gesetz, welches allen Laien das Betreten desselben untersagt, daran hindern wollten, fragte er höhnisch, ob er nicht eben so rein sei, wie der Hohenpriestersohn, der im Tempel ermordet wurde, und drang ein. Das war ein zweites böses Vorzeichen. Die Strafgelder mußte das Volk sieben Jahre leisten[1]), bis es durch irgendeinen Umstand davon befreit wurde. — Die Samaritaner, die schlimmen Nachbarn des judäischen Gemeinwesens, haben ohne Zweifel die Ungunst, in dem dieses bei den letzten persischen Königen stand, benutzt, um es zu schädigen. Die Landstriche an der Grenze, die sie früher hatten abtreten müssen, Ramathaim, Apherema und Lydda (o. S. 73), scheinen sie mit List oder Gewalt wieder an sich gebracht zu haben[2]).

Die Judäer mußten also in dieser Zeit um die Erhaltung des Daseins kämpfen. Überhaupt hatten sie in den zwei Jahrhunderten nur wenige Lichtblicke: in der ersten Zeit nach der Rückkehr, die von Begeisterung erfüllt war, in der Zeit unter Darius I., der ihnen volle Huld zugewendet hatte, und endlich während Nehemias Anwesenheit und eifervoller Tätigkeit in Jerusalem. Sonst aber waren Gedrücktheit, Armseligkeit und der mitleiderregende Zustand der Hilflosigkeit ihr Los. Sie machen den Eindruck, als wenn sie stets mit feuchtem Blicke zu den Höhen hinaufgeschaut hätten — mit der beklemmenden Frage: „Woher soll mir Hilfe kommen?" Die Spuren der Armseligkeit und Kraftlosigkeit zeigt auch das Schrifttum, das aus diesen zwei Jahrhunderten sich erhalten hat. Während des Exils hatten der stechende Schmerz und die erregte Sehnsucht, welche die Gemüter in fast atemloser Spannung erhielten, reiche, schöne Blüten der Prophetie und Poesie erzeugt. Sobald diese Erregung aufgehört hatte, die Hoffnung Wirklichkeit geworden war, erlahmte auch der geistige und poetische Schwung. Die prophetische Beredsamkeit der

[1]) Josephus Altert. XI, 7, 1. Zu welcher Zeit dieses Ereignis vorgefallen ist, geht aus dem Texte nicht mit Bestimmtheit hervor. Er lautet nämlich *Βαγώσης στρατηγὸς τοῦ λαοῦ Ἀρταξέρξου*. Skaliger emendiert dafür *τοῦ Ἄχου* oder *Ὤχου* und identifiziert damit diesen Bagoses mit dem Eunuchen Bagoas, welcher in der Geschichte des Artaxerxes III. Ochus eine so unheilvolle Rolle gespielt hat (Emendatio temporum, p. 389). Indessen ist diese Emendation nicht stichhaltig, da Rufinus' lat. Übersetzung die Stelle: alterius Artaxerxis wiedergibt. Man ist also berechtigt zu lesen: *ἄλλου Ἀρτα.* und man könnte ebenso gut darunter Artaxerxes II. Mnemon, wie Artaxerxes III. Ochus verstehen. Allein aus der Bezeichnung, daß Bagoses Feldherr (*στρατηγός*) des Artaxerxes gewesen, geht jedenfalls die Identität dieses Bagoses mit jenem Feldherrn Bagoas unter Ochus hervor. Statt *Βαγώσης* lesen auch einige *Βαγώης*. Dieser Name bedeutet eigentlich auf persisch einen Eunuchen. Die Geschichte von der Ermordung des Josua durch seinen Bruder Jochanan kann demnach unter den letzten Artaxerxes zwischen 361 und 338 gesetzt werden. Wenn, wie Josephus erzählt, der Sohn des Hohenpriesters Jochanan, nämlich Jaddua mit Alexander zusammengekommen sein soll, dann kann sein Vater nur unter Ochus gelebt haben. Indessen ist diese Relation bei Josephus außerordentlich verdächtig.

[2]) Josephus, contra Apionem II, 4; vergl. weiter unten.

nachexilischen Zeit, hält, von der Seite der Form betrachtet, keinen Vergleich mit der aus der exilischen Zeit aus. Die Psalmendichtung wurde matt und gefiel sich in Wiederholungen oder entlehnte den Schmelz aus älteren Erzeugnissen. Die liebliche Idylle des Buches Ruth (o. S. 125 f.) bildet eine Ausnahme in dem Schrifttum dieser Zeit. Die Darstellung geschichtlicher Erinnerungen war, allerdings erklärlich, ganz und gar vernachlässigt. Esra und Nehemia hatten lediglich eine Denkschrift über ihre Erlebnisse in gedrängter Kürze und mit Vernachlässigung der schriftstellerischen Form aufgezeichnet. Ganz zum Schlusse dieser Zeitepoche, gegen das Ende der Perserherrschaft hat, wie es scheint, ein Levite ein Geschichtswerk von Beginn der Schöpfung bis auf seine Zeit zusammengestellt, Tagesgeschichte (Dibré Ha-Jamim) genannt. Es enthält wertvolle Erinnerungen aus der älteren Zeit, aber nur sehr dürftige aus der jüngsten Vergangenheit und seiner eigenen Gegenwart. Seine Darstellungsweise charakterisiert die Geistesmattigkeit und Armut. Von künstlerischer Anlage ist keine Spur in dieser „Tagesgeschichte", aber nicht einmal sachgemäße Gruppierung wird darin angetroffen. Erinnerungen aus der ältesten Zeit sind untermischt mit Nachrichten aus dem spätesten Zeitalter. Die „Tagesgeschichte", welche von Adam bis Nehemia reicht, vernachlässigt die chronologische Reihenfolge vollständig, macht unmittelbare Sprünge von einer Zeitreihe in die andere nach einem eigens angelegten Leitfaden. Ihre Sprache ist ungelenk und weicht von der bis dahin üblichen augenfällig ab; sie hat schon eine neuhebräische Färbung. Der Hauptzweck des Verfassers mit der ordnungslosen Zusammenstellung der geschichtlichen Erinnerungen war Belehrung[1]. Das lebende Geschlecht sollte sich an der Vergangenheit ein Beispiel nehmen, das Vortreffliche und Mustergültige befolgen und das Schlechte und Irrtümliche vermeiden.

Welche Lehre wollte der Verfasser zur Erkenntnis und Beherzigung bringen? Zunächst lag ihm daran, nachzuweisen, daß die lebenden Geschlechter von den Stämmen Juda, Benjamin und Levi sich eines herrlichen, alten Ursprungs rühmen könnten. Aus alten Stammverzeichnissen, die er — nicht immer gut erhalten — vorgefunden hat, wollte er nachweisen, daß sie von den Familien abstammen, welche aus Babylon nach Judäa zurückgekehrt waren, diese höher hinauf von den Nachkommen der Söhne Jakobs und diese von Abraham und von Adam. Auf diese Abkunft der Geschlechter in gerader Linie von den ersten Menschen und den Erzvätern legte er einen hohen Wert, als wollte er den ältesten Adel der lebenden Ge-

[1] Vergl. darüber Note 15.

schlechter beurkunden. Zugleich deutet die Tagesgeschichte an, welche Familien sich rein von Vermischung mit fremden Völkerschaften gehalten haben. Das davidische Haus wollte er ganz besonders verherrlichen. Zu diesem Zwecke führte er das Stammesregister desselben bis auf seine Zeit herab und nannte die Namen der damals lebenden sieben Nachkommen Serubabels. Davids Persönlichkeit, Regierung, Taten, Anordnungen und besonders seine Frömmigkeit schilderte er am ausführlichsten und verfehlte nicht hervorzuheben, daß das ganze Volk, sämtliche Stämme, ihm aus freien Stücken gehuldigt und ihn als König anerkannt haben, er sei durchaus nicht Thronräuber gewesen. Seine Wahl habe Gott bestätigt und ihm noch dazu verheißen, daß seine Nachkommen bis ewig das Königtum fortsetzen würden. Zu diesem Zwecke erzählte er die Geschichte des judäischen Königtums ausführlich, während er die Geschichte des Zehnstämmereiches nur gelegentlich erwähnte. Bei Salomos Glanzregierung und der Geschichte der frommen davidischen Könige verweilte er am längsten. Die Geschichte der schlechten und götzendienerischen Könige dieses Hauses begleitete er stets mit der Bemerkung, daß sie wegen ihres Wandels und Abfalls durch Strafen und Unglück heimgesucht worden wären. Dann verherrlichte er die heilige Stadt Jerusalem und den Tempel, beschrieb ausführlich die Gesamtordnung im Heiligtume und bemerkte, daß sie von David und dem Propheten Samuel eingesetzt und daher ehrwürdig und unabänderlich sei. Ganz besonders hebt die „Tagesgeschichte" die Rangordnung der Tempelbeamten hervor, der Ahroniden, der Leviten nach ihren Abstufungen und Familien oder Vaterhäusern. Während sie aber das Priestertum hochstellt, behandelt sie das hohepriesterliche Haus mit Gleichgültigkeit, und hat kein Wort des Lobes für die sechs letzten Hohenpriester der nachexilischen Zeit, verfehlt auch nicht zu erwähnen, daß sich einige Glieder derselben der Mischehen schuldig gemacht haben. Sie deutet an, daß die Herrschaft und die höchste Würde nicht dem hohenpriesterlichen Hause, sondern den Nachkommen Davids gebührten. Für die nachexilische Zeit benutzte der Verfasser der „Chronik" die Denkschrift Esras und Nehemias, zog Erzählungen daraus wörtlich aus oder erzählte selbständig nach deren Angaben. Seine eigenen Ansichten bekundete er in den Gebeten und Reden, die er den von ihm für würdig befundenen geschichtlichen Persönlichkeiten in den Mund legte, sonst hielt er sich an seine Quellen. Als hätte er geahnt, daß die alte Zeit im Absterben und eine neue im Anzuge sei, stellte er in Umrissen das Ergebnis des Geschichtsverlaufes bis zu seiner Zeit zusammen und wollte das Denkwürdige aus dem

Altertum der Vergessenheit entreißen. Es weht gewissermaßen im Buche der Tagesgeschichte selbst die Luft einer neuen Zeit. Nicht bloß fremdländische Sprachelemente, sondern auch fremde Anschauungen sind bereits in demselben eingebürgert und heimisch. Propheten und Gottesmänner treten nicht mehr auf. Der Geschichtsverlauf der nachexilischen Zeit wird ganz natürlich durch Verkettung der Umstände ohne Dazwischenkunft von Propheten oder göttlicher Veranstaltung erzählt.

In der Tat brach entweder noch beim Leben des Verfassers oder kurz nach dem Abschluß seines Geschichtswerkes eine ganz neue Zeit an, welche die Judäer und das Judentum zu neuer Kraftanstrengung aufstachelte, und in der diese ihren gediegenen Gehalt bewähren sollten. Diese neue Zeit wurde von dem Griechentum herbeigeführt. Dieses hat eine durchgreifende Umgestaltung in Denkweise, Sitten und Lebensweise der Menschen hervorgebracht und die anregungsfähigen Völker der damals bekannten Erdteile in der Gesittung um einige Stufen höher gehoben. Aber die Verbreitung dieser Gesittung infolge errungener politischer Machtfülle und weitausgedehnter Herrschaft ging nicht von den Griechen, sondern von dem aus Griechen und Barbaren gemischten Volke der Mazedonier aus. Das griechische Volk wäre nicht imstande gewesen, die Weltherrschaft zu erobern, oder, wenn erobert, sie zu behaupten. So hochbegabt einige griechische Stämme waren, und so wunderbar Großes und Unvergängliches sie auch geschaffen haben, so war doch in ihrem Grundwesen etwas, — man weiß nicht recht, soll man es einen Fehler oder einen Vorzug nennen, weil es erst die großartigen hellenischen Schöpfungen möglich machte — das sie hinderte, eine geeinte politische Macht zu bilden und sie anderen Stämmen und Völkerschaften für die Dauer aufzuzwingen. Eine Fülle von hochbegabten Persönlichkeiten und Charakteren ging aus dem Schoße des griechischen Volkes aus, Helden, Feldherren, Staatsmänner, Gesetzgeber, Bild- und Baukünstler, Denker und Dichter, wozu das winzige Gebiet Attika mit der Hauptstadt Athen viel mehr gestellt hat, als sämtliche griechische Landschaften und Kolonien zusammengenommen. Athen war der geistige Mittelpunkt des ganzen Landes und der über weite Räume zerstreuten hellenischen Ansiedelungen. Hier wurde der feinfühligste Geschmack und der klar schauende, die Dinge tief erfassende Geist ausgebildet. Die Baukunst, wozu die Phönizier und Assyrier den Grund gelegt hatten, wurde in Athen zur höchsten Vollendung gebracht. Die Schiffahrt, mit welcher Tyrier, Sidonier und Karthager die Meere, die Inseln und Küsten beherrschten, wurde hier so vervollkommnet, daß Fahrten auf der Meeresfläche, den Launen des Windes trotzend, wie leichte Spaziergänge angesehen wurden. Die Bildhauerkunst, in welcher es die Assyrer bereits zur Meisterschaft gebracht hatten, wurde in Athen noch mehr veredelt und zur höchsten Blüte gebracht. Die griechischen Künstler haben Marmorblöcken Leben und Geist eingehaucht und darin die mannigfaltigen Empfindungen, welche das menschliche Herz bewegen und sich in der äußeren Körperhaltung ausprägen, mit beredten Zügen ausgedrückt. Mit dieser Kunst versinnbildlichten sie die Anmut, die Holdseligkeit und Schönheit, und mit ihr wußten sie auch die Verehrung gebietende Hoheit ihrer Götter und Halbgötter so überwältigend darzustellen, daß nicht bloß das naive Volk, sondern auch die gebildeten Kreise vor den schöngeformten Bildsäulen das Knie beugten.

Und wie mit dem Meißel, so wußten die griechischen Künstler mit Farben und zarten Linienzeichnungen Naturwesen und Menschen mit ihren Leidenschaften nicht bloß täuschend nachzuahmen, sondern ihnen auch verklärende Züge zu leihen. Und nun gar in ihren Dichtungen, welche Vollendung durch den Zauber der Sprache, den Wohllaut und das Ebenmaß der Glieder und durch den Gleichklang des Inhaltes und der Form! Die zwei Heldengedichte Homers oder der Homeriden, im jonischen Kleinasien entstanden, sind, obwohl in anderen Zungen und in verschiedenen Zeiten nachgeahmt, unübertroffen geblieben und wurden eine Goldfundgrube für noch andere Dichtungsarten und ein Bildungsmittel zur Verfeinerung des Geschmackes für viele griechische Stämme. Die höchste Blüte der Dichtkunst, die dramatische Poesie, ist ihre Erfindung, und sie hat, einmal angeregt, in ihrer Mitte einen hohen Grad erreicht. Ihre Trauerspieldichter wußten die Herzen der Zuschauer mit Schauer und ihre Lustspieldichter sie mit Heiterkeit zu erfüllen. Die Wissenschaft, das tiefere Eindringen in die Gesetze, welche den Bau des Weltalls und der mannigfaltigen Wesen erhalten und wandeln, die feine Beobachtung der Völker und ihrer Sitten, der Seele und ihrer Kräfte, und als höchste Blüte derselben, die Weltweisheit (Philosophie) hat der griechische Geist angebahnt und sie bis zu einer erstaunlichen Höhe gebracht. Staatskünstler und Gesetzgeber erzeugte das griechische Volk in Hülle und Fülle ebenso wie gewandte Redner; aber diese Fülle verriet die schwache Seite seines Wesens.

Dieses Volk in seiner ausgeprägten Gestalt litt nämlich auch an den Schwächen der Künstlernaturen. Stolz auf seine Begabung und seine unverwüstliche Kraftfülle war es leichtlebig, eitel, hochfahrend, ungebärdig, rechthaberisch, unverträglich, launenhaft, unbeständig, argwöhnisch und reizbar. Heute überhäufte es einen seiner Bürger wegen eines zweifelhaften Verdienstes mit der höchsten Ehre und errichtete ihm eine Standsäule, und morgen konnte es ihm den Giftbecher reichen. Trotz gemeinsamer Abstammung, gemeinsamer Sprache und Sitten und künstlicher Verbände, wie Gottesverehrung, gemeinsame Spiele und andere Institutionen, konnten die Griechen es nie zu einer geschlossenen Einheit bringen. Das Gefühl der Freiheit artete in Selbstüberschätzung und Geltendmachung der Einzelpersönlichkeit aus. In Überschätzung der eigenen Einsicht wollte jedermann befehlen und niemand gehorchen. Nur die gemeinsame Gefahr, von den Persern geknechtet zu werden, hat die griechischen Stämme — doch nicht alle — zur einheitlichen Abwehr verbunden. Aber sobald diese Gefahr vorüber war, so kehrte ein Land gegen das andere, eine Stadt gegen die andere die mörderischen Waffen und sie zerfleischten einander bis zur Vernichtung. Die griechischen Freiheitskriege dauerten nur einige Jahrzehnte, die Bürgerkriege dagegen mehr als ein Jahrhundert. Fast in jeder Stadt auf dem Festlande und den Inseln gab es zwei Parteien, die mit Hintansetzung aller Stammverwandtschaft und Menschlichkeit einander bekämpften. Die unterliegende Partei oder der in seiner Eitelkeit verletzte Führer machte sich kein Gewissen daraus, mit dem Erbfeinde Griechenlands, den Persern, Unterhandlungen zum Schaden des Vaterlandes anzuknüpfen und Landesverrat zu üben. Die drei Hauptstaaten, die abwechselnd auf einige Zeit die Führerschaft hatten, Sparta, Athen und Theben, haßten einander viel ingrimmiger als die Fremden, gegen die sie zur Behauptung der Freiheit gemeinsam gekämpft hatten. Gewissenhaftigkeit war überhaupt nicht Sache der Griechen. Gesetze wurden nur gegeben, um übertreten zu werden. Abergläubisch wie sie waren, scheuten sie sich doch nicht, die Tempel der von ihnen verehrten Götter zu berauben und zu entweihen, und diejenigen Stämme oder Parteien, welche mit Entrüstung die Tempelschänder mit Krieg überzogen, taten es bloß zum Scheine, um für sich Vorteil daraus zu ziehen. Zu dieser Verworfenheit kam noch Genußsucht und Geldgier. Die eine führte zu Ausschweifungen und zum unnatürlichen Laster der Knabenliebe und die andere zur Ehrlosigkeit. Liebe und Zärtlichkeit des Gatten zur Gattin waren in Griechenland nicht anzutreffen, diese wurden an die buhlerischen Freundinnen verschwendet, und Untreue des Ehemanns gegen die Ehefrau war weder vom Gesetze, noch von der Sitte gebrandmarkt. Für Züchtigkeit und Keuschheit, die Grundbedingung zur Veredlung der Sitten, hatten die Griechen kein Verständnis. Ein

Joseph, welcher der Verlockung einer Sünderin entflieht, wäre in der griechischen Poesie nicht einmal als Phantasiebild denkbar. Die verkörperte griechische Weltweisheit, Sokrates oder Plato, welche einen Idealstaat aufstellte, fand es empfehlenswert, daß junge Frauen und Mädchen mit den Männern gemeinsam unverhüllt Leibesübungen auf den Ringplätzen, den Lieblingsstätten der Hellenen, zur Vorbereitung für den Krieg halten sollten [1]). In diesem Idealstaate sollte die Vermischung der Geschlechter so eingerichtet werden, daß kein Kind seinen Vater erkennen, sondern sämtliche kriegstüchtige und tapfere Männer als seine möglichen Väter ansehen sollte [2]). Diese Weltweisheit erkannte so wenig den Adel einer züchtigen Ehe, daß sie den jungen Männern, die sich im Kriege oder sonst tüchtig erwiesen, als Preis und Auszeichnung mehrere Weiber gewährt wissen wollte, damit recht viele Kinder von ihnen erzeugt werden könnten [3]). Aus dem Idealstaate sollte die Gleichheit ausgeschlossen werden; alle diejenigen, welche nicht kriegstüchtig oder philosophierend wären, sollten keine Gleichberechtigung haben. Bis zum Menschenmord verstieg sich diese griechische Weltweisheit. Schwächlich geborene Kinder oder solche, welche ohne obrigkeitliche Erlaubnis in die Welt gesetzt wurden, sollten bei der Geburt getötet oder ausgesetzt werden [4]). Zu solchen Verirrungen verstieg sich der griechische Geist. Die Gewinnsucht führte dazu, daß Griechen sich als Söldnerscharen anwerben ließen und sich dazu drängten, um für oder gegen die Perser gleichviel zu kämpfen. In allen Schlachten auf dem Boden des persischen Reiches, die im vierten Jahrhunderte unter den beiden letzten Artaxerxes (Mnemon und Ochus) vorfielen, standen Griechen gegen Griechen und schleuderten einander mit der von ihnen verfeinerten Kriegskunst Verderben und Tod zu. Geld- und Beutesucht und Lust zu Abenteuern waren die Triebfedern ihrer ritterlichen Kämpfe, kein höherer Gedanke beseelte sie. Die Zerfahrenheit sämtlicher griechischer Stämme trübte in ihrem Innern die Begriffe oder das Taktgefühl für Recht oder Unrecht und selbst für das, was in ihren Augen mehr als Tugend galt, für das Schöne oder Anständige und das Unschöne oder Schimpfliche. Ihre Schönredner und Klügler (Sophisten), die ihr klangreiches Wort in Volksversammlungen, in den Gerichtshöfen und in politischen Unterhandlungen ertönen ließen, verwirrten sie nur noch mehr und führten sie von Verirrung zu Verirrung, weil

[1]) Plato, Politica V, p. 452.
[2]) Das. p. 457.
[3]) Das. p. 160.
[4]) Das. p. 161.

es ihnen niemals um die Wahrheit, sondern lediglich um Schein und um schnöden Gewinn zu tun war. Ihre Weisheit wurde an ihnen zur Torheit und gereichte ihnen nur zum Verderben. Die Menschen verziehen den Griechen ihre großen Fehler, weil sie liebenswürdige Sünder waren; aber der Lenker der Völker verzieh ihnen nicht, die Sünde rächte sich grausam an ihnen. Sobald ein Mann auf den Schauplatz trat, der ihre Zerfahrenheit, ihre gegenseitigen Eifersüchteleien und Schwächen kannte, sie zu benutzen verstand, mit berauschender Schmeichelei und glänzendem Golde nicht sparsam war und sich auf kriegerische Mittel stützen konnte, so mußte ihm ganz Griechenland als Beute zufallen und seinen Plänen, wenn auch mit Zähneknirschen Gefolgschaft leisten. Das vollbrachte der mazedonische König Philipp mit der Geeintheit seines Wesens und seines Heeres, mit seiner Schlauheit und seinem Gelde. Ganz Griechenland lag ihm zu Füßen. Aber selbst, als er in einer großen Versammlung in Korinth den Griechen einen Plan zur Befriedigung ihres Nationalstolzes auseinandersetzte, einen Kriegszug gegen das persische Reich eröffnete, um es für die öfteren Angriffe auf Griechenland zu züchtigen und zugleich Kriegsruhm zu erwerben und Beute zu machen, konnten sie ihre kleinlichen Eifersüchteleien nicht beherrschen. Einige Staaten beschickten die Versammlung gar nicht, und die anderen oder deren Vertreter mußten erst durch Geld bestochen werden, um sich dem Plane geneigt zu zeigen. Philipp gelang dieser Rachezug nicht: er wurde inmitten der Rüstung dazu ermordet. Da trat ihn sein großer Sohn Alexander an, der berufen war, eine Umgestaltung der Völkerverhältnisse herbeizuführen und auch das stille Judäa in den Strudel der Riesenkämpfe hineinzuziehen. Neue Leiden und Prüfungen kamen über das judäische Volk durch die geschichtliche Erschütterung, welche die damals bekannte Welt von einem Ende bis zum anderen erlitten hatte.

Ein judäischer Seher verglich Alexander und seine Eroberungen mit einem Leoparden, der mit Adlerflügeln begabt wäre[1]). In zwei Schlachten versetzte er dem morsch gewordenen persischen Reiche den Todesstoß. Kleinasien, Syrien und Phönizien lagen ihm zu Füßen, viele Könige und Fürsten gingen ihm in ihrem Schmucke entgegen und huldigten ihm. Nur Tyrus und Gaza oder vielmehr die in sie gelegten persischen Besatzungen und Feldherren wagten es, dem mazedonischen Eroberer Widerstand entgegenzusetzen und sich einer hartnäckigen Belagerung auszusetzen. Tyrus wurde nach siebenmonatlicher und Gaza nach zweimonatlicher Einschließung erobert

[1]) Daniel 7, 6.

(August und November 332), und beide erfuhren ein hartes Los. — Wie erging es dem winzigen Judäa unter diesem gewaltigen Eroberer, dem sich gleich darauf ganz Ägypten, das stolze Land der Pharaonen, in Demut unterwarf? Die geschichtlichen Erinnerungen aus dieser Zeit haben sich nur in sagenhafter Gestalt erhalten, und sie geben daher kein treues Bild der Vorgänge. Schwerlich haben sich die Judäer geweigert, Alexander zu huldigen, weil sie den Eid der Treue gegen die persischen Herrscher zu brechen, für eine Sünde gehalten hätten. Weder haben sie je einen solchen Eid geleistet, noch hätten sie Gewissensbedenken haben können; da die vorletzten persischen Könige nicht sehr gewissenhaft an ihnen gehandelt haben. Auch waren sie durch die tatsächliche Besitzergreifung der Länderstrecken von seiten Alexanders, welche der letzte persische König in schmählicher Flucht aufgegeben hatte, nicht mehr an Persien gebunden. Sagenhaft ist entschieden die Nachricht, daß Alexander auch Jerusalem berührt und, durch eine Erscheinung betroffen, die Judäer mit Gunstbezeugungen überhäuft habe. Der Hohepriester in seinen heiligen Gewändern sei ihm, so wird erzählt, mit einer Schar von Priestern und Leviten entgegengezogen und habe durch seinen Aufzug auf den jungen Sieger einen so überwältigenden Eindruck gemacht, daß dieser ihn zuvorkommend begrüßt und seinen Zorn in Wohlwollen umgewandelt, weil ihm, wie er zu seiner Umgebung geäußert, die Gestalt des Hohenpriesters gerade in diesem Aufzug im Traume in Mazedonien erschienen sei und ihm Siege verheißen habe[1]). Eine Sage läßt

[1]) Josephus' Bericht von Alexanders Verhältnis zu Judäa, Altert. XI, 8, 3 bis 6 ist mit Recht als sagenhaft erklärt worden, schon aus dem Grunde, weil er Sanballat, den Tempelbau auf Gerisim und Manasse anachronistisch damit in Verbindung bringt. Er scheint durch Mißverständnis einer ihm vorgelegenen Quelle auf diese Verwirrung der historischen Vorgänge geführt worden zu sein. Michelson suchte zwar Josephus' Angabe zum Teil zu retten (Studien und Kritiken, Jahrg. 1871, S. 460). Er beruft sich auf die ähnliche Erzählung von Alexanders Zusammentreffen mit dem Hohenpriester im Talmud (Joma p. 69 a und daraus Megillat Taanit) und meint, die Erzählung sei in hebräisch geschriebenen Erinnerungen erhalten gewesen. Allein die talmudische Relation leidet ebenfalls an Anachronismen; denn sie bringt damit die Zerstörung des Gerisim-Tempels unter Hyrkan I., 200 Jahre später, in Verbindung. Sie läßt Alexander zusammentreffen mit Simon Justus, auf den überhaupt manches unberechtigt zurückgeführt wird, während Josephus, allerdings nach seiner chronologischen Gruppierung, Jaddua dabei auftreten läßt. Sie hat also nur den Wert einer verbreiteten Sage. Michelson beweist noch aus Alexanders Art, die Majestät fremder Kulte zu seiner Verherrlichung zu benutzen, wie das Orakel Ammons, die Wahrsager der Chaldäer, daß er auch die Erscheinung des Hohenpriesters als glückliches Omen ausgegeben habe. Allein damit ist nur die psychologische Möglichkeit, nicht die historische Tatsächlichkeit gerettet. Denn es bleibt immer

den Hohenpriester Jaddua, und eine andere seinen Enkel Simon diesen imposanten Eindruck auf den mazedonischen Sieger hervorbringen.

Das Zusammentreffen Alexanders mit den Vertretern des judäischen Gemeinwesens ist ohne Zweifel einfach vor sich gegangen. Der Hohepriester — vielleicht gar Onias I.[1], Jadduas Sohn und Simons Vater — zog wohl, wie die meisten Könige und Fürsten dieser Gegend, mit einem Gefolge von Ältesten dem Sieger entgegen, huldigte ihm und versprach ihm Untertänigkeit. Alexander war ein edler, hochherziger Eroberer, der nur den Widerstand gegen seinen Willen und Plan blutig züchtigte. Sonst ließ er sämtliche unterworfene Völker bei ihrer Eigenheit, ihrer religiösen Anschauung

noch schwierig anzunehmen, daß Alexander selbst nach der Eroberung Gazas den Zug nach Jerusalem unternommen haben soll. Wozu auch? Den etwaigen Widerstand hätte auch einer seiner Feldherrn brechen können. Dann fehlte auch die Zeit dazu, da Gaza erst im Nov. 332 fiel. In diesem Monat war aber Alexander schon in Memphis, und zur Reise von Gaza nach Memphis brauchte er 2 bis 3 Wochen. (Vergl. Droysen Hellenismus II, S. 192, 197; Stark, Gaza 243). Ebensowenig wird Alexander in Samaria gewesen sein. Ohnehin leidet Josephus' Bericht an Unwahrscheinlichkeit bezüglich des Ortes. Alexander soll, von Gaza aus nach Jerusalem eilend, vom Hohenpriester bei *Σαφά*, d. h. *Σκοπός* angetroffen worden sei. Allein *Σκοπός*, d. h. צופים, lag nordöstlich vom Tempel (jüd. Kr. II, 18). Das ist ja ein Umweg von Gaza aus! Die Talmud-Relation läßt richtiger Simon Justus mit Alexander gar nicht bei Jerusalem, sondern bei אנטיפטרס zusammenkommen, d. h. auf dem Wege von Tyrus nach Gaza. Das läßt sich eher denken. Eine Verwechselung von Ortsnamen muß übrigens vorgegangen sein. Denn Antipatris hieß früher Kephar-Saba (כפר־סבא). Schon Reland vermutete, daß hier eine Verwechselung der Namen *Σαφά* und *Σαζά* vorliegen könnte.

[1]) Wenn sich nur eine Spur von historischer Tatsächlichkeit für die vom I. Makkab. (12, 5; Josephus, Altert. XII, 4, 10 und selbstverständlich auch im II. Makkab.) mitgeteilten und beurkundeten Relationen belegen ließe 1. von der Verwandtschaft der Juden mit den Spartanern oder Lakedämoniern und 2. von der Korrespondenz zwischen dem spartanischen König Areios und dem Hohenpriester Onias und zwischen Jonathan und den Spartanern, dann ließe sich die Gleichzeitigkeit Onias' I. mit Alexander chronologisch fixieren. Denn ein König *Ἄρειος* von Sparta regierte 309–265; Areios II. starb als achtjähriger Knabe 257, von dem also keine Rede sein kann. Die L.-A. Areios statt *Δαρεῖος* und *Ὀνιάρης* ist durch Josephus und Vulgata gesichert. Josephus hat jedenfalls einen Anachronismus begangen, daß er diesen Areios mit Onias III. korrespondieren läßt. Wäre also an dieser Relation etwas Faktisches, dann hätte Onias I. gleichzeitig mit Areios I., auch gleichzeitig mit Alexander gelebt. Indes klingt die ganze Relation so fabelhaft, daß die meisten Kritiker sie verwerfen (vergl. Wiener bibl. Realler. Sparta, und Fritzsche zu St. Makkab.). Jedenfalls hat der Verf. des I. Makkab. sich Onias I. in der Zeit Alexanders oder der ersten Diadochen gedacht.

und ihren Sitten. Er zwang keinem Volke das griechische Wesen auf. Was er allen Völkern gewährte, versagte er wohl den Judäern auch nicht, sondern gestattete ihnen nach ihrem Gesetze zu leben. Sie hatten nur die Abgaben von den Äckern den mazedonischen Statthaltern zu leisten, die sie bis dahin den persischen Satrapen zugeführt hatten[1]. Auch die Abgabenfreiheit vor jedem siebenten Jahre, an dem es in Judäa keine Ernte gab, gewährte er ihnen, nach dem Vorgang der persischen Herrscher, weil dieser Ausfall in den Augen des Eroberers so weiter Länderstrecken geringfügig scheinen mochte. Das erste Zusammentreffen des Vertreters des Griechentums mit dem des Judentums, welche beide den Völkern die, wenn auch verschiedene Gesittung bringen sollten, war freundlicher Art. Das eine trat äußerlich in seinem Vollglanze und in seiner Machtfülle auf, und das andere erschien in seiner Schwäche und flehentlichen Haltung. — Judäa wurde Teil eines Ländergebietes, welches zwischen dem Taurus- und Libanongebirge im Norden und Ägypten im Süden lag und Cölesyrien (*κοίλη Συρία*, das hohle Syrien), zum Unterschied von dem oberen Syrien, das zur Euphratgegend führte, genannt wurde[2]. Der Statthalter dieses umfangreichen Gebietes, das in früheren Zeiten in so viele selbständige Staaten geteilt war, hatte seinen Sitz in Samaria, das also eine befestigte und bevölkerte Stadt gewesen sein muß. Sie verdankte aber diesen Vorzug oder diese gefährliche Stellung ihrer Lage in der Mitte des Landes und in einer fruchtbaren Gegend. Andromachos[3] war der Name des Statthalters, den Alexander über Cölesyrien gesetzt hatte.

Warum waren die Samaritaner unzufrieden mit dieser scheinbaren Auszeichnung? Fühlten sie sich von dem Statthalter in ihren

[1] Josephus Altert. XI, 8, 5. Das ist der historische Kern der ganzen Erzählung, folgt aber auch aus einer anderen Quelle, s. unten S. 205.

[2] Über Cölesyrien vergl. Wiener bibl. Reallex. s. v. und Stark, Gaza S. 364, wo nicht das Zutreffende angegeben ist. In der seleucidischen Zeit umfaßte es das ganze Gebiet zwischen Libanon und Mons Casius, einschließlich Samaria und Judäa, vielleicht auch Idumäa, zum Unterschied von *ἡ ἄνω Συρία* (Diodor XVIII, 6; XIX, 79), d. h. das Land des Taurus. Cölesyrien führte daher auch den Namen *ἡ κάτω Συρία* (Josephus Altert. XII, 3, 1). Über Cölesyrien setzte Alexander wegen der Wichtigkeit für das Küstenland und Ägypten Parmenio, den Eroberer von Damaskus, ein (Curtius I, 1, 4—5), der dann diesen Posten Andromachus übergab (das. 5, 9). Dagegen war über Syrien gesetzt *Ἀρίμμας, σατράπης Συρίας* (Arrian II, 6, 8), den Alexander später wegen Lässigkeit abgesetzt hat. Wenn Arrian an einer anderen Stelle (II, 13, 7) *Μένων* Satrapen von *Κοίλη Συρία* nennt, so hat er die beiden Syrien miteinander verwechselt, und der Name ist verschrieben.

[3] S. folgende Note.

Bewegungen eingeengt? Oder waren sie ungehalten auf Alexander, daß er die ihnen verhaßten Judäer mehr begünstigt hatte? Ihr Ingrimm ging so weit, daß sie oder ihre Führer, unbekümmert um die Folgen, gegen Andromachos einen Aufstand machten, ihn ergriffen und ins Feuer warfen (Frühjahr 331). Alexanders Zorn bei der Nachricht von der Untat an einem seiner Diener, war eben so gerecht wie heftig. Ganz Ägypten lag ihm zu Füßen, die stolzen Priester beugten sich vor ihm und verkündeten seine Größe nach seines Herzens Wünschen. Und dieses unbedeutende Völkchen hatte gewagt ihm zu trotzen? Auf seinem Rückzuge von Ägypten, um ganz Persien zu unterwerfen, eilte er nach Samaria, um Rache an den Urhebern der Untat zu nehmen. Er ließ sie unter grausamen Martern hinrichten, setzte einen anderen Statthalter, namens Memnon ein und bevölkerte Samaria mit mazedonischen Bewohnern [1]). Auch sonst scheint Alexander die Samaritaner gedemütigt zu haben. Da ihm nicht unbekannt geblieben sein konnte, daß sie Feinde der Judäer waren, so begünstigte er diese, um jenen dadurch seine Ungnade zu erkennen zu geben.

Einige Grenzgebiete zwischen Judäa und Samaria, welche öfter Gegenstand der Reibungen zwischen der Bevölkerung beider Länder waren, teilte er jenem zu und, wahrscheinlich auf Gesuch der Judäer, befreite sie auch von den Abgaben am Sabbatjahre [2]). Diese für den

[1]) Die Stelle bei Curtius (IV, 8, 9—11) ist sehr wichtig für die folgende Geschichte. Oneravit hunc dolorem (Alexandri) nuntius mortis Andromachi, quem praefecerat Syriae; (vergl. das. V. 9—10) vivum Samaritae cremaverant. Ad cujus interitum vindicandum, quanta maxima celeritate potuit, contendit, advenientique sunt traditi tanti sceleris auctores. Andromacho deinde Memnona substituit etc. Dazu kommt noch die kurze Nachricht in Eusebius' Chronicum, wahrscheinlich aus einer älteren griechischen Quelle erhalten, die bei Syncellus, Chronographia (261 B. ed. Dindorf 496) lautet: *τὴν Σαμάρειαν πόλιν ἑλὼν Ἀλέξανδρος Μακεδόνας ἐν αὐτῇ κατῴκισεν*, und dann weiter *τοὺς ἐν Σαμαρείᾳ διὰ τὸν Ἀνδρομάχου φόνον ἐπανιὼν Ἀλέξανδρος ἐκ Αἰγύπτου ἐτιμωρήσατο, Μακεδόνας ἐγκατοικίσας τῇ πόλει αὐτῶν*.

[2]) Die Nachricht bei Josephus contra Apionem II, 4 und Hekatäus von Abdera von Alexanders Gunstbezeugung gegen die Judäer hat einen historischen Charakter, nur muß sie emendiert werden. Selbst wenn Hekatäus' Schrift eine Pseudepigraphie und von einem alexandrinischen Judäer gemacht sein sollte, so kann die Relation doch echt sein, und der Verf. mag sie in einer griechischen Quelle gefunden haben. Sie lautet: *Ἐτίμα γὰρ ἡμῶν τὸ ἔθνος (Ἀλέξανδρος), ὅτι διὰ τὴν ἐπιείκειαν καὶ πίστιν, ἣν αὐτῷ παρέσχον Ἰουδαῖοι, τὴν Σαμαρεῖτιν χώραν προσέθηκεν ἔχειν αὐτοῖς ἀφορολόγητον*. In dieser Gestalt hat die Stelle allerdings keinen Sinn. Denn Alexander hat nicht ganz Samaria den Juden zugeteilt und es noch weniger

Geber geringfügige, für den Empfänger dagegen wichtige Gunst erregte noch mehr den Haß der Samaritaner gegen ihre judäischen Feinde; jeder Windstoß führte neuen Zündstoff hinzu.

Indessen so lange Alexanders Macht bestand, mußten die Samaritaner ihren Ingrimm an sich halten; er duldete nicht, daß irgendein Völkchen in dem ihm unterworfenen Länderumfang ohne seinen unmittelbaren oder mittelbaren Befehl sich etwas erlauben durfte. Seine raschen und glücklichen Eroberungen bis an den Indus und Kaukasus hielten die Gemüter wie im Bann und lähmten jede selbständige Regung. Da, wo er nicht Krieg führte, herrschte von Griechenland bis Indien und von Äthiopien bis zum Rande des Kaspi-Sees der tiefste Friede. Alexander hegte einen Riesenplan für die Zukunft. Er wollte eine Weltmacht vom Aufgange der Sonne bis zum Niedergange gründen, in welcher die Grenzen der Länder und die Unterschiede der Völker vollständig verschwinden sollten. Griechen und Barbaren sollten miteinander verschmolzen werden. Ehe diese Verschmelzung sich vollzogen hatte, sollten die verschiedenen Völker unter seinem Zepter — und dem seiner Nachkommen — einander gleichberechtigt sein. Alexander war der erste Herrscher, der die Duldung der Eigentümlichkeiten anderer Kreise als weise Staatskunst erkannte. Auch die Verschiedenheiten in den Religions- oder Kultusformen wollte er gleich geachtet wissen, in der Erwartung, daß es die Priester nicht wagen würden, sich seinen Plänen und Befehlen zu widersetzen. In Ägypten verehrte er den Apis und Ammon, in Babylonien die chaldäischen Götter. Den Tempel des babylonischen Götzen Bel, den Artaxerxes zerstört hatte, wollte er wieder herstellen. Zu diesem Zwecke befahl er den Soldaten, den angehäuften Schutt von dem Grundbau wegzuräumen. Das taten auch alle mit Ausnahme der judäischen Krieger, die freiwillig oder gezwungen in seinen Heeren dienten. Sie weigerten sich Hand an den Bau eines Heiligtums für einen Götzen, einen Ungott, zu legen. Selbstverständlich wurden sie wegen Ungehorsams von ihren Vorgesetzten hart gezüchtigt; aber sie erduldeten die Strafen standhaft, um nicht ein Hauptgesetz ihrer Religion zu übertreten. Als endlich Alexander selbst Nachricht von dem Gewissensbedenken und der Standhaftigkeit der judäischen Krieger erhielt, war er hochherzig genug, ihnen Ver-

steuerfrei gemacht. Es handelt sich bloß um ein Grenzgebiet (vergl. o. S. 73), und dazu muß noch ergänzt werden: *καὶ ἀφῆκεν ἔχειν αὐτοῖς ἀφορολόγητον ἐν τῷ ἑβδόμῳ ἔτει.* Wie das ganze Judäa im siebenten Jahre abgabenfrei sein sollte, so auch das von Samaria dazugeschlagene Gebiet.

zeihung zu gewähren[1]). Es war das Vorzeichen eines blutigen Kampfes für die Zukunft zwischen Judentum und Griechentum.

Inmitten seiner Pläne für eine geeinte Weltmonarchie starb der jugendliche Held (Juni 323), ohne einen berechtigten Erben seines Thrones oder seines Geistes zu hinterlassen. Ratlosigkeit und Verwirrung entstanden dadurch unter den Völkern in allen Erdteilen wie in Alexanders Heeresmassen, als wenn ein Bruch in den Naturgesetzen erfolgt wäre, welcher die regelmäßige Folge des Morgen auf Heute ungewiß machte. Und daraus entspannen sich blutige Kriege, welche Titanenkämpfen glichen. Alexander hat eine so große Zahl Feldherren hinterlassen, deren Kriegskunst auf tausend Schlachtfeldern erprobt war, daß sie imstande gewesen wären, den Fugenbau des mazedonischen Reiches zusammenzuhalten, wenn sie einig gewesen wären. Allein, obwohl sie nicht zu den echten Griechen zählten, die Griechen vielmehr hintansetzen, so hatten sie doch von ihnen den Geist der Unbotmäßigkeit und Ungefügigkeit, die Sucht, die eigene Person höher als das Wohl des Staates anzuschlagen, die Macht als Mittel zu Genußsucht und Schwelgerei anzusehen, kurz die ganze sittliche Verworfenheit gelernt. Beinahe wäre es in Gegenwart der Leiche des Helden zu einem blutigen Kampfe unter ihnen gekommen. Die Besonnenen brachten indes einen Waffenstillstand zustande, daß derjenige, dem der sterbende Alexander seinen Siegelring übergeben hatte, Perdikkas, das Reichsverweseramt bis zur Geburt eines leiblichen Thronerben, die in Aussicht war, versehen sollte. Perdikkas ernannte die Statthalter für die verschiedenen Länder. Cölesyrien kam unter einen, wie es scheint, unbedeutenden Mann, namens Laomedon, und dazu gehörte auch Judäa. Aber der Waffenstillstand dauerte nicht lange. Perdikkas stieß seine Lagergenossen durch sein rasches, befehlshaberisches Wesen ab. Immer offener trat er mit der Absicht hervor, Alleinherrscher des großen Reiches zu werden. Im Wege stand ihm aber Ptolemäus I., Sohn des Lagos, dem Ägypten als Statthalterschaft zugeteilt war, und der, schlau, besonnen,

[1]) Josephus contra Apionem I. 22 nach Hekatäus von Abdera. Die Tatsache, daß Alexander die Wiederherstellung des Belustempels durch seine Soldaten vollziehen ließ, weil die chaldäischen Priester aus Habsucht lässig gewesen waren, erzählt auch Arrian (VII, 17, 3), wodurch die geschichtliche Grundlage der Relation gesichert ist. Es ist, wie gesagt, gleichgültig, ob die unter Hekatäus' Namen zitierte Schrift περὶ Ἰουδαίων echt oder pseudepigraphisch ist. Der Verf. hat echt historische Nachrichten, vielleicht aus verlorenen Quellen über Alexanders Kriege. Der Passus contra Apionem das. hinter der Erzählung vom Belus-Tempel: τῶν γε μὴν κ. τ. λ. der unverständlich ist, setzt eine Lücke voraus.

wie kriegerisch, den Plan hegte, die ihm zugewiesene Provinz als selbständiges Reich zu beherrschen. Gegen ihn eröffnete Perdikkas den Krieg mit einem Heereszug nach der ägyptischen Grenze. Er war auch darauf bedacht, für den Fall, daß das Kriegsglück ihm nicht beistehen sollte, in Cölesyrien, und besonders in Palästina feste Punkte anzulegen, wohin er sich zurückziehen und von wo er den Kampf fortsetzen könnte. Palästina war durch seine Hügelzüge geeignet für Bergfestungen. So befestigt Perdikkas Samaria [1]. Die Judäer in Jerusalem scheint er für sich gewonnen zu haben [2]. Allein sein Feldzug gegen Ptolemäus hatte einen schmählichen Ausgang. Perdikkas verlor Schlacht und Leben (Frühjahr 321) nicht durch die Kriegsüberlegenheit seines Gegners, sondern durch Verrat seines Unterfeldherrn und Abfall eines Teiles des Heeres. Lug und Trug, Falschheit und Verrat waren tägliche Vorkommnisse in den Reihen der Nachfolger Alexanders. Sämtliche Blutsverwandte des großen Helden sind von seinen Feldherren tückisch umgebracht worden. — Ptolemäus wies klugerweise, um nicht täglich von dem giftigen Neid seiner Genossen bedroht zu sein, die Reichsverweserschaft, die ihm das mazedonische Hauptheer angetragen hatte, ab; aber er wollte sich nicht auf Ägypten und die Nebenländer beschränken, sondern mit dem großen Ganzen in Verbindung bleiben. Der Besitz von Cölesyrien mit Phönizien und der Meeresküste schien ihm von höchster Wichtigkeit zu sein; sie konnten für ihn zwei Arme sein, die er einerseits nach der Euphratgegend und Persien und anderseits nach Kleinasien, den Inseln Griechenlands und Mazedonien ausstrecken könnte. Gedacht, ausgeführt! Da kein Gegner in Cölesyrien war, als der schwache Laomedon, und dieser keine Truppen zur Verfügung hatte, so wurde er leicht als Gefangener nach Ägypten gebracht und das ganze Gebiet zu Ägypten geschlagen (320). Ehe Laomedon in Ptolemäus' Gewalt geraten war, forderte dieser Jerusalem auf, sich ihm zu unterwerfen, die Bewohner weigerten sich aber, ihm die Tore zu öffnen. Aber am Sabbat überrumpelte er die Stadt, weil die Judäer an diesem Tage nicht zu den Waffen greifen mochten, machte viele Gefangene und führte sie nach Ägypten [3]. Auch Samaritaner brachte er zur

[1] Eusebius Chronicon zur 121. Olympiade, nach Hieronymus' Übersetzung: Demetrius . . . Poliorcetes Samaritanorum urbem vastat, quam Perdiccas ante construxerat.

[2] Folgt daraus, daß die Jerusalemer seinem Gegner den Einzug in Jerusalem verwehrten, vergl. weiter unten.

[3] Das Faktum von der Einnahme Jerusalems durch Ptolem. I., das Josephus (Altert. XII, 1, 1 und contra Apionem I, 22) dem Agatharchides nacherzählt, setzten Wesseling und Scaliger mit Recht in das Jahr 320

selben Zeit als Gefangene dahin[1]), wahrscheinlich weil auch sie sich nicht freiwillig ergeben hatten.

Judäer wie Samaritaner hätten glücklich leben können, so weit die Menschen es in damaligen harten, brutalen Zeiten sein konnten, wenn sie für die Dauer Untertanen des Lagiden Ptolemäus geblieben wären. Denn er war der mildeste unter den damals kriegführenden Nachfolgern Alexanders, wußte den Wert der Menschen zu schätzen und fügte ihnen nicht mehr Schaden zu als sein Nutzen erforderte. Allein Ptolemäus hatte noch nicht die Berechtigung zum Besitze von Cölesyrien. Die auf einander folgenden Reichsverweser, die noch immer den Schein einer einheitlichen Gesamtregierung darstellten, hatten ihm den Erwerb der Länder nicht bestätigt, oder vielmehr seine Freunde, die bundesgenössischen Feldherrn, gönnten ihm den Besitz nicht. Ganz besonders sann einer seiner bisherigen Bundesgenossen und Mitverschworenen, Antigonos, eine feurige Natur, ein ebenso erfinderischer, wie heldenmütiger Krieger, der selbst ein großes Reich hätte erobern und begründen können, auf die Demütigung seiner Freunde und auf die Vereinigung aller Länder des großen mazedonischen Reiches in seiner starken Hand. Als dieser seinen ehrgeizigen Plan so offen trieb, daß seine ehemaligen Freunde, auf ihre Sicherheit bedacht, sich sämtlich gegen ihn verbanden, entbrannten von neuem mörderische Kämpfe, und Cölesyrien ging für Ptolemäus verloren. Mehrere Jahre (315—312) durchstreifte Antigonos von Zeit zu Zeit die dazu gehörigen Länder, fällte Zedern und Zypressen vom Libanon, um eine Flotte zu bauen, und verteilte die von Ptolemäus in die Festungen am Mittelmeere gelegten Besatzungen unter sein Heer. Er scheint in Judäa beliebt gewesen zu sein; denn einem zu seiner Zeit geborenen judäischen Kinde, aus dem später ein berühmter Gesetzeslehrer sich entfaltete, gaben seine Eltern den Namen Antigonos[2]). Der Mazedonier Antigonos war hochherzig und freigebig und mag den Judäern Gunst erwiesen haben. Zur Be-

z. Z. als Ptol. zuerst Cölesyrien einnahm. Auch Eusebius' Chronicon reiht das Faktum in dieses Jahr ein, Olymp. 115, 4. Da Agatharchides die Einnahme Jerusalems der Sabbatstrenge zur Last legt, so müssen die Jerusalemer vorher Ptolem. den Einzug verweigert haben, wahrscheinlich weil Laomedon damals noch Statthalter von Cölesyrien war.

[1]) Josephus Altert. a. a. O.

[2]) Abot I, 3. אנטיגנוס איש סוכו, von dem sonst nichts bekannt ist, kann nur nach dem Diadochen Antigonos benannt sein. Er wird als Jünger Simons Justus angegeben und obgleich dessen Blütezeit in den Beginn des dritten Jahrh. fällt (s. weiter unten), so kann doch sein Jünger Antigonos aus Socho während der Anwesenheit des Mazedoniers Antigonos in Cölesyrien geboren sein.

setzung des Landes berief er seinen noch jungen Sohn Demetrios, welcher von seiner Erfindung neuer Belagerungsmaschinen später den Beinamen „der Städtebelagerer“ (Poliorketes) erhielt; er war ebenso heldenhaft und abenteuerlich wie sein Vater. Demetrios stellte ein vollendetes Musterbild des griechischen Wesens dar, wie Alcibiades; denn er war auf der einen Seite liebreizend, geistvoll und erfinderisch und auf der anderen Seite von unersättlicher Fleischeslust und schamloser Ausschweifung. Er mag während seiner mehrjährigen Anwesenheit in der Nähe Jerusalems und wahrscheinlich auch einmal in der Hauptstadt selbst der judäischen Keuschheit manche Wunde geschlagen haben. Nach mehrjährigen Rüstungen kam es endlich zu einer entscheidenden Schlacht zwischen Demetrios und Ptolomäus, welche für jenen unglücklich ausfiel. Die Schlacht bei Gaza (Frühjahr 312) ist in Andenken geblieben; denn der als Flüchtling bei Ptolomäus mitkämpfende Feldherr Seleukos datierte von dieser Zeit an den Beginn seiner Macht und führte eine neue Zeitrechnung ein, die seleuzidische oder griechische genannt, welche auch bei den Judäern in Gebrauch kam[1]) und sich bei ihnen am längsten erhalten hat. — Demetrios mußte sich infolge der Niederlage bei Gaza nach Norden zurückziehen und das ganze Land dem Sieger überlassen. Aber nicht lange darauf, als Antigonos und sein Sohn ihre Heere vereinigten und zu einem neuen Kriege auszogen, rieten die Freunde des Ptolomäus ihm, der ganz Cölesyrien und Phönizien wieder eingenommen hatte, sie wieder aufzugeben und sich auf Ägypten zurückzuziehen. Diesen Rückzug führte er auch aus und ließ die Festungen der Städte an der Küste und im Binnenlande, Akko, Joppe, Gaza, Samaria und auch Jerusalem schleifen[2]), um sie nicht seinem Feinde als

[1]) Die seleuzidische Ära, welche bei den Judäern מנין יונים oder מנין שטרות genannt wird (bei den Syrern ליוניא), wird gewöhnlich vom Herbst 312 an gerechnet, vergl. Ideler, Handb. der Chronol. I, 446f. und Clinton, fasti Hellenici 2, III, 372f. Doch haben die Babylonier und Syrer die Ära erst mit dem darauffolgenden Jahre begonnen, 311, wie Stark, Gaza S. 355, richtig bemerkt, auch die Judäer zählten von 311 an. Über diese Ära in den Büchern der Makkabäer vergl. weiter unten Note 16.

[2]) Diodorus, XIX, 93 zählt auch Ἀκή, Ἰόππη, Σαμάρεια καὶ Γάζα auf, welche Ptolemäus schleifen ließ, Jerusalem aber nicht. Aber warum sollte er nicht auch die Mauern Jerusalems zerstört haben? Man erwidert darauf: Weil er sie schon früher nach der Überrumpelung am Sabbat zerstört hatte. Allein von der Zerstörung der Mauern Jerusalems im Jahre 320 durch Ptolem. berichtet weder Agatharchides, noch Josephus. Die Schleifung der Mauern hatte auch für ihn keinen Zweck. Eine befestigte Stadt mehr war für jeden der kriegführenden Diadochen ein Gewinn. Man muß also die Nachricht Appians (Syriaca 50) darauf beziehen: ἦν δὲ (Ἱεροσόλυμα) καὶ Πτολεμαῖος ὁ πρῶτος

Schutzorte zu lassen. Noch mehrere Jahre dauerte dieser unsichere Zustand Judäas und der Länder, die zu Cölesyrien gehörten, bis Antigonos, bis dahin noch unbesiegt, in einer Schlacht bei Ipsos in Kleinasien (Sommer 301) durch die Verbindung der vier Feldherren, Ptolemäus, Lysimachos, Cassander und Seleukos, Kriegsruhm und Leben einbüßte. Diese vier, welche schon früher nach Antigonos Vorgang sich völlig unabhängig vom Gesamtreiche gemacht und den Königstitel angenommen hatten, teilten dieses untereinander. Ptolemäus erhielt Ägypten und die Nebenländer und Seleukos fast ganz Asien, ein ausgedehntes Reich, aber eben deswegen schwieriger zu beherrschen und zu behaupten, als das Ptolomäische, das abgerundet war und ein weites Küstengebiet einschloß. Deswegen hatte Seleukos stets ein Auge auf Cölesyrien und Phönizien, sie seinem Reiche einzuverleiben, um auch seinerseits mit dem Meere und mit Europa in Verbindung zu bleiben. Allein Ptolemäus bestand darauf, daß diese Länder ihm zugeteilt werden möchten, weil er eine Zeitlang im tatsächlichen Besitze derselben war, und, um nicht das Bündnis der vier Könige zu sprengen, das nach Antigonos Tod nicht überflüssig geworden war, gab Seleukos für den Augenblick nach, behielt sich aber vor, seine Ansprüche darauf geltend zu machen. So wurde Judäa zum ptolemäischen oder lagidischen Reiche geschlagen, und sein Geschick war eine Zeitlang an dasselbe geknüpft.

Viel verändert wurde die Lage der Judäer dadurch nicht. Das, was sie früher an den persischen Hof leisten mußten — zwanzig Talente jährlich als Grundsteuer — lieferten sie von jetzt an an den ägyptisch-mazedonischen Hof. Freie Bewegung und selbständiges Auftreten waren nicht mehr beschränkt als früher. Eher könnte es als Verbesserung der Lage angesehen werden, daß die Zwischenämter vermindert waren. Die persischen Könige, die ihren Mittelpunkt im Osten hatten, mußten die Westländer Satrapen überlassen, die wiederum über die einzelnen Länder ihres großen Verwaltungsgebietes Unterbeamte einsetzten. Ptolemäus dagegen, weil Cölesyrien seinem Hauptlande nahe lag, brauchte nicht so viel Zwischenbeamte für diese Länderteile. In Judäa war der Hohepriester, der für die Steuerleistung verantwortlich war, zugleich als politisches Oberhaupt (προστάτης) angesehen: er versah nämlich das Landpflegeramt[1]), und war ein geistlicher Fürst (Maschiach-Nagid)[2]). Ptolemäus I.

. . . καθηρήκει. Er zerstörte die Mauern Jerusalems zur selben Zeit, als er die der übrigen Städte Cölesyriens niederreißen ließ.

[1]) Folgt aus Josephus, Altertümer XII, 4, 2.

[2]) Öfter in Daniel משיח נגיד vom Hohenpriester gebraucht, vergl. Monatsschrift, Jahrg. 1871, S. 395 f.

mit dem Beinamen der „Retter“ (Soter), war, wie bereits angegeben, von milder Gemütsart und dem Nützlichen zugewendet. Die Judäer zu bedrücken, hatte er weder Veranlassung, noch Vorwand. Die von Alexander angelegte Seestadt Alexandrien, welche der erste ägyptisch-mazedonische König zur Hauptstadt erhob, brauchte eine starke Bevölkerung, und es konnte ihm nur angenehm sein, wenn auch Judäer aus dem Nachbarlande sich da ansiedelten. Schon unter Alexander hatten sich, man weiß nicht wie viel, dort niedergelassen, und da dieser weitblickende Held vermöge seines Systems allen Anzüglern gleiches mazedonisches Recht verbürgt hatte, so erhielt auch die erste judäische Kolonie in Alexandien dieselbe Gleichberechtigung (ἰσοτιμία, ἰσοπολιτεία) und fühlte sich in der neuen Heimat wohl. Diese zog zumal während der Kriegsunruhen durch Antigonos und Demetrios eine größere Anzahl aus Judäa nach, welche von Ptolemäus dieselbe Gleichstellung erhielt[1]). So entstand eine ägyptisch-judäische Gemeinde, welche zu einer eigenen Bestimmung berufen war. — Auch an anderen Orten bildeten sich judäische Kolonien. Ptolemäus, von der Anhänglichkeit der Juden überzeugt, verpflanzte sie in andere feste Städte Ägyptens und auch nach Kyrene[2]). Seleukos, der Gründer des seleuzidischen Reiches, dessen Schwerpunkt in Persien lag, hatte auch den oberen Teil von Syrien nördlich vom Libanon erhalten, und hier baute er eine neue Stadt (um 300) Antiochien, welche Residenzstadt wurde. Um diese und noch viele andere, von ihm neuerbaute Städte zu bevölkern, mußte er ebenfalls Bewohner herbeiziehen, und er ließ auch Judäer aus Babylonien und Persien freiwillig oder halbgezwungen in denselben ansiedeln. Auch er räumte den judäischen Ansiedlern volles mazedonisches Bürgerrecht ein[3]).

Und so wie judäische Kolonien in den griechisch-mazedonischen Ländern entstanden, so entstanden auch griechische Kolonien auf judäischem Boden. Längs der Küste des Mittelmeeres wurden neue Hafenstädte angelegt oder alte vergrößert und verschönert und mit griechischen Namen belegt. Das alte Akko wurde Ptolemais hellenisiert, weiter südlich am Berge Karmel und am Meere Sykminos,

[1]) Josephus, contra Apionem I, 22; II, 4; jüd. Krieg II, 18, 7. Altert. XII, 1, 1. In der Stelle c. A. II, 4 ist angegeben, es seien nicht wenige Judäer nach Ägypten und Phönizien gezogen διὰ τὴν ἐν Συρίᾳ στάσιν. Das kann nur bedeuten: wegen der Unruhen infolge der Diadochenkriege, nicht, wie Stark es erklärt, wegen der Feindschaft zwischen Judäern und Samaritanern.

[2]) Josephus Altertümer XII, 1, 1; XIV, 7, 2, nach Strabo.

[3]) Josephus Altertümer XII, 3, 1; contra Apionem II, 4.

von den vielen Sykomoren so genannt, und nicht weit davon entfernt am Karmel die Krokodilenstadt, wohl später in Gaba oder Chaifa umgewandelt [1]). Noch weiter südlich am Meere wurde die alte zuerst kanaanitische und später israelitische Stadt Dor als eine große und befestigte Hafenstadt umgebaut und für die griechische Aussprache mundgerecht Dora genannt. Eine neue Hafenstadt wurde unter dem Namen Stratonsturm (Stratonos-Pyrgos) angelegt, welche später eine große Bedeutung erlangte und mit Jerusalem wetteiferte. Eine neugegründete Hafenstadt am Meere südlich von dieser erhielt den Namen Apollonia und ganz im Süden Anthedon. Im Westen des Harfensees (Tiberiassee) entstand eine griechische Stadt Philoteria, und am kleinen Meromsee eine nach Seleukos genannte Stadt Seleucia. Das reizende Tal am südlichen Abhang des Hermon, an einer der Jordanquellen, in der Nähe der ehemaligen Stadt Dan, das früher dem Götzen Baal geweiht war (Baal-Gad, Baal-Chermon), weihten die Griechen ihrem unzüchtigen Waldgott Pan und bauten auf der Südspitze des Berges Hermon einen Tempel Panion [2]) (jetzt davon Banjas genannt). Westlich vom Jordan wurde die Stadt Beth-Schean in Skythopolis hellenisiert. Jenseits des Jordans, in den ehemaligen Wohnplätzen der dritthalb Stämme, wurden neue Städte begründet, Hippos, weiter südlich Gadara, an einer heißen Quelle, und weiter südlich Pella und Dion. In allen diesen Städten siedelten sich griechische oder mazedonische Kolonisten an. Den großen Plan Alexanders, das Abendland mit dem Morgenlande zu verschmelzen, führten seine Nachfolger, von den Umständen gezwungen, weiter aus. Judäa wurde daher von allen Seiten von einer griechisch redenden Bevölkerung umgeben. Die herrschende Sprache in denselben wurde selbstverständlich auch bei den Eingeborenen griechisch, und auch die Sitten und Unsitten waren griechisch. Judäa selbst aber blieb noch eine Zeitlang frei von der griechischen Einwirkung. Weder das Land, noch die Menschen hatten Reiz für fremde Ansiedler. Das Land war nicht reich genug, und die Menschen für die Griechen nicht besonders einnehmend. Leichtlebiger Leichtsinn auf der einen

[1]) Josephus jüd. Krieg III, 3, 1; *Γαβά* das. ist unstreitig identisch mit dem in der talmudischen Literatur vorkommenden חיפה, jetzt Chaifa.

[2]) Polybius 16, 1 erwähnt zuerst *τὸ Πάνιον*; vergl. über die griech. Ansiedelungen in Palästina Stark, Gaza S. 449 f. Wenn es richtig ist, was Madden vermutet (history of the coinage p. 23 f.), daß die Münze mit der Legende: „König Seleukos" und *ΔI* Seleukos I. angehört und Diospolis bedeutet, dann wäre Lydda, welche Diospolis genannt wurde, schon früh hellenisiert worden.

und düsterer Ernst auf der anderen Seite konnten keine Anziehung aufeinander üben. Doch tönten aus der Nachbarschaft griechische Wörter hinüber, welche allmählich doch Eingang in der Umgangssprache fanden. Auch gegen die Ausgelassenheit der griechischen Lebenslust, welche bei Gelagen und Festen in bacchantischen Taumel ausartete, konnte sich Judäa nicht verschließen; auch sie wirkte verführerisch durch den ihr eigenen Reiz.

Siebentes Kapitel.

Simon der Gerechte und seine Nachkommen.

Armut der Zeit, Getrenntheit der Glieder des judäischen Volkes durch die Entstehung des seleuzidischen oder ptolemäischen Reiches. Simon I., der Gerechte, befestigt Jerusalem und den Tempel und legt eine Wasserleitung an. Er wurde von der Poesie verherrlicht. Sein Lehrspruch. Sein Jünger Antigonos aus Socho und sein Denkspruch. Die Nasiräer und Chaßidäer. Simon der Gerechte gegen die Nasiräergelübde. Seine Kinder. Fehden zwischen Syrien und Ägypten. Ptolemäus III. Euergetes erobert Syrien. Onias' II. Verwicklung mit dem ägyptischen Hofe. Joseph, Sohn Tobijas, beginnt eine Rolle zu spielen. Wird Vorsteher des Volkes, reist nach Alexandrien und wird eine beliebte Persönlichkeit bei Hofe. Er wird Steuerpächter für ganz Palästina. Seine Strenge im Eintreiben der Schatzung. Krieg zwischen Antiochos dem Großen und Philopator. Schlacht bei Raphia. Wirkung von Josephs Stellung und Reichtum auf die Bevölkerung Jerusalems. Griechische Sitten im Schwang. Die Unzüchtigkeit an Philopators Hof und in Alexandrien. Joseph nimmt Teil daran. Seine Lüsternheit nach einer Tänzerin. Geburt seines Sohnes Hyrkanos. Das Dionysosfest der Faßöffnung und des Weinrausches in Judäa eingeführt und damit unzüchtiges Leben und Überhebung über Lehre und Gesetz. Zwietracht unter Josephs Söhnen. Hyrkanos, Liebling des alexandrinischen Hofes. Die Entstehung des Hohenliedes und sein Lehrzweck. Antiochos des Großen Angriff auf Ägypten. Eine syrische und ägyptische Partei in Judäa. Skopas erobert Jerusalem, richtet Zerstörungen an und besetzt die Akra. Schlacht bei Panion. Besiegung Skopas'. Antiochos' Freibrief für die Judäer. Seine Niederlage gegen die Römer und sein Tod.

(300—187).

Seit einem Jahrhundert und noch darüber, seit dem Tode Nehemias bot das judäische Volk nach innen das Bild einer Raupe, die sich einspinnt, um aus ihrem Safte Fäden zu einem Gewebe zu spinnen, und nach außen das Bild eines Dulders, der Schmach und Demütigungen erträgt und den Mund nicht öffnet. Es hatte bisher keine Persönlichkeit geboren und erzogen, die imstande gewesen wäre, dessen innerstes Wesen zur Erscheinung zu bringen und zugleich ihre Eigentümlichkeit und ihr Gedankengebilde als Triebkraft und Anregung zur Umwandlung geltend zu machen. Es hatte überhaupt in der ganzen Zeit aus seiner eigenen Mitte keine Persönlichkeit von Bedeutung erzeugt, die ihm Anstoß und Schwung hätte geben können. Die Anregung zur Entfaltung und Weiterbildung seines Wesens kam stets von außen, von den hervorragenden Männern in der Fremde, in Babylonien oder Persien. Aber von den Brüdern in diesen Ländern war es durch die neue politische Ordnung getrennt. Judäer am Euphrat, Tigris oder Euläus konnten nicht mehr den regen Verkehr mit denen im Mutterlande unterhalten. Denn die regierenden Dynastieen oder Häuser, die Seleuziden und Ptolemäer, waren stets argwöhnisch gegeneinander. Häufige Besuche der Judäer des seleuzidischen Reiches in Jerusalem wären in Alexandrien mit schelen Augen angesehen worden. Hätte sich das Volk in der Heimat nicht ohne Beihilfe von auswärts aufraffen können, so wäre es verloren gewesen, oder, was dasselbe für ein Volk ist, es wäre verkommen. Denn ein Volk, das sich nicht selbst erhalten oder ausweiten kann und Anregung von außen bedarf, gerät in Verkümmerung und Bedeutungslosigkeit. Aber das judäische Volk sollte nicht verkommen, und so trat zur rechten Zeit der rechte Mann auf, der mit Einsicht und Tatkraft das judäische Gemeinwesen aus dem drohenden Verfalle erhob. Dieser Mann war Simon der Gerechte, Sohn Onias' (ha-Zadik, blühte um 300—270[1]). Aus der erinne-

[1]) Über Simon Justus und seine Lebenszeit, über welche Historiker und Ausleger des Buches Sirach und des III. Makkab. viel geschrieben haben, differieren die Meinungen so sehr, daß eine Erörterung der Argumente unumgänglich wird. 1. Josephus nennt lediglich Simon I., Sohn Onias' I., δίκαιος (Altert. XII, 2, 5; 4, 1), nicht dessen Enkel Simon II. — 2. Der Hohepriester Simon, den Sirach besang oder vielmehr als Ideal = כהן גדול aufstellte, kann nur Simon I. gewesen sein. Denn er hebt von ihm hervor, daß er die Mauern Jerusalems wieder aufgerichtet und den Tempel befestigt habe. Das kann nur kurz nach der Zerstörung der Festungswerke durch Ptolemäus I. geschehen sein (o. S. 210). — 3. Von diesem gerühmten Simon hat die syrische Übersetzung zu Sirach (51, 20) eine bessere L.-A. als die griechische: ינהוא שלמא בינתהון ונתקיים עם שמעון חסדא ועם זרעה איך יומתא דשמיא. Das Wort חסדא kann hier nicht „Gnade" bedeuten, denn im Syrischen hat es meistens die Bedeutung „Schmach" und darum hätte es hier vermieden werden sollen. Dann hätte es חסדה mit dem Suffix lauten müssen, und endlich hätte die Konstruktion lauten müssen: ונתקיים חסדה עם שמעון. Man muß also חסיא lesen statt חסדא „der Fromme". שמעון חסיא Simon Justus, und nur S. I. wird so genannt. Von S. II. hat Josephus keinen einzigen günstigen Zug erhalten, im Gegenteil, er erzählt von ihm, er habe es mit Tobias Söhnen gehalten, was kein günstiges Licht auf seine Frömmigkeit wirft; denn diese waren מרשיעי ברית, die Förderer des das Gesetz verhöhnenden Hellenismus. — Die Erzählung in Makkab. III von einem H. P. Simon zur Zeit Philopators, dessen Gebet gegen die von diesem Könige beabsichtigte

rungsarmen Zeit ragt sein Name wie ein gipfelhoher und laubreicher Baum aus einer öden Gegend heraus. Die Sage hat sich seiner bemächtigt und hat ihm Wunderdinge angedichtet und vieles beigelegt, was vielleicht durch seine Anregung von Späteren ins Leben gerufen wurde. Das ist jedenfalls ein günstiges Zeugnis für eine geschichtliche Persönlichkeit und ihr tiefes Eingreifen in einen großen Kreis, wenn die Sage deren Lob verkündet. Weiß die beglaubigte Geschichte auch nicht viel von Simon I. zu erzählen, so lassen doch die wenigen Züge, die sie erhalten hat, ihn als einen Mann von hoher Bedeutung erkennen. Er war überhaupt der einzige Hohepriester aus dem Hause Jesua oder Jozadak, von dem sie Rühmliches zu erzählen weiß. Von seinen acht Vorgängern ist keinerlei Verdienst verzeichnet, und einige derselben, selbst ihr Stammvater, waren nicht frei von Makel, haben mehr selbstsüchtig als zum Wohl des Gemeinwesens gehandelt.

So war Simon der Gerechte oder der Fromme der einzige Hohepriester, der das Priestertum wieder zu Ehren brachte. „Er sorgte für sein Volk." So allgemein gehalten dieses Lob aus dem Munde eines Dichters, der sein Andenken verherrlichen wollte, auch klingt, so hat es doch eine vielsagende Bedeutung, wenn man seine Vorgänger mit ihm vergleicht, die gar wenig für ihr Volk gesorgt haben. „Er sorgte für sein Volk, daß es nicht zu Falle komme" [1]).

Tempelentweihung Erhörung gefunden, ist in allen Teilen zu sagenhaft, als daß man sich darauf berufen könnte, daß auch S. II. als „fromm" gegolten habe. Josephus weiß nichts von Philopators Anwesenheit in Jerusalem und noch weniger von dessen Befehl der Elephantenhetze gegen die Judäer Alexandriens. Dieses Faktum verlegt er (contra Apionem I, 5) unter Ptolem. VII. Physkon. So bleibt nur Simon I., der Justus genannt zu werden verdiente, und ihn hat Sirach aus guten Gründen als Ideal vorgeführt; vergl. weiter unten. — Über seine Lebenszeit gibt es zwar keinen sicheren Anhaltepunkt. Die talmudische Überlieferung macht ihn zum Zeitgenossen Alexanders und gibt ihm 40 Funktionsjahre. Eusebius läßt ihn zwischen Olympiade 120—121, d. h. um 300 v. Chr. blühen und die Patristik gibt ihm 20 J. Funktionsdauer. Seine Lebenszeit läßt sich daher nur annähernd bestimmen. Sein Enkel von der Tochter, der Tobiassohn Joseph, verwaltete die Steuerpacht 22 Jahre unter Euergetes Philopator. Diese 22 Jahre hat Stark mit gewichtigen Argumenten um 229—207 angesetzt (Gaza, S. 416) gegen Droysen und Mommsen. Mag Joseph auch bei der Übernahme der Pacht noch jung gewesen sein, wie Josephus andeutet, so muß sein Geburtsjahr doch um 250 angesetzt werden und das seiner Mutter um 270. Folglich fällt Simons Blütezeit zwischen 300—270. Vergl. oben S. 209 u. weiter unten über ein subsidiares chronologisches Moment.

[1]) Sirach 50, 4. *ὁ φροντίζων τοῦ λαοῦ αὐτοῦ ἀπὸ πτώσεος*, d. h. in hebr. Rückübersetzung דרש לעמו ממכשול, nicht wie Fritzsche es unhebräisch wiedergibt; חשב לעמו ממגפה.

Er ließ die Mauern Jerusalems, welche Ptolemäus I. hatte schleifen lassen, um seinem Feinde Antigonos und dessen Sohne keinen Stützpunkt zu lassen, wieder aufbauen und befestigen[1]). Ohne Zweifel hat er von dem König die Erlaubnis dazu erwirkt, und diesem konnte unter veränderter Zeitlage die Befestigung der judäischen Hauptstadt nur erwünscht sein, nachdem seine Hauptgegner die Einfälle in das ägyptische Vorland eingestellt hatten. Den Tempel, welcher seit seinem zweihundertjährigen Bestande bereits schadhaft geworden war, ließ Simon ausbessern und die Ringmauer desselben, welche wohl auch durch die Eroberung gelitten hatte, befestigte er und gab ihr einen festen und hohen Unterbau[2]). Simon traf aber auch noch eine andere Fürsorge für die Zukunft. Jerusalem besitzt zwar einige Quellen in der Nähe, die Quelle Siloa und Rogel im Südosten und besaß früher die Quelle Gichon im Südwesten der Stadt. Aber in einem trockenen Jahre reichten diese Quellen für das Trinkbedürfnis nicht aus. Außerdem brauchte der Kultus im Tempel sehr viel Wasser. Seitdem die levitischen Reinheitsgesetze verschärft worden waren (o. S. 185), mußten die Priester öfter Waschungen und Bäder gebrauchen. Jeder, auch der Laie, der den inneren Tempelhof betreten wollte, mußte vorher ein vollständiges Bad nehmen[3]). Es mußte also für Quellwasser im Tempel gesorgt werden. Simon ließ, um diesem Bedürfnis zu genügen, unterhalb des Tempelgrundes ein tiefes Wasserbehältnis ausgraben, welches aus der Quelle Etam, wenige Stunden von Jerusalem, vermittelst eines unterirdisch angelegten Kanals stets mit frischem Wasser gespeist wurde[4]). Durch diese Vorrichtung hatte der Tempel und mittel-

[1]) Sirach 50, 4. *ἐνισχύσας πόλιν ἐμπολιορκῆσαι.* Das Verbum ist dunkel, etwa החזיק העיר מִלָּבֵר? Die syr. Vers. hat ואתבנית ודרתהא.

[2]) Das. V. 2. Der Satz ist zwar dunkel, aber der Sinn ist doch durchsichtig.

[3]) Mischnah Joma I, 3, 2—3: כל המסיך את רגליו טעון טבילה . . . אין אדם נכנס לעזרה אפילו טהור עד שיטבול.

[4]) Sirach 50, 3. Auch dieser Satz ist nicht ganz verständlich. *Ἐν ἡμέραις αὐτοῦ ἠλαττώθη ἀποδοχεῖον ὑδάτων, χαλκὸς* (Var. *λάκκος*) *ὡς εἰ θαλάσσης.* Fritzsche emendiert mit Recht *ἐλατμήθη* statt des unverständlichen *ἠλαττώθη*, der Syr. hat dafür: חפר מבועא. Dieses Wasserbehältnis kann nur im Tempel gewesen sein. Im Südwesten des Tempels war eine Halle, welche die Quellhalle genannt wurde (Middot V, 5): לשכת הגולה שם היה בור קבוע והגלגל נתון עליו ומשם מספקין מים לכל העזרה. Sie wird noch erwähnt Erubin X, 14: בשבת . . ממלאין מבור הגולה. Diese Halle war in der Nähe des Wassertores, und dieses hatte nach einer authentischen Tradition seinen Namen von der Wasserfülle, die da stets sprudelte (Middot II, 6): . . . שער המים ולמה נקרא שמו שער המים? . . שבו המים מפכים. Im Talmud ist eine Andeutung gegeben, daß das Wasser von der Quelle Etam durch einen Kanal zum

bar auch Jerusalem stets Wasser, und das Volk hatte seit der Zeit auch während einer längeren Belagerung nicht an Wassermangel zu leiden[1]). Diese Bauten und die Wasserleitung haben selbstverständlich bedeutende Ausgaben verursacht, die doch wohl von den Wohlhabenden getragen wurden. Was die judäischen Könige Joasch und Josia nur mit großer Anstrengung durchsetzen konnten, Beisteuern für die Ausbesserung des Tempels einzusammeln, das und noch viel mehr führte Onias' Sohn, wie es scheint, mit Leichtigkeit durch. Sein Ansehen im Volke muß demnach bedeutend gewesen sein; auch seine Persönlichkeit muß einen ehrfurchtgebietenden Eindruck gemacht haben. Er war „der Angesehenste unter seinen Brüdern und eine Krone seines Volkes"[2]). Der später lebende Dichter Jesua Sirach verherrlicht Simons Persönlichkeit mit begeisternden Worten, und wenn man auch den Anteil davon abzieht, den die Phantasie des Dichters an der Schilderung[3]) hatte, so müssen doch seine Taten und sein Ruhm den nachfolgenden Geschlechtern nicht unbedeutend erschienen sein, sonst hätte die Poesie ihre Ausschmückung nicht anbringen können:

„Wie herrlich war er (Simeon), wenn er das Innere des Heiligtums verließ,
Wenn er aus dem Allerheiligsten trat!
Wie der Morgenstern inmitten der Wolke,
Wie der Vollmond in den Tagen des Lenzes.
. . . .
Wenn er das Ehrengewand anlegte,
Und sich in die Prachtkleider hüllte.
. . . .
Rings um ihn ein Kranz von Brüdern,
Sie umgaben ihn wie Säulen von Palmen,
. . . .
Dann stießen die Söhne Ahrons in ihre Drommeten,
Und erhoben einen mächtigen Schall
Zur Erinnerung vor dem Höchsten.
Und die Sänger ließen mit ihren Stimmen süße Lieder erklingen."

Simon der Gerechte stand als Hoherpriester nicht bloß an der Spitze des Gemeinwesens und des Hohen Rates, sondern auch als

Wassertore geleitet wurde (Joma p. 31a): שער המים . . . עין עיטם גבוה, vergl. dazu Raschis Komment.

[1]) Tacitus, bei der Beschreibung Jerusalems (Historiae V, 12), fons perennis aquae, cavati sub terra montes.

[2]) Mit diesen Worten beginnt der syrische Text den Panegyrikus auf Simon: רב אחיהי ובלילא דעמה שמעון בר נתניא (נחניון) כהנא רבא. Der Eingang fehlt im griechischen Texte, und darum erscheint der erste V. unvollständig. Fritzsche hat das übersehen.

[3]) Der Text der Schilderung das. 50, 5—19 ist im Griechischen sehr verwahrlost. Da Fritzsche aus diesem seine hebräische Rückübersetzung gemacht hat, so ist diese weit entfernt von Richtigkeit.

Lehrer an der Spitze des Lehrhauses. Seinen Jüngern schärfte er einen Denkspruch ein, welcher ebenso sehr von seiner Denkschärfe, wie von seinem nach Läuterung der religiösen Anschauung strebenden Geiste zeugt. Dieser kurzgefaßte Denkspruch lautet: „Auf drei Dingen besteht die Welt, (das judäische Gemeinwesen) auf der Lehre, dem Gottesdienste im Tempel und auf Liebestätigkeit“ [1]). Vertiefung in die Lehre und Betätigung derselben durch Verbindung und Versöhnung mit Gott vermittelst der Opfer und durch die Tugend der Menschenliebe waren für ihn der zusammengedrängte Inbegriff der den Bekennern des Judentums obliegenden Pflichten. Man darf vielleicht auch diesem würdigen Hohenpriester einen Anteil an dem Kernspruche seines bedeutendsten Schülers zuschreiben. Dieser, namens Antigonos aus Socho (einer judäischen Stadt), pflegte nämlich seinen Jüngern zu wiederholen: „Seid nicht gleich den Sklaven, welche dem Herrn dienen, um die Monat für Monat zugemessenen Lebensmittel zu empfangen, sondern wie die Diener, welche ohne Erwartung von Lohn dem Herrn treu dienen“ [2]).

Die Gottesverehrung gestaltete sich immer reiner, der Irrtum, welcher durch den Buchstaben aus Äußerungen der Thora und Prophetenreden entstehen könnte, als wenn das leibliche Wohlergehen des einzelnen Endzweck der Lehre wäre, dieser Irrtum wurde in Simons des Gerechten Schule beseitigt. Die Zeit, in welcher die Propheten mit beredten, zündenden Worten auf einem freien Platze zum Volke sprachen, waren vorüber; jetzt sprachen die Vorsteher des Lehrhauses zu Jüngern im engen Raume, und sie äußerten den Inbegriff ihrer Überzeugung in knappen Lehrsprüchen, die sie dem Gedächtnisse unverlöschlich einprägten, damit ein Geschlecht sie dem anderen überliefern und einschärfen könnte.

Bei dem hohen Werte, den Simon der Gerechte noch auf das Opferwesen legte, waren ihm doch Übertreibungen desselben, zu welchen die Zeitströmung allzusehr zuneigte, widerwärtig, und er machte kein Hehl aus seiner Abneigung dagegen. Es gab nämlich bereits zu seiner Zeit Überfromme, welche sich ein Nasiräer-Gelübde [3])

[1]) Abot I, 2.

[2]) Abot I, 3 על מנת לקבל פרס. Das Wort פרס, das in den Lexicis noch nicht richtig erklärt ist, kommt auch im Syrischen unter der Form פְּרָסָא vor und bedeutet das Maß Viktualien, welches der Herr den Sklaven für je einen Monat zur Subsistenz zumißt oder zuteilt. In diesem Sinn ist stets in der talmudischen Literatur die Phrase עבד שנוטל פרס מאדוניו zu nehmen.

[3]) Tossefta Nedarim I., auch zitiert Jeruſ. Nedarim I. p. 36b, Nazir I. p. 51c. babli Nedarim p. 10a: חסידים הראשונים היו מתנדבין בנזירות.

auflegten, um eine Zeitlang sich des Weines zu enthalten; man nannte sie oder sie nannten sich selbst Strengfromme, Chaßidim, Chaßidäer. Sobald die Zeit ihres Gelübdes vorüber war, brachten sie die vom Gesetze dafür vorgeschriebenen Opfer, schoren sich das Haar ab und erfüllten die dazu erforderlichen Vorschriften. Hat sie vielleicht die durch den Weinrausch bei Gelagen und Festen gesteigerte Sinnlichkeit der Griechen und Griechlinge bewogen, sich des Weines zu enthalten und sich den Weihen zu unterwerfen? Sicher ist es, daß mit der Zunahme der Zahl der Genußsüchtigen in Judäa, welche den Griechen an Ausgelassenheit nacheiferten, auch die Zahl der sich kasteienden Chaßidäer sich vermehrte [1]. Simon der Gerechte war aber mit dieser Überfrömmigkeit unzufrieden und zeigte seine Unzufriedenheit darin, daß er an Opfern der Nasiräer keinen Anteil nahm. Nur ein einziges Mal billigte er ein Nasiräergelübde, und er erzählte den Fall selbst. Einst kam ein schöner Jüngling aus dem Süden mit schönen Augen, schöner Gestalt und gekräuseltem Lockenhaar zu ihm und gab sich als Nasiräer aus. „Warum willst du, mein Sohn, dieses schöne Haar zerstören?" fragte er ihn, und der Jüngling erwiderte: „Ich bin ein Hirte und ging einst Wasser aus dem Quelle zu schöpfen, erblickte meine Gestalt im Wasserspiegel, und sofort stürmte die Leidenschaft auf mich ein und wollte mich zur Sünde verleiten. Da sprach ich zu mir selbst: ‚Willst Du schön tun mit etwas, was nicht dir gehört?' Und ich weihte mein Haar dem Himmel." Zu diesem Jüngling sprach Simon: „Deinesgleichen möge es viel Nasiräer in Israel geben" [2].

So hoch schlug die Nachwelt die Bedeutung Simons des Gerechten an, daß sie mit seinem Tode einen entscheidenden Abschnitt annahm: Die sichtbaren Gnadenzeichen, welche sich bis dahin innerhalb des Tempels gezeigt hätten, seien mit seinem Ableben völlig verschwunden [3]. In der Tat traten nach seinem Tode und durch

Das ist der Kern der Relation. Daß sie es getan haben, weil sie, als gewissenhafte Fromme keine Gelegenheit gefunden hätten, ein Sündopfer zu bringen, gehört nicht zur ursprünglichen Fassung, sondern stammt von R'Jehuda, was aus R'Simon b. Jochaïs Entgegnung hervorgeht: Wenn sie es deswegen getan hätten, dann hätten sie erst recht gesündigt. R'Simon dementiert nicht die Tatsache, sondern das Motiv. So muß diese Stelle aufgefaßt werden.

[1] Während der Makkabäerkämpfe, in der Blütezeit der Hellenisten, gab es auch viele Nasiräer, Makkab. I, 3, 50.

[2] Diese Erzählung wird an verschiedenen Stellen mit geringen Varianten mitgeteilt, Tossefta Nazir IV, Jerus. das. I, p. 54c. Ned. p. 36d. babli das. p. 9. Nazir p. 4. Sifre zu Nasso No. 22.

[3] Tossefta-Sota XIII sind bloß drei Gnadenzeichen angeführt, in der

seine eigenen Nachkommen[1]) schlimme, betrübende Zeiten ein, welche dem judäischen Volk neue Prüfungen auflegten. Es sollte gewissermaßen erprobt werden, ob es imstande sein werde, beim Andrang feindlicher Mächte und Widerwärtigkeiten seine Eigenart zu bewahren und seinen Beruf zu erfüllen. — Simon der Gerechte hatte, so viel bekannt ist, zwei Kinder hinterlassen, einen jungen Sohn und eine Tochter. Diese war an einen wohl nicht unangesehenen Mann aus priesterlichem Geschlechte, namens Tobia, aus einem Städtchen Phichola verheiratet[2]). Der Sohn namens Onia war noch zu jung, um als Hoherpiester fungieren zu können, so vertrat ihn während seiner Unmündigkeit ein älterer Verwandter namens Manasse[3]). Die Zeit des Hohenpriestertums dieses Onias II. bildet einen Wendepunkt in dem Geschichtsverlauf des judäischen Volkes. Das Kriegsspiel, welches der zweite und dritte Seleuzide, Antiochos I., Soter und Antiochos II. mit dem zweiten Ptolemäer Philadelphus beinahe vier Jahrzehnte miteinander trieben, jene um Cölesyrien zu gewinnen und dieser um es zu behalten, dieses Spiel verwandelte sich in einen erbitterten Kampf um Sein und Nichtsein, als ein tragischer Mord das kurz vorher geknüpfte Band des Friedens zerriß. Philadelphus hatte seine Schwester Berenike dem syrischen König Antiochos II., den milesische Schmeichler Gott (Theos) nannten, zur Frau gegeben. „Und die Tochter des Königs des Südens kam zum König des Nordens, um Frieden zu stiften[4])." Die Bedingung aber war, daß der Gott-König seine erste Gemahlin Laodike verstoßen sollte, was ihm nicht schwer fiel. Aus Rache brachte die Verstoßene ihren Gatten Antiochos, die junge ptolemäische Gattin und deren jungen Sohn um (Januar 246). Ihr

Parallele Jeruſ. Joma VI. p. 43c. und babli p. 39a. sind diese um zwei vermehrt.

[1]) Die talmudischen Traditions-Nachrichten enthalten noch den Kern der Tatsache, daß Simons Nachkommen leichtsinnig und unwürdig waren, besser erhalten in Jeruſ. das. אמרו לו (לשמעון הצדיק) למי נכנה אחריך? אמר להן הרי נחוניון בני לפניכם הלכו ומינו את נחוניון וקנא בו שמעון אחיו. Mehr verwischt ist diese Relation babli Menachot 109b. נחוניון abgekürzt: חוניו ist Onias — Menelaos.

[2]) Josephus Altertüm. XII, 4, 2.

[3]) Josephus das. 4, 1. Er läßt zwar noch vor Manasse einen H. P. Eleasar fungieren. Aber dieser Eleasar gehört der Dichtung an. Er stammt aus dem Aristeasbriefe bezüglich der Septuaginta-Übersetzung unter Ptolemäus Philadelphus. Da aber dieser Brief eine tendenziöse Pseudepigraphie ist, so sind sämtliche darin auftretende Personen fingiert, folglich auch der H. P. Eleasar. *Μανασσῆς ὁ θεῖος αὐτοῦ* ist ein unbestimmter Ausdruck. Vergl. Josephus das. XII, 2, 5.

[4]) Daniel 11, 6.

Sohn Seleukos II. Kallinikos, welcher bei der Ermordung seines Vaters tätig war, bestieg den Thron von Syrien. Viele Länder und Städte seines Reiches, über diese tragische Untat empört, fielen von ihm ab [1]) und der Bruder der ermordeten Berenike, der dritte Ptolemäer, Euergetes, der gegen ihn zu Felde zog, errang leichte Siege über ihn, eroberte einen großen Teil des syrisch-asiatischen Reiches und hätte es vollständig bezwungen und mit Ägypten vereinigt, wäre nicht in seiner eigenen Hauptstadt ein gewaltiger Aufstand ausgebrochen. Dadurch konnte der flüchtige Seleukos Kallinikos wieder in seinem Lande festen Fuß fassen, und Ptolemäus Euergetes mußte mit ihm einen zehnjährigen Frieden schließen (240). Cölesyrien mit Judäa verblieb bei Ägypten; aber der Seleuzide wühlte und schürte in diesen Landesteilen, um sie zum Abfall von Ägypten zu bewegen [2]). Auch Onias II., der Hohepriester und Vorsteher des Volkes Juda scheint von Seleukos umworben worden zu sein, sich an ihn zu halten. Daraufhin stellte er den Steuerbetrag von zwanzig Talenten, welchen Judäa alljährlich an die Ptolemäer zu leisten pflegte, mit einem Male ein. Diese Zahlungseinstellung wurde selbstverständlich am ägyptischen Hofe übel bemerkt. Auf die Steuer, so gering auch die Summe war, wurde, als auf ein Zeichen der Untertänigkeit, Wert gelegt. Nachdem Euergetes vergebens zur Leistung aufgefordert hatte, drohte er im Falle hartnäckiger Verweigerung, das judäische Land an fremde Kolonisten zu verteilen. Er schickte einen eigenen Gesandten nach Jerusalem, einen seiner Günstlinge, namens Athenion. Die Jerusalemer, welche Kunde von der Drohung erhielten, wurden darüber verzweifelt und drängten Onias, seinen Widerstand aufzugeben; aber dieser blieb fest oder halsstarrig [3]). In dieser peinlichen Lage trat ein Mann mit solcher Entschiedenheit und Festigkeit auf, daß es fast den Anschein hat, daß er die Verlegenheit heraufbeschworen habe, um Gelegenheit zu finden, sich in eine hohe Stellung hinaufzuschnellen. Dieser Mann, namens Joseph, welcher

[1]) Justin XXVII, 1.

[2]) Aus Daniel 11, 9 scheint hervorzugehen, daß Kallinikos — „der König des Nordens" — einen Einfall in Ägypten gemacht hat, der aber erfolglos blieb.

[3]) Josephus Altert. XII, 4, 1—2 stellt dies Verhältnis so dar, daß Onias aus Kurzsichtigkeit — βραχὺς διάνοιαν — und Geldgier — χρημάτων ἥττων — die Steuer zurückgehalten habe. Allein er müßte geradezu stumpfsinnig gewesen sein, zu glauben, der Ptolemäer werde ihm die Steuerverweigerung nachsehen. Sie ist nur aus der politischen Lage zu erklären. Onias muß auf den syrischen Hof gerechnet haben, daß ihm in der Bedrängnis von dort aus Beistand zukommen würde.

für eine neue Strömung die Richtung anbahnte, war Vetter des Hohenpriesters Onias, Sohn jenes Tobia, welcher die Tochter Simons des Gerechten geheiratet hatte (o. S. 222). Von einnehmendem Wesen, gewandt, schlau, erfinderisch und ohne Gewissensbedenken, wenn es galt einen Plan durchzusetzen, war der Tobiassohn zur Herrschaft geboren. Aber nach der hergebrachten Ordnung stand ihm der Hohepriester, weil er zugleich politisches Oberhaupt des Volkes war, im Wege. Jetzt war die Gelegenheit günstig, ihn beiseite zu schieben. Sobald Joseph Nachricht von dem Eintreffen des ptolemäischen Gesandten in Jerusalem und von dessen drohender Sprache erhalten hatte, eilte er aus seinem Geburtsort nach Jerusalem, überhäufte seinen Oheim Onias mit Vorwürfen, daß er das Volk durch die Steuerverweigerung in die größte Gefahr versetzt habe, drängte ihn an den ptolemäischen Hof zu reisen, um wegen derselben zu unterhandeln, und da er den Hohenpriester unnachgiebig fand, erbot er sich als Gesandter nach Alexandrien zu reisen und Unterhandlungen anzuknüpfen. Kaum hatte ihn Onias dazu ermächtigt, als Joseph das Volk in dem Tempelvorhof versammelte, es wegen der vorhandenen Gefahr beschwichtigte und zu verstehen gab, daß es zu ihm allein volles Vertrauen fassen möge, daß er die Bedrängnis abzuwenden imstande sein würde. Die anwesende Versammlung rief ihm Dank und Beifall zu und ernannte ihn zum offiziellen Volksführer (230)[1]).

[1]) Josephus Altert. XII, 4, 2—3. Aus den Worten das. 3, welche der Gesandte dem Könige mitteilte: *εἶναι γὰρ αὐτοῦ (τοῦ πλήθους) προστάτην* (*Ἰώσηπον*) geht hervor, daß Joseph vom Volke zum Prostaten akklamiert worden war. Seine Blütezeit, die Josephus zweimal mit 22 Jahren ansetzt, hat Stark (Gaza S. 416) ziemlich genau ermittelt gegen Droysen, welcher die ganze Erzählung vom Steuerpächter Joseph als apokryph behandelt. Die Verwicklung in Judäa, wodurch Joseph zu seiner Stellung gelangte, begann noch in Euergetes' Regierungszeit (Jos. das. 4, 1), also noch in dem 30. Jahre des III. Jh. ante. Der Prinz, bei dessen Geburt Joseph und alle Städte von Cölesyrien sich in Gratulationen und Geschenken überboten (das. 4, 7), war kein anderer, als der später Ptolemäus V. Epiphanes genannte. Folglich hatte Joseph die Steuerpacht auch z. Z. Ptolemäus' IV. Philopator. Die Regierungszeit dieses Königs ist nicht zweifelhaft, wie Stark behauptet (a. a. O. S. 399). Nicht bloß Eusebius im Kanon, sondern Ptolemäus und Porphyrius geben ihm 17 Regierungsjahre. Woher die korrumpierte Zahl 23 im Eusebius I. Teil des Kanon stammt, ist gleichgültig. Als Philopator nach 17jähriger Regierung starb, Oct. 206, war sein Sohn Epiphanes im fünften Jahre (Clinton III p. 384; Müller, frag. histor. Graecae, III, 719 Note). Er wurde also 210 geboren. Damals war Joseph bereits alt und sandte zur Gratulation seinen Sohn Hyrkanos (Josephus das.). Wie aus derselben Stelle hervorgeht, ist Joseph nicht lange nach der Geburt des Prinzen und nach der Rückkehr seines jüng-

Von diesem Augenblick an trat Joseph mit solcher Entschiedenheit auf, als wenn sein Plan schon lange vorher in seinem Kopfe gereift gewesen wäre. Er kannte recht gut die Schwächen der Griechen, daß sie für Schmeicheleien und Schmausereien nicht unempfindlich waren. Er veranstaltete daher leckere Gastmähler für den Gesandten Athenion, bezauberte ihn durch seine Liebenswürdigkeit, machte ihm reiche Geschenke und wußte ihn zu überreden, getrost an den ägyptischen Hof zurückzukehren und den König zu versichern, daß er bald nachkommen und die Rückstände der Steuer erledigen werde. Sobald der Gesandte Jerusalem verlassen hatte, knüpfte Joseph mit samaritanischen Freunden oder Wucherern Unterhandlungen an, um eine Anleihe für die Ausgaben, die ihm nötig schienen, zu erlangen. Um würdig bei Hofe auftreten zu können, brauchte er nämlich Prachtgewänder, Gespann und Mittel für Gastgebereien. Joseph besaß aber selbst keine Mittel, und in ganz Judäa fand er keinen, der ihm hätte Geldvorschüsse machen können. Die Bevölkerung lebte nur von Ackerbau und Gartenzucht, trieb keinen Handel und hatte bis dahin keine Gelegenheit, Reichtümer zu sammeln[1]). So mußte Joseph zu den samaritanischen Geldmännern Zuflucht nehmen, die schon Handel trieben und Wohlstand erworben hatten. Obgleich zwischen Samaritanern und Judäern die alte Feindschaft noch fortdauerte, und jene während Onias' Priestertum wiederum einen Landstrich an der Grenze von Juda losgerissen und Personen in Gefangenschaft weggeführt hatten[2]), so machte dieser Umstand doch Joseph keine Bedenken, mit den Feinden seines Vaterlandes[3]) in Verbindung zu treten, und von ihnen eine Anleihe aufzunehmen.

Mit Mitteln zum Erscheinen bei Hofe versehen, eilte er nach Alexandrien, und als er erfuhr, daß der König Euergetes sich nach Memphis begeben hatte, reiste er ihm nach. Der Gesandte Athenion

sten Sohnes von der Gratulations-Gesandtschaft gestorben, d. h. nach 210. Nehmen wir für sein Todesjahr 208 an, so beginnt seine 22jährige Steuerpacht um 230, zur Zeit Euergetes'. Diese hat nur eine kurze Unterbrechung während des Kriegsjahrs zwischen Antiochos Magnus und Philopator erlitten. Auffallend ist es, daß Mommsen (Röm. Gesch. I². S. 724 Note), diese Steuerpacht um 187 ansetzt. Das Störende in den Angaben bei Jos., daß Hyrkanos erst während der Periode der Steuerpacht aus halbsträflicher Umarmung geboren und daher noch sehr jung als Gesandter an den Hof gesandt worden sei, kann sehr gut auf einer Sage oder gar auf einer Verleumdung seitens seiner sauberen Brüder beruhen.

[1]) Jos. Altert. XII, 4, 10.

[2]) Das. 4, 1.

[3]) Das. 4, 3.

hatte ihm bereits einen gnädigen Empfang vorbereitet. Er hatte so viel von dessen Liebenswürdigkeit und Gewandtheit erzählt, daß Euergetes Neugierde erweckt wurde, ihn kennen zu lernen. Sobald Joseph in die Nähe des Wagens kam, in dem der König mit Athenion fuhr, und dieser auf ihn aufmerksam gemacht hatte, lud ihn Euergetes ein, in den Wagen zu steigen und wurde von dessen Reden so bezaubert, daß er ihn auch zu den Gastmählern bei Hofe einlud. Die Gesandten der palästinensischen und phönizischen Städte, die früher über seinen nicht allzuglänzenden Aufzug spöttische Bemerkungen gemacht hatten, sahen jetzt mit Neid, wie er in den engsten Hofkreis gezogen wurde. Bald gab er ihnen Gelegenheit, ihn nicht nur zu beneiden, sondern auch zu hassen und zu verwünschen.

Der große Teil des zu Ägypten gehörenden Gebietes von Cölesyrien und Phönikien zerfiel in lauter kleine Stadtgruppen, von denen jede ihre eigenen Interessen verfolgte und mit den anderen keinerlei Verbindung unterhielt. Von Gaza im Süden bis Tyrus und Sidon im Norden bildeten sämtliche größere Städte im Binnenlande lauter kleine städtische Republiken, die zwar dem ptolemäischen Zepter unterworfen waren, im Innern aber eine selbständige Verwaltung hatten. Im städtischen Regimente hatten selbstverständlich die Reichsten die Oberhand, da in der mazedonischen Zeit das Geld die einzige Schutzwehr gegen Vergewaltigung gewährte. Die Bevölkerung der cölesyrischen und phönizischen oder unter dem Gesamtnamen palästinensischen Städte war meistens gemischt aus Eingeborenen und eingewanderten Griechen. Diese, welche nur des Gewinnes halber sich in dem für sie nicht sehr erfreulichen Barbarenland — wie sie es nannten — angesiedelt hatten, und außerdem von den Stammverwandten auf dem Throne und bei Hofe vielfach gefördert wurden, wurden dadurch die Reichsten und Angesehensten. Hätten sich die in Palästina angesiedelten Griechen oder Halbgriechen (Mazedonier) geeinigt, so hätten sie das ganze Gebiet beherrscht und den Ausschlag zu gunsten des einen oder des anderen der miteinander rivalisierenden beiden Reiche geben können. Allein sie hatten die Zwiespältigkeit und Unverträglichkeit miteinander aus der Heimat in die Ansiedlungskolonien verpflanzt. Daher kam es, daß nicht zwei städtische Republiken in Palästina Hand in Hand miteinander gingen, sondern jede ihren eigenen Weg verfolgte. Gegen diese Zersplitterung und Vereinzelung war Judäa im Vorteil; es bildete ein größeres Gemeinwesen, wenn nicht von Millionen, so doch von Hunderttausenden gleichartiger Bürger, welche dem Oberhaupte Folge leisteten und gemeinsames Handeln nicht erschwerten. Ähnlich wie Judäa bildete vielleicht das ihm feindselige Samaria ein größeres und einheitliches Gemeinwesen. Der mazedonisch-ägyptische Hof hatte nun die Einrichtung getroffen, die Steuern von allen diesen städtischen Republiken alljährlich zu verpachten. Selbstverständlich bewarben sich die Reichen um die Pacht und suchten den Preis möglichst herabzudrücken, um einen um so größeren Gewinn von den einzelnen Steuerleistenden für ihre Säckel zu erzielen. Allzuschroff durften die ägyptischen Könige nicht verfahren, weil sie die ohnehin nicht sehr zuverlässige palästinensische Bevölkerung nicht erbittern durften, um sie nicht in die Arme des nebenbuhlerischen Reiches der Seleuziden zu treiben.

Während der Anwesenheit des Tobiassohnes in Alexandrien waren die Steuerpachtlustigen aller Städte dahin gekommen, um ihr Angebot in Gegenwart des Königs und Hofes zu machen. Sie hatten sämtlich dasselbe Interesse, so wenig als möglich zu bieten. Mit einem Male fuhr Joseph dazwischen, da er rasch berechnet hatte, daß, da die Gesamtsumme der Steuer von den Landesteilen sich nur auf achthundert Talente belaufen sollte, die Bietenden wie auf Verabredung den König zu übervorteilen gedächten, und er machte sich anheischig, das doppelte dieser Summe zu leisten und außerdem noch mehr versprechen zu können. Verblüfft blickten die Anwesenden auf den herausfordernden Judäer, der im Vergleich zu ihnen ein Bettler war. Dem König Euergetes gefiel aber dieses unerwartet gesteigerte Angebot; aber er verlangte sichere Bürgschaft für die Erfüllung der Verpflichtung. Höfisch fein erwiderte Joseph, er wolle zwei Bürgen stellen, welche als die besten anerkannt sind, den König und die Königin. Diese schmeichelhafte Wendung gefiel Euergetes, und er erblickte in der Gewandtheit, Entschlossenheit und Keckheit dieses Judäers die sicherste Bürgschaft für das Zustandekommen der gesteigerten Steuererträgnis. So wurde der Tobiassohn Hauptpächter sämtlicher Abgaben von den Städten und Landesteilen Cölesyriens und Phöniziens. Der König aber überließ ihm auch auf dessen Wunsch zweitausend Mann Soldtruppen, die ihm bei der rücksichtslosen Eintreibung der Steuern behilflich sein sollten. Denn auf Widerstand mußte er sich gefaßt machen. Durch diese Kriegerschar wurde Joseph in Wirklichkeit Herrscher über ganz Palästina. Bei alledem gebrach es ihm an Mitteln, um die Ausbeutung der Steuerkraft in großem Maßstabe durchführen zu können; er mußte abermals eine Anleihe machen, und er erhielt sie von den reichen Hofleuten, da sie sich nicht verhehlen konnten, daß Joseph ein Günstling des Königs geworden war und gute Zinsen zu zahlen imstande sein würde.

So kehrte er, mit Mitteln für den Anfang versehen und von der Kriegerschar begleitet, nach Judäa zurück, das er als ein um Nachsicht Bittender unbemittelt verlassen hatte, und begann sofort seine Tätigkeit. Selbstverständlich hatten sich sämtliche bisherige Steuerpächter, welche zugleich Tonangeber in ihren Städten waren, wie auf gemeinsame Verabredung vorgenommen, ihm die Steuerzahlung zu verweigern und ihm hartnäckigen Widerstand entgegenzusetzen. Den Reigen eröffnete Askalon, die ehemalige Philisterstadt, die eine zahlreiche und begüterte Bevölkerung hatte. Doppelt verhaßt war ihr der Judäer, welcher Gebieter über ihr Hab und Gut geworden war, und sie verwehrte ihm den Einzug in ihre Stadt. Er aber erzwang ihn und verfuhr streng. Zwanzig der Angesehensten der Stadt ließ er als Rädelsführer hinrichten, zog ihr Vermögen ein, das sich auf Tausende belief, sandte es dem Könige zu und erstattete Bericht darüber. Und sein strenges Verfahren, das Geld einbrachte, wurde vom Hofe gebilligt. Der Vorgang in Askalon flößte den übrigen palästinensischen Städten einen solchen Schrecken ein, daß sie fortan dem judäischen Steuerpächter willig die Tore öffneten und die ihnen auferlegte Schatzung leisteten. Nur die Stadt Bet-Schean — Skythopolis, von vielen Griechen bewohnt, wagte noch Widerstand zu leisten und überhäufte ihn mit Schmähungen. Bald war aber auch ihr Mut gebrochen, als er auch hier die vornehmsten und reichsten Bürger enthaupten ließ und ihren reichen Besitz für den König konfiszierte[1]). — Mit den Samaritanern scheint sich Joseph vertragen zu haben. Wenigstens wird von keiner feindseligen Handlung gegen sie aus dieser Zeit berichtet. Und es war klug, ein freundliches Verhältnis mit ihnen zu unterhalten. Umgeben von giftig feindlichen Nachbarn, mußte er eine Annäherung an das Volk suchen, das mit seinem Volksstamme doch etwas Gemeinsames hatte, die Gottesverehrung und die Thora.

Zweiundzwanzig Jahre[2]) hatte Joseph die Hauptsteuerverwaltung oder eine Art Satrapie über die Länder Cölesyrien und Phönizien inne, und er benutzte sie, um erstaunliche Reichtümer zu sammeln und Macht zu erwerben. Nach dem Tode Euergetes' (223) überließ sein Nachfolger Ptolemäus IV. Philopator (222—206) ihm ohne weiteres die Verwaltung. Er schonte die steuerfähigen städtischen Republiken auch unter diesem Könige so wenig, daß in Gegenwart Philopators die hämische Bemerkung geäußert wurde, Joseph habe von ganz Syrien das Fleisch geschunden und nur die Knochen übrig-

[1]) Josephus Altert. XII, 4, 4–5.
[2]) Das. 4, 6. 10.

gelassen[1]). Den ptolemäischen Herrschern und besonders Philopator war diese Aussaugung der zweifelhaften Länder nicht zuwider; denn er brauchte Unsummen für seine alles Maß überschreitenden Verschwendungen. Von den stets wachsenden Einnahmen sandte Joseph reiche Geschenke an den König, die Königin und die Günstlinge des Hofes, um sich in seiner Stellung behaupten zu können[2]). — Nur eine kurze Zeit schien sich sein Glücksstern zu verdunkeln. Der seleuzidische König Antiochos, den die Schmeichler den „Großen" nannten (223—187), von gewaltiger Kriegeslust und weite Pläne brütend, aber ohne Ausdauer und Stetigkeit, benutzte die durch Genußsucht und Üppigkeit des Königs Ptolemäus Philopator herbeigeführte Schwäche Ägyptens, um ihm Cölesyrien zu entreißen. Der Beginn des Angriffs schien Sieg zu verheißen. Ägyptische Feldherren übten Verrat, gingen zum Feinde über und lieferten ihm die Besatzung in die Hände. Tyrus und Ptolemais (Akko) fielen ihm zu. Da indessen die übrigen Küstenstädte am Mittelmeer treu zu Ägypten hielten, so verlegte Antiochos den Krieg ins Binnenland. Philoteria am Harsensee und Skythopolis (Bet-Schean) unterwarfen sich ihm, die Bergfeste Thabor (Atabyrion) wurde zur Übergabe gezwungen, und dadurch beherrschte er die große Ebene Jesreël (Esdrelon). Dann eroberte Antiochos die Festungen Pella, Kamus (Kamon), die Stadt — in welcher der Richter Jaïr begraben wurde — ferner Gephron (Ephron), Abila, Gadara, da auch hier ägyptische Scharenführer zu ihm übergingen. Nur Rabbaatammon, nach dem zweiten Ptolemäer Philadelphia genannt, leistete hartnäckigen Widerstand, wurde aber endlich mit Sturm genommen. Auch Samaria[3]) fiel ihm zu, und er sandte während der Winterrast (218—17) zwei Feldherren mit Truppen dahin, das eroberte Binnenland zu überwachen, da der Beginn des Frühjahres die Entscheidung herbeiführen sollte. Judäa und Jerusalem, von dem Tobiassohn beherrscht, blieben aber Ägypten treu. Aber wie lange werden sie sich gegen den Andrang der seleukidischen Heere halten können? Und wenn der Syrier angreifen sollte, welche Partei sollte Joseph ergreifen?

[1]) Jos. Altert. XII, 4, 9.

[2]) Das. 4, 5.

[3]) Polybius V, 70—71 schildert ausführlich die Einnahme der Städte Palästinas, besonders Peräas und schließt mit Samaria: *ἐξαποστείλας ἐπὶ τοὺς κατὰ Σαμάρειαν τόπους*, ohne ein Wort von Jerusalem zu erwähnen, dessen Eroberung er XVI, 39 mit dem Zusatz erzählt, daß er ein anderes Mal davon ausführlich zu sprechen gedenke. Wäre Jerusalem bereits in Antiochos' erstem Feldzuge eingenommen worden, so hätte Polybius es bei dieser Gelegenheit nicht verschwiegen. Daraus folgt, daß es damals verschont geblieben ist.

Gewiß verlebte er die Zeit in bangem Zagen. Endlich schlug die Stunde der Entscheidung. Im Frühjahr (217) zog Antiochos mit einem zahlreichen aus europäischen und asiatischen Ländern bunt gemischten Heere und Elefanten längs der Meeresküste nach Gaza und weiter südlich über Raphia hinaus, um in Ägypten einzudringen. Philopator hatte sich aber aus seinem Lotterleben aufgerafft, ebenfalls ein zahlreiches Heer, meistens griechische Soldtruppen, zusammengebracht und zog seinem Feinde bis in die Nähe von Raphia entgegen. Nachdem beide Könige und beide Heere mehrere Tage einander beobachtet hatten, kam es zum Kampfe. Antiochos, des Sieges gewiß, erlitt eine so entscheidende Niederlage, daß er sich nach Antiochien zurückzog und den Besitz von Cölesyrien aufgab. Alle die ihm zugefallenen Städte und Gemeinwesen überboten sich an Schmeicheleien und Huldigungen für den Sieger Philopator, sandten ihm Kronen, brachten Opfer für ihn und bauten ihm Altäre [1]). Joseph blieb in seiner Stellung und in Gunst bei Philopator.

Durch ihn und seine Verbindung mit dem Hofleben Philopators trat eine durchgreifende Veränderung in der judäischen Bevölkerung zutage, wenn auch weniger merklich auf dem Lande, so doch auffallend in der Hauptstadt. Durch die großen Reichtümer, die er durch den Zinspacht erworben, kam ein förmlicher Goldregen über das Land: „er hat das Volk aus Armut und dürftigen Verhältnissen zum Wohlstand erhoben [2])." Zur Eintreibung der Steuern von so vielen Städten brauchte er zuverlässige Beamte, und er wählte sie selbstverständlich lieber aus seinem Volke, weil er durch sie vor Betrügerei und Verrat geschützter war, als wenn er Fremde dazu verwendet hätte. Diese Beamten bereicherten sich auf ihre Weise und trugen durch den Reichtum den Kopf höher.

Der über Nacht erworbene Reichtum, das Ansehen, das der Tobiassohn am Hofe Philopators genoß, die Kriegerschar, die ihm zur Verfügung stand, wodurch er die verschiedenen Völkerschaften in Palästina, den Rest der Philister, Phönizier, Idumäer und selbst die griechisch-mazedonischen Kolonisten in Furcht erhielt, gaben ihm und seinem Kreise ein gewisses Selbstgefühl und erhoben auch das Volk im allgemeinen aus der gedrückten demütigen Haltung den Nachbarn

[1]) Polybius V, 86. Auch bei dieser Gelegenheit schweigt Polybius über Philopators Zug nach Jerusalem und ebenso Josephus, der von dem Kampfe bei Raphia überhaupt nicht spricht, als wenn er für Judäa gleichgültig gewesen wäre. Jedenfalls geht daraus zur Gewißheit hervor, daß die Erzählung des III. Makkab.-B. von Philopators Einzug in Jerusalem eine Dichtung ist. Vergl. o. S. 216, Anm. 1.

[2]) Josephus Altertümer XII, 4, 10.

gegenüber. Der Gesichtskreis der Judäer, wenigstens derer in Jerusalem, erweiterte sich durch die Berührung und den Verkehr mit Griechen, und sie sahen die Dinge und Lebenslagen mit anderen Augen an, als früher aus ihrem engen Gehäuse. Sie unterlagen zunächst dem feinen Geschmack der Griechen. Ihre Wohnungen wurden schöner gebaut, und auch die Malerei kam bei ihnen in Aufnahme [1]). Die in Alexandrien wohnenden Judäer, die bereits seit einem Jahrhundert in griechischer Umgebung weilten und sich äußerlich hellenisiert hatten, wirkten auf die Judäer, welche Josephs Verkehr am Hofe mit ihnen in Verbindung brachte. Aber die Sitteneinfalt litt durch diesen plötzlichen Umschwung eine unerfreuliche Einbuße.

Ein Goldregen wirkt nicht befruchtend, sondern verwüstend und entsittlichend. Die reichen Emporkömmlinge verloren das Gleichgewicht; das schlimmste war noch nicht, daß sie den Mammon hochschätzten und Geldgeschäfte anderem Erwerb vorzogen, sondern daß sie Bewunderer und Affen der Griechen wurden und Anstrengung machten, sich auch deren Untugenden und leichtfertige Sitten anzugewöhnen und die einheimischen Tugenden hintansetzten. Die Griechen liebten vor allem Geselligkeit, gemeinschaftliche Mahle und ausgelassene Heiterkeit bei den Gastmählern. Es war eine unschuldige Nachahmung, daß auch Judäer diese Sitte annahmen, gemeinschaftlich speisten, beim Speisen je drei auf Ruhebetten lagen [2]), statt an der Tafel zu sitzen, und Wein, Musik, Lieder und Heiterkeit dabei einführten [3]). Allein, es blieb nicht dabei, das Leben auf harmlose Weise zu erheitern. Der griechische Leichtsinn und die Ausgelassenheit zogen sie immer tiefer in den Strudel hinein. Der Tobiassohn verkehrte öfter an dem Hofe des Königs Ptolemäus Philopator, wenn ihn Geschäfte nach Alexandrien führten. Dieser Hof war aber ein Pfuhl der Zuchtlosigkeit. Keiner von Philopators Vorgängern hat sich zwar durch Keuschheit und geregelte Lebensweise ausgezeichnet; aber der vierte Ptolemäer hat sie sämtlich in den Schatten gestellt. Die Buhlerin Agathoklea, ihre Mutter, ihr Bruder Agathokles und ein anderer Wollüstling Sosibios, welche den König und das Land beherrschten, Ämter austeilten, Gunst und Ungunst nach Laune gewährten, sie machten Alexandrien zu einer Lotterstätte. Unzucht, tägliche Trinkgelage, Musikaufführungen, in denen der König selbst

[1]) Sirach 38, 27. Der Vers ist lückenhaft und kann zum Teil aus dem Syrischen ergänzt werden.

[2]) Vergl. Graetz, das Hohelied. S. 61.

[3]) Sirach 32. — Nach der Rektifikation der verschobenen Kapitel 35, 1—5; 39, 1.

auftrat, wechselten in berauschender Aufeinanderfolge ab. Die Tage vergingen in festlichen Gelagen und die Nächte in schamloser Ausschweifung. Die Zuchtlosigkeit ging ohne Hülle umher und verführte Volk und Heer[1]). Philopator hatte den drolligen Einfall, daß seine Ahnen von dem Weingott Dionysos (Bacchus) abstammten[2]), und infolgedessen fühlte er sich verpflichtet, dem Weinrausche und der damit verbundenen bacchischen Ausgelassenheit mit Andacht obzuliegen. Wer Gunst beim König und seinen Buhlgenossen finden wollte, mußte sich in die dionysische Zunft für das Lotterleben aufnehmen lassen.

So oft Geschäfte den Tobiassohn nach Alexandrien führten, genoß er die zweideutige Ehre, zu des Königs Schmauserei geladen[3]) und in die Dionysoszunft aufgenommen zu werden. Bei einem Gelage verliebte er sich in eine der unzüchtigen Tänzerinnen, die bei solchen Gelegenheiten nicht fehlten. Die Fleischeslust übermannte den Enkel des Hohenpriesters Simon des Gerechten so sehr, daß er sich seinem Bruder Solymios eröffnete und ihn dringend bat, ihm die Buhlerin heimlich zuzuführen, da das Gesetz des Judentums ihm verbiete, sich einer Fremden zu nähern. Soweit hatte ihn der vertraute Verkehr mit den der Sinnlichkeit fröhnenden Griechen gebracht, und er war damals schon Vater von sieben Söhnen. Und der Bruder war nur zu gefällig gegen ihn, aber er gedachte dessen Ehre zu retten. Solymios war auch nach Alexandrien gekommen und hatte seine Tochter mitgenommen, um sie an einen reichen und vornehmen Stammesgenossen zu verheiraten. Um aber seinem Bruder vor einem Schritt zu bewahren, der ihm Schande hätte bringen können, soll er seine eigene Tochter in dem Aufzug der begehrten Tänzerin seinem lüsternen Bruder zugeführt, und dieser in der Trunkenheit geglaubt haben, die Buhlerin zu umarmen. Als Joseph endlich — nicht zum Bewußtsein seiner Sünde gekommen, aber von dem Umgang mit der vermeintlichen Tänzerin von seiten des Königs

[1]) Justinus XXX, 1—2; Polybius 15, 25.

[2]) Satyrus bei Theophilus, ad Autolycum II, p. 94. C. Müller, fragmenta histor. Graecae III, 164. No. 21, angedeutet im III. Makkabäer-Buche 2, 29.

[3]) Man vergegenwärtige sich die beiden Angaben (Josephus Altert. XII, 4, 6) *δειπνῶν παρὰ τῷ βασιλεῖ*, daß Joseph beim König speiste und *ὑπὸ μέθης ἀγνοήσας τὸ ἀληθές*, daß er in der Trunkenheit nicht wußte, wen er umarmte, und dagegen das Hervorheben in Daniel אשר לא יתגאל בפת־בג המלך וביין משתיו, daß sich Daniel an den Leckerbissen und den Weingelagen des Königs nicht verunreinigen mochte; diese Züge veranschaulichen den schroffen Gegensatz zwischen den Hellenisten und Chaßidäern.

Gefahr fürchtete, soll ihm der Bruder die von ihm angewandte List entdeckt, und Joseph die Untergeschobene zur Frau genommen haben. Die Frucht dieses nicht sehr keuschen Verhältnisses soll sein jüngster Sohn, namens Hyrkanos[1]), gewesen sein, der die Zwietracht ins Haus Judas bringen sollte.

Von dieser sittlichen Fäulnis blieb Jerusalem nicht verschont, Joseph und seine Genossen schleppten sie aus Alexandrien ein. Da der König, sein Gönner, so viel Wert auf den Weingott Dionysos legte, so führte, wie es scheint, der Tobiassohn aus Liebedienerei ein dionysisches Fest, das er in Ägypten mitzumachen pflegte, in Judäa ein. In der Zeit des Überganges des Winters zum Frühjahr, wenn der Weinstock in Blüte schießt, und der Wein in den Fässern zum zweiten Male und entscheidend in Gärung gerät, pflegten die Griechen ein großes Fest, die großen Dionysien, „das Faßöffnungs- oder Kannenfest", mit ausgelassener Freude zu begehen. Zwei Tage wurden dem Weinrausche gewidmet, zu dem auch die Sklaven zugelassen wurden. Freunde schenkten einander Krüge mit Wein gefüllt. Wer am meisten trinken konnte, wurde als Sieger gefeiert. Dieses „Faßöffnungsfest" fand auch in Judäa Eingang, wahrscheinlich von dem Höfling Joseph angeregt. Auch hier wurde in derselben Zeit allmählich erst in kleineren und dann in immer größeren Kreisen an zwei Tagen dem Weine mehr als gebührlich zugesprochen und Geschenke an Freunde geschickt. Um jedoch diesem fremden Feste einen judäischen Anstrich zu geben, pflegten die Reichen an diesen Tagen den Armen Almosengaben zuzuwenden[2]). Die Ausgelassenheit ist die stete Begleiterin des übermäßigen Weingenusses. Der judäische Geldadel setzte sich bald über Ehre, Scham und väterliches Gesetz hinweg und ahmte die griechische Zuchtlosigkeit nach, Sängerinnen, Tänzerinnen und Buhldirnen bei den Schmausereien einzuführen. Wie zur Zeit des babylonischen Exils ein Weiser vor der Nachahmung der babylonischen Buhlerkünste warnte, so mußte auch in dieser Zeit ein Spruchdichter gegen die überhandnehmende Unkeuschheit seine warnende Stimme erheben:

„Komme einem buhlerischen Weibe nicht entgegen,
Damit du nicht in ihre Schlinge fallest.
Verweile nicht bei einer Sängerin (Tänzerin),

[1]) Josephus Altert. XII, 4, 6. Doch scheint, was Hyrkanos' Geburt betrifft, auf Verleumdung zu beruhen, welche seine ihm feindlichen Brüder vereinbart haben mögen.

[2]) Es wird an einem anderen Orte unwiderleglich nachgewiesen werden, daß das griechische Fest πιθοιγία = vinalia auch bei den Judäern Eingang gefunden hat.

Damit du nicht in ihren Künsten gefangen werdest.
Gib der Buhlerin nicht dein Leben hin,
Auf daß du dein Erbe nicht verlierst“ [1]).

Das Schöngute, das der Tobiassohn von den Griechen für Judäa entlehnt hat, die Künste und der feine Geschmack, wogen nicht die Einbuße an Sittenstrenge und Keuschheit auf, die er dem Volke verursacht hat. Auch ernste Männer begannen, unter dem Drucke des griechischen Einflusses an ihren überkommenen Überzeugungen zu zweifeln, ob das alles, was das Judentum lehrt und vorschreibt, auch richtig und wahr sei, ob die Gottheit vom Menschen die Entsagung von Genüssen und Freuden verlange, und ob sie sich überhaupt um die große Welt des All und die kleine Welt des Menschen kümmere. Epikurs Lehre, wofür dieser in der Zeit nach Alexander in Athen eine philosophische Schule gegründet, welche die Schattenhaftigkeit der Götter behauptete und den Genuß empfahl, fand in der entarteten griechisch-mazedonischen Welt und besonders in den höheren Kreisen Alexandriens am meisten Anklang. Sie wurde hier als eine Aufforderung an den Menschen ausgelegt, sich der Sinnenlust rückhaltlos hinzugeben. Von Alexandrien drang ihr verderblicher Einfluß auch nach Jerusalem [2]). Man fing auch hier an zu grübeln und sich über die Lehre des Judentums hinwegzusetzen.

[1]) Sirach 9, 3f.

[2]) Das. 3, 21—22f. Die VV. *Χαλεπώτερά σου μὴ ζήτει καὶ ἰσχυρότερά σου μὴ ἐξέταζε, ἃ προσετάγη σοι ταῦτα διανοοῦ, οὐ γάρ ἐστί σου χρεία τῶν κρυπτῶν*, diese VV. können sich nur auf Philosophieren beziehen. Darauf bezogen es auch die Talmudisten, oder genauer, R'Eleasar, der sie zu dem Zwecke zitiert, um das Verbot zu belegen, daß man nicht grübeln soll über das, was vor der Weltschöpfung gewesen und was nach dem Untergange der Welt sein werde (Jerus. Chagiga II. p. 77a, Babli 13a, Genesis Rabba c. 8, p. 10a), an der letzten Stelle am treuesten wiedergegeben: ר׳ אלעזר בשם בן סירא אמר: בגדול ממך בל הדרוש בחזק ממך בל תחקור במופלא ממך בל תדע במכוסה ממך אל תשאל אין לך עסק בנסתרות. Auch Sirach das. V. 23 weist auf diesen Grundgedanken, die Ausleger haben ihn aber, von der falschen L.-A. im gr. Text verleitet, mißverstanden: *ἐν τοῖς περισσοῖς τῶν ἔργων σου μὴ περιεργάζου*. Aber das Pronomen *σοῦ* kann ja gar nicht richtig sein. Denn das Verbum *περιεργάζεσθαι* bedeutet doch unstreitig, „sich müßiger-, neugieriger-, unberechtigterweise mit etwas beschäftigen, sich darum kümmern“. Das kann doch nicht von den eigenen Angelegenheiten gebraucht werden. Und endlich, was soll denn *περισσὰ τῶν ἔργων* bedeuten? Fritzsche im Komment. ging darüber hinweg und übersetzte es irrtümlich: „Bei deinen vielen (?) Geschäften treibe nichts Überflüssiges.“ Die syrische Version gibt aber das Richtige: ובשרכא דעבדוהי לא התעסק מטל דסגי מנך אתחזו בך, d. h. mit den übrigen Werken Gottes beschäftige dich nicht, kümmere dich nicht neugierigerweise darum — nur über das denke nach, was dir gestattet und befohlen ist. Das Verb. *περιεργάζεσθαι* war im Original ohne Zweifel durch התעסק aus-

Diese Grübelei hätte vielleicht zur Denktätigkeit geführt, wenn nicht die häßliche Zwietracht in den Kreisen der Emporkömmlinge sich zu den angenommenen Untugenden gesellt hätte. Zwischen den sieben Söhnen Josephs, aus erster Ehe — und dem jüngsten Hyrkanos, dem Kinde der sündhaften Begierde und der Täuschung, entstanden Eifersucht und Haß, die mit den Jahren immer mehr zunahmen. Der Jüngste zeichnete sich von Jugend an durch Gewandtheit, Geistesgegenwart und Schlauheit aus und wurde dadurch der Liebling des Vaters, der sich in ihm verjüngt und übertroffen sah. Als dem verbuhlten König Philopator ein Sohn geboren wurde (um 210), der nachmalige Schwächling Ptolemäus V. Epiphanes, waren die Vertreter der Städte und Gemeinwesen von Cölesyrien voller Wetteifer, dem Königspaare als Zeichen der Untertanenliebe Glückwünsche und Geschenke darzubringen. Joseph durfte nicht zurückbleiben. Da er selbst wegen Alters (?) die Reise nicht unternehmen konnte, so forderte er einen der Söhne auf, ihn zu vertreten. Aber keiner getraute sich die dazu erforderliche Anstelligkeit und den Mut dazu, außer Hyrkanos, den diese selbst dem Vater einstimmig als geeignet bezeichneten. Nichtsdestoweniger[1]) gaben sie ihren Freunden in Alexandrien einen Wink, ihn aus dem Wege zu räumen. Aber der junge Tobiade eroberte sich rasch die Gunst des Hofes. Durch seine verschwenderischen Geschenke — hundert schöne Sklaven für den König und ebensoviel schöne Sklavinnen für die Königin — die zugleich je ein Talent zu überreichen in der Hand hatten, stellte er alle, die an dem Tage mit Gaben die Aufwartung machten, in den Schatten. Durch seine Geistesgegenwart und seinen Witz bei Unterredungen mit dem König und bei der Tafel, wozu er auch zugezogen wurde und an der er gleich seinem Vater schwelgte, wurde er der Liebling Philopators. Dieser überhäufte ihn mit Lobeserhebungen in Schreiben an dessen Vater, Brüder und Beamten. Stolz kehrte Hyrkanos nach Jerusalem zurück; da lauerten ihm seine Brüder unterwegs mit ihren Leuten auf, um ihn umzubringen. Er aber und seine Begleiter setzten sich zur Wehr und töteten zwei der Brüder. Finster empfing ihn der Vater in Jerusalem wegen der Verschwendung der Gelder, die er bei Hofe angewendet, und vielleicht auch aus Eifersucht, daß er in der Gunst des Königs in so kurzer Zeit so hoch gestiegen war, daß

gedrückt. — Das Pron. σοῦ im griech. Texte ist entschieden falsche L.-A.; αὐτοῦ muß wohl emendiert werden. Dazu kommt noch die Angabe in der Mischna (Synhedr. I, 1): unter den drei, die keinen Anteil an der zukünftigen Welt haben, wird auch אפיקורוס, d. h. ein Epikuräer gezählt. Diese Angabe ist unstreitig alt, da Epikuros hier ohne weitere Erklärung genannt wird.

[1]) Josephus Altert. XII, 4, 7.

er ihn selbst verdunkelte. Hyrkanos konnte daher nicht in Jerusalem bleiben[1]) und kehrte wahrscheinlich nach Alexandrien zurück.

Noch war die Zwietracht auf das Haus des Tobiassohnes beschränkt und hatte noch nicht das Volk oder richtiger die Einwohner Jerusalems ergriffen. Man hatte hier noch keine Ahnung davon, daß aus der einreißenden Zwiespältigkeit dieses Hauses und aus dessen Hinneigung zum griechischen Wesen und zu griechischen Verirrungen unsägliches Leid über das Volk hereinbrechen würde. Die Gegenwart erschien noch auf freundlicher Bildfläche. Judäa genoß für den Augenblick Ruhe und Lebensbehaglichkeit. Wohlstand war im Lande verbreitet und gab Mittel an die Hand, das Leben zu verschönern. Die Nacharvölker beugten ihr Haupt vor dem politischen Führer des Volkes und wagten nicht, es wie früher anzugreifen oder mit Verachtung zu behandeln. Seit Nehemia war ein solcher befriedigender Zustand nicht in Judäa. Es konnte daher in dieser Zeit ein dichterisches Kunstwerk entstehen, welches einen rosigen Schimmer über die Oberfläche der damaligen Gegenwart verbreitet und friedliche, glückliche und heitere Tage voraussetzt. Es ist ein Liebesgedicht, in dem sich ein wolkenloser Himmel, grüne Matten, duftende Blüten und besonders eine sorgenfreie Heiterkeit des Gemütes abspiegeln, als gäbe es nichts Ernsteres, als auf Myrtenbergen zu wandeln, unter Lilien zu weiden, einander Liebesworte zuzuflüstern und in Seligkeit des Augenblickes zu schwelgen. Das hohe Lied (Schir ha-Schirim)[2]), ein Kind sorgenentfesselter Tage und Lebensfreudigkeit, in welchem die hebräische Sprache gezeigt hat, daß sie auch Weichheit und Tiefe der Empfindungen, den Schmelz feinfühliger Rede und Gegenrede und malerische Naturpoesie wiederzugeben imstande ist, wurde mit hoher Wahrscheinlichkeit in dieser windstillen Zeit, welche einem Sturm vorausging, gedichtet. Es ist schon von griechischen Säften durchzogen. Der sinnige Dichter hatte sich in der griechischen Welt umgesehen, sich an dem Zauber ihrer Sprache gelabt und ihr manchen Kunstgriff abgesehen, besonders die Form, einen Hirten und eine Hirtin auftreten zu lassen und ihnen Liebesgespräche in den Mund zu legen. Aber mit der Harmlosigkeit dieser ätherischen Poesie hat

[1]) Josephus Altert. XII, 4, 9. Hier ist zwar angegeben, daß Hyrkanos sich nach Peräa begeben und dort den Völkerschaften Tribut auferlegt habe. Allein dieses Faktum setzte Josephus selbst (das. 4, 11) in spätere Zeit, zur Zeit der Regierung des Seleukos Philopator (187—175). Vor dieser Zeit muß Hyrkanos in Jerusalem gewesen sein. Denn durch ihn entstand in der judäischen Hauptstadt Parteiung. Möglich, daß an der ersten Stelle bei Josephus eine Lücke ist.

[2]) Vergl. darüber Graetz, Schir ha-Schirim, das Salomonische Hohelied 1871.

der Dichter auf die Schäden der Zeit aufmerksam machen wollen. Im Gegensatz zur unsauberen, unkeuschen Liebe der griechischen Welt schuf er ein Idealwesen, eine schöne Hirtin, Sulamit, die schöne Tochter Aminadabs, welche eine tiefe, innige, unverlöschliche Liebe zu einem Hirten, der unter „Lilien weidet", im Herzen trägt, aber dennoch und eben dadurch keusch und züchtig bleibt. Ihre Schönheit wird durch vortreffliche Eigenschaften erhöht; sie hat eine bezaubernde Singstimme, süße fesselnde Beredsamkeit, und beim Tanzen entwickelt sie bei jeder Bewegung Anmut und Lieblichkeit. Sie liebt ihren Hirten mit der ganzen Glut eines jugendlichen Herzens und ist sich der ganzen Kraft der Liebe so voll bewußt, daß sie Betrachtungen darüber anstellt:

„Denn schmerzlich wie der Tod ist die Liebe,
Hart wie das Grab ist die Eifersucht.
Ihre Pfeile sind Feuerpfeile, eine Gottesflamme,
Mächtige Fluten können die Liebe nicht löschen,
Und Ströme sie nicht wegspülen.
Gäbe einer sein ganzes Vermögen um Liebe,
Verachten würde man ihn."

Und gerade diese glühende Liebe schützt sie vor jeder unkeuschen Handlung, jedem unanständigen Worte, jedem unreinen Gedanken. Wie ihre Augen Taubenaugen gleichen, so ist ihr Herz voll Taubenunschuld:

„Sechzig Könige gibt es,
Und achtzig Kebsen,
Und Dirnen ohne Zahl,
Einzig ist meine Taube, meine Unschuld,
Einzig ist sie ihrer Mutter,
Lauter ist sie ihrer Gebärerin,
Jungfrauen sahen sie und lobten sie,
Königinnen und Kebsen priesen sie:
‚Wer ists, die herunterblickt gleich der Morgenröte,
Schön wie der Mond, lauter wie die Sonne,
Furchtgebietend wie Türme?'"

Ihr Freund — und so nennt sie ihn stets — stellt ihr selbst das Zeugnis der Unnahbarkeit aus:

„Süßigkeit träufeln deine Lippen,
Meine Schwester-Braut,
Honig und Milch auf deiner Zunge,
Und der Duft deines Gewandes wie der Duft des Libanon.
Ein verschlossener Garten ist meine Schwester-Braut,
Ein verschlossener Garten,
Ein versiegelter Quell."

In so strenger Züchtigkeit läßt der Dichter seine Idealhirtin, Sulamit, erscheinen, daß sie vor fremden Ohren nicht einmal ihre bezaubernde Singstimme hören lassen mag. Ihrem Freunde zu Liebe singt sie gerne; das erzählt sie ihren Freundinnen, den Töchtern Jerusalems, mit denen sie ein Zwiegespräch führt:

„Es erwiderte mir mein Freund und sprach zu mir:
‚Auf, auf! meine Freundin, meine Schöne, komme doch!
Denn sieh der Winter ist vorüber,
Die Regenzeit entschwunden, vorübergegangen,
Die Blumen zeigen sich am Boden,
Die Gesangeszeit ist eingetroffen,
Der Wandertaube Stimme hört man schon in unserm Lande,
Der Feigenbaum hat seine jungen Früchte gewürzt,
Und die Weinstöcke in Blüte verbreiten Duft.
Auf, auf! meine Freundin, meine Schöne, komme doch!
Mein Täubchen auf des Felsens Kamm,
In des Stufenganges Geheimnis,
Zeige mir deine Gestalt,
Laß mich deine Stimme vernehmen!
Denn deine Stimme ist angenehm,
Und deine Gestalt ist schön.‘“

Infolge dieser dringenden Aufforderung singt ihm Sulamit ein kleines Liedchen aus dem Hirtenleben. Als er aber sie überreden will, auch vor Fremden zu singen:

„Die du in Gärten weilest,
Genossen lauschen auf deine Stimme,
Laß sie uns doch vernehmen!“

da weist sie ihn zart ab.

„Eile mein Freund hinweg —
Und gleiche einem Hirsche
Oder der jungen Gazelle —
Zu den würzigen Bergen!“

Und so oft der Freund etwas Ungebührliches von ihr verlangt, weist sie ihn sinnig ab:

„Ehe der Tag sich abkühlt,
Ehe die Schatten sich neigen,
Begib dich hinweg,
Gleich dem Hirsche
Oder der jungen Gazelle!“

Als nun gar von ihr verlangt wird, ihren lieblichen Tanz sehen zu lassen, gerät sie in Entrüstung:

‚O, kehr' um, Sulamit, kehre um,
Daß wir dir zusehen!
Wie schön sind deine Füße in Schuhen, Tochter Aminadabs!
Die Schwingungen deiner Hüften wie Ketten,
Das Werk eines Künstlers!‘
‚Was wollt ihr an Sulamit sehen,
Wie an einer Tänzerin der Chöre?‘

So erwidert ihnen die streng züchtige Sulamit. Zu ihrem Freunde, den ihre Seele liebt, spricht sie:

„Ich wollte, du wärst mir ein Bruder,
Der an der Brust meiner Mutter gesogen.
Fände ich dich auf der Straße,
Und küßte dich,
So würden sie mich nicht verachten.
Ich leitete dich und führte dich
Ins Haus meiner Mutter,
Ins Gemach meiner Gebärerin,
Labte dich mit Würzwein,
Von dem Safte der Granaten.“

Diese unnahbar keusche Jungfrau stellt der sinnige Dichter seinen Stammesgenossen als Muster auf, aus ihrem süßen und lieblichen Munde läßt er den Töchtern Judas zurufen:

„Ich beschwöre euch, ihr Töchter Jerusalems,
Bei den Rehen oder den Gazellen des Feldes,
Warum wecket ihr, warum erreget ihr die Liebe,
Ehe sie verlangt?“

Mit der Blumensprache der zartesten Poesie weist der Dichter des Hohenliedes auf die Schäden der Zeit, auf die oberflächliche sinnliche Liebe, welche für Geld gekauft wird und für Geld feil ist, auf die Unzüchtigkeit der öffentlichen Tänzerinnen und Sängerinnen, auf die Dirnen ohne Zahl, auf das verweichlichende städtische Leben, auf die entmutigenden und entmannenden Tafelfreuden und Trinkgelage. Es hat also nicht ganz und gar an einer warnenden Stimme gefehlt gegen die beginnende oder bereits eingerissene Sittenverderbnis, von der auch die Töchter Jerusalems angefressen waren. Aber diese Stimme war wohl viel zu schwach, sie glich dem Nachtigallengeflöte. Die Zeit brauchte die Löwenstimme der Propheten. Denn die Zeit der Isebel und Athalia, oder richtiger die Zeit des Achas und Manasse sollten sich wiederholen, allerdings in ganz anderer Gestaltung, aber mit derselben Absicht, die ureigene Lehre, das Judentum, aus dem Herzen der Bekenner zu reißen und dafür fremden Tand und Unheiliges zu setzen. Die Gefahr war jetzt noch bedrohlicher, da die Entfremdung und der Verrat an der eigenen Sache aus dem Hause des Hohenpriesters ausgingen.

Die Zerrüttung im Innern machte mit dem Tode Josephs (um 208), des Enkels Simons des Gerechten, Fortschritte, von äußeren politischen Vorgängen gefördert. Wahrscheinlich ging die Steuerpacht und die damit verbundene Stellung auf seine Söhne über, und da der jüngste derselben, Hyrkanos, ganz allein dem ptolemäischen Hof bekannt und beim König Philopator beliebt war, so erhielt er ohne Zweifel den Vorzug. Dadurch steigerte sich der Haß seiner Brüder nur noch mehr gegen ihn. Als Hyrkanos nach Jerusalem kam, um die Verwaltung zu übernehmen, nahmen seine Brüder eine offene feindselige Haltung gegen ihn an und warben um Anhänger, um ihn mit Waffengewalt zu bekämpfen und aus der Stadt zu verbannen. Indessen gewann auch er Parteigänger für sich, und dadurch brach die Zwietracht in Jerusalem aus, welche nahe daran war, in einen Bürgerkrieg auszuarten oder vielleicht bereits Blutvergießen herbeigeführt hatte. Den Ausschlag gab der Hohepriester Simon II., Sohn jenes Onias II., welcher zur Machtstellung des Tobiassohnes beigetragen hatte (o. S. 223). Er nahm für die älteren Brüder Partei, und dadurch wuchs ihr Anhang so sehr, daß Hyrkanos sich nicht in Jerusalem behaupten konnte [1]). Es läßt sich denken, daß er infolge seiner Verbannung nach Alexandrien eilte, um dort bei Hofe Klage gegen seine Brüder zu führen. Allein hier fand er keine Hilfe, da gleich darauf sein Gönner Philopator starb (206), und infolgedessen in Ägypten selbst Zerrüttung und Umwälzung überhand nahmen. Philopator hinterließ nämlich nur ein fünfjähriges Kind als Thronfolger, Ptolemäus V. Epiphanes (205—181) [2]), dessen sich die verlotterten Günstlinge bemächtigten, um die Zügel der Regierung zu behalten. Agathokles, seine schamlose Schwester Agathoklea, ihre Mutter und Geschwister zeigten ein Vermächtnis des verstorbenen Königs vor, als wenn er sie zu Vormündern und Erziehern des königlichen Kindes eingesetzt hätte. Da aber diese Familie in Ägypten bei der Bevölkerung und beim Heer äußerst verhaßt war, so entstand ein Aufruhr gegen sie, wobei sämtliche Glieder der Günstlingsfamilie umgebracht wurden. Dieser Aufstand führte zur Anarchie, da kein Mann vorhanden war, welcher Kraft, Mut, Klugheit und Vertrauen beim Volke und Heere besessen hätte, um die durch das Lotterleben Philopators gestörte Staatsordnung wiederherzustellen. Die Schwäche des ptolemäischen Königshauses und der Regierung benutzten zwei ehrgeizige Könige, um Ägypten und die dazu gehörigen Inseln und Besitzungen zu zerstückeln und die Teile ihrem Reiche einzuverleiben, Antiochus der Große von Syrien und Philipp von Makedonien. Der Erstere besetzte sogleich einzelne Städte und

[1]) Josephus Altert. XII, 4, 11. Es geht aus dieser Stelle entschieden hervor, daß Hyrkanos nach dem Tode des Vaters in Jerusalem anwesend war, und es läßt sich nur denken, daß er dahin wegen ὠνῇ τῶν τελῶν, zur Übernahme der Funktion seines Vaters, gekommen war. Vergl. o. S. 236 Anmerk. 1.

[2]) Vergl. o. S. 224.

Landstriche von Cölesyrien und machte Rüstungen, um sich auch Ägyptens zu bemächtigen. Mit ihm trat wieder eine Wendung in der Geschichte Judäas ein.

Josephs ältere Söhne, oder wie sie genannt werden, die Söhne Tobias, waren nämlich sofort entschlossen, aus Haß gegen ihren jüngeren Bruder Hyrkanos und gegen den ptolemäischen Hof, der ihn bevorzugt hatte und ihn vielleicht zu dem bevorstehenden Kampf gegen den Seleuziden nicht fallen ließ, für Antiochos Partei zu ergreifen und von der ägyptischen Herrschaft abzufallen. Sie bildeten eine seleuzidische Partei[1]). Sie werden als Verächter und Entartete geschildert, und sie zeigten sich in dem ferneren Verlaufe der Ereignisse als Gesinnungslose, welche das Wohl ihres Vaterlandes ihrem Durst nach Rache und der Befriedigung ihrer Gelüste opferten. Ohne zu bedenken, daß diese offene Parteinahme für den Feind der Ptolemäer nachteilige Folgen für ihr Volk und Land haben könnte, öffneten sie ihm die Tore der Städte und huldigten ihm. Die Gegenpartei, die Anhänger Hyrkanos' oder der Ptolemäer, beugte sich der Übermacht oder wurde unterdrückt. Ein Jahrhundert nach der Besitzergreifung des lagidischen Königshauses von Juda, als einem Teil von Cölesyrien, kam es unter die Gewalt des seleuzidischen Hauses (203—202).

Indessen, so zerfahren auch die Regierung in Alexandrien war, so machte sie doch Anstrengung, das Verlorene wieder zu erobern. Der scham- und kopflose Vormund Agathokles hatte durch verschwenderische Anerbietungen einen Heerführer Skopas gewonnen, welcher

[1]) Man begreift die makkabäische Vorgeschichte viel besser, wenn man annimmt, daß es in Judäa oder wenigstens in Jerusalem zwei politische Parteien gegeben hat, eine seleuzidische und eine ptolemäische. Aus der Zeit Antiochos Epiphanes' ist diese Parteiung bezeugt durch Josephus (jüd. Kr. I, 1, 1): Ὀνίας ἐξέβαλε . . . τοὺς υἱοὺς Τωβία . οἱ δὲ καταφυγόντες πρὸς Ἀντίοχον . . . . ὁ βασιλεὺς . . πολύ τε πλῆθος τῶν τῷ Πτολεμαίῳ προσεχόντων ἀνεῖλε. Sie kann aber nicht erst in dieser Zeit entstanden sein. Denn nach Antiochos des Großen Sieg über Skopas öffneten ihm die Jerusalemer freiwillig die Tore und halfen ihm die ägyptische Besatzung bekämpfen (Josephus Altert. XII, 3, 2). Ja, schon der Umstand, daß Skopas eine Besatzung in die Akra gelegt hat, beweist, daß Feindseligkeit gegen Ägypten in Jerusalem herrschte. Es gab also schon damals eine syrische Partei. Als an der Spitze dieser Partei stehend nennt Josephus die „Tobiassöhne", und da diese nicht erst zu Antiochos Epiphanes' Zeit aufgetaucht sind, so müssen sie schon früher syrische Parteigänger gewesen sein. Nun nennt Daniel beim ersten Einfall des Antiochos die ובני פריצי עמך ינשאו להעמיד חזון, und will offenbar damit dessen Parteigänger bezeichnen. So ist man berechtigt, die Söhne Tobias mit den בני פריצים zu identifizieren. Über להעמיד חזון vergl. Monatsschrift, Jahrg. 1871, S. 445.

aus seinem Vaterlande Ätolien, das damals für Löhnung allen kriegführenden Mächten Mietlinge für den Krieg lieferte, eine Truppe solcher Söldlinge zusammenbrachte und nach Cölesyrien warf. In kurzer Zeit besetzte er wieder die Landstriche dies- und jenseits des Jordans. Jerusalem oder richtiger die seleuzidische Partei, die Tobiaden und ihr Anhang, setzten alles in Bewegung, um nicht den Ptolemäern untertänig zu sein. Als der ätolische Heerführer Skopas und seine verwilderte Schar siegten, übten sie selbstverständlich keine Schonung. Sie nahmen Jerusalem mit Sturm, richteten Zerstörung an der Stadt und am Tempel an und ließen wohl die ihnen als Feinde Ägyptens Bezeichneten über die Klinge springen (um 201). Viele Bewohner Jerusalems suchten ihr Heil in der Flucht. Um den Rest der Bewohner in Zaum zu halten und einen für den weiteren Verlauf des Krieges wichtigen Punkt zu sichern, ließ Skopas eine ätolische Besatzung in der Festung Baris oder Akra, nordwestlich vom Tempel (o. S. 145) zurück. Die ptolemäische Partei in Jerusalem kam dadurch wieder oben auf. Vielleicht fand sich auch Hyrkanos in dieser Zeit in Jerusalem ein und befriedigte sein Rachegefühl an seinen ihm verhaßten Brüdern und ihren Anhängern.

Diese Zurückeroberung Judäas und Cölesyriens für den königlichen Knaben Epiphanes durch Skopas konnte aber nicht lange behauptet werden. Antiochos sammelte ein gewaltiges Heer und Elefanten und zog gegen den ätolischen Heerführer. In dem schönen Tale am Fuß des Hermons bei der Bergstadt Pannion an der Jordanquelle, das für ein idyllisches Stilleben wie geschaffen scheint, kam es zu einer mörderischen Schlacht, in welcher Skopas und sein ätolisches Heer völlig geschlagen wurden. Anstatt das Vorland Ägyptens vor Weitereroberung zu schützen, warf sich der ätolische Söldnerführer auf Sidon und schloß sich darin ein. Während der Zeit ließ Antiochos durch eine Heeresabteilung die Städte dies- und jenseits des Jordans in seinen Besitz nehmen. Über Judäa kamen wieder die Leiden des Krieges und der inneren Zwietracht. Es glich in dieser Zeit einem sturmbewegten Schiffe, das bald von der einen, bald von der anderen Seite geschleudert wird. Beide kriegführenden Parteien schlugen ihm schwere Wunden. Viele Einwohner wurden in Gefangenschaft geschleppt. Nachdem Antiochos jenseits des Jordans Batanäa (Baschan), Abila und Gadara und diesseits Samaria wieder erobert hatte, rückte er mit seinem Heere auf Jerusalem. Hier hatten sich ohne Zweifel die flüchtig gewordenen Führer der seleucidischen Partei wieder eingefunden und die Bewohner bewogen, ihm entgegen zu kommen. So zog ihm das Volk und an der Spitze der hohe Rat der Alten und die Priester entgegen[1]), nahmen ihn in die Stadt auf und lieferten Lebensmittel für Heer und Elefanten. Noch lag aber die ätolische Besatzung in der Akra; diese mußte aus ihrer festen Stellung verdrängt werden. Antiochos oder einer seiner Feldherren unternahm die Belagerung, und die Bewohner Jerusalems leisteten dabei Beistand.

Antiochos muß viel Wert auf diesen Beistand und die Anhänglichkeit der Judäer gelegt haben. Denn er erließ einen Befehl an seinen Feldherrn Ptolemäus, Sohn Äropos', ihnen seine Gunstbezeugungen zu verkünden. Die Trümmer Jerusalems sollten wieder erbaut und die schadhaften Stellen im Tempel wieder ausgebessert werden. Dazu sollte ihnen Holz nicht bloß von den Bergen Judäas, sondern auch vom Libanon geliefert werden, und alle Flüchtlinge sollten wieder zurückkehren und Jerusalem bevölkern. Alle zu Sklaven Gemachten und ihre Kinder sollten wieder in Freiheit gesetzt und in den Besitz ihrer Güter gesetzt werden. Die Einwohner und die bis zum Monat Hyperberetaios (Tischri 200) Zurückkehrenden sollten drei Jahre von Abgaben frei sein. Antiochos verminderte überhaupt ihre Steuern um ein Drittel und befreite die Mitglieder des hohen Rates, die Priester, die Tempelbeamten und die Sänger

[1]) Josephus Altert. XII, 3, 3; nach Polybius' fragmentarisch erhaltenen Notizen 16, 38—39 und der Urkunde, die Josephus das. als ein Schreiben Antiochos' an seinen Feldherrn Ptolemäus auszieht. Dieser Ptolemäus ist wohl identisch mit dem Anführer der seleuzidischen Reiterei, Πτολ. Ἀερόπου, welcher zum Sieg in der Schlacht bei Pannion beigetragen hat, nach Zeno dem Rhodier (bei Müller, fragm. histor. Graecae III, p. 181). Dann kann diese Urkunde echt sein, und daraus ergibt sich mehr geschichtlicher Stoff als aus den kurzen Notizen bei Polybius. Das Datum dieser Kriege läßt sich genau bestimmen. Stark, Gaza (S. 402), setzt in Konsequenz seiner Annahme, daß Epiphanes erst 202 zur Regierung gelangte, angeblich nach Polybius, den Krieg um 200 und 199, Eusebius' Chronik setzt ihn aber schon früher an. Auch Hieronymus berichtet zu Daniel, nach Porphyrius und seinen Quellen, daß Antiochos mit dem ägyptischen Hofe Frieden geschlossen und dem Epiphanes seine Tochter verlobt hat: filiam suam Cleopatram per Euclem Rhodium s e p t i m o anno regni adolescentis despondit Ptolemaeo. Da nun Epiphanes 205 zur Regierung gelangte (vergl. o. S. 240), so geschah die Verlobung 199 (so Müller a. a. O. III, S. 726). Folglich muß der Krieg, der diesem Friedensschluß voranging, mindestens ein Jahr vorher stattgefunden haben, d. h. 200. Im Sommer dieses Jahres muß Antiochos schon im Besitz von Jerusalem gewesen sein, denn er bewilligte allen denen, die ἕως τοῦ Ὑπερβερεταίου μηνός, sich in Jerusalem einfinden würden, Amnestie. Dieser Monat entspricht dem Tischri, folglich muß er im Sommer 200 schon Jerusalem besessen haben. Skopas unterwarf aber Judäa im Winter (Polybius 16, 38. 17): κατεστρέψατο ἐν τῷ χειμῶνι τὸ τῶν Ἰουδαίων ἔθνος, d. h. im Winter 201, vielleicht noch früher.

von Kopf-, Kronen-, und anderen persönlichen Abgaben. Für den Opferbedarf bewilligte er aus dem Staatsschatze für Opfertiere, Wein, Öl, Weihrauch 20 000 Drachmen, außerdem noch Mehl, Weizen und Salz. Endlich gestattete er ihnen sich nach den eigenen Gesetzen zu regieren[1]). Ein sonst unbekannter Jochanan soll diese Freiheiten von Antiochos erlangt haben[2]). Außerdem soll er ein Verbot erlassen haben, daß keiner, der nicht zum judäischen Stamm gehört, bei Geldstrafe sich unterfangen dürfte, in den Tempel zu dringen, oder Aas oder Häute von toten Tieren, welche verunreinigend wirkten, in Jerusalem einzuführen oder die Zucht verbotener Tiere zu unterhalten[3]).

Sobald Antiochos die zwei befestigten Städte, Sidon, wohin sich Skopas geworfen hatte, und Gaza, welches heldenhaften Widerstand leistete, genommen hatte, blieb ihm der Besitz von Cölesyrien und damit auch von Judäa gesichert[4]). Er richtete aber sein Augenmerk auf Ägypten und seine Nebenländer, dessen Eroberung bei der Zerfahrenheit der Regierung unter einem unmündigen König leicht schien. Allein die Römer, welche damals, durch die Besiegung Karthagos und des Kriegshelden Hannibal von Sorgen befreit, auf weitere Eroberungen ausgingen, geboten ihm Halt. Der römische Senat warf sich zum Vormunde des jungen Königs Epiphanes auf. Infolge dessen sah sich Antiochos genötigt, Zugeständnisse zu machen; er verlobte seine Tochter Cleopatra mit dem jungen Epiphanes und konnte dadurch den Römern erwidern, daß er der verwandtschaftliche Beschützer des zwölfjährigen königlichen Knaben sei. Von Hannibal aufgestachelt, seine Waffen gegen die immer mehr anschwellende Macht der Römer zu kehren, gab er den Plan auf Eroberung Ägyptens auf und führte seine Tochter dem achtzehnjährigen Epiphanes (193) zu. Die Friedensbedingung war, daß das cölesyrische und phönizische Gebiet zwar dem seleuzidischen Reiche verbleiben, daß aber die Einkünfte von denselben seiner Tochter als Mitgift zufallen sollten[5]).

1) Josephus Altert. XII, 3, 3 nach der Urkunde: *πολιτευέσθωσαν δὲ πάντες οἱ ἐκ τοῦ ἔθνους (Ἰουδαικοῦ) κατὰ τοὺς πατρῴους νόμους.*

2) Makkab. II, 4, 11: *τὰ κείμενα τοῖς Ἰουδαίοις φιλάνθρωπα βασιλικὰ διὰ Ἰωάννου τοῦ πατρὸς Εὐπολέμου.* Mit Recht bezieht H. Grotius dieses auf die von Antiochus dem Großen gewährten Privilegien.

3) Die zweite Urkunde bei Jos. das. 3, 4 ist von zweifelhafter Echtheit.

4) Daniel 12, 15 ויבא מלך הצפון וישפך סוללה ולכד עיר מבצרות . . . ויעש כרצונו . . . ויעמד בארץ הצבי וכלה בידו. Die Verbindung עיר מבצרות ist unhebräisch. Man muß dafür lesen ערי מבצרות, und dies bezieht sich auf die Eroberung von Sidon und Gaza zugleich, damit fällt Starks Zweifel (a. a. O. S. 403) weg.

5) Stark (das. S. 426 f.) hat dieses Verhältnis richtig auseinander gesetzt.

Sein heimlich in der Brust genährter Plan war, nach erlangtem Siege über die Römer und Einverleibung Kleinasiens und Griechenlands auch Ägypten an sich zu reißen. Aber sein Leichtsinn und seine Unklugheit führten seine Demütigung herbei. Die Römer brachten Antiochos bei Magnesia (Spätherbst 190) eine so niederschmetternde Niederlage bei, daß er die Eroberungen in Griechenland und einen Teil von Kleinasien an die Römer abtreten, seine ganze Flotte ausliefern und jährlich 15 000 Talente Kriegskosten innerhalb zwölf Jahren zahlen mußte. Zur Sicherung des Friedens und der Zahlung der Kriegsentschädigung mußte er seinen zweiten Sohn, Antiochos Epiphanes, welcher ein blutiges Blatt in die Jahrbücher des judäischen Volkes einsetzen sollte, als Geisel nach Rom senden. Verhängnisvoll war Antiochos' Überschätzung der eigenen Kraft für das seleuzidische Reich. Leichte Erfolge nährten in ihm den Dünkel, daß er berufen sei, ein zweiter Alexander zu werden, und ermutigten ihn zu dem Wagnis, sich mit Rom zu messen, gerade in der Zeit, als dieses durch die Kämpfe mit Karthago und Hannibal Feldherren erster Größe und unüberwindliche Heere stellen konnte. Um die Kriegsentschädigungen leisten zu können, welche sie von den ihnen unterworfenen Völkern nicht erpressen konnten, mußten die syrischen Könige sich auf Tempelraub verlegen, und dieser Angriff auf die Heiligtümer machte sie verhaßt und stachelte auch die geduldigsten Völkerschaften zu Aufständen gegen sie auf. Antiochos, der sogenannte Große, fand seinen Tod infolge eines versuchten Tempelraubes (187) Sein Sohn streckte ebenfalls seine Hand gegen Heiligtümer aus und führte dadurch die Erhebung und Kräftigung des judäischen Volkes, sowie die eigene Demütigung und die zunehmende Schwächung des seleuzidischen Reiches herbei.

Achtes Kapitel.

Das Vorspiel zu den Makkabäerkämpfen.

Feindseliger Geist der Philister, Idumäer und Samaritaner gegen Judäer. Ansiedelung von Judäern in Städten mit griechischer Bevölkerung, in Joppe, Jamnia, in Galiläa und in den neu entstandenen Städten, Sepphoris, Gischala, Jotapata, Gamala von Babylonien aus. Neigung vieler Judäer, sich durch griechische Sitten den Nachbarvölkern zu nähern und von ihnen ebenbürtig behandelt zu werden. Die Partei der Griechlinge oder Hellenisten. Abneigung gegen Lehre, Gesetz und Sitte. Partei der Chaßidäer. Nagesch oder Razis, „Vater der Judäer", strenger Bekämpfer der hellenistischen Neuerungen. José ben Joëzer und José ben-Jochanan. Die Mittelpartei. Onias III. Simon, Tempelaufseher, und seine Brüder Menelaos und Lysimachos und die Tobiaden. Hyrkanos' Reichtum und Bauten. Simons Angeberei bezüglich des Tempelschatzes. Heliodor, für den Tempelraub abgeordnet, kehrt unverrichteter Sache zurück. Neue Verleumdungen gegen Onias. Seine Reise nach Antiochien. Neue Ränke gegen ihn, ihn zu entsetzen. Sirachs Spruchdichtung gegen die Verirrungen der Zeit.

(187—175.)

Die Zersetzung im Inneren des judäischen Gemeinwesens, welche mit dem Führer und Steuerpächter Joseph begonnen hatte, nahm infolge der Kriege zwischen den Seleuziden und Lagiden um den Besitz von Cölesyrien und der zwieträchtigen Parteiung des Volkes mit überraschender Schnelligkeit und in großer Ausdehnung zu. Die Parteiführer und ihr Anhang, die Tobiaden, waren nicht wählerisch in den Mitteln, die ihnen geeignet schienen, ihrer Sache oder ihrer Rechthaberei den Sieg zu verschaffen und die Gegenpartei zu vernichten. Vor allem waren sie darauf bedacht, einen Stützpunkt außerhalb ihres Volkes zu suchen, nicht bloß bei den Machthabern in Antiochien, sondern auch bei der Nachbarbevölkerung. Bei den in den Städten Palästinas angesiedelten Griechen, welche die Oberhand hatten, und nicht weniger bei den Urbewohnern, waren aber die Judäer verhaßt. Diese konnten es nicht verzeihen, daß sie so lange von den judäischen Steuerpächtern gedemütigt und mißhandelt worden waren. Die Gehässigkeiten der alten Zeit wiederholten sich wieder, und auch die alten Namen der Feinde waren geblieben, so daß die Vorgänge den Schein erwecken, als wenn die Lage noch wie zur Zeit der Richter oder zur Zeit der Schwäche des Davidischen Reiches fortdauerte und überhaupt im Bereiche der Geschichte keine Veränderung vorgegangen wäre. Da waren noch Philister, die in Gaza, Askalon, Azotos, in den Städten längs der Meeresküste und bis Gazara (Gaser)[1]) unweit Lydda ihr uraltes Gebiet einnahmen. Im Süden hatten die Idumäer das ehemals zu Juda gehörende Gebiet von Marescha und Adoraïm in Besitz und selbst — unbekannt zu welcher Zeit — Hebron, die älteste Stadt Palästinas, ehemals Stammsitz von Juda, älter als Jerusalem, an sich gerissen[2])

Idumäer, wie Philister waren wie ehemals voll feindseliger Gesinnung gegen die Judäer und ließen sie bei jeder Gelegenheit ihren Haß empfinden[3]). Im Norden taten dasselbe die Samaritaner,

1) Vergl. über die Lage von Gazara — גזר Bd. I. S. 80 Anm. 1.

2) Makkab. I, 5, 65. Über die Enklaven der Idumäer in Judäa, vergl. Monatsschrift, Jahrg. 1875, S. 61 f. Auch im Westen des Toten Meeres in Akrabatana waren Idumäer, vergl. im letzten Kap.

3) Über die Spannung zwischen Judäern und Nachbarvölkern in dieser Zeit ist Sirach 50, 25—26 instruktiv: *ἐν δυσὶν ἔθνεσι προσώχθισεν ἡ ψυχή μου, καὶ τὸ τρίτον οὐκ ἔστιν ἔθνος· οἱ καθήμενοι ἐν ὄρει Σαμαρείας, Φυλιστιείμ, καὶ ὁ λαὸς μωρὸς ὁ κατοικῶν ἐν Σικίμοις.* Statt Samaria hat die Peschito גבל, d. h. Gabalene und die Vulgata in monte Seïr. Man muß also *Σηείρ* statt *Σαμάρεια* lesen. Allein unmöglich kann darunter das eigentliche Idumäa verstanden sein. Denn dieses war damals nicht von Idumäern, sondern von Nabatäern bewohnt, welche ein dominierendes Volk waren und mit den Judäern in gutem Einvernehmen standen (vergl. Monatsschr. das. S. 48 f.). Es kann sich nur auf die idumäische Enklave innerhalb Judäas beziehen, die auch mit dem Namen Seïr belegt und auch Gabalene genannt wurde. In den Talmuden kommt öfter vor, daß Gesetzeslehrer nach Gabalene reisten und dort jüdische Gemeinden antrafen. (Ketubot 112a) ר' יהושע בן לוי אקלע לגבלא; (Aboda Sara 59a): ר' חייא בר אבא אקלע לגבלא חזא בנות ישראל דמעברן מנכרים. Dazu bemerken Thossaphot mit Recht, Gabala oder Gabalene müsse in Palästina gelegen haben. Denn als R'Josua ben Levi dort große Trauben bemerkte, apostrophierte er das heilige Land, daß es Fremden den Segen spende: ארץ ארץ הכניסי פירותיך למי את מוציאה פירותיך לערביים הללו. Ferner Jeruſ. Megilla III, 73d: ר' ירמיה אזל לגבלנא, ebenso Aboda Sara II, 11c. Entscheidend dafür ist die Tradition (das. Schebiit VI, p. 36d.), daß eine talmudische Autorität im 4. Jahrh. Gabalene vom Sabbatjahr-Gesetz befreien wollte und ein anderer sich dagegen erklärte: ר' חונא בשם משרי החן יבלונה (גבלונה) אתא לגבי ר' מנא ובי. Daraus ergibt sich, daß das idumäische Gebiet im Süden Palästinas um Bet-Gubrin ebenfalls Gabalene und Seïr genannt wurde. Entscheidend dafür, daß auch die südjudäische Gegend Gabalene benannt wurde, ist auch die Angabe Hieronymus' (Komment. zu Obadja I.) Gebalene in finibus Eleutheropoleos, ubi ante habitaverunt

welche in Berührung mit der mazedonischen Besatzung, die sie bereits unter Alexander erhalten hatten, sich hellenisiert hatten. Inmitten dieser feindlichen Völkerschaften, unter Philistern, Idumäern und Mazedoniern, wohnten Judäer in den Städten. Infolge des Wohlstandes, der seit der Zeit des Tobiassohnes in Judäa verbreitet war, hatten sich nämlich Judäer auch an solchen Plätzen niedergelassen, die für Geschäftsverbindungen günstig waren. So wohnten Judäer in den Meeresstädten Joppe, Jamnia[1]) und Akko-Ptolemais[2]). In der fruchtbaren Hochebene zwischen dem Mittelmeer und dem Harfensee, welche in dieser Zeit Galiläa[3]) genannt wurde, waren ebenfalls Judäer angesiedelt; diese stammten aber nicht aus Judäa, sondern entweder unmittelbar aus babylonischen Gemeinden oder aus Abkömmlingen solcher, welche die Seleuziden nach Syrien verpflanzt hatten. Als alte Städte Galiläas mit judäischer Bevölkerung werden genannt Sepphoris (Zippori), Gischala (Guschchalab), Jotapata (Jodpat) und Gamala[4]) östlich vom Jordan.

Horraei. Eleutheropolis d. h. Bet-Gabrin. Bet-Gabris lag in Südjudäa (vergl. Monatsschr., Jahrg. 1875 S. 61, flg. Jahrg. 1876, S. 10). Folglich heißt Südjudäa oder die Gegend von Eleutheropolis auch Gabalene.

1) Makkab. II, 12, 3f.

2) Das. 4, 8 vergl. darüber Kapitel 9.

3) Über die Benennung Galiläa s. Bd. I. S. 284 Anm. 4.

4) Aus Makkab. I, 5, 14f. geht hervor, daß zur Zeit der Makkabäerkämpfe bereits Judäer in Ober- und Untergaliläa angesiedelt waren, da sie von den Bewohnern von Tyrus und von Ptolemais mißhandelt wurden. Nun werden in der Mischna (Erachin IX, 6) als alte feste Städte in Galiläa aufgezählt: ואלו הן בתי ערי חומה' ... מקפות חומה מימות יהושע בן נון כגון קצרה הישנה של צפורי וחקרא של גוש חלב ויודפת הישנה וגמלא. Die Benennung של צפורי ... קצרה gleich קסטרה של צפורי (Sabbat 121a) führt darauf, daß der Platz, wo noch jetzt das Kastell beim Dorfe Sifurijjeh steht, als das alte Sepphoris angesehen wurde, und ebenso die Akra bei Gischala und das alte Jotapata zum Unterschiede von einer neu angelegten Stadt Neu-Jotapata. Der Name Jotapata scheint mazedonischen Ursprungs zu sein, etwa von einem griechischen Namen Ἰωτάπη; es gab auch eine Stadt dieses Namens in Cilicien und eine Insel im Roten Meere Ἰωτάπη. — Nach Makkab. das. V. 23 wohnten Judäer ἐν Γαλιλαίᾳ καὶ Ἀρβάττοις. Ein Territorium Arbatta ist ohne Parallele. Makkab. I, 9, 2 wird von einem Zuge des Bacchides berichtet: εἰς Γάλγαλα .. ἐπὶ Μαισαλὼθ τὴν ἐν Ἀρβήλοις. Statt Galgala hat die syrische Version גלילא, also Galiläa, und statt Maisaloth haben einige richtig emendiert Χασαλώθ (Hugo Grotius z. St.). Die L.-A. Ἀρβήλα ist gesichert durch die Parallele bei Josephus (Altert. XII, 9,1) und durch den Zusatz, daß dort Höhlen waren (vergl. das. XIV, 15, 4). Man muß also auch Makkab. I, 5, 23 lesen Ἀρβήλοις statt Ἀρβάττοις, nicht mit H. Grotius umgekehrt. Die Gegend westlich vom Tiberiassee, wo die Stadt Arbela lag, und die Ebene Jesreël hieß also damals Arbela. Vergl. Eusebius Onomastic. s. v. Arbela, daß es 9 röm. M. von Legio eine Stadt Arbela gegeben hat

Diese Städte können erst unter Antiochos dem Großen von Judäern bevölkert worden sein, da dieser Landstrich erst durch seinen entscheidenden Sieg an der Jordanquelle ihm dauernd zugefallen war. Er hat überhaupt Judäer aus Babylonien und der Euphrat-gegend in die westlichen Provinzen seines Reiches verpflanzt. Als die Bevölkerung von Lydien und Phrygien einen aufrührerischen Geist gegen seine Herrschaft kund gab, ließ er zweitausend judäische Familien aus Mesopotamien und Babylonien in die Festungen dieser kleinasiatischen Landstriche verpflanzen, damit sie, von deren Anhänglichkeit er überzeugt war, den Urbewohnern das Gleichgewicht halten sollten. Er räumte ihnen viele Freiheiten ein, wies ihnen Äcker und Weinberge an und sicherte ihnen Religionsfreiheit zu [1]. Diese zweitausend Familien waren wohl die ersten judäischen Bewohner von Kleinasien. Auch die in Galiläa angesiedelten Judäer stammten wahrscheinlich aus Babylonien. Denn, während die in Judäa sich stets der hebräischen Sprache bedienten, die nur einige aramäische Elemente enthielt, sprachen die galiläischen Juden nur aramäisch oder chaldäisch, also wohl die Sprache, welche sie aus ihren früheren Wohnplätzen mitgebracht hatten. Selbst für das Hebräische gebrauchten sie eine andere, durch das Chaldäische veränderte Aussprache mit dunkeln Vokalen, ganz anders als die Judäer im Süden. Da sie um drei Jahrhunderte später die Gegend von Babylonien verlassen hatten, so waren eben so wie ihre Sprache, so auch ihre Anschauungen und Sitten verschieden von den Südjudäern. — Auch jenseits des Jordans [2] in Gilead (Galaditis) und Basan (Batanäa) waren Judäer angesiedelt vom Süden, dem Lande der Ammoniter, bis zum Norden an der Grenze von Hauran (Auranitis). Jenseits wie diesseits wurden sie ebenfalls von den heidnischen Völkerschaften gehaßt [3].

Um sich mit ihnen in ein freundnachbarliches Verhältnis zu setzen, schien es kein anderes Mittel zu geben, als sich ihnen durch Sprache, Sitten und Lebensgewohnheiten zu nähern, ganz besonders aber äußerlich als Griechen aufzutreten. Als solche glaubten sie von den griechisch-mazedonischen Herren, Oberbefehlshabern und Beamten des Landes Schutz gegen Angriffe zu finden und Achtung zu erringen. In Jerusalem sannen diejenigen, welche sich bereits äußerlich hellenisiert hatten, darauf die judäische Jugend nach griechischem Muster zu erziehen, sie durch Wettkämpfe in Rennen und Ringen in abgeschlossenen Plätzen (Gymnasion, Ephebeion) abzuhärten und

[1] Josephus Altert. XII, 3, 4.

[2] Makkab. I, 5, 9 f., 25 f.

[3] Das. 5, 1.

für den Waffendienst tüchtig zu machen[1]). Würden die judäischen Jünglinge durch frühzeitige Übung gewandt, anstellig und kriegsfähig werden, dann könnten sie sich den Feinden rings umher gegenüberstellen, die auf den Judäern lastende Verachtung in Achtung verwandeln und den Haß entwaffnen. Auf den Übungsplätzen mußten zwar Knaben und Jünglinge ganz nackt zum Wettkampfe erscheinen, so erforderte es die griechische Sitte; diese Sitte oder Unsitte gab so sehr Gelegenheit zu unnatürlichen Lastern, daß besonnene griechische Gesetzgeber Vorkehrungen dagegen trafen. Ungeachtet dessen waren die Bewunderer des Griechentums in und außerhalb Jerusalems wie versessen darauf, Gelegenheit zu haben, Gymnasien für die judäische Jugend zu errichten und die schamlose Unsitte einzuführen. Diese Affen der griechischen Mode, judäische Griechlinge oder Hellenisten, bildeten eine starke Partei im Volke, selbstverständlich aus Reichen und Vornehmen bestehend, und zu ihnen gehörte auch ein Hoherpriestersohn Jesua, der sich Jason nannte, und andere Ahroniden. Die noch lebenden Söhne des Steuerpächters Joseph und seine Enkel, die Tobiaden (Tobiassöhne) genannt, gesinnungslos wie sie waren, waren ihre Parteiführer[2]). Da das judäische Gesetz und die judäischen Sitten solchen Neuerungen entgegen waren und besonders das Ablegen der Körperhülle gleich einer unzüchtigen Handlung ansahen, so kehrte sich der Ingrimm der Griechlinge gegen das väterliche Gesetz und die altväterlichen Sitten und sannen darauf, es ganz und gar abzuschaffen[3]), um unbehindert das judäische Volk zu hellenisieren. Vermischung, vollständige Vermischung mit den heidnischen Griechen (ἐπιμιξία) war das Ziel ihrer Wünsche. Was nützte die Umzäunung, welche Esra, Nehemia und der hohe Rat um das Judentum gezogen hatten? Die Hellenisten rissen die Zäune um und wollten auch die steinalten Stämme umhauen.

Wie öfter im Geschichtsleben, wenn ein Volk nicht abgestumpft oder verdummt ist, rief das Übermaß auf der einen Seite die Übertreibung auf der anderen Seite hervor. Diejenigen, welche mit Schmerz und Zorn die Versuche der Hellenisten sahen, gruppierten sich zu einem Verein, um sich fest am Gesetze und den Sitten der Väter anzuklammern und sie wie den Augapfel zu schützen. Sie bildeten den „Verein der Frommen" oder „Chaßidäer" (**Chassidim**)[4]), welcher aus den Nasiräern sich herausgebildet hat.

[1]) Makkab. I, 1, 15. II. Makkab. 4, 9. Vergl. weiter unten.
[2]) Makkab. II, 4, 8—9; Josephus Altert. XII, 5, 1.
[3]) Das. 4, 15.
[4]) Makkab. I, 2, 42 συναγωγὴ Ἀσιδαίων, wie der alexandrinische

Dieser wollte jeden religiösen Brauch als ein unantastbares Heiligtum betrachtet wissen. Ein schrofferer Gegensatz, als diese beiden Parteien läßt sich kaum denken. Sie verstanden einander nicht mehr, als wenn sie gar nicht Söhne desselben Stammes, Genossen desselben Volkes gewesen wären. Was den Griechlingen ein heißer Herzenswunsch war, verabscheuten die Chaßidäer als bodenlose Verworfenheit, als Freveltat, als beispiellosen Verrat und brandmarkten die Urheber als „Gesetzübertreter und Frevler am Bunde[1])“. Was diesen wieder teuer und heilig war, verspotteten die Griechlinge als Torheit und verwünschten es als Hindernis für das Wohlergehen und Bestand des Gemeinwesens. Der Name eines solchen Chaßidäers oder vielleicht des Oberhauptes der Strengfrommen hat sich in verstümmelter Form erhalten: Razis oder Ragesch aus Jerusalem, der wegen seiner Vaterlandsliebe, seines Rufes und seiner edlen Gesinnung „Vater der Judäer“ genannt wurde. Dieser hat ein strenges Gericht zur Erhaltung des Judentums gegen die beabsichtigte Vermischung eingeführt[2]). Zu diesen Strengfrommen gehörten ohne Zweifel zwei Gesetzeslehrer dieser Zeit, José (Joseph) Sohn Joëzers aus dem Städtchen Zereda, und José, Sohn Jochanans aus Jerusalem, welche zwei Schulen bildeten[3]). Der eine legte mehr Gewicht auf die theoretische Beschäftigung mit dem Gesetze, und der andere betonte mehr die praktische Frömmigkeit.

Text liest, statt *'Ιουδαίων*, ebenso Vulgata: tunc congregata est ad eos synagoga Assideorum. Daraus folgt, daß sie einen geschlossenen Verein bildeten. Vergl. das. 7, 13 und Makkab. II, 14, 6. — Ps. 149, 1 תהלתו בקהל חסידים hat dieselbe Partei im Sinne. Dasselbe bedeutet auch עדת צדיקים Ps. 1, 5 vergl. Note 17.

1) Daniel 11, 14 בני פריצי עמך; 30 עזבי ברית קדש und 32 מרשיעי ברית; 12, 10 רשעים; Makkab. I, 1, 11 *παράνομοι* u. a. St.

2) Makkab. II, 14, 37—38. *'Ραζὶς δέ τις τῶν ἀπὸ 'Ιεροσολύμων πρεσβυτέρων . . . πατὴρ τῶν 'Ιουδαίων . . ἦν γὰρ ἐν τοῖς ἔμπροσθεν χρόνοις τῆς ἀμιξίας κρίσιν εἰσενηνεγμένος 'Ιουδαϊσμοῦ κ. τ. λ.* Statt des unsinnigen *ἀμιξία* emendierte H. Grotius mit Recht *ἐπιμιξία* wie 14, 3. Aber das Wort *κρίσιν* (so Vaticanus statt *κρίσις*) hat er mißverstanden; es bedeutet allerdings משפט, aber im Sinne von „strenges Gericht“ wie Ps. 149, 9 לעשות בהם משפט. Der syrische Vertent hat den Vers richtig paraphrasiert: גברא דין חד . . . דשמה רגש . . . . איתוהי הוא גיר מן קדים בדינא ולא שבק הוא דנהוא חנפא בעמא דיודיא.

3) Abot I, 5. Über die antagonistische Bedeutung ihrer Sentenzen vergl. Monatsschrift, Jahrg. 1869, S. 20f. Das Zeitalter dieser beiden zeitgenössischen Gesetzeslehrer ergibt sich aus der Relation, woraus auch hervorgeht, daß der Neffe des José aus Zereda, namens יקים, mit dem abtrünnigen Hohenpriester Alkimos identisch zu sein scheint (Midrasch zu Genesis c. 65): יקים איש צרודות (צרדה) היה בן אחותו של יוסי בן יועזר איש צרידה. Vergl. weiter unten.

José aus Zereda schärfte seinen Jüngern ein: „Dein Haus sei ein Versammlungshaus für die Weisen, laß dich vom Staub ihrer Füße bestäuben und sauge mit Durst ihre Worte ein." Sein Genosse aus Jerusalem dagegen lehrte: „Dein Haus sei zur Weite geöffnet, Arme mögen deine Hausgenossen sein und sprich nicht viel mit einem Weibe."

Den Grad der Abneigung und Gehässigkeit der Hellenisten und Chaßidäer gegeneinander gibt ein Psalm an, welcher wahrscheinlich von einem der Jünger aus einer der beiden Schulen zu dieser Zeit gedichtet wurde:

„Glücklich der Mann,
Der nicht im Rate der Frevler wandelt,
Nicht auf dem Wege der Sünder stehen bleibt,
Nicht in der Sitzung der Spötter sitzt,
Sondern an Gottes Gesetz seine Lust hat,
Und an sein Gesetz denkt Tag und Nacht.
Er wird wie ein Baum an Wasserbächen gepflanzt sein,
Der seine Früchte zu seiner Zeit gibt,
Dessen Blatt nicht welket.
Alles, was er tut, gelingt.
Nicht so die Frevler,
Sondern wie Spreu, die der Wind verwehet.
Darum werden die Frevler nicht im Gerichte bestehen,
Die Sünder nicht in der Gemeinde der Frommen.
Denn Gott beachtet den Weg der Frommen,
Der Weg der Frevler aber führt zum Untergang [1]."

Zwischen diesen beiden einander schroff entgegengesetzten Parteien, war, wie zu jeder Zeit bei Parteiungen innerhalb eines Volkes, die Menge in der Mitte vom Übermaß beider entfernt. Sie hatte allerdings Gefallen an der von den Griechlingen eingeführten Lebensbehaglichkeit und Verfeinerung, mochte sich nicht von der düsteren Strenge der Chaßidäer einengen lassen, billigte aber auch nicht die Ausschreitungen der Griechlinge, mochte nicht mit der Vergangenheit des Volkes brechen, noch sie durch die umwandelnden Neuerungen auslöschen lassen. Die Glieder der Mittelpartei [2]) mögen von beiden

[1]) Ps. 1. S. Note 17.

[2]) Daß es zwischen den beiden extremen Parteien eine Mittelpartei gegeben hat, läßt sich ohne weiteres voraussetzen. Sie ist aber auch durch eine Tatsache erwiesen. Die von Jason abgeordneten Herolde zu den olympischen Spielen mochten das mitgebrachte Geld nicht zu Opfern für Herakles verwenden, obwohl sie zu den Hellenisten gehörten. Makkab. II, 4, 19: *ἀπέστειλεν Ἰάσων . . . . θεωροὺς . . . . . Ἀντιοχεῖς ὄντας παρακομίζοντας ἀργυρίου δραχμὰς . . . . . εἰς τὴν τοῦ Ἡρακλέους θυσίαν, ἃς καὶ ἠξίωσαν οἱ παρακομίσαντες μὴ χρῆσθαι πρὸς θυσίαν διὰ τὸ μὴ καθήκειν.* Für diese gab es noch ein bindendes Religionsgesetz, das sie nicht übertreten mochten. Vergl. weiter unten.

Parteien als Halbe und Unaufrichtige geschmäht worden, der einen als weltlich gesinnt und der anderen als beschränkt und im Alten verdumpft erschienen sein. In den leidenschaftlichen Vernichtungskampf, welcher zwischen Hellenisten und Chaßidäern ausbrach, wurden selbstverständlich die Mitteninnestehenden hineingezogen und mußten Farbe bekennen.

Noch hatten die Frommen oder Nationalgesinnten die Oberhand in der Leitung des Gemeinwesens. An der Spitze derselben stand der Hohepriester Onias III., Sohn Simons II. (o. S. 240), der zugleich politisches Oberhaupt war. Er wird als ein vortrefflicher Mann geschildert, der zwar milden Sinnes war, aber als Eiferer für das Gesetz, Feind des Bösen und Beförderer der Frömmigkeit, den Ausschreitungen der Griechlinge mit Strenge Einhalt tat[1]). Dafür wurde er von ihnen gründlich gehaßt. Seine Hauptfeinde waren drei Brüder aus vornehmer benjaminitischer Familie, die an Verwegenheit einander gleich waren, Simon[2]), Onias, Menelaos genannt, und der dritte Lysimachos, und außerdem noch die mit ihnen eng verbundenen Tobiaden. Sie haßten den Hohenpriester nicht bloß wegen seiner entschiedenen Abneigung gegen ihre Neuerungen, sondern auch wegen seiner Verbindung mit Hyrkanos, den seine Brüder und Verwandten noch immer mit glühendem Hasse verfolgten. Dieser hatte, wie es scheint, auch an dem ägyptischen Hofe des jungen Königs Ptolemäus V. Epiphanes Gunst gefunden und ein Amt oder die Steuerpacht über ein Gebiet jenseits des Jordans erhalten, dessen Einnahmen durch die Verheiratung des Königs mit der syrischen Königstochter Cleopatra (o. S. 244) Ägypten zufließen sollten. Er hatte wahrscheinlich wie sein Vater eine Truppe zur Verfügung, welche ihn in seiner Amtsverwaltung unterstützen sollte. Judäer, welche sich in dieser Gegend angesiedelt hatten, standen ihm wahrscheinlich bei oder wurden von ihm verwendet. Mit diesen vereint brandschatzte er die in der Gegend von Hesbon und Medaba wohnenden Araber[3]) oder Nabatäer eben so rücksichts-

[1]) Makkab. II, 3, 1 f. 4, 2; 15, 12. Makkab. IV. oder Pseudo-Josephus, de Maccabaeis 4. Freudenthal hat es zur Wahrscheinlichkeit erhoben, daß diese beiden Makkab. nur Sekundärquellen sind und aus der Schrift von Jason von Kyrene (Makkab. II, 2, 23) geschöpft haben (die Fl. Josephus beigelegte Schrift über die Herrschaft der Vernunft S. 74 f.).

[2]) Das. Da Menelaos, Simons und Lysimachos' Bruder, ein gewissenloser Hellenist war (nach Makkab. II.), so versteht es sich von selbst, daß auch er den Hohenpriester haßte. Die Verbindung der Tobiaden mit Menelaos, und also auch mit Simon, folgt aus Josephus (Altert. XII, 5, 1). Über die Abstammung der drei Brüder vergl. weiter unten.

[3]) Josephus das. 4, 11: ἐπολέμει τοὺς Ἄραβας. Das. 4, 9: φορολογῶν

los, wie sein Vater Joseph es während seiner Verwaltung in Cölesyrien getan hatte. Setzten sie sich zur Wehr, so bekriegte sie Hyrkanos, tötete die Führer, machte Gefangene, die er als Sklaven verkaufte, und erbeutete das Vermögen der widersetzlichen Plätze. Auf diese Weise sammelte er reiche Schätze. Aus diesen erbaute er sich unweit Hesbon auf einem Felsen eine Art Burg, die zugleich Festung und Paradies im kleinen war. Die Burg war durchweg aus weißem Marmor erbaut und von Künstlerhand mit halb erhabenen großen Tierfiguren in Marmor geschmückt. Die Gebäude mit Wohnräumen und Sälen hatte Hyrkanos in den Felsen viele Stadien weit aushauen und für Bequemlichkeit und Ergötzlichkeit einrichten lassen. Selbst ein Springbrunnen war in dem weiten Hofe, welcher die Gebäude umgab, zur Erfrischung aus dem Felsen gehauen und geräumige Gärten angelegt. Diese eigentümliche Burg, Tyros genannt, war zur Sicherheit mit einem breiten und tiefen Wassergraben umgeben, und zu noch größerer Sicherheit, um nicht von seinen Brüdern überfallen zu werden, waren die Eingänge in die Felsengebäude so eng angelegt, daß die Besucher nur einzeln eintreten konnten. Hier brachte Hyrkanos mehrere Jahre (181—175?)[1] zu mit Hausgenossen und Freunden, die er gewiß mit leckeren Schmausereien und anderen Ergötzlichkeiten bewirtete, nach dem Beispiel des lagidischen Hofes, an dem er lange Zeit zugebracht hatte.

Den Überschuß der Schätze, welche Hyrkanos angesammelt hatte, sandte er von Zeit zu Zeit nach Jerusalem zu noch größerer Sicherheit, damit sie im Tempel, der auch für Heiden als unverletzlich und unangreifbar war, für ihn aufbewahrt werden sollten. Hyrkanos war, wie bereits angegeben, mit dem Hohenpriester Onias III. befreundet und vertraute deswegen seine Gelder dem Schutze des unter demselben stehenden Heiligtums. Aus diesem Grunde und wegen seiner strengen abwehrenden griechischen Sitten und Unsitten haßten ihn die Tobiaden und der Parteiführer der Hellenisten Simon so leidenschaftlich, daß dadurch Reibungen und Fehden in Jerusalem

τοὺς βαρβάρους muß gelesen werden: *Ἀραβας* wie Diodor. XV, 2 Ende: *Βαρβάρων βασιλεὺς*, nach Wesseling *Ἀράβων* zu lesen. Die Araber in dieser Gegend waren übrigens zu dieser Zeit Nabatäer. — Den fortdauernden Haß der Brüder gegen Hyrkanos belegen die Worte das.: *μὴ πολιορκηθεὶς ὑπὸ τῶν ἀδελφῶν κ. τ. λ.*

[1]) Josephus (Altert. XII, 4, 11) muß die Zahl der Jahre, welche Hyrkanos in der Gegend von Hesbon zugebracht hat, korrumpiert sein. Sie ist nämlich auf sieben angegeben, aber es ist dabei bemerkt: die ganze Zeit, so lange Seleukos Philopator regierte: *πάντα τὸν χρόνον, ὃν Σέλευκος .. ἐβασίλευσεν*; Seleukos regierte aber zwölf Jahre.

ausbrachen. Simon hatte ein Amt im Tempel und scheint dem Hohenpriester vermöge desselben Widersetzlichkeiten entgegengestellt zu haben. Um die einreißende Zwietracht aus Jerusalem zu bannen, verbannte dieser Simon und wahrscheinlich auch die Tobiassöhne aus Jerusalem[1]). Er hat aber dadurch das Feuer der Zwietracht noch mehr geschürt.

Simon hatte einen verruchten Plan ausgedacht, allein oder mit seinen hellenistischen Genossen, wie er Rache an den Hauptfeinden nehmen könnte. Er begab sich zu dem militärischen Oberhaupt von Cölesyrien und Phönizien, Apollonios, Sohn des Thrasseios, um ihm die verräterische Anzeige zu machen[2]), daß große Schätze im Tempel zu Jerusalem lägen, die nicht dem Heiligtum gehörten und demgemäß von Rechtswegen dem Könige gebührten. Seine Berechnung ging dahin, daß der syrische Herrscher in Geldnot, wie er war, die Gelegenheit ergreifen würde, sich des Schatzes zu bemächtigen, daß dadurch Hyrkanos um seine hinterlegten Gelder kommen, daß anderseits der Hohepriester sich sträuben würde, sie auszuliefern und dadurch sich die königliche Ungnade zuziehen würde. Apollonios säumte selbstverständlich nicht, dem Könige Seleukos IV. (187—175) Anzeige davon zu machen, und dieser erteilte Befehl, den reichen Schatz zu heben. Dieser tatenlose König hatte nämlich an den Folgen der Torheit seines Vaters zu leiden. Er mußte jährlich an die Römer, welche seinen Vater besiegt und gedemütigt hatten, mehr als tausend Talente abzahlen, und seine Schatzkammer war daher stets leer. Seleukos ließ zwar die Steuern von den ihm noch zugehörigen Ländern mit Härte eintreiben[3]); aber die eingelaufenen

[1]) Makkab. IV, 4 deutet an, daß Simon als Flüchtling Jerusalem verließ: *φυγὰς ᾤχετο (Σίμων), τὴν πατρίδα προδώσων.* Das II. Makkab. 3, 5 sagt einfach: *ἦλθε πρὸς Ἀπολλώνιον.* Josephus, welcher in der kurzen Darstellung dieser Vorfälle im jüd. Krieg (I, 1, 1) einer unbekannten Quelle folgte, referiert, daß Onias III. die Tobiaden aus Jerusalem verbannt hat; *Ὀνίας μὲν εἷς τῶν ἀρχιερέων . . . ἐξέβαλε τῆς πόλεως υἱοὺς Τωβία.* Er verwechselt zwar das. Onias III. mit seinem Sohne Onias IV. und setzt diese Verbannung in Antiochus Epiphanes' Zeit. Aber neben dieser Ungenauigkeit kann doch das Faktum von der Verbannung der Tobiaden und Simons bestehen. In Altert. XII, 5, 1 deutet er an, daß Menelaos und die Tobiaden, von Jason bedrängt, Jerusalem verlassen mußten: *ὑφ' οὗ* (*Ἰησοῦ — Ἰάσωνος*) *πονούμενοι ὅ τε Μενέλαος καὶ οἱ Τωβίου παῖδες πρὸς Ἀντίοχον ἀνεχώρησαν.* Hier verwechselte er wieder Jason mit Onias III. und Antiochus mit Seleukos. Es folgt also daraus, daß Onias III., als er noch Hoherpriester war, Simon und die Tobiaden, vielleicht auch Menelaos aus Jerusalem verbannt hat.

[2]) Makkab. II. das. und IV. das.

[3]) In Daniel 11, 20 wird dieser König mit einem einzigen Worte cha-

Gelder, was nicht davon für die Hofhaltung gebraucht war, mußten nach Rom wandern. Die Aussicht auf Hebung des Tempelschatzes war daher für Seleukos zu verlockend, als daß die von seinem Vater gewährleistete Unverletzlichkeit des Heiligtums in ihm Bedenken hätten erregen sollen. So sandte denn der König seinen Schatzmeister Heliodor nach Jerusalem, um für den Fall, daß sich Simons Angeberei bestätigen sollte, die Gelder, welche nicht zum Tempel gehörten, zu konfiszieren. Wie vorauszusehen war, widersetzte sich Onias diesem durchaus widerrechtlichen Ansinnen, die Gelder auszuliefern. Er beteuerte Heliodor gegenüber, daß ihrer gar nicht so viel wären als der boshafte Simon angegeben, daß nur etwa vierhundert Talente Silbers und zweihundert Goldes in der Schatzhalle lägen, und daß der größte Teil derselben das Eigentum von Witwen und Waisen wäre und ein Teil Hyrkanos angehörte, und es wäre himmelschreiend, diese der Heiligkeit und dem Schutze des Tempels anvertrauten Gelder zu entnehmen. Heliodor berief sich aber auf den königlichen Befehl, daß er das im Tempel befindliche Gold und Silber konfiszieren müßte und schickte sich zum Eintritt in das Heiligtum an[1]. Groß war die Aufregung der ganzen Bevölkerung Jerusalems, daß ein Heide in das Innere des Heiligtums dringen und Raub an demselben begehen sollte. Da ereignete sich etwas, das den Schatzmeister verhinderte, die Tempelschändung zu vollführen. Was vorgefallen ist, läßt sich nicht ermitteln, die fromme Sage hat einen Wunderschleier darüber gebreitet. Man erzählte sich, eine wunderbare Erscheinung, Engel auf anstürmenden Rossen, hätten Heliodor in einen so plötzlichen Schrecken ver-

rakterisiert: מעביר נגש, der den Steuereinnehmer durch die Städte ziehen läßt. Es ist daher ganz undenkbar, daß dieser Seleukos aus seinen Einnahmen alle Opferbedürfnisse in Jerusalem habe bestreiten lassen. Abgesehen davon, daß das Motiv für seine Zärtlichkeit unfindbar ist, war er nicht imstande, solche Luxusausgaben zu machen. Die L.-A. in Makkab. IV, 4: *Σέλευκος Νικάνωρ* (l. *Νικάτωρ*), *Βασιλεὺς τῆς Ἀσίας*, empfiehlt sich daher als richtig. Nicht Seleukos IV., sondern Seleukos I. hat Spenden an den Tempel in Jerusalem gegeben, vielleicht zur Zeit, als er noch Hoffnung hatte, Cölesyrien zu erhalten. Das II. Makkab. 3, 3 hat offenbar denselben Sel. im Sinne gehabt.

[1] Makkab. II, 3, 7f. Makkab. IV, 4. Das letztere läßt den Strategen Apollonios selbst, dem Simon die Mitteilung vom Tempelschatze gemacht hat, nach Jerusalem kommen. Wenn beide eine gemeinsame Quelle benutzt haben sollten (o. S. 253, Anm. 1), so ist es denkbar, daß der Verfasser des IV. Mak. oder der Prediger, der diesen geschichtlichen Vorgang eingeflochten hat, einen lapsus memoriae begangen hat, da ihm am Detail weniger gelegen war. Er läßt auch Simon mit Apollonios nach Jerusalem kommen, und noch dazu mit einem starken Heere, was ebenfalls ungenau sein muß.

setzt, daß er halbentseelt zu Boden gestürzt sei und davon getragen habe werden müssen[1]). Heliodor kehrte ohne den Schatz zum König zurück.

Simon ruhte aber nicht, um den von ihm unversöhnlich gehaßten Hohenpriester zu Falle zu bringen. Er klagte ihn an, daß er die Hebung des Tempelschatzes vereitelt habe. Er soll sogar Meuchelmörder bestellt haben, Onias aus dem Wege zu räumen. Der Heerführer Apollonios, der ihm Gehör schenkte, vermehrte durch seine Parteinahme für die Hellenisten die Übel, welche in Jerusalem infolge der Spaltung herrschten. Onias sah daher ein, daß die Ruhe und der Friede in der judäischen Hauptstadt nur wiederhergestellt werden könnten, wenn er dem König Seleukos den Stand der Parteiung auseinandersetzen, die Ungerechtigkeit seiner Feinde aufdecken und von ihm Hilfe gegen sie erlangen könnte. Er entschloß sich daher, sich nach Antiochien zu begeben[2]), und bestimmte seinen Bruder Jesua, Jason genannt, als stellvertretenden Hohenpriester. Während seiner Abwesenheit begannen die Hellenisten noch eifriger Ränke zu schmieden, um ihn zu stürzen und die Hohenpriesterwürde, die noch immer eine Macht war, an sich zu reißen. Ein Hoherpriester aus ihrer Mitte wäre nicht bloß Herr über den Tempelschatz, sondern auch über die Gemüter des Volkes; er könnte die Einführung der von ihnen ersehnten Neuerungen griechischer Lebensweise fördern und ihnen vermöge seines geistlichen Amtes Nachdruck geben. Das Haus Zadok, aus welchem seit Salomos Regierung bis zum Untergange des Tempels, und seit der Rückkehr aus Babylonien mehr als dreihundertundfünfzig Jahre, die Hohenpriester hervorgegangen waren, sollte beseitigt und eine andere priesterliche Familie mit dieser Würde bekleidet werden. Die Griechlinge waren so entartet, daß ihnen nichts mehr heilig war. Indessen so geheim sie auch anfangs ihre Ränke gegen den abwesenden Onias gehalten haben mögen, verschwiegen blieben sie nicht und regten gewiß die Gemüter derer tief auf, denen die Umkehrung der alten Ordnung und die Gleichgültigkeit gegen die alten Erinnerungen als eine arge Freveltat erschien.

Ein Spruchdichter, der im tiefsten Innern durch diese Vorgänge betrübt war, versuchte diejenigen, welche er auf abschüssiger Bahn wandeln sah, vor dem sicheren Sturz in den Abgrund zu warnen. Es war Jesua Sirach, Sohn Eleasars, aus Jerusalem[3]). Die

[1]) Makkab. II, 24f., IV. das. Hier sehr gekürzt.

[2]) Makkab. II, 4, 1—6.

[3]) So nennt sich der Verfasser am Schlusse seiner Spruchsammlung: Ἰησοῦς υἱὸς Σειρὰχ (Σιρὰχ) Ἱεροσολυμίτης. Der alexandrinische Text hat noch den

Verirrungen, die er in seiner Geburtsstadt überhand nehmen sah, erfüllten ihn mit Trauer und Schmerz und gaben ihm den Gedanken ein, ein Spruchbuch anzulegen, um auf die Schäden derselben hinzuweisen und dadurch seine Zeit- und Stammesgenossen auf den rechten, alten Weg zurückzuführen. Er war ein Spätling der Spruchdichter. — Von Jesua Sirachs Lebensumständen ist gar wenig bekannt. Von Jugend auf suchte er Weisheit und flehte im Tempel zu Gott, daß er sie ihm zu Teil werden lasse, und als er sie gefunden, hielt er fest an ihr und wich in seinem ganzen Leben nicht davon[1]). Er war glücklich, daß ihm Gott eine beredte Sprache gegeben, und setzte seinen Lebenszweck darein, ihn mit seinen Lippen zu preisen[2]). Sirach hatte viel gelitten, und durch Leiden und Prüfungen hat er Erfahrung gesammelt:

„Wer nicht geprüft wurde, weiß wenig,
Wer aber geprüft ist, nimmt zu an Klugheit.
Vieles habe ich in meiner Prüfung gesehen,
Und viele Dinge kamen über mich,
Vielmal bin ich bis zum Tode gelangt,
Bin aber deswegen gerettet worden[3])."

Zusatz: *υἱὸς Σιρὰχ Ἐλεαζάρ*. Da Sirach sein Familienname war, so mußte doch wohl auch der Name seines Vaters genannt werden, wie es Sitte war, und dieser lautete Eleasar. — Es kann keinem Zweifel unterliegen, daß Sirach — wie er nach dem Familiennamen genannt wird — in der ersten Hälfte des zweiten Jahrhunderts, und also während der Hellenisten-Wirren und noch vor dem Ausbruch des Makkabäerkampfes oder der gewaltsamen Hellenisierung gelebt hat. Denn sein Enkel, der Übersetzer aus dem Hebräischen ins Griechische, erzählt von sich im Vorworte zur Übersetzung, er sei im 38. Jahre des Königs Euergetes nach Ägypten gekommen. Unter diesem Euergetes kann nur der zweite, Physkon, gemeint sein, da der erste nur 25 Jahre regiert hat. Euergetes II. begann mit seinem Bruder Ptol. Philopator zugleich 170 zu regieren und regierte nach dem Tode seines Bruders noch 29 Jahre, im ganzen 54 Jahre. Das 38. Jahr seiner Regierung ist also das Jahr 132 ante. Dadurch ist auch die Lebenszeit seines Großvaters gegeben. Anspielungen auf die Hellenisten-Verirrungen und Frevel kommen in Hülle und Fülle in Sirachs Spruchsammlung vor, ja, diese ist erst durch diese Vorgänge recht verständlich. — Sie wird unter dem Titel ספר בן סירא oder auch משלי בן כירא zitiert. Die Kirchenväter nannten sie *σοφία Σειράχ* oder auch Ecclesiasticus. Das Buch muß viel gelesen worden sein, denn in der talmudischen und agadischen Literatur werden viele Verse daraus zitiert.

1) Sirach 51, 13f., syr. Version 51, 15. Diese Version hat gerade in diesem Gebetstücke viele Lücken. So fehlt V. 14: *ἔναντι ναοῦ ἠξίουν περὶ αὐτῆς* usw.

2) Das. V. 22.

3) Das. 31, 11—12. Bekanntlich ist im Texte der griechischen Kodizes von Kap. 30, 25 an eine arge Versetzung eingetreten, so daß dadurch zwei zusammenhängende Stücke in vier unverständliche Parzellen auseinander gerissen

Gesetz, Propheten und andere Schriften von erweckendem und belehrendem Inhalte waren seine Vertrauten [1]), und besonders vertiefte er sich in die Spruchsammlung (Mischlé) und eignete sich ihre Form an. Er erreichte aber deren künstlerische Einfachheit nicht, weder die zugespitzte Kürze und Knappheit der Weisen in der älteren Sammlung, noch die Eindringlichkeit und Lebendigkeit der später entstandenen Einleitung. Jesua ben Sirach war kein Dichter, seine Sprüche sind gut gemeint, aber der Form nach mehr künstlich als künstlerisch; sie sind breit gezogen und vereiteln dem Hörer und Leser die freudige Überraschung der selbst gefundenen Lösung zugespitzter Sentenzen. Weil er eben keine Künstlerbegabung hatte und doch den unabweislichen Drang fühlte, seine Zeitgenossen zu belehren, machte ihm die Ausarbeitung seiner Sentenzen große Mühe, wie er selbst eingestand:

„Auch ich habe mich zuletzt abgemüht,
Wie ein Winzer hinter den Nachlesern,
Und mit Gottes Segen war auch ich eifrig,
Und füllte wie ein Winzer die Trotte [2])."

Sirach gehörte nicht zu den düsteren Chaßidäern, welche auch erlaubten Genüssen entsagten und an anderen verdammten. Er redete vielmehr dem geselligen Mahle bei Wein und Musik ein warmes Wort und gab in wohlgesetzten Sprüchen eine Art Tafelordnung für Anstand und Mäßigkeit. Gegen die Freudenstörer, welche die Heiterkeit des Gelages durch allzuernste Gespräche zu verscheuchen pflegten, sprach er einen feinen ironischen Tadel aus:

„Sprich, Ratsmitglied, in gründlicher Kenntnis,
Denn das ziemt dir; aber sei der Musik nicht hinderlich.

wurden. Die syr. und altlat. Version haben dagegen eine sinngemäße Folge, und die Verse hängen zusammen. Die eben zitierten Verse stehen in diesen beiden Versionen 34, 10—12. — Im griechischen Texte ist *ὁ δὲ πεπλανημένος* und *πολλὰ ἑώρακα ἐν τῇ ἀποπλανήσει μου* eine falsche L.-A. Die syrische Version hat ודנס לסגי חכמתא und סגי חזית כד נסית. Man muß dafür lesen *πεπειρασμένος* und *ἀποπείρασις*. Ebenso 51, 13: *ἔτι ὢν νεώτερος πρὶν ἢ πλανηθῆναι — πειρασθῆναι*. Vom „Umherirren" des Verf. ist sonst keine Andeutung. Das Meer hat er schwerlich befahren (43, 24b).

[1]) Vorwort des Übersetzers. Vergl. Sirach 39, 1.

[2]) Das ist eines der zerrissenen Versstücke im gr. Texte 33, 16 *Κἀγὼ ἔσχατος ἠγρύπνησα*, wozu ergänzt werden muß 30, 25: *ὡς καλαμώμενος ὀπίσω τρυγητῶν*. Im Syrischen zusammenhängend (33, 15): ואף אנא אחרית אתית איך מבערנא דכרמא בתר קטופא ובטבותא דאלהא אנא קמית. Das Wort אתית kann aber nicht richtig sein, da es dem *ἠγρύπνησα* gar nicht entspricht; vielleicht לאית, ich habe mich abgemüht. Noch weniger richtig kann im Syrischen das Verbum קמת sein, da es dem gr. *ἔφθασα* entsprechen muß. Man muß entschieden dafür lesen קדמית.

Wo Wein getrunken wird, bringe dein Gespräch nicht an,
Und zeige dich nicht zur Unzeit weise.
Wie ein Siegelring von Smaragd in goldener Fassung,
So das Lied beim süßen Weine[1]."

Gegen die Überfrommen, welche die Heilkunst verschmähten und als ein sündiges Tun betrachteten, weil die körperlichen Leiden nur durch Gebet zu Gott abgewendet werden sollten, betonte Sirach die Notwendigkeit der Heilkünstler und Heilmittel, daß auch sie von Gott zu ihrem Zwecke geschaffen seien[2].

Sein Eifer war nichtsdestoweniger erglüht beim Anblick des sittlichen und religiösen Verfalls seiner Zeitgenossen und bei der Wahrnehmung der dadurch herbeigeführten Demütigung von seiten der mit Übermut auftretenden Völker rings herum. Die schmerzliche Empfindung über die politische Schwäche seines Volkes kleidete er in ein Gebet[3]:

„Erbarme dich unser, Herr des All,
Blicke herab und gib deinen Schrecken
Auf alle Völker, die dich nicht anerkennen!
Erhebe deine Hand wider die fremden Völker,
Daß sie deine Macht erkennen.

. . . .

Daß sie gleich uns erkennen mögen,
Daß es keinen Gott außer dir gibt.
Erneuere die Zeichen und wiederhole die Wunder.

. . . .

Zerschmettere die Schädel der Feinde,
Die da sprechen: ‚Es gibt nichts außer uns.'
Sammle alle Stämme Jakobs, laß sie erben
Wie in den Tagen der Vorzeit.
Erbarme dich deines Volkes,
Das auf deinen Namen genannt ist,
Israels, das du als Erstgeborenen verglichen.
Erbarme dich deiner heiligen Stadt Jerusalem,
Des Ortes deines Weilens.
Fülle Zion mit deiner Größe
Und mit deiner Herrlichkeit deinen Tempel.
Möge eintreffen die Prophezeihung derer,
Die in deinem Namen gesprochen.
Gib Lohn denen, die auf dich hören,
Und deine Propheten mögen bewahrheitet werden."

Mehr noch als die politische Gedrücktheit beschäftigte ihn die sittliche Gesunkenheit. Sirach geißelte mit stachelnden Worten den

[1] Sirach 35, 3f., 22, 1f.

[2] Das. 38, 1f.

[3] Auch dieses Gebet ist im gr. Text durch die Verschiebung und Versetzung zerrissen in Kap. 33, 1—13a und 36, 16b—22. Im Syrischen und Vulgata bildet das Gebet ein zusammenhängendes Ganze 36, 1—19.

Übermut, die Falschheit und die Lüsternheit der Reichen, den Grundstock der Griechlinge, welche den Mammon anbeteten. „Wer Pech angreift, beschmutzt sich, und wer mit einem Frevler umgeht, wird diesem gleich. . . . Was kann der Topf mit dem Kessel für Gemeinschaft haben? Dieser wird anstoßen, und jener zerbrochen werden, Der Reiche tut Unrecht und er brummt noch dazu, der Arme leidet Unrecht und er bittet noch dazu. Wenn du ihm dienlich sein kannst, benutzt er dich und wenn du Mangel hast, verläßt er dich; wenn du vermöglich bist, lebt er mit dir und beutet dich aus. Bedarf er deiner, so verführt er dich, lächelt dich an und macht dir Hoffnung . . . . Jedes lebende Geschöpf liebt seinesgleichen und jeder Mensch seinen Nächsten. Alle Kreatur vereinigt sich nach Geschlechtern, und seinesgleichen schließt sich der Mann an. Welche Gemeinschaft hat der Wolf mit dem Lamme? So hat keine der Sünder mit dem Frommen. Welchen Frieden hält die Hyäne mit dem Hunde und welchen Frieden der Reiche mit dem Armen? Jagdbeute der Löwen sind die Waldesel in den Steppen, so sind die Weiden der Reichen die Armen. Ein Greuel ist dem Hochmütigen die Niedrigkeit, so ist ein Greuel dem Reichen der Arme [1])."

Sirach rügte den unzüchtigen Verkehr der Geschlechter, warnte vor dem Umgang mit Sängerinnen und Tänzerinnen [2]), vor der schönen Sünde, welche die Judäer von den Griechen gelernt hatten. Er entwarf in einem Spruche ein häßliches Bild von den Töchtern Israels, das, wenn vielleicht auch übertrieben, sie nicht in günstigstem Lichte zeigt. „Eine Tochter ist ihrem Vater ein geheimer Kummer, und die Sorge um sie raubt ihm den Schlaf. In ihrer Jugend, daß sie nicht verblühe, und verheiratet, daß sie nicht verhaßt werde. In ihrer Jungfräulichkeit, daß sie nicht geschändet und in ihrem Vaterhause schwanger werde [3])." Er veranschaulichte die herrschende Geilheit im Kreise der Griechlinge in einer Gebetform, scheinbar von sich selbst redend:

„Herr, Vater und Gott meines Lebens!
Lüsternheit der Augen gib mir nicht.
Und die Lust wehre von mir ab.
Des Fleisches Lust möge mich nicht erfassen,
Und schamlosem Sinne überliefere mich nicht [4])."

Gegen die Verdorbenheit der Jugend eiferte er besonders: „Wünsche dir nicht eine Menge ungeratener Kinder, noch freue dich frevelhafter

1) Sirach 13, 1f. vergl. 5, 1f. 8, 2f.
2) Das. 9, 1f. 19, 2f. u. a. St.
3) Das. 42, 9f. Auch zitiert Synhedrin p. 100a.
4) Das. 23, 4f. 16f.

Söhne. — Denn besser ist einer als tausend und kinderlos sterben, als gottlose Kinder haben[1])."

Als Grundübel und Wurzel dieser Gesunkenheit betrachtete Sirach die Geringschätzung der Lehre des Judentums, und dieser zu steuern war der Zweck seiner Spruchdichtung. Mit Entrüstung rief er aus: „Wehe euch, frevelhafte Männer, die ihr das Gesetz des Höchsten verlassen habet! — denn nicht jegliche Scham zu beachten ist gut. Schämet euch vor Vater und Mutter der Unzucht, vor der Versammlung des Volkes der Gesetzesübertretung . . . Dieser Dinge schäme dich, aber des Gesetzes des Höchsten und des Bundes schäme dich nicht[2])!" — Wodurch kann dieses tiefätzende Übel geheilt werden? Sirach hielt es für seine Aufgabe, ein erprobtes Heilmittel zu zeigen und anzupreisen: das Gesetz, die Gebote Gottes und ihre Heilighaltung. Begeistert wie er für die Lehre des Judentums war, schilderte er ihren hohen Wert mit dichterischem Schwunge, und pries sie als die verkörperte Weisheit. Er ließ diese selbst sprechen:

„Ich ging hervor aus dem Munde des Höchsten,
Und wie Nebelgewölk bedeckte ich die Erde.
Ich wohnte in höchster Höhe,
. . . .
Im Himmelskreise kreiste ich,
. . . .
In den Wogen des Meeres und auf der ganzen Erde,
Und über jedes Volk und jeden Stamm herrschte ich.
Bei diesen allen suchte ich Ruhe,
In wessen Eigentum ich wohnen soll.
Dann gebot mir der Schöpfer des All,
Und mein Bildner bereitete mir das Zelt
Und sprach zu mir:
‚In Jakob wohne und in Israel nimm Besitz!'
. . . .
Im heiligen Zelte diente ich vor ihm,
Und in Zion wurde ich gefestigt.
In der heiligen Stadt gab er mir Ruhe,
Und in Jerusalem ist meine Macht.
Ich faßte Wurzel im verherrlichten Volke
Im Anteil des Herrn, seinem Erbe.
. . . .
. . . .
Wie ein Weinstock ließ ich Anmut blühen,
Und meine Blüten sind Frucht und Pracht der Fülle.
. . . .

[1]) Sirach 16, 1 f.
[2]) Das. 42, 8 f.

Alles dieses ist das Bundesbuch des Höchsten,
Das Gesetz, das Mose befohlen,
Als Erbe der Gemeinde Jakobs[1]."

Gott, der Menschen aus Erde nach seinem Ebenbilde geschaffen, gab ihnen Weisheit und Einsicht, seine Werke zu bewundern und ihn zu preisen. Er vererbte ihnen das Gesetz des Lebens, schloß mit ihnen ein ewiges Bündnis, die Größe seines Ruhmes sahen ihre Augen und die Herrlichkeit seiner Stimme vernahm ihr Ohr. Er sprach zu ihnen: „Haltet euch von jedem Unrecht ferne," und erteilte jedem ein Gebot im Verhalten zum Nächsten. Den Reuigen gestattete er Umkehr und die, welche ihre Zuversicht verlassen, tröstete er. „Kehret doch um und lasset von der Sünde[2])!" so rief der jüngste Spruchdichter seinen in Sünden versunkenen Zeitgenossen zu.

Sirach berührte auch eine peinliche Frage, welche die Gemüter der höheren Kreise Jerusalems innerlich beschäftigte, die vermessenen Ränke der Hellenisten, den Hohenpriester Onias seines Amtes zu entsetzen und einem der Ihrigen, wenn auch nicht von den Nachkommen Ahrons, diese Würde zu übertragen. Mußte denn das Hohepriesteramt in einer einzigen Familie erblich sein? Diese Frage hatten die Ehrgeizigen aufgeworfen. Bei den Griechen in der Nähe Judäas war das Priestertum nicht erblich, sondern konnte den Mitgliedern der vornehmen Familie durch Wahl oder durchs Los zugeteilt werden, Warum soll am Tempel in Jerusalem nicht eben so verfahren werden? Gegen dieses Gerede und die Verschwörung, die allerheiligste Ordnung umzukehren, ließ Sirach ebenfalls seine Warnung in Spruchform vernehmen. Er durfte nur zart darauf anspielen, nicht die Sache beim rechten Namen nennen.

„Warum ragt ein Tag vor dem andern hervor,
Und doch kommt jedes Tageslicht von der Sonne?
Durch die Weisheit des Herrn wurden sie geschieden,
Und er zeichnete Zeiten und Feste aus.
Einige Tage erhöhte und heiligte er,
Und einige bestimmte er als Werkeltage.
Und so sind alle Menschen von Staub geschaffen,
Und aus Erde wurde Adam gebildet,
Indes schied sie Gott in seiner Weisheit.
. . . .
Einige von ihnen segnete und erhöhte er,
Einige heiligte er und brachte sie sich näher,
Und einigen fluchte er und stellte sie niedrig."

[1]) Sirach 24, 1 f.
[2]) Das. 17, 1 f..

Die Ordnung der Berufung eines Hauses zur Heiligkeit für den Tempeldienst stamme von Gott, will der Spruchdichter sagen, eben so wie die unbestrittene Auszeichnung gewisser Tage als heilige Feste. An dieser Ordnung soll der Mensch nicht vermessen rütteln. Diese Auseinandersetzung beschloß Sirach mit einer feierlichen Warnungsanrede:

„Höret mich, Große des Volkes,
Und Führer der Gemeinde, merket auf mich![1]"

Diese Warnung schien ihm so wichtig, daß er noch einmal darauf zurückkam und sie noch nachdrücklicher betonte. Durch Beispiele aus der Geschichte des israelitischen Volkes wollte er seine Zeitgenossen belehren, welche glückliche Folgen das Festhalten am Gesetz und an der Ordnung und welchen schlimmen Ausgang die Umkehrung derselben für die Vermessenen hat. Er führte zu diesem Zwecke die lange Reihe der geschichtlich berühmt gewordenen Persönlichkeiten aus dem Altertum vor und faßte kurz ihre Taten oder Untaten zusammen. Als Einleitung dazu entwarf Sirach ein Naturgemälde, um darin Gottes Größe erkennen zu lassen. Und derselbe Gott, der die Meerestiefe erforscht, erforsche auch das Menschenherz. „Er verkündet das Vergangene und Zukünftige, kein Gedanke entgeht ihm, verborgen ist vor ihm auch nicht ein Wort[2])." In scharfen und kurzen Zügen zeichnete Sirach die Wunder der Natur, die Glut der Sonne, den regelmäßigen und die Zeiten abteilenden Wandel des Mondes, des Himmels

[1]) Es ist nicht zu verkennen, daß Sirach 36, 7—15a (syr. Text 33, 6—14), die Tendenz hat, die unerschütterliche Berufung des Priestertums zu betonen. Dann erhält auch die Apostrophe ein Relief: *ἀκούσατέ μοι μεγιστᾶνες λαοῦ κ. τ. λ.*, die damit zusammenhängt (syr. Text das. V. 16, im griech. T. verschoben in 33, 27). Diese Auseinandersetzung von dem Unterschied der Menschen bezüglich des heiligen Berufes gleich dem Unterschied der Zeiten hatte in seinen Augen Wichtigkeit. Und sie kann es nur gehabt haben, wenn man voraussetzt, daß die Erblichkeit des Priestertums damals streitig gemacht wurde.

[2]) Sirach 42, 18—20. Es ist ein Irrtum in der Auffassung der letzten Kapitel Sirach, daß er K. 42, 15—43, 33 Preis des Herrn und 44—50 Preis der berühmten Männer des Volkes habe zeigen wollen. Beide Stücke bilden vielmehr ein einheitliches Ganze, um die Taten Gottes in der Natur und die in der Geschichte des Volkes Israel zu zeigen, daß sie aus ein und derselben Quelle stammen. Der Schluß des ersten Stückes (43, 33): *πάντα γὰρ ἐποίησεν ὁ κύριος καὶ τοῖς εὐσεβέσιν ἔδωκε σοφίαν*, verbindet dieses mit dem darauffolgenden, dem *πατέρων ὕμνος*. Im Grunde will diese Partie nicht die historischen Helden verherrlichen, sondern ihre Frömmigkeit und Tugenden als Muster aufstellen; darum hebt er auch als Schattenseite die Bene-beliaal in der Geschichte heraus, „die da waren, als wären sie nicht gewesen", (44, 8). Das Hauptinteresse hatte für ihn die retrospektive Betrachtung der Geschichte; die Taten Gottes in der Natur sollten als Einleitung dazu dienen.

Schönheit mit der Gestirne Glanz, die Wolken, die wie Vögel fliegen, die Stimme des Donners, das sanfte Säuseln des Windes und das Aufbrausen des Sturmes, den Reif, der wie Salz gestreut ist, und die Kälte, „die das Wasser wie mit einem Panzer bekleidet," den Tau vom Ostwind erfrischt und erfrischend, das Meer mit den darin emporragenden Inseln und den Ungeheuern in seiner Tiefe:

„Vieles mögen wir sagen,
Und nicht werden wir ihn erfassen,
Das Ende der Worte: ‚Das All ist er.'
. . . .
. . . .
Alles schuf der Herr,
Und den Frommen verlieh er Weisheit."

Nach dieser Einleitung führte Sirach die geschichtlichen Persönlichkeiten aus der israelitischen Vorzeit vor die Seele seiner Leser und verweilte am längsten bei denen, deren Tugenden oder Freveltaten ihm geeignet schienen, den Nachkommen als Muster oder als abschreckendes Beispiel zu dienen:

„Einige hinterließen einen Namen,
So daß man ihr Lob verkündet,
Und andern blieb kein Gedächtnis,
Und sie wurden, als wären sie nicht gewesen."

Mit Enoch, „der das Beispiel der Reue gegeben," eröffnete er die Reihe, dann folgt Noa, „der Gerechte zur Zeit der Flut," Abraham, „der Vater einer Menge Völker, der das Gesetz des Höchsten befolgte," Isaak und Jakob, „die Stammväter der zwölf Stämme," endlich Mose, „geliebt von Gott und Menschen," den er an Ruhm den Heiligen gleichstellt. Länger noch als bei Mose verweilt die Schilderung des Spruchdichters bei Ahron, als Heiliger seinem Bruder ähnlich, dem Gott das Priestertum des Volkes verliehen und der zum Dienste Prachtgewänder anlegte mit dem Brustschild der Urim und Thummim und dem Diadem:

„Nicht legte sie ein Fremder an,
Nur seine Nachkommen ganz allein für immer,
. . . .
Er erwählte ihn aus allen Lebendigen."

Mit augenscheinlicher Absichtlichkeit erzählte Sirach bei dieser Gelegenheit den Aufstand der Rotte Korahs gegen Ahron, „der Vermessenen, die eifersüchtig auf ihn waren in Zorn und Glut; aber sie wurden durch Flammen vernichtet und Ahrons Glanz wurde erhöht". Es sollte ein Wink für die Zeitgenossen sein, daß es den Eifersüchtigen auf den Hohenpriester Onias, Ahrons Enkel, nicht wie der

Rotte Korahs ergehe. — Ebensolange verweilt die Schilderung bei Pinehas, Ahrons Enkel, „dem dritten an Ruhm,“ welcher Sühne erwirkte für Israel. Darum wurde mit ihm ein Bündnis geschlossen, Vorsteher des Heiligen und des Volkes zu sein, daß ihm und seinen Nachkommen des Priestertums Herrlichkeit in Ewigkeit verbleibe. Und so wie das Bündnis mit David war, daß das Erbe des Königtums nur von Sohn zu Sohn übergehe, ebenso gehöre das hohenpriesterliche Erbe Ahron und seinen Nachkommen. — Ehe Sirach von der Schilderung der ersten zwei Hohenpriester zu den anderen geschichtlichen Persönlichkeiten überging, richtete er eine Ermahnung, deren Spitze gegen die Priester gekehrt ist:

„Darum preiset Gott, daß er Weisheit in euer Herz gebe,
Sein Volk in Gerechtigkeit zu richten,
Auf daß nicht schwinden möge ihr Glück
Und ihr Ruhm für ihre Geschlechter.“

Die Schilderung Josuas und Kalebs, die darauf folgt, die von den Sechshunderttausend allein übrig geblieben, das Volk in sein Besitztum einzuführen, schließt mit der Nutzanwendung:

„Auf daß alle Kinder Israels hören,
Daß es gut sei, dem Herrn zu folgen.“

Dann nach kurzer Erinnerung an die Richter läßt der Spruchdichter die zwei Propheten, Samuel und Nathan, folgen, nennt Sauls Namen nur nebenher, um länger bei David und Salomo zu verbleiben, und übergeht nicht den Schandfleck in Salomos Leben, seinen Hang zu den Weibern und als Folge desselben die Spaltung des Reiches. Er berührte dabei die Hoffnung, daß aus Davids Nachkommen doch noch einmal ein Herrscher über Israel kommen werde:

„Er verließ nicht seines Auserwählten Sprößling,
Und den Samen seines Geliebten vertilgte er nicht.
Er gab Jakob einen Überrest
Und David ... eine Wurzel [1].“

Rasch schritt er über die unglückliche Zeit der Reichsspaltung und die daraus entstandene Sündenanhäufung hinweg und verweilte lange bei der Tätigkeit der Propheten Eliahu, Elisa, Jeremia und Ezechiel und der frommen Könige Chiskija und Josia. Aus der nachexilischen Zeit führte er nur Serubabel, den Hohenpriester Josua und Nehemia vor und überging auffallenderweise Esras Tätigkeit. Und ganz zuletzt schilderte Sirach den ruhmreichen

[1] Sirach 47, 22. In dem Passus: *καὶ τῷ Δαυὶδ ἐξ αὐτοῦ ῥίζαν* fehlt hinter ἐξ ein Substantiv.

Hohenpriester Simon den Gerechten[1]) aus der jüngsten Vergangenheit, seine Taten und seine priesterliche Hoheit. Er war der Stammvater der zeitgenössischen hohenpriesterlichen Familie und auch der Tobiassöhne; sein Beispiel sollte belehrend und warnend wirken und die vermessenen Ehrgeizigen, welche die Hand nach dem hohenpriesterlichen Diadem auszustrecken gedachten, von ihrem Vorhaben abschrecken. Um seiner Anspielung auf die Zeitverhältnisse Deutlichkeit und Nachdruck zu geben, fügte Sirach ganz zum Schlusse seiner Schilderung der Wunder Gottes in der Natur und in der Geschichte Israels ein Gebet hinzu:

„Und nun preiset alle den Großes tuenden Gott,
. . . .
Der mit uns nach seinem Erbarmen getan.
Er gebe uns Freude des Herzens,
Daß Friede unter uns sei.
Und bleibe mit Simon dem Gerechten und seinen Nachkommen,
Wie in Tagen der Vorzeit.
Es verharre bei uns sein Erbarmen,
Und er erlöse uns zu seiner Zeit[2])."

Aber statt der erflehten Eintracht vermehrte sich noch die Zwietracht und statt der Erlösung erfolgte eine noch drückendere Knechtschaft für das judäische Volk, und es kam durch die Ränke und Verworfenheit der Griechlinge hart an den Rand des Unterganges.

[1]) Vergl. o. S. 216, Anm. 1, daß unter Simon (Sirach 50, 1—21) nur Simon der Gerechte gemeint sein kann.

[2]) Die VV. 51, 22—24 bilden die Pointe der ganzen Schilderung und verdeutlichen die Wirren der Zeitlage. Die syr. Vers. hat durchweg hier die dritte Person statt der zweiten des gr. Textes.

Neuntes Kapitel.

Die gewaltsame Hellenisierung.

Antiochos Epiphanes, sein Charakter und seine Bildungsgeschichte. Seine Rückkehr aus Rom und sein auffallendes Betragen. Er setzt Jason-Jesua zum Hohenpriester ein und entsetzt Onias III. Die Einführung von Kampf- und Wettübungen in Gymnasien zu Jerusalem. Jason sendet Festgesandte nach Tyrus zur Teilnahme an den olympischen Spielen. Er wird von Menelaos verdrängt. Dieser entwendet Tempelgefäße, um Bestechungen üben zu können, und läßt Onias III. umbringen. Aufstand gegen Lysimachos und Menelaos in Jerusalem. Anklagen und Erbitterungen. Menelaos schwärzt die Judäer und das Judentum an. Antiochos' kriegerische Angriffe auf Ägypten. Gerücht von seinem Tode in Jerusalem. Jason bemächtigt sich der Stadt und nimmt Rache an seinen Feinden. Antiochos überfällt Jerusalem, richtet ein Blutbad an, dringt in den Tempel und raubt die Geräte und Kostbarkeiten. Seine lügenhafte Verlästerung des Judentums. Sein zweiter Feldzug gegen Ägypten. Seine Demütigung durch die Römer und seine Wut gegen die Judäer. Gemetzel in Jerusalem. Zerstörung der Mauern und Einäscherung der Tempelpforten. Antiochos' Religionszwang. Entweihung des Tempels. Die auswärtigen Judäer. Die Märtyrer. Die Chaßidäer ermahnen zur Standhaftigkeit und werden in Höhlen verbrannt. Der Schmerzenspsalm.

(175—167).

Es trat nämlich ein Mann, ein Königssohn, auf den Schauplatz, der berufen schien, die ohnehin unlöslichen Wirren in Judäa noch zu vermehren und düstere Tage über das Haus Israel heraufzubeschwören, wie es sie bis dahin in dieser Art noch nicht gekannt hatte. Es war der in der Geschichte gebrandmarkte Antiochos Epiphanes. Er gehörte zu den Menschen mit einer Doppelnatur, gemischt aus Boshaftigkeit und edlen Regungen, zugleich schlau berechnend und launenhaft, kleinlich bei großen Unternehmungen und groß in Kleinigkeiten. Darum fanden sich seine Zeitgenossen selbst nicht in seinem Charakter zurecht, ob die Albernheiten, die er als König beging, wodurch er sich vor den Augen des Volkes lächerlich machte, als geizte er nach dem Namen, „der Wahnwitzige" (Epimanes), ihm angeborene Geistesverkrüppelung oder Maske waren[1]). Die Schule, die er in seiner Jugend durchgemacht, hatte viel dazu beigetragen, ihn aus der Bahn eines geregelten Lebens zu entrücken. Sein Vater hatte ihn als Geisel für den geschlossenen Frieden und die übernommenen Kriegskosten nach Rom gesandt (o. S. 245), und er weilte dort zwölf Jahre. Rom war gerade damals nach Besiegung der Karthager, der Mazedonier und Syrer Welthauptstadt geworden und machte den Übergang von der Sittenstrenge der Catone zu der Ausgelassenheit der Claudier. Der sittliche Unflat der Griechen wurde auch hier eingeschleppt, Unzucht und unnatürliche Lustbefriedigung. Gerade während Antiochos' Aufenthaltes in Rom spielte der geheime Bacchuskultus, der sich durch einen griechischen Priester über Rom und über ganz Italien verbreitete, bei dessen Zusammenkünften die scheußlichste Unzucht getrieben und Anleitung zu den grausigsten Verbrechen, zu Giftmorden und Testamentsfälschungen, gegeben wurde. Doch diese Laster hätte Antiochos auch von Griechen und Mazedoniern lernen können. Was er aber erst in Rom lernte, das war die Verachtung der Menschen und ihrer Lebensgewohnheiten, die Frechheit, die eiserne Härte, welche kein Mitleid kannte, die Tücke, welche mit dem Opfer spielt, ehe sie es erwürgt. Wenn er edle Regungen hatte, und diese nicht bloß Schein waren, so wurden sie von seinen unedlen Trieben überwogen. In Rom hatte Antiochos Bekanntschaft mit den vornehmen und tonangebenden Familien gemacht und dabei erfahren, daß die Weltherrschaft, welche Rom damals angetreten hatte, in den Händen weniger lag, welche durch Ränke, Bestechung und Volksschmeichelei die Machtfülle zu erlangen und zu behaupten, und nicht bloß das Volk, sondern auch den stolzen Senat zu gängeln wußten. Durch seine Bekanntschaft mit den mächtigen römischen Familien, durch Schlauheit und Gewissenlosigkeit glaubte er die ersten Stufen

[1]) Seinen Grundcharakter schildert am zutreffendsten Diodor (Excerpta de virtutibus 31, p. 318—322): daß Antiochos' Schaustellung und Prachtliebe nur darauf berechnet waren, Rom über seine Absichten zu täuschen, und daß seine Untertänigkeit gegen Rom nur Maske war: *ἦν δὲ οὐ τῇ προαιρέσει τοιοῦτος, ἀλλὰ καὶ τοὐναντίον ἀλλοτριώτατα διέκειτο πρὸς Ῥωμαίους.* Alle Torheiten, die er beging, waren darauf berechnet, daß sie in Rom bekannt werden: *ἐποίησε μηδὲν ἀγνοεῖν (Ῥωμαίους) τῶν περὶ αὐτόν.* Auch das Buch Daniel hebt Antiochos' Schlauheit und Täuschungskunst hervor (8, 25) ועל שכלו והצליח מרמה בידו, (11, 23) ומן התחברות אליו . . . יעשה מרמה. Aus diesem Charakterzuge des Antiochos ist seine Doppelnatur verständlich, wovon Diodor das. berichtet. Über seine Exzentrizitäten das.; Polybius 26, 10; 31, 3; Livius 41, 20. Polybius an der ersten Stelle nennt ihn *ἐπιμανὴς καὶ οὐκ ἐπιφανὴς διὰ τὰς πράξεις.*

zur Wiederherstellung der von seinem Vater eingebüßten Macht ersteigen zu können. Und seine Schlauheit gelang ihm anfangs.

Antiochos wußte es dahin zu bringen, daß er Rom verlassen durfte und an seiner Statt sein Brudersohn Demetrios, Sohn des Königs Seleukos Philopator, als Geisel nach Rom gesandt und angenommen wurde. So kehrte er nach Syrien zurück, wahrscheinlich mit der Absicht, seinen Bruder zu entthronen. Aber ein anderer war ihm zuvorgekommen. Heliodor[1]), einer von den Großen des Hofes, hatte Seleukos umgebracht (175) und sich des Reiches bemächtigt. War Antiochos ganz unschuldig an dieser Tat? Er weilte damals auf dem Wege zu seiner Rückkehr in Athen. Der Feind seines Vaters Eumenes, König von Pergamon, und dessen Bruder Attalus leisteten ihm den großen Dienst, den Mörder Heliodor in die Flucht zu schlagen und ihn selbst zum König von Syrien und Asien einzusetzen. Sie leisteten ihm Hilfe, weil sie mit ihm und er mit ihnen in ein geheimes, ganz geheim gehaltenes Bündnis[2]) gegen das bereits mächtige, hochmütige und ländergierige Rom traten. So begann Antiochos Epiphanes seine Regierung mit Schlauheit und Thronraub. Denn das Zepter gebührte seinem Neffen Demetrios, der indes in Rom als Geisel zurückgehalten wurde. Die Römer begünstigten den Thronräuber, weil sie durch dergleichen Zerwürfnisse in den regierenden Familien die Schwächung der Königreiche, die ihnen noch nicht vollständig verschrieben waren, herbeiführen wollten. Und diese römische List gedachte Antiochos zu überlisten! Ein judäischer Seher schilderte seinen Regierungsantritt mit anschaulichen Zügen: „An seiner Stätte wird ein Verächtlicher auftreten, auf den sie nicht den Purpur des Königtums gegeben; er wird plötzlich kommen und sich des Reiches mit Glätte bemächtigen. Und wegen der Verbindung mit ihm wird er List üben und hinaufziehen und siegen mit wenig Volk. Plötzlich und mit den Vornehmen des Landes wird er eintreffen und wird tun, was seine Väter und seine Vaterväter nicht getan haben. Beute und Güter wird er ihnen (den Vornehmen) verschwenden[3])." Seine Verschwendungssucht ist sprich-

[1]) Diesen Königsmörder Heliodor bezeichnet Appian (de rebus Syriacis 45): *τὶς τῶν περὶ τὴν αὐλήν*, d. h. als einen bei Hofe Hochgestellten, purpuratus. Er kann also nicht identisch sein mit dem Tempelräuber Heliodor, der bloß *τὶς ἐπὶ τῶν πραγμάτων* genannt wird (Makkab. II, 3, 7), d. h. Schatzmeister.

[2]) Appian das.

[3]) Daniel 11, 21—24, von wo an Antiochos Epiphanes geschildert wird. בשלוה V. 21 und 24 übersetzt die zweite gr. Version (nicht die LXX, d. h. Theodotion) *ἐξάπινα*, und diese Übersetzung ist die richtige; es ist das hebrai-

wörtlich geworden; er machte reiche Geschenke nicht bloß an Freunde, sondern an Fremde, mit denen er zufällig zusammentraf. Die Leute wußten nicht, was sie von ihm denken sollten, und seine besten Freunde hielten ihn für wahnwitzig. Aber dieses Betragen war Berechnung, er wollte die Römer täuschen und sich ungefährlich stellen. Darauf war auch seine Nachahmung der römischen Sitten berechnet. Wie die vornehmen Römer zur Zeit der Wahl zu irgendeinem hohen Amte umhergingen und dem schäbigsten Bürger die Hand drückten, um dessen Stimme zu gewinnen, so, ganz genau so machte es Antiochos. Oft legte er sein königliches Gewand ab und ging auf dem Markte umher, um Stimmen zu werben, dabei faßte er den einen an der Hand, den anderen umarmte er und bat sie, ihm doch die Stimme für das Amt eines Stadtaufsehers, Richters oder Volkstribuns zu geben[1]). So führte er auch in Antiochien die Fechterspiele (Gladiatoren) aus Rom ein, daß Kriegsgefangene oder Sklaven so lange mit Waffen gegeneinander kämpfen mußten, bis einer unterlag oder getötet wurde. Mit teuren Preisen ließ er solche Fechter aus Rom kommen, um sie von einem Fechtmeister dazu abrichten zu lassen[2]). Um den Römern noch mehr zu schmeicheln und sie in Sicherheit zu wiegen, ließ er in Antiochien einen prachtvollen Tempel, die Wände mit Goldplatten belegt, bauen und ihn dem römischen Gott, Jupiter Capitolinus, weihen[3]). Durch die liebedienerische Nachahmung des römischen Wesens und durch seine Torheiten glaubte er der Überwachung der scharfsichtigen und argwöhnischen Römer entzogen zu sein und mit Eumenes von Pergamon ganz im Geheimen deren Vergrößerungsplänen entgegenarbeiten zu können. An geschlechtlicher Ausschweifung stand Antiochos keinem seiner griechischen Zeitgenossen nach. Das will zwar nicht viel sagen, daß er seiner Buhlerin Antiochis die Einnahmen von den cilicischen Städten Tarsus und Mallus geschenkt hat[4]). So etwas kam bei allen da-

sierte aramäische Adverb. מן שלא oder בשלא „plötzlich“. V. 22 scheint versetzt und hinter V. 24 zu gehören.

1) Polybius 26, 10.

2) Livius 41, 20.

3) Das. et Antiochiae Jovis Capitolini magnificum templum (exornavit), non laqueatum tantum, sed parietibus totis lamina inauratum. Darauf bezieht sich ohne Zweifel Daniel 11, 38 ולאלה מעזים על כנו יכבד ולאלוה אשר לא ידעהו אבותיו יכבד בזהב ובכסף וגו׳. Das schwierige Wort מעזים könnte vielleicht die Übersetzung von Capitolia sein. Auch V. 39, wo ebenfalls במעזים und אלוה נכר vorkommt, spielt wohl darauf an, doch ist die Konstruktion nicht durchsichtig genug.

4) Makk. II, 4, 30.

maligen Fürsten und auch zu allen Zeiten vor. Aber er befriedigte seine tierische Brunst mit zwei Brüdern, von denen er den einen zum Satrapen von Babylonien und den anderen zum Aufseher über die Einnahmen einsetzte[1]). Der Scheu vor einer Gottheit hatte sich Antiochos völlig entschlagen. „Die Götter seiner Väter beachtete er nicht, und überhaupt keinen Gott, denn er überhob sich über alles[2])."

Diesem Scheusal mit einem Herzen von Stein, mit Verachtung von Menschen, Gesetz, Sitte und Religion waren die Judäer preisgegeben; denn mit seinem tronräuberischen Regierungsantritt gehörten sie zu ihm und waren von seinen Launen abhängig. Hätte in Judäa Eintracht geherrscht, und hätte es sich still verhalten und die Steuern gezahlt, so hätte es vielleicht seiner Aufmerksamkeit entgehen können. Aber durch die Zwietracht, welche die Griechlinge entzündet hatten, wurde sein Blick auf das judäische Volk gelenkt, und er zog es in seine schlaue Berechnung. Die Griechlinge selbst forderten seine Einmischung in die innerste Angelegenheit Judäas. Zunächst richteten sie seine Aufmerksamkeit auf Hyrkanos, welcher von seiner Burg bei Hesbon die Steuern von den arabischen oder nabatäischen Bewohnern des Landes im Namen des Königs von Ägypten eintrieb (o. S. 253). Ihn haßte die hellenistische Partei als ihren Gegner. Hat Antiochos eine Kriegerschar gegen ihn gesandt? Da er die Absicht hatte, mit Ägypten anzubinden, so lag ihm wohl daran, vor der Hand seine volle Herrschaft über das Land jenseits des Jordans auszudehnen. Hyrkanos, welcher einen schmählichen Tod fürchtete, legte Hand an sich, und Antiochos ließ seine ganze Hinterlassenschaft einziehen[3]).

Dann führten die Griechlinge ihren längst gehegten Plan aus, ihren zweiten Feind, den Hohenpriester Onias seiner Würde zu entkleiden. Sein eigener Bruder, Jesua-Jason, soll Antiochos eine außerordentliche Summe Geldes dafür versprochen haben, daß er ihm das Hohenpriesteramt übertragen möge, und der geldbedürftige König hatte kein Bedenken, es ihm zu gewähren. Das Geld wurde wahrscheinlich von dem in dem Tempel niedergelegten Schatz Hyrkanos' genommen. Was tat Onias, welcher nach Antiochien gereist war, um Klagen gegen seine Feinde und die Ruhestörer anzubringen? Traf er Seleukos noch am Leben, oder kam er während des Thronwechsels in der syrischen Hauptstadt an? Seine Untätigkeit gegenüber den Wühlereien der Griechlinge, die ihm seine Würde geraubt hatten, bleibt auffällig, es sei denn, daß dieselben ihn bei dem neuen

[1]) Appianus, de rebus Syriacis 45.
[2]) Daniel 11, 37.
[3]) Josephus Altert. XII, 4, 11.

König als Parteigänger der Ptolemäer verläumdet haben, und er statt Ankläger als Angeklagter dastand. Der zweite Schritt der Griechlinge oder des Hohenpriesters Jesua-Jason war, von Antiochos zu erbitten, daß diejenigen Judäer, welche in den griechischen Kampfspielen geübt sein sollten, als Antiochenser oder Mazedonier oder als gleichberechtigte Vollbürger angesehen und zu allen gemeinsamen öffentlichen Zusammenkünften und Spielen der Griechen zugelassen werden sollten[1]). Diese machten stets aus den Spielen Ernst und betrachteten sie als Lebenszweck. Die in Palästina und Phönizien angesiedelten Griechen unterhielten durch die Verpflanzung der olympischen Spiele nach Ablauf von je vier Jahren in die Barbarenländer das nationale Band gemeinsamer Abstammung. Wer von Nichtgriechen zur Teilnahme an denselben zugelassen wurde, fühlte sich dadurch, als des griechischen Adels teilhaftig, außerordentlich geehrt. Jason und die Hellenisten beabsichtigten mit der Einführung der Gymnasien in Jerusalem damit auch den Judäern das höhere griechische Bürgerrecht zu verschaffen und dadurch den Haß und die Verachtung, unter denen sie zu leiden hatten, zu vermindern. Sobald Antiochos ihnen dieses Vorrecht erteilt hatte, ließ es sich Jason angelegen sein, die Übungen anzustellen, die zur Beteiligung an den olympischen Spielen nötig waren. Der Hohepriester richtete (um 174) in der **Birah** oder **Akra**, nordwestlich vom Tempel, einen Platz für solche Übungen ein, ein Gymnasium für Jünglinge und eine

[1]) Makkab. II, 4, 9 ist angegeben, daß Jason Antiochos 150 Talente besonders versprochen habe für die Erlaubnis, ein Gymnasium und eine Ephebie zu erbauen. Brauchte er dazu ein besonderes Privilegium? Die Erlaubnis bezieht sich aber auf den Umstand *καὶ τοὺς ἐν Ἱεροσολύμοις Ἀντιοχεῖς ἀναγράψαι*. Das kann nur so verstanden werden, daß die im Gymnasium Ausgebildeten als **Antiochenser gelten sollten**. Dafür spricht auch das. V. 19. Jason sandte zu den olympischen Spielen (vergl. weiter) **Festgesandte** — *θεωροί* — nach Tyrus und zwar *Ἀντιοχεῖς ὄντες*, d. h. solche, welche bereits als **Antiochenser** anerkannt waren. Also nicht sämtliche Jerusalemer sollten als Antiochenser aufgezeichnet werden, sondern nur Würdige, d. h. solche, welche sich in Kampfspielen geübt hatten. Von diesem Gesichtspunkte aus erscheint Jasons Bestrebung nicht so frevelhaft. Er wollte, um den Haß der Griechen gegen die Judäer zu entwaffnen, diesen die Teilnahme an den hellenistisch-nationalen Institutionen, wie Feste und Spiele, verschaffen. Das Hellenisieren sollte nicht Zweck, sondern Mittel sein. Nicht ganz richtig ist daher die Darstellung in Makkab. I, 1, 13b, als wenn Antiochos den Juden die Erlaubnis — *ἐξουσίαν* — gegeben hätte, die Eigenheiten — *δικαιώματα* — der Völker zu tun. Ähnlich in Makkab. IV, 4 und Josephus Altert. XII, 5, 1. Hier und Makkab. I. ist angegeben, daß nicht einer allein — sei es Jason oder Menelaos — Antiochos wegen dieser Erlaubnis angegangen hat, sondern mehrere; Josephus nennt dabei die Tobiaden.

Ephebie für Knaben[1]). Wahrscheinlich wurden griechische Lehrer gemietet, den judäischen Jünglingen und Männern die Kampfspiele beizubringen. Diese bestanden in raschem Wettlauf in einem Stadium, in Springen, Ringen, in geschicktem Werfen einer schweren Scheibe und in Faustkämpfen[2]).

Bald zeigte sich aber die Unverträglichkeit solcher Spielereien, die einer ganz anderen Lebensrichtung entstammten, mit dem Judentum. Die Übungen in solchen Wettkämpfen mußten nackt ausgeführt werden, so erforderte es die griechische Sitte. Die judäischen Jünglinge, die sich dazu hergaben, mußten sich demnach im Anblick des Tempels, in welchem nicht einmal Stufen zum Altare führen durften, damit die Blöße des Körpers nicht sichtbar werde, über das Schamgefühl hinwegsetzen. Aber ein anderes Schamgefühl beschlich sie. Bei der Entblößung des Körpers kam das Bundeszeichen zum Vorschein, woran sie von den Gliedern anderer Völker sofort kenntlich waren. Sollten sie damit an den olympischen Spielen teilnehmen und sich dem Gelächter der spottsüchtigen Griechen aussetzen? Aber auch darüber setzten sie sich hinweg; sie machten sich eine künstliche Vorhaut (*ἀκροβυστία*)[3]) und unterzogen sich einer schmerzlichen Operation, um nur äußerlich nicht als Judäer zu erscheinen. Bald drängten sich Jünglinge zum Gymnasium, und die jungen Priester vernachlässigten den Tempeldienst, um an den Übungen der Palästra und des Stadiums teil zu nehmen. Die Frommen sahen mit Schrecken die Entfremdung vom eigenen Wesen, den Abfall von dem väterlichen Gesetze und die Hingebung an die fremden Sitten, aber sie schwiegen. Indessen selbst Jasons Gesinnungsgenossen waren mit seinem Anschmiegen an das Fremde, sobald es zur Verleugnung des Grundwesens des Judentums führte, unzufrieden. Als nämlich in Tyrus die olympischen Spiele gefeiert wurden (Juni 172)[4]), bei welcher

[1]) Makkab. I, 1, 14; II, 4, 12; IV. das. In den beiden letzten Stellen wird der Platz näher bezeichnet als Akropolis und Akra.

[2]) Makkab. II, 4, 12—14.

[3]) Das. I, 1, 15. Josephus Altert. XII, 5, 1.

[4]) Es ist befremdend, daß die Historiker eine wichtige Tatsache in der Erzählung des II. Makkab. (4, 19—20) übersehen oder mißverstanden haben, auf die Hugo Grotius aufmerksam gemacht hat. Das fünfjährige Kampfspiel, zu dem Jason Festgesandte geschickt hat, *ἀγομένου δὲ πενταετηρικοῦ ἀγῶνος ἐν Τύρῳ*, bedeutet nichts anderes als das olympische Kampfspiel, das bekanntlich im Beginn des Sommers nach völlig abgelaufenen vier Jahren gefeiert und daher das fünfjährige genannt wird. H. Grotius bemerkt z. St.: Apud Graecos notissimus agon Olympicus, dictus quinquennalis, quod anno quinto fieret. Ad id exemplum instituti et alibi agones Olympii. Die olympischen Spiele wurden auf Herakles zurückgeführt, daher wurden

Gelegenheit auch dem griechischen Gott Herakles, dem angeblichen Stifter dieser Kampfspiele, geopfert zu werden pflegte, sandte Jason Festgesandte dahin und zwar solche, welche bereits in den Wettkämpfen geübt und dadurch zur vollen Beteiligung daran berechtigt waren. Antiochos Epiphanes war bei diesem Spiele in Tyrus anwesend. Dieser Umstand mag Jason besonders bewogen haben, die Festgesandtschaft zu senden, damit unter dessen Augen zum ersten Male die Lebensgemeinschaft der Judäer mit den Griechen bekundet werden sollte. Er gab auch den dahin abgeordneten Personen, nach der üblichen Sitte, einen Geldbetrag (300 Drachmen, 3300?) mit, welcher zum Festopfer für Herakles verwendet werden sollte. Allein diese, obwohl bereits griechisch geschult und gesinnt, empfanden doch Gewissensbisse, dem Götzen Herakles die Opfergabe zuzuwenden; es schien ihnen eine Beteiligung am Götzendienste und Anerkennung des Gebildes von Marmor als einen Gott. Sie nahmen daher den Auftrag lediglich mit der Bedingung an, daß es ihnen freistehen sollte, die mitgenommene Summe anderweitig zu verwenden. So tiefgewurzelt war der Gottesbegriff des Judentums selbst in dem Herzen solcher, welche dem griechischen Wesen zugetan waren und zur Hellenistenpartei gehörten. Jasons Gesandte gaben das mitgebrachte Geld als Beisteuer zur Flotte, welche Antiochos in Tyrus ausrüsten ließ.

ihm bei dieser Gelegenheit Opfer dargebracht. Es ist daher verständlich, daß Jason den Theoren Geld zu Opfer für Herakles mitgegeben hat. War nun dieser „Agon" olympisch, so ist auch das chronologische Datum für diese Tatsache gefunden. Damals zur Zeit Antiochos Epiphanes' vor dem ägyptischen Feldzug kann nur die 152. Olympiade gefeiert worden sein, denn während der vorangegangenen Olympiade 151 war Antiochos noch nicht König, sondern in Rom. Folglich fand das Absenden der θεωροί durch Jason Juni 172 statt. Dieses Datum kann daher als Ausgangspunkt dienen. Etwa Herbst 175 bemächtigte sich Antiochos des Reiches; nehmen wir an, daß er anfangs 174 Jason das Hohepriestertum übertragen hat, so würde das Ende 172 fallen, da er nur drei Jahre fungiert hat (Makkab. II, 4, 23). Im Jahre 171 wurde Onias ermordet, wie in Daniel angedeutet ist (9, 26: יכרת משיח ואין לו), d. h. 7 Jahre werden verfließen vom Tode des Gesalbten Hohp. Onias III. bis zum Untergang des Unterdrückers, bis zur Restauration. Da das Ende 165 war, so ist der Anfangspunkt 171 anzusetzen (vergl. Monatsschrift, Jahrg. 1871, S. 395 f.). Als dieser ermordet wurde, war Menelaos bereits Hoherpriester. Josephus gibt ihm eine Amtsdauer von 10 Jahren (Altert. XXI, 9, 7). Hingerichtet wurde Menelaos nach dem Friedensschluß mit Eupator im Laufe des Jahres 150 Sel. = 163 (vergl. weiter unten). Sein Amt begann also um 172. Die Relation von Jasons Absendung von Theoren zum olympischen Spiele bestätigt also die anderweitig bekannten chronologischen Data. Jason fungierte um 174—172 und Menelaos 172—163.

Indessen wuchs die Zwietracht in Jerusalem zu einer solchen Höhe, daß die unheilvollen Folgen nicht ausbleiben konnten. Die verbissenen Hellenisten schmiedeten Ränke, um auch Jason zu stürzen und das Hohepriestertum in ihre Gewalt zu bringen, sei es aus Ehrgeiz oder weil ihnen Onias' Bruder auch noch zu judäisch-national oder nicht tatkräftig genug für den Umsturz der väterlichen Sitten zu sein schien. Einer aus ihrer Mitte, der keinerlei Bedenken kannte, sollte Hoherpriester werden, Onias-Menelaos, ein Bruder jenes Simon, welcher die Angeberei gegen den Tempelschatz und gegen Onias angebracht hatte (o. S. 255). Wenn dieser mit seinem Bruder zugleich ausgewiesen war, so ist er wohl unter Antiochos Epiphanes und unter Jason wieder nach Jerusalem zurückgekehrt. Mit diesem war er zum Scheine verbündet. Jason sandte durch ihn die versprochenen jährlichen Leistungen an den König. Aber bei dieser Gelegenheit versprach Menelaos Antiochos dreihundert Talente mehr jährlich zu steuern, wenn er zum Hohenpriester eingesetzt werden würde, und rühmte sich seines großen Ansehens, welches ihn in den Stand setzen würde, tatkräftiger als Jason für die Sache des Königs zu wirken. Antiochos hatte kein Bedenken, dem Mehrbietenden die Hohepriesterwürde zu übertragen (172—171). Er sandte zugleich einen seiner Beamten Sostrates mit einer Schar cyprischer Soldaten nach Jerusalem, um jeden Widerstand gegen seine Anordnung niederzuschlagen und die pünktliche Leistung der verheißenen Summe zu überwachen. Sostrates legte die Soldaten in die befestigte Akra, um die Bewohner Jerusalems im Zaum zu halten und erklärte die Amtsentsetzung Jasons auf königlichen Befehl. Dieser entfloh oder wurde aus Jerusalem verbannt, begab sich jenseits des Jordans in das Land Ammonitis, welches unter einem nabatäischen Fürsten Aretas stand, und wurde von diesem freundlich aufgenommen [1]).

Infolge dieser Veränderung vermehrten sich nur die Wirren in Jerusalem. Der größte Teil des Volkes war empört darüber, daß Menelaos, der nicht von der hohenpriesterlichen Familie, ja wahrscheinlich nicht einmal von ahronidischem Stamme, sondern ein Benjaminite [2]) war, und dessen Abneigung gegen die väterlichen Sitten

[1]) Makkab. II, 23—27. Daß Jason bei Aretas Zuflucht nahm, ergibt sich aus der Parallele das. 5, 8, da er bei seiner zweitmaligen Ankunft von Aretas ausgewiesen wurde.

[2]) Makkab. II, 3, 4 sagt ausdrücklich, daß Simon und folglich auch sein Bruder Menelaos aus dem Stamme Benjamin waren: *Σίμων δέ τις ἐκ τῆς Βενιαμὶν φυλῆς*. Nun hat zwar Herzfeld eine plausible Emendation vorgeschlagen, *Μενιαμὶν*, daraus würde folgen, daß diese Brüder und der dritte Lysimachos aus der Priesterabteilung מנימין gewesen wären. Allein dagegen

bekannt war, mit der heiligen Würde des Hohenpriestertums bekleidet sein sollte. Die geheiligte Ordnung war dadurch umgekehrt. Wohin sollte dieser Bruch mit der Vergangenheit führen? Selbst Bewunderer des griechischen Wesens und Neuerungssüchtige waren mit Menelaos' Wahl zum Hohenpriester unzufrieden. Es waren teils die Anhänger Jasons, die mit Unmut dessen Amtsentsetzung ertrugen, teils die Halben, welche mit dem Judentum nicht völlig brechen mochten. Die Unzufriedenen mußten aber an sich halten, weil sie den anwesenden syrischen Beamten und die unter ihm stehende cyprische Truppe fürchteten. Aber es herrschte in den Gemütern eine so tiefe Aufregung, daß sie bei der ersten Gelegenheit zum Ausbruch kommen mußte. Menelaos führte sie herbei. Er hatte dem König als Entgelt für das Diadem mehr versprochen, als er halten konnte. Darüber war Antiochos erzürnt und lud ihn, sowie den gegen ihn nachsichtigen Sostrates zur Verantwortung vor sich. Er mußte sich also in Antiochien einstellen, ließ seinen ihm an Gesinnungslosigkeit ähnlichen Bruder Lysimachos als Stellvertreter zurück und entwendete aus dem Tempel Weihgeschenke, aus deren Erlös er die rückständige Summe zu ergänzen beabsichtigte. Er traf glücklicherweise den König nicht an, der inzwischen nach Cilicien gezogen war, um dort ausgebrochene Unruhen zu dämpfen, und einen seiner Günstlinge, Andronikos, als seinen Stellvertreter hinterlassen hatte. Diesen wußte Menelaos durch kostbare Weihgeschenke aus dem Tempel für sich zu gewinnen. Von dieser Freveltat erfuhr der abgesetzte edle Hohe-

ist einzuwenden, daß φυλή nicht für Priesterabteilung — מחלקת — sondern lediglich für „Stamm" gebraucht wird. Dann lautet der Name dieser Ephemeris zweimal מנימין und nur einmal מיימין. Aber auch an dieser Stelle hat die griechische Version Μιαμίν. Endlich ist zu bedenken, daß, wenn die Hauptrepräsentanten der Priesterabteilung Mijamin so viel Unheil über das Volk gebracht hätten und vom Judentum abgefallen wären, so wäre wohl diese Abteilung später, nach der Restauration, durch irgend etwas gebrandmarkt worden, wie die Abteilung Bilgah, welche eine Zurücksetzung erfahren, weil eine Frau aus derselben zur selben Zeit vom Judentum abgefallen war (vergl. Note 15). Endlich spricht dagegen der Umstand, daß der Erzähler mit der Angabe, Simon sei von dieser oder jener Abteilung gewesen, etwas Unwesentliches hinzugefügt haben müßte. Allerdings gibt keine Quelle ausdrücklich an, daß Menelaos nicht vom Priesterstamm gewesen; der Ausdruck Makkab. II, 4, 25 τῆς μὲν ἀρχιερωσύνης οὐδὲν ἄξιον φέρων, kann nämlich auch bedeuten, daß er moralisch dazu unwürdig gewesen sei. Eher noch könnte die Bezeichnung das. 13, 8 angeführt werden, daß Menelaos sich vielfach an dem Altar vergangen hat, πολλὰ περὶ τὸν βωμὸν ἁμαρτήματα. Besonders spricht gegen Menelaos' Abstammung von Ahron, daß die Chasidäer Vertrauen zu Alkimos faßten, weil er vom Stamm Ahron war (Makkab. I, 7, 14) und mit ihnen nicht so arg verfahren würde, wie es Menelaos getan.

priester Onias III., welcher noch immer in Antiochien weilte. Er erfuhr auch, daß der Schändliche andere Tempelgefäße in Tyrus und anderen phönizischen Städten zu Geld geschlagen hatte. Ereifert darüber, klagte er Menelaos des Tempelraubes an, einer Untat, welche damals auch unter den Griechen als außerordentlich sträflich und verdammlich galt. Das beschleunigte aber seine Todesstunde. Denn Menelaos verständigte sich mit Andronikos, ihn aus dem Wege räumen zu lassen, ehe der König zurückkehrte und Kunde von dem Tempelraube und der damit getriebenen Bestechung erhielte. Da Andronikos selbst dabei beteiligt war, so war er gleich bereit, Onias unschädlich zu machen, lockte ihn mit Beteuerungen und Eiden aus dem Asyl des Apollo-Tempels Daphne bei Antiochien, wohin sich der Bedrohte geflüchtet hatte, und tötete ihn auf der Stelle (171)[1]. Das war eine neue Freveltat des Menelaos zu den bisherigen hinzugefügt. Die Mordtat an dem frommen Hohenpriester machte Aufsehen selbst unter den Griechen in Syrien, so daß Antiochos genötigt war, nach seiner Rückkehr den Mörder Andronikos zu bestrafen.

Indes mußte Menelaos, obwohl er seinen Ankläger hatte stumm machen lassen, darauf bedacht sein, den König zu befriedigen und ihn in guter Stimmung zu erhalten. Um hinreichende Mittel zu haben, ließ er durch seinen Bruder Lysimachos, der als stellvertretender Hoherpriester zurückgeblieben war, noch mehr kostbare Weihgeschenke aus dem Tempel entwenden und in seine Hände befördern. Diese Beraubung des Tempels konnte nicht unbemerkt bleiben, und als sie kund und auch der Täter bezeichnet wurde, entstand eine Erbitterung gegen ihn, die in Tätlichkeit überging. Auch das Volk außerhalb Jerusalems[2], als es die Schändlichkeit der beiden Brüder vernommen hatte, strömte nach Jerusalem und, mit den Bewohnern der Hauptstadt vereint, bedrohte es den Tempelschänder mit dem Tode. Lysimachos bewaffnete aber seine Anhänger — wahrscheinlich überschätzt auf dreitausend angegeben — und stellte an ihre Spitze einen Führer Namens Avran[3], einen Gesinnungsgenossen und alten Sünder.

[1] Makk. II, 4, 27—34. Auch Daniel hat eine Anspielung vom gewaltsamen Tode des gesalbten Fürsten: יכרת משיח (9, 26 vergl. Monatsschrift, Jahrgang 1871, S. 398 f.), scheint eben anzudeuten, daß Antiochos selbst ihn hätte töten lassen. In Jerusalem zur Zeit des Ingrimmes gegen Antiochos mag man ihm dessen Tod zur Last gelegt haben.

[2] Das. 4, 35—39. V. 39 *διαδοθείσης ἔξω τῆς φήμης* übersetzt der Syrer derart, als wenn es extra urbem bedeutet, und das scheint auch richtig.

[3] Das. 4, 40—42. V. 40 b. Statt *προηγησαμένου τινὸς τυράννου* hat der alexandrinische Text *Αὐράνου*, diese L.-A. ist entschieden richtig. Der Name lautete wohl חורן.

Das waffenlose Volk ließ sich aber nicht von den Bewaffneten abschrecken, sondern stürmte auf sie mit Steinen und Stöcken ein, blendete sie mit Aschenhaufen, die es gegen sie streute, tötete viele, warf andere zu Boden oder schlug sie in die Flucht. Lysimachos selbst wurde in der Nähe des Tempelschatzes erschlagen. Menelaos erhob selbstverständlich eine Anklage[1]) gegen die Aufständischen in Jerusalem vor dem König, und dieser veranstaltete eine Gerichtssitzung zur Vernehmung der Anklage und Verteidigung in Tyrus. Drei Männer vom Rate, welche das Volk zu diesem Zwecke abgeordnet hatte, setzten die Schuld Lysimachos' und seines hohenpriesterlichen Bruders an dem Tempelraub und an der dadurch veranlaßten blutigen Fehde in Jerusalem so überzeugend auseinander, daß der Urteilsspruch ungünstig für Menelaos hätte ausfallen müssen. Da wußte der an Erfindungen nicht verlegene Menelaos einen Wicht seinesgleichen in sein Interesse zu ziehen, Ptolemäos, Sohn des Dorymenes, dessen Stimme beim König Gewicht hatte. Dieser machte die Schale an der Wage der Gerechtigkeit zugunsten des Schuldigen sinken[2]). Vom hohen Richterstuhle aus sprach Antiochos den Verbrecher Menelaos frei und verurteilte die drei Abgeordneten Jerusalems, welche dessen Schuld sonnenklar bewiesen hatten, zum Tode. Die Tyrier, Zeugen dieser Rechtsverhöhnung, bezeugten ihren Unwillen dagegen durch sympathische Teilnahme an dem Leichenbegängnis der drei edlen Männer, welche wegen ihrer Verwendung für ihr Volk, ihre Stadt und ihr Heiligtum den Tod erlitten hatten. Menelaos und die Bosheit triumphierten. Er behielt die Herrschaft über das Volk, das ihn ingrimmig haßte. Um diesem Hasse nicht zu erliegen, plante er neue Ränke und Freveltaten.

Er träufelte das Gift der Verleumdung in das Ohr des Königs Antiochos gegen seine Feinde, d. h. gegen das ganze Volk. Auf der

[1]) Makk. 4, 43, *περὶ δὲ τούτων ἐνέστη κρίσις πρὸς τὸν Μενέλαον* kann unmöglich bedeuten, es sei gegen Menelaos deswegen, d. h. wegen der blutigen Tätlichkeit gegen seinen Bruder und dessen Anhänger, eine Anklage erhoben worden. Der syrische Übers. gibt den richtigen Sinn dieses Verses, daß Menelaos als Ankläger gegen die Jerusalemer aufgetreten sei. בד הלין דין קם את מנאלוס לקבלהון בדינא; vielleicht muß man lesen *πρὸς τοῦ Μενελάου* statt *τὸν*, d. h. daß die Anklage von seiten Menelaos' angeregt wurde, dafür spricht ja auch V. 44, daß die drei Männer der Gerusia Jerusalems eine Verteidigung geführt haben: *δικαιολογίαν ἐποιήσαντο*. Es wäre auch sonst, selbst Rechtsverhöhnung bei Antiochos vorausgesetzt, nicht begreiflich, wie die drei Senatoren, wenn sie Ankläger gewesen wären, verurteilt und hingerichtet werden konnten. Das Urteil ist nur verständlich, wenn sie die Angeklagten waren.

[2]) Das. 4, 45–49.

einen Seite brachte er die Anschuldigung vor, daß seine Feinde, welche seinen Bruder und dessen Anhänger mit Steinen und Knütteln getötet und ihn selbst angeklagt hatten, Parteigänger des ägyptischen Hofes wären und ihn nur darum verfolgten, weil er ihren Parteibestrebungen entgegen sei. Auf der anderen Seite verleumdete Menelaos, der bestallte Hohepriester, das ganze Judentum; das Gesetz, das Mose dem judäischen Volk gegeben, sei voll von Menschenhaß, es verbiete an der Tafel von Genossen anderer Völker sich zu beteiligen und Fremden Wohlwollen zu erweisen. Dieses Gesetz des Menschenhasses müsse aufgehoben werden[1]). Da Antiochos damals alle seine Gedanken darauf richtete, Ägypten zu erobern, um es mit seinem Reiche zu vereinigen und solchergestalt durch Zuwachs an Land, Reichtum und Macht den Römern die Spitze bieten zu können, fanden Menelaos' Verleumdungen bei ihm Gehör, und er beobachtete die Judäer mit argwöhnischem Auge. Es konnte ihm nicht gleichgültig sein, während er einen gefahrvollen Zug gegen Ägypten unternahm, einen Feind im Rücken zu wissen, der, durch seine übrigen Feinde verstärkt, ihm gefährlich werden könnte. Antiochos scheint

1) Makkab. das. 4, 50 heißt es: *Μενέλαος ... ἐπιφυόμενος τῇ κακίᾳ, μέγας τῶν πολιτῶν ἐπίβουλος καθεστώς.* Worin bestand Menelaos' ränkevolle Bosheit? Josephus erzählt nach einer unbekannten Quelle (jüd. Kr. I, 1, 1): Antiochos habe in Jerusalem eine große Menge der Anhänger des ägyptischen Hofes umbringen lassen. Es muß ihm also beigebracht worden sein, daß es ptolemäische Parteigänger in Jerusalem gäbe. Denn von selbst ist Antiochos wohl schwerlich auf diesen Argwohn gekommen, da diese ihre Gesinnung wohl nicht allzu offen gezeigt haben, so lange Antiochos noch Herr von Palästina war. Auch soll dieser König nach Makkab. II, 4, 22 bei seiner Anwesenheit in Jerusalem noch vor dem Kriege vom Volke mit schmeichelhaftem Pomp empfangen worden sein. Diese Anschuldigung kann daher nur von dem *ἐπίβουλος*, von Menelaos, ausgegangen sein. Die andere Verleumdung ergibt sich aus der von Antiochos verbreiteten Anklage, der Gesetzgeber Mose habe den Judäern menschenfeindliche und schändliche Gesetze gelehrt (bei Diodorus, Eclogae 34): *νομοθετήσαντος (Μωσέως) τὰ μισάνθρωπα παράνομα ἔθη τοῖς Ἰουδαίοις.* Diese bestehen darin: *τὸ μηδενὶ ἄλλῳ ἔθνει τραπέζης κοινωνεῖν τὸ παράπαν, μηδ᾽ εὐνοεῖν* (das.). Diese Anschuldigung wurde von Antiochos verbreitet; aber aus eigener Erfahrung konnte er es nicht wissen, es muß ihm also beigebracht worden sein. Der Urheber der Anschuldigung kann nur Menelaos gewesen sein, welcher Antiochos den Rat erteilt hatte, die Juden zu zwingen, den väterlichen Kultus aufzugeben (Jos. Altert. XII, 9, 7): *πείσαντα (Μενέλαον) αὐτοῦ τὸν πατέρα (Ἀντίοχον Ἐπιφανῆ) τοὺς Ἰουδαίους ἀναγκάσαι τὴν πάτριον θρησκείαν καταλιπεῖν.* Makkab. II, 5, 15 nennt Menelaos Verräter am Gesetze und Vaterland (vgl. Monatsschr. Jahrg. 1872, S. 199f.). Antiochos' Haß gegen das Gesetz des Judentums und die Wut seiner Schergen, die Pentateuchrollen zu zerstören, wurden ohne Zweifel durch Menelaos' Angebereien entflammt.

damals eine stärkere Besatzung in die Akra Jerusalems gelegt zu haben[1]), um die Jerusalemer und ihre etwaigen feindlichen Absichten gegen ihn zu überwachen und zu vereiteln.

Endlich unternahm er den längst gehegten Plan[2]), Ägypten mit Krieg zu überziehen, in Vollzug zu setzen. Vorwand zum Kriege gibt es immer und hat auch dem schlauen Antiochos nicht gefehlt. Seine Schwester Cleopatra, an Ptolemäus V. verheiratet, dem sein Vater die Einnahme von Cölesyrien als Mitgift zugesagt hatte, war gestorben und hatte zwei unmündige Söhne hinterlassen: Philometor und Physkon, von denen der erstere als König galt, an dessen Stelle regierten aber der Eunuche Euläus und ein zweiter Vormund Lenäus. Haben diese noch weiter auf die Einnahmen von Cölesyrien gedrungen, oder haben sie ruhmredig verbreitet, sie würden den einst zu Ägypten gehörenden Landstrich ganz und gar für ihre Mündel in Besitz nehmen? Genug, Antiochos gab vor, er müsse einem gegen ihn beabsichtigten Krieg zuvorkommen, und sammelte Truppen, um einen Einfall in Ägypten zu machen. Er zauderte aber lange mit dem Angriff aus Furcht vor den Römern. Als diese sich aber immer tiefer in einen neuen Krieg mit Perseus, König von Mazedonien, verwickelten, und die römischen Heeresabteilungen Schlappe auf Schlappe erlitten, wagte er endlich, die ägyptische Grenze zu überschreiten (Herbst 170)[3]), verfehlte aber nicht, Gesandte an den allmächtigen römischen Senat zu senden, um seinen Schritt zu beschönigen. Bei Pelusium schlug Antiochos das ägyptische Heer und drang immer tiefer in das Land ein. Die beiden Vormünder entflohen mit dem jungen König Philometor nach Samothracien[4]).

[1] Aus Makkab. II, 4, 27—29 geht hervor, daß eine syrische Besatzung stets in der Akra lag; das. 5, 5b heißt es, Menelaos habe Zuflucht in die Akra genommen.

[2]) Aus Daniel 11, 24 geht mit Entschiedenheit hervor, daß Antiochos gleich nach seinem Regierungsantritt Ägyptens Eroberung im Schilde führt; denn ועל מבצרים יחשב מחשבתיו übersetzt Theodotion richtig: *ἐπ' Αἴγυπτον λογιεῖται*, d. h. ועל מצרים יחשב. Allerdings mögen Philometors Vormünder auch den Plan verfolgt haben, ihm Cölesyrien zu entreißen, wie aus Porphyrius — Hieronymus (zu Daniel 11, 22) und Makkab. II, 4, 21 hervorgeht. Aber das schließt nicht aus, daß Antiochos seinerseits Eroberungspläne hegte. Es lag in seinem Plane, die Römer glauben zu machen, er unternehme nur einen Defensivkrieg.

[3]) Vergl. über das Datum Note 16.

[4]) Polybius 28, 17. Darauf hat Stark (Gaza 432) aufmerksam gemacht, daß Philometor nach der Niederlage seines Heeres nach Samothracien entfloh. Bestätigt wird die Flucht durch die Angabe Diodors de virtutibus II. p. 579 bis 580 ed. Wesseling.

Darauf bemächtigte sich Antiochos des ganzen nördlichen Ägyptens und rückte vor Alexandrien, um dieses zu belagern. Die Einwohner wählten indes den jüngeren Bruder Ptolemäus Physkon zum König und verteidigten die Stadt mit solcher Standhaftigkeit, daß der syrische König an ihrer Eroberung verzweifelte. Er knüpfte daher Unterhandlungen mit dem älteren Bruder an, ließ ihn nach Ägypten kommen, schloß einen Vertrag mit ihm und gab vor, den Krieg nur zu dessen Nutzen fortsetzen zu wollen. Doch mochte er Pelusium nicht räumen. „An einer Tafel (speisend) belogen die beiden Könige einander“[1]).

Antiochos war aber gezwungen, Frieden zu machen und sich mit Philometor zu vertragen. Rom, das er durch den Krieg beschäftigt und zerstreut glaubte, beobachtete ihn auf Schritt und Tritt und gab ihm durch Winke, die er nicht mißverstehen konnte, zu erkennen, daß es seine Eingriffe in Ägypten mit Mißfallen betrachte[2]). Er konnte sich daher seines scheinbaren Sieges nicht erfreuen, zumal er Alexandrien, Hauptstadt und Schlüssel des ganzen Landes, nicht einnehmen konnte.

In Judäa folgte man dem Ausgange dieses Krieges mit äußerster Spannung. Siegte Ägypten, so wäre Aussicht vorhanden, daß die trüben Mißstände ein Ende nehmen würden, die durch den aufgezwungenen, verhaßten Hohenpriester herbeigeführt waren. Der ägyptische Hof begünstigte die nationaljudäische Partei und nahm die vor der Tyrannei Antiochos' und Menelaos' dahin geflüchteten Vaterlandsfreunde auf, unter denen sich der junge Sohn des auf eine so empörende Weise umgekommenen edlen Hohenpriesters Onias III., ebenfalls Onias genannt, befand, der mit Aufmerksamkeit behandelt wurde[3]). Mit ängstlicher Spannung lauschte man daher in Judäa jeder Nachricht über den Fortgang des Krieges in Ägypten. Da verbreitete sich mit einem Male das Gerücht, daß Antiochos gefallen sei, und es regte die Gemüter aufs Tiefste auf. Der abgesetzte Hohepriester Jason-Jesua eilte von Ammonitis, wo er Schutz gefunden hatte, nach Jerusalem und führte eine Schar von ungefähr tausend Mann mit sich, um sich der Stadt zu bemächtigen. Menelaos ließ selbstverständlich die Tore Jerusalems verrammeln und von der Mauer gegen die anrückende Schar kämpfen. So brach denn ein förmlicher Bürgerkrieg aus, herbeigeführt durch den Ehrgeiz zweier

[1]) Daniel 11, 27 wird mit Recht auf die Falschheit Antiochos' und Philometors gegeneinander trotz ihres Friedensschlusses bezogen.

[2]) Polybius 29, 10 u. a. St.

[3]) Josephus Altert. XIII, 13, 1.

Männer, welche nach der Hohenpriesterwürde, als Mittel zur Macht, gelüsteten. Indessen da nur die wenigsten der Bewohner Jerusalems dem verhaßten Menelaos beistanden, so gelang es Jason mit seiner Schar in Jerusalem einzudringen, und er soll ein Blutbad in der Stadt, wahrscheinlich unter den wirklichen oder vermeintlichen Anhängern Menelaos', angerichtet haben. Dieser selbst suchte Schutz hinter den Mauern der Akra[1]). Jason scheint auch auf diesen befestigten Platz Angriffe gerichtet zu haben.

Inzwischen zog Antiochos von Ägypten ab mit der reichen Beute, die er da gemacht hatte (169), vielleicht um neue Truppen zur Verstärkung seines Heeres zu sammeln. Da er von den Vorgängen in Jerusalem vernommen hatte, schwoll sein Zorn gegen das judäische Volk und gegen das heilige Bündnis des Judentums[2]). Seine harte, boshafte, unmenschliche Natur, die er selbst in seiner Verstimmung über die Erfolglosigkeit seines Feldzuges in Ägypten aus Furcht vor den römischen Aufpassern, und um die Bevölkerung nicht gegen sich zu reizen, verbergen und an sich halten mußte, machte sich gegen die Judäer Luft. Er überfiel Jerusalem plötzlich, richtete ein Blutbad unter den Bewohnern an, schonte weder Alter, noch Jugend, noch das schwache Geschlecht, unterschied nicht Freund von Feind, drang in den Tempel und in das Allerheiligste, um seine Verachtung gegen den Gott, der darin verehrt wurde, kund zu geben, ließ alles Wertvolle daraus entfernen, den goldenen Altar, Leuchter, Tisch, alle goldenen Geräte und den Tempelschatz, so viel davon noch übrig geblieben war. Menelaos diente ihm als Führer bei dieser Tempelschändung[3]). Gegen den Gott Israels, dessen Allmacht seine Bekenner so sehr priesen, und der den von ihm ausgeübten Freveltaten gegenüber ohnmächtig schien, stieß er mit frechem Munde höhnische Lästerungen aus[4]). Um den Mord an Unschuldigen und den Tempelraub zu beschönigen, verbreitete er eine Lügengeschichte, zusammengewoben aus Selbsttäuschung, Eingebungen seines Helfershelfers Menelaos und geflissentlicher Erfindung, welche das Judentum unter den gebildeten Völkern für eine geraume Zeit in Verruf brachte. Antiochos verbreitete, er habe im Allerheiligsten des Tempels das steinerne Bild eines Mannes mit einem langen Barte wahrgenommen. Dieses Bild habe auf

1) Makkab. II, 5, 1—5.

2) Angedeutet in Daniel 11, 28: וישב ארצו . . ולבבו על ברית קדש. Makkab. II, 5, 11b: *ὅθεν ἀναζεύξας ἐξ Αἰγύπτου τεθηριωμένος τῇ ψυχῇ*.

3) Makkab. I, 1, 20—24; II, 5, 11—16.

4) Das. I, 1, 25: *καὶ ἐλάλησεν ὑπερηφανείαν μεγάλην*. Darauf spielt Daniel öfter an; 7, 25: ומלין לצד עליא ימלל; 8, 25: ועל שר שרים יעמד; 11, 36: ועל אל אלים ידבר נפלאות.

einem Esel gestanden und habe ein Buch in der Hand gehalten. Er habe es für ein Abbild des Gesetzgebers Mose gehalten, welcher den Judäern menschenfeindliche, abscheuliche Gesetze gebracht, sich von allen Völkern fern zu halten und ihnen kein Wohlwollen zu erweisen. Hatte Antiochos wirklich ausgesprengt, das steinerne Bild auf einem Esel im Tempel gesehen zu haben? Oder verstand er darunter eine Unterlage von Stein, die sich allerdings im Allerheiligsten befand? Genug, es wurde unter Griechen und Römern verbreitet, Antiochos habe im Tempel einen Eselskopf aus Gold gefunden, dem die Judäer eine hohe Verehrung zollten, daß sie also Eselsanbeter wären [1]). Antiochos hat wahrscheinlich noch eine andere abscheuliche Lüge zur Anschwärzung der Judäer verbreitet oder wenigstens Veranlassung dazu gegeben, er habe im Tempel einen Griechen in einem Bette liegend gefunden, der ihn angefleht habe, ihn zu befreien. Denn er werde an einem abgeschlossenen Orte aufbewahrt und genährt, um an einem bestimmten Tage geopfert zu werden. Jedes Jahr pflegten die Judäer einen Griechen auf dieselbe Weise zu schlachten, von dessen Eingeweiden zu kosten, dabei Haß gegen die Griechen zu schwören und den Vorsatz zu fassen, sie zu vertilgen [2]). Mag diese giftige Verleumdung gegen die Judäer unmittelbar von Antiochos ausgegangen sein, oder mögen Lügenschmiede sie ihm in den Mund gelegt haben, er hat jedenfalls dem Judentum einen unheilvollen Leumund ausgestellt, als wenn es Lieblosigkeit gegen andere Völker lehre und empfehle, und das hat ihm ohne Zweifel der verruchte Menelaos beigebracht. Das war die Errungenschaft aus der seit einem halben Jahrhundert mit Preisgebung der Sitte und der Sittlichkeit ersehnten und erstrebten Gemeinschaft mit den Griechen!

Ein Trauerschleier war über Jerusalem gebreitet, und das Haus Jakob war mit Schmach bedeckt. „Führer und Ratsälteste stöhnten, Jünglinge und Jungfrauen verhüllten sich, die Schönheit der Frauen war entstellt, der Bräutigam erhob Klage statt des Gesanges, und die Braut im Brautgemache war in Trauer [3])." Das war aber noch lange nicht das Ende, es sollten noch traurigere Tage über Judäa hereinbrechen. Abermals unternahm Antiochos einen Kriegszug nach Ägypten, und zum zweiten Male sollte das judäische Volk seinen Unmut über die Erfolglosigkeit desselben empfinden. Die beiden königlichen Brüder, Philometor und Physkon, hatten sich durch Ver-

[1]) Diodorus, Eclogae No. 34; Josephus contra Apionem II, 8, vergl. Monatsschrift, Jahrg. 1872. S. 194 f.

[2]) Josephus das. 8.

[3]) Makkab. I, 1, 26—28.

mittelung ihrer Schwester und der Römer versöhnt. Der erstere wurde von der Stadt Alexandrien als König aufgenommen. Darüber war Antiochos ergrimmt. Er gedachte nämlich den unbeholfenen und feigen Philometor als Werkzeug zu gebrauchen und vermittelst seiner Ägypten zu beherrschen. Da die Römer immer noch in den mazedonischen Krieg verwickelt waren, so glaubte er einen zweiten Einfall in Ägypten wagen zu dürfen (168)[1]. Antiochos rückte ohne Widerstand tief in Ägypten ein und drang abermals bis in die Nähe Alexandriens. Die Könige von Ägypten hatten indes Gesandte nach Rom gesandt und flehentlich um Hilfe gebeten, daß der Senat sie nicht verlassen möge. Drei römische Abgeordnete wurden hierauf beauftragt, sich zu Antiochos zu begeben, und ihm Einhalt zu gebieten, hatten aber die geheime Weisung, unterwegs so lange zu zaudern, bis der mazedonische Krieg eine günstige Wendung für die Römer genommen haben würde. Dieser wurde durch die glückliche Schlacht bei Pydna, durch die Niederlage des mazedonischen Heeres und die Flucht des Königs Perseus entschieden (22. Juni 168). Sofort reisten die drei römischen Herren in Antiochos' Lager und überbrachten ihm den Befehl des Senats, Ägypten binnen kurzer Frist zu räumen. Als sich der syrische König Bedenkzeit ausbat, zog einer der Römer, der barsche Popillius Länas, einen Kreis mit dem Stabe und bedeutete ihn, ehe er diesen Kreis verließ, sich zu erklären, ob er Freundschaft mit Rom oder Krieg vorziehe. Antiochos kannte die Unerbittlichkeit der römischen Befehle und entschloß sich, sofort abzuziehen (gegen Ende Juni 168). Ein Wink von einem Vertreter Roms hatte genügt, ihm seine ganze Ohnmacht und die Eitelkeit seiner schlau berechneten Entwürfe erkennen zu lassen. Verstimmt, erzürnt und mit sich zerfallen über die erfahrene Demütigung, kehrte Antiochos „der Erlauchte" in seine Hauptstadt zurück[2]. Das Gefühl seiner Demütigung peinigte ihn um so schmerzlicher, als er den Römern gegenüber Zufriedenheit und Freundlichkeit heucheln mußte.

Diesem verhaltenen Ingrimm machte er abermals durch Grausamkeiten unerhörter Art an den Judäern Luft. Hatten sie wieder Schadenfreude über seine Demütigung empfunden und kund gegeben? Hatten sie zu laut gesprochen, daß ihr Gott, der die Hochmütigen erniedrigt, über ihn diese Demütigung gebracht hat? Was mag sonst seine Wut so gestachelt haben, daß er mit kaltem Blute einen Massenmord in Jerusalem anbefohlen hat? Hat er die Mehrzahl der Be-

[3]) Über die Zeit des zweiten Feldzuges s. Note 16.

[1]) Sehr gut ist diese Situation gezeichnet Daniel 11, 30 ונכאה ושב וזעם על ברית קדש.

wohner für Anhänger der Ptolemäer gehalten und sich durch ein Blutbad unter ihnen an diesen seinen Feinden rächen wollen? Selbst der Eroberer Jerusalems nach langer Belagerung, Nebukadnezar, hat nicht solche Blutbefehle erlassen wie Antiochos. Mit freundlichen Worten, scheinbar in friedlicher Absicht, kam einer seiner Fürsten, Apollonios, früher Statthalter von Mysien (Mysarches), in die judäische Hauptstadt mit verwilderten Truppen, und plötzlich, an einem Sabbat, als an Gegenwehr mit Waffen nicht zu denken war, überfiel die an Blutvergießen gewöhnte griechische oder mazedonische Söldnerschar die Einwohner, tötete die ergriffenen Männer und Jünglinge, machte Frauen und Kinder zu Gefangenen und schickte sie auf die Sklavenmärkte[1]). Verschont wurden wohl lediglich die wütenden Griechlinge, Menelaos' Parteigenossen[2]). Auch viele Häuser der Hauptstadt ließ er zerstören und die Mauern Jerusalems niederreißen[3]). Es sollte aus der Reihe der angesehenen Städte schwinden. Warum hätte der Wüterich und seine wilde Schar das Heiligtum verschonen sollen? Allerdings zerstören sollten sie es nicht; Antiochos hatte eine Absicht, es zu einem anderen Zwecke bestehen zu lassen. Aber sie ließen ihre Wut an den Außenwerken aus, verbrannten die Holztore und zertrümmerten die Hallen mit Beil und Hammer. Die Erinnerung hat den Namen eines dieser Wüteriche erhalten, welcher Feuer an die Tore angelegt hat, er hieß Kallisthenes[4]). Zu rauben gab es nichts mehr im Tempel. Der Kostbarkeiten hatte Antiochos ihn schon früher beraubt. Es gelang Apollonios, nach dem Wunsche seines Herrn die heilige Stadt öde zu machen; die Einwohner, so weit sie der Tod verschont hatte, entflohen zu ihrer Rettung. Nur die Hellenisten, die syrischen Soldaten und die Fremden bewegten sich in den verödeten Plätzen. „Jerusalem wurde ihren Kindern fremd.“ Auch der Tempel wurde vereinsamt. Die treuen Priester und Leviten verließen ihn, und die Griechlinge kümmerten sich wenig darum. Ihr Tummelplatz war eine andere Stätte in Jerusalem, die Akra. Hier lag die verstärkte syrische Besatzung, und hier hausten die Hellenisten. Um sie vor jedem Angriff zu schützen, wurde sie mit hohen und starken Mauern und Türmen, so daß sie

[1]) Makkab. I, 1, 29—30; II, 8, 24—26. Nur die letzte Quelle gibt den Umstand an, daß der Mord am Sabbat stattgefunden, nennt den Namen des Truppenführers und gibt die Zahl der Truppen übertreibend auf 22000 Mann an.

[2]) Folgt aus Daniel 11, 30b.

[3]) Makkab. I, 1, 32.

[4]) S. Note 16 und 17.

den Tempel in ihrer Nähe überragte, noch mehr befestigt, und Waffen und Mundvorrat wurde darin aufgehäuft[1]).

Indessen diese Verödung wurde Menelaos, dem Urheber aller dieser Gräuel, selbst peinlich. Für wen war er Hoherpriester, wenn es keine Tempelbesucher gab, für wen Vorsteher des Volkes, wenn dieses ihm den Rücken kehrte? Es wurde ihm unheimlich, er hörte nur den Widerhall seiner eigenen Stimme. Um dieser peinlichen Lage abzuhelfen, verfiel er auf einen neuen verruchten Ratschlag. Das Judentum, Gesetz, Lehre und Sitte sollten aufgehoben und dessen Bekenner gezwungen werden, den griechischen Kultus anzunehmen[2]). Antiochos in seiner Verbitterung und in seiner Wut gegen beide, gegen die Judäer und ihre Religion, erfaßte diesen Ratschlag und ließ ihn mit der ihm selbst unter Spielereien und Vermummungen eigenen Zähigkeit ins Werk setzen. Das judäische Volk sollte sich hellenisieren und dadurch zu ihm treu halten, oder, wenn es sich seinen Befehlen widersetzen sollte, dem Tode geweiht werden. Denn diese Widersetzlichen würden eben dadurch ihre Abneigung gegen ihn und ihre Zuneigung zu dem ihm verhaßten ägyptischen Hof bekunden. Aber nicht bloß dem judäischen Volke wollte er damit beikommen, sondern auch die Ohnmacht des Gottes, dem es so treu anhing, offenkundig machen. Ihm, dem die Götter seiner Väter gleichgültig waren, und der überhaupt vor keinem göttlichen Wesen Scheu hatte, klang es wie ein Hohn gegen ihn, wenn das judäische Volk im großen und ganzen in den blutigen Verfolgungen, die er bereits über dasselbe verhängt hatte, noch immer auf den Gott seiner Väter hoffte, daß er den hochmütigen Lästerer zerschmettern werde. Diesen Gott Israels wollte er herausfordern und ihn überwinden. So erließ Antiochos einen Befehl, durch Boten für alle Städte Judäas überbracht, daß sämtliche Judäer aufhören sollten, die Gesetze ihres Gottes zu befolgen, und nur den griechischen Göttern fortan opfern sollten. Überall sollten Altäre und Götzenbilder zu diesem Zwecke errichtet werden. Um das Judentum so recht ins Herz zu treffen, verordnete Antiochos, daß unreine Tiere und besonders Schweine, die Tiere, welche nach dem Gesetze und der eingelebten Gewohnheit als besonders unrein galten, als Opfer dargebracht werden sollten[3]).

Dreierlei Zeichen des religiösen Lebens, wodurch die Judäer sich

[1]) Makkab. I, 1, 33—36. Josephus Altert. XII, 5, 4.

[2]) Was sich aus dem Gange der Tatsachen ergibt, bezeugt Josephus ausdrücklich, daß Menelaos Antiochos den Gedanken insinuiert habe, die Judäer gewaltsam zu hellenisieren (Altert. XII, 7, 9; s. o. S. 280, Anm.).

[3]) Makkab. I, 1, 47.

augenfällig von den Heiden unterschieden, wurden besonders bei schwerer Strafe untersagt: die Anwendung der Beschneidung, die Beobachtung des Sabbats und der Feiertage durch Ruhenlassen der Arbeit und festliches Begehen derselben, und endlich die Enthaltung von verbotenen Speisen[1]). Mit dem Befehl wurden Beamte betraut, die Vollstreckung desselben zu überwachen. Es waren hartherzige Schergen, welche mitleidlos jede Übertretung des königlichen Machtgebotes mit dem Tode bestraften[2]).

Der Anfang wurde mit dem Tempel in Jerusalem gemacht. Antiochos sandte eigens einen angesehenen Antiochenser[3]) dahin, um das Heiligtum dem olympischen Zeus, dem von allen griechischen Stämmen anerkannten Aftergott, zu weihen. Diese Weihe oder Entweihung des Heiligtums veranstaltete der Abgeordnete auf eine Weise, welche darauf berechnet war, das Herz der Treuen oder richtiger des ganzen Volkes, von dem die Griechlinge nur einen Bruchteil bildeten, mit schneidenden Messern zu zerfleischen. Ein Schwein wurde auf dem Altar im Vorhofe geopfert, dessen Blut an denselben und im Allerheiligsten auf den Stein, den Antiochos für Moses Bildnis angesehen, gesprengt, dessen Fleisch gekocht und mit der Brühe die Blätter der Thora, der heiligen Schrift, begossen. Von dem gekochten Schweinefleisch mußte der sogenannte Hohepriester Menelaos und andere judäische Hellenisten genießen[4]). Das Schweinefleisch mag ihnen durch die Gewohnheit Ekel eingeflößt haben; sie wurden indes gezwungen, ihn zu überwinden. Die Thorarolle, welche im Tempel gefunden wurde, hat der Antiochenser wohl nicht bloß besudelt[5]), sondern auch verbrannt, weil sie — die Erzieherin zur sittlichen Reinheit und zur Menschenliebe —, nach der Meinung des Antiochos und seinem erlogenen Vorgeben, Menschenhaß lehre. Es war ihre erste

[1]) Makkab. I, 43, 45, 48. Unter *βδελύξαι τὰς ψυχὰς αὐτῶν ἐν παντὶ ἀκαθάρτῳ καὶ βεβηλώσει* kann nur die Übertretung der Speisegesetze verstanden sein. Hebr. lautete wohl der Halbvers לגעל נפשותם בכל טמא ופגול. Das. V. 62 ist dieses ausgedrückt durch *φαγεῖν κοινά*.

[2]) Das. 51 *καὶ ἐποίησεν ἐπισκόπους ἐπὶ πάντα τὸν λαόν*.

[3]) Makkab. II, 6, 1 *γέροντα Ἀθηναῖον* emendiert Grotius richtig in *Ἀντιόχειον*, wie das. 9, 15 *Ἀθηναίοις* statt *Ἀντιοχείοις*.

[4]) Diodorus, Eclogae No. 34.

[5]) Das. *τῷ μὲν ἀπὸ τούτων (κρεῶν) ζυμῷ τὰς ἱερὰς αὐτῶν βίβλους ... καταῤῥᾶναι*. Die Mischna (Taanit IV, 7) hat eine Tradition erhalten, daß an demselben Tage, an dem das Götzenbild im Tempel aufgestellt wurde, auch die Thora verbrannt worden sei, nämlich am 17. Tammus: ... בשבעה עשר בתמוז שרף אפוסטומוס את התורה והעמיד צלם בהיכל. Ob der Name dessen, der die Thora verbrannt und die Bildsäule aufgestellt, richtig gegeben ist אפוסטומוס, ist zweifelhaft; es mag der Name des *γέρων Ἀντιόχειος* gewesen sein.

Feuertaufe. Dann wurde das Bildnis des Zeus[1]) auf dem Altar errichtet, der „Greuel der Verwüstung“, dem fortan geopfert werden sollte (am 17. Tammus = Juli 168)[2]).

So war denn der Tempel Jerusalems, die einzige Stätte auf Erden für Heiligkeit, gründlich entweiht, auch wenn er nicht ein Tummelplatz der Ausschweifenden geworden wäre, die in seinen Hallen Schmausereien und Ungebührlichkeiten mit ihren Freundinnen getrieben haben[3]). Der Gott Israels war scheinbar von dem Zeus Hellas' daraus verdrängt worden. Allerdings war der Tempel in früher Zeit öfter durch scheußliche Götzenbilder entheiligt worden; die Könige Achas und Manasse hatten dem assyrischen Heidentum die Pforten desselben weit geöffnet. Aber sie taten es in einer gewissen Harmlosigkeit, in Unkenntnis des Gesetzes und des Unterschiedes der eigenen

[1]) Es ist befremdlich genug, daß die Historiker und Ausleger des Makkabäerbuches und Daniels die Tatsache in Abrede stellen, daß ein Götzenbild auf den Altar gestellt wurde. Nicht bloß die Mischna bezeugt es העמיד צלם בהיכל (vor. Note), sondern auch Eusebius und Hieronymus. Eusebius (Chronik z. Olymp. 153): in templo Jovis Olympii simulacrum erigebat (arm. Übersetzung), bei Syncellus (542, 41): *καὶ τὸν ναὸν βεβηλοῖ Διὸς Ὀλυμπίου βδέλυγμα ἀναστηλώσας ἐν αὐτῷ.* — Hieronymus zu Daniel: Volunt autem eos significari, qui ab Antiocho missi sunt ut . . . auferrent cultum dei, et templo Hierusalem Jovis Olympii simulacrum et Antiochi statuas ponerent, quas nunc abominationem desolationis vocat. Es steht auch eigentlich im Makkabäerb. I, 1, 54: *ᾠκοδόμησαν βδέλυγμα ἐρημώσεως ἐπὶ τὸ θυσιαστήριον.* Es kann ja unmöglich bedeuten, daß sie auf den Altar noch einen Altar gebaut hätten. Wozu das? Und wenn auch, Altäre sind überall im Lande errichtet worden, warum soll gerade dieser Afteraltar שקוץ משומם genannt worden sein? Weist ja auch das Beispiel in Daniel von dem goldenen Götzenbilde, das anzubeten alle gezwungen worden seien, darauf hin, daß von Antiochos die Adoration einer Statue befohlen worden sein muß. Der Übersetzer des Makkab. hat die Forscher irre geführt mit der Übersetzung: *ᾠκοδόμησαν.* Im Original kann nur gestanden haben: ויכינו שקוץ משומם, dieser las aber ויבנו. Daher der Irrtum, der sich schon bei Josephus findet. Die Bezeichnung bei Daniel für dieses Faktum bedeutet nicht „bauen“, sondern etwas „auf den Altar setzen, stellen, geben“ (8, 13): והפשע שמם תת; (11, 31): ונתנו שקוץ משמם; (12, 19): ולתת שקוץ שמם. Das. (9, 27) muß man notwendig lesen [המזבח] ועל כנף שקוצים (שקוץ) משמם. Sachgemäß bezieht der Talmud die Tradition vom Aufstellen des Bildnisses im Tempel auf diesen Danielschen Vers (Taʿanit p. 28 b). העמיד צלם . מנלן? דכתיב ולתת שקוץ שמם.

[2]) Vergl. die Abhandlung im Programm des Breslauer jüd. theol. Seminars, Jahrg. 1862: Dauer der gewaltsamen Hellenisierung, wo nachgewiesen ist, daß die Entweihung nicht am 25. Kislew, sondern am 17. Tammus stattgefunden haben muß; sonst käme die 3½ Jahre dauernde Entweihung, welche von der ältesten Quelle bezeugt ist, nicht heraus; vergl. weiter.

[3]) Makkab. II, 6, 4.

und fremden Religionsform. Sie glaubten an die höhere Macht der assyrischen Götter. Menelaos und seine priesterlichen[1]) Gesellen dagegen glaubten ebensowenig an Zeus, wie an den Gott Israels, sie wollten lediglich das judäische Volkstum völlig vernichtet wissen. Mit diesem Volkstum waren aber die eigene Gottesverehrung und der Tempel eng verknüpft. Darum regten sie diese Entweihung mit vollem Bewußtsein an. — Wie nahm das Volk diese beispiellose Schändung auf? Wie wird es sich gegenüber den strengen Befehlen des herzlosen Königs und seiner Schergen verhalten, es zu entnationalisieren und von seinem Gotte loszureißen? Eine schwere, verhängnisvolle Prüfung war ihm auferlegt. Es sollte nicht bloß mit seiner Vergangenheit brechen, sondern auch mit seinen Lebensgewohnheiten. Der Tod durch Henkers Hand drohte allen denen, welche das Judentum öffentlich bekannten. Sie durften sich nicht einmal Judäer nennen[2]), und, wie es scheint, nicht einmal ihre eigene Sprache mehr sprechen[3]).

Siegreich hat das judäische Volk diese erste Prüfung überstanden und sein Bündnis mit seinem Gott und seinen Gesetzen mit Märtyrerblut besiegelt. Die Judäer, welche in syrischen, phönizischen Städten zerstreut und in nächster Nachbarschaft mit Griechen wohnten, und in den Bekehrungszwang eingeschlossen waren[4]), beugten zwar

1) Aus Makkab. I, 4, 42 geht hervor, daß Priester an der Apostasie beteiligt waren.

2) Makkab. II, 6, 6b *οὔτε ἁπλῶς Ἰουδαῖον ὁμολογεῖν εἶναι.*

3) Es folgt zwar schon aus dem oben angeführten Zitat und aus Makkabäus I, 1, 41 *εἶναι πάντας λαὸν ἕνα*, daß es verboten war, sich der eigenen Sprache zu bedienen; es ist aber deutlicher aus einer anderen Quelle belegt, würde aber zu weitläufig sein, hier daraus den Nachweis zu führen.

4) Es ist nicht daran zu zweifeln, daß die auswärtigen Judäer demselben Zwang unterlagen. Das I. Makkab. hebt besonders hervor, Antiochos habe für sein ganzes Reich geschrieben, das Gesetz aufzugeben (1. 41 f.) und viele von Israel opferten demgemäß den Götzen. Dieses kann sich nur auf Auswärtige beziehen; denn von denen in Jerusalem und Juda ist erst später die Rede (V. 44 f.). Dann sagt es deutlich der, allerdings in seiner gegenwärtigen Gestalt unverständliche V. (M. II, 6, 8): *ψήφισμα δὲ ἐξέπεσεν εἰς τὰς ἀστυγείτονας πόλεις Ἑλληνίδας Πτολεμαίων ὑποτιθεμένων τὴν αὐτὴν ἀγωγὴν κατὰ τῶν Ἰουδαίων ἄγειν καὶ σπλαγχνίζειν.* Nicht bloß der Plural *Πτολεμαίων ὑποτιθεμένων* ist unsinnig, sondern auch die bereits von Hugo Grotius vorgezogene L.-A. des alexandrinischen Textes im Singular *Πτολεμαίου ὑποτιθεμένου* gibt keinen Sinn. Welcher Ptolemaios soll befohlen haben, die Juden in den griechischen Städten zu zwingen? Und warum gerade dieser und nicht Antiochos? Die syrische Version hat die richtige L.-A. erhalten: ושדר פוקדנא אף למדינת דעממא דקרבין להון (l. ליוניא) ולפטולמאיס דדכות אלצין הוו להון ליודיא d. h. *ψήφισμα ἐξέπεσε . . . καὶ εἰς Πτολεμαΐδα, ὑποτιθέμενον.* Dieses Partizip bezieht sich auf *ψήφισμα*; auf diese bedeutende Hafenstadt Akko, wo

ihr Haupt, opferten zum Scheine den griechischen Götzen und verheimlichten oder verleugneten ihre Religion. Aber auch unter diesen gab es Treue, welche mit ihrem Leben Zeugnis für die Wahrheit ihrer Lehre ablegten. In Antiochien selbst, unter den Augen des Wüterichs, erduldete ein Greis, namens Eleasar, mit Standhaftigkeit den Martertod, um nicht von dem Fleische der Götzenopfer zu genießen. Man erzählte sich auch in den Kreisen der auswärtigen Judäer von einer judäischen Mutter und ihren sieben Söhnen, wie sie und selbst der jüngste mit fester Überzeugung und mit Todesverachtung der Zumutung zur Übertretung ihres Gesetzes getrotzt haben [1]). Dieser Märtyrertod der Dulder in den entgegengesetzten Lebensstufen, des einen im Greisenalter und der anderen in zarter Jugend, war für die auswärtigen Judäer unter griechischer Herrschaft ein erhebendes Beispiel. Die aufeinanderfolgenden Geschlechter erzählten sich die Geschichte der Standhaftigkeit und schmückten sie so rührend aus, daß sie wie ein Märchen klingt.

In Judäa mehrten sich von Tag zu Tage die Blutzeugen. Die von Antiochos bestellten Aufseher zur Vollstreckung seiner Befehle richteten ihr Augenmerk auf die Landstädte, wohin die Bewohner Jerusalems entflohen waren. Hier errichteten sie bei ihrer Ankunft Altäre und forderten die Bevölkerung im Namen des Königs auf, dem Zeus Schweine zu opfern und von deren Fleisch zu genießen

reiche und angesehene Judäer gewohnt haben, war es *besonders* abgesehen, sie zum Hellenismus zu zwingen. — Das Verhalten der Samaritaner in dieser Zeit läßt sich nicht bestimmen, die Briefe bei Josephus (Altert. XII, 15, 5) sind entschieden apokryph.

[1]) Die Erzählung von dem Märtyrertum Eleasars und der Mutter mit den sieben Söhnen, Makkab. II, 6, 9—31 und noch ausführlicher M. IV, 5—6, 8—12 (dies letztere auch in die talmudische Literatur übergegangen) wird allgemein als durchweg sagenhaft erklärt. Als Beweis wird dafür geltend gemacht, daß das erste Makkab. das Faktum vollständig mit Stillschweigen übergeht. Allein das ist lediglich ein Scheinbeweis; dieses Buch erzählt nur die Begebenheiten in *Judäa* in dieser Zeit. Jenes Märtyrertum lassen aber beide Quellen in *Syrien* vorgehen, und zwar in *Antiochien*, in *Gegenwart des Königs*. Das IV. Makkab. beginnt die Erzählung mit der Einleitung: *Προκαθίσας γὲ μετὰ τῶν συνέδρων ὁ τύραννος Ἀντίοχος ἐπί τινος ὑψηλοῦ τόπου καὶ τῶν στρατευμάτων αὐτῷ παρεστηκότων .... Ἐλεάζαρος .... παρήχθη πλησίον αὐτοῦ.* Kap. 8: *Ταῦτα διαταξαμένου τοῦ τυράννου παρῆσαν ἀγόμενοι μετὰ μητρὸς ἑπτὰ ἀδελφοί.* II. Makkab. 7, 1: *Συνέβη δὲ καὶ ἑπτὰ ἀδελφοὺς μετὰ τῆς μητρὸς .... ἀναγκάζεσθαι ὑπὸ τοῦ βασιλέως.* Auch der Umstand spricht dafür, daß der Vorfall in Antiochien gesetzt wird, da beide Quellen angeben, einige Hofleute, die mit Eleasar von früherer Zeit lange bekannt waren, ihm zugeredet hätten (das. 6, 21; IV, 6). Der Kern der Erzählung kann also geschichtlich sein.

und, wenn der Sabbat eintraf, ihn durch Arbeit zu entweihen. Besonders hielten sie darauf, daß in jedem Monate der Tag durch heidnische Opfer gefeiert werde, auf den Antiochos' Geburtstag zufällig fiel[1]. An dem Weinfeste der Dionysienfeier oder dem Faßöffnungs-Freudentag, den auch die Judäer schon früher mit Weintrinken und Beschenkung an Freunde zu begehen pflegten (o. S. 233), wurden sie gezwungen in griechischer Weise sich mit Efeu zu bekränzen, Umzüge zu machen und wilde Rufe der ausgelassenen Freude zu Ehren des griechischen Weingottes auszustoßen[2]. Kam ein solcher Scherge in eine Landstadt und rief die Menge zusammen, ihren Abfall vom Judentum durch irgend etwas zu betätigen, so fand er nur wenige vor. Die meisten hatten die Flucht ergriffen und in den Höhlen und Schluchten der judäischen Berge oder in der wüsten Gegend am toten Meer Zuflucht gesucht[3]. Dieser Widerstand gegen seine Befehle reizte Antiochos nur noch mehr, und er erließ Befehle über Befehle, mit der grausamsten Strenge gegen die Ungefügigen zu verfahren. Dadurch verdoppelten die Schergen ihren Verfolgungseifer. Wo sie Thorarollen fanden, zerrissen sie sie in Wut, verbrannten die Teile im Feuer und töteten diejenigen, welche zu ihrem Troste und ihrer Stärkung in dieser blutigen Verfolgung darin lasen[4]. Alle Bet- und Lehrhäuser im Lande zerstörten sie. Fanden sie schwache Frauen kurz nach ihrer Entbindung, welche in Abwesenheit der Männer ihre jungen Söhne beschnitten hatten, so hängten die Unmenschen sie mit ihren zarten Kindern am Halse an der Mauer der Stadt auf[5].

Aber alle diese Unmenschlichkeiten, weit entfernt, das Volk abzuschrecken, machten es nur um so standhafter. Der Tod hatte für viele seinen Schrecken verloren. Manche zogen vor zu sterben, um nicht einmal verbotene Speisen zu genießen[6]. Diese Standhaftigkeit und diese Seelengröße erweckte und unterhielt der Kreis der strengfrommen Chaßidäer (o. S. 250). Von den Schlupfwinkeln aus machten einzelne aus diesem Kreise auf heimlichen Wegen Ausflüge, drangen in die Städte und Dörfer, riefen die Bewohner zusammen,

1) Makkab. II, 6, 7a. Auch in I, 1, 58 ist angedeutet, daß die Aufseher von Monat zu Monat Nachforschungen hielten. *ἐν παντὶ μηνὶ καὶ ἐν ταῖς πόλεσι.*

2) Das. II, 6, 7b.

3) Das. I, 1, 53; II, 6, 11.

4) Das. I, 1, 57. *εἴ τις συνευδόκει τῷ νόμῳ* bedeutet, ins Hebräische zurückübersetzt, וכל אשר חפץ בתורה, d. h. wer sich mit dem Gesetze beschäftigte.

5) Das. I, 1, 60; II, 6, 10. Daniel 11, 32 ועם ידעי אלהיו יחזקו ועשו.

6) Das. I, 1, 62—63.

sprachen mit Glut und Überzeugung, daß Gott sein Volk nicht verlassen, ihm vielmehr zur Zeit unerwartet Hilfe senden werde, ermutigten zur Standhaftigkeit und stärkten die Schwankenden[1]). Die Wirkung ihrer Predigten war um so größer, als sie mit dem Beispiele des Todesmutes vorangingen[2]). Diese opferfreudige Hingebung der Chaßidäer ersetzte die künstlerische Beredsamkeit. Wozu bedurfte es der Überredungskunst? Wie bei dem Propheten des Eifers, dem Thisbiten Eliahu, genügte ein treffendes Wort, den rechten Weg zu zeigen, das Wahre vom Falschen, die Kernhaftigkeit des Judentums in seiner einfachen Hülle von dem glitzernden Schein des Griechentums unterscheiden zu lassen.

Bald hatten aber die syrischen Befehlshaber in Jerusalem erfahren, von wo aus der todesmutige Widerstand geleitet wurde; die Schlupfwinkel der Chaßidäer wurden ihnen wahrscheinlich durch verruchte Griechlinge verraten. Sofort eilte der Führer der Besatzungsschar, der Phrygier **Philippos**, mit seiner Mannschaft, diese Schutzorte aufzusuchen, im Wahne, daß, wenn dieser Hauptherd des Widerstandes verlöscht sein würde, das Volk sich leichter fügen würde. An einem Sabbat ließ er seine Soldaten die Höhlen umzingeln, in welchen sich Männer, Frauen und Kinder an tausend verborgen hielten, forderte sie auf, herauszutreten und sich dem Befehle Antiochos' zu unterwerfen, und verhieß ihnen unter dieser Bedingung das Leben. Einstimmig antworteten alle: „Nein, wir wollen den Befehl nicht befolgen, den Sabbat zu entweihen.“ Darauf ließ Philippos seine Schar sich zum Angriff anschicken. Die Chaßidäer sahen ihm mit Standhaftigkeit entgegen, sorgten nicht für Verteidigung, mochten keinen Stein aufheben, um die Eingänge zu den Höhlen zu versperren, um den Sabbat nicht zu entweihen, sondern riefen Himmel und Erde zu Zeugen auf, daß sie unschuldig dem Tode überliefert

[1]) Daniel 11, 33 ומשכילי עם יבינו לרבים, d. h. sie belehren das Volk. Das. 12, 3 ומצדיקי הרבים ככוכבים. Von diesen ist die Rede Makkab. I, 2, 29 *πολλοὶ ζητοῦντες δικαιοσύνην καὶ κρίμα*, d. h. רבים מבקשי צדק ומשפט; diese waren in die Schlupfwinkel der Wüste „hinabgezogen“. Näher sind sie bezeichnet das. 2, 42: *συναγωγὴ Ἀσιδέων* (*Ἀσιδαίων*) *πᾶς ἑκουσιαζόμενος τῷ θεῷ*. Wenn es das. V. 31 heißt, es wurde den Männern des Königs verkündet, daß Männer, welche den **Befehl des Königs** vereitelten, in die Schlupfwinkel der Wüste hinabgestiegen sind, so sind eben die Chaßidäer darunter zu verstehen; *οἵτινες διεσκέδασαν τὴν ἐντολήν* bedeutet אשר הפרו ברית המלך. Fritzsche hat den Vers mißverstanden. Die in den Höhlen haben nicht bloß selbst das Gesetz des Königs nicht befolgt, sondern es auch bei anderen vereitelt. Syrer richtig: בכלו.

[2]) Daniel 8, 10. ותפל ארצה מן הצבא ומן הכוכבים; die „Sterne“ bedeuten die מצדיקי הרבים, die „**Belehrenden**“ nach 11, 35. Vergl. Note 17.

würden. Und so kamen sämtliche Personen in den Höhlen durch Philippos' Mörderschar um, nicht bloß durch Brände, welche diese in die Öffnung geschleudert hatten, sondern auch durch den Rauch, der eingedrungen war [1]).

Groß war der Schmerz der treugebliebenen Judäer bei der Nachricht von dem schrecklichen Tode der Männer, welche ihnen als Leuchten und Vorbilder gedient hatten. Auch den Mutigsten sank der Mut. Was soll aus dieser unerträglichen Lage werden? Niederbeugend war besonders für die Treuen der Umstand, daß in dieser unerhörten Heimsuchung kein Zeichen vom Himmel sichtbar wurde, um sie zur Hoffnung aufzurichten, kein Prophet aufstand, um zu verkünden, wie lange diese blutige Verfolgung noch dauern werde. Dem brennenden Schmerz, welchen die Frommen in tiefster Seele über die Verschlossenheit Gottes und sein Schweigen zu dieser Entweihung seines Heiligtums und zu diesem Märtyrertum seiner Diener gab ein Psalm einen das Herz durchwühlenden Ausdruck. Es ist ein Schmerzensschrei aus beklommener Brust.

„Warum, o Gott, hast du auf immer verlassen,
Warum entbrennt dein Zorn gegen die Herde deiner Weide?
Gedenke deiner Gemeinde, die du ehemals erworben, erlöst,
Eingelöst als Stamm deines Erbes, des Berges Zion,
Auf dem du weilest!
Erhebe deine Schritte zu den anhaltenden Verwüstungen.
Alles hat der Feind im Heiligtum zertrümmert.
Es toben deine Widersacher inmitten deiner Versammlungsstätte,
Geben ihre Zeichen als Wahrzeichen aus.

. . . .

Jetzt haben sie ihre Pforten mit Beil und Hammer zerschlagen,
Haben Feuer an dein Heiligtum gelegt,
Zur Erde entweiht deines Namens Wohnung.

. . . .

Verbrannten alle Gotteshäuser im Lande.
Unsere Zeichen haben wir nicht gesehen,
Kein Prophet ist mehr bei uns,
Und keiner bei uns zu wissen, wie lange.
Wie lange soll der Dränger lästern,
Der Feind für immer deinen Namen höhnen?

. . . .

Gott, du mein König aus der Urzeit,
Wunder tuend in der Mitte der Erde,

[1]) Makkab. I, 2, 32—38; II, 6, 11. Dieser Vorfall ist noch vor Mattathias Aufstand zu setzen, das. V. 29, *τότε κατέβησαν* ist Plusquamperfekt. אז ירדו, und wird nur an dieser Stelle angeführt, um Mattathias Beschluß, sich am Sabbat zu verteidigen, zu motivieren. In Daniel ist dieses Faktum angedeutet in 11, 33 ומשכילי עם . . . ונכשלו בחרב ובלהבה בשבי ובבזה ימים.

Du hast mit deiner Macht das Meer zerteilt,
Hast der Ungetüme Häupter in dem Meere zertrümmert.

. . . .

Du hast Quell und Fluß gespalten,
Du hast ausgetrocknet ewige Ströme.
Dir der Tag, auch die Nacht dir,
Du hast Licht und Sonne geschaffen,
Du hast alle Grenzen der Erde fest begründet,
Sommer und Winter du gebildet.
Gedenke des, daß der Feind dich, Jhwh, gelästert,
Und ein verworfenes Volk höhnt deinen Namen.
Gib nicht dem Tode preis das Leben deiner Taube,
Das Leben deiner Dulder vergiß nicht auf immer.
Schau auf das Bündnis;
Denn voll sind des Landes Räume
Von Stätten der Gewalttätigkeit.
Möge der Bedrückte nicht beschämt weichen,
Auf daß der Dulder und Leidende deinen Namen preise.
Auf, Gott! Kämpfe deinen Kampf aus,
Gedenke deiner Schmähung
Aus des Verworfenen Munde immerfort.
Vergiß nicht die Stimme deiner Feinde,
Das Toben deiner Widersacher steigt stets auf[1]."

[1]) Psalm 74, vergl. Note 17.

Zehntes Kapitel.

Die makkabäische Erhebung.

Der Hasmonäer Mattathia und seine fünf Söhne. Apelles fordert sie in Modin zum Götzenopfer auf. Mattathias Eifer. Anschluß der Chaßidäer. Flucht ins Gebirge. Beschluß am Sabbat zu kämpfen. Kleine Fehden. Mattathias Tod. Juda Makkabi, Feldherr. Seine Tugenden. Seine Fehden. Zuwachs seines Anhanges. Sein erster Sieg in offener Feldschlacht über Apollonios. Größerer Sieg gegen Heron. Antiochos' Geldverlegenheit. Der Befehl, das judäische Volk zu vernichten. Anlage und Zweck des Buches Daniel und des Buches Esther. Judas Sieg über Lysias.

(167—165).

Als die blutge Verfolgung des judäischen Volkes einen so hohen Grad erreichte, daß die Vernichtung des ganzen Volkes oder die Ergebung in das Unabwendbare durch Erschöpfung und Verzweifelung nahe war, trat eine Erhebung ein. Sie wurde von einer Famile herbeigeführt, deren Glieder herzenslautere Frömmigkeit und Opferfreudigkeit mit Mut, Klugheit und Vorsicht in sich vereinigten; es war die Familie der Hasmonäer oder Makkabäer. Ein greiser Vater und fünf heldenmütige Söhne haben einen Umschwung und eine Erhebung herbeigeführt, welche das Judentum für alle Zeiten befestigt und das nationale Leben des Volkes auf ein halbes Jahrhundert hinaus gestärkt haben. Der greise Vater hieß Mattathia, Sohn Jochanans, Sohnes des Simon Hasmonaï[1]), ein Ahronide aus der Abteilung Jojarib, welcher seinen Wohnsitz in Jerusalem hatte, aber infolge der Entweihung sich in dem Städtchen Modin, drei Meilen nördlich von Jerusalem[2]), niedergelassen hatte. Von

[1]) Makkab. I, 2, 1 ist die Genealogie nur angegeben bis τοῦ Συμεών. Da aber aus anderen Quellen feststeht, daß die Familie sich Hasmonäer genannt hat und Josephus (Altert. XII, 6, 1) als deren Stammvater Ἀσαμωναῖος nennt, so muß der Name Asamonaios in jener Quelle ausgefallen sein. Makkab. II, 8, 22 hat statt Jochanan den Namen eines der hasmonäischen Söhne Joseph.

[2]) Die Entfernung Modins, hebr. מודיעים = מודיעין, von Jerusalem

seinen fünf Söhnen, die sämtlich zur Erhebung des Volkes aus seiner tiefsten Erniedrigung beitrugen und ihren Tod in dessen Verteidigung fanden, führte jeder einen eigenen aramäisch klingenden, scheinbar auf etwas hinweisenden Namen, Jochanan Gadi, Simon Tharsi, Juda Makkabi, Eleasar Chawran und Jonathan Chaphus. Dieses hasmonäische Haus, das wegen seines Ansehens viele Anhänger hatte, empfand die trostlose Lage des Vaterlandes mit stechendem Schmerz. „Die Heiligtümer entweiht, Judäa aus einer Freien eine Sklavin geworden, wozu sollen wir noch leben?" So sprach der greise Mattathia zu den Seinigen und faßte den Entschluß, nicht in Untätigkeit und brütender Trauer in einem verborgenen Schlupfwinkel zuzubringen, sondern tätig aufzutreten, um entweder eine Abhilfe herbeizuführen oder würdig für die heilige Sache zu sterben. Als einer der syrischen Aufseher, namens Apelles, nach Modin kam, um die Bewohner zum Götzendienste und zum Abfall von der Lehre aufzufordern, fand sich Mattathia mit seinen Söhnen und seinem Anhang geflissentlich ein. Und als er aufgefordert wurde, als der Angesehenste mit dem Beispiel der Unterwürfigkeit voranzugehen, antwortete er: „Und wenn alle Völker im Reiche des Königs gehorchen sollten, von der Weise ihrer Väter abzufallen, so werde ich, meine Söhne und Brüder verharren im Bündnis unserer Väter." Als ein Judäer sich doch dem aufgerichteten Altar näherte, um zu Ehren des Zeus zu opfern, hielt sich Mattathia nicht mehr, sein Eifer erglühte. er stürzte sich auf den Abtrünnigen und tötete ihn neben dem Altar, Seine Söhne, mit großen Messern versehen, fielen über Apelles und seine Schar her, machten sie nieder und zerstörten den Altar [1]). Diese Tat war ein Wendepunkt. Es war damit das Beispiel gegeben, aus der Untätigkeit der Verzweiflung herauszutreten, den Kampf aufzunehmen und nicht als Schlachtopfer leidend zu fallen. Der Tod lauerte ihnen auf allen Seiten auf, so wollten sie doch wenigstens ihr Leben um einen hohen Preis einsetzen, um den Preis durch mannhafte Gegenwehr dem Feinde Achtung vor dem judäischen Volke abzuringen.

Mattathia hatte unmittelbar nach der eifervollen Strafvollstreckung an Antiochos' Schergen ausgerufen: „Wer für das Gesetz

gibt der Talmud (Pesachim 73b) auf 15 römische Mille passuum = 3 geographische Meilen an. Die Lage von Modin, welche mehrere Palästina-Touristen ermittelt zu haben glauben, wird wohl schwerlich ermittelt werden können.

[1]) Makkab. I, 3, 1—24. Josephus, welcher diese Quelle benutzt hat, nennt den Namen des erschlagenen syrischen Aufsehers (Altert. XII, 6, 2).

eifert und das Bündnis bestätigen will, ziehe mir nach[1])." Darauf schlossen sich die Bewohner von Modin und der Umgegend ihm an, und er suchte einen sicheren Schutzort für sie im Gebirge Ephraim aus. Hier suchte ihn der Rest der Chaßidäer auf, welche dem Tode in den Höhlen entgangen waren, und alle, welche vor den Drangsalen hatten entfliehen müssen. So nahm die Zahl der entschlossenen Verteidiger des Vaterlandes und des Gesetzes täglich zu. Mattathia verhehlte es ihnen nicht, daß sie schwere Kämpfe zu bestehen haben würden, und ermahnte sie, sich dazu vorzubereiten und ihr Leben gering zu achten. Gewarnt durch die allzuübertriebene Frömmigkeit der Chaßidäer, welche Bedenken hatten, am Sabbat auch nur einen Stein zur Verteidigung zu bewegen, beschloß die Versammlung um den greisen Hasmonäer, künftig jeden Angriff, wenn an einem Ruhetag gegen sie unternommen, mit Waffengewalt zurückzuschlagen[2]), das Sabbatgesetz sollte kein Hindernis zur Verteidigung ihres zur Erhaltung des Gesetzes so notwendigen Lebens sein. Die Chaßidäer hatten nichts gegen diesen Beschluß, und auch sie, bis dahin gewöhnt, sich in das heilige Schrifttum zu versenken, Männer von ruhiger, stiller Lebensweise, rüsteten sich zum rauhen Waffenwerk. Ein Zuversicht einflößender Führer schafft Krieger. Die trostlose Lage beim Ausgange der Richterzeit hatte sich wiederholt, das Land war unterjocht, gerade wie beim Beginn der Zeit Sauls, die Bewohner verbargen sich in Löchern und Höhlen, ein Teil hielt es mit dem Feinde, und nur ein kleines Häuflein war bereit, mit seinem Leibe das in Schmach gefallene Vaterland zu decken, hatte aber keine Waffen und war nicht kriegsgeübt. Ein Sieg war jetzt noch aussichtsloser als damals, da der Feind unvergleichlich mächtiger und mit der seit der Zeit vervollkommneten Kriegskunst imstande war, das Häuflein Todesmutiger auf einmal zu zermalmen.

Mattathia hütete sich auch, mit der geringen Schar eine Fehde gegen die Syrier aufzunehmen. Bekannt mit jedem Winkel des Landes drang er nur mit seinen Söhnen und seiner Schar unvermutet in die Landstädte, zerstörte die aufgerichteten götzendienerischen Tempel und Altäre, züchtigte die zum Feinde haltenden Einwohner, verfolgte die Griechlinge, wo er auf sie stieß, und vollzog das Bundeszeichen an den unbeschnitten gebliebenen Kindern. Dann und wann mag er auch eine schwache syrische Truppe, wenn sie ihm in den Weg lief, aufgerieben haben[3]). Sandte der Befehlshaber der Besatzung in

[1]) Makkab. I, 3, 27—28; 42—43.
[2]) Das. 3, 40–41.
[3]) Das. 2, 41—47.

Jerusalem eine größere Schar zur Verfolgung der aufständischen Judäer, so waren diese zerstoben und nicht zu finden. Kurz Mattathia führte gegen den Feind den kleinen Krieg, der nur in Gebirgsgegenden möglich ist, aber auch da einen noch so mächtigen Gegner müde macht.

Als der greise Mattathia sich zur Todesstunde vorbereitete (167), brauchte die Schar der Kämpfer nicht in Angst zu geraten, wer sie künftig zusammenhalten würde; vielmehr war die Auswahl aus den fünf Heldensöhnen schwer. Der sterbende Vater bezeichnete einen der älteren, Simon, als den klugen Ratgeber, und den jüngeren, Juda, als Anführer im Kriege, richtete eine in solcher Lage und in solcher Stunde eindrucksvolle Ermahnung an sie, ihr Leben für das Bündnis der Väter hinzugeben und den Kampf Gottes zu kämpfen[1]). Mit Juda Makkabis Auftreten an der Spitze nahm der Widerstand eine noch günstigere Wendung. Er war ein Kriegsheld, wie ihn das Haus Israel seit den Tagen Davids und Joabs nicht gesehen, nur noch lauterer und gesinnungsedler. Von seiner Heldenseele strömte eine unsichtbare Kraft aus, welche alle, die sich um ihn scharten, mit Todesmut und Tatendrang erfüllte. Er war zugleich mit einem scharfsichtigen Feldherrnblick begabt, den Kampf in gelegener Stunde aufzunehmen, die Schwäche des Feindes zu benutzen und ihn durch Scheinangriffe zu täuschen. Auf der einen Seite „glich er einem Löwen in seinem Zorne" und auf der anderen Seite einer Taube in Sanftmut und Herzenseinfalt. Gottergeben war er wie einer der besten Männer in Israels Vergangenheit. Er vertraute nicht seinem Schwerte, sondern dem göttlichen Beistande, den er vor jedem entscheidenden Treffen anrief. Juda Makkabi war ein wahrhaft israelitischer Held, der das Blutvergießen nur in der Not anwandte, um die eingebüßte Freiheit wieder zu erobern und das gedemütigte Volk wieder aufzurichten. — Er gab der ganzen Zeit seinen Namen. Die Makkabäerkämpfe dienten in späterer Zeit manchen Völkern zum Muster.

Anfangs ging auch er nur in den Wegen seines Vaters, zog heimlich oder in der Nacht aus[2]), um die Abgefallenen zu züchtigen, die Schwankenden an sich zu ziehen und kleinen syrischen Truppen-

[1]) Makkab. I, 2, 49—69. Die dem sterbenden Mattathia in den Mund gelegte Ermahnung kann in ihrem ganzen Umfange nicht authentisch sein. Denn es wird an Daniel und seine drei Genossen erinnert (V. 59—60), was das Vorhandensein des Buches Daniel voraussetzt, das aber erst der Spannung der makkabäischen Zeit seine Entstehung verdankt. Vergl. weiter unten.

[2]) Makkab. II, 18, 7. I, 3, 8.

körpern Schaden zuzufügen. Als aber sein Anhang durch den Zutritt solcher immer mehr wuchs, die bis dahin aus Ruheliebe dem Zwange nachgegeben, das Judentum zum Schein verleugnet hatten und nun zum Kampfe entflammt waren, und auch solcher, welche der Zwang, die Grausamkeit und die Verwüstung von ihrer Schwärmerei für das griechische Wesen gründlich geheilt hatten [1]), da wagte Juda einer syrischen Kriegsschar mit dem Heerführer Apollonios an der Spitze in einem Treffen entgegenzutreten.

Dieser hatte die Besatzungstruppen aus Samaria mit noch anderen zusammengerafften Scharen zur Bekämpfung der judäischen Aufständischen in Bewegung gesetzt, weil es ihm bedenklich schien, Jerusalem oder vielmehr die Akra von Kriegern zu entblößen. Es war die erste offene Feldschlacht, welche Juda aufnahm, und sie fiel glücklich aus (166). Der Anführer Apollonios wurde getötet, und seine Soldaten fielen verwundet auf dem Schlachtfelde oder suchten ihr Heil in der Flucht [2]). So geringzählig auch die besiegte syrische Schar gewesen sein mag, so flößte der Sieg doch den judäischen Kämpfern Zuversicht ein. Sie hatten zum ersten Mal dem grimmigen Feinde ins Auge geschaut; ihr Mut hatte Stand gehalten, und sie erblickten darin ein Zeichen, daß Gott sein Volk nicht verlassen habe, sondern es mit unsichtbarem Schutze umgebe. Das dem Apollonios entfallene Schwert nahm Juda auf und kämpfte damit in den aufeinanderfolgenden Schlachten bis zu seinem letzten Hauche [3]). Kleine Fehden mögen sich seitdem wiederholt haben. Denn, wenn nicht Antiochos, so mochten doch die syrischen Truppenführer in Cölesyrien die erlittene Niederlage und das Anwachsen des judäischen Aufstandes nicht gleichgültig aufgenommen, sondern stets versucht haben, die judäische Schar zu beunruhigen. Diese mag auch in einer solchen Fehde einmal unterlegen sein, und die Niederlage erzeugte augenblickliche Verzagtheit, nicht aus Furcht vor der Übermacht des Feindes, sondern wegen der scheinbaren Verlassenheit von Gott. Ein Klagepsalm veranschaulicht diese düstere Stimmung im Kreise derer, welche überhaupt wenig auf Waffen gebaut, sondern von einem betäubend wirkenden Wunder die Rettung erwartet hatten.

[1]) Aus Daniel 11, 34 ובהכשלם יעזרו עזר מעט ונלוו עליהם רבים בחלקלקות geht mit Entschiedenheit hervor, daß sich auch Hellenisten den Frommen, den משכילי עם (V. 33), angeschlossen hatten, deren Aufnahme der Verfasser nicht gebilligt zu haben scheint.

[2]) Makkab. I, 3, 10. 11.

[3]) Das. 3, 10, 12.

„Gott! vernommen haben wir es,
Unsere Väter haben es uns erzählt:
Taten hast du getan in ihren Tagen,
In den Tagen der Vorzeit.
Du mit deiner Hand vertriebest Völker,
Und rissest sie aus,
Mißhandeltest Nationen und verjagtest sie.
Denn nicht durch ihr Schwert haben sie das Land geerbt,
Und ihr Arm hat ihnen nicht Sieg gebracht,
Sondern deine Rechte . . . .
Und die Gnade deines Antlitzes.
Du bist mein König, o Gott!
Gebiete Jakobs Heil.
Mit dir werden wir unsere Dränger stoßen,
Mit deinem Namen unsere Feinde zertreten.
Denn nicht auf meinen Bogen vertraue ich,
Und mein Schwert wird mir nicht helfen.

. . . .

. . . .

Indes hast du verlassen und uns beschämt,
Ziehst nicht aus in unsern Reihen,
Ließest uns vor dem Feinde zurückweichen.

. . . .

Machtest uns wie Schlachtherde,

. . . .

Verkauftest dein Volk ohne Werttausch,

. . . .

Machtest uns zur Schmach für unsre Nachbarn,

. . . .

. . . .

Den ganzen Tag ist meine Schmach mir gegenwärtig,

. . . .

Vor der Stimme des Lästerers und Schmähers,
Vor den Feinden und Rachegierigen.
Alles dieses hat uns betroffen,
Und wir haben deinen Namen nicht vergessen,
Haben an deinem Bündnisse nicht untreu gehandelt.

. . . .

Vergäßen wir den Namen unseres Gottes,
Und breiteten unsere Hände aus einem fremden Gotte,
Würde Gott dieses nicht erforschen?
Denn er kennt die Herzensgeheimnisse.
Vielmehr werden wir deinetwegen den ganzen Tag erschlagen,
Geachtet gleich Schlachtvieh.
Erwache, warum schläfst du, o Herr?

. . . .

Warum verbirgst du dein Antlitz?
Vergissest unser Elend und unser Drangsal?
Denn gebeugt bis in den Staub ist unsere Seele,
Es klebt an der Erde unser Leib.

Stehe auf uns zur Hilfe
Und erlöse uns um deiner Gnade willen![1]"

Dieser herzdurchwühlende Psalm hat öfter in Zeiten der Gefahr in den Tempelräumen Widerhall gefunden.

Nicht lange dauerte diese Verstimmung, denn bald folgte auf die Niederlage ein glänzender Sieg. Ein syrischer Feldherr Heron suchte den Helden Juda und seine Schar mit einem großen Heere im Gebirge auf, um sie mit der Überzahl der Krieger zu erdrücken. Verräterische Hellenisten zogen mit ihm, um ihn bequeme Wege in den Bergen zu führen. Als die judäischen Kämpfer diese große Zahl bei der Steige von Bethoron, wo Heron das Lager aufgeschlagen hatte, zuerst erblickten, riefen sie aus: „Wie vermöchten wir gegen diese Krieg zu führen?" Indessen beruhigte Juda ihre Furcht und erinnerte sie an die teuren Güter, die sie zu verteidigen hätten, ihr Leben, ihre Kinder und ihr Gesetz. Darauf ließ er die Syrer mit Ungestüm angreifen und schlug sie aufs Haupt. Achthundert von Herons[2]) Heer blieben auf dem Schlachtfelde, und die übrigen entflohen westwärts bis ins Land der Philister. Dieser erste entscheidende Sieg Judas über ein größeres Heer bei Bethoron (166) flößte den Judäern Zuversicht auf den glücklichen Ausgang ihrer Sache und den Völkern Furcht vor des Makkabäers Heldenkraft und geschickter Führung und vor des Volkes Zähigkeit ein. — Was tat indes Antiochos, der Urheber aller dieser Drangsale? Er hatte sich anfangs wenig um die Judäer gekümmert, im Wahne, daß seine Erlasse genügen würden, sie unterwürfig und für seinen Bekehrungszwang geneigt zu machen. Als ihm aber die Unfälle seiner Heeresabteilungen im Kampfe mit ihnen gemeldet wurden und Judas Heldenname an sein Ohr klang, kam er zur Einsicht, daß er ihre Widerstandskraft unterschätzt hatte. Sein erster, durch den aufwallenden Zorn erzeugter Plan war, mit diesen aufsässigen Judäern ein für alle mal fertig zu werden, ein zahlreiches Heer mit geschickten Anführern gegen sie zu senden, sie sämtlich aufzureiben und ihr Land an Fremde zu verteilen. Aber diesen Plan konnte er nicht sobald ins Werk setzen; er hatte nur wenig Besatzungstruppen und hätte erst Mietstruppen anwerben müssen. Dazu brauchte er wieder Geld, und dieses floß immer spärlicher in seinen Schatz; seine verschwenderischen Ausgaben überstiegen bei weitem die Einnahmen. Die Steuern von Juda blieben

[1]) Ps. 44, vergl. Note 17.

[2]) Makkab. I, 3, 13—24. Die syrische Version nennt den Feldherrn הירון, richtiger als *Σήρων* im griechischen Texte, wo öfter vor Spiritus asper ein S gesetzt wird.

durch den offenen Kampf mit ihm ganz aus. Jerusalem war entvölkert und konnte nichts leisten, und die Landbevölkerung war ebenfalls im offenen Aufstande gegen ihn[1]). Dazu kamen noch andere Verlegenheiten für ihn. „Schreckensnachrichten ereilten ihn von Osten und Norden." Arsaces, sein Satrap von Parthien, war von dem syrisch-babylonischen Reich abgefallen und hatte sich und sein Volk frei gemacht. Artaxias, König von Armenien, kümmerte sich nicht mehr um seinen Lehnsherrn Antiochos, sondern handelte wie ein unabhängiger Fürst[2]). Auch die Einwohner von Aradus und anderen phönizischen Städten versagten ihm, der durch Unklugheit und allzufeine Schlauheit Torheiten über Torheiten beging, den Gehorsam[3]). Dadurch verringerten sich seine Einnahmen noch mehr. Um seine Schatzkammer wieder zu füllen, mußte er die abgefallenen Völker bekriegen, und um Krieg zu führen, brauchte er Geld. So geriet er von einer Verlegenheit in die andere.

Indessen gelang es doch dem immer mehr in halbem Wahnsinn handelnden Antiochos so viel Geld flüssig zu machen, um Mietstruppen auf ein Jahr anzuwerben[4]). Von den angeworbenen Truppen gedachte er die Hälfte gegen die abgefallenen Länder jenseits des Euphrat zu führen, und die Hälfte übergab er einem ihm nahestehenden Mann von königlichem Geblüte, namens Lysias, setzte ihn zu seinem Stellvertreter über die Länder vom Euphrat bis zur Grenze Ägyptens und überließ ihm seinen jungen Sohn zur Erziehung. Die Elephanten, die er wider den Vertrag mit Rom und in gewisser Heimlichkeit zum Kriege erworben hatte, überließ er ihm ebenfalls, um sie zum Kampfe gegen das judäische Volk zu verwenden. Gegen

[1]) Makkab. I, 3, 29—30. Die Angabe *οἱ φορολόγοι . . ὀλίγοι χάριν τῆς διχοστασίας . . . ἐν τῇ γῇ* bezieht sich mindestens auf Juda, vielleicht auch auf die Judäer jenseits des Jordans und in Galiläa und auf die Samaritaner.

[2]) Daniel 12, 44: ושמעות יבהלהו ממזרח ומצפון ויצא בחמא גדולה להשמיד ולהחרים רבים erhält durch authentische historische Relationen die rechte Beleuchtung und Begründung. Von Osten kam Antiochos die Nachricht zu, daß Arsaces von Parthien von ihm abgefallen war (Tacitus V, 10): Rex Antiochus demere (Judaeis) superstitionem et mores Graecorum dare adnixus . . . Parthorum bello prohibitus est; nam ea tempestate Arsaces desciverat. Darauf bezieht sich auch Makkab. I, 3, 31: *καὶ ἐβουλεύσατο τοῦ πορευθῆναι εἰς τὴν Περσίδα κ. τ. λ.* — Von Norden kam ihm die Nachricht von der Auflehnung des Artaxias (Diodorus, Fragmenta bei Müller, Fragm. histor. Graecae II, 10, 9), Porphyrius-Hieronymus zu Daniel a. a. O. und Appianus (de rebus Syriac. 45).

[3]) Porphyrius-Hieronymus das. unde (ex Aegypto) regrediens capit Aradeos resistentes et omnem in littore Phoenicis vastavit provinciam.

[4]) Makkab. das. 3, 28: *ἔδωκεν ὀψώνια . . . εἰς ἐνιαυτόν.* Dieser Umstand muß bemerkt werden.

dieses hatte er seinen Plan vollständig geändert. Es lag ihm nicht mehr daran es zu hellenisieren. Es hatte seine wohlmeinende Absicht, es einer höheren Gesittung zuzuführen, es durch die griechische Einbürgerung auf eine geachtete Stufe zu erheben, mit Trotz verschmäht und gar gewagt, seinen Scharen in Waffen entgegenzutreten. Es hatte sich der ihm zugedachten Wohltat unwürdig und darum unverbesserlich gezeigt, es beharrte darauf, ein eigenes, von den übrigen Völkern gesondertes Volk zu bleiben und hegte gegen diese Haß, da es die Verschmelzung mit ihnen verschmähte. Darum sollte es vertilgt, ganz und gar vertilgt werden. Lysias erhielt von ihm den Auftrag mit der ihm zurückgelassenen Heeresmasse gegen Judäa zu Felde zu ziehen und dann nach dessen Besiegung zu vernichten und auszurotten jede Spur von Israel und jeden Überrest von Jerusalem, ihr Andenken aus dem Lande zu vertilgen[1]), fremde Völkerschaften in das Land zu verpflanzen und es ihnen einzuteilen. In diesen Vertilgungsplan waren auch die judäischen Griechlinge einbegriffen; Antiochos gab sie auf. Was lag ihm an der geringen Zahl derer, welche sich seinen Anordnungen sklavisch fügten oder sie gar förderten? Auch sie gehörten dem unverbesserlichen Stamme an und verdienten seine Teilnahme nicht.

Sobald dieser offen betriebene Plan bekannt wurde, überfiel sämtliche Judäer Schrecken und Verzweiflung, besonders diejenigen, welche außerhalb Judäas unter anderen Völkerschaften gemischt

[1]) Die Gesinnungsänderung Antiochos' gegen das jüd. Volk nach Judas errungenen Siegen ist bisher nicht genügend hervorgehoben worden. Lysias erhielt infolgedessen den Auftrag (Makkab. I, 3, 35 f.): *τοῦ ἐκτρῖψαι καὶ ἐξᾶραι τὴν ἰσχὺν* (l. *ἰχνός*) *Ἰσραὴλ καὶ τὸ κατάλειμμα Ἱερουσαλήμ κ. τ. λ.* Das. 39: *καταφθεῖραι αὐτὴν* (*τὴν γῆν*). Das. V. 42 und 58: *ἐξᾶραι ἡμᾶς.* II. Makkabäer 8, 9b: *τὸ σύμπαν τῶν Ἰουδαίων ἐξᾶραι γένος.* Antiochos' Plan ging also dahin, sämtliche Judäer in seinem Reiche vollständig auszurotten, selbst die Kinder (II, 9, 14): *σὺν τοῖς νηπίοις*; darauf bezieht sich (Esther 3, 13): להשמיד להרג ולאבד את כל היהודים מנער ועד זקן טף ונשים ביום אחד; (7, 4) כי נמכרנו אני ועמי להשמיד להרוג ולאבד u. a. St. Es soll anderweitig nachgewiesen werden, daß das Buch Esther dieser Zeit angehört, und zwar ist es abgefaßt, als Lysias mit dem Vertilgungsbefehl betraut worden war. Die ganze Anlage des Buches und das Detail werden durch diesen Gesichtspunkt durchsichtig. So unter andern (3, 8): ישנו עם אחד מפזר ומפרד בין העמים בכל מדינות מלכותך ודתיהם שנות מכל עם ואת דתי המלך אינם עשים ולמלך אין שוה להניחם. Vergl. weiter unten. — Josephus hat die Tragweite des Befehles nicht richtig aufgefaßt und gibt ihn mit einem Widerspruch wieder (Altert. XII, 7, 2). *ἐξανδραποδισάμενον . . . τὸ γένος ἀπολέσαι*, zu Sklaven machen und vernichten. Der Befehl lautete aber nicht, die Judäer als Sklaven zu verkaufen, sondern das war eine Modifikation, die von Lysias oder den Feldherren ausging. Antiochus beabsichtigte aber die vollständige Vertilgung des judäischen Volkes.

wohnten. Wird die kleine, wenn auch so todesmutige Schar unter der Führung des Makkabäers den Stoß eines zahlreichen Heeres, das noch dazu mit Kriegselefanten versehen war, aushalten? „In jedem Lande und in jeder Stadt, wohin der Befehl des Königs gelangte, war eine große Trauer unter den Judäern, Fasten, Weinen und Klagen; die Angesehenen kleideten sich in Bußgewand und legten sich in Asche[1]." Aber dieser unerhört verruchte Plan, ein ganzes Volk mit Männern, Frauen und Kindern vertilgen zu wollen, das sich nichts weiter zu Schulden gegen ihn hatte kommen lassen, als daß es dessen Einmischung in seine innersten und heiligsten Angelegenheiten zurückwies und allenfalls beim Scheitern von dessen klug ausgedachten Eroberungsversuchen spöttisch gelächelt hatte, dieser Plan hatte auch eine gute Seite. Er führte den Verteidigern des Vaterlandes neue Kämpfer zu. Auch die Lauen und Weltlichen unter den Judäern und selbst die Neuerungssüchtigen, welche sich nicht gar zu arg mit dem Judentum überworfen hatten, schlossen sich den Makkabäern an; es blieb ihnen keine Wahl. Nur die Griechlinge der verworfensten Art, Menelaos und seine Partei, hielten noch zu Antiochos, weil sie keine Aussicht hatten, von den Treugebliebenen versöhnlich aufgenommen zu werden.

Indessen war die augenblickliche Lage trostlos genug. Jeden Augenblick wurde ein zahlreiches syrisches Heer erwartet, das mit seiner Wucht die judäischen Kämpfer erdrücken sollte. Es galt also das ganze Volk zum Kampfe und zum mutigen Ausharren zu begeistern. Zu diesem Zwecke wurden zwei eigenartige Schriften verfaßt und unter die lesekundigen Judäer verbreitet. Beide waren darauf berechnet, alle, alle mit dem Gedanken zu durchdringen, daß das judäische Volk nimmermehr vertilgt werden könne, daß ihm unerwartet eine Hilfe zukommen werde. Das Buch Daniel und das Buch Esther, so verschieden an Anlage, Gedankengang und Form, haben denselben Zweck, Begeisterung für das eigene Volkstum und zähes Festhalten an demselben in den Gemütern zu erwecken und zu erhalten. Sie gingen indes von verschiedenen Kreisen aus und waren an verschiedene Leser gerichtet. Das Buch Daniel hatte ohne Zweifel einen Chaßidäer zum Verfasser und war für seine Gesinnungsgenossen berechnet. Das Buch Esther dagegen hatte einen Patrioten zum Verfasser, der sich an weltlich gesinnte Judäer wendete, die zwar mit dem Judentum mehr oder weniger gebrochen hatten, aber von dem judäischen Volkstume sich doch nicht lossagen mochten. Das eine verhieß einen unerwartet günstigen Ausgang durch Wunder, und

[1] Esther 4, 3.

das andere setzte die Hoffnung in den ganz natürlichen Verlauf der Dinge und deutete Mittel an, wie die drohende Gefahr, vom Erdboden vertilgt und ausgerottet zu werden, beschworen werden könnte. Das Buch Daniel und das Buch Esther veranschaulichen die tiefe Bewegung und das krampfhafte Zucken des judäischen Volkes in der unerhörten Drangsalszeit in zwei verschiedenen Kreisen, von denen dem einen die religiöse auf das Altertum gestützte Seite des Judentums heilig und dem anderen die nationale Seite des judäischen Volkstums teuer war. Beide haben eine gemeinschaftliche Seite; sie betonen die Unvergänglichkeit und Unvertilgbarkeit des judäischen Stammes.

Das Buch Daniel hat seinen Namen von der Hauptperson, welche darin redend, handelnd und die Zukunft verheißend aufgeführt wird. Daniel, so wird darin erzählt, gehörte zu den Jünglingen vornehmen Geschlechtes, die mit König Jojakim unter Nebukadnezar nach Babylon verpflanzt worden seien. Er und drei Genossen, Ananija, Mischael und Azaria, ausgezeichnet durch körperliche Schönheit und geistige Begabung, erhielten an dem babylonischen Hofe eine sorgfältige Erziehung, um in Gegenwart des Königs Ehrendienste übernehmen zu können. Sie wurden auch in der Sprache und im Schrifttum der Chaldäer unterrichtet und übertrafen sämtliche chaldäische Altersgenossen, welche die gleiche Erziehung erhalten hatten, bei weitem an Weisheit und selbst an Wahrsagekunst, worin die Chaldäer in einem besonderen Rufe standen. Daniel zeichnete sich aber am meisten darin aus, mehr noch als seine drei judäischen jungen Freunde. — Der Lehrzweck dieser halb in chaldäischer und halb in hebräischer Sprache verfaßten, künstlerisch angelegten apokalyptischen Schrift geht dahin, Beispiele der Standhaftigkeit in der religiösen Überzeugung, lebendig und eindringlich vorzuführen, dazu zu ermahnen und zum Bewußtsein zu bringen, daß die grausige Prüfung, die blutige Verfolgung des Volkes um des Gesetzes willen nicht lange dauern werde. Auch die Frömmsten und Treuesten konnten sich der Zweifel an der fortdauernden göttlichen Gnade nicht erwehren, da kein Prophet den Zweck des Leidensstandes und die Dauer desselben verkündete (o. S. 294). Das Buch Daniel wollte nach dieser Seite hin beruhigen. Die prophetische Vorausverkündung sei nicht völlig in Israels Mitte erloschen, vielmehr gäbe es noch eine Art Prophezeiung für die Zukunft, welche das Ende der Drangsale und den Zweck derselben im voraus anzeige. „Es gibt noch eine Prophezeiung für die Zeit," diese Tatsache wird darin zum Troste öfter wiederholt[1]). Zuerst führt das Buch Beispiele der Standhaftigkeit

[1]) Note 18.

in der religiösen Sitte selbst unter den größten Gefahren vor, und daß diese auch die Errettung der von dem Tode bedrohten Frommen zur Folge gehabt und schließt darin Verkündigungen für die Gestaltung der Zukunft ein; im Verlaufe und gegen das Ende machen diese Verkündigungen den Hauptinhalt aus. Nebenher deutet auch das Buch an, daß die Könige, welche in frecher Überhebung sich an dem Heiligtum vergriffen oder gar Religionszwang aufgelegt hätten, gedemütigt worden und zur Erkenntnis ihrer Frevel gelangt seien.

Als Beispiel der Standhaftigkeit werden Daniel und seine drei Jugend- und Stammgenossen, Ananija, Mischael und Azaria aufgestellt. Diese wurden am Hofe und für den Hof erzogen, hatten chaldäische Namen erhalten, Daniel sogar den Namen eines chaldäischen Gottes, Beltschazar, die übrigen Schadrach, Meschach und Abed-Nego, und dennoch blieben sie der väterlichen Lehre und Sitte unbeugsam treu. Sie verschmähten es, von den Leckerbissen und dem Wein der königlichen Tafel zu genießen und überhaupt Fleisch zu essen, sondern begnügten sich mit Pflanzenkost und Wasser, und weder ihre Gesundheit, noch ihr einnehmendes Äußere hatten dadurch gelitten [1]). Und als Nebukadnezar befohlen hatte, daß alle Völker und Zungen und besonders die Beamten des Hofes das von ihm aufgestellte riesige Götzenbild aus Gold anbeten sollten und die Ungefügigen mit dem Feuertode bedrohte, verweigerten die drei judäischen Jünglinge, obwohl bereits in eine hohe Stellung eingesetzt, den Gehorsam, trotzten dem König Nebukadnezar und seiner Drohung. Sie erwiderten ihm: „Wir können uns nicht fügen; es gibt einen Gott, dem wir dienen, dieser kann uns vom Glutofen und deiner Hand retten." Und sie wurden auch gerettet. Nebukadnezar, der das Wunder mit angesehen, sei zur Überzeugung gekommen, daß der Gott des Schadrach, Meschach und Abed-Nego allmächtig sei, und er habe einen Befehl ergehen lassen, daß jeder, der eine Lästerung gegen diesen Gott aussprechen würde, mit dem Tode bestraft werden sollte [2]). — Daniel habe seine Festigkeit bei einer anderen Gelegenheit bewährt. Ein Liebling des medischen Königs Darius, sei er von den Hofleuten beneidet worden, und um ihn zu Falle zu bringen, hätten diese ein Gesetz durchgebracht, daß innerhalb eines Monats an keinen Gott ein Gebet gerichtet werden sollte, sondern lediglich an den König, der Übertreter desselben sollte in eine Löwengrube geworfen werden. Es war auf Daniel abgesehen. Dieser kehrte sich nicht an diesen Befehl, sondern betete dreimal des Tages zum Gotte seines Volkes mit dem Gesichte

[1]) Daniel Kap. 1.
[2]) Das. Kap. 3.

nach Jerusalem gewendet. Zur Strafe dafür in die Löwengrube geworfen, wurde er gerettet, die wilden Tiere haben ihn nicht berührt. Infolge dieses Wunders habe auch Darius die Größe des Gottes Israels anerkannt [1]).

Zu derselben Erkenntnis sei schon vorher Nebukadnezar gelangt, als ihm Daniel verkündet hatte, daß er wegen seines Hochmutes vom Throne gestoßen und bei den Tieren des Feldes sieben Jahre zubringen werde, und diese Verkündigung eingetroffen sei. Da hat er selbst allen Völkern und Zungen verkündet, daß ein Höherer über das Reich der Menschen herrsche, dessen Taten wahrhaft seien und seine Wege gerecht, und der die in Hochmut Wandelnden zu erniedrigen vermöge [2]). Sein Sohn Belschazar habe aber diese Erkenntnis mißachtet, habe bei einem Gelage aus den heiligen Gefäßen, die aus dem Tempel von Jerusalem geraubt waren, getrunken und dabei seine Götter aus Metall, Stein und Holz angerufen. Da habe eine Hand während des Mahles an die Kalkwand seines Palastes eine unbekannte Schrift geschrieben, die niemand zu lesen und noch weniger zu erklären vermocht habe. Daniel zur Entzifferung herbeigerufen, habe die verhängnisvollen Worte sofort gelesen: „Mene, Tekel-u-Pharsin“ und sie gedeutet: gezählt, gewogen und gerochen an die Perser.“ Und in derselben Nacht sei Belschazar getötet worden und das Reich an die Medo-Perser übergegangen [3]).

Der festen Überzeugung, daß die auf Götzentum und Gewalt beruhenden Reiche keinen Bestand haben können, wird im Buche Daniel der sichere Untergang des frevelhaften syrischen Reiches, des Erben der vorangegangenen Reiche — dessen elfter König so blutig gegen die „Heiligen“ wütet — in vielfachen Wendungen halb verhüllt und halb aufgedeckt (apokalyptisch) verkündet. Schon Nebukadnezar habe einen darauf hindeutenden Traum gehabt, den nur Daniel allein zu deuten vermocht habe. In diesem Traume habe er ein großes Bild gesehen, dessen Kopf von Gold, Brust und Arme von Silber, Rumpf und Schenkel von Erz, Beine von Eisen und Zehen gemischt aus Eisen und Ton waren. Ein Stein, ohne Hand vom Felsen gelöst, habe dieses übergroße Bild zerschmettert und sei zum riesigen Berge geworden. Die Deutung lautete, dieser Traum beziehe sich auf vier aufeinanderfolgende Reiche, von denen das letzte die Kraft des Eisens, das alles zerschmettert, und die Gebrechlichkeit des Tones haben werde. Der ohne Hand gelöste, alles zer-

[1]) Daniel Kap. 6.
[2]) Das. 3, 31; 4, 1—34.
[3]) Das. Kap. 5.

schmetternde Stein bedeute das letzte „Reich der Heiligen“, das allen vorangegangenen ein Ende machen und selbst ewig bestehen werde[1]). — Noch deutlicher sind die Frevelhaftigkeit und der Untergang des syrischen Reiches in einem Gesichte geschildert, das Daniel geschaut. Auf das erste Reich — ein Löwe mit Adlerflügeln — folgte ein zweites — gleich einem Bären — und ein drittes — ein Leopard mit vier Flügeln und vier Köpfen — endlich ein viertes, ein Tier fürchterlich mit eisernen Zähnen und eisernen Hufen, das alles zerfressen und zertreten werde, mit zehn Hörnern, aus denen ein elftes kleines hervorwachsen und einen lästerlichen Mund haben werde. Das Bild ist dem Daniel selbst gedeutet worden: Das vierte Reich auf Erden, das auf das babylonische, medisch-persische und mazedonische Alexanders des Großen folgte, werde lästerliche Worte gegen den Höchsten sprechen „die Heiligen vernichten und werde Feste, wie Gesetze verändern zu können vermeinen. Die Heiligen werden ihm preisgegeben sein für eine Zeit und zwei Zeiten und eine halbe Zeit. Dann werde die Herrschaft übergehen an das „Volk des Heiligen“ in Ewigkeit und alle Herrscher würden ihm huldigen[2]).“ — Zwei Jahre später habe Daniel ein anderes Gesicht geschaut, das — in hebräischer Sprache — noch faßlicher die Untaten des „kleinen Hornes“, des vierten Reiches, veranschaulicht. Es sei eine Verkündigung für die Zeit des Endes. Das vierte (syrische) Reich werde wachsen weithin nach Süden, Osten und Norden, sich bis zum Himmelsheer erheben, Sterne zur Erde werfen und sie zertreten. Es werde sich über den Herrn des Sternenheeres erheben, das tägliche Opfer aufheben und die Stätte des Heiligtums niederwerfen. Auf die Frage: „Wie lange Zeit soll das dauern, das Gesicht von dem aufgehobenen täglichen Opfer, dem Gräuel der Verwüstung, dem Hingeben des Heiligtums und des Volkes zum Zertreten?“ antwortete eine Stimme: „Bis Abend und Morgen (zusammengezählt) 2300, dann werde das Heiligtum gerechtfertigt werden[3]).“

Um die Spannung zu erhöhen und das baldige Aufhören der Leidenszeit noch deutlicher vorzuführen, wird im Daniel eine apokalyptische Offenbarung des Engels Gabriel zur Bestätigung auseinandergesetzt. Daniel, noch immer im babylonischen Exile, habe sich darüber gehärmt, daß die von Jeremia verkündeten siebzig Jahre von der Zerstörung des Tempels bis zur Wiederherstellung längst vorüber waren, ohne daß diese eingetroffen sei. Darauf habe ihm der Engel

[1]) Daniel Kap. 2.

[2]) Das. Kap. 7. Über die zehn Hörner s. Note 18.

[3]) Das. Kap. 8.

Gabriel eröffnet, daß die siebzig Jahre eben so viel Jahrwochen (zu 7 Jahren) bedeuten. „Siebzig Jahrwochen (490 Jahre) sind über dein Volk und die heilige Stadt verhängt, um zu tilgen die Abtrünnigkeit, enden zu lassen die Sünde, zu sühnen die Schuld, die ewige Gerechtigkeit zu bringen, die Prophezeihung der Propheten zu besiegeln und das Allerheiligste zu salben. . . Vom Ausgang des Wortes, zurückzuführen und Jerusalem wieder zu erbauen, bis zum Aufstehen des Gesalbten — Fürsten (Hohenpriesters) sieben Jahrwochen. Und zwei und siebzig Jahrwochen wird es (Jerusalem) erbaut sein mit Plätzen und Mauern. Und im Drangsal der Zeiten nach zwei und siebzig Jahrwochen wird der Gesalbte vertilgt werden ohne . . die Stadt und das Heiligtum wird er zerstören . . und er wird das Bündnis übertreten lassen eine Jahrwoche (7 Jahre), eine halbe Jahrwoche (3 1/2 Jahr) wird er aufhören machen Opfer und Gabe, und auf dem Altar ein Gräuel der Verwüstung, bis festbeschlossener Untergang verhängt sein wird über den Verwüster [1]).“

Ganz zuletzt teilt das apokalyptische Buch eine ausführliche Offenbarung mit, die dem Daniel geworden. Sie gibt die Geschichte Alexanders, der syrischen Könige und ihrer Kämpfe mit Ägypten kurz an, verweilt länger bei dem verachteten König, der sich des Thrones widerrechtlich bemächtigte (Antiochos Epiphanes), schildert ihn, seinen Charakter, seine Pläne, Kriege, Gewaltsamkeiten, Begünstigung der Frevler am Bündnisse. Es schildert diesen mit anschaulichen Zügen und schließt feierlich und schauerlich: „Es wird die Zeit einer Not sein, wie sie nicht war, seitdem dein Volk zur Nation geworden bis zu dieser Zeit. In dieser Zeit werden von deinem Volke nur gerettet werden, alle die ins Buch eingeschrieben sind. Viele von den Staubentschlafenen werden erwachen, diese zum ewigen Leben und jene zur ewigen Schmach und Verworfenheit. Die Einsichtigen werden wie der Himmelsglanz glänzen, und die, welche die Menge fromm machen, wie Sterne für immer.“ Da sprach einer zu dem in Linnen Gekleideten: „Bis wie lange die Zeit der Wunder?“ Er erhob seine Rechte und Linke und schwur bei dem ewig Lebenden: zu ‚einer Zeit, zwei Zeiten und einer halben Zeit, und wenn zu Ende gehen wird der Zerstörer der Macht des heiligen Volkes, wird dieses alles aufhören . . . Es werden viele geläutert, gereinigt und geprüft werden, und die Frevler werden freveln und nicht verstehen, die Einsichtsvollen aber werden verstehen. Und von der Zeit, als das tägliche Opfer abgetan und der Greuel der Verwüstung auf-

[1]) Daniel 9. Vergl. Note 18 und Monatsschr., Jahrg. 1871, S. 386 f.

gestellt wurde, zwölf Hundert und neunzig Tage. Glücklich wer ausgeharrt und erreicht der Tage dreizehn Hundert und fünf und dreißig. Du aber (Daniel) gehe zur Ruhe, du wirst auferstehen zu deinem Lose am Ende der Tage'[1]).

Das solchergestalt in geheimnisvollen Andeutungen redende Buch Daniel wurde ohne Zweifel in dem chaßidäischen Kreise mit Spannung gelesen und beherzigt. Gerade die apokalyptische Form, wodurch jeder Zug eine Deutung erforderte und die Deutung wieder die Gegenwart abspiegelte, machte es um so anziehender. Noch dazu hatte es das Rätsel der trübseligen Vorgänge gelöst und den Endzweck der grausigen Verfolgung enthüllt. Sie sollten dazu dienen, einerseits die Sünde zu tilgen und anderseits die Bekenner zu läutern. Die Zeit der Drangsale sei von Anfang an begrenzt worden, und diese Zeit habe ihre mystische Bedeutung. Die weltlichen Reiche werden nacheinander entstehen und vergehen. Nach Ablauf dieser Zeit werde das Gottesreich, als „Reich der Heiligen", beginnen. Die Entschlafenen oder in der Verfolgung Umgekommenen werden zum ewigen Leben erwachen. So war denn doch „eine Prophezeiung für die Zeit" vorhanden, wenn auch kein Prophet vorhanden war. Verbürgt war sie durch Traumerscheinungen und Deutungen des von göttlicher Weisheit erfüllten Daniel und durch Versicherungen von seiten einiger Engel an denselben.

Unter einer ganz anderen Beleuchtung läßt das Buch Esther die Vorgänge der Zeit erscheinen. Es enthält nichts Rätselhaftes, keine Spur von Mystik, ja ist geflissentlich so nüchtern gehalten, daß nicht einmal die Gottheit in die Verwickelung und Abwickelung der erzählten Begebenheiten hineingezogen wird. Als wenn der Verfasser die höhere Hand in der Leitung nur hätte ahnen lassen wollen, oder als fürchtete er durch Einmischung des Wunderbaren, wenn auch nur in beschränktem Maße gewisse Leser, für die er das Buch verfaßt hat, eher abzustoßen als anzuziehen, wird der Name Gottes nicht ein einziges Mal darin genannt. Das Buch hat seinen Namen von der Heldin in der Erzählung, die durch ihre Reize einen Umschwung herbeigeführt hat, von Esther oder Hadassa. Sie hat indes eine männliche Ergänzung an Mardochaï, ihrem nahen Verwandten und Erzieher. Die Erzählung von diesen beiden Persönlichkeiten, ihrem Verhältnis zum König und von dessen Günstling, einem Erzfeind der Judäer, ist außerordentlich kunstvoll angelegt, wiewohl in schlichtem Tone gehalten. Sie läßt die Umrisse der trostlosen Gegenwart deutlich durchschimmern und warnt vor Verzweiflung. Sie will andeuten,

[1]) Daniel Kap. 11—12.

der Befehl eines Königs, „die Judäer samt und sonders zu töten, zu vernichten und zu vertilgen“, sei schon einmal in früheren Zeiten vorgekommen; aber durch eine Verkettung von natürlich aufeinanderfolgenden Begebenheiten sei die drohende Gefahr abgewendet und die Trauer in Freude verwandelt worden. Dieser Umschwung durch einen ganz natürlichen Verlauf ohne Wunder könne sich ja wiederholen, ja, sei sicher zu erwarten.

Die Erzählung im Buche Esther knüpft ebenfalls an die Exilszeit an, wie das Buch Daniel. Auch Mardochaï war nach Babylonien gekommen, später noch als Daniel, erst unter Jojachin. Ihm war es zugefallen, seine ganz verwaiste Verwandte Hadassa, welche wegen ihrer Schönheit Esther (der Abendstern) genannt worden sei, zu erziehen. Diese war berufen, für ihr dem Tode geweihtes Volk Rettung zu bringen. Von welcher Seite drohte ihm diese Gefahr? Durch einen leichtsinnigen, wankelmütigen, verschwenderischen, Schaustellung liebenden König, der nach Laune seine Günstlinge zu wählen pflegte. Ahasverus, König von Medien und Persien, liebte es, glänzende Gelage zu veranstalten und zahlreiche Gäste, Vornehme und Geringe, dazu einzuladen — ganz wie Antiochos Epiphanes. An einem dieser Gelage verlangte er, daß die schöne Königin Waschti sich — der Sitte entgegen — den Gästen zeigen und ihre Schönheit bewundern lassen sollte. Er wollte auch mit seinem Ehegespons Schaugepränge veranstalten. Da sie sich des weigerte, so verhängte er — auf Anraten seiner ihm nahestehenden Räte — den Tod über sie. Dann bereute er diesen Schritt und sehnte sich nach einer anderen Gemahlin. Seine Diener rieten ihm — Ahasverus war so unselbstständig, daß er sich stets von anderen Rat erteilen lassen mußte — die schönsten Mädchen aus allen Provinzen seines Reiches nach seiner Hauptstadt Susa kommen zu lassen und die schönste unter den Schönen sich zur Gemahlin zu erküren. Das tat er, und ihn bezauberte die schöne Judäerin Esther mit ihren Reizen, ihrer Einfachheit, Bescheidenheit und Demut. Sie verschwieg indes ihre judäische Abstammung, um nicht ungünstige Vorurteile gegen sich zu erwecken — die Judäer waren nicht sehr beliebt. Ihr Erzieher Mardochaï, der ihr diese Verschwiegenheit über ihre Abstammung geraten hatte, hielt sich stets in der Nähe des Palastes, um stets Nachricht von seiner Lieblingspflegetochter zu haben. Bei dieser Gelegenheit entdeckte er eine Verschwörung gegen das Leben des Königs Ahasverus und zeigte sie der Esther an und diese dem König. Diese verdienstliche Tat für den König wurde zwar in das Erinnerungsbuch des Hofes eingezeichnet, aber durch den Strom der Lustbarkeiten und den Leichtsinn des Königs vergessen, um erst später in Erinnerung zu kommen.

Mit diesem unüberlegten Leichtsinn beförderte Ahasverus einen Unwürdigen zum Günstling, Haman, einen späten Nachkommen des amalekitischen Königs Agag, der einst von einem judäischen König bezwungen und hingerichtet, seinen Nachkommen Haß gegen den judäischen Stamm vererbt hatte. Haman, von seiner hohen Stellung als nächster dem Throne aufgeblasen, verlangte für sich göttliche Anbetung, daß jedermann sich nicht bloß vor ihm niederwerfen, sondern auch verehrend knieen sollte. Nur Mardochaï, der fromme Judäer, versagte ihm diese göttliche Verehrung. Darüber ergrimmte Haman, und als er noch dazu erfuhr, daß Mardochaï von judäischer Abstammung sei, erwachte sein glühender Haß gegen das ganze judäische Volk, und er faßte den Plan, es überall in allen Provinzen des Reiches vom Erdboden vertilgen zu lassen. Den Befehl dazu erlangte er leicht von dem leichtsinnigen Ahasverus. Er hatte ihm die Judäer von der schwärzesten Seite geschildert: „Es gibt ein in allen Provinzen deines Reiches unter die Völker zerstreutes Volk, dessen Gesetze verschieden sind von den Gesetzen aller Völker, die Befehle des Königs befolgt es nicht, und für den König hat es keinen Wert, sie leben zu lassen" [1]. Daraufhin erhielt Haman die Befugnis, in alle Provinzen durch reitende Boten zu schreiben, daß die Bewohner sämtliche unter ihnen wohnende Judäer an einem Tage, am dreizehnten Adar, totschlagen und ihre Güter sich aneignen sollten. Schmerz und Trauer unter allen Söhnen Judas. Mardochaï, in steter Verbindung mit Esther, teilt ihr die Schreckensnachricht mit und dringt in sie, ihre Gunst beim König zur Rettung ihrer Volksgenossen zu benutzen. Anfangs fürchtet sie sich, ungerufen sich dem Throne zu nahen. Als ihr aber Mardochaï die gewichtigen Worte durch die Boten sagen läßt: „Stelle dir nicht vor, im Palaste allein von allen Judäern gerettet zu werden. Solltest du auch in solcher Zeit schweigen, so wird den Judäern von irgendeiner anderen Seite Befreiung und Rettung zukommen, du aber und dein Vaterhaus, ihr werdet untergehen. Vielleicht bist du gerade für eine solche Zeit zur Würde der Königin gelangt!" [2])

Darauf naht sich Esther, Schrecken im Herzen, dem Throne, findet, anstatt der Strenge wegen Übertretung des Brauches, liebevolles Entgegenkommen bei ihrem königlichen Gemahl; er gewährt ihr im voraus ihre Wünsche. Klug bringt sie nicht allsogleich ihre

[1]) Esther 3, 9; vergl. o. S. 304.

[2]) Das. 4, 13—14.

Klage vor, sondern äußert nur den Wunsch, den König und seinen Günstling bei sich als Gäste zu sehen. Haman, durch diese Auszeichnung von seiten der Lieblingskönigin noch mehr aufgebläht, trägt sich mit dem Wunsche, vom König den Tod seines Feindes Mardochaï, der ihm Anbetung versagte, den Tod am Galgen zu erbitten. So weit ist der Knoten geschürzt. Bald darauf erfolgt der Umschwung. Der König leidet gerade in der Nacht an Schlaflosigkeit, und diese führt die Entwickelung herbei. Um sich zu zerstreuen, läßt sich der König das Erinnerungsbuch vorlesen und findet, daß Mardochaï durch Entdeckung der Verschwörung sein Leben gerettet hat, ohne daß er eine Belohnung dafür erhalten. Er nimmt sich vor, das Versäumte nachzuholen. Am anderen Morgen beim Empfang fragt er Haman, welche Auszeichnung einem Mann zuteil werden müßte, auf dessen Ehre der König viel Wert lege. Haman, im Wahne, eine neue Auszeichnung sei ihm zugedacht, will sie so glänzend als möglich gewährt wissen. Er soll im königlichen Gewande auf des Königs Prachtroß von dem Vornehmsten der Fürsten durch die Straßen geführt, und vor ihm soll ausgerufen werden: „So geschieht dem Manne, auf dessen Ehre der König Wert legt." Haman selbst wird dazu bestimmt, seinen Todfeind Mardochaï, für den er bereits den Galgen hat aufrichten lassen, durch die Straßen Susas in königlichem Pomp zu führen. Traurig kehrte er in sein Haus zurück, und hier muß er noch die niederschlagenden Worte vernehmen, „wenn Mardochaï, vor dem du eben gesunken bist, vom Stamme der Judäer ist, so wirst du noch mehr vor ihm sinken"[1]). Sobald dem judäischen Volke das Glück nur zu lächeln beginnt, so sei es ein Anzeichen, daß es über seine Feinde triumphieren werde. Das sollte ein Trostwort für die in Todesbangigkeit Lebenden sein. Das Verhängnis ereilt auch Haman allsogleich. Eilig zum Gastmahl der Königin gerufen, was muß er da hören? Die Königin entdeckt ihre Herkunft und fleht den König um Schonung ihres Volkes an: „Denn wir, ich und mein Volk, wurden preisgegeben zur Tötung und Vernichtung. Wären wir nur als Sklaven verkauft worden, so hätte ich geschwiegen; aber der Feind wiegt den Schaden des Königs nicht auf." — „Wer hat so etwas gewagt?" — „Dieser verworfene Haman ist der Feind und Widersacher." Damit ist sein Urteil gesprochen. Ahasverus entzieht ihm seine Gunst eben so eilig, wie er sie ihm zugewendet, und er wird an den für Mardochaï errichteten Galgen gehängt. Mardochaï wird der Günstling an Hamans Stelle, und er und Esther bewirkten den Widerruf des gegen ihre Volksgenossen gerich-

[1]) Esther 6, 13.

teten Vernichtungsbefehles, oder vielmehr, es wurde den Judäern gestattet, sich gegen die ihnen übelwollenden Nachbarn zur Wehr zu setzen, und sie taten es auch und töteten viele ihrer Feinde. Die Statthalter des Königs, früher gegen sie eingenommen, wendeten ihnen Gunst zu. So hatte sich im Handumdrehen das Blatt gewendet. Wodurch? Durch scheinbar unbedeutende Umstände: die Schönheit eines judäischen Mädchens, die Entdeckung einer Verschwörung, eine schlaflose Nacht des Königs, gar nichts Wunderbares, und doch wie wunderbar verkettet! Können sich ähnliche Umstände nicht wiederholen, um den Entschluß eines launenhaften Königs wankend zu machen und in das Gegenteil umschlagen zu lassen? Das ist der Lehrzweck des Buches Esther, für solche berechnet, die sich nicht mehr dem Glauben an wunderbares Eingreifen der Gottheit in das Geschick des judäischen Volkes hingeben und sich doch von der Überzeugung nicht loswinden konnten, daß es durch eine höhere Fügung erhalten werde. Ist denn aber auch die Erzählung von der plötzlichen Errettung der Judäer beglaubigt? Der Verfasser beruft sich zur Bewahrheitung auf das Weinfest oder Losfest, Purim, das die Judäer überall in den festen Städten und auf dem Lande zu begehen pflegten [1]). Dieses sei nämlich zum Andenken an diese Begebenheit eingesetzt worden, und auch in den Jahrbüchern der Könige von Medien und Persien seien die hohe Stellung und die Taten Mardochaïs erwähnt.

Indessen rückte die Gefahr für die Judäer immer näher. Als Antiochos mit einem Teile des Heeres nach dem Osten gezogen war (166), hatte sein Stellvertreter Lysias einen Oberfeldherrn auserkoren, jenen Ptolemäos, Sohn des Dorymenes, welcher für Menelaos das Wort geredet (o. S. 279), und der Befehlshaber von Cölesyrien und Phönizien war, und unter ihm zwei Unterfeldherren, Nikanor, Sohn des Patroklos, von den Vertrauten des Königs, und Gorgias, einen kriegserfahrenen Führer [2]). Dieser erhielt Auftrag, den Feldzug gegen die judäische Schar zu eröffnen und ließ seine Heeresabteilungen — man schätzte sie übertrieben auf 40 000 mit Reiterei — längs der Meeresebene den Weg ins Herz Judäas nehmen. Samaritaner und Philister, alle Erzfeinde der Judäer, stellten sich ihm zur Verfügung [3]). So gewiß war er seines

[1]) Vergl. o. S. 233.

[2]) Makkab. II, 8, 8–10 ist das Rangverhältnis der drei zur Bekämpfung Judäas bestimmten Feldherren ausgedrückt, besser als in I, 3, 38f. Gorgias war Unterfeldherr, darum wurden in II. seine Züge gar nicht erwähnt, sondern alles auf Nikanor, den Obergeneral, zurückgeführt.

[3]) Das. I, 3, 42. *δύναμις Συρίας* kann nicht richtig sein, obwohl sämt-

Sieges, daß er Sklavenhändler aufforderte, sich mit ihren Geldbeuteln und Fesseln in sein Lager zum Ankauf von Judäern einzufinden — je neunzig Seelen für ein Talent soll er angeboten haben. Der syrische Truppenführer fand es ratsamer, statt die Judäer totzuschlagen, sie vielmehr als Sklaven zu verkaufen und aus dem Erlös den Rest der Kriegsschuld an die Römer zu zahlen. Während über ihre Leiber Abschlüsse gemacht wurden, versammelten sich die judäischen Krieger um ihren Helden Juda Makkabi; sie zählten indes bereits sechstausend[1]. Ehe ihr Führer sie ins Treffen führte, gedachte er sie mit dem Geiste hingebenden Heldenmutes zu erfüllen. Er veranstaltete eine feierliche Versammlung auf der Bergstadt Mizpeh, (zwei Stunden von Jerusalem entfernt). Bemerkenswerte Wiederholung! Neun Jahrhunderte vorher hatte der Prophet Samuel in ähnlicher Bedrängnis des Volkes an demselben Orte eine ähnliche Versammlung zusammenberufen, um einen Führer zur Bekämpfung des die Vernichtung Israels planenden Feindes zu wählen. Mizpeh wählte Juda deswegen zum Betplatz, weil es nach der Tempelzerstörung unter Gedalja für den Überrest der Judäer als Mittelpunkt gedient und auch damals den kleinen Tempel hatte. Da es unmöglich war, in Jerusalem zur Andacht zusammenzukommen, weil das Heiligtum zertreten war, und die Frevler in der Akra hausten, so schien Mizpeh eine geeignete Stätte zum Gebete. Eine Menge Volks aus den Nachbarstädten hatte sich dazu eingefunden, um an dem feierlichen Bettag teil zu nehmen. Auch Nasiräer, welche sich eine bestimmte Zeit des Weines enthalten hatten und zur Entbindung von ihrem Gelübde des Tempels bedurften, waren nach Mizpeh gekommen. Die Versammlung war tief ergriffen; sie beobachtete den ganzen Tag ein strenges Fasten, hatte Traueranzug angelegt und flehte mit der ganzen Inbrunst, deren ein beklommenes Herz fähig ist, ihren Gott um Erbarmen und Hilfe an. Eine Thorarolle, welche die judäische Schar in ihrer Mitte führte, wurde ausgebreitet, und sie gab zur Klage Gelegenheit, daß Antiochos sie von ihrem Herzen reißen wollte, damit sie den Heiden und Götzendienern gleich würden[2].

liche Verff. dasselbe haben; man muß lesen *Σαμαρείας*, d. h. חיל שומרון, wie Neh. 3, 34.

[1]) Makkab. I,4,6 und auch bei Josephus 3000. Dagegen hat II,8,16 und 22 die Zahl 6000. Der Widerspruch kann aus einem Schreibfehler im hebr. Text entstanden sein, nämlich: שלשת אלפים statt ששת אלפים; das ל kann aus dem Worte ausgefallen sein.

[2]) Das. I, 3, 44—48. Der letzte Vers *ἐξεπέτασαν τὸ βιβλίον τοῦ νόμου, περὶ ὧν ἐξηρευνῶν τὰ ἔθνη τὰ ὁμοιώματα τῶν εἰδώλων αὐτῶν* ist außerordentlich dunkel und ist darum falsch ausgelegt worden. Die L.-A. *τοῦ*

Der Anblick der Erstgeborenen, der niedergelegten Zehnten, der Priesterkleider und besonders der anwesenden Nasiräer erregte tiefe Klagen. Was sollte mit diesen geschehen, da das Heiligtum unzugänglich, und es den von dem Gelübde Gebundenen unmöglich geworden ist, von demselben gelöst zu werden? Indessen dachte Juda daran, die Menge nicht bloß durch Rührung zu erregen, sondern sie auch mit Mut zu erfüllen und tatkräftige Vorbereitung zu den voraussichtlich schweren und heißen Kämpfen zu treffen. Er teilte seine Schar in vier Teile und stellte drei seiner älteren Brüder an die Spitze jeder Abteilung [1]). Der Vorschrift des Gesetzes gemäß, ließ er durch Beamte ausrufen, daß es denen, welche erst jüngst geheiratet oder ein neues Haus gebaut oder einen Weingarten gepflanzt hätten, oder welche sich nicht Mut zutrauten, gestattet sei, sich dem Kampfe zu entziehen [2]). Darauf zog er dem Feinde entgegen nach Emmaus [3]), acht oder neun Stunden von Mizpeh, zwischen Bethoron und Jamnia, da, wo das westliche Gebirge sich in die Ebene abflacht. Gorgias hatte sein Lager mit etwa fünftausend Mann Fußvolk und tausend Reitern in der Ebene bei diesem Orte aufgeschlagen, weil ihm von hier aus das Eindringen in das Gebirge Juda und der Angriff auf den Sammelpunkt des makkabäischen Heeres am leichtesten zu bewerk-

ἐπιγράφειν ἐπ' αὐτῶν τὰ ὁμοιώματα findet sich nur in jüngeren Kodizes und in der Complutensischen und Aldinischen Ausgabe und verrät sich als späteren Zusatz. Die Heiden haben allerdings die heiligen Schriften zerrissen und verbrannt, aber schwerlich sich hingesetzt, um Götzenbilder darauf zu malen! Die richtige L.-A. deutet die syr. Übersetzung an, welche unleugbar auch den hebr. Urtext vor sich gehabt hat: ופרסו כרכה דנמוסא וקבלין הוו קדם קדישא על עממא דאלצין הוו להון דנתדברון בדמותהון. „Sie klagen vor dem Heiligen über die Heiden, daß sie sie zwangen, sich gleich ihnen zu betragen." Der griechische Text ist also lückenhaft, daher das unbeholfene *περὶ ὧν* nach dem Singular. Das hebr. Original mag gelautet haben: ויצעקו לפני הקדוש על העמים אשר בקשו לאנסם להתהלך בדמותם. Das בדמותם, das vielleicht gar aus כמוהם entstanden sein mag, gab Veranlassung zur Übersetzung *ὁμοιώματα τῶν εἰδώλων αὐτῶν*.

1) Nach Makkab. II, 8, 22. Statt Joseph muß es Jochanan heißen. Vergl. o. S. 296, Anmerk. 1.

2) Das. I, 3, 55—56.

3) Die richtige L.-A. ist *Ἐμμαούς*, so bei Josephus. In Makkab. I, 3, 40. 87 u. a. St. ist Emmaus ebenso wie im Talmud verschrieben אמאום oder עמאום statt עמאוס, da ein Adjektiv aus diesem Ortsnamen gebildet ist: עמסוני. Übrigens ist Emmaus identisch mit גמזו, und ist nur von den Griechen aus dem Namen Gimso korrumpiert worden. Die Itinerarien setzen die Distanz von Emmaus, später Nikopolis genannt, 22 römische Meilen von Jerusalem und 10 Meilen von Lydda. Das Terrain-Verhältnis gibt jerus. Talmud (Schebiit IX, p. 38d): מבית־חורון ועד אמאום הר · מאמאום ועד לוד שפלה · מלוד ועד הים עמק.

stelligen schien. Juda lagerte mit seiner Mannschaft südlich von Emmaus auf den Höhen in nächster Nähe, um vom Feinde bemerkt zu werden. Der syrische Truppenführer gedachte daher die judäische Schar in der Nacht zu überrumpeln. Aber Makkabi hatte dessen Kriegslist überlistet. Mit dem Einbruche der Dunkelheit war er mit den Seinigen vom Lagerplatze aufgebrochen, hatte sich auf bekannten Wegen westlich gewendet und stand dem Feinde im Rücken. Da Gorgias den Lagerplatz der Judäer leer fand, so nahm er an, sie hätten aus Furcht sich tiefer ins Gebirge zurückgezogen und eilte ihnen nach. Darauf war Judas Kriegslist berechnet. Er verfolgte die Syrier im Rücken, erreichte ihr Lager, steckte es in Brand und zog den Truppen nach. Mit Tagesanbruch bemerkte erst Gorgias, daß der Feind, den er im Gebirge aufsuchte, hinter ihm her von der Ebene aus nachrückte. Er konnte daher eilig nur einer Abteilung seines Heeres den Befehl geben, Halt zu machen und sich den Judäern entgegenzuwerfen. Makkabi hatte indes seine Abteilung geordnet und sie zum Kampfe für Vaterland, Gesetz und Heiligtümer angefeuert. Sein jüngerer Bruder las in der Eile einige ermutigende Verse aus der Thora vor und gab den Kriegern das Erkennungswort: „Gottes Hilfe“ [1]). Da die judäische Schar der einen Abteilung der syrischen Truppen an Zahl überlegen war und mit Begeisterung kämpfte, so errang sie den Sieg, und der Feind suchte sein Heil in der Flucht, ein Teil nördlich bis Gazer (Gazara) und ein anderer Teil westlich bis Jamnia und südlich bis Aschdod (Azotus). Juda mahnte seine Leute, sich nicht auf die Beute zu werfen, da ihnen noch ein Kampf mit den übrigen Abteilungen des aus dem Gebirge umkehrenden Feindes bevorstehe. Bald darauf wurden diese Truppen bemerkt, und die judäischen Krieger hielten sich bereit, das Treffen aufzunehmen. Aber es kam nicht dazu. Sobald diese und die nachrückenden Syrer den Rauch von ihrem früheren Lagerplatze aufsteigen sahen, wandten sie sich gleich zur Flucht, südwärts ins Philisterland [2]). „Es war eine große Rettung an diesem Tage“ [3]). In der Tat, der Sieg bei Emmaus (166), herbeigeführt durch klugberechnete

[1]) Makkab. II, 8, 23: *δοὺς σύνθημα θεοῦ βοηθείας.* Grotius liest richtig *σύσσημον*, d. h. Feldgeschrei; es lautete: תשועת ה'; vergl. das. 13, 15.

[2]) Das. I, 4, 1—22. Das. V. 15 *ἕως πεδίων τῆς Ἰδουμαίας* ist gewiß eine falsche L.-A., ebenso wie die andere *Ἰουδαίας.* Denn die Flucht ging in der Richtung nach Westen, nicht nach Süden. Der Zug Makkab. II, 8, 26f., daß der Schlachttag am Freitag gewesen wäre, und daß die judäischen Krieger dadurch verhindert gewesen wären, den Feind zu verfolgen, beruht wohl auf einer Sage.

[3]) Das. I, 4, 23.

Kriegslist und standhafte Tapferkeit, war von folgenreicher Wichtigkeit. Er lähmte den Feind und flößte den Judäern Selbstvertrauen ein, es auch mit einem wohlgerüsteten und zahlreichen Heer aufzunehmen. Weder Reiterei, noch das mit Helm und Panzer bedeckte Fußvolk waren imstande, sie fortan zu erschrecken. Waffen, woran sie beim Beginn der Schlacht Mangel hatten, lieferte ihnen der fliehende Feind in Menge. Auch die Beute an Gold, Silber und Purpur, die sie machten, die Geldbeutel der vielen Sklavenhändler, welche im syrischen Lager, der Seelenkäufe gewärtig, sich eingefunden hatten, waren nicht zu verachten. Sie gab ihnen Mittel für Siege in den noch bevorstehenden Kämpfen in die Hand. Mit Dank- und Lobliedern, deren Kehrvers lautete: „Preiset den Herrn, denn er ist gütig, und ewig währt seine Gnade[1]," kehrten die Sieger zu ihrem Sammelpunkte Modin zurück.

Aber noch lange durften sie nicht die Waffen aus der Hand legen; sie konnten als gewiß annehmen, daß Lysias, welcher den gemessenen Befehl hatte, die Judäer zu vertilgen, die erlittene Niederlage des einen Feldherrn nicht ruhig hinnehmen, sondern doppelte Anstrengung machen würde, die Scharte auszuwetzen. Sie blieben also gerüstet und hatten die Freude wahrzunehmen, daß ihre Zahl zunahm und bis auf zehntausend wuchs[2]. Gab es je einen heiligen Krieg, so verdiente der von den Makkabäern geführte zweifellos diesen Namen. Als nun im darauffolgenden Jahre (Herbst 165) Lysias selbst, wie es scheint, mit einem starken, auserwählten Heere Fußvolk und Reitern Judäa wieder mit Krieg überzog, fand er dessen Verteidiger noch mutiger und standhafter. Er hatte nicht gewagt, auf derselben Straße von der Meeresebene aus ins Land einzudringen, sondern hatte einen Umweg machen lassen, von Süden, von dem von den Idumäern besetzten Gebiete aus, den Einfall zu machen. Er schlug sein Lager bei Bethzur auf, etwa fünf Stunden südlich von Jerusalem. Makkabi zog ihm mit seinen Zehntausend entgegen; es kam zu einer regelrechten Schlacht, und der ungestüme Angriff der Judäer siegte abermals über die Kriegskunst der syrischen Mietstruppen[3]. Unmutig zog Lysias ab, da er sah, daß die Judäer dem Tode trotzten, und schmeichelte sich, durch Vermehrung seines Heeres ihrer doch endlich Herr zu werden. Judäa war also von Feinden völlig geräumt; nur in der Akra zu Jerusalem hausten noch die unverbesserlichen Hellenisten mit Menelaos und vielleicht auch eine geringe syrische Besatzung.

[1] Makkab. I, 4, 29. [2] Das. 4, 34—38. [3] Das. V. 41.

Elftes Kapitel.

Die Tempelweihe und Juda Makkabis Siege und Tod.

Zug nach Jerusalem. Anblick der entweihten Stadt und des Heiligtums. Entfernung der Götzenbilder und Zerstörung des Altars. Einweihung durch Opfer, Dankgebete und Psalmen. Die Einsetzung des Chanukah- oder Lichtfestes. Wiederherstellung der alten Ordnung. Ausschluß der Ahroniden, die sich am Götzentum beteiligt hatten. Befestigung der Tempelmauern. Kampf gegen die Idumäer und Ammoniter. Unglücksboten über Bedrängnis der Judäer jenseits des Jordans und in Galiläa. Simons Siege, er führt die galiläischen Judäer nach Judäa. Dasselbe tut Juda mit den Judäern Peräas. Glückliche Rückkehr und Siegesfreude in Jerusalem. Zug gegen Gorgias. Eroberung Hebrons. Züchtigung der Bewohner von Joppe und Jamnia. Antiochos Epiphanes' Ende. Lysias übernimmt einen neuen Zug gegen Juda. Das Sabbatjahr. Belagerung Bethzurs und Übergabe. Treffen bei Bethzacharia. Belagerung des Tempels. Friedensschluß. Gewährleistung der Religionsfreiheit. Die Tempelfestung zerstört. Menelaos hingerichtet. Juda als Hoherpriester anerkannt. Verfahren gegen die Hellenisten. Alkimos' Anklagen gegen Juda und die Chaßidäer. Juda und sein Anhang auf der Flucht. Judas neue Guerillakriege. Alkimos' neue Anklagen. Nikanor gegen Juda Makkabi geschickt. Die Siege über Nikanor. Der Nikanortag. Schlacht bei Eleasa oder Birat. Juda Makkabis Tod.

(165—160.)

Die zwei entscheidenden Siege bei Emmaus und Bethzur hatten die Lage vollständig geändert. Die drohende Gefahr war abgewendet. Lysias konnte nicht sobald neue Heeresmassen nach Judäa werfen, weil ihm wie seinem Könige die Mittel gebrachen, Truppen anzuwerben. Seit dem Beginn des Religionszwanges und der Entweihung des Tempels waren beinahe drei und ein halbes Jahr (eine halbe Jahrwoche) abgelaufen, wie das Buch Daniel es voraus verkündet hatte (Tammus 168 bis Marcheschwan 165). Auf die aufreibende Aufregung dieses Zeitraumes war Ruhe eingetreten. Diesen günstigen Augenblick benutzten Makkabi und sein Anhang, um nach Jerusalem zu ziehen und die dort eingerissene greuliche Entweihung aufhören zu machen. Der Anblick der heiligen Stadt war niederbeugend für ihre treuen Söhne, die für deren Ehre ihr Herzblut verspritzt hatten. Ihre entarteten Söhne hatten sie zertreten, geschwächt und derart entstellt, daß sie nicht wieder zu erkennen war. Sie glich einer Einöde, in der nur ihre Verächter sich frech tummelten. Verödet war besonders das Heiligtum, die Torflügel verbrannt, die Hallen zerstört, überall Götzenaltäre, und auf dem Altar das Bildnis des olympischen Zeus, des Greuels der Verwüstung, und Bildnisse des frechen Antiochos. Die heiligen Kämpfer durften sich aber nicht der Trauer und dem Schmerze über die Verwüstung und Entweihung hingeben, sondern mußten rasch handeln, um nicht bei dem Werke der Reinigung plötzlich gestört zu werden. Ihr erstes Geschäft war, das Zeusbild zu zerstören und die Steine, sowie alle unreinen Gegenstände aus den Vorhöfen zu entfernen (3. Khislew = November 165) [1]. Aber auch den Altar beseitigten sie; durch die an ihm vollzogene vielfache Entweihung schien es ihnen nicht mehr würdig, auf ihm zu opfern. Nach einer vorangegangenen Beratung der Gesetzeskundigen wurde beschlossen, die Steine des Altars nicht mit den übrigen an einen unreinen Ort zu werfen, sondern sie in eine Halle des Vorhofes niederzulegen und zu bewahren, bis ein Prophet, der Prophet Eliahu, auftreten und das Verfahren mit denselben vorschreiben würde [2]. Darauf wurde ein neuer Altar errichtet aus ungehauenen Steinen, die aus unterirdischen Kalkschichten ausgeschnitten wurden. Neue Torflügel wurden eingehängt und neue Tempelgefäße hergestellt, der goldene Leuchter, der Weihrauchaltar und der vergoldete Tisch für die Schaubrote. Antiochos hatte alle diese heiligen Geräte geraubt; die Beute seiner besiegten Heere gab die Mittel dazu, neue zu besorgen. In drei Wochen waren alle diese Vorbereitungen vollendet, und am frühen Morgen des fünfundzwanzigsten Khislew (Nov. 165) [3] wurde die Tempelweihe mit Opfern und Dankgebeten vollzogen. Andachtsvoller und inniger sind wohl die zwei vorangegangenen Einweihungen nicht begangen worden. Die reinsten Gefühle durch-

[1] Makkab. I, 4, 42—43. II, 10, 2. An dieser Stelle ist von der Zerstörung des Greuels der Verwüstung nichts erwähnt, aber das. I, 6, 7. In der Fastenrolle (מגלת תענית) ist angegeben, daß diese Säuberung am 3. Khislew begonnen hat. בתלתא בכסלו אתנטילו סימואתא מן דרתא (עזרתא) (9, 1 vergl. Bd. III, Note 1. I, 1). Die Vorbereitung zur Einweihung dauerte also 22 Tage.

[2] Das. I, 4, 44—47. Auch Middot. I, 6. לשכת מזרחית צפונית (בבית המוקד) בה גנזו בני השמונאי את אבני המזבח ששקצום מלכי יון. Unter dem Propheten, welcher erwartet wurde, ist nicht irgendeiner zu verstehen, der auftreten würde, als wenn die Erneuerung der Prophetie in Aussicht genommen worden wäre, sondern wie 14, 41 *προφήτης πιστός*, der bewährte Prophet, nämlich Elia, der bestimmt war, Zweifel zu lösen.

[3] Das. I, 4, 47—58; II, 10, 3—7.

zogen das Gemüt der Anwesenden. Die Beklommenheit und die Todesangst, welche nahe an drei und ein halb Jahr gedauert hatten, lösten sich von ihrer Brust und machten der Seelenfreudigkeit und dem hoffnungsreichen Ausblick in die Zukunft Platz. Die Weihe bezeichnete nicht bloß den Sieg der Schwachen über die Mächtigen, der Treuen über die Frevler, sondern auch und ganz besonders den Sieg des Judentums über das verfeinerte hellenische Götzentum, des Gottes Israels über die Ungötter. Wahrscheinlich wurde jener Einweihungspsalm von den Leviten im Namen des Volkes, als einer einheitlichen Person, gesungen, welcher den Übergang der Trauer in die Freude so ausdrucksvoll wiedergibt:

„Ich verherrliche dich, o Herr, denn du hast mich erhoben,
Und hast meine Feinde nicht über mich triumphieren lassen.
Herr, mein Gott, ich flehte zu dir,
Und du hast mich geheilt.

. . . .

So preiset Gott, seine Frommen,
Und danket seinem heiligen Namen.

. . . .

. . . .

Du hast meine Trauer mir in Jubel verwandelt,
Mein Trauergewand gelöst und mich mit Freude gegürtet,
Damit meine Seele dich preise und nicht schweige.
Herr, mein Gott, für ewig will ich dir danken[1].“

Acht Tage dauerte das Weihfest, nach dem Vorgang unter Salomo, oder vielleicht auch um das achttägige Hüttenfest zu ersetzen, welches das Volk, damals noch in banger Ungewißheit, nicht begehen konnte[2]. Das ganze Volk aus allen Städten Judäas beteiligte sich daran und, wie es scheint, zündeten die Bewohner Jerusalems vor ihren Wohnungen helle Lämpchen an, als Symbol für die Thora, die von den Dichtern als „Licht“ bezeichnet wurde und ihnen gewissermaßen zum zweiten Male übergeben wurde. Die Hasmonäerbrüder faßten im Verein mit den übriggebliebenen Mitgliedern des hohen Rats einen wichtigen Beschluß für die Zukunft. Die acht Tage vom fünfundzwanzigsten

[1] Ps. 30, vergl. Note 17.

[2] Makkab. I, 4, 56. II, 10, 5 f. gibt an, daß die acht Tage der verhinderten Feier des Sukkotfestes galten; das. V. 1, 8 nennt es geradezu *ἡμέρας τῆς σκηνοπηγίας τοῦ Χασελεῦ*. Die Pesikta Rabbati (Nr. 6) deutet an, daß die acht Tage der Einweihungszeit unter Salomo entsprechen sollten: זאת החנוכה שאנו עושים זכר לחנוכת בית חשמונאי על שעשו מלחמה ונצחו לבני יון ואנו עכשו מדליקין ... ואף בית המקדש בשעה שנבנה עשו לו חנוכה. Die Sage von dem Ölkrügelchen, dessen geringer Inhalt für acht Tage ausgereicht habe, kennt dieser palästinensische Midrasch nicht; sie stammt aus babylonisch-jüdischem Kreise.

Kislew an sollten fortan jährlich zum Andenken an die Tempelweihe freudig und festlich begangen werden. Jahraus jahrein sollten sich die Glieder des Hauses Israel an die herrlichen Siege weniger über viele und an die Wiederaufrichtung des Heiligtums erinnern[1]). Dieser Beschluß wurde gewissenhaft befolgt. Seit der Zeit, zwei Jahrtausende hintereinander, wurden diese Tage als „Einweihungstage“ (Chanukah) durch Anzünden von Lampen in jedem Hause Israels gefeiert. Die Tage erhielten von diesem Umstand den Namen „Lichtfest“ (*φῶτα*)[2]). Es waren die ersten Siegestage (*Νικητήρια*), die als Halbfeier eingeführt wurden, und deren Zahl sich im Verlaufe vermehrte.

Selbstverständlich wurde die alte Ordnung im Tempel wieder eingeführt, Priester und Leviten wieder in ihre Ämter eingesetzt. Nur diejenigen Ahroniden, welche sich an dem Götzendienst beteiligt hatten, wurden von dem Heiligtum und der damit verbundenen Ehrenstellung ausgeschlossen[3]). Diese gerechtfertigte Strenge hatte wiederum nachteilige Folgen und machte die Lage nur noch gespannter. Die Priester unter den Hellenisten von Menelaos' Anhang, da sie auf eine Aussöhnung mit den Vertretern des Volkes verzichten mußten, bohrten sich nur noch tiefer in ihren Haß gegen die nationalfromme Partei ein und verdoppelten ihre Feindseligkeit. Während der Tempelreinigung hatte Juda Makkabi seine Krieger Wache halten lassen, um nicht von den Griechlingen beunruhigt zu werden, und sobald die Zeit der Einweihung vorüber war, ließ er den Tempelberg mit einer hohen Mauer umgeben, durch hohe und feste Türme schützen und ihn durch eine Besatzung gegen Überfälle, namentlich von der benachbarten Birah oder Akra aus, überwachen[4]). In der Voraus-

[1]) Makkab. I, 4, 59. II, 10, 8.

[2]) Josephus, Altert. XII, 7, 7.

[3]) Folgt daraus, daß Makkab. I, 4, 42 angegeben ist, Juda habe zur Reinigung des Tempels nur *θελητὰς νόμου* d. h. חפצים בתורה, also nur Gesetzestreue, auserwählt; die Apostaten hat er demnach von diesem Geschäfte ausgeschlossen, um so mehr von Oberfunktionen. Dann heißt es Makkab. II, 14, 3 von Alkimos: da er sich in der Zeit der Vermischung verunreinigt hatte, sah er ein, daß er dadurch keinen Zutritt zum Altare haben könne. *ἑκουσίως μεμολυμένος ἐν τοῖς τῆς ἐπιμιξίας χρόνοις . . . οὐδὲ πρὸς ἅγιον θυσιαστήριον ἔτι πρόσοδος.*

[4]) Makkab. I, 4, 41; 60. Es braucht wohl nicht bewiesen zu werden, daß unter *ὄρος Σιών* an dieser Stelle, ferner 5, 54; 6, 48, 62; 7, 33 der Tempelberg gemeint ist, und ebenso in Ps. 74, 2 הר ציון זה שכנת בו. Josephus hat aber diese Bezeichnung mißverstanden, als wenn von der Stadt Jerusalem die Rede wäre (Altert. XII, 7, 7), und von ihm haben sich Historiker verleiten lassen. Juda Makkabi hatte wahrlich damals nicht Muße genug, die

sicht, daß dem Volke noch viele Kämpfe bevorstanden, ehe seine Freiheit gesichert sein würde, sorgte er für anderweitigen Schutz und Verteidigung des Landes. Die Stadt Bethzur, südlich von Jerusalem, von wo aus Lysias letzthin mit seinem Heere einzudringen gedachte, ließ er ebenfalls befestigen; es sollte ganz besonders eine Feste gegen die Idumäer bilden [1]).

Die Siege der judäischen Freiheitskämpfer gegen wohlgerüstete syrische Heere erregten nämlich einen noch glühenderen Haß der Völkerschaften ringsumher gegen das judäische Volk und stachelten sie zu grausamer Feindseligkeit gegen die unter ihnen wohnenden oder zu ihnen geflüchteten Judäer auf, als mißgönnten sie ihnen die Errungenschaft oder als fürchteten sie deren Überlegenheit. Die Philister im Südwesten, die Phönizier im Nordwesten, die Ammoniter jenseits des Jordans, die Syrier und Mazedonier überall in der Nachbarschaft, alle waren von gleichem feindseligen Geist gegen die Judäer erfüllt, und am meisten, wie es scheint, die Idumäer im Süden. Sie hatten, als sie von den Nabatäern aus ihrer Heimat verdrängt worden waren (o. S. 109), ihre Wohnsitze im ehemaligen judäischen Gebiete genommen, ein Teil im Westen (Gabalene), wozu die Städte Marescha, Adora, Betgabris (Betgubrin) [2]) gehörten, und ein Teil im Osten, in der Nähe des toten Meeres. Dieser Strich wurde das akrabattinische Idumäa genannt [3]). Die Idumäer hatten sich sogar Hebrons bemächtigt und mögen sich geschmeichelt haben, Erben des ganzen Landes Judäa zu werden. Wie zur Zeit der Bedrängnis unter Nebukadnezar, so erwiesen sie sich in der Drangsalszeit unter Antiochos von ingrimmiger Feindseligkeit gegen die Judäer, lauerten den Flüchtlingen auf, mißhandelten sie und brachten manche um. Es war daher von großer Wichtigkeit, sie unschädlich zu machen. Da der Weg zu ihnen nicht weit war, so unternahm Juda zuerst einen Kriegszug gegen die Söhne Esaus in Akrabattine, besiegte sie und vertrieb sie aus ihren Wohnsitzen. Die Söhne Baian (Maon?), welche am grausamsten gegen die Judäer gewütet hatten, züchtigte Juda nachdrücklich, nachdem er ihre Türme erobert und zerstört hatte [4]). Dann setzte er mit seiner Schar über den Jordan, bekämpfte

ganze Stadt zu umwallen; nur den Tempel hat er befestigt; vergl. Makkab. I, 6, 7, 26.

[1]) Makkab. I, 4, 61. Das zweite *αὐτὸ τηρεῖν* ist dittographiert.

[2]) Vergl. Monatsschrift, Jahrg. 1875, S. 61 f.

[3]) *Ἀκραβαττίνη* hängt ohne Zweifel mit מעלה עקרבים zusammen, läßt sich aber nicht präzisieren.

[4]) Makkab. I, 5, 1—5. Die *υἱοὶ Βαιαν* müssen diesseits gewohnt haben.

die Ammoniter, welche einen eigenen oder syrischen Krieger Timotheos an ihrer Spitze hatten, einen hartnäckigen und unermüdlichen Feind der Judäer. Als Juda gegen diesen und die Ammoniter gesiegt und vielleicht auch ihre Hauptstadt Rabbat-Ammon-Philadelphia genommen hatte, suchte Timotheos Schutz in der wenige Stunden davon entfernten Festung Jaëser, in welcher sein Bruder Chaireas befehligte. Bei der Eroberung der schwer zugänglichen Feste sollen zwanzig judäische Jünglinge Wunder der Tapferkeit gezeigt, die Mauern erklommen und der Schar einen Zugang eröffnet haben[4]). Juda erreichte mit der Einnahme Jaesers und ihrer Töchterstädte seinen Zweck, er verschaffte den in diesem Striche angesiedelten Judäern Ruhe und flößte den Völkern Achtung vor dem judäischen Namen ein.

Kaum war die judäische Schar nach Jerusalem zurückgekehrt, als wieder schlimme Nachrichten über Mißhandlungen judäischer Brüder durch die Hand ihrer heidnischen Nachbarn einliefen. Wie einst an Saul, so wandten sich die Judäer in ihrer Bedrängnis an Makkabi. Diejenigen, welche in Gilead und Basan wohnten, richteten ein Schreiben an ihn, daß die heidnischen Völkerschaften sich gegen sie versammelten, ihnen den Garaus zu machen beabsichtigten, und Timotheos stünde an der Spitze ihrer Feinde. Sie berichteten zugleich von ihren Brüdern in der Landschaft Tobiene, daß die Feinde dort tausend jüdische Männer erschlagen, Frauen und Kinder in die Gefangenschaft geschleppt und die Habe erbeutet hätten. Gleich darauf kamen Boten mit zerrissenen Kleidern und mit Briefen von den Judäern Galiläas, daß auch sie von den Bewohnern Akkos (Ptolemais), Tyrus und Sidons mit dem Tode bedroht würden. Sie alle flehten Juda an, ihnen mit seiner Schar zu Hilfe zu eilen, ehe es zu spät würde. Er brauchte nicht, wie Saul, Boten an die Stämme zu senden und Drohworte zu äußern, um den Heerbann zur Hilfe des bedrängten Jabesch-Gilead zusammenzurufen. Er hatte den Heerbann um sich, es war das ganze kriegsfähige Volk, und es folgte ihm willig und freudig, sein Leben zur Rettung der unglücklichen Stammesverwandten einzusetzen. Makkabi teilte sein Heer, übergab einen Teil seinem Bruder Simon, die Judäer Galiläas zu be-

denn erst im folgenden Vers heißt es *καὶ διεπέρασαν*, d. h. über den Jordan setzen. Vielleicht ist dafür zu lesen בני מבין.

[4]) Makkab. I, 5, 6—8. II, 10, 24—39 bezieht sich auf denselben ammonitischen Krieg und *Γάζαρα* (Vers 32) ist identisch mit *Ἰαζήρ*, wie bereits Vorgänger bemerkt haben. Das II. Makkab. oder seine Quelle hatte über Timotheos' Kriege und Züge konfuse Nachrichten, und diese sind noch dazu durch Schönfärberei verwischt. Vergl. Note 16.

freien, und er selbst schickte sich an, mit seinem Bruder Jonathan und einer Abteilung jenseits des Jordans (Peräa) zum Beistand der dort bedrängten Brüder zu ziehen. Den Rest der judäischen Krieger übergab er zwei Führern, die Grenze Judäas im Westen gegen Einfälle vom Philisterland aus, wo Gorgias Standquartier genommen hatte, zu überwachen. Er schärfte ihnen ein, sich lediglich zu verteidigen und sich keineswegs auf einen Angriffskrieg einzulassen.

Simon vollzog seine Aufgabe rasch und glücklich. Er ging zuerst auf Akko los, dessen judäische Bewohner von den Griechen oder Mazedoniern am härtesten bedrängt worden waren. Hier stieß er auf feindliche Heereshaufen, die von seiner mutigen und bereits kriegsgeübten Schar geschlagen, zerstreut und bis an die Mauern der Hafenstadt verfolgt wurden. Diese Waffentat überhob ihn weiterer Kämpfe. Die Mazedonier anderer Städte wagten nicht mehr, ihm entgegenzutreten. Simon zog daher ungehindert in alle Ortschaften Galiläas und der Landschaft Arbela in der Gegend des Harfensees umher, sammelte die dort wohnenden Judäer und bestimmte sie auszuwandern und sich samt und sonders in Judäa niederzulassen. Diesen Plan hatte er ohne Zweifel vorher mit Juda Makkabi verabredet, die Stammesgenossen nicht länger in feindlicher Umgebung zu lassen, wo sie täglich Plackereien und Gefahren ausgesetzt waren. Die ausgewanderten galiläischen Familien siedelten sich in judäischen Städten an[1]). Juda Makkabi dagegen hatte einen mühsameren Kampf in der peräischen Gegend zu bestehen. Hier waren wie in der alten Zeit, feste Burgen auf Höhen errichtet, die erstürmt werden mußten. Auf seinem Wege stieß er abermals auf den hartnäckigen feindlichen Heerführer Timotheos. Juda bezwang indes mehrere Festungen, Bossora (Bostra), Karnain, Ephron und andere, schleifte ihre Mauern, machte die Bewohner unschädlich, befreite die in einer Festung (Dathema, Ramtha?) eingeschlossenen Judäer und die in Tobiene und zog ebenfalls die gileaditischen Judäer zusammen, um sie über den Jordan zu führen und diesseits anzusiedeln. Er führte sie durch die Stadt Betschean — Skythopolis, deren heidnische Bewohner ausnahmsweise friedlich und freundlich gegen ihre judäischen Mitwohner sich verhalten und ihnen kein Leid zugefügt hatten. Juda konnte sie daher in der heidnischen Umgebung lassen. Kurz vor dem Wochenfeste (Schebuot) kehrte er mit der Menge der übergesiedelten gileaditischen Judäer nach Jerusalem zurück (Mai 164)[2]).

[1]) Makkab. I, 5, 20—23.

[2]) Das. 5, 24—54; II, 12, 10—31. Über die in beiden Quellen genannten Lokalitäten vergl. Note 19. Die Zeit ist angegeben II, 12, 31, nämlich die

Aus allen Städten Judäas strömte das Volk herbei, um die Sieger zu begrüßen[1]) und das Fest mit Freude- und Dankgefühl zu begehen. Neue Jubelpsalmen erschallten im Tempel. Das Volk Israel konnte wieder ausrufen:

„Danket dem Herrn, denn er ist gut[2]),
Ewig währt seine Gnade.

. . . .

Aus der Enge rief ich Gott an,
Und er erhörte mich mit Erweiterung.
Gott ist für mich, so habe ich nichts zu fürchten,
Was kann mir der Mensch tun?
Besser ist's auf Gott zu vertrauen, denn auf Menschen.

. . . .

Alle Völker umgaben mich,
Daß ich sie im Namen Gottes zerreiben sollte,
Sie umgaben und umringten mich,

. . . .

Sie umgaben mich wie Bienen,
Erloschen wie Dornenfeuer,
Daß ich sie im Namen Gottes zerreiben sollte.

. . . .

Stimme des Jubels und des Heils in der Frommen Zelten:
‚Gottes Recht verleiht Sieg.'

. . . .

Gezüchtigt hat mich Gott,
Aber nicht dem Tode preisgegeben."

Gleich nach Schluß des Wochenfestes zog Juda mit der Mannschaft aus, um einen erlittenen Schaden wieder auszugleichen. Während seiner Abwesenheit hatten nämlich die zwei Unterfeldherren, welche er zur Bewachung des Landes im Westen zurückgelassen hatte, Joseph, Sohn Zacharias, und Azaria, seinem Befehle zuwider, den in Jamnia mit einer Schar weilenden Gorgias angegriffen, hatten aber eine Niederlage erlitten und waren bis zu dem judäischen Gebirge zurückgedrängt worden. Er unternahm daher einen Kriegszug gegen Gorgias, um mit dem Schrecken seines Namens und seinem Heere

Rückkehr kurz vor dem Wochenfeste: *παρεγένοντο εἰς Ἱεροσόλυμα τῆς τῶν ἑβδομάδων ἑορτῆς οὔσης ὑπογύου.* Und da das I. Makkab. diese Fakta noch vor dem Tode des Antiochos Epiphanes ansetzt, und dieser erst gegen Ende 164 starb, so fallen alle diese Kriege zwischen Januar und Mai 164. Eigen ist es, daß die syrische Version von Makkab. II. die Rückkehr nach Jerusalem nicht zur Pfingstzeit, sondern zu Ostern setzt. ומן תמן אתו לאורשלם דנעבדון עדעאדא דפטירא. Hat der Übersetzer das Wort *ἑορτὴ ἑβδομάδων* mißverstanden?

[1]) Das ist wohl der Sinn des B. Makkab. I, 5, 64: *ἐπισυνήγοντο πρὸς αὐτοὺς εὐφημοῦντες*, Juda und seine Brüder zu preisen.

[2]) Ps. 118 vergl. Note 17.

ihn zu verdrängen. Der syrische Unterfeldherr stand indes in Idumäa[1]; darum richtete Makkabi seine Waffen gegen diese Seite zuerst. Er griff Hebron an, das im Besitze der Idumäer war, und zerstörte die darin befindlichen Festungen und Türme. Die aus Gilead und Tobiene heimgeführten Judäer kämpften wacker mit. Ein Tobiener, namens Dositheos, warf sich auf Gorgias und klammerte sich fest an ihn, um ihn zum Gefangenen zu machen; aber einer der thrakischen Reiter rettete den syrischen Unterfeldherrn, indem er dem Angreifer den Arm mit dem Schwerte abhieb[2]). Da Gorgias mit dem Rest der Truppen nach Marescha, einige Stunden südwestlich von Hebron, entfloh, setzte ihm Juda nach, scheint aber hier keinen entscheidenden Sieg errungen zu haben[3]). Von hier zog das judäische Heer gegen die philistäische Meeresstadt Azotos, dessen Einwohner sich friedlich unterworfen zu haben scheinen; denn es begnügte sich mit der Zerstörung der Götzenaltäre und Götterbilder[4]). In dieser Zeit scheint Juda auch den griechischen Bewohnern von Joppe die ihnen gebührende Züchtigung zugefügt zu haben. Diese hatten ihre judäischen Mitbewohner unter irgendeinem Vorwande gelockt, ihre bereit gehaltenen Schiffe mit zu besteigen, und da diese ohne Argwohn und im freund-

[1]) Makkab. II, 12, 32 f. referiert, daß Juda gleich nach dem Feste gegen Gorgias gezogen sei, der damals *τῆς Ἰδουμαίας στρατηγός* gewesen. Darauf erzählt er, daß Gorgias nach Marissa entflohen sei, und daß Juda dessen Leuten Schrecken eingejagt (V. 35, 37). Da nun im Makkab. I, 15, 64—66 ebenfalls vom Kriege gegen die Idumäer erzählt wird, und Marissa ausdrücklich dabei genannt wird, so ist kein Zweifel, daß in beiden Quellen von einem und demselben Kriegszuge die Rede ist, der mit Idumäa begonnen und mit den Philisterstädten geendet hat. Da der Zug zunächst Gorgias galt, so scheint es ein Revanche-Krieg gewesen zu sein, weil dieser die judäischen Unterfeldherrn geschlagen (das. I, 5, 60 f.). Das II, 10, 19 f. Erzählte von den judäischen Verrätern Simon, Joseph und Zakchaios braucht nicht identisch zu sein mit dem von Joseph und Azaria Erzählten. Am allerwenigsten will der Verfasser die Verräter Simon und Joseph als Makkabis Brüder ausgeben, sonst hätte er dabei die Verwandtschaft angeben müssen.

[2]) Das. II, 12, 35. *Δωσίθεος δέ τις τῶν τοῦ Βακήνορος.* Das Wort Bakenor ist ganz unverständlich. Der Syrer hat aber dafür: דוסיתוס דין גברא מן טובינא, d. h. von denen, die aus Tobiene herüber gekommen waren.

[3]) Das. I, 5, 66 b statt *διεπορεύετο τὴν Σαμάρειαν* hat Josephus (Altert. XII, 8, 6) *Μάρισσαν πόλιν.* Dieselbe Korruptel kommt auch Makkab. II, 12, 6 in der syrischen Version vor. ואזל לשמרין statt *διέφυγεν εἰς Μαρισά*, besser *Μάρισσαν.* Aus der Angabe, das. I, 5, 67, daß dort einige Priester gefallen sind, folgt mindestens, daß kein Sieg errungen wurde. Dasselbe deutet II, 12, 39 f. an.

[4]) Das. I, 5, 68. In II, 12, 37 kann das von Odollam Erzählte nicht richtig sein. Der Name der Lokalität ist gewiß korrumpiert.

lichen Verkehr mit den Griechen die Fahrt an der Küste mit Frauen und Kindern mitmachten, wurden sie — zweihundert Personen — von den Barbaren ins Meer geschleudert und fanden in den Wellen ihr Grab. Wegen dieser Untat an seinen Stammesgenossen zog Juda auch gegen Joppe, zündete den Hafen an und verbrannte die dort befindlichen Schiffe. Die hochgelegene Stadt zu erobern, schien ihm nicht leicht; er zog mit der Drohung ab, daß er bald wiederkehren werde [1]). Auch in der Stadt Jamnia, deren Bewohner feindseligen Geistes gegen die Judäer waren, verbrannte er den Hafen mit allen Waren, die sich darin befanden [2]).

Während Juda seine Stammesgenossen aus waffenscheuen Flüchtlingen, die sich in Höhlen verborgen gehalten, zu todesverachtenden Helden herangebildet, dem Volke Selbstvertrauen und Zuversicht auf die Zukunft eingeflößt und die Feinde der Judäer überall gedemütigt und gezüchtigt hatte, verhielt sich der syrische Hof so ruhig, als gingen ihn die Dinge gar nichts an. Ein ganzes Jahr war vergangen seit Lysias' Niederlage bei Bethzur, und in diesem Jahr hatten Makkabi und das Volk nicht bloß offene Empörung gegen den König getrieben, sondern auch dessen Untertanen überall kriegerisch angegriffen, ohne von diesem Reichsverweser gestört worden zu sein, und ohne daß er den Angegriffenen Schutz verliehen hätte. Was mochte Lysias, der doch die Zügel der Regierung in den Händen hatte, bestimmt haben, dieser trotzigen Herausforderung gleichgültig zuzusehen? Fehlten ihm die Geldmittel, um neue Mietstruppen anzuwerben? Hielt er die Judäer für unbesiegbar? [3]) Ein hochgestellter Mann am syrischen Hofe, Ptolemaios Makron, welcher früher im Dienste des ägyptischen Königs Statthalter von Cypern gewesen, und dann zu Antiochos Epiphanes übergegangen war, soll den Judäern das Wort geredet und den ihnen aufgelegten Religionszwang als ungerecht verurteilt haben [4]). — Mit einem Male trafen schwerwiegende Nachrichten aus Asien über Antiochos Epiphanes ein. Nachdem er den aufständischen Statthalter Artaxias in Armenien zum Gehorsam zurückgebracht, war er nach Parthien gezogen, ohne Waffenerfolge zu erringen und ohne seinen leeren Schatz füllen zu

[1]) Makkab. II, 12,3—7. In Makkab. I. wird dieses Faktum nicht erwähnt, ist aber vielleicht in 5, 68 bei der Erzählung von Azotos: *καὶ ἐσκύλευσε τὰ σκῦλα τῶν πόλεων*, angedeutet, daß er mehrere Städte im Philisterland bekriegt hat. II. setzt diese Begebenheit noch **vor** dem Zuge nach Peräa, hier ist diese Quelle aber voller Konfusion.

[2]) Das. II, 12, 8—9.

[3]) Das. II, 11, 13: *συνοήσας (Λυσίας) ἀνικήτους εἶναι τους Ἑβραίους.*

[4]) Das. 9, 12—13.

können. Von Geldnot getrieben, hatte er einen Zug nach der Stadt Susa in Elymais unternommen, um die dort in einem Tempel der Göttin Anaitis aufgehäuften Schätze zu plündern. Aber die Einwohner hatten sich ihm widersetzt und ihn zum Abzug gezwungen. Darauf war er in eine Krankheit in der persischen Stadt Tabä verfallen und hatte im Wahnsinn sein Leben ausgehaucht (Dezember 164). Er, der ein göttliches Wesen und göttliche Gerechtigkeit verspottete und darum Schändung des den Menschen Heiligen mit Seelenruhe beging, wurde zuletzt an sich irre, da alle seine Pläne kläglich gescheitert waren. Es ist wohl glaublich, daß er die Tempelschändungen auf dem Totenbette bereut hat oder deswegen in Raserei verfallen war [1]). Wahnwitz war jedenfalls seine letzte Verfügung, als er einen seiner Vertrauten, Philippos, zum Reichsverweser und Vormund seines jungen Sohnes, Antiochos V., eingesetzt hatte, obwohl er bereits vor seinem unternommenen Zuge Lysias unbeschränkte Vollmacht erteilt hatte. Werden diese beiden Nebenbuhler nicht einander zu bekämpfen suchen und dadurch sein Land in arge Zerrüttung versetzen? In der Tat war seine letztwillige Verfügung verhängnisvoll für das syrisch-mazedonische Reich und die seleuzidische Herrscherfamilie.

Antiochos' Tod brachte keine Veränderung in der Lage der Judäer hervor. Lysias herrschte nach wie vor, so als Vormund des jungen Königs Antiochos V. Eupator (Dezember 164 bis Nov. 162), wie früher als Statthalter, und blieb den Judäern gegenüber untätig. Er hatte jetzt noch mehr Grund, die ihm zu Gebote stehenden Kräfte nicht zu zersplittern, weil ihm zwei Feinde auflauerten. Von der einen Seite konnte Philippos jeden Tag eintreffen, durch Vorzeigung des von Antiochos Epiphanes auf dem Totenbette ihm überreichten Siegelringes sein Recht als Vormund und Reichsverweser geltend machen und ihn verdrängen, und auf der anderen Seite wühlte der Prinz Demetrios — das wußte Lysias —, der als Geisel in Rom zurückgehalten wurde, beim Senat und den einflußreichen Männern in Rom, daß ihm gestattet werde, nach Antiochien zurückzukehren und den ihm rechtmäßig gebührenden Thron einzunehmen. Spräche Rom das Wort Absetzung gegen Eupator aus, so wäre auch

[1]) Polybius tradiert, als Zeitgenosse, über Antiochos' Lebensende: *δαιμονήσας, ὡς ἔνιοί φασι*, und zwar weil er Wahrzeichen wahrzunehmen geglaubt, daß er wegen der versuchten Tempelschändung in Elymais dem Tode verfalle. Hat ihm dieses Seelenpein verursacht, so hat die Nachricht des Makkab. I, 6, 10 f. einen Anhalt, daß ihm peinliche Erinnerungen wegen seiner in Jerusalem begangenen Untaten aufgestiegen sind.

er verloren. Darum verhielt sich Lysias[1]) still, ganz still, um nicht die Aufmerksamkeit des mächtigen Rom auf sich lenken. Diese Untätigkeit des syrischen Regenten benutzte Juda Makkabi, um die unbehagliche Lage im Innern zu verbessern. Sie war nämlich sonderbar gestaltet.

In Jerusalem waren nahe aneinander zwei befestigte Plätze, von denen aus die feindlichen Parteien täglich Zerstörung und Tod einander zuschleuderten. In der Akra oder Birah, nordwestlich vom Tempel, hausten noch immer die Hellenisten mit ihrem Afterhohenpriester Menelaos, die, obwohl von dem syrischen Hofe verlassen, sich dennoch behaupteten und ihre Feindseligkeiten gegen die Nationalgesinnten und Treugebliebenen und gegen das Heiligtum fortsetzten[2]). Um ihre Angriffe auf den Tempel unschädlich zu machen, hatte Juda diesen mit einer hohen Mauer umgeben und mit Türmen versehen lassen. Woher die Hellenisten Mundvorrat bezogen, da sie von der Außenwelt abgeschnitten, nur auf die befestigte Burg angewiesen waren, bleibt rätselhaft, und ebenso, wie sie den Verkehr nach außen unterhalten konnten. Sie müssen dabei sehr listig und unterirdisch zu Werke gegangen sein. Wie lange sollte aber dieser fortwährende Krieg von zwei nahegerückten verschanzten Lagern aus dauern? Juda Makkabi traf Anstalten, ihm ein Ende zu machen. Er unternahm mit seinen Kriegern eine förmliche Belagerung gegen die Akra, errichtete Wälle und stellte Wurfmaschinen auf, um Felsstücke gegen die Mauern zu schleudern. In dieser Bedrängnis suchten einige Hellenisten die Einschließung zu durchbrechen, um zu dem jungen König Eupator zu gelangen, ihm ihr Leid zu klagen und um Abhilfe zu flehen. Es schlossen sich ihnen einige aus den Landstädten an, die es heimlich mit ihnen hielten und daher mit dem Aufschwung des Volkes unzufrieden waren. In Antiochien angekommen, brachten sie ihre Beschwerde an, daß sie um des Gehorsams willen gegen die Befehle seines Vaters und aus Anhänglichkeit an ihn von den Rebellen gezüchtigt, getötet und ihrer Güter beraubt worden seien.

[1]) Die Angabe Makkab. II, 11, 14 f., daß Lysias und Eupator nach Epiphanes' Tod Frieden mit Makkabi geschlossen, ist durchaus erdichtet, und die daselbst mitgeteilten urkundlichen Briefe haben keine Spur von Echtheit. Abgesehen von dem unrichtigen Datum 148 Sel., als dem Todesjahr des Epiphanes, ist es ganz undenkbar, daß Menelaos als Vermittler zwischen Juda Makkabi und dem syrischen Hof aufgetreten sein soll (das. 11, 28, 32). Noch undenkbarer ist es, daß die Römer dabei eine Vermittlerrolle gespielt haben sollen (34 f.). Die dort mitgeteilten vier Briefe sind ebenso gemacht, wie der judenfreundliche Brief des Antiochos Epiphanes, das. 9, 18 f.

[2]) Makk. I, 6, 19.

Sie stellten ferner Eupator oder seinem Vormund vor, daß, wenn auch noch die Akra in die Hände der hasmonäischen Schar fallen sollte, die Aufständischen unbezwingbar sein würden[1]). Daraufhin wurde am syrischen Hofe Beratung darüber gepflogen, und der Beschluß fiel dahin aus, mit Waffengewalt den rebellischen Judäern tatkräftig entgegenzutreten, ehe es zu spät würde. Die zur friedlichen Vermittelung mahnende Stimme des Ptolemäus Makron wurde nicht gehört, man beschuldigte ihn der Falschheit und des verräterischen Einverständnisses mit den Judäern, und aus Gram darüber trank dieser Gift[2]). So loderte abermals die Kriegsflamme auf (Frühjahr 163). Es war für die Judäer eine ungünstige Zeit; denn es war gerade Brachjahr, in welchem die Saat nicht bestellt werden durfte[3]). Und das Gesetz des Sabbatjahres wurde von denen, welche ihr Leben für ihre Lehre eingesetzt hatten, aufs gewissenhafteste befolgt. So wurde in diesem Jahre nicht gesäet und geerntet. Die Bevölkerung mußte sich mit den Baumfrüchten und dem Wenigen begnügen, was der Boden als Nachwuchs oder als Ertrag der Aussaat vor dem Beginn des Sabbatjahres geliefert hatte. Die Festungen, worin Besatzungen lagen, konnten nicht mit Mundvorrat versehen werden.

Lysias, in Begleitung des königlichen Knaben Eupator, zog abermals mit einem starken Heere Fußvolk, Reiterei und auch mit Elefanten, die er, dem Vertrag mit Rom zuwider, zum Kriege hatte abrichten lassen, gegen das Land Juda und schlug abermals die Richtung ein, um von Süden aus einzudringen. Makkabi konnte nur einige tausend Krieger ins Feld rücken lassen, da er zur Verteidigung der Festungen, des Tempels und Bethzurs, Besatzungsmannschaften zurücklassen oder noch verstärken mußte; er mußte sich daher auf Verteidigung beschränken. Die Feste Bethzur sollte den Feind lange hinhalten. Ihre Besatzung kämpfte auch tapfer und machte Ausfälle, um die aufgerichteten Sturmmaschinen zu zerstören. Allein sie konnte eine lange Belagerung nicht ausdauern, weil sie nur wenig Mundvorrat hatte, und die geheimen Wege, auf welchen ihr Lebensmittel zugeführt wurden, soll ein Verräter Rodokos aus ihrer Mitte

1) Makk. I, 6, 19f.

2) Das. II, 10, 12—13.

3) Der von Eupator unternommene Krieg wird Makkab. I. 6, 20 in das Jahr 150 Sel. = d. h. 163 gesetzt. Das Sabbatjahr aber begann mit Tischri = Sept. 149 Sel., da die Jahre 177 und 275 Sel. bestimmt Sabbatjahre waren. Allein da das I. Makkab. nach einem anderen Jahresanfange zählte, wahrscheinlich von Nisan, so reichte das Sabbatjahr noch in das Jahr 150 Sel. hinein.

dem Feinde verraten haben. So mußte die Besatzung von Bethzur, von Hungersnot geplagt, die Feste dem Belagerer unter der Bedingung freien Abzuges überliefern[1]). Von dieser Seite frei geworden, rückte das syrische Heer gegen Jerusalem. Nun blieb Makkabi nichts übrig, als ihm entgegenzutreten. Er lagerte bei Beth-Zacharia unweit Bethzur, und als es zum Treffen kam, verrichteten die Judäer wieder Wunder der Löwenherzigkeit. Einer der Hasmonäerbrüder, Eleasar Hawran, kroch unter den Leib eines Elefanten, im Wahne, daß der aufgeputzte Reiter darauf der König selbst wäre, erstach ihn und wurde von dem getöteten Tiere erdrückt. Aber die Überzahl des syrischen Heeres siegte. Juda zog sich mit seiner Mannschaft nach Jerusalem zurück und verschanzte sich in der Tempelfestung. Bald rückten Lysias, der König und das Heer ihm nach und begannen den Tempel regelrecht zu belagern, Wälle aufzurichten und mit Wurfmaschinen Steine und Pfeile hineinzuschleudern. Juda ließ es aber nicht an Gegenwehr fehlen, errichtete ebenfalls Schleudermaschinen. Allein da die Belagerung sich in die Länge zog, so wurde der, wegen des Sabbatjahres nicht reichlich vorhandene Mundvorrat von der Mannschaft aufgezehrt. Von Hunger gepeinigt, verließen die Krieger allmählich durch unterirdische Gänge die Tempelfeste und zerstreuten sich im Lande. Nur Makkabi, seine drei Brüder und die ihnen anhängende Mannschaft hielten unverzagt aus und trotzten dem Hunger. Jerusalem oder vielmehr die letzte Zuflucht, der Tempel, war nah daran, wie zur Zeit Nebukadnezars, durch Mangel an Nahrung zu fallen und vielleicht abermals zerstört zu werden. Da errettete ihn ein unerwartetes Ereignis.

Jener Philippos, den der sterbende oder wahnwitzige Antiochos Epiphanes zum Reichsverweser und Vormund seines Sohnes eingesetzt, hatte in der Zwischenzeit in Medien und Persien Truppen gesammelt und zog auf Antiochien zu, um Lysias die Herrschaft zu entreißen. Sobald dieser im Lager von diesem gegen ihn gerichteten Zuge Kunde erhielt, mußte er daran denken, die in Jerusalem lagernden Truppen seinem Feinde entgegenzuführen. Er überredete daher den jungen König, mit den Judäern Frieden zu schließen. Er machte als Grund geltend, daß der Mangel an Mundvorrat das Belagerungsheer bald zum Abzug zwingen würde. So kam ein

[1]) Makkab. I, 6, 28f. Bethzur muß sich schon vor Judas Entgegenrücken ergeben haben: das. V. 49 schließt sich an V. 31 an, und die Verba haben Plusquamperfekt-Bedeutung. — Von dem Verräter Rodokos gibt nur Makk. II, 13, 31 Nachricht. Die Erzählung ist aber sehr sagenhaft und rhetorisch ausgeschmückt.

Friedensschluß zustande (163), dessen Hauptbedingung war, daß den Judäern unbeschränkte Religionsfreiheit gewährt wurde. Auch die Festung des Tempels sollte verschont bleiben. Der König und sein Vormund beschworen den Vertrag, und darauf wurden ihnen die Pforten zum äußern Vorhofe des Tempels zum Einzug geöffnet. Aber sobald sie eingezogen waren, gaben sie eidbrüchig ihren Soldaten Befehl, die Mauern und Türme zu zerstören[1]), um die Judäer ihres letzten Schutzortes zu berauben. Sonst fügten sie dem Heiligtum keinen Schaden und keine Entweihung zu. Lysias hatte Eile seinem Feinde Philippos entgegenzuziehen, der sich indessen der Hauptstadt Antiochien bemächtigt hatte. So hatten die zahlreichen Kämpfe der Hasmonäer doch einen günstigen Erfolg erzielt. Die Religionsfreiheit war vorerst gewährleistet, und die Judäer wurden nicht mehr gezwungen, dem Zeus zu opfern, ihre Gesetze zu übertreten und sich mit Unterdrückung ihrer Gefühle zu hellenisieren. Aber noch einen zweiten Erfolg hatten die Kämpfe. Der syrische Hof zog die schützende Hand von den Hellenisten ab, und sie mußten die Burg Akra verlassen. Menelaos, der Urheber der unsäglichen Leiden, wurde von Lysias geopfert. Er sah ihn als Störenfried an und ließ ihn in Boröa (Aleppo) hinrichten[2]), nachdem er zehn Jahre das Hohenpriesterdiadem durch Untaten befleckt hatte. Jason, der zwar Menelaos' Verruchtheit nicht erreichte, aber doch auch das Seinige zur Umkehrung der Ordnung beigetragen hatte, war schon früher auf fremdem Boden gestorben. Von Antiochos Epiphanes verfolgt und von seinem Gastfreunde, dem nabatäischen Fürsten Aretas, aus seinem Lande gewiesen, war er nach Ägypten geflohen, hatte auch dort keinen Schutz erlangt, und soll, von Stadt zu Stadt umherirrend, zuletzt in Sparta sein Grab gefunden haben[3]).

[1]) Makkab. I, 51f. II, 13, 29. Sonderbar klingt Josephus' Bericht (jüd. Kr. I, 1, 5), daß Juda damals gar nicht in Jerusalem anwesend gewesen, sondern nach der Toparchie Gophnitica geflohen wäre. Die Erzählung im zweiten Makkab., daß Eupator den Tempel geehrt, Opfer darin dargebracht und Juda zum Strategen über das Territorium von Ptolemais bis Gazara eingesetzt habe, ist sagenhafte Ausschmückung. Das. V. 24 muß nämlich statt: *ἀπὸ Πτολεμαΐδος ἕως τῶν Γερρηνῶν* (oder *Γεννηρῶν*) nach der syr. Vers. gelesen werden: עדמא לגזר. Ebenso sagenhaft ist die Relation, daß die Ptolemäenser mit dem Friedensschluß unzufrieden gewesen, und Lysias sie habe beschwichtigen müssen.

[2]) Nicht bloß Makkab. II, 13, 3f. erzählt von Menelaos' Hinrichtung (allerdings zu früh angesetzt), sondern auch Josephus, Altert. XII, 9, 7; XX, 10, 1. Diese Erzählung scheint in Makk. I. zu Ende Kapitel 6 ausgefallen zu sein; denn Josephus folgt in den Altert. diesem Buche sklavisch und kannte das II. Makkab. gar nicht.

[3]) Makkab. II, 5, 8f.

Da infolge des Friedensschlusses zwischen dem syrischen Hofe und dem judäischen Volke nach langer Zeit die Ruhe wiedergekehrt war und die alte Ordnung ungestört wieder hergestellt werden konnte, so mußte notwendigerweise wieder ein Hoherpriester eingesetzt werden, um nach dem bisherigen Brauche nicht bloß an der Spitze des Tempels und der Priesterschaft, sondern auch an der des Gemeinwesens zu stehen. Wer war für dieses heilige Amt und für die Regierung würdiger als Juda Makkabi? Ihm scheint Antiochos Eupator oder sein Vormund Lysias diese Würde übertragen zu haben. Er hatte wohl auch in den zwei Jahren der beständigen Kämpfe nach der Tempelreinigung als Hoherpriester wenigstens vertretungsweise fungiert[1]. — In dieser eingetretenen Ruhezeit konnte der Krieger die Waffen aus der Hand legen, der Landbesitzer sein Feld bestellen, der Schriftkundige sich mit dem Gesetze und seiner Auslegung beschäftigen, die blutenden Wunden des Gemeinwesens begannen sich zu schließen und zu vernarben. Allein diese Ruhe sollte nicht von langer Dauer sein. Die Gemüter waren infolge der Parteiung und Bürgerkriege noch zu aufgeregt, als daß ein Schleier über das Vergangene hätte geworfen werden können. Noch gab es offene und geheime Hellenisten, welche Juda und seinen Anhängern, besonders den Chaßidäern wegen des ihnen aufgelegten Zwanges und der Vereitelung ihrer Bestrebungen grollten und sie haßten. Auf der anderen Seite verfuhren Juda und seine Gesinnungsgenossen mit großer Strenge gegen diejenigen, welche sich an dem Abfall von der väterlichen Sitte beteiligt hatten. Sie wurden, vielleicht nicht immer gerecht, aus dem Lande gewiesen oder sonst wegen religiöser Übertretungen bestraft[2]. Die Priester aus dieser Partei wurden nicht

[1] Josephus berichtet ausdrücklich, daß Juda drei Jahre die Hohenpriesterwürde inne gehabt habe (Altert. XII, 11, 2 Ende): καὶ τὴν ἀρχιερωσύνην ἔτος τρίτον κατασχὼν ἀπέθανεν. In der Reihenfolge der Hohenpriester (XX, 10) zählt er ihn aber nicht auf, ja im Widerspruch mit sich selbst läßt er an dieser Stelle unmittelbar auf Menelaos Alkimos folgen, und zwar noch vor Demetrios' Thronbesteigung, ohne Juda zu nennen. Die beiden Makkab. dagegen lassen Alkimos erst unter Demetrios zum H.-P. einsetzen. Dann muß Juda, da ein Hoherpriester doch zur Funktion im Tempel mindestens am Sühnetag nicht fehlen durfte, noch vor ihm fungiert haben, und zwar, wenn die von Josephus angegebenen drei Jahre richtig sind, vom Jahr der Tempelweihe Winter 148 bis zu Alkimos' Wahl 151 Sel. Es wird auch durch das Moment unterstützt, daß Alkimos ebenfalls drei Jahre fungiert hat (nach Josephus), nämlich 151—153 Sel. Sonst hätte die Dauer seiner Hohenpriesterwürde auf vier Jahre angesetzt werden müssen.

[2] Makkab. I, 7, 6f. Aus dieser Zeit stammt wohl die Relation, daß „zur Zeit der Griechen" einer hingerichtet worden sei, weil er am Sabbat ein

zum Tempeldienste zugelassen[1]). Diese Zurückgesetzten und Verfolgten lauerten auf eine Gelegenheit, Rache an ihren Feinden zu nehmen. Sie bot sich ihnen nur zu bald dar.

Der Prinz Demetrios, welchen Antiochos Epiphanes von der Nachfolge verdrängt hatte, und der immer noch in Rom als Geisel — man wußte nicht recht für wen und für was — zurückgehalten wurde, nahm einen günstigen Augenblick wahr, um sich aus Rom zu entfernen und den Sohn des Thronräubers samt seinem Vormund zu beseitigen. Lysias hatte nämlich die Torheit begangen, kriegsgeübte Elefanten augenfällig zu unterhalten und Kriegsschiffe zu bauen, obwohl der römische Senat es untersagt hatte. Da sandte Rom einen seiner strengsten Mahner nach Syrien, den Gesandten Cnäus Octavius, um nicht nur dem Regenten einen strengen Verweis zu geben, sondern auch die Elefanten töten und die Schiffe verbrennen zu lassen. Sein Befehl wurde ohne Widerrede ausgeführt; dafür wurde Octavius in Laodicea im Bade von einem Patrioten ermordet. Die Machthaber in Rom waren daher im Stillen mit dem Antiochensischen Hofe unzufrieden und drückten ein Auge zu, als Demetrios sich heimlich aus Rom entfernte, in Tripolis landete, nach Antiochien eilte, Volk und Heer für sich gewann, und den König Eupator samt seinem Beherrscher Lysias umbringen ließ (November 162).

Diesen plötzlichen Wechsel, welcher den Sturz mancher unter den beiden vorangegangenen Königen hochgestellten Persönlichkeiten zur Folge hatte, benutzten die judäischen Unzufriedenen, um Klagen und Anklagen gegen die Hasmonäerbrüder und ihren Anhang anzubringen. An ihre Spitze trat abermals ein Priester, Namens Jakim oder griechisch Alkimos, von dem man nicht weiß, ob er zu den entschiedenen oder zu den halben Griechlingen gehörte. Er war, wie es scheint, ein Brudersohn des angesehenen Gesetzeslehrers José, Sohn Joësers[2]), hielt sich aber an die Partei der Neuerer, vielleicht nur aus Berechnung, um mit ihrer Hilfe seinen Ehrgeiz zu befriedigen. Dieser war auf die Hohenpriesterwürde gerichtet, auf welche er vermöge seiner Abstammung mehr Berechtigung zu haben glaubte, als Juda Makkabi, welcher nur aus der eben erst emporgekommenen Priesterfamilie Jojarib stammte. Alkimos war erbittert, daß er wegen seiner Vergangenheit zurückgesetzt und vom Altar und

Pferd geritten: מעשה באחד שרכב על סוס בשבת בימי יונים והביאוהו לבית דין וסקלוהו (Synhedrin p. 46a. Jebamot 90b).

[1]) Vergl. o. S. 323.

[2]) Vergl. weiter unten.

Tempel ausgeschlossen wurde[1]). Er und seine Gesinnungsgenossen begaben sich — wie man sich erzählte, mit einer goldenen Einleitung — zu Demetrios, machten ihm eine düstere Schilderung von der Lage Judäas und klagten Juda und die Chaßidäer als Urheber derselben an, weil sie nur auf Aufstand und Krieg sännen und dem Lande keine Ruhe gönnten. Die Spitze der Anklage war gegen Makkabi gerichtet, so lange dieser lebe, werde das Land den Frieden entbehren müssen[2]). Demetrios war diese Anklage erwünscht, sie gab ihm Gelegenheit, seine Macht über das halb und halb von Syrien losgelöste Ländchen, dessen Beispiel verführerisch hätte wirken können, geltend zu machen. In die Fußtapfen seines Oheims trat er allerdings nicht, von neuem Religionszwang zu befehlen. Aber durch die Einsetzung eines Hohenpriesters seiner Wahl, zugleich als politisches Haupt des Landes, wollte er dem judäischen Volke den Herrn zeigen. Um jeden Widerspruch und Widerstand zu beseitigen, sandte er einen rauhen, unerbittlichen Kriegsmann Bakchides[3]) mit einer Schar nach Jerusalem, um Alkimos als Hohenpriester einzusetzen und den Ernst des Königs zu verkünden, daß er jede Auflehnung gegen seine Befehle unnachsichtig ahnden werde. Alkimos und die Hellenisten, welche des Makkabäers Heldenmut fürchteten, scheinen Bakchides geraten zu haben, dem Volke anfangs ein freundliches Gesicht zu zeigen und die nationale Partei durch friedliche Beteuerung und durch List in seine Gewalt zu bringen. Der syrische Bevollmächtigte näherte sich hierauf Jerusalem mit Frieden auf den Lippen; aber Juda, seine Brüder und treuen Anhänger täuschte er keineswegs.

1) Makkab. I, 7, 5: *Ἄλκιμος . . βουλόμενος ἱερατεύειν* kann nichts anderes bedeuten, als daß er Hoherpriester werden wollte, also es bis dahin noch nicht gewesen war. II, 14, 3 *προγενόμενος ἀρχιερεύς* kann doch unmöglich sagen wollen, er sei schon früher Hoherpriester gewesen, da gleich darauf (V. 7): *ἀφελόμενος τὴν προγονικὴν δόξαν, λέγω δὴ τὴν ἀρχιερωσύνην*, gesagt wird, er sei lediglich von hohenpriesterlicher Abstammung gewesen. Denselben Sinn muß auch der Passus in V. 3 haben, oder er ist korrumpiert.

2) Die allerdings rhetorisch gefärbte Schilderung das. II, 14, 6—11 gibt die Stimmung oder Mißstimmung der Hellenisten getreu wieder.

3) Makkab. I, 7, 8 f. läßt Bakchides erst unter Demetrios auftreten, dagegen erscheint er in II, 8, 30 schon unter Antiochos Epiphanes mit Timotheos als Gegner der Judäer. In der Quelle, aus welcher Josephus die Darstellung der Makkabäerkriege im jüdischen Kriege schöpfte (I, 1, 2), spielt Bakchides eine Hauptrolle, um Antiochos Epiphanes' Blutbefehle zu vollstrecken: *καὶ Βακχίδης, ὁ πεμφθεὶς ὑπ' Ἀντιόχου φρούραρχος κ. τ. λ.* Ebenso kennen die agadischen Erzählungen der Makkabäergeschichte, das מדרש לחנוכה, sowie das מגילת אנטיוכוס, nächst Nikanor lediglich Bakchides und zwar korrumpiert בגריס statt בגדיס (ebenso im Syrischen בכריוס statt בכדיוס).

Sie hatten die Gewißheit, daß es auf ihr Leben und auf eine neue Unterjochung des Landes abgesehen war, verließen die Hauptstadt und eilten in das Gebirge, um von hier aus bei günstiger Zeit abermals als Retter aufzutreten. Aber die arglosen Chaßidäer ließen sich vom Schein täuschen. Sie hatten Vertrauen zu Alkimos, weil er von Ahrons Stamm, oder vielleicht weil er mit einem der angesehenen Gesetzeslehrer verwandt war. Eine große Versammlung von angesehenen Schriftgelehrten, vielleicht die ganze Körperschaft des wiederhergestellten hohen Rates, begab sich zu Bakchides und Alkimos, versicherten ihre Treue und Friedfertigkeit und baten für die Beruhigung des Landes Sorge zu tragen und der Gewalttätigkeit, welche zur Verwilderung führte, endlich ein Ende zu machen. Der neue Hohepriester gab seinerseits die Versicherung, daß er dieselbe Absicht habe, dem Lande Frieden und Wohlfahrt zu geben und beschwor seine Versicherung. Als er aber von Tempel und Stadt Besitz genommen hatte, ließ er oder Bakchides auf seinen Rat sechzig der zu ihm übergetretenen Chaßidäer an einem Tage hinrichten, und darunter war wahrscheinlich auch sein Oheim José, Sohn Joësers[1]). Diese Schandtat mit Eidesbruch gepaart, verbreitete Entsetzen und Trauer im ganzen Lande. Die Schreckenstage unter Antiochos Epiphanes und Menelaos sollten sich also wiederholen! Die Augen des Volkes richteten sich daher wieder auf den Makkabäer, die Herzen flogen ihm zu. Viele derjenigen, welche früher zu Alkimos' Partei übergegangen waren, fielen wieder von ihm ab[2]) und suchten die Hasmonäerbrüder in Modin auf.

Als gleich darauf Bakchides in einem Orte Beth-Zakkaï oder Beth-Zacharia[3]) unweit Jerusalem eine Anzahl derjenigen, welche sich von Alkimos losgesagt hatten, umzingeln, töten und ihre Leichname in eine Zisterne werfen ließ, so loderte die Flamme des Bürgerkriegs von neuem auf (161). Männer und Jünglinge, welche ihr Vaterland und die Freiheit liebten, scharten sich wieder um die Hasmonäerbrüder. Alkimos dagegen zog die Ehrgeizigen, Genußsüchtigen und Gesetzesübertreter an. So standen abermals zwei Parteien einander feindlich gegenüber. Anfangs war die hellenistische Partei mächtiger, da sie wieder den Schutz fremder Truppen für sich hatte,

[1]) Makk. I, 7, 12—16. Man bezieht mit Recht auf dieses Faktum die Erzählung in Genesis Rabba Kap. 65: יקים איש צרודות (צרידה) היה בן אחותו של יוסי בן יועזר איש צרידה והוה רכיב סוסיא בשבתא אזל . . למצטבלה.

[2]) Das. I, 7, 19.

[3]) Statt *Βεζέθ* das. hat Vulgata die L.-A. Bethzecha und Peschito בית־דרא. Hier ist zu lesen: בית־דכא = בית־זכא und dieses vielleicht identisch mit בית־זכריה.

welche Bakchides im Lande zurückgelassen und abermals auch in die Akra gelegt hatte [1]). Mit diesen zog er durch das Land, um die Einwohner zum Gehorsam gegen Demetrios und zur Anerkennung seiner Stellung zu zwingen. Allmählich wuchs aber Makkabis Anhang, und er führte wieder Fehden gegen die Hellenisten, züchtigte die Überläufer und verbreitete solchen Schrecken, daß sich Alkimos' Anhänger nicht mehr in den Landstädten blicken lassen konnten. Sie blieben auf Jerusalem beschränkt [2]).

Wie seine Vorgänger, so glaubte auch Alkimos sein Ansehen, statt durch Volksfreundlichkeit, lieber durch Anlehnung an den syrischen Hof behaupten zu können. Er eilte nach Antiochien, brachte von neuem Klagen und Anklagen gegen die Hasmonäer vor und fand abermals Gehör. Der König Demetrios hatte sich im ersten Jahr seiner Regierung durch sein barsches und rasches Verfahren viele Feinde gemacht, er stieß auf vielen Seiten auf Feindseligkeiten; die Römer waren ihm nicht wohl gesinnt. Darum war er auf seine königliche Autorität besonders eifersüchtig und glaubte jede Ungefügigkeit äußerst streng ahnden zu müssen.

Mit den rebellischen Judäern glaubte er rasch fertig zu werden. Er sandte einen seiner Krieger, Namens Nikanor, der mit ihm aus Rom entflohen war, Führer der Elefantentruppen im Kriege [3]), nach Juda, um mit unerbittlicher Strenge gegen die Aufständischen zu verfahren. Auch dieser Feldherr hielt es für nötig, anfangs freundlich vorzugehen, weil er Makkabis Einfluß auf das Volk kannte, und dieser es leicht zu einem so hartnäckigen Kampfe hätte begeistern können, daß ein Sieg schwer geworden wäre. Auch wollte Nikanor Zeit gewinnen, bis die ihm zur Verfügung gestellten Truppen eingetroffen sein würden. Man erzählte sich, daß der syrische Feldherr, welcher von Judas Tapferkeit und Seelengröße immer neue Züge erfahren hatte, sein Bewunderer geworden sei und eine Versöhnung zwischen ihm und dem König habe herbeiführen wollen. Er habe daher drei Vertrauensmänner an Makkabi gesandt, Posidonios, Theodotos und Mattathia, und habe Vorschläge zur Ausgleichung gemacht. Diese seien auch für Juda und seine Anhänger annehmbar gewesen, und infolgedessen habe eine Unterredung zwischen ihm und Nikanor

[1]) Makkab. I, 7, 33.

[2]) Das. 7, 24 f.

[3]) Dieser Nikanor ist durchaus verschieden von jenem Feldherrn unter Antiochos Epiphanes, vergl. Note 16. Josephus Altert. XII, 10, 5 gibt an, daß Nikanor mit Demetrios aus Rom entflohen sei, also identisch ist mit dem Polybius 31, 22 erwähnten.

stattgefunden. Der letztere sei bei der persönlichen Bekanntschaft mit dem judäischen Helden von ihm so bezaubert gewesen, daß er ihm geraten habe, nach eingetretenem Frieden eine Frau heimzuführen, um ein Heldengeschlecht in die Welt zu setzen. Dieses gute Einvernehmen habe Alkimos gestört, indem er dem König berichtet habe, daß Nikanor eine falsche Rolle spielte, seinen Feind Juda begünstigte und ihn gar zum Hohenpriester an seiner Stelle einzusetzen gedächte. Daraufhin habe der König Nikanor den gemessenen Befehl zugehen lassen, sich aller Unterhandlungen zu enthalten, vielmehr ihm Juda gefesselt nach Antiochien zu senden[1]).

Dieser hatte indes einen Wink erhalten, daß er der Freundlichkeit nicht trauen sollte, und zog sich in die Sicherheit des Gebirges zurück. Dort suchte ihn Nikanor mit seinen Truppen auf. Es kam bei Kapharschalama[2]) an der Grenze von Samaria zum Treffen, Nikanors Heer erlitt eine Niederlage und mußte sich in die Akra zurückziehen. Darüber erbittert und vielleicht auch besorgt, daß diese Niederlage ihm am antiochensischen Hofe als falsches, abgekartetes Spiel ausgelegt werden könnte, nahm Nikanor die Erneuerung des Krieges mit Tatkraft auf. Am meisten lag ihm aber daran, sich Juda Makkabis zu bemächtigen; dieser eine wog ein Heer auf. Er begab sich daher auf den Tempelberg[3]), um seinen Befehl kund zu geben, daß ihm der Held ausgeliefert werden sollte. Als ihm die Priester und Mitglieder des Rates freundlich entgegenkamen und ihn bedeuteten, daß sie ihre Treue gegen den König dadurch bewährten, daß sie täglich für sein Wohl opferten, fuhr er sie barsch an, verspottete sie, und hob drohend seine Hand gegen den Tempel mit einem Schwure, daß er ihn verbrennen würde, wenn ihm Juda nicht ausgeliefert werden sollte. Nikanor machte gewissermaßen das

[1]) Was Makk. II, 14, 18f. von der Freundlichkeit Nikanors gegen Juda erzählt wird, muß einen historischen Kern haben, da drei Vermittler mit Namen genannt werden. Auch die Anklage Alkimos' gegen Nikanor, daß er Juda zu seinem Nachfolger, zum Hohenpriester, machen wollte (V. 26b) *Ἰούδαν διάδοχον ἀναδέδειχεν ἑαυτοῦ* ist situationsgemäß. Den freundlichen Verkehr deutet auch Makkab. I, 7, 28 an.

[2]) Das. I, 7, 31 *Χαφαρσαλαμά*. In einer älteren Boraitha wird ein Ort כפר־שלם genannt, der in der Nähe von Samaria von Heiden bewohnt war (jerus. Aboda Sara V. p. 44d): בראשונה היו אומרין (יינה) של עין־כושית (אסור) מפני כפר־שלם; (Babli Aboda Sara p. 31a): של זגדור אסור מפני כפר־שלים. Da nun Makkab. II, 15, 1 angegeben ist, daß Juda und seine Leute in der Gegend von Samaria sich aufgehalten haben: *τοὺς περὶ τὸν Ἰούδαν ὄντας ἐν τοῖς κατὰ Σαμάρειαν τόποις*, so muß Chapharsalamá gleich Kephar-Schalem an der Grenze von Samaria gesucht werden.

[3]) Makkab. I, 7, 33; II, 14, 31; vergl. o. S. 323, Anm. 4.

ganze Volk und jeden einzelnen dafür verantwortlich, wenn ihnen das Heiligtum am Herzen läge und sie dessen Zerstörung abwenden wollten, daß sie darauf bedacht sein müßten, ihm zu Judas Gefangennahme behilflich zu sein. Um die Judäer selbst noch mehr zur Auslieferung zu nötigen, gab Nikanor Befehl, den angesehensten Mann in Jerusalem, den frommen Ragesch oder Razis, welcher wegen seiner allgemeinen Beliebtheit „Vater der Judäer" genannt wurde [1]), festzunehmen und ihn als Geisel zu behalten, vielleicht ihn auch Qualen zu unterwerfen, bis ihm der so sehr gefürchtete Held des judäischen Volkes in die Hand geliefert würde. Ragesch soll aber bei Annäherung der Häscher sich selbst entleibt haben [2]). Mit allem Eifer suchte Nikanor Juda im Gebirge auf, von einem zahlreichen Heer begleitet. Sein Lager schlug er bei Bethoron auf. Juda hatte indessen dreitausend seiner tapfersten Anhänger um sich gesammelt und stellte sich bei Adarsa [3]) auf. Als es zur Schlacht kam, siegte abermals die judäische Tapferkeit über die Überzahl der Syrer. Nikanor verlor gleich beim Beginn des Kampfes sein Leben, und darauf löste sich das Heer in wilder Flucht auf, von den judäischen Kriegern verfolgt. Die Bewohner sämtlicher Städte und Dörfer, welche die flüchtigen Syrer berührten, setzten ihnen nach, schlugen sie nieder, und keiner von ihnen soll Gazara erreicht haben, wohin ihre Flucht gerichtet war. Die Schlacht bei Adarsa, am dreizehnten Adar (160), war so entscheidend, daß der Schlachttag als ein Sieges- und Freudentag für alle Zeit, gleich den Tagen der Tempelweihe, eingesetzt wurde, und er wurde noch lange Zeit unter dem Namen Nikanortag (Jom Nikanor) gefeiert. Den Kopf und den Arm Nikanors, welche von seinem Leibe getrennt wurden, hängten die Sieger als Trophäe an der Mauer Jerusalems auf [4]).

[1]) S. o. S. 251.

[2]) Makkab. II, 14, 37 f.

[3]) Das. I, 7, 39. Statt *Ἀδασὰ* im gr. Text hat Vulgata Adars und Peschito ארכא; hier scheint aber das dem ד gleiche ר ausgefallen zu sein. Das. V. 44 ist angegeben, daß die fliehenden Feinde eine Tagereise bis Gazer zurückzulegen hatten. Gazer lag ungefähr 4/5 röm. Meile nördlich von Lydda (S. Bd. I, S. 80, Anm. 1). So muß Adarsa nördlich von Bethoron gelegen haben, daher die weite Strecke vom Schlachtfelde bis Gazer.

[4]) Das. I, 7, 49 f. II, 15, 36 ausgeschmückt; Megillat Ta'anit zum 13. Adar; jerus. Taanit II. p. 669 babl. das. p. 18b. Vergl. Bd. III. Note zum historischen Kalender Megillat Ta'anit. — Mit Recht bemerkt Schürer (Lehrb. d. neutest. Zeitgeschichte, S. 90 Note), daß der Sieg über Nikanor im März 160 stattgefunden haben muß, da Demetrios erst Ende 162 die Regierung antrat. Innerhalb drei Monaten im Jahre 161 können die Begebenheiten sich nicht zusammengedrängt haben.

Die Freude über den großen Sieg über den lästernden Feind Nikanor erzeugte einen Jubelpsalm, welcher die Stimmung der judäischen Krieger zum vollen Ausdruck bringt:

„Singet dem Herrn ein neues Lied,
Sein Ruhm in der Gemeinde der Chaßidäer.
Israel mag sich seines Schöpfers freuen,
Zions Söhne ihrem König zujauchzen.
Preiset seinen Namen mit Reigen,
Mit Handpauke und Harfe lobsinget ihm.
Denn Gott hat Wohlgefallen an seinem Volke,
Er verherrlicht die Dulder mit Sieg.
Frohlocken können die Chaßidäer in Ehren.
Jubeln auf ihrem Lager,
Gottes Preis in ihrem Munde
Und ein zweischneidig Schwert in ihrer Hand,
Um Rache an den Völkern zu üben,
Strafgerichte an den Nationen.
Ihre Könige in Fesseln zu schlagen
Und ihre Vornehmen in eiserne Bande,
An ihnen zu vollstrecken das vorgeschriebene Gericht.
Glanz ist er allen seinen Frommen.
Halleluja [1])!“

Juda und die Hasmonäer-Partei waren wieder Herren von Jerusalem, da Alkimos sich schon vor der Schlacht daraus entfernt hatte [2]). Wahrscheinlich stellten sie abermals die gestörte Ordnung wieder her und verbannten die Anhänger der Gegenpartei. Da aber Makkabi die Unsicherheit der Lage nicht verkannte und voraussah, daß Demetrios die Niederlage eines Teiles seines Heeres anders als seine Vorgänger in ihrer Zerfahrenheit nachdrücklich ahnden würde, so tat er einen Schritt von zweifelhaftem Werte; er knüpfte Verbindungen mit dem damals bereits allmächtigen Rom an. Er wußte, daß Demetrios noch nicht vom römischen Senate anerkannt war, und jede Beschwerde gegen ihn in Rom Gehör fand. Er sandte demgemäß zwei der griechischen Rede kundige Judäer, Eupolemos, Sohn Jochanans aus der priesterlichen Familie Ha-Koz (Akkos), und Jason, Sohn Eleasars [3]), entweder geradezu nach Rom oder an römische Gesandte, welche öfter Ägypten, Syrien und Kleinasien bereisten, um mit ihrem Machtgebot die Fürsten und die Völker in Angst und Zaum zu erhalten. Indessen kaum hatten seine Botschafter das Ziel ihrer Reise erreicht, mußte Juda wieder zum Schwerte greifen.

1) Vergl. Note 17.

2) Folgt aus Makkab. I, 9, 1.

3) Die Absendung der Gesandten Makkab. I, 81 f. II, 4, 11 ist wohl Tatsache, da Personennamen genannt werden. Aber die mitgeteilte Urkunde ist entschieden apokryph. Das. I, 8, 17 τοῦ Ἀκκώς ist gleich בן־הקוץ.

Demetrios hätte sogleich bei der Nachricht von Nikanors Niederlage ein zahlreiches Heer mit dem erbarmungslosen Bakchides an der Spitze in Judäa einrücken lassen. Dieser nahm seinen Weg über Galiläa, nahm die Stadt Khesuloth im Eingange zur großen Ebene Jesreël, welche Widerstand geleistet haben muß, und verbrannte sie[1]). Er zog durch die Ebene weiter, tötete die Judäer, auf die er stieß, und stand im Monat Nisan bereits vor Jerusalem. Juda hatte die Hauptstadt verlassen müssen, weil sie, der Mauern beraubt, keinen Schutz mehr bot. Er erließ aber einen Aufruf an Männer und Jünglinge, sich zum Kampf für Vaterland, Gesetz und Freiheit einzustellen; allein nur dreitausend hatten sich zu ihm geschart. Hatte das zahlreiche syrische Heer eine solche Entmutigung und Bestürzung erzeugt, oder hielten sich viele vom Kriege fern, weil Demetrios nur Unterwürfigkeit verlangte und nicht Gewissenszwang auflegte? Oder waren die Strengfrommen, die Chaßidäerpartei, mit Juda unzufrieden, weil er sich weltlicher Mittel bediente und bei Heiden Hilfe suchte? Der Laut einer solchen Unzufriedenheit ist noch aus einer unbestimmten Sage vernehmbar. Man habe den Hasmonäern zugerufen: „Verwünscht der Mann, der Fleisch zu seiner Hilfe macht, gesegnet der Mann, der auf Gott allein sein Vertrauen setzt“[2]). Was auch der Grund der Zurückhaltung gewesen sein mag, es war schlimm, daß Juda wenig Zuzug erhielt. Mit den dreitausend Streitern zog Juda südwärts und lagerte bei Eleasa, da das Gebirge im Norden keine Sicherheit mehr bot. Bakchides verfolgte die judäische Schar mit zwanzigtausend Mann Fußvolk und zweitausend Reitern, wie erzählt wird, und schlug sein Lager in Birat (Birat-Malka unweit Bethlehem?)[3]) auf. Beim Anblick dieser Heeressäulen entfiel den meisten judäischen Kriegern der Mut. Sie bestanden darauf, für den Augenblick den Kampf nicht aufzunehmen, sondern sich zu zerstreuen und einen größeren Zuzug von Kämpfern abzuwarten. Vergeblich

[1]) Makk. I, 9, 2. *Γάλγαλα* ist verschrieben für Galiläa. *Μασσαλώθ* oder *Μεσσαλώθ* ist כסלות im Eingange von Galiläa in die Ebene Jesreël, wie einige emendiert haben. Über *Ἄρβηλα* o. S. 248, Anm. 4.

[2]) Midrasch zu Chanuka aus Nathan Ghazats חמדה הימים zu Chanuka abgedruckt bei Jellinek Bet-ha-Midrasch I p. 140.

[3]) Makkab. I, 9, 3—4. Statt *Βερέαν* hat die syr. Version בירת. Nun wird jerus. Berachot II. p. 5b: בירת מלכא דבית לחם יהודה genannt, an einer Parallelstelle בת ערבה. Die Lage von Eleasa oder Elasa oder Laida (nach der Vulgata) ist unbekannt. Die Zeit der Schlacht ist Makkab. I, 9, 3 angegeben, im ersten Monat 152 Sel. d. h. etwa April 160. Die Zeit zwischen dem Siege über Nikanor und dem Tode Judas betrüge demnach kaum 1½ Monat. Es müßte denn sein, daß damals ein Schaltjahr war, und der Nikanortag in den ersten Adar gefallen wäre.

bot Juda seine Beredsamkeit auf, um sie zum Standhalten zu entflammen. Die meisten zogen ab, und nur achthundert Krieger blieben um Juda. Mit den Beherztesten dieser geringen Mannschaft griff er Bakchides rechten Flügel an, brachte ihm eine Niederlage bei, schlug ihn in die Flucht und verfolgte ihn bis zur Grenze von Aschdod (Azotos). Die zurückgebliebenen judäischen Krieger konnten aber dem Stoß des linken syrischen Heeresflügels nicht widerstehen, sie wurden aufgerieben, und als Juda von der Verfolgung zurückkehrte, mußte er es mit diesem aufnehmen. Er und die Seinigen taten wieder Wunder der Tapferkeit. Auf beiden Seiten fielen Tote und Verwundete, die Schlacht dauerte von morgens bis abends. Aber die judäischen Krieger schmolzen immer mehr zusammen, und der Überrest wurde vom Feinde umzingelt. Endlich fiel auch Juda Makkabi mit dem Schwerte in der Hand. Da entflohen die wenigen, und seine Brüder waren so glücklich, wenigstens des Helden Leiche vor Beschimpfung zu retten und in Sicherheit zu bringen. Die Schlacht bei Eleasa oder Birat (Nisan, April 160) schien alle bisherigen Errungenschaften vereitelt zu haben. Die hasmonäische Schar löwenherziger Kämpfer war zersprengt. Alkimos nahm wieder Besitz von der Hauptstadt und dem Tempel; er konnte triumphieren.

Aber die Jahre lang dauernden Makkabäerkämpfe waren doch nicht vergeblich gewesen. Sie hatten das Volk aus seiner Erstarrung geweckt und es verjüngt. Märtyrerblut heilt Wunden, sagt man. In der Tat waren durch die blutige Aufopferung alle alten Wunden geheilt. Nach außen war die Schmach abgetan, mit der der judäische Name bedeckt war. Die spottsüchtigen Griechen, welche Judas Arm empfunden hatten, verzogen nicht mehr beim Anblick einer judäischen Schar ihren Mund zum Höhnen, und die Judäer brauchten nicht mehr die Kinderei der olympischen Spiele mit zu machen, um ihre Ebenbürtigkeit zu beurkunden. Nach innen hatte das Volk sich selbst und seine Aufgabe kennen gelernt; es hatte sich als Gottesvolk bewährt, das berufen sei, seine eigene Lehre, seine Religion und sein Sittengesetz zu tragen, und es hatte Kraft gezeigt, daß es imstande sein würde, diese heiligen Güter zu schützen. Die opferbereite Hingebung, welche der Prophet Eliahu zuerst im winzigen Kreise gelehrt, die anawitischen Dulder unter götzendienerischen Königen in der Heimat und der Fremde betätigt und der zweite Jesaia mit feueriger Beredsamkeit gepredigt hatten, wurde durch die makkabäischen Kämpfe und Märtyrer vom ganzen Volke als eine selbstverständliche Pflicht beherzigt.

Noten.

9[1]).

Zahl der nach Babylonien Exilierten.

Das Buch Jeremia hat zum Schluß einen Anhang über die Verbannten nach Babylonien, der wegen seiner sonderbaren Angabe der Zahlen und Daten die Exegeten, Historiker und Chronologen in Verzweiflung bringt. Es wird da berichtet, Nebukadnezar habe in seinem siebenten Regierungsjahr 3023 in Verbannung geschickt, in seinem achtzehnten Jahre 832, und in seinem dreiundzwanzigsten Jahre habe Nebusaradan, sein Feldherr, 745 verbannt. Die Zahlen sind korrekt, denn zum Schluß wird die Summe sämtlicher Exilierten angegeben: 4600. Auffallend ist zunächst an diesem Anhang, daß diese Angabe im Buche der Könige, wohin sie eigentlich gehört, nicht angeführt wird. Noch auffallender ist die Zeitangabe. 1. Es wird von einer Verbannung des Jahres 7 Nebuk. referiert. Allein in diesem Jahre, im letzten Jahre Jojakims, fand kein Krieg und keine Belagerung statt. Die kriegerische Unternehmung Nebukadnezars gegen Jerusalem trat erst während Jojachins Regierung ein, und die Übergabe der Stadt fand erst im Jahre 8 Nebuk. statt, wie ausdrücklich angegeben ist (Könige II, 24, 12): ויקח אתו (את יהויכין) מלך בבל בשנת שמנה למלכו. In diesem Jahre erfolgte die erste Verbannung (das. 14—16). Denn da Jojachin nur 3 Monate regiert hat, so fallen der Krieg, die Belagerung Jerusalems, die Übergabe und die Verbannung, alles ins Jahr 8 Nebuk. Damit steht nun die Angabe von der Verbannung des Jahres 7 in vollem Widerspruch. — 2. Im achtzehnten Jahre soll nach dem Anhange eine zweite Verbannung stattgefunden haben. Aber Jerusalem wurde erst nach der wiederholten Angabe in Könige und Jeremia im Jahre 19 Nebuk. zerstört. Die Belagerung, welche die Zerstörung Jerusalems zur Folge hatte, dauerte vom 10. Monate des Jahres 9 Zedekia bis zum 4. Monate des Jahres 11 Zedekia, also 18 Monate, d. h. vom Jahre 17 bis zum Jahre 19 Nebuk. Erst nach der Einnahme der Stadt, mindestens einen Monat später erfolgte die Verbannung, also im Jahre 19 Nebuk. Das war die zweite Verbannung, diese soll im Jahre 18 Nebuk. stattgefunden haben — zweiter greller Widerspruch. Endlich 3. soll im Jahre 23 Nebuk. noch eine dritte Verbannung stattgefunden haben, wovon

[1]) Da sich ein Teil dieser Noten auch auf den Inhalt des zweiten Bandes erster Hälfte bezieht, und beide Bände überhaupt zusammengehören, so bilden hier die Nummern eine Fortsetzung derer der ersten Hälfte.

das Buch der Könige gar keine Nachricht hat. Die notbehilfliche Ausgleichung, daß die in dieser Urkunde aufgezählten Deportationen nicht mit den in den anderen Quellen angegebenen koinzidieren, sondern diesen vorangegangen seien, so daß Nebuk. im siebenten und achten, ferner im achtzehnten und neunzehnten J. deportiert hätte, diese Ausgleichung ist absurd. Denn warum zählt diese Quelle gerade die der Entscheidung vorangegangenen Deportationen auf und verschweigt gerade die wichtigen nach der Einnahme Jerusalems? Aber auch abgesehen von diesem Umstande, so kann ja Nebuk. nicht im 7. Jahre Gefangene gemacht haben, da er erst im darauffolgenden Jahre den Krieg gegen Jojachin unternommen hat. Denn das ist doch wohl unstreitig, daß er gegen Jojakim durchaus nicht Krieg geführt hat, wie es das Buch der Könige darstellt, gegen dessen Autorität die Angabe der Chronik (u. Daniels), sobald sie im Widerspruch damit steht, zurücktreten muß. Hat also Nebuk. erst im 8. Jahre Judäa bekriegt, so kann er nicht ein Jahr vorher judäische Gefangene deportiert haben.

Indessen ist die hier aufgeworfene Schwierigkeit nicht unlösbar. Offenbar gab es zweierlei chronologische Berechnungen nach den Jahren Nebukadnezars. Wie die angeführte Stelle in Jeremia die Zerstörung des Tempels ins 18. J. Nebuk. setzt, so auch Josephus (Contra Apionem I. 21): *Γέγραπται γὰρ ἐν αὐταῖς (ἡμετέραις βίβλοις), ὅτι Ναβουχοδονόσορος ὀκτωκαιδεκάτῳ τῆς αὐτοῦ βασιλείας ἔτει τὸν . . ναὸν ἠρήμωσε.* Die verschiedenen Datumangaben widersprechen also nicht einander, sondern beruhen auf einer differierenden Zählungsweise. Die eine Quelle setzt die Zerstörung ins Jahr 18 und die andere ins Jahr 19 Nebuk. Möglich, daß diese Differenz in der Verschiedenheit der Jahresanfänge ihren Grund hat. Die abweichende Notiz zählt also ein Jahr weniger, spricht aber immer von demselben Faktum.

Also das Jahr 7 in diesem Anhang entspricht dem Jahr 8 bei den übrigen.
„ „ „ 18 in „ „ „ „ „ 19 „ „ „
Folglich „ „ 23 in „ „ „ „ „ 24.

In beiden ist also von denselben Deportationen die Rede. Dadurch ist die chronologische Schwierigkeit gehoben; die sachliche kann aber ebenfalls ausgeglichen werden. Wir wollen sie uns aber zuerst in ihrer Schärfe vergegenwärtigen. In dem Anhange ist die Zahl der ersten Deportation auf 3023 angesetzt und zwar im 7/8 Jahre Nebuk., d. h. bei Jojachins Gefangennahme. Aber diese Zahl ist viel zu gering. In Könige (II, 24, 14) ist die Zahl der Deportierten angegeben auf 10000: והגלה את כל ירושלם ואת כל השרים ואת כל גבורי החיל עשרת אלפים גלה וכל החרש והמסגר. In Vers 18 lautet die Zahl anders: ואת כל אנשי החיל שבעת אלפים והחרש והמסגר אלף הכל גברים עשי מלחמה. Doch davon später. Die erste Deportation betrug also 10000 oder 8000 nach der einen Quelle und nach der anderen nur etwa 3000. Für die Zahl der Gefangenen bei der zweiten Deportation im Jahre 18/19 Nebuk. hat diese Quelle gar keine Angabe. Nach dem Anhange soll sie aber nur 832 betragen haben. Ist die Zahl nicht viel zu gering? Die zweite Deportation muß, so sollte man denken, viel, viel stärker als die erste gewesen sein, da der größte Teil des Volkes exiliert wurde und nur ein Minimalteil unter Gedalja geblieben ist. Für die Zahl der dritten Deportation vom Jahr 23/24 haben wir keinerlei Maßstab.

Die sachliche Schwierigkeit fällt weg, sobald man den Text beider Erzählungen ins Auge faßt. Bei der ersten Deportation werden in Könige drei Klassen der Deportierten aufgezählt; denn „ganz Jerusalem" wird weiter näher erklärt: 1. Alle Fürsten (שרים), 2. alle Krieger (גבורי החיל) und 3. alle Meister und Festungsbauer (חרש ומסגר). Alle diese sind involviert in der Angabe: Ganz Jerusalem. Die Relation will also sagen, aus Jerusalem sind in der ersten Deportation unter Jojachin 10000 (respektive 8000) verbannt worden. Diese drei Klassen gehörten zu Jerusalem, die Fürsten (d. h. die Optimaten), die Krieger und die Waffenschmiede und Festungsbauer. Wieviel sind aber aus den Landstädten deportiert worden? Denn verschont sind diese doch schwerlich geblieben. Die Zahl der Gefangenen vom Lande gibt nun die zweite Quelle im Anhange an: זה העם אשר הגלה נבוכדראצר בשנת שבע: יהודים שלשת אלפים ועשרים ושלשה. Was unter יהודים hier zu verstehen ist, kann nicht zweifelhaft sein. Es sind solche vom Stamme Juda, welche außerhalb Jerusalems wohnten. איש יהודה bedeutet die Landbevölkerung im Gegensatz zu den Bewohnern der Hauptstadt ישבי ירושלם (Jerem. 35, 13; 36, 31 u. a. St.). Die Landbevölkerung wird auch bezeichnet durch כל יהודה הבאים מעריהם (das. 36, 6). Nach der Verbannung sämtlicher Jerusalemer nach Babylon wird der Überrest vom Lande, der nach Ägypten auswanderte, genannt: היהודים הישבים בארץ מצרים (das. 44,1). Nun ist alles in Ordnung. Bei der ersten Deportation sind verbannt worden 10000 (—8000) aus Jerusalem, und Judäer vom Lande noch dazu 3023. Und so sind auch die übrigen zwei Angaben im Anhange aufzufassen. Diese Quelle zählte lediglich die Exulanten vom Lande auf. Bei der Angabe der Zahl der zweiten Deportation fehlt zwar das Wort יהודים; aber es muß selbstverständlich ergänzt werden, da es bei der dritten nicht fehlt. בשנת שלש ועשרים — הגלה נבוזראדן רב טבחים יהודים נפש שבע מאות ארבעים וחמשה. Derjenige, welcher die Zahlen zusammengestellt hat, war ohne Zweifel ein Judäer vom Lande, und wahrscheinlich ein Leidensgenosse der Exulanten, der sich ihre Zahl notiert hat. Diese Notiz hat er als Marginalbemerkung zu Jeremia hinzugefügt. Dieses Verhältnis erkennt man daraus, daß in der Haupterzählung daselbst zweimal das Datum 19. Jahr Nebuk. vorkommt, in diesem Stück dagegen 18. Jahr. Beide können nicht von einem und demselben Verfasser herrühren. Der sachliche Widerspruch ist also ebenso aufgehoben wie der chronologische.

Durch diese Richtigstellung der Appendix-Notiz haben wir daran eine brauchbare Quelle, um die Gesamtzahl der Exulanten nach Babel zu ermitteln. Es ist bereits berührt, daß man bei der ersten Deportation 10000 resp. 8000 zählte, d. h. derer aus Jerusalem. Dem Anhange nach dürfen wir noch 3000 hinzufügen, nämlich derer vom Lande, also im ganzen 13000 resp. 11000. Von der zweiten Deportation kennen wir lediglich die Zahl der Exulanten vom Lande = 832. Wieviel sind aus Jerusalem deportiert worden? Das ist eben unbekannt. Es müssen ihrer viel, viel mehr als bei der ersten gewesen sein; denn wenn auch viele durch den Krieg und die Hungersnot umgekommen sind, so blieb doch eine große Zahl für die Deportation, teils solcher, welche zu den Chaldäern übergegangen waren, und teils solcher, die Nebusaradan bei der Einnahme Jerusalems zu Gefangenen gemacht und in Fesseln hatte schlagen lassen. Deutlich ist von beiden Klassen die Rede (Könige II, 25, 11). ואת יתר העם הנשארים בעיר ואת הנפלים אשר נפלו על המלך בבל ואת יתר ההמון הגלה נבוזראדן. Ebenso Jeremia (52, 15): ואת יתר העם הנשארים בעיר ואת הנפלים . . ואת יתר האמון הגלה וגו'. Es sind eigentlich 3 Klassen aufgezählt: Überläufer, Vornehme (יתר העם) und Geringere (יתר ההמון). Denn unter העם können hier nur die Optimaten und allenfalls auch die Krieger gemeint sein, im Unterschied von המון „der Menge". Darunter sind auch die Sklaven, Nethinim und die Salomo-Sklaven (בני עבדי שלמה) zu verstehen, die ebenfalls ins Exil geführt wurden, wie in dem Verzeichnis der Rückkehrenden in Esra und Nehemia angegeben ist. In der zweiten Relation (Jerem. 39, 9): ואת יתר העם ואת הנפלים . . ואת יתר העם הנשארים muß statt des zweitmaligen העם emendiert werden ההמון. Wieviel betrug nun die Zahl dieser drei aus Jerusalem bei der zweiten Deportation verbannten Klassen? Oder wie viele sind überhaupt in allen drei Deportationen zusammengenommen deportiert worden? Die Zahl läßt sich annäherungsweise ermitteln.

Doch vorher muß der scheinbare Widerspruch in der Zahl der im Jahr 7/8 aus Jerusalem Deportierten gelöst werden. Es sind einmal 10000 und das andere Mal nur 8000 angegeben. Indessen besteht auch hier kein Widerspruch. Bei der Spezifizierung werden genannt: 7000 Krieger und 1000 Artifices. Bei der Angabe von 10000 sind aber, wie schon angedeutet, 3 Klassen aufgeführt, die zwei genannten und noch dazu החרים, die Optimaten mit ihren Familien. Diese Klasse ergänzt die fehlende Zahl 2000. Es sind also aus Jerusalem das erstemal 10000 deportiert worden: 7000 Krieger, 2000 Edle und 1000 Artifices. Vom Lande sind zur selben Zeit 3023 exiliert worden, also im ganzen 13023. Von der zweiten Deportation kennen wir lediglich die Zahl der Exulanten vom Lande: 832. Die Zahl der Exulanten von Jerusalem, der Überläufer, der Vornehmen, der Krieger und der großen Menge (ההמון) muß, so kann man voraussetzen, weit mehr als 10000 betragen haben. Und diese Zahl läßt sich einigermaßen ermitteln. Sie läßt sich nämlich aus der Zahl der aus dem babylonischen Exil Zurückkehrenden statistisch, wenn auch nicht mathematisch genau ermitteln. Sie betrug nach dem Verzeichnis in Esra und Nehemia (auch bei Ezra Apocr.) im ganzen 42360. Im Exile blieben die Deportierten vom 19. Jahre Nebuk. = 586 bis zum zweiten Jahre des Cyrus = 537 d. h. volle 50 Jahre. In diesem halben Jahrhundert hat sich die Zahl der Exulanten ohne Zweifel vermehrt. Daher 42360 Zurückkehrende und noch eine Zahl x derer, welche in Babylonien zurückgeblieben sind. Wieviel müssen ursprünglich exiliert worden sein, um sich in einem halben Jahrhundert auf 42360 + x zu beziffern? Diese Zahl kann nur statistisch eruiert werden, nämlich durch das normale Verhältnis der Geburten zu den Sterbefällen. Ein kompetenter Statistiker hat mir auf meine Anfrage mit großer Gefälligkeit folgende orientierende Antwort zugehen lassen.

„Frage. Wie groß muß die Minimalzahl einer Bevölkerung ursprünglich gewesen sein, wenn sie in 50 Jahren auf 42360 Köpfe angewachsen ist?

1. Das Verhältnis der Geburten zur Bevölkerung schwankt in den verschiedenen Völkern zwischen 1 : 20 und 40, durchschnittlich 1 : 30 oder es werden auf 100 Lebende 3 geboren.

2. Das Verhältnis der Sterbefälle zur Bevölkerung schwankt viel mehr, man kann annehmen, zwischen 1 : 25 und 55; beide Extreme sind aber ungewöhnlich. Für ein mittleres Geburtsverhältnis von 3.0% kann man ein mittleres Sterblichkeitsverhältnis von 2.5% als normal ansehen.

3. Hiernach würde 0.5% die normale jährliche Vermehrung einer Bevölkerung darstellen.

Die Bevölkerung des Preußischen Staates hat sich in den 24 Jahren von 1843—67 um durchschnittlich 0.89% jährlich vermehrt, von 1867—71 um durchschnittlich 0.68% jährlich vermehrt. Die deutsche Bevölkerung hat sich von

1846—56 um durchschnittlich 0.46% jährlich vermehrt. Also würde auch hiernach obiges Normalmaß eine Mittelgröße darstellen.

4. Hat sich eine Bevölkerung in 50 Jahren durchschnittlich jährlich um 0.5% vermehrt, so hat sie sich in dem ganzen Zeitraum um 50 × 0.5% = 25% vermehrt.

$$100 : 125 = x : 42360$$

$$x = \frac{4236000}{125} = 33888.“$$

Die Sterbezahl dürfte sich zwar im heißen Morgenlande höher stellen; allein dafür ist auch die Fruchtbarkeit größer, namentlich wenn Vielweiberei herrscht. Annähernd würde also die Zahl der Gesamtexulanten aller drei Deportationen 33888 + x betragen haben. Dieses x kommt selbstverständlich der zweiten Deportation zugute. Denn die Zahl der ersten ist bekannt: 13023. Diese, welche unter Jojachin exiliert wurden, blieben 10 Jahre länger im Exile, also 60 Jahre. Nach dem angegebenen Schema der Vermehrung 0.5% im Jahre ist diese Bevölkerung in 60 Jahren von 13000 auf 16900, gewachsen. Die Exulanten der dritten Deportation 23/24. Nebuk. blieben 5 Jahre weniger im Exile. Ihre Zahl von 745 hatte sich etwa auf 913 Köpfe vermehrt. Summe der 1. und 3. Deportation 16900 + 913 = 17813. Diese von der Gesamtsumme 33888 + x abgezogen, blieben für die zweite Deportation 16075 + x. Das x der zweiten Deportation kann nicht hoch genug gegriffen werden, denn sie kann unmöglich die erste nur um etwa 3000 überzählt haben, wenn man bedenkt, daß an Privatsklaven, Nethinim und Salomo-Sklaven mehr als 3000 exiliert wurden.

Übersichtlich würde sich die Zahl der Deportierten folgendermaßen ausnehmen.

Erste Deportation vom Jahre 7/8 Nebuk. = 597 vorchr. Zeit unter Jojachin 10000 aus Jerusalem, 3023 vom Lande = 13023.

Zweite Deportation vom Jahre 18/19 Nebuk. = 586 vorchr. Zeit unter Zedekia, etwa 15423 + x aus Jerusalem, 832 vom Lande.

Dritte Deportation vom Jahre 23/24 Nebuk. = 581 vorchr. Zeit aus Jerusalem 0, vom Lande 745.

Bei welcher Gelegenheit die dritte Deportation stattgefunden hat, kann nicht zweifelhaft sein. Josephus bringt sie zwar mit dem Faktum der Eroberung Ägyptens durch Nebukadnezar in Verbindung. Als dieser im 5. Jahre nach der Zerstörung in seinem 23. Jahre gegen Cölesyrien Krieg geführt, Ammonitis und Moabitis besiegt, Ägypten unterworfen, dessen König getötet, habe er die in Ägypten wohnenden Judäer in Gefangenschaft nach Babylonien geführt (Altert. X, 9, 7). Allein dieses Faktum hat sich Josephus aus den Prophezeiungen Jeremias und Ezechiels zusammengestellt, daß sich nämlich an den nach Ägypten gegen Jeremias Warnung ausgewanderten Judäern die Vorausverkündigung dieser Propheten erfüllt habe: *καὶ ταῦτα συνέβη*. Die 745 Exulanten der dritten Deportation sollen also, nach seiner Darstellung, nicht aus Judäa, sondern aus Ägypten transportiert worden sein. Das alles ist aber seine Kombination und hat keine geschichtliche Basis. Diese Deportation ist vielmehr nach der Appendixnotiz ebenso, wie die beiden vorangegangenen, aus Judäa direkt erfolgt. Es ist dabei im Texte ausdrücklich angegeben, daß Nebusaradan sie exiliert habe (Bd. II. 1. Hälfte, S. 377). Diese Deportation steht vielmehr im engsten Zusammenhange mit Gedaljas Ermordung. Die Mörder haben nicht bloß diesen und sein Gefolge, sondern auch die chaldäische Besatzung umgebracht.

Und diese Untat durfte Nebukadnezar nicht ungeahndet lassen. Er sandte also wohl Nebusaradan nach Judäa, um den Rest der Judäer ebenfalls zu deportieren. Daraus folgt, daß Gedaljas Statthalterschaft, nicht wie fast alle Historiker annehmen, einige Monate, sondern fünf Jahre gedauert hat, von Nebukadnezars 19. bis zu dessen 24. Jahre. Vergl. Frankel-Graetz, Monatsschrift, Jahrg. 1870, S. 268 f.

10.

Die Teile der Salomonischen Sprüche (Mischlé) und mutmaßliches Alter einiger derselben.

In jedem Lehrbuche zu dem unter dem Namen „Sprüche Salomos" (משלי שלמה) kursierenden hagiographischen Buche und in jeder Einleitung zur heiligen Schrift wird auseinandergesetzt, daß die ganze Komposition aus drei ungleichen Teilen mit drei Appendizes zum Schlusse besteht, die erste von Kap. 1—9 inkl., die zweite von Kap. 10—24 und die dritte von Kap. 25—29. Kap. 30—31 bilden die Anhänge. Der zweite Teil gibt sich allerdings selbst als eine von der vorhergehenden gesonderte Partie durch die besondere Überschrift משלי שלמה zu erkennen, sowie der dritte Teil durch die Überschrift: גם אלה משלי שלמה אשר העתיקו אנשי חזקיה מלך יהודה. Diese Einteilung ist zwar nicht ganz richtig, wie sich weiter zeigen wird. Wir wollen sie indes vor der Hand gelten lassen. Über das Zeitalter aller dieser Teile gehen die Ansichten der Exegeten weit auseinander. Aus den meistens isolierten und untereinander unzusammenhängenden Sentenzen des zweiten Teiles wird sich schwerlich die Abfassungszeit derselben ermitteln lassen, und ebensowenig die der Appendizes. Wohl aber dürfte die Entstehungszeit des ersten und dritten Teils sich mit einiger Wahrscheinlichkeit feststellen lassen. Wir müssen von dem ersten Teil ausgehen. Dieser gibt sich selbst als Einleitung zur ganzen Sammlung zu erkennen. Er gibt nämlich selbst den Zweck der Spruchsammlung an. Dieser Zweck sei, den Unerfahrenen und Jüngeren Lebensklugheit, Erkenntnis und Überlegung zu gewähren (1, 4): לתת לפתאים ערמה לנער דעת ומזמה, aber auch den Weisen und Verständigen, welche sich aus eigener Erfahrung gewisse Lehren abstrahiert haben, noch mehr Einsicht zu verschaffen, die sie aus ihrer Sphäre nicht erkannt haben können (1, 6): ישמע חכם ויוסף לקח ונבון תחבלות יקנה; vergl. noch 9, 9. Der Verfasser der Einleitung gibt auch das Motiv an, das ihn bewogen hat, dieselbe voranzuschicken, weil er nämlich wahrgenommen habe, daß die Gottesfurcht, das erste aller Erkenntnis, die Weisheit und die Lehre der Sittlichkeit in seinem Zeitalter verachtet werden (1, 7): יראת ה׳ — ראשית דעת — חכמה ומוסר אוילים בזו. Dieser Vers ist nicht ein Motto zur ganzen Einleitung, sondern der Anfang derselben. Das, was dieser Teil gegen Ende als die Hauptsumme der Erkenntnis aufstellt (9, 10): תחלת חכמה יראת ה׳ ודעת קדשים בינה, und was die Freunde Hiobs, die Vertreter der altisraelitischen Anschauung, als das Alpha und Omega hervorheben (Hiob 28, 28): הן יראת ה׳ היא חכמה וסור מרע בינה, das nimmt der Verfasser der Einleitung vorweg: „die Gottesfurcht, als Anfang und Bestes der Weisheit" verachten die Toren (vergl. noch 1, 29). Diese Toren und Unerfahrenen, welche aus Mangel an Überlegung nicht wissen, von welchen Folgen ihre Handlungen begleitet seien, will er belehren. Daher die öfter angebrachte Anrede בני oder בנים und die Apostrophe an die פתאים (1, 22; 8, 5; 9, 6). Es kommt also darauf an, zu bestimmen, welcher Zeit diese Einleitung angehört. Was bisher darüber bemerkt wurde, ist weit entfernt zu befriedigen.

Unverkennbar warnt dieser Teil ganz besonders vor zwei groben Lastern, vor Räuberei und vor Unzucht. Die Verführung zum Straßenraub, der selbst vor Mord nicht zurückschreckt, ist 1, 11—14 geschildert. Noch drastischer ist die Schilderung der Verführung zur Unzucht 7, 6—22. In welcher Zeit waren diese beiden groben Laster unter den Israeliten oder Judäern im Schwange? Ziehen wir Deutero-Jesaia zu Rate. In Kap. 59 wird ein ganzes Register von Sünden und Lastern aufgezählt, welche eine Scheidewand zwischen Gott und seinem Volke bilden (V. 2): עונותיכם היו מבדילים ביניכם ובין אלהיכם. Unter den Lastern wird besonders Mord und Blutvergießen hervorgehoben (V. 3): כי כפיכם נגאלו בדם ואצבעותיכם בעון. In dieser Aufzählung kommt ein Vers vor (7): רגליהם לרע ירוצו וימהרו לשפך דם נקי, der ganz ebenso in dem Einleitungsteil zu den Sprüchen lautet (1, 16): כי רגליהם לרע ירוצו וימהרו לשפך דם. Ist diese Gleichheit des Ausdruckes bei zwei verschiedenen Schriftstellern zufällig? Man hat diese Parallele durch Entlehnung erklärt. Allein es ist nicht die einzige Parallele bei Deutero-Jesaia und beim Proömium zu den Sprüchen; (das. 2, 15). אשר ארחתיהם עקשים ונלוזים במעגלותם, (Jesaia 59, 8): אין משפט במעגלותם נתיבותיהם עקשו להם. Man vergleiche nur die Anhäufung von Rügen (Sprüche 6, 12 bis 19): אדם בליעל איש און הולך עקשות פה . . . תהפכת בלבו חרש רע . . . עינים רמות לשון שקר וידים שפכות דם נקי. לב חרש מחשבות און רגלים ממהרים לרוץ לרעה, man vergleiche diese mit (Jesaia 59, 3b—6): שפתותיכם דברו שקר לשונכם עולה תהגה. מעשיהם מעשי און ופעל חמס בכפיהם. Auch V. 13 דבר עשק (עתק) וסרה וגו'. Also in beiden Schriften dieselbe Rüge über Herzensverdorbenheit, Unwahrhaftigkeit und Gemeinheit fast mit denselben Worten ausgedrückt. Diese frappante Parallele führt schon darauf, daß das Proömium derselben Zeit wie Deutero-Jesaia angehört, nämlich der Zeit während des babylonischen Exils.

Diese Annahme wird noch durch folgende Momente unterstützt. Deutero-Jesaia, welcher die Erlösung und die Rückkehr nach Judäa zum Hauptthema hat, sichert sie nur den Frommen, Auserwählten, den Gottesdienern zu; nur um dieser wenigen willen werde Gott das Volk nicht untergehen lassen (65, 8—9): כן אעשה למען עבדי לבלתי השחית הכל והוצאתי מיעקב זרע ומיהודה ירש הרי וירשוה בחירי ועבדי ישכנו שמה. Den Frevlern dagegen wird Untergang angedroht, sie sollen keinen Anteil an dem heiligen Lande haben. (V. 11 bis 14): ואתם עזבי ה' השכחים את הר קדשי. Die Frommen nennt auch dieser exilische Prophet ענוים, und nur zu ihrer Freude will er frohe Botschaft verkünden (61, 1): לבשר ענוים שלחני. Der Hauptgedanke ist also, daß nur die „sanftmütigen Dulder" die Anawim, das heilige Land in Besitz nehmen werden, die Frevler dagegen werden davon ausgeschlossen sein. Derselbe Gedanke kommt auch in Psalm 69 vor, dessen exilischer Ursprung von sehr vielen Auslegern, sogar schon von Kirchenvätern anerkannt wird. Es liegt deutlich genug im Schlusse (V. 35): כי אלהים יושיע ציון ויבנה ערי יהודה. Nun, dieser Psalm verkündet die Erlösung und die Rückkehr lediglich den Anawim: וזרע עבדיו ינחלוה ואהבי שמו ישכנו שמה. — (V. 32): ראו ענוים ושמחו (l. וְשִׂמְחוּ) דרשי אלהים ויחי לבבכם כי שמע אל אביונים ה' ואת אסיריו לא בזה betont doch handgreiflich das Leiden der Frommen im Exile und ihre Hoffnung auf die Erlösung. (Vergl. Ps. 102, der mit diesem viel Ähnlichkeit hat, V. 14 'אתה תקום תרחם ציון וגו und V. 21 לשמע אנקת אסיר). Aus Deutero-Jesaia und Ps. 69 lernen wir die Bedeutung der so häufig vorkommenden Redeweise: שכן ארץ oder ירש ארץ kennen; sie will nichts anderes sagen, als das Land der Heimat wieder in Besitz nehmen, es wieder bewohnen. Sie setzt durchweg die Exilszeit voraus. So Ps. 37, der diese Zusammenstellung wiederholt. (V. 9): כי מרעים יכרתון וקוי ה' המה יירשו ארץ. Dabei ist die Emphase des Pronomens המה zu beachten: „sie, nur sie werden das Land wieder in Besitz nehmen. (V. 11): וענוים יירשו ארץ. (V. 22): כי מברכיו יירשו ארץ ומקלליו יכרתו. (V. 29): צדיקים יירשו ארץ וישכני לעד עליה. (V. 34b): וירוממך לרשת ארץ בהכרת רשעים תראה. Unstreitig ist auch dieser Psalm exilisch. Der Gegensatz der רשעים und ענוים ist hier ebenso scharf markiert, wie in Deutero-Jesaia. Wie dieser Prophet, so stellt auch dieser Psalm die Rückkehr, Glück und Freude lediglich den Frommen in Aussicht, den Frevlern dagegen verkündet er völligen Untergang (יכרתון).

Dieses Kriterium der exilischen Abfassungszeit gibt die Gewißheit an die Hand, daß auch das Proömium zu Mischlé der exilischen Zeit angehört. Dieselbe Redeweise wie in Deutero-Jesaia und in den exilischen Psalmen findet sich hier (2, 21): כי ישרים ישכנו ארץ ותמימים יותרו בה ורשעים מארץ יכרתו ובגדים יסחו ממנה. Die Bezeichnung der Anawim fehlt auch hier nicht (3, 34): ולענוים יתן חן. Die verwilderten Zustände, das Räuberleben und das Laster der Unzucht, die Parallelen mit Deutero-Jesaia, die Hinweisung auf den Wiederbesitz des Landes für die Frommen, alle diese Momente weisen das Proömium der exilischen Zeit zu. Dazu kommen noch einige Eigentümlichkeiten. Der ägyptische Stoff אטון (7, 16) *ὀϑόνια* und zwar die Bettücher aus feinem ägyptischen Linnen, *ὀϑόνια ἐγκοιμήτρια*, חטבות אטון מצרים, was sonst in der Bibel nicht vorkommt, weist auf Babel hin; ebenso die Handelsgeschäfte mit weiten Reisen verbunden (7, 19—20): הלך בדרך מרחוק צרור הכסף לקח בידו.

Diese Abfassungszeit läßt sich auch noch von einer anderen Seite erhärten. Delitzsch ist meines Wissens der einzige, welcher die nahe Verwandtschaft des Proömiums mit dem Stücke 22, 17—24, 22 (das von dem Folgenden durch גם אלה לחכמים gesondert ist), erkannt hat (Herzog, Real-Enzykl. XIV, S. 707 f.). Es ist geradezu auffallend, daß diese Verwandtschaft nicht früher erkannt wurde und noch gegenwärtig nicht anerkannt ist. Der ganze Ton des letzten Stückes klingt wie in der Einleitung. Die Anrede an בני, die Warnung vor Unzucht und Gewalttätigkeit, die Empfehlung zur Vorsicht bei Bürgschaft, alles erinnert in dieser Partie an das Proömium. Man kann sie daher geradezu ein Nachwort nennen. Das Verhältnis läßt sich derart denken. Der Verfasser hat eine alte Spruchsammlung (Kap. 10—22) aufgefrischt und sie mit einem Vorworte und Nachworte versehen. Die Anlage der letzten Partie gibt sich eben als Nachwort (V. 22, 17): הט אזנך ושמע דברי חכמים bezieht sich nämlich auf die Einleitung (11, 6): להבין דברי חכמים וחדותם. Die vorgefundene Sammlung bezeichnet der Verfasser als דברי חכמים, und fordert die Leser auf, sie sich zu merken und zu beherzigen. Ja, er empfiehlt, sie auswendig zu lernen (18b): יכונו יחדו על שפתיך. Er erinnert daran, daß er kurz vorher dergleichen geschrieben (20): הלא כתבתי לך שלשום במעצות ודעת. Das Ketib שלשום kann nichts anderes bedeuten, als „vorgestern“ wie Ibn-Esra, Umbreit und noch einige neuere Exegeten es auffassen. Jede andere Erklärung nach Keri שָׁלִשִׁים ist gezwungen. Aber das, was er schon früher geschrieben, will er jetzt wieder einprägen (V. 19): להיות בה' מבטחך הודעתיך היום אף אתה (עתה) הלא כתבתי לך שלשום. So werden ja augenfällig hier drei Stücke unterschieden: 1. Die alte Sammlung — משלי שלמה דברי חכמים, welche auswendig gelernt werden soll, 2. die Einleitung, die der Verfasser „vorgestern" geschrieben hat, und 3. die Ermahnung, die er heute, eben jetzt היום אף עתה gibt. Vgl. K. II, 14, 14.

Man ist also kritisch berechtigt, Einleitung und Nachwort als das Erzeugnis eines und desselben Verfassers anzusehen und in eine und dieselbe Zeit zu setzen. Dieses Nachwort hat aber auffallende Parallelen mit exilischen Psalmen, die nicht hätten übersehen werden sollen:

Sprüche.	Psalm 37.
23, 17: אל יקנא לבך בחטאים כי אם ביראת ה' כל היום.	V. 1: אל תתחר במרעים אל תקנא בעשי עולה.
23, 18: כי אם יש אחרית ותקותך לא תכרת.	V. 7 b: אל תתחר במצליח דרכו באיש עשה מזמות.
24, 1: אל תקנא באנשי רעה.	V. 37 b: כי אחרית לאיש שלום.
24, 14 b: ויש אחרית ותקותך לא תכרת.	V. 38 b: אחרית רשעים נכרתה.
24, 19—20: אל תתחר במרעים אל תקנא ברשעים כי לא תהיה אחרית לרע (לרשע).	

Der Wohlstand der Optimaten im babylonischen Exile hat einerseits den Neid der Schwankenden und anderseits die Empörung der Frommen erregt. Der Spruchdichter und der Psalmist, beide warnen davor und versichern, daß das Ende dieser Reichen und Optimaten ein unglückliches sein, und auch ihre Nachkommenschaft untergehen werde. Diese Stimmung hat ihren Hintergrund in der Situation der Exulanten in Babylonien. — Es ließe sich noch manches in dem Nachworte für die exilische Abfassungszeit anführen. So z. B. 24, 11: הצל לקחים למות וגו'; V. 21: ירא את ה' בני ומלך עם שונים אל תתערב; doch würde es hier zu weit führen. Auch die Verwandtschaft des Vor- und Nachwortes mit Hiob kann hier nicht auseinandergesetzt werden. Es genügt aus vielen Momenten die exilische Abfassungszeit dieser beiden Partien nachgewiesen zu haben. Der Teil von Kap. 1 bis Kap. 24, 22 bildet demnach nur eine einzige Schrift. Sie besteht, wie gesagt, aus einer älteren Spruchsammlung mit ermahnenden Zusätzen von einem im Exile lebenden Verfasser. — Die wenigen Verse, 24, 23—34, mit dem Eingange גם אלה לחכמים bilden lediglich einen Nachtrag.

Der zweite Hauptteil beginnt mit der Überschrift גם אלה משלי שלמה אשר העתיקו וגו'. Das Wort העתיקו ist von den Auslegern förmlich gepreßt worden. „Transferre e loco in locum" kann doch unmöglich auch involvieren „congerere, zusammentragen, aus einem Buche ausschreiben" (ἐκγράφειν nach LXX) oder aus einer mündlichen Quelle „niederschreiben" bedeuten! Ebenso abgeschmackt ist es, das Wort durch ordine disponere oder durare facere zu erklären, etwa von עתק, alt. Wenn das Wort einen Sinn haben soll, so kann es ihn lediglich durch המתיקו erhalten. Da man im Hebräischen sagen kann המתיק סוד „süße Beratung pflegen", so kann man ebenso gut ausdrücken: המתיק משלים, „süße Sprüche dichten", wie man auch מנעים זמירות sagt (Bd. I, S. 265, Anm.). Es ergibt sich daraus, daß dieser Teil von den Leuten Chiskijas oder seinen Freunden (LXX οἱ φίλοι) verfaßt wurde und überhaupt nicht von einem einzigen, sondern von mehreren. Sie gehören alle der Chiskijanischen Zeit an, oder sie können ihr angehören, d. h. es kommt kein Element darin vor, das unzweideutig auf eine frühere oder spätere Zeit hinwiese. An der Überschrift גם אלה משלי שלמה darf man sich ebenso wenig stoßen, wie an der Überschrift לדוד zu den meisten Psalmen. Sie will wahrscheinlich nur sagen: „Salomonische Sprüche" in dem Sinne, daß sie nach Art der Salomonischen gebaut und angelegt seien. Man hat bemerkt, daß in den Sentenzen dieser Abteilung mehr Zusammenhang herrscht, als in denen des ersten Hauptteils. Ganz besonders zeigen die ersten 9 Verse (2—10) strengen Zusammenhang und reflektieren die Chiskijanische Zeit. Wenn dieser Zusammenhang bisher vermißt wurde, so liegt es an der unkritischen Auslegung. Vers 2 כבוד מלכים חקר דבר sagt aus, daß der König berufen sei, jede Sache, jede Anklage zu untersuchen, nicht etwa zu verzeihen, dieses sei Gottes Sache כבוד אלהים הסתר דבר. Auch die folgenden Verse bewegen sich um den Gedanken der Erforschung eines Verbrechens oder Vergehens und der Berechtigung oder Nichtberechtigung, Klagen darüber vor den Richterstuhl des Königs zu bringen. In V. 4—5 wird das Verbum הגה nur als Wortspiel gebraucht. Die Bedeutung von הגה oder יגה als „ziehen, schleifen" ist gesichert durch Samuel II, 20, 13. — הגו סיגים מכסף bedeutet hier, „ziehen Schlacken aus Silber" und הגו רשע לפני מלך „ziehen den Frevler (zur Anklage) vor den König". „Den Frevler scheiden oder ausscheiden vor dem König" ist Blödsinn. Der Sinn von V. 5 ist demnach, daß es eine Pflicht sei, den ausgemachten Frevler vor den Richterstuhl des Königs zur Bestrafung zu ziehen; denn durch Gerechtigkeit, die der König an Verbrechern übt, wird sein Thron nur befestigt. Er darf nicht nachsichtig sein. VV. 6—7 sind nur verständlich, wenn man den Schluß אשר ראו עיניך richtig auffaßt. Leider ist dieser Schluß von allen, allen Ausl. verkannt worden, obwohl LXX und Syrer den richtigen Sinn an die Hand geben: *ἃ εἶδον οἱ ὀφθαλμοί σου λέγε*. Peschito: כדם דחזו עיניך הו אמר d. h. את אשר ראו עיניך הגד „das, was deine Augen gesehen haben, sage", d. h. nur das, was du selbst gesehen hast, sage aus — vor dem König. Die Verse enthalten also eine Warnung, sich nicht zu dem Richterstuhl des Königs oder zur Stätte der Großen heranzudrängen — um Anklagen vorzubringen. Die folgenden Verse warnen ebenfalls vor übereilten Anklagen und namentlich vor Einmischung. In Vers 8 setzt das פן eine Ellipse voraus, etwa wie 30, 6 פן יוכיח בך ונכזבת; sonst ist der Vers unverständlich, wie sämtliche Übersetzungen beweisen.

Die neun Verse bilden demnach eine einheitliche Gruppe; sie ermahnen einerseits, zur Entlarvung von Frevlern beizutragen, und warnen anderseits vor Übereifer, Angeberei und Einmischung. Da in Chiskijas Zeit eine Art Revolution stattgefunden hatte, indem die ersten die letzten und die letzten die ersten geworden waren, die Armen aus dem Staube erhoben wurden, und die Satten sich um Brot vermieten mußten (vergl. II. Bd. 1. Hälfte, S. 234 f.), so war Tür und Tor für Anklagen und Angeberei geöffnet. Die früher Unterdrückten konnten durch Anklagen gegen früher Hochgestellte deren Sturz bewirken. Diese Verse wollen nun an die Hand geben, in solchem Falle maßzuhalten und sich nicht an den gerechten König allzusehr heranzudrängen. Diese Gruppe stammt also wahrscheinlich von „Weisen" aus der Chiskijanischen Zeit. Vers 18, welcher die Gefährlichkeit faschen Zeugnisses schildert, könnte auch noch zu dieser Gruppe gehören. Nur müßte man die Gedankenverbindung mit den ihm voraufgehenden Versen suchen, was indes schwierig scheint und allenfalls mit Vers 11—12 gelingen könnte, welche von der Bedeutsamkeit des Wortes an rechter Stelle und von der Nützlichkeit des Tadels gegen einen gefügigen und gelehrigen Menschen handeln. — Ob auch die übrigen Sentenzen dieses Teils, die größtenteils Lebenserfahrungen enthalten — nur wenige derselben sind moralischer und religiöser Natur — der Chiskijanischen Zeit angehören, wird sich schwer ermitteln lassen. Sie stammen übrigens nicht von einem einzigen Spruchdichter, sondern von mehreren, von den אנשי חזקיה, wie die Überschrift sagt. Bilden diese Sprüche einen abgeschlossenen Teil, so könnte die Partie von Kap. 30 an als Anhang zu demselben betrachtet werden. — Das ganze Buch der Sprüche zerfällt demnach in zwei umfassende Teile, gewissermaßen in Salomonische und Chiskijanische Sprüche, wie der Psalter ursprünglich ebenfalls in zwei Teile angelegt war, in Davidische Gesänge und anderweitige, nämlich Korachidische, Assaphidische usw.

Der erste Teil besteht 1. aus der Hauptpartie Kap. 10—22, 16; 2. der Einleitung Kap. 1—9; 3. dem Nachworte 22, 17—24, 22, und endlich einem kurzen Anhang 24, 23—34, nämlich גם אלה לחכמים. — Der zweite Hauptteil besteht 1. aus der Hauptpartie 24—29; 2. einem Anhang Kap. 30 דברי אגור; 3. einem zweiten 31, 1—9 דברי למואל und 4. dem Lobspruch auf ein wackeres Weib 31, 10f. אשת חיל.

11.

Die levitischen Familien in der nachexilischen Zeit.

Die Quellen für die ersten Jahrhunderte der nachexilischen Epoche, Esra, Nehemia und die Chronik, sind bekanntlich an manchen Stellen äußerst dunkel und in dieser Gestalt für die Geschichte unbrauchbar. Sie deuten allerdings die Umwandlungen an, welche im Innern des judäischen Volksorganismus vorgegangen waren, aber um diese zu fixieren, reicht das Gegebene nicht aus. Jeder Wink muß demnach benutzt werden, um die Quellen ergiebig zu machen. Über die Anlage und die Benutzbarkeit der Chronik für diese Zeit vergl. Note 15. Hier soll lediglich das verwickelte Thema von den Levitenklassen und -familien behandelt werden, das für diese wie für die nachfolgende Epoche von nicht geringer Bedeutung ist. Ein Moment in dieser Klassifikation ist nämlich übersehen worden, und dadurch sind manche falsche Auffassungen entstanden, und geschichtliche Fakta sind übersehen worden. Nach der Angabe des Talmud habe es in dieser Zeit nur zwei Klassen Leviten gegeben, Torwärter und Sänger. Josephus dagegen deutet vier Levitenklassen an (Altert. XI, 5, 1): ἱεροψάλται, θυρωροί (oder πυλωροί), ferner ἱερόδουλοι καὶ γραμματεῖς. Diese Vierteilung scheint auch aus Chronik I, 23, 4—5 bestätigt zu sein. Beide Angaben sind aber falsch. Es gab in der nachexilischen Zeit nur drei Levitenklassen: Torwärter — שוערים, Sänger — משוררים und noch dazu Dienstuende, bei dem Opfer hilfeleistende Leviten, die man משרתים nennen könnte. Josephus bezeichnet sie (das. XX, 9, 6): als μέρους τῆς φυλῆς λειτουργοῦντος. Diese letzte Klasse wird in den drei Quellen für die nachexilische Geschichte לוים katexochen genannt. Beachtet man diese Dreiteilung, so wird manche dunkle Partie in diesen Quellen erhellt. Bertheau hat sie in seinem Kommentar zu Esra-Nehemia und Chronik übersehen und daher manches mißverstanden. Winer (Bibl. Reallexikon Art. Leviten) hat sie geahnt, hat ihr aber keine Folge gegeben und, ohne die Zeiten zu unterscheiden, ließ er sich von dem täuschenden Wortlaut in der Chronik und von Josephus verleiten, eine Vierteilung durchzuführen. Die Dreiteilung ist aber an vielen Stellen augenfällig genug durchgeführt. Im Verzeichnis der Zurückkehrenden (Esra-Nehemia) sind hintereinander aufgezählt: הלוים . . . המשררים und השערים. Esra 7, 25 in der angeblichen Urkunde des Artaxerxes werden sie in chaldäischer Form unterschieden: לויא זמריא תרעיא. Das. im Verzeichnis derer, welche Mischehen eingegangen sind (10, 23—24): ומן הלוים . . ומן המשררים . . ומן השערים. Neh. 7, 1: ויפקדו השערים והמשררים והלוים. Das. V. 72: וישבו הכהנים והלוים והשערים והמשררים. (In der Parallelst. Esra 2, 70 ist die Ordnung verschoben: וישבו הכהנים והלוים (ומן העם) והמשררים השערים). Neh. 10, 29: ושאר העם הכהנים הלוים השוערים המשררים. Ebenso 10, 40. In allen diesen Stellen ist von drei Levitenklassen die Rede, und die eine wird schlechtweg הלוים genannt; darunter sind selbstverständlich die λειτουργοῦντες zu verstehen. Dadurch ist auch die dunkle Stelle (Neh. 12, 47) erklärt, die Bertheau mißverstanden hat: וכל ישראל בימי זרבבל . . . מניות המשררים והשערים דבר יום ביומו ומקדישים ללוים והלוים מקדישים לבני אהרן. Die Israeliten spendeten Gaben für die zwei Klassen und weihten andersartige Gaben für die Leviten, d. h. die dritte Klasse, und diese weihte sie (oder einen Teil derselben) für die Ahroniden. Die Bedeutung dieser Stelle kann hier nicht auseinandergesetzt werden. Bei der Aufzählung der drei Klassen kann man nicht verkennen, daß die Leviten im engeren Sinne oder die Liturgen an der Spitze stehen, sie bildeten die erste Klasse und waren bevorzugt. — Sie hatten auch wichtige Ämter inne, wie sich zeigen wird. Jede dieser Klassen zerfiel wieder in Familiengruppen. Da die Namen aber oft entstellt vorkommen, sollen sie hier kritisch ermittelt werden.

I.

Die Leviten im engern Sinne oder Liturgen.

Von dieser Klasse werden fünf Familien aufgezählt: ישוע קדמיאל בני בנוי הודיה. Die zwei Namen, welche an בני und בן anklingen, sind öfter verwischt. So im Verzeichnis der Rückkehrenden. Hier ist das ל von קדמיאל zum folgenden בני gezogen worden, und daraus entstand das unverständliche לבני הדויה. Ezra Apocr. hat aber noch die ursprüngliche L.-A. erhalten (5, 26): *Καδμιήλου καὶ Βάννου*. Der Name בני kommt deutlich vor (Neh. 3, 17): — הלוים רחום בן בני, d. h. von der liturgischen Familie Bani. Auch das. 9, 4: ישוע ובני קדמיאל. — Den Namen בנוי führte auch eine israelitische Familie. Wenn also die levitische dieses Namens hervorgehoben werden soll, so wird hinzugefügt: בנוי מבני חנדד (das. 10, 10) oder בן — חנדד (3, 24). Das. V. 18 muß statt בני בן חנדד gelesen werden בנוי. — Das. V. 12, 8 והלוים ישוע בנוי קדמיאל steht vielleicht בנוי statt בני wie 9, 4. — Das. 12, 24: וראשי הלוים . . . וישוע בן קדמיאל muß statt בן gelesen werden בני oder בנוי. — Der Name der fünften levitisch-liturgischen Familie lautet הודיה (Neh. 9, 5; 10, 14). Im Verzeichnis (Esra 2, 48) verschrieben הודויה und in der Parallele (Neh. 7, 43) ganz entstellt להודוה.

Zu diesen fünf Familien kamen mit Esra noch zwei oder vielleicht gar drei hinzu. In der Erzählung (Esra 8, 18): ויביאו לנו איש שכל מבני מחלי . . . ושרביה . . . ואת חשביה sind die zwei Namen Scherebja und Chaschabja deutlich, das verbindende ו deutet aber an, daß vorher ebenfalls ein Eigenname genannt war. איש שכל ist aber im Leben kein Eigenname; folglich muß es ausgefallen sein. Es scheint פתחיה gelautet zu haben. Diese hinzugekommenen Familien, weil sie angesehen waren, und Esra auf ihre Auswanderung nach Jerusalem Wert gelegt hatte, gingen nicht in den schon vorher bestandenen Gruppen auf, sondern bildeten eigene Verbände. Seit Esra gab es also acht levitisch-liturgische Familien. Diese sollen (Neh. 9, 4—5) aufgezählt werden, als diejenigen, welche an dem für die Lösung der Mischehen anberaumten Termin im Namen des Volkes ein Sündenbekenntnis abgelegt haben. Aber die Namen sind dort nicht ganz richtig gegeben. In beiden Versen sollen nämlich dieselben acht Namen aufgeführt sein, aber einige derselben disharmonieren. In beiden kommen nur die Namen: ישוע בני קדמיאל שרביה vor. In Vers 4 kommt auch noch בני vor, d. h. בנוי. In Vers 5 הודיה, also die alten fünf Familien vollzählig. Von den neuen kommt in beiden שרביה vor. Die zweite Familie חשביה lautet in Vers 5 חשבניה. Da sie im 4. fehlt, und dafür שבניה steht, eine sonst nicht bekannte levitische Familie, so muß dafür חשביה gelesen werden, und derselbe Name in Vers 5 muß als dittographiert gestrichen werden. In demselben Vers steht noch פתחיה; das muß also der Name der ersten unter den mit Esra ausgewanderten Familien sein, etwa: איש שכל . . פתחיה. Merkwürdigerweise hat die syrische Übersetzung die acht Namen schon in V. 4 vollzählig: ישוע וקדמיאל בני חשביא ושרביא ובבני (l. ובניי) והודוא ושבניא ופתחיא. Streicht man hier שבניא, so hat man die acht in ihrer richtigen Form, und was beachtenswert ist, den Namen פתחיה in beiden Versen. Neh. 12, 8 werden die Familien der Leviten im engeren Sinne, d. h. der Liturgen, zur Zeit des Hohenpriesters Jesua aufgezählt. Es müssen fünf sein, und in der Tat kommen fünf Namen vor. והלוים: ישוע בנוי וקדמיאל שרביה יהודה. Hier fehlt בני und יהודה steht für הודיה. Der Name שרביה ist aber entschieden als Lapsus anzusehen. Der folgende Name מתניה gehört gar nicht zu dieser Reihe, sondern zu den Sängerfamilien, wovon weiter unten. — Das. Vers 24 sollen die Levitenfamilien in der Zeit nach Jesua aufgezählt werden. Es müssen acht sein; es kommen aber nur fünf vor: (l. בני) וראשי הלוים: חשביה שרביה וישוע בן קדמיאל . . . Hier fehlen בנוי und הודיה von den alten und פתחיה von den neuen Gruppen. Überhaupt ist dieser Vers lückenhaft, wie weiter erwiesen wird.

II.

Die Sängerfamilien.

In dem Hauptverzeichnis der Rückkehrenden in Esra und Nehemia ist kurz angegeben, daß lediglich die Assaphiden, 128 Personen, zurückgekehrt sind. Hat es weiter keine Sängerfamilien als die בני אסף gegeben? Haben die anderen Familien, welche die Chronik בני הימן und בני ידותון so oft nennt, in der nachexilischen Zeit nicht mehr existiert? Es ist von vornherein undenkbar, daß diese ganz und gar untergegangen sein sollten. Zudem nennt Neh. (11, 17b) unter denjenigen, welche sich in Nehemias Zeit in Jerusalem ansässig gemacht haben: עבדא בן שמוע בן גלל בן ידותון. Es hat also in der nachexilischen Zeit auch noch eine Sängerfamilie von Jeduthun gegeben. In der Chronik lautet der Name (I, 8, 16): עבדיה בן שמעיה בן גלל בן ידותין (weiter unten). Achten wir auf diese Namenreihe. Vor diesem wird in Neh. a. a. O. genannt: ומתניה בן מיכא בן זבדי בן־אסף und in der Parallelst. Chr. מתניה בן מיכא בן זכרי בן־אסף. Wir haben also aus der nachexilischen Zeit zwei Repräsentanten der Sängerabteilung: Obadja oder Abda für Jeduthun und Mathanja für Assaph. Aber auch die dritte Gruppe war in der nachexilischen Zeit vertreten. In Neh. wird zwischen Mathanja und Abda aufgeführt בקבקיה משנה מאחיו. Auf diesen Namen stoßen wir noch einmal, als zur Sängerklasse gehörig, und zwar neben מתניה und עובדיה (Neh. 12, 25): מתניה ובקבקיה עבדיה. Statt בקבקיה steht in der Parallelstelle Chr. ובקבקר חרש וגלל. Dieser Name ist also korrumpiert. חרש mag aus משנה entstanden sein, und גלל scheint dittographiert von dem Namen in der darauffolgenden Zeile. Dieser *Bakbukja* kommt aber noch an einer dritten Stelle vor, wodurch zugleich seine Abstammung kenntlich wird. Die Chronik zählt als ersten Sohn des Sängers Heman auf (1, 25, 4, 13): בני הימן בקיהו. Bei der Manier der Chronik, jüngere Namen ins Altertum zu versetzen, kann man nicht zweifeln, daß בקיהו identisch ist mit בקבקיה. Und da sie diesen Namen der Familie *Heman* zuteilt, so hatten ihre genealogischen Quellen (denn Quellen hatte sie vor sich) *Bakbukja* als einen *Hemaniden* aufgezeichnet. Noch eine vierte Sängerklasse kann man aus derselben trümmerhaften Stelle ausgraben. Die Chronik führt das. (9, 16b) noch auf: ברכיה בן אסא בן אלקנה היושב בחצרי הנטופתי, als zur Sängerklasse. Allerdings könnte אסא ein Eigenname sein; allein man wird einräumen müssen, daß er außer bei dem König, dem Enkel Davids, sich nicht wiederholt. Peschito hat dafür אסף; das paßt aber nicht; denn dann hätte dieser Name *vor* den Jeduthuniden aufgeführt sein müssen. Der Name אלקנה erinnert aber an Samuels Genealogie, einer von dessen Vorfahren hieß אסיר בן אלקנה, also ברכיה בן אסיר בן אלקנה. Dieser *Berachja* könnte also ein Nachkomme Samuels oder ein Korachide sein. Haben die Korachiden das Exil nicht überlebt? Man kann es nicht behaupten. Einige unzweifelhaft nachexilische Psalmen haben die Überschrift לבני קרח, und gegen diese dürfte die Kritik wenig einzuwenden haben. So gut, wie sich Sauls Nachkommen in der nachexilischen Zeit erhalten haben (nach Chronik I, 8, 38 f. und Parall.), ebensogut können Samuels Nachkommen in der Sängerabteilung sich so lange behauptet haben. Zur näheren Bestimmung ist aber angegeben, daß diese Sängerfamilie um Netopha angesiedelt war. Eine Parallele dazu bietet Neh. 12, 28: ויאספו בני המשררים . . . ומן חצרי נטופתי. Wir haben also vier oder mindestens drei Sängerfamilien für die nachexilische Zeit gefunden. *Mathanja* für Assaph, *Obadja* für Jeduthun, *Bakbukja* für *Heman* und für die *korachidische Familie* vielleicht *Berachja*.

Ehe wir indes weiter gehen, um das gefundene Resultat zu benutzen, wollen wir jenes Kapitel beleuchten, das Bertheau zum Teil mißverstanden hat. Nachdem der Redakteur des Buches Nehemia, d. h. der Chronist, die Familien aufgezählt hat, welche sich in Nehemias Zeit in Jerusalem niedergelassen, und zugleich welche Städte die Judäer und Benjaminiten sonst noch bewohnt haben (weiter unten), zählt er die 24 oder 22 priesterlichen Familien und zugleich die levitischen Vaterhäuser auf, welche mit Jesua und Serubabel aus dem Exile zurückgekehrt sind (12, 1—9). Bei den levitischen Familien im weiteren Sinne mußten *drei* Klassen aufgezählt sein: 1. die *Leviten* im engeren Sinne, d. h. die *Liturgen*, 2. die *Sänger* und 3. die *Torwächter*. Von der ersten handelt Vers 8a: והלוים ישוע בנוי וגו'; es fehlen davon drei Familien (o. S. 357). Von der zweiten Klasse spricht Vers 8b und 9; hier fehlt aber die Aufschrift והמשררים. Aufgezählt sind מתניה על הידות הוא ואחיו, ferner ובקבקיה, die wir schon kennen. Dann folgt ועני אחיהם לנגדם. Der Name ענו ist unbekannt; es muß offenbar lauten ועובדיה. Die Verse sind also lückenhaft. Sie haben ursprünglich gelautet: והמשררים מתניה על הידות הוא ואחיו . ובקבקיה ועבדיה. Wir haben also auch hier die *drei Sängerfamilien*. Es fehlt also noch die Torwärterklasse; diese scheint ausgefallen, und nur eine Spur ist noch davon geblieben: אחיהם לנגדם למשמרות. Die „Wachen" können sich nur auf die שוערים beziehen; es ist also ein defekter Vers, oder es fehlen mehrere Verse. — Diese Priester- und Levitenfamilien sind aus Babel zurückgekehrt. Ehe der Verf. weiter geht, um die Priester und Leviten in der nachfolgenden Zeit aufzuzählen, hielt er es für nötig, die Diadoche der Hohenpriester zu geben (V. 10—11). Dann folgen die 24 oder 22 Vertreter der Priesterfamilien zur Zeit Jojakims (V. 11—20; vergl. weiter unten). Dann kommt ein dunkler Vers (22): הלוים בימי אלישיב יוידע ויוחנן וידוע כתובים ראשי אבות והכהנים על מלכות דריוש הפרסי. In dieser Gestalt ist der Vers unverständlich. Er beginnt mit den Leviten und spricht von den Häuptern der Priester. Was Bertheau und andere Ausleger darüber bemerkt haben, ist unhaltbar. Hier ist nur durch einen Kaiserschnitt zu helfen. Das Wort לוים muß durchaus eliminiert werden, da in diesem Passus abschließend von כהנים die Rede sein muß. Voran geht der Name יונתן, denkt man sich darauffolgend אֵלֶּה, so kann recht gut ein Teil dieses Pronomens als mit dem vorangehenden אל absorbiert und als Rest das ה von dem Worte לוים — ה angesehen werden, und so ist die Konstruktion des Satzes gefunden: אֵלֶּה בימי אלישיב . . . כתובים ראשי אבית הכהנים. Er schließt ebenso ab, wie das Verzeichnis der Leviten mit dem Satze (V. 26): אלה בימי יויקים בן ישוע . . ובימי נחמיה הפחה ועזרא הכהן הסופר. Vers 22 will sagen: diese 22 (24) Priester waren in den Tagen Eliaschibs und seiner Nachkommen bis Jaddua als Häupter der Priester (כהנים statt והכהנים) aufgezeichnet bis zur Regierung des Darius des Persers (Codomannus); על muß selbstverständlich in עד verwandelt werden, was auch Bertheau annimmt. Genau genommen, will der Vers angeben, daß die Priesterfamilien nach der Reihenfolge so geblieben sind, wie sie aufgezeichnet sind, während der vier Geschlechter; es ist also bis dahin keine Änderung eingetreten. Später ist nämlich eine Änderung vorgenommen worden. Die ersten drei Familien waren nicht שריה ירמיה עזרא (12, 2b; 12) oder שריה עזריה ירמיה (nach 10, 3; vergl. weiter unten), sondern eine andere trat an die Spitze, namentlich die hohenpriesterliche Familie Jedaja (nach Taanit p. 27b und Parall.): ידעיה יריב. Noch später in der Makkabäerzeit war die Familie יהויריב die erste. Auf diese Weise ist der für dunkel gehaltene Vers nach allen Seiten hin geklärt.

Nachdem die Aufzählung der Priesterfamilien erledigt ist, geht der Verf. daran, sämtliche Levitenfamilien der drei Klassen aufzuzählen, und gibt die Quelle an, woher er sie entlehnt hat (Vers 23): בני לוי ראשי האבות כתובים על ספר דברי הימים .... ועד ימי יוחנן בן ... אלישיב. Unter בני לוי will er sämtliche Leviten im weiteren Sinne verstanden wissen. כתובים על ספר ד"ה will etwa nicht (mit Bertheau) sagen, daß man sie in irgendeiner Chronik nachlesen möge, sondern sie waren in einer Chronik aufgeschrieben. Der Nachsatz als Terminus ad quem ועד ימי יוחנן setzt einen Terminus a quo voraus, der im Vers fehlt. Da nun in Vers 24 חשביה שרביה aufgezählt sind, und noch dazu vor ישוע בני קדמיאל, und jene erst mit Esra eingewandert sind (o. S. 357), so können sie erst unter Jojakim aufgezeichnet worden sein. Daher ist auch Vers 26 angegeben אלה בימי יויקים. Man muß also notwendigerweise ergänzen מימי יויקים ועד ימי יוחנן. Da nun Jochanan Sohn Jojadas war, so muß man auch יוידע ergänzen. Der vollständige Vers muß also lauten: בני לוי ראשי אבות כתובים . . . מימי יהויקים ועד ימי יוחנן בן יוידע בן אלישיב. Auch dieser Vers will sagen, daß die Gesamtlevitenfamilien in derselben Reihenfolge, wie sie aufgezeichnet wurden, geblieben sind von Jojakim bis Jochanan. Nun folgt die Aufzählung nach Klassen. Bertheau hat sich in diesen Versen nicht zurecht gefunden, weil ihm בני לוי und ראשי הלוים identisch schienen. Sie sind aber verschieden. Das eine bezeichnet Leviten im allgemeinen, als Gesamtname für alle Klassen und Familien, und das andere bezeichnet lediglich die liturgischen Leviten. Zuerst werden diese, die Gehilfen oder die Leviten im engeren Sinn aufgeführt (Vers 24) וראשי הלוים חשביה שרביה וישוע בן (בני) קדמיאל. Es fehlen, wie bereits bemerkt, drei Familien. Nun sollen die übrigen zwei Klassen folgen, die Sänger und Pförtner. Die Aufschrift fehlt allerdings, aber angedeutet sind beide Klassen: die Sänger durch die Worte: ואחיהם לנגדם להלל ולהודות במצות דויד und die Torwärter durch: משמר לעמת משמר; denn, wie schon erwähnt, kann sich die Bezeichnung „Wache" lediglich auf Torhüter beziehen. Vergl. Chr. I, 26, 16, wo von den Losen derselben Klasse משמר לעמת משמר gebraucht wird. Freilich muß man noch etwas dazu ergänzen, wahrscheinlich ולמחלקות לשערים. Von den darauffolgenden sechs Namen (Vers 25) kennen wir drei bereits als Repräsentanten der Sängerfamilien: מתניה ובקבקיה עבדיה und drei, die anderweitig öfter als Torwärter vorkommen, und die auch hier als solche näher bezeichnet sind: משלם טלמון עקוב שמרים שערים משמר באספי השערים (das Wort באספי, worüber viel geschrieben wurde, steht einfach für בספי; vergl. Chronik I, 9, 19. 22). Der Schluß (V. 26) bemerkt, daß diese Gesamtlevitenfamilien בני לוי oder die Vertreter der drei Klassen, zur Zeit Jojakims, Nehemias und Esras in der angegebenen Ordnung bestanden. Die verwickelten und unverständlichen Verse (Neh. 12, 23—26) würden nun nach den angegebenen Ergänzungen lauten: בני לוי ראשי האבות כתובים על ספר דברי הימים [מימי יויקים] ועד ימי יוחנן [בן יוידע] בן אלישיב . וראשי הלוים חשביה שרביה [פתחיה] וישוע בן (בני) קדמיאל [בנוי הודויה] ואחיהם לנגדם להלל להודות במצות דויד איש האלהים [ולעמד] משמר לעמת משמר . [וראשי המשררים] מתניה ובקבקיה עבדיה . [וראשי השערים] משלם טלמון עקוב שמרים שערים משמר [לעמת משמר] באספי (בספי) השערים . אלה בימי יויקים בן ישוע בן יוצדק ובימי נחמיה הפחה ועזרא הכהן הסופר.

III.

Die Torhüter oder Torwärter.

Die Klasse der שערים braucht nicht erst ermittelt zu werden, es liegen viele Data dafür vor. An einer Stelle (Neh. 12, 25) sind zwar nur drei Namen genannt משלם טלמון עקוב; es hat aber nach dem Hauptverzeichnis sechs gegeben: בני שלום אטר טלמון עקוב חטיטא (טובי — טוביה oder) שבי. Im Verzeichnis derer, welche sich in Jerusalem niedergelassen haben, werden vier Häuser aufgezählt: שלום ועקוב וטלמון ואחימן (w. u.); in dem Parallel-Verzeichnis stehen nur zwei עקוב טלמון; es fehlen also offenbar die Hauptfamilie שלום und auch אחימן. Der letzte Name scheint ein Lapsus der Reminiszenz zu sein für חטיטא. Es hat also sechs Torwärterfamilien gegeben, von denen sich vier für beständig zur Zeit Nehemias in Jerusalem niedergelassen haben, die übrigen zwei dagegen wohnten außerhalb Jerusalems und pflegten von Zeit zu Zeit für eine ganze Woche zum Pförtnerdienste nach Jerusalem zu kommen. Auf diese bezieht sich nämlich der Vers (Chronik I, 9, 25): ואחיהם בחצריהם לבוא לשבעת הימים מעת אל עת עם אלה. Der Schluß עם אלה bezieht sich auf die vier in Jerusalem ansässigen Familien, sie werden (das. V. 26) genannt: ארבעת גברי השערים. Wenn es also im ganzen sechs

Torwärterfamilien gegeben hat, von denen vier in Jerusalem wohnten, so muß man in dem Verzeichnis (Neh. 12) eine Lücke von drei Namen annehmen. Von diesen sechs werden drei in dem Verzeichnis derer, welche fremde Frauen heimgeführt hatten (Esra 10, 24) genannt שלם וטלם ואורי. Nun טלם ist gleich טלמון, dagegen ist אורי wohl verschrieben für אטר. — Die Familie Schallum wird auch unter dem Namen משלם und שלמיה aufgeführt, was Bertheau (zu Chronik I, 9, 17 f.) richtig auseinandergesetzt hat. Sie war die erste der Torwärterfamilien שלום הראש. Sie existierte bereits vor dem Exil, wie aus Jerem. 35, 4 hervorgeht: לשכת מעשיהו בן שלם שמר הסף.

Aus der bisherigen Untersuchung ergibt es sich zwar von selbst, daß die oft wiederkehrenden Namen der Sänger oder Torwärter nicht Individuen, sondern Familien oder Vaterhäusern angehören. Unter שלום עקוב ist zu verstehen, בני שלום בני עקוב usw., was ausdrücklich vorkommt. Da dasselbe von den Sängern gilt, so bedeutet מתניה ebenfalls בני מתניה, eben so בקבוקיה und עבדיה gleich בני בקבוקיה usw. Solche Eigennamen dagegen, welche nicht patronymische Bedeutung haben, müssen als individuell angesehen werden. In dem Verzeichnis der Einwohner Jerusalems kommen einige Eigennamen vor, die auf Mathanja genealogisch zurückgeführt werden. Diese sind jedenfalls individuell (Neh. 11, 22): ופקיד הלוים בירושלים עזי בן בני בן חשביה בן מתניה ... מבני אסף המשררים לנגד בית אלהים. Freilich muß der Vers erst berichtigt werden. Ein Abkömmling der Sänger kann unmöglich Vorsteher über die Leviten im engeren Sinne, nämlich über die Liturgen, gewesen sein. Der Vers enthält also offenbar zweierlei Angaben, den Namen dessen, der die Aufsicht über die Leviten und dessen, der sie über die Sänger hatte. Man muß ihn also teilen: ופקיד הלוים בירושלים עזי בן בני, d. h. von der liturgischen Familie Bani (o. S. 356); das folgende בן ist dittographiert, also: חשביה בן מתניה ... מבני אסף לנגיד [על] מלאכת אלהים. Das Wort נגיד kommt in der Chronik oft als gleichbedeutend mit פקיד vor, und vor מלאכת muß על ergänzt werden (wie Chr. I, 9, 19). Chaschabja oder ein anderer, dessen Name vorher ausgefallen sein kann, von der assaphidischen Familie Mathanja, war zur Zeit Nehemias Aufseher über die Sänger. Ebenso müssen wir V. 12, 35 f. teilen: ומבני הכהנים בחצצרות זכריה בן יונתן ... בן שמעיה בן מתניה . בן אסף ואחיו ... בכלי שיר דויד.

Ein Glied der Sängerfamilie Mathanja, dessen Genealogie bis auf Assaph hier wie oben (S. 357) aufgezählt wird, hat zur Zeit der Einweihung der Mauer unter Nehemia das Saitenspiel choragiert, und seine Brüder haben ihn begleitet. Das wollen die Verse 35—36 aussagen. Bertheau hat bereits die richtige Konstruktion dieser Verse angegeben (Comment. S. 257 f.). Bei jedem Zug תודה (vergl. Note 12) bliesen sieben Ahroniden die Trompeten und acht Leviten handhabten das Saitenspiel. Den Leviten ging ein Choragos voran, beim zweiten Zug יזרחיה הפקיד (das. Vers 42); dem ersten Zug muß also ebenfalls einer vorangegangen sein. Dieser wird Vers 35 genannt: זכריה בן יונתן .. בן מתניה בן אסף... Es fehlen also die Namen der sieben Priester, entsprechend denen des zweiten Chors (Vers 41). Nur die Einleitung dazu ist geblieben: ומבני הכהנים בחצצרות; die Eigennamen dagegen sind ausgefallen. Nur auf diese Weise, wenn man das anderweitig Gesicherte zusammenstellt, kann der dunkle und defekte Text in Esra-Nehemia-Chronik berichtigt und historisch verwertet werden.

Zum Schlusse nur noch zwei Bemerkungen. — Im Verzeichnis der Rückkehrenden sind bloß die בני אסף angeführt. Wir haben aber gefunden, daß neben dieser Sängerfamilie sich in der nachexilischen Zeit noch andere erhalten haben, mindestens die בני ידותון, wahrscheinlich auch die בני הימן, zu denen בקבקיה gehörte, und auch die קרחים oder בני קרח haben noch fortexistiert. Diese Familien fehlen also unstreitig im Verzeichnisse der Rückkehrenden. Ohnehin ist dessen Lückenhaftigkeit bemerklich, da die Gesamtsumme mit den Zahlen der einzelnen Posten nicht stimmt. — Unter den Torwärterfamilien der nachexilischen Zeit finden sich nicht die Namen עבד־אדום und חוסה, von denen die Chronik I, 26 so viel zu erzählen weiß. Hätten sie in dieser Zeit existiert, so müßten sie in den genannten Quellen einmal wenigstens aufgeführt oder angedeutet sein. Wenn die Namen historisch sind, so gehörten sie jedenfalls nur der vorexilischen Zeit an.

12.

Die Einweihung der Mauern Jerusalems unter Nehemia und die Lage der Tore.

Die Schilderung des Einweihungsaktes Nehemia 12, 31—42 gehört bekanntlich zu den dunkelsten Partien dieses Buches. Manches auf den ersten Blick Unverständliche hat Bertheau im Komment. zu diesem Buche erklärt. Er ging dabei mit Recht von der Voraussetzung aus, da ausdrücklich zwei Züge angegeben sind, und dabei hervorgehoben wird, daß bei dem einen Esra und bei dem anderen Nehemia die Repräsentation gemacht habe, und bei beiden Adlige, Volk, Priester und Leviten im Zuge gingen, so müsse das Gefolge bei beiden Zügen ganz gleich gewesen sein. Die Schilderung der Vorgänge bei beiden Zügen muß also parallel gehalten werden, und dasjenige, was bei dem einen vermißt wird oder unverständlich ist, kann aus der Parallele ergänzt oder erläutert werden. Nun heißt es bei der Beschreibung des einen Zuges, bei dem Esra war (V. 36: ועזרא הסופר לפניהם) — kurz bei dem Esra-Zuge — daß ihm die Hälfte der Fürsten Judas gefolgt sei (V. 32b): וחצי שרי יהודה. Folglich muß sich die andere Hälfte der Fürsten bei dem Nehemia-Zug befunden haben. Dieses Moment ist auch angedeutet (V. 40b): ואני וחצי הסגנים עמי. Hinwiederum ist bei dem Nehemia-Zuge angedeutet, daß die Hälfte des Volkes in dessen Begleitung war (V. 38b): וחצי העם מעל להחומה. Daraus folgt, daß auch dem Esra-Zuge die Hälfte des Volkes gefolgt sein muß. Dieses Moment findet Bertheau angedeutet in den kurzen Worten (V. 34): יהודה ובנימין, d. h. „die Hälfte von Juda und Benjamin, d. i. der Laien.“ Man ist demnach genötigt hier zu ergänzen: וחצי עם יהודה ובנימין. Ferner ist beim Nehemia-Zuge geschildert, daß sieben Priester mit Trompeten geblasen haben (V. 41): והכהנים: אליקים מעשיה מנימין מיכיה אליועני זכריה חנניה בחצצרות. Daraus folgt, daß beim Esra-Zuge ebensoviel posaunende Priester gewesen sein müssen. Dieses Moment ist aber dabei nur angedeutet (V. 35): ומבני הכהנים בחצצרות. Man ist also berechtigt, auch hier die Siebenzahl zu ergänzen und den Vers für lückenhaft zu erklären, vergl. o. S. 361. Weiter sind beim Nehemia-Zuge acht Namen aufgezählt, und dabei ist angedeutet, daß sie Saitenspieler waren, was ebensoviel sagen will, daß sie zur Klasse der Sänger-Leviten gehörten (V. 42): מעשיה ושמעיה ואלעזר ועזי ויהוחנן ומלכיה ועילם ועזר וישמיעו המשררים (קול). So müssen bei dem korrespondierenden Zuge ebenfalls acht instrumentierende Leviten gewesen sein. Und in der Tat werden ebensoviel Namen aufgezählt (V. 36). Diese spielten auf musikalischen Instrumenten: בכלי שיר דויד; folglich müssen auch die acht Leviten im Nehemia-Zuge mit Instrumenten bedacht werden. Endlich wird bei diesen acht Leviten im Nehemia-Zuge ein Vorgesetzter über sie genannt (V. 45b): ויזרחיה הפקיד. Folglich muß der Assaphid „im Esra-Zuge ebenfalls Vorgesetzter der acht Leviten gewesen sein" (V. 35). Vergl. o. S. 357.

Soweit ist die Auslegung Bertheaus sinnreich und zutreffend. Wir haben uns demnach den Vorgang folgendermaßen zu denken. Es waren zwei Züge, die von zwei Seiten aus die Mauern umzogen, bis sie im Tempel zusammentrafen. Jeder Zug bestand 1. aus einem Chor, תודה; 2. aus der Hälfte der Fürsten Judas; 3. aus der Hälfte des Volkes; 4. aus sieben posaunenblasenden Priestern; 5. aus acht instrumentierenden Leviten, denen je ein Choragos voranging. Bei dem einen Zuge befand sich Esra vor den acht Leviten ועזרא הסופר לפניהם, und bei dem anderen Zug ging Nehemia hinter dem Chor (V. 38): והתודה השנית .... ואני אחריה. Die Reihenfolge der verschiedenen Gruppen in beiden Zügen ist unbestimmt gelassen. Wenn angenommen werden könnte, daß die instrumentierenden acht Leviten dem Chore in nächster Nähe waren, dann hätten Esra und Nehemia denselben Platz eingenommen, nämlich vor den acht Leviten und hinter dem Chor. Beide wären demnach zwischen dem Chor und den acht Leviten geschritten.

Indessen bleiben noch viele Dunkelheiten in dieser Beschreibung übrig, die Bertheau unaufgehellt gelassen hat. Versuchen wir sie nach dem Gegebenen und Sichergestellten zu erläutern. Dunkel ist, was denn eigentlich die תודה, welche gewissermaßen als Richtungspunkt angegeben ist, hier bedeutet. Bertheau hat das Wort nicht klar gemacht. Er bemerkt darüber: „תודה, Bekenntnis des Dankes . . ., woraus sich dann die Übertragung des Wortes auf den Dankchor erklärt." Aber damit wissen wir noch immer nicht, wer eigentlich den Dankchor gebildet hat. Es hat sich ergeben, daß nur acht Leviten bei jedem Zuge mit Instrumenten versehen waren, also im Ganzen 16 und mit den beiden Anführern 18. Aber wozu hat denn Nehemia sämtliche Leviten von allen ihren Aufenthaltsorten zu diesem Akt zusammenberufen? Sie sollten also nicht bloß als Gruppe unter dem Volke mitgehen, sondern bei der musikalischen Funktion mitwirken. Man beachte den Vers 27: ובחנכת חומת ירושלם בקשו את הלוים מכל מקמתם . . לעשת חנכה ושמחה ובתודות ובשיר מצלתים נבלים ובכנרות. Es geht daraus hervor, daß die Feier durch die Leviten erhöht werden sollte, daß sie dabei die Hauptrolle hatten, und daß sie teils Dankgebete und Lieder sangen und teils auf Instrumenten spielten. Es müssen also viel mehr als 18 dabei fungiert haben. Es ist nun leicht zu erkennen, daß die תודה aus singenden Leviten bestanden hat. Dazu gehörten recht viele, damit der Gesang im Freien nicht verhalle. Da die meisten Psalmen aus der nachexilischen Zeit mit הודו לה' כי טוב begannen, so haben ohne Zweifel die levitischen Sänger ebenfalls diesen Eröffnungs-Vers gesungen, und deswegen wird ihre Gesamtheit תודה genannt. Es war ein psalmensingender Chor, und dieser wurde von den acht instrumentierenden Leviten begleitet. Vergl. Ps. 147, 7: ענו לה' בתודה זמרו לאלהינו בכנור; das eine bedeutet Dankpsalm mit Gesang und das andere Instrumentalbegleitung. Ebenso Ps. 68, 26: קדמו שרים אחר נגנים: voran gingen Sänger und hinter ihnen Saitenspieler. So war es ohne Zweifel bei dieser Einweihungsfeierlichkeit. Der Sängerchor תודה ging voran, und an ihn schlossen sich die acht Leviten mit Instrumenten, בכלי שיר, wahrscheinlich nur durch die beiden Führer Esra und Nehemia getrennt. Weil bei jedem der beiden Sängerchöre viele Personen mitgewirkt haben, werden sie „große Chöre" genannt (V. 31): ואעמידה שתי תודות גדולת.

In welcher Richtung haben sich die Züge bewegt? Auch das hat Bertheau nicht klar gemacht, oder er hat sich von Thenius und Tobler zu falschen Annahmen verleiten lassen. Da es von dem einem Zuge heißt, לימין (V. 31) daß er rechts ging, so muß der andere notwendigerweise links gegangen sein. Folglich muß man V. 38 lesen והתודה השנית ההולכת לשמאל ואני אחריה statt der barocken Unform למאל, eine Form, welche die oberflächlichen Grammatiker so sehr hätschelten. Nun fehlt aber bei der Schilderung des Esra-Zuges gerade die Hauptsache, nämlich, daß er sich bewegt hat. Nur ein Fragment ist davon geblieben ותהלכת לימין. Das Wort תהלכת ist ebenfalls eine barocke Form. Die Peschito hat es richtig als ein Verbum angesehen: יסלקי לצדל מן שורא לימינא, ebenso die LXX: καὶ διῆλθον ἐκ δεξιῶν. Man wird also darauf geführt, dem Parallelismus gemäß zu lesen: התודה הלכת לימין מעל לחומה, ein Chor ging rechts und der andere links, und so bewegten sich beide Züge. Was die Richtung betrifft, welche die beiden Chöre und Züge genommen haben, so kommt es auf den Ausgangspunkt an. Wo das Schutttor war, läßt sich von vornherein präzis nicht bestimmen. Aber die Lage des „Quellentores" ist bekannt. Nach Neh. 2, 14 führte es zum Königsteich; ואעבר אל שער העין ואל ברכת המלך. Ebenso ist das. 3, 15 angegeben, daß in der Nähe des Quellentores der Königsteich war und Stufen, welche von der Davidsstadt d. h. von Zion herunterführen: ואת שער העין ואת חומת ברכת השלח לגן המלך ועד המעלות היורדות מעיר דויד. Die Erwähnung der Davidsstadt gibt die Orientierung an. Die Mauer um Zion, welche zugleich an einem Teiche vorüberführt, kann nur im Westen sein. Denn in den anderen Richtungen gibt es beim Zion keinen Teich. Dagegen ist im Westen des Zion der Teich, der jetzt Birket es Sultan genannt wird, der aus alter Zeit stammt und in Jesaia 21, 9 der untere Teich הברכה התחתונה genannt wird. In der Nähe muß also eine Quelle gewesen sein. An die Quelle Siloa und andere Quellen, welche im Kidrontale sprudeln, dürfen wir dabei durchaus nicht denken; denn diese sind im Südosten des Kidrontales, die Quelle beim Quellentor haben wir dagegen im Westen zu suchen. Diese Quelle kann nur der Gichon gewesen sein, der nach Chronik II, 32, 30; 33, 14 nur im Westen von Zion gewesen sein kann. Sie wird an der ersten Stelle מוצא מימי גיחון „Quelle" genannt, ebenso nennt sie Josephus (Altertümer VII, 14, 5): πηγὴ λεγομένη Γίων. Von dieser Quelle hatte das Tor den Namen שער העין; in der Nähe war der untere Teich oder der Königsteich, der Zion und die Stufen, welche hinunterführten, entweder westlich oder südlich. Dann darf man ברכת השלח nicht als Siloa ansehen. Dagegen spricht ohnehin die Konstruktion. Die Peschito übersetzt daher treffend השלחת (מים) לגן המלך d. h. דמסקא מיא לגנת מלכא. Die Richtung des Esra-Zuges und Chors ist also klar. Er wandte sich rechts d. h. von der westlichen Seite Jerusalems nach Süden oberhalb des Schuttors (V. 32), ferner oberhalb des Quellentors immer noch im Westen, oberhalb der Stufen von der Davidstadt und des ehemaligen Davidpalastes (im Südwest oder Süd) bis zum Wassertor im Osten (V. 39). Mehrere Tore im Südosten und Osten sind hier übergangen. Der andere Zug und Chor muß also nach der entgegengesetzten Seite zuerst in nordwestlicher, dann in nördlicher und endlich in östlicher Richtung gezogen sein (V. 37—38). In dieser Richtung muß also gelegen haben zuerst der Ofenturm, dann die breite

Mauer, dann das Ephraimtor, ferner das alte Tor und endlich das Fischtor. Das Fischtor, d. h. der Platz, wo die Tyrier Fische zu verkaufen pflegten, kann nur im Westen oder Nordwesten gewesen sein, zwischen dem heutigen Jaffatore und Damaskustore. Falsch ist jedenfalls die Annahme, welche das Fischtor mit dem heutigen Stephanstor im Osten identifiziert. Nach unserer Annahme lagen sowohl das Schuttor als auch das Ephraimtor im Westen. Dafür spricht der Umstand, daß diese und die Nachbarmauern vor Nehemias Ankunft am meisten gelitten haben müssen, da dieser bei seiner Ankunft gerade die Seite, wo die genannten Tore waren, in Augenschein genommen und auf die Befestigung dieser Seite am meisten Sorgfalt verwendet hat. Bei jeder Belagerung Jerusalems kam zuerst die Nordwestseite an die Reihe, weil hier keine Höhen sind, und der Angriff leichter war, während von der Süd- und Ostseite hohe Hügel erstürmt werden mußten. Diejenigen also, welche vor Nehemias Ankunft in die Mauern Bresche gelegt haben, haben wahrscheinlich die am leichtesten zugängliche Seite angegriffen, d. h. die Nordwest- und Westmauern. Das Tiestal oder das Schluchttor שער הגיא hat allerdings zum Tal oder der Schlucht Hinnom geführt, wie allgemein angenommen wird, aber nicht an der West-, sondern eher an der Südseite, da das Hinnom nur in dieser Richtung lag, wie Hieronymus richtig angibt; vergl. Bd. II, 1. Hälfte, S. 139. Die Lage der Tore Jerusalems in der nachexilischen Zeit war demnach:

1. שער האשפת, Schuttor, im Westen.
2. שער העין, Quellentor, ebenfalls im Westen nach Süden zu.
3. שער המים, Wassertor, im Osten.
4. שער אפרים, Ephraimtor, im Westen nach Norden zu.
5. שער הישנה, das alte Tor, bei Josephus (jüd. Kr. V, 4, 2) Ἐσσηνῶν πύλη, genannt, im Nordwesten oder Norden.
6. שער הדגים, Fischtor, im Nordwesten.
7. שער הצאן, Schaftor, wohl im Nordosten.
8. שער המטרה, Mattarator, im Osten.
9. שער הסוסים, Roßtor im Osten.
10. שער הגיא, Tal- oder Schluchttor, im Südwesten zum Tal Ben Hinnom führend.

Noch bleibt in der Schilderung der Prozession bei der Einweihung der Mauern ein scheinbarer Widerspruch zu lösen. Die beiden großen Züge mit den beiden Chören sind, in entgegengesetzter Richtung schreitend, der eine die Westmauer nach Süden, die Süd- und Ostmauer, und der andere die Westmauer nach Norden, die Nord- und Ostmauer umkreisend, an einem Punkt im Osten zusammengetroffen. Wo sind sie stehen geblieben? Angegeben ist (das. V. 39): ועמדו בשער המטרה, daß sie im Osten im Mattaratore stehen geblieben waren. Dagegen heißt es (V. 40): ותעמדנה שתי התודת בבית אלהים, daß die Chöre im Tempel stehen geblieben sind. Wie ist das zu verstehen? Nur so ist es zu denken. Die beiden zahlreichen Züge mußten doch an einem Punkte von der Mauer hinuntersteigen. Das ist nun, nach der Angabe, beim Mattarator geschehen. Das Prädikat ועמדו bezieht sich auf die in zwei Züge getrennte Volksmenge; diese ist stehen geblieben, um den beiden Anführern, den beiden Chören und den Fürsten Platz zu machen, auf den Tempelberg hinaufzugehen und in den Tempel zu gelangen. Die beiden Levitenchöre, welche zur Feier im Tempel anwesend sein mußten, blieben nicht am Mattaratore stehen, sondern zogen weiter in das Innere des Tempels und machten erst dort Halt. Diese sich selbst aufdrängende Erklärung ist nur einleuchtend, wenn man das Wort תודה richtig auffaßt, daß es den Leviten-Chor bedeutet. Nach der bisherigen Auslegungsweise blieb dieses, so wie manches andere in dieser Schilderung äußerst rätselhaft.

13.

Die althebräischen und die assyrischen Schriftzeichen und deren Gebrauch für die heilige Schrift.

Eine alte Überlieferung, die durch den Widerspruch, die ihr entgegengesetzt wurde, um so bewährter erscheint, referiert, die Schriftzeichen, in welchen der Text des Pentateuch geschrieben war, seien zu einer Zeit kassiert und andere dafür eingeführt worden. Die älteren Schriftzeichen werden als „hebräische Schrift“ und die neueingeführten als „assyrische Schrift“ bezeichnet. Diese Umwandlung oder Neuerung führen die Quellen, welche sie tradieren, auf Esra zurück, nur eine läßt sie von einem der nachexilischen Propheten billigen. Der Tradent dieser Nachricht stammt zwar aus der zweiten Hälfte des dritten Jahrhunderts, R' José; aber aus dem Widerspruch, der seiner Ansicht entgegengesetzt wurde, geht hervor, daß seine Tradition älter sein muß. Diese Tradition findet sich in drei Stellen (Tosifta Synhedrin IV.; Babi Synhedrin p. 21b—22a und jerus. Megilla I, p. 71d unten), am deutlichsten in Babli: ר' יוסי אומר .. אף על פי שלא נתנה תורה על ידו (על ידי עזרא) נשתנה על ידו הכתב und zwar vorangehend von einem Amora: בתחילה נתנה תורה לישראל כתב אשורית חזרה ונתנה להם בימי עזרא בכתב אשורית. Als Antagonist dieser Ansicht wird Eliefer aus Modin aufgeführt, welcher behauptete, die Schrift sei niemals verändert worden. כתב אשורי נתנה התורה. Rabbi Jehuda Ha-Nasi, der sich der Tatsache von der Verwandlung nicht verschließen und doch sich eines unbehaglichen Gefühls nicht erwehren konnte, daß eine solche Neuerung je eingeführt worden sein sollte, glich diesen Widerspruch dahin aus: die Tora sei zuerst in der assyrischen Schrift gegeben, durch Versündigung des Volkes sei sie später in eine andere Schriftart (Raaz) umgewandelt, durch das Verdienst in Esras Zeit sei die alte Schrift wieder hergestellt worden. רבי אומר אשורית נתנה תורה וכשחטאו נהפך להן לרעץ וכשזכו בימי עזרא נהפך להן לאשורית. Dagegen referiert R' Eliefer Ben-Jakob, ohne den Widerspruch zu berühren, daß einer der Propheten, welche, aus dem Exile zurückgekehrt, über die Stätte des Altars und noch manches andere Belehrung erteilt hätten, das Verfahren gebilligt habe, daß die assyrische Schrift eingeführt wurde (Sebachim p. 62a): ר' אלעזר בן יעקב אומר שלשה נביאים עלו עמהן מן הגולה אחד שהעיד להם על המזבח ... ואחד שהעיד להם על התורה שתכתב אשורית. Bis in das zweite nachchristliche Jahrhundert war im judäischen Kreise die Bekanntschaft mit beiden Schriftarten vorhanden, und gesetzlich wurde ein biblisches Buch nur dann für heilig angesehen, wenn es in assyrischen Schriftfiguren geschrieben war (Mischna Jabim IV, 7): כתב עברי אינו מטמא את הידים ... לעולם אינו מטמא עד שיכתבנו אשורית (auch a. a. St.). Als Grund der Benennung assyrisch geben diejenigen, welche die zu einer bestimmten Zeit erfolgte Einführung dieser Schriftart behaupten, an, sie sei aus Assyrien mitgebracht worden (Tosifta a. a. O. und a. St.). ולמה נקרא שמה אשורית על שעלה עמהם מאשור. Diejenigen Autoren dagegen, welche für das hohe Alter derselben eintreten, geben die Benennung אשורי zu, deuten sie aber willkürlich: ולמה נקרא שמו אשור מפני שהוא מאושר.

Zwei Tatsachen gehen aus diesen talmudischen Angaben hervor, einmal daß die assyrische Schriftart aus Assyrien eingeführt und dann, daß sie zu irgendeiner Zeit mit einem Male mit der bis dahin üblichen hebräischen Schriftart, כתב עברי, vertauscht wurde. Eine allmähliche Entwicklung durch Übergänge der einen Schriftart in die andere wird durch diese Überlieferung vollständig negiert. Sie hält die Einführung für eine Neuerung und sucht sie zu rechtfertigen, z. B. dadurch, daß ein nachexilischer Prophet sie gebilligt habe, oder daß ihre Einführung bloß eine restitutio ut antea gewesen sei. Dieselbe Tradition haben auch die Kirchenväter Origenes und Hieronymus erhalten. Der letztere ist zwar kein selbständiger Zeuge; denn er gibt lediglich das wieder, was er von einem seiner jüdischen Lehrer vernommen hatte (Prologus galeatus): Certum est, Ezdram scribam . . . post captam Hierosolymam et instaurationem templi sub Zorobabel alias literas reperisse, quibus nunc utimur, cum ad illud usque tempus iidem Samaritanorum et Hebraeorum characteres fuerint. Dagegen ist das Zeugnis Origenes' entscheidend und instruktiv. Denn er referiert aus dem Augenschein, er habe in alten hebräischen Kodizes den tetragrammatischen Gottesnamen in alter Schrift gefunden, nicht in der üblichen. Denn man sagt: Esra habe nach der babylonischen Gefangenschaft andere Schriftzeichen eingeführt (bei Montfaucon, Hexapla I, 86): *ἐν τοῖς ἀκριβέσι τῶν ἀντιγράφων Ἑβραϊκοῖς ἀρχαίοις γράμμασι γέγραπται (τὸ τετραγράμματον) ἀλλ᾽ οὐχὶ τοῖς νῦν. φασὶ γὰρ τὸν Ἔσδραν ἑτέροις χρήσασθαι μετὰ τὴν αἰχμαλωσίαν.* Er bestätigt nicht nur die Tradition von der Umwandlung der alten Schriftart in die neue, sondern er gibt auch einen unwiderleglichen Beweis dafür, daß diese Umwandlung mit einem Male vor sich gegangen sein muß. Denn er führt als Tatsache an, daß die Kopisten bei Schreibung des Gottesnamens die alten Zeichen beibehielten. Die Kopisten kannten demnach beide Schriftcharaktere und mochten nur aus religiöser Skrupulosität für das Tetragrammaton die alten Zeichen nicht ändern. Wäre die Verwandlung allmählich und stetig vor sich gegangen, daß die ursprünglichen hebräischen Züge nach und nach durch Abschleifung, Ansätze, Öffnung oder Schließung der Schriftfiguren eine andere Gestalt erhalten hätten, so hätten die Zeichen für die Gottesnamen keine Ausnahme machen können, sondern wären mit den übrigen in den Wandlungsprozeß hineingezogen worden. Wir sind also berechtigt, als eine von älteren Autoren bezeugte Tatsache festzuhalten, daß die Umwandlung der älteren Schriftzeichen in eine neuere plötzlich zu einer bestimmten Zeit vollführt worden ist.

Damit ist jene von den Archäologen, ganz besonders von Kopp, Hupfeld und de Vogüé, zäh festgehaltene Behauptung von der allmählichen Ausbildung der neueren (assyrischen) Schrift aus der älteren (hebräischen oder altsemitischen), daß diese etwa die Antiqua gewesen, jene dagegen eine Kursivschrift geworden wäre, ein für allemal abgewiesen. Spricht ja auch gegen diese Hypothese die Beschaffenheit der Schriftzeichen des samaritanischen Pentateuchs. Diese haben die entschiedenste Ähnlichkeit mit dem phönizischen und dem aus der Mesa-Inschrift bekannt gewordenen altsemitischen Alphabet. Zugegeben wird allgemein, daß die samaritanischen Buchstabenfiguren den althebräischen Schriftcharakter repräsentierten. Wäre die Entwicklung der einen Schriftart aus der anderen allmählich vor sich gegangen, und hätte die ausgebildete ihren Abschluß im zweiten, dritten oder fünften Jahrhundert ante erhalten, dann wäre es ja rätselhaft, warum denn die Samaritaner diese Entwicklung nicht mitgemacht haben sollten. So abgeschlossen lebten sie nicht, daß sie nicht Kunde von der allmählichen Umwandlung des semitischen Schriftcharakters gehabt haben sollten. Im Gegenteil, zur Zeit der Mazedonierherrschaft standen sie in innigerem Kontakt mit den Nachbarvölkern als die Judäer. Skrupulöser als diese bezüglich ihres heiligen Buches waren sie ebensowenig. Warum haben sie es verschmäht, mit der Ausbildung der Schrift Schritt zu halten, oder, sachgemäßer formuliert: Warum haben ihre Abschreiber, welche doch die Schriftwandlung vor Augen hatten, den alten Schriftcharakter zäh festgehalten? Auf diese Tatsache sind die Archäologen nicht eingegangen. Aber sie ist vernichtend für die Entwicklungshypothese. Die Tatsache ist nur dadurch zu erklären, daß die Samaritaner aus Opposition und Antagonismus gegen die Judäer die alte Schriftart beibehalten haben müssen. In der Tat, bürdeten sie den Judäern die Neuerung als Ketzerei auf, daß Esra und Serubabel die hebräische Schrift geändert, mehr Buchstaben eingeführt und überhaupt die Thora in einer neueren Schrift geschrieben hätten. Diese Anklage der Ketzerei wird zwar erst von Abulfatach erhoben, aber sie stammt aus alter Zeit. Sie ist aber nur verständlich, wenn die Neuerung von seiten der Judäer einen auffallenden Charakter gehabt, nicht aber, wenn die Schriftzeichen, deren sich die Judäer für den Pentateuch bedienten, sich von Jahrhundert zu Jahrhundert geändert hätten.

Indessen gehen wir auf die Entwicklung des semitischen Alphabets näher ein. Seitdem durch reiches Material von verschiedenen älteren und jüngeren Inschriften die Mannigfaltigkeit dieses Alphabets klassifiziert werden konnte, wird es in drei voneinander abweichende Gruppen eingeteilt: 1. das altphönizische (archaistische), 2. das aramäische und 3. das neuhebräische oder das Quadrat-Alphabet. Die erste Klasse wird repräsentiert durch die phönizischen Inschriften, Siegel, Zylinder und ganz besonders durch die Inschriften des Mesa-Blockes aus Moabitis. Die dritte Klasse hat ihre Vertretung nicht nur durch die hebräische Quadratschrift, sondern auch durch die Palmyrenischen Inschriften, die de Vogué in Syrie Centrale zusammengestellt hat. Ob das nabatäische Alphabet, die Inschriften auf der Sinaï-Halbinsel und in Hauran, das syrische Estranghelo und die arabischen Schriftzeichen sich aus der Quadratschrift ausgebildet haben oder aus einer anderen Form stammen, ist für unsere Untersuchung gleichgültig. Uns beschäftigt gegenwärtig die zweite Klasse, welche, wenn ich nicht irre, Kopp zuerst das aramäische Alphabet genannt hat, und diese Benennung ist von Gesenius (Monumenta scripturae phoenicae) und von de Vogué (ausführlich in Revue Archéologique 1864 p. 204 f. 1865 p. 329 f.); und von anderen beibehalten worden. Sie ist davon hergenommen, daß die Sprache, welche durch diesen Schriftcharakter ausgedrückt wird, größtenteils aramäisch klingt. Diese Benennung ist aber, nebenher bemerkt, weder ganz berechtigt noch orientierend. Viel berechtigter wäre die Benennung assyrische Schriftart. Denn dafür kann man doch die Autorität Herodots und Thucydides' anführen. Der erste berichtet (IV. 85): Darius habe am Bosporus zwei Säulen aus Marmor errichten und darauf die Namen aller Völker seines Gefolges in assyrischer Schrift — *Ἀσσύρια γράμματα* — aufzeichnen lassen. Thucydides (IV. 50) erzählt, daß der bei Artaphernes gefundene Brief in assyrischer Schrift geschrieben war: *οἱ Ἀθηναῖοι τὰς μὲν ἐπιστολὰς μεταγραψάμενοι ἐκ τῶν Ἀσσυρίων γραμμάτων ἀνέγνωσαν.* Diese assyrische Schrift, welche Darius zu Inschriften verwendet hat, und welche in Athen gelesen werden konnte, war gewiß nicht Keilschrift, wie man früher vermutet hat, sondern kann nur eine Schriftart gewesen sein, welche auch von Nicht-Persern gelesen werden konnte. Wir werden später sehen, daß diese Benennung nicht willkürlich ist, sondern die Abstammung richtig bezeichnet.

Zur Begründung der Entwicklungstheorie wird gegenwärtig allgemein folgendes Raisonnement geltend gemacht. Das altphönizische oder semitische Alphabet hat viele Metamorphosen durchgemacht selbst innerhalb der semitischen Völkerfamilien, es hat allmählich den aramäischen Schriftcharakter angenommen und aus dieser ist die Quadratform entstanden. Die Schriftzeichen der Judäer, welche ursprünglich nichts anderes als das altphönizische Alphabet waren, hätten sich in ihrer Mitte ebenso verwandelt, und die heilige Schrift habe diese Wandlung durchgemacht. Sie sei zuerst im altphönizischen Alphabet geschrieben gewesen, und habe dann von Jahrhundert zu Jahrhundert sich fortgebildet, analog dem Schriftcharakter ihrer Umgebung, bis sie endgültig die Quadratform angenommen habe. Wie alt diese Form sei, läßt sich nicht mit Bestimmtheit behaupten. Das älteste Schriftdenkmal in einer der Quadratschrift ähnlichen Schriftart findet sich auf einem Sargdeckel des sogenannten St. Jakob-Grabes im Kidrontale bei Jerusalem. Sie wird die Inschrift der Benê-Chezir genannt. Deutlich lesen sich manche Worte: זה(ק)בר לאלעזר ויועזר ... יוחנן ... ואלעזר .. מבני חזיר. Wie alt ist diese Grabschrift? De Vogué, der sie zuerst veröffentlicht hat (Revue Archéol. 1864 p. 200 f.), setzte die Zeit anfangs unbestimmt ins erste vorchristliche Jahrhundert. De Saulcy dagegen behauptete, sie gehöre der Zeit vor 255 an, also einem Jahrhundert vor der Makkabäerzeit (R. A. 1865 p. 137 f.) De Vogué gab später das höhere Alter dieser Grabschrift zu, nur behauptete er, sie stamme aus der Zeit des griechischen Einflusses in Judäa, da der Stil des Sarges einen dorischen Charakter verrate. Er geriet aber dadurch in Widerspruch mit seiner eigenen Theorie. Denn in Arak-el-Emir jenseits des Jordans ist ein Grabmonument in einer Grotte entdeckt worden, welches an einer Stelle in großen Buchstaben von 20 Zentimetern in einer der altphönizischen ähnlichen Schriftart den Namen טרביה hat. Ein wenig voreilig hatte De Vogué diese Grotte mit jener identifiziert, welche der Tobiassohn Hyrkanos, nach Josephus' Beschreibung, sich als Zufluchtsstätte bei Hesbon habe erbauen lassen. Er nahm demzufolge an, daß diese Grotteninschrift aus dem Jahre 176 vorchr. Zeit stamme. Daraus ergäbe sich aber, daß die Judäer sich noch im zweiten Jahrhundert des archaistischen Schriftcharakters bedient haben, und trotzdem soll die Inschrift der Benê-Chezir in Buchstaben mit moderner Form eben so alt, vielleicht noch älter sein! Wo bleibt da die Theorie der Entwicklung der einen Schriftart aus der anderen? De Saulcy hat damit diesen sich öfter in vage Theorien ergehenden Paläographen außerordentlich in die Enge getrieben. Er hat dessen aufgestellte Fakta, Data und Schlußfolgerungen mit Recht erschüttert. Die Identität der Grotte mit der Inschrift טרביה mit der des Hyrkanos ist nicht erwiesen, folglich ist das dafür angesetzte Datum 176 höchst unsicher, ebenso wie die Inschrift der Benê-Chezir. Das Alter der Quadratschrift ist demnach zweifelhaft, da de Saulcys Annahme, daß die letztgenannte Inschrift dem Jahre 255, d. h. den Nachkommen des Hohenpriesters Jaddua angehöre, eben so wenig begründet ist, und von dem Autor selbst halb und halb fallen gelassen wurde.

Jedenfalls hat dieser Paläograph mit triftigen Gründen die mit so vieler Zuversicht von de Vogué aufgestellte und von den deutschen Archäologen und Isagogisten mit Wohlgefallen aufgenommene Metamorphosen-Theorie des

Alphabets innerhalb der judäischen Kreise in Abrede gestellt. Vergebens hielt de Vogüé ihm zwei Tafeln mit Alphabetfiguren von den ältesten Zeiten bis auf Jahrhunderte der nachchristlichen Zeit als Schild entgegen, um die Wandlungen des semitischen Alphabets und speziell des hebräischen zu veranschaulichen. De Saulcy schlägt ihm den Schild aus der Hand. Er gibt zu, daß zweierlei Schriftzeichen von judäischem Ursprunge vorgekommen seien, aber er leugnet ihr Entstehen nach einander. Beide hätten vielmehr neben einander zu gleicher Zeit existiert, die Quadratschrift sei zum Gebrauche für die heilige Schrift und eine andere Vulgärschrift, der phönizischen und samaritanischen ähnlich, für den allgemeinen Verkehr verwendet worden (R. A. 1865, p. 150 und 400). De Saulcy leugnet, daß die Judäer überhaupt einen anderen Schriftcharakter von irgendeinem Volk angenommen hätten. Vermöge ihres eminent konservativen und national-exklusiven Charakters müßten sie eine besondere Abneigung empfunden haben, die Schriftart ihrer heiligen Bücher je nach der wandelbaren kalligraphischen Mode zu modeln (a. a. O. p. 148): Mr. de Vogüé admet, que les Juifs adoptèrent l'écriture araméenne vers le Vme siècle. Il passe sous silence la répugnance si constante des Juifs pour tout ce qui provenait d'une autre race que la leur, et j'admets pour un instant qu'ils se laissèrent imposer une écriture étrangère. Voilà cette écriture adoptée au Vme siècle avant Jésus-Christ, et bien loin de se tenir à l'alphabet qu'ils ont eu la faiblesse d'accepter une première fois en échange de leur, ils le modifient et le modifient sans cesse jusqu' à arriver à l'hébreu carré! Eh bien franchement, je ne saurais admettre cela, étant connu le caractère moral de cette nation.

Noch schärfer und mit feiner Ironie weist de Saulcy die Annahme von der stetigen Metamorphose des hebräischen Alphabets nach einem von außen gekommenen Impulse ab (a. a. O. p. 403): Quant aux Juifs c'est bien différent: du moment qu'ils ont aramaïsé leur langue et leur écriture, et cela en dépit des deux tableaux, qui nous ont prouvé leur obstination à conserver intacte l'écriture de leurs pères, ils changent de système alphabétique sous le premier vent qui souffle. Ils adoptent, nous dit-on, l'écriture et la langue araméenne. Les voilà donc recevant l'impulsion du côté de la Perse et de la Cilicie. Bien! cela dure ainsi jusqu'au IIIme siècle. A cette époque le vent tourne au sud, et ils cèdent à l'impulsion, qui vient d'Egypte; nouveau changement d'écriture. Enfin deux cent ans après, c'est du nord qu'il souffle, et voilà l'écriture palmyrienne à peu près adoptée, car ne l'oublions pas, dans la filiation de l'écriture araméenne. M. de Vogüé place l'hébreu carré entre l'écriture des papyrus et celle de Palmyre.

So treffend auch diese Bemerkung ist, so hat sie doch den Fehler, daß sie zu viel beweist. Die Judäer sollen so außerordentlich konservativ gewesen sein, daß sie zu keiner Zeit ein fremdes Alphabet angenommen hätten. Aber wenn einige talmudische Autoritäten, ja eine verbreitete Tradition selbst zugeben, daß sie zur Zeit Esras die assyrischen d. h. die aus Assyrien stammenden Schriftzeichen angenommen haben (o. S. 366), so ist ja das Faktum der Entlehnung unbestreitbar! De Saulcys Behauptung klingt wie die des orthodoxen R'Elieser aus Modin, daß die Judäer ebenso wenig ihre Schrift wie ihre Sprache verändert hätten (Synhedrin p. 22a): משום ר׳ אליעזר המודעי: כתב זה לא נשתנה כל עיקר וגו׳ העמודים מה עמודים לא נשתנו אף ווים לא נשתנו . . . .

מה לשונם לא נשתנה את כתבם לא נשתנה. Allein R. José und andere Autoritäten behaupten trotzdem die Änderung der Schrift. Dazu kommt noch eine andere Betrachtung. Den ihnen von de Saulcy vindizierten zähen Konservativismus haben die Judäer nicht zu allen Zeiten bewahrt. Im Gegenteil, von der Zeit ihres Volksdaseins an bis über die Epoche des babylonischen Exils hinaus haben sie gar zu oft fremde, selbst götzendienerische Elemente aufgenommen. Warum sollten sie sich gegen die unschuldige Neuerung einer Schriftart gesträubt haben? Konservativ waren die Judäer oder Israeliten in ihrem Geschichtsgange keineswegs, sondern sie wurden konservativ. Sie wurden es erst von der Zeit Esra-Nehemias abwärts, oder genauer, seit der sopherischen Zeit. Von dieser Zeit an abwärts hat de Saulcy vollkommen Recht, daß die Judäer schwerlich ihren Schriftcharakter, den sie für den Gebrauch der heiligen Literatur angewendet haben, mit einem anderen vertauscht haben können. Aber vor dieser Zeit ist die Entlehnung nicht bloß möglich gewesen, sondern faktisch erfolgt. Esra (oder eine andere mit Autorität bekleidete Persönlichkeit oder Behörde) hat, wie tradiert wird, tatsächlich die hebräische Schrift in die assyrische verwandelt. — Wir kommen damit zum Ausgangspunkt unserer Untersuchung zurück. Aus der Differenz der Ansichten de Vogüés und de Saulcys ergibt sich eine mittlere Ansicht, welche das Haltbare beider aufnimmt, das Unberechtigte aber abweist. Allerdings haben die Judäer etwa im 5. Jahrhundert eine fremde Schriftart (nenne man sie die aramäische oder assyrische) angenommen — und darin hat de Vogüé Recht. — Aber nachdem sie sie einmal angenommen haben, haben sie sie wohl schwerlich mit einer später ausgebildeten Schriftart vertauscht; dazu waren sie zu konservativ und skrupulös — und darin muß man de Saulcy Recht geben.

Dieser Forscher hat außerdem ein Argument zur Entscheidung der Frage herangezogen, welches sein Gegner in dieser Sache nicht so leichthin hätte abweisen sollen. Ich meine das Zeugnis von der Ähnlichkeit der Buchstaben des Tetragrammatons mit den griechischen Initialen *ΠΙ ΠΙ.*, wenn man sie von der rechten zur linken liest. Eine Notiz bei einem anonymen Schriftsteller, welchen Coteler für Evagrius hält, referiert nämlich aus einer sehr alten Quelle, betreffend die 10 Gottesnamen in der Bibel: das Tetragrammaton, welches in das Diadem des Hohenpriesters eingegraben gewesen, sei *ΠΙ.* gewesen (bei Coteler, Ecclesiae Graecae monumenta III. 116): *τοῦτο (τὸ τετραγράμματον) φασὶ ἐπὶ τῷ πετάλῳ τοῦ ἀρχιερέως γεγράφθαι: ΠΙΠΙ.* Aus derselben Quelle berichtet Hieronymus Ähnliches mit einer Bemerkung (Epistola 136, nach chronolog. Ordnung 25): Quidam non intelligentes propter elementorum similitudinem, cum in Graecis libris reperiunt, Pipi legere consueverunt. In einem seltenen Kodex der LXX soll der Gottesname noch auf diese Weise geschrieben sein. Scheinbar hat auch Eusebius diese Bemerkung, daß der vierbuchstabige Gottesname so geschrieben worden ist, denn in der Einleitung zu dessen Onomastica sacra (ed Lagarde I, p. 205) kommt auch diese Angabe von den zehn Gottesnamen vor und darunter von dem Namen, welcher auf das Diadem des Hohenpriesters geschrieben worden sei: *ΠΙΠΙ.* Diese Stelle gehört indes nicht dem Eusebius, sondern dem Evagrius, oder sonst einem späteren Autor an, wie der gleich darauf folgende Passus: *Εὐαγρίου εἰς τὸ π ι π ι* beweist. Dazu bemerkt de Saulcy (R. Ar. das. p. 150): „Eusèbe (?) et Jérôme, parlant du frontal du grand-prêtre, sur lequel était inscrit le nom ineffable de Jéhovah, disent que

ce nom était écrit *ΠΙΠΙ*. Et de fait, si nous écrivons le nom tétragramme avec les lettres que nous fournit, p. e., l'inscription funéraire du tombeau de St. Jaques (de Benê-Chezir), nous trouvons: ΗΙΗΙ. Ce qui
י ה י ה
ressemble singulièrement au groupe de lettres grecques. Si au contraire, nous l'écrivons en prétendu hébreu archaistique. . . . qu'est devenu la ressemblance?" —

In der Tat in keinem der semitischen Alphabete haben die Figuren der Buchstaben יהוה auch nur eine annähernde Ähnlichkeit mit den Initialen *ΠΙΠΙ*. Allenfalls hat das י in der sogenannten ägyptisch-aramäischen Form der Inschrift des Papyrus des Herzogs von Blakas (bei Gesenius. Monumenta p. 236 f. und Abbildung, Tafel 33) die Form eines griechischen *I*, und ebenso im Palmyrenischen. Aber das Jot hat in keinem der Alphabete die Ähnlichkeit mit *I*, sondern hat in dem archaistischen einen großen Umfang und ist einer gefingerten Hand ähnlich, oder ist sehr klein im sogenannten ägyptisch-aramäischen Alphabet. Noch weniger hat das ה in einem derselben die Figur des *Π*. — Die Figur dieser beiden Konsonanten, des י und ה, stammen also keineswegs aus einer der Entwicklungsstufen des allgemeinen semitischen Alphabets, sondern müssen sich selbständig innerhalb des judäischen Kreises ausgebildet haben. Zum Vergleich kann auch das kalligraphisch gemalte Alphabet dienen, welches Montfaucon in einem Kodex der Klagelieder Jeremiae im Jesuitenkollegium Louis le Grand fand und in der Einleitung zu Origenes' Hexapla abdrucken ließ (Praeliminaria II, 2). In diesem Alphabet, das recht alt sein mag, ist das ה oben geschlossen und hat vollständig die Form des *Π*, das י ist langgestreckt, aber dem ו nicht ähnlich. Indes aus einer Stelle im Talmud (Sabbat p. 103b) geht hervor, daß manche Bibelschreiber י und ו gleichgestaltet haben, da daselbst ermahnt wird, sie nicht zum Verwechseln zu schreiben: שלא יעשה ווין יודין. In der Inschrift von Kefer-Bereïm, welche Renan kopiert und entziffert hat (Journal Asiatique 1864, IV, 531 f.: Monatsschr. 1875, S. 47 f.), sind noch die beiden Buchstaben völlig gleich. Dagegen war zur Zeit der Abfassung des Matthäusevangeliums das י (Jota) bereits der kleinste Buchstabe (Matthäus 5, 18) *ἰῶτα ἕν*; dagegen das י war zur Zeit Eliesers aus Modin einer Säule gleich (o. S. 370) יו"ד כעמודים. Die Inschrift von Kefer-Bereïm muß älter als das Matthäusevangelium sein.

Doch kehren wir zum Hauptthema zurück.

Mit Recht kann man daraus folgern, daß so wie die Veränderung, welche mit ה und י unabhängig von der allgemeinen Metamorphose des semitischen Alphabets vor sich gegangen ist, auch die der übrigen Schriftzeichen bei den Judäern einer eigenen Entwicklung folgte, daß das ב z. B., das ursprünglich eine vollständig geschlossene Rundung hatte, sich zuerst oben geöffnet, die Öffnung sich nach und nach aufgesperrt und endlich unten einen Strich nach links angenommen hat, wie in dem ägyptisch-aramäischen Papyrus und im Palmyrenischen. Ebenso konnte sich das ב, dessen Metamorphosenstadien de Vogüé als Beispiel anführt, innerhalb der engen Grenze Judäas ändern, und so das ganze Alphabet der Quadratschrift aus den Urformen des כתב עברית. Allein die unabweisbare Tradition stellt die Tatsache fest, daß die Judäer die neue Schriftart, welche sie die assyrische oder die aus Assyrien stammende nennt, angenommen und die ältere, die hebräische, aus dem

Bereiche der heiligen Schrift verdrängt haben. Mit dieser Tatsache muß sich die Kritik einlassen und ihr gerecht werden. Ist es denn so undenkbar, daß sie das assyrische Alphabet adoptiert haben? Es hat doch in der Tat *Ἀσσύρια γράμματα* gegeben, wie zwei klassische Autoren bezeugen (o. S. 368). Aber die Assyrier hatten doch das Keilschrift-Alphabet? Man hat aber unter den Trümmern assyrischer Städte Siegel gefunden, welche neben der Keilschrift auch semitische Schriftzeichen enthalten. Doch davon abgesehen, hat Blau eine höchst wichtige Entdeckung im Bereiche der persischen Numismatik gemacht.

Er hat nämlich die Legenden auf einigen Satrapenmünzen, welche der Herzog de Luynes vermittelst gewaltsamer Entzifferung und unbefriedigender Erklärung unbekannten Satrapen Darnes und Syennesis vindiziert hat (Essai sur la numesmatique des Satrapes p. 21 f.) richtiger gelesen und in das rechte Licht gesetzt (Zeitschr. d. D. M. G. 1852, S. 484 f. und 1855, S. 79 f. Beiträge zur phönizischen Münzkunde). Vermittelst 11 Münzen, die ihm zu Gebote standen, konnte er die Resultate, welche de Luynes aus nur sechs Exemplaren von derselben Art gezogen hat, umstoßen und ein berechtigteres aufstellen, und überhaupt dessen Entzifferung berichtigen. In der zweiten Abhandlung gelangte Blau zu größerer Sicherheit der Lesung, daß sämtliche Münzen die Legende haben תבלי נצבין, d. h. „Tabalos Nisibis“. Diese Münzgruppe gehört demnach einem persischen Satrapen Tabal an, welcher in Nisibis Statthalter war und Dariken prägen ließ. Eine Klasse dieser Münzen enthält die Inschrift: תבלי נינוי d. h. Tabalos Ninive. Daß diese Münzen in einer persischen Provinz und nicht etwa in einer kleinasiatischen geprägt worden sein müssen, geht daraus hervor, daß eine derselben (bei Luynes, Planche VII, Nr. 9) neben der Hauptlegende auch eine Keilinschrift hat. Blau wies aus Xenophon (Anabasis VII, 8 Ende) nach, daß unter Artaxerxes II. eine andere Einteilung der Satrapien stattgefunden hat. Assyrien, das früher zur Satrapie Babylonien gehört hatte, wurde davon getrennt und mit Syrien vereinigt: *Συρίας καὶ Ἀσσυρίας (ἄρχων) Βέλεσυς*. Die Hauptstadt Assyriens war damals, neben Ninive, Nisibis (S. a. a. O. 1853, S. 487). In seiner Promotionsdissertation (de Numis Achaemenidarum aramaeo-persicis, Leipzig 1855) hat Blau dieses Thema noch gründlicher behandelt und kam zum Resultat (p. 7): Ninivensium et Nisbenorum Tabali numorum aetas est Artaxerxis II. regnum. Itaque anno 440 a. Ch. hoc genus prius esse nequit. Das. p. 13 gibt er die Eigenheit dieser assyrisch-mesopotamischen Schriftart an. Diese ninivitischen und nisibenischen Münzen beweisen also, daß im vierten Jahrhundert die Bevölkerung von Assyrien eigene Schriftzeichen hatte. Denn die Legenden auf den Münzen dienten doch wohl dazu, von der Bevölkerung gelesen zu werden. Über den Schriftbau dieser Münzen urteilt Blau folgendes (1855, S. 73): „Es steht durchaus den aramäischen Alphabeten näher — man vergleiche namentlich das der aramäisch-ägyptischen Denkmäler — und teilt mit ihnen die Eigentümlichkeit, sich öfters auffallend von der ursprünglichen Gestalt der Zeichen zu entfernen.“ Diese Schriftart war demnach eine eigene Abzweigung des semitischen Alphabets. Da sie in der assyrischen Provinz in Gebrauch war, konnte sie nicht כתב אשורית oder *Ἀσσύρια γράμματα* genannt werden? Niemand wird in Abrede stellen wollen, daß sich die in dieser Gegend wohnenden Judäer dieser Schriftart bedient haben müssen. Und diese Voraussetzung führt auf den Grund der Einführung einer anderen Schriftart für das Literaturbedürfnis der Judäer.

Man beurteilt die Verhältnisse der Judäer falsch, wenn man an sie bezüglich der Schrift oder verwandter Momente den allgemeinen Maßstab anlegt. Sie bildeten nämlich in der nachexilischen Zeit eine Ausnahme oder empfanden ein Bedürfnis, welches anderen Völkern völlig unbekannt war. Erst durch das babylonische Exil wurden sie das אהל אלכתב, das „Volk der Schrift"; sie begannen erst damals zu lesen und sich mit den Überbleibseln ihrer Literatur zu befassen. Besonders stieg der bis dahin wenig beachtete Pentateuch hoch in der Wertschätzung. Aber er war — das wird doch allgemein und selbst von talmudischen Autoritäten mit Ausnahme von de Saulcy zugegeben — in altsemitischer oder althebräischer Schrift geschrieben. Diese konnte in der nachexilischen Zeit nur von wenigen gelesen werden. Dazu kam noch eine andere Verlegenheit. Viele Judäer waren im Exilslande zurückgeblieben, und diese standen, wie bekannt ist, in lebhaftem Verkehr mit den Palästinensern. Botschaften und Briefe flogen von dem einen Volksteil zum anderen hin und zurück. Welcher Schriftart bedienten sich die Judäer im Verkehr untereinander? Die Palästinenser hatten ohne Zweifel das altsemitische Alphabet oder ein ihm ähnliches beibehalten; denn in der Heimat war dieses bekannt. Phönizier, Samaritaner und noch andere Völkerschaften in der Nähe bedienten sich dieses Alphabets fortwährend. Aber schwierig war es für die Judäer, sich in dieser Schriftart mit den Brüdern im Exilslande zu verständigen. Diese bedienten sich nämlich ohne Zweifel der landesüblichen Schrift, d. h. des semitisch-assyrischen Alphabets, desselben, dessen sich Darius neben dem Griechischen bediente, um die Völker seines Gefolges zu zählen, sowie die Satrapen, um untereinander zu verkehren (vergl. Gesenius, Monumenta p. 74 f.) und endlich die Kriegsherren, um Münzen zu prägen. Das altsemitische Alphabet, welches das erste Geschlecht der Exulanten noch kannte, war Enkeln und Urenkeln vollständig unverständlich geworden. Esra, Nehemia und wenige ihrer Zeitgenossen mögen sich noch beider Schriftzeichen, der althebräischen und der neuassyrischen haben bedienen können. Aber die große Menge im Exilslande kannte nur die letzteren. So entstand eine große Verlegenheit für den schriftlichen Verkehr der beiden Volksteile untereinander. Diese Verlegenheit wurde noch drückender, als zu einer bestimmten Zeit die Anordnung getroffen wurde, aus dem Pentateuch regelmäßige Vorlesungen zu halten. Es wäre den Judäern im Exilslande, d. h. in Persien, ganz unmöglich gewesen, dieser Anordnung nachzukommen, da ihnen die althebräischen Schriftzüge völlig unleserlich geworden waren. Diese Verlegenheit mußte beseitigt werden. Sollten die Brüder im Exile dem Judentum erhalten bleiben — und sie waren eine Hauptstütze für die arme Gemeinde in ihrer Heimat — so mußte ihnen eine Konzession gemacht werden. Die althebräische Schrift mußte beseitigt und in die neue assyrische umgewandelt, oder der Pentateuch mußte transskribiert werden, um ihn auch den im Exilslande lebenden Judäern zugänglich zu machen. Die Tradition von der plötzlichen Umwandlung der Schriftzeichen ist also auf historischer Basis begründet. Es gab mindestens im fünften Jahrhundert eine assyrische Schrift, deren sich die Satrapen außerhalb Persiens bei Prägung von Münzen und bei ihren Korrespondenzen bedienten. Diese כתב אשורית die *γράμματα Ἀσσύρια*, hat Esra oder die eingesetzte Behörde in der nachesraïschen Zeit eingeführt.

14.
Verhältnis der Zendreligion zum Judentum.

Die Linguisten der klassischen und europäischen Zungen, die Ethnographen, Mythologen und Völkerpsychologen, durch die Sprachvergleichung auf die Wurzelverwandtschaft der europäischen Sprachen mit den arischen aufmerksam geworden und davon frappiert, pflegen in der Regel dem arischen Wesen die höchste Bedeutung für die Entwicklung der Zivilisation zu vindizieren und die semitischen Völker samt ihrer Kultur in dem Maße herabzusetzen, als sie jenes hoch hinaufschrauben. Nur ein einziger Punkt stört sie in dieser Bewunderung und Selbstbespiegelung: die religiöse Seite der indoeuropäischen Völker. Diese zeigt nämlich in ihren geschichtlichen Anfängen eine buntscheckige Mythologie mit grobsinnlichen Anschauungen. Die Mythologen haben zwar auch diese mit philosophischen Formeln gerechtfertigt und gefunden, daß alles daran gut sei, und eine höhere Idee reflektiere. Sie haben sogar hinterher herausgeklügelt, daß die indisch-griechische Mythologie mit ihrem Vielgöttertum und ihrer Rangordnung von oberen und unteren Göttern und Heroen die Mutter der Poesie und der Kunst gewesen sei, die deswegen nur innerhalb der arischen Völkerschaften sich habe entwickeln können, weil die arische Mythologie die Phantasie angeregt habe, die semitische Rasse dagegen habe nur die rohesten Elemente dieses Blütenstandes der Kultur besessen und der Kunstanregung entbehrt. Allein es war ihnen dabei doch nicht wohl zumute. Sie konnten nicht verkennen, daß der Polytheismus den Begriff „absoluter Geist", die Vorstellung von einem alles Sinnlichen baren Wesen, nicht erzeugt hat, nicht erzeugen konnte. Die Götter der griechischen und indischen Mythologie, die am reinsten und feinsten ausgebildet erscheint, sind mit menschlichen Schwächen, übermenschlichen Lastern behaftet und mit Untaten befleckt, welche die raffinierteste Auslegungskunst nicht zu verwischen vermag. Sie konnten nicht wegleugnen, daß der Begriff „des Geistes" ein Produkt des Monotheismus ist, und daß dieser überhaupt die Pflanzschule für Zucht und Sittlichkeit geworden ist, die höhere Moral, die ethische Kultur in die Weltgeschichte eingeführt hat, ohne welche Kunst und Wissenschaft, politische Ordnung und Machtgröße nur eine glänzende Oberfläche ist, die einen faulen Körper bedeckt. Und in der Tat, als der Monotheismus den Schmetterlingsstaub von der farbenreichen Mythologie weggeblasen hatte, trat die Fäulnis in abschreckender Gestalt zutage, und er, der die Eiterbeulen aufgedeckt hatte, war auch berufen, sie mit dem Balsam seiner Lehre zu heilen und die sieche Menschheit wieder gesund zu machen. Der Monotheismus oder das Judentum — denn im Grunde ist dieses allein im völligen Gegensatz zu den arischen Völkern der Autor desselben — hat demnach einen wesentlichen Anteil an der Zivilisation. Dieses Verdienst des Judentums war aber den Arianisten höchst unbequem. Da mußte ein Ausweg gefunden werden, um ihm nicht diesen Anteil oder gar diese Überlegenheit einräumen zu müssen. Dieser Ausweg schien an dem Eranismus gefunden. Diese mit dem Arismus stammverwandte Religionsform hat die ursprüngliche mythologische Buntscheckigkeit abgestreift, die holden und unholden Götterwesen reduziert und nur, wie man sagt, zwei Potenzen übrig behalten, Ahura-Mazda und Angro-Mainyus, den Gott des Lichtes und den Gott der Finsternis. Den Ormuzd der eranischen Religionsform suchten die arischen Mythologen so sehr zu sublimieren und zu spiritualisieren, ihm alle Vollkommenheiten in so hohem Grade zu vindizieren, daß er nicht nur dem Gotte des Judentums an die Seite gestellt werden, sondern ihn noch bei weitem übertreffen konnte. Sie nahmen ihn zum Angelpunkt eines arischen Monotheismus, den sie dem semitischen — wie sie sich ausdrückten — entgegenstellten, um diesem die Palme zu entwinden.

Haug, das Haupt der eranischen Archäologen, hat diesen Vergleich zuerst aufgestellt (Essays on the sacred Language, and Writings of the Persees, Bombay 1862, p. 257), daß Ahura-Mazda oder das höchste Wesen der Parsen monotheistisch gedacht und vollkommen identisch sei mit dem Begriff El-Jhwh des alten Testaments. Das Resultat seiner Forschung lautet, Zoroaster habe eine monotheistische Religion, aber eine dualistische Philosophie aufgestellt. Eine Stütze dafür glaubte man in Herodots und Strabos Angabe gefunden zu haben, daß die Perser, d. h. die Eranier, Götterbilder zu machen für ungesetzlich hielten (Her. I, 13, Strabo XV, 3, 13) *Πέρσας .. ἀγάλματα καὶ νηοὺς καὶ βωμοὺς οὐκ ἐν νόμῳ ποιουμένους ἱδρύεσθαι.* Die Perser hätten sich also die Gottheit ganz so wie die Israeliten bildlos vorgestellt, und diese Bildlosigkeit involviere den Begriff des reinen Geistes. Obwohl die Bewunderer des Arismus auf der einen Seite diese bildlose Vorstellung von der Gottheit, „diese dürre Abstraktion", als Beschränktheit gegen den anthropomorphischen Reichtum betrachteten, so war es doch ein glücklicher Fund für sie, daß mindestens e i n arisches Volk dem Judentum oder dem Semitismus Konkurrenz machen könnte. Aus den Gathas und Yaçnas, aus den Gesängen und Anrufungen der eranischen Literatur stellten sie die erhabenen Eigenschaften zusammen, mit welchen Ahura-Mazda ausgestattet wird, und was sich darin nicht fand, ergänzten sie aus Zitationen der klassischen Schriftsteller (vergl. Rapp, Religion und Sitte der Perser und übrigen Eranier nach den griechischen und römischen Quellen, Zeitschrift d. d. M. G., Jahrg. 1865, S. 47 f.).

Die eranische Theologie half dann auch scheinbar über eine andere Verlegenheit hinweg. Die Bewunderer der arischen oder indogermanischen Weltanschauung konnten sich nämlich nicht verhehlen, daß die Mythologie der arischen Völker die Sinnlichkeit genährt hat. Der scheußliche Aphroditen-Phalluskultus war allen diesen Völkern ursprünglich gemein, und dieser führte so folgerichtig zu geschlechtlichen Lastern, wie der Monotheismus zu maßvoller Keuschheit. Nun gab es doch wenigstens einen arischen Volksstamm, den eranischen, welcher die geschlechtliche Ausschweifung nicht zu heiligen schien. Die eranische Theologie habe keinen Mylitta- oder Venuskultus empfohlen, sondern lediglich die Verehrung des vollkommenen und reinen Lichtgottes.

Bei näherer Betrachtung erblaßt indes der helle Glanz des Eranismus so augenfällig, daß die Vergleichung desselben mit dem Monotheismus des Judentums als eine arge Übertreibung erscheint. Ob Ahura-Mazda von den Eraniern so abstrakt geistig aufgefaßt wurde, wie Jhwh von den Israeliten, von dem wiederholentlich ausgesagt wird, er habe keinerlei Gestalt, und dessen Bild zu machen das Gesetz so streng verbietet — ist noch sehr fraglich. Spiegel hat selbst darauf hingewiesen, daß der Avesta dem höchsten Gott der Eranier Frauen beigibt (Yaçna 38, 1—2): „Diese Erde samt den Frauen preisen wir, welche uns trägt; welches deine Frauen sind, Ahura-Mazda"; (Vispered 3, 21): „Die Çpenta-Armaida, und welche (sonst) deine Frauen sind, Ahura-Mazda." Mag diese Beziehung zu Frauen auch in figürlichem Sinne dargestellt sein, wie Spiegel vermutet (Eranische Altertumskunde II. S. 24), so geht doch entschieden daraus hervor, daß die eranische Religion kein Gewicht darauf gelegt hat, ihren höchsten Gott rein geistig darzustellen und jede körperliche Beziehung von ihm fernzuhalten, daß es ihr vielmehr gleichgültig schien, wenn ihre Bekenner, sei es auch nur aus Mißverständnis, die Vorstellung nährten, ihr Gott habe viele Frauen, und daß er mit einem Körper versehen sei. Bei Religionsanschauungen kommt es weniger darauf an, welche sublime Schilderungen von der Gottheit entworfen werden, als vielmehr darauf, welche irrige Vorstellungen von ihr beseitigt werden. Ganz besonders wäre es die Pflicht des Avesta gewesen, solchen falschen Auffassungen entgegenzutreten, wenn es auf die absolute Geistigkeit oder Körperlosigkeit ganz besonders Gewicht gelegt hätte. Die Religionslehre der Eranier hat ihren vollen Inhalt im Gesetz — Dâta. Nun, das Gesetz hätte wohl Ahura-Mazdas Körperlosigkeit betonen müssen, wenn es ihn rein geistig hätte darstellen wollen. Damit fällt nun jeder Vergleich mit dem Judentum weg.

Außerdem ist das Urteil voreilig, als wenn die Eranier Ahura-Mazda bildlos dargestellt und jede Bildlichkeit von ihm fern gehalten hätten. Man hat neben der Inschrift von Behistun, die Darius zu seinem Ruhme und zur Verherrlichung Ahura-Mazdas hatte anfertigen lassen, das Bildnis einer bärtigen, männlichen, mit Flügeln versehenen Figur innerhalb eines Kreises dargestellt gefunden. Dieses Bildnis wird allgemein als das des Ahura-Mazda angenommen. Genau genommen, hat man zu viel aus der oben (S. 376) zitierten Stelle des Herodot von dem Mangel an Bildnissen herausgelesen. Die Stelle will nicht gerade sagen, daß die Perser Bildsäulen, Tempel und Altäre zu errichten für widergesetzlich gehalten hätten, sondern nur, daß die Perser nicht gleich den Griechen *ἀγάλματα*, Standbilder der Götter, zur Verehrung aufgestellt haben; daraus folgt nicht, daß sie sich die Gottheit völlig bildlos gedacht hätten. Aus einer Tatsache, die weiter unten angeführt werden wird, geht vielmehr mit Entschiedenheit hervor, daß die Perser durchaus nicht so götterbilderscheu waren. Hier soll zuerst der angebliche eranische Monotheismus besprochen werden.

Was schon die alten Schriftsteller von den Persern berichten, daß sie die Sonne, den Mond, die Aphrodite, Feuer, Erde, die Winde und das Wasser verehrten (Strabo XV, 3, 13): *τιμῶσι δὲ (Πέρσαι) καὶ ἥλιον, ὃν καλοῦσι Μίθρην, καὶ σελήνην καὶ Ἀφροδίτην καὶ γῆν καὶ ἀνέμους, καὶ ὕδωρ*, ist auch aus den Zendbüchern belegt. Darin werden ebensogut das Feuer, die Erde (Spenta-Armaiti) angerufen, wie Ahura-Mazda. Ganz besonders war Mithra ganz selbständig Gegenstand der Verehrung (vergl. Spiegel a. a. O. II, S. 77 f., Rapp a. a. O. S. 53 f.). Neben Ahura-Mazda und Mithra verehrten die Eranier noch als besondere Gottheit den Wohumano als guten Geist; er bildete später einen der sechs Amescha-Spentas (Amschaschpands; vergl. Spiegel das. S. 31 f.). Strabo nennt ihn Omanos. Er berichtet, daß die Magier in den Feuertempeln ihre Zeremonien mit dem Rutenbündel (Barsom, Bereçma) vor Omanos und der Göttin Anaitis (Anahita) verrichteten, und daß dort ein Bildnis des Omanos irgendeine Bedeutung hatte (XV, 3, 14): *ταῦτα καὶ δ' ἐν τοῖς τῆς Ἀναΐτιδος καὶ Ὠμάνου ἱεροῖς νενόμισται. τούτων δὲ καὶ σηκοί εἰσι, καὶ ξόανον τοῦ Ὠμάνου πομπεύει.* Von Omanos und Anaitis bei den Saken erzählt Strabo noch (XI, 8, 4). Rapp hat die Bedeutung des Gottes Omanos, und daß er dem in der eranischen Mythologie figurierenden Wohumano entspricht, nicht erkannt. Er brachte ihn mit dem Safte Haoma in Beziehung (das. S. 60). Ob die Anaitis-Anahita eranischen oder semitischen Ursprungs war, ist ein Streitpunkt unter den Mythologen. Rapp behauptet das letztere (a. a. O. S. 61 f.); Windischman (die persische Anahita, München 1856) hält sie für ureranisch. Flügel identifiziert sie mit der Ardvi-Çura, welche gleich einer Gottheit angerufen wird, und der ein ganzer Yast gewidmet ist (Spiegel, Avesta III, 43, vergl. das. Einleitung, S. XVII und eranische Altertümer II. S. 54), wo Anahita als ein persisches Wort in der Bedeutung „schmutzlos, rein" erklärt wird. Die Neuperser haben daraus Nâhîd, einen Namen für den Planeten Venus, gemacht. Diejenigen, welche für den semitischen Ursprung der Anaitis plädieren, berufen sich auf Herodot, welcher tradiert (I, 131), daß die Perser von den Assyriern und Arabern entlehnt hätten, der Urania, d. h. der Aphrodite, zu opfern und sie hätten der Mylitta den Namen Anaitis beigelegt (so muß man nämlich lesen: *Πέρσαι δὲ καλέουσιν Ἀναΐτιν* statt des korrumpierten Wortes *Μίτραν*). Allein der persische Name für diese Gottheit und andere Zeugnisse scheinen doch eher dafür zu sprechen, daß Herodot sich darin geirrt hat, oder daß ihm eine falsche Nachricht zugekommen ist. Die authentische Notiz des Berossus, daß Artaxerxes Mnemon Götterbilder zu verehren angefangen und das Bildnis der Anaitis in Babylon, Susa, Ekbatana, Persien, Baktrien, Damaskus und Sardes habe zu verehren befohlen, sagt nicht etwa aus, daß dieser persische König den Anaitis-Kultus zuerst eingeführt habe, sondern daß er die Adoration ihres Bildnisses dekretiert habe. Die Verehrung desselben kann alten Ursprungs gewesen sein. Wäre sie eine Neuerung gewesen und stünde mit der Religionsanschauung der Perser im grellen Widerspruch, so würden die Perser und andere ihren Kultus nicht mit Seelenruhe hingenommen haben. Die Stelle lautet bei Clemens Alexandrinus, admonitio adv. gentes p. 43. Müller, frag. hist. graec. II. p. 508, No. 16: *Μετὰ δὲ πολλὰς μέντοι ὕστερον περιόδους ἐτῶν, ἀνθρωπειδῆ ἀγάλματα σέβειν αὐτοὺς (Πέρσας) Βήρωσσος . . . παρίστησι. τοῦτο Ἀρταξέρξου τοῦ Δαρείου, τοῦ Ὤχου εἰσηγησαμένου, ὃς πρῶτος τῆς Ἀφροδίτης Ταναΐδος τὸ ἄγαλμα ἀναστήσας ἐν Βαβυλῶνι καὶ Σούσοις καὶ Ἐκβατάνοις καὶ Πέρσαις καὶ Βάκτροις καὶ Δαμάσκῳ καὶ Σάρδεσιν ὑπέδειξε σέβειν.* Die Pointe in dieser Relation liegt nicht in der Verehrung der Anaitis, sondern in der Verehrung ihres Standbildes. Nach Blaus sinnreicher Auslegung stellen die beiden Figuren, welche auf den Satrapenmünzen mit der Legende תבלו נרסבו oder תבלו נרנרו' (s. o. S. 373) abgebildet vorkommen, die männliche den Omanos und die weibliche die Anaitis vor, die nach Strabo *θεοὶ σύμβωμοι*, Götter mit gemeinschaftlichem Altar, waren; auch der Feueraltar fehlt auf diesen Münzen nicht. Die isolierten Buchstaben auf diesen Münzen עבן oder עם geben vielleicht den Namen Oman an, wie Blau ebenfalls vermutete (Zeitschrift d. d. M. G. IX. S. 77. Promotions-Dissertation 1855, p. 11). Aus allem diesen folgt, daß die eranische Theologie keineswegs monotheistisch war, sondern daß sie mindestens drei oder vier selbständige, persönlich gedachte Götter aufstellte, und ferner, daß die Götter mindestens auf Münzen und Inschriften abgebildet wurden. Es ist daher begreiflich, daß selbst Darius in seinen Inschriften bei Behistun von Ahura-Mazda und „den übrigen Göttern, welche sind", spricht (bei Spiegel, eran. Altert. II, 27). Die Erhabenheit, welche die Eranisten in der Zendreligion fanden, ist ebensowenig begründet. Im Grunde liefen die Zeremonien, Riten, Anrufungen und das ganze Gesetz darauf hinaus, die Macht und den Einfluß des Höllengottes Angro-Mainyus abzuhalten und abzuwehren. Alle Opferhandlungen waren lediglich *ἀποτρόπαι* gegen Ahriman, um das von ihm drohende Unheil abzuwenden. Die Gesänge der Magier bezeichnet Strabo richtig als Zauberlieder, die sie, die Rutenbündel von Tamarisken in der Hand haltend, längere Zeit zu singen pflegten (XI, 3, 14): *τὰς δὲ ἐπῳδὰς ποιοῦνται (οἱ Μάγοι).* Das Gesetzbuch der Perser weist ja durch seinen Namen seinen Zweck an — Vendidad d. h. (nach Spiegels Erklärung I. S. 287): Vi-Daeva-Dâta, „das Gesetz gegen die Daevas, die bösen Genien, gegeben" um ihre Zaubergewalt abzuwenden. „Das Gesetz, das gegen die Daevas gegeben, preisen wir." (Yaçna VI, 42 u. a. St.). — „Der Genuß vom Safte des Haoma diente zum Töten der Daevas" (das. X, 14). So waren der Gottesdienst und das Gesetz der Eranier lediglich aus Rücksicht auf das böse Prinzip eingerichtet. Wenn Ahura-Mazda und die übrigen Götter und Genien angerufen wurden, so geschah es lediglich um deren Hilfe gegen die Gewalt des Bösen und seiner Kreaturen zu erwirken. Mit einem Worte, die Theologie der Eranier war Magiertum oder Zauberformeln und Riten, um böse Einflüsse abzuwenden.

Die Bewunderer des Eranismus können diese Tatsache nicht ableugnen, suchen ihn aber von den häßlichen Elementen rein zu machen. Sie nehmen zwei verschiedene Bestandteile in demselben an, einen würdigen, erhabenen, welcher von den Ariern, und einen unwürdigen, häßlichen, superstitiösen, welcher von den Magiern oder Skythen stamme. Diese Unterscheidung ist aber nicht stichhaltig; denn die klassischen Schriftsteller identifizieren durchweg die Religionsanschauung und religiösen Riten der Perser, Meder und aller stammverwandten Völker mit der Lehre der „Magier". Die Magier oder der Priesterstamm bildete nach Herodot einen der medischen Stämme, und ohne ihre Mitwirkung durfte bei den Persern kein Opfer gebracht werden (Herodot I, 132). Sie waren also die einheimischen Priester und demnach die Schöpfer der Zend- oder Parsenreligion. Es ist unerheblich, ob der Name Magusch, der in Darius' Inschriften schon genannt wird, auch in den Zendbüchern vorkommt oder nicht. Die Magier werden als Feueranbeter bezeichnet (Strabo XI, 3, 15): *τὸ τῶν Μάγων φῦλον, οἳ καὶ πύραιθαι καλοῦνται.* Und so werden auch die Priester in den Zendbüchern genannt: Athrava, abgeleitet von âtavè = Feuer, d. h. Feuerpriester, eine Benennung, die auch bei den Indern vorkommen soll (Spiegel das. II p. VI u. a. St.). Würde es noch eines Beweises für die Identität von Eranismus und Magiertum bedürfen, so würde es der Gebrauch des mantischen Reiserbündels unwiderleglich beweisen. Das Bereçma oder Barsom spielt in den Büchern des Avesta und bei den religiösen Riten der Perser eine Hauptrolle neben dem Weihwasser (Zaothra). In Yaçna und Wispered werden sie oft als zum Ritus gehörig angeredet (Yaçna II, 2 f.): „Bereçma, ich wünsche dich herbei mit Preis . . Zaothra mit Bereçma vereinigt, Bereçma mit Zaothra vereinigt, ich wünsche herbei mit Preis," so geht die Litanei noch weiter (Wispered II, 1). „hier mit Zaothra und Bereçma wünsche ich herbei mit Lobpreis die Herren des Himmlischen." Immer dieselbe langweilige Litanei mit Zaothra und Bereçma. Dieses heilige Bündel gebrauchten die Magier unter den Persern beim Gottesdienste zur Zeit Strabos, der ihn aus Erfahrung kannte (das. 3, 14): *ῥάβδων μυρικίνων λέπτων δέσμην κατέχοντες.* Und dieses Bereçma war im Gebrauch bei den Magiern, Skythen, Medern, und überhaupt bei allen eranischen Völkern (Schol. Nic. Ther. 613). *Μάγοι δὲ καὶ Σκύθαι μυρικίνῳ μαντεύονται ξύλῳ. καὶ γὰρ ἐν πολλοῖς τόποις ῥάβδοις μαντεύονται. Δίνων δὲ . . . καὶ τοὺς μάντεις φησὶ Μήδους ῥάβδοις μαντεύεσθαι.* Der Genius Craoscha war es, „der zuerst das Bereçma zusammenband, drei Zweige, fünf Zweige, sieben Zweige, neun Zweige" (Yaçna 56, genannt Crosh-Yosht, 2, 2). Der magische Ursprung des Eranismus ist unwiderleglich.

Daß dieser nach seiner theologischen Seite keinen Einfluß auf den Gottesbegriff des Judentums hat ausüben können, liegt so sehr auf der Hand, daß man jene Ansicht, welche die Ausbildung desselben eranischem Einfluß im babylonischen Exile zuschreibt, nur absurd nennen kann. Der erste, welcher Bekanntschaft mit dem eranischen Dualismus verrät, der Verf. des Deutero-Jesaia, pointiert zugleich den Gegensatz, der zwischen diesem und dem judäischen Gottesbegriff steht. Er sagt von Cyrus im Namen Gottes aus: „Ich habe dich berufen, und du kennst mich nicht, damit sie von Sonnenaufgang bis Sonnenniedergang wissen mögen, daß es außer mir keinen gibt . . der ich das Licht und die Finsternis gebildet, der Glück und Unglück geschaffen, ich Jhwh tue alles beides" (Jesaia 45, 4—7). Bemerkenswert ist dabei, daß Deutero-Jesaia noch vor Cyrus' Sieg über Babel das persische Religionssystem gekannt haben muß. In der Eulogie über die Wohltat des Lichtes, die höchstwahrscheinlich aus sopherischer, d. h. nachnehemianischer und vormakkabäischer Zeit stammt, wird ebenfalls der persische Dualismus negiert: יוצר אור ובורא חשך עשה שלום ובורא את הכל. Die antagonistische Absicht ist in dieser Eulogie unverkennbar. Bei der Eulogie über das Licht lag den unter persischer Herrschaft lebenden Judäern die eranische Vorstellung von dem Lichtgott Ahura-Mazda nah. Diese sollte also negiert werden, das Licht sei keine selbständige göttliche Substanz, sondern ein Geschöpf des einigen Gottes, wie alle Naturwesen, und es bestehe kein Dualismus in der göttlichen Sphäre.

Abgesehen von dem Gottesbegriff hat indes die Zendreligion einen mächtigen Einfluß auf die Dogmatik des Judentums und auf die Praxis ausgeübt. Die Aufnahme der Angelologie und Dämonologie ist bekannt. Ein talmudischer Autor hat selbst die Bemerkung gemacht, daß die Namen der Engel von den Exulanten aus Babylonien eingeführt worden seien (Jeruſ. Rosch ha-Schana I, p. 56 d. u. eine a. St.): ר' שמעון בן לקיש אמר אף שמות המלאכים עלו בידן מבבל. Aber nicht bloß der Name, sondern der ganze Begriff Engel stammt aus eranischer Anschauung; denn der מלאך in der älteren vorexilischen biblischen Literatur — abgesehen, daß der Name auch für Propheten und menschliche Sendboten gebraucht wird — hat keine persönliche Selbständigkeit, sondern wird lediglich als Wesen aufgeführt, das von Gott zu einem bestimmten Auftrag gesendet wird, nach vollzogenem Auftrag nicht mehr vorhanden ist. Die צבא השמים (Könige I, 21, 19) brauchen nicht gerade eine Engelschar zu sein. Vergl. Psalm 104, 4: עשה מלאכיו רוחות משרתיו אש להט. Die בני אלהים, ferner עבדים, מלאכים, קדשים und גדודים in Hiob könnten allenfalls als Engel gedacht sein, aber das Buch Hiob gehört der exilischen Zeit an. Erst in der nachexilischen Literatur ist die Angelologie voll ausgeprägt und mit persönlichen und dauernden Eigenschaften geschildert. Ausführliches darüber haben Alex. Kohut, die jüdische Angelologie und Dämonologie in ihrer Abhängigkeit vom Parsismus (1866) und H. Shorr, in der Zeitschr. ha-Chaluz. Jahrg. 8 (1869) zusammengestellt. Man kann aber bei solchen Vergleichungen nicht vorsichtig genug sein, um nicht in Spielereien und Extravaganzen zu geraten. Daher soll hier nur das Augenscheinlichste aufgestellt werden.

Die Erzengel als מלאכי הפנים oder מלאכי השרת sind sicherlich den Amescha-Spentas nachgebildet. Diese bildeten mit Ahura-Mazda zusammen eine Siebenzahl (Sp. er. Altert. II, 27 f. 30); dementsprechend wurden sieben Engel angenommen (Tobias 12, 15): *ἐγώ εἰμι Ῥαφαήλ, εἷς ἐκ τῶν ἑπτὰ ἁγίων ἀγγέλων οἳ προσαναφέρουσι τὰς προσευχὰς τῶν ἁγίων καὶ* εἰσπορεύονται ἐνώπιον τῆς δόξης τοῦ ἁγίου d. h. die vor das Angesicht Gottes kommen dürfen, מלאכי הפנים. Jeder derselben wird in der talmudischen Literatur שר הפנים genannt. Die Siebenzahl der Engel scheint schon bei Zacharia (4, 10b) vorzukommen: שבעה אלה עיני ה׳ המה משוטטים בכל הארץ. Nun die L.-A. עיני kann nicht richtig sein, da עין feminin. ist und das Prädikat masculin. gebraucht wird. Man muß wohl dafür עבדי ה׳ lesen. עירי mit Kohut zu lesen ist untunlich, da dieser Ausdruck chaldäisch ist. Von diesen Engeln wurden zwei in Daniel genannt מיכאל und גבריאל, bei Tobias und im Talmud רפאל, der „Heilengel." In Numeri Rabba (II p. 211d) wird neben den dreien noch אוריאל genannt. Dieser ist identisch mit סוריאל שר הפנים (Berachot p. 51a); es ist nur eine andere Aussprache des Spiritus mit S., wie Urian und Surjan im Henochbuche. מיטטרין scheint mit Mithra identisch zu sein, wie Kohut und Shorr angeben; das wäre also der fünfte Hauptengel. In Deuteronom. Rabba XI gegen Ende wird genannt זגזגאל רב וסופר של בני מרום; er nimmt also eine hohe Stellung ein. Als der siebente dürfte wohl אכתריאל (Berachot 7a) anzusehen sein. Die Namen der Engel sind ebenso Abstrakta wie die der sechs Amescha-Spentas. Es ist aber gewagt, vermittelst der Etymologie oder der ihnen beigelegten Eigenschaften die Analogie der Erzengel mit den Amescha-Spentas durchzuführen. — Die Bedeutung dieses Namens soll (nach Spiegel das. S. 28) „die unsterblichen Heiligen" sein. Davon kommt wohl in Daniel die Bezeichnung קדישין her. Mithra und Çraoscha werden als nie Schlafende geschildert (vergl. Yaçna 56, VII, 3, Spiegel das. S. 89). Bei Daniel werden die Engel עירין genannt, ἐγρήγοροι die „Wachenden". Daraus ergibt sich, daß die judäische Nachbildung der Amescha-Spentas sich nicht streng an die in dieser Heptade oder Hektade gegebene Analogie gehalten hat, sondern auch aus anderen Sphären der eranischen Mythologie entlehnt hat. Wie diese eine große Zahl Yzatas (Jezids) annahm, so werden auch in Daniel Myriaden Gottesdiener vorausgesetzt.

Die dunkle Seite der eranischen Anschauung fehlt selbstverständlich in der judäischen Literatur auch nicht, und hier ist die Entlehnung noch frappanter. Der שטן, welcher in Hiob und Daniel den Charakter eines bloßen Anklägers hat, erscheint in der Chronik (I, 21, 1) schon als Versucher, der zur Sünde verleitet. Indessen hat die judäische Nachbildung nicht die Gliederung des Originals. Dieses zählt unter Angro-Mainyus noch sechs Daevas, als Widerpart der sechs Amescha-Spentas. Davon weiß die judäische Literatur nichts. Der Satan ist wohl eine Kopie des Angro-Mainyus und wird wahrscheinlich als Samael individualisiert סמאל ראש לכל השטנים, als das Oberhaupt der satanischen Genien (Deuteron. Rabba XI). Neben diesem spielt in der judäischen Dämonologie Aschmodaï eine Rolle. Er kommt in Tobias (6, 14) als Ἀσμοδαῖος τὸ πονηρὸν δαιμόνιον und öfter in Talmud (Gittin p. 68, Pesachim p. 110 u. m. a. St.) vor. Benfey (Monatsnamen S. 201) und Windischmann (Zoroastrische Studien S. 138 f.) haben ihn mit dem Erzdämon Äschma identifiziert. Sie betrachten den Namen als zusammengesetzt aus Äschma und Div (Daev); diese Ableitung hat jedoch Kohut (a. a. O. S. 76) mit triftigen Gründen widerlegt (vergl. Spiegel das. S. 132). Indes herrschte bezüglich der Rangordnung dieser Dämonen Samael und Aschmodaï eine Differenz. Der letzte wurde auch als der König der Dämonen אשמדאי מלכא דשדי angesehen. — Der Todesengel, von dem so oft in der talmudischen Literatur die Rede ist: מלאך המות, ist entschieden den Eraniern entlehnt. Bei diesen führte er den Namen Açto-Vidhôtus (vergl. Spiegel das. S. 133). Das Vorhandensein von bösen Geistern wird in der Mischna als eine Tatsache vorausgesetzt. In dieser ist auch öfter von einem bösen Geist רוח רעה die Rede = *πονηρὸν δαιμόνιον*. Sonst werden die den Daevas nachgebildeten bösen Geister mit dem Gesamtnamen מלאכי חבלה, מזיקין, רוחות und שדים bezeichnet. Als weibliche Dämonen kommen vor לילית und אגרת בת מחלת vergl. Kohut a. a. O. S. 86f.

Die Eschatologie im judäischen Kreise und besonders die Auferstehungslehre ist entschieden dem Eranismus entlehnt. Windischmann (Zoroastrische Studien S. 231f. und Spiegel das. S. 158f.) haben es zur Gewißheit erhoben. Entscheidend dafür ist die Angabe Theopompus' bei Diogenes Laertius, Proömium 9.

Herodot läßt den Prexaspes, welcher von Kambyses beauftragt war, Smerdis umzubringen, sagen (III, 62): *εἰ μὲν νῦν οἱ τεθνεῶτες ἀναστέασι* „wenn die Toten auferstehen". Das Avesta hat bereits einen Ausdruck für Auferstehung Frashô-Kereti. Daß sie semitischen Ursprungs sei, wie Windischmann und Spiegel behaupten, ist durchaus irrtümlich. Im Buche Hiob werden geradezu Zweifel gegen die Auferstehungslehre erhoben, oder vielmehr sie wird von Hiob gegenüber der Behauptung seiner Freunde bekämpft (7, 9f.; 14, 10f. u. a. St.). — Jesaia 26, 19 kann bloß eine bildliche Bedeutung haben. Wie sticht diese Schilderung ab gegen die bestimmt ausgeprägte Erwartung Daniel 12, 2.! Wäre sie urhebräisch gewesen, dann hätte sie in Deutero-Jesaia besonders zu Ende Platz finden müssen. In der nachmakkabäischen Zeit bildet sie noch einen Differenzpunkt zwischen den Pharisäern und Sadduzäern. Die Samaritaner haben sie ebenso wie die Sadduzäer negiert, Massechet Chuthim ed. Kirchheim (II Ende): מאימתי מקבלין אותן (את הכותים) משכפרו בהר גריזים והודו בירשלים ובתחית המתים. Wäre die Anastasis eine uralte Lehre, so wäre sie nicht von diesen Sekten negiert worden. Allerdings ist sie in Ps. 17, 15 angedeutet: אני בצדק אחזה פניך אשבעה בהקיץ תמונתך und ebenso Ps. 16, 9—11: אף בשרי ישכן לבטח כי לא תעזב נפשי לשאל; auch Ps. 49. Allein diese Psalmen können recht gut nachexilisch sein. In dieser Zeit, in welcher das Buch Daniel entstand, war die Anastasis bereits vollständig heimisch geworden. — Mit der Auferstehung wurde die Vorstellung von עולם הבא, der zukünftigen Neugestaltung der Welt, *ὁ αἰὼν ὁ μέλλων*, verknüpft, wie aus der alten Mischna (Synhedrin X, 1) hervorgeht: כל ישראל יש להם חלק לעולם הבא . . ואלו שאין להם חלק לעולם הבא: האומר אין תחית המתים מן התורה ואין תורה מן השמים ואפיקורוס. „Wer die Auferstehung leugnet, soll keinen Anteil an ihr haben, daher keinen Anteil an der zukünftigen Welt haben."

Über die ausführliche Behandlung der Auferstehung, als Zeit des Sieges Ahura-Mazdas über Angro-Mainyus und ihr Verhältnis zur judäischen Eschatologie kann noch kein gesichertes Urteil abgegeben werden. Da die persische Lehre von den letzten Dingen dabei eine außerordentliche Persönlichkeit — Çaoshyans, einen Nachkommen Zarathustras, hineinzieht, was gar nicht in den Elementen der Zendreligion liegt, so scheint diese Vorstellung aus dem Judentum entlehnt zu sein. Çaoshyans soll dem Messias entsprechen, und auch die talmudische Agada bringt das messianische Reich mit der Auferstehung in Verbindung. Überhaupt enthält das Kapitel in Bundehesch von den letzten Dingen (Kap. 31) sehr viel Verwandtes mit agadischen Elementen. Vergl. über diese Seite der Auferstehungslehre Spiegel Avesta I, Einleitung S. 22f., III, S. LXXVf. und eranische Altertümer II, S. 160.

Analogien zwischen eranischen und judäischen Anschauungen und Riten gibt es so viel, daß H. Shorr auf die Idee gekommen ist, fast die ganze Bibel und den ganzen Talmud aus dem Zendavesta abzuleiten. Allein, wenn man auch nicht leugnen kann, daß der babylonische Talmud, größtenteils entstanden unter dem Einfluß der Sassaniden, sehr viele eranische Elemente enthält, so folgt daraus nicht, daß diese auch schon früher in die judäische Sphäre eingedrungen sind. Bei solchen Vergleichungen von Aussprüchen und Gesetzesvorschriften kann man nicht genug Vorsicht gebrauchen. Hier handelt es sich darum nachzuweisen, was in der sopherischen Zeit aus dem Parsismus in das Judentum eingedrungen ist und welche Veränderungen dadurch in Denkweise, Sitten und Gesetzen entstanden sind. Bei Ermittlung dieser Frage muß man sich stets gegenwärtig halten, daß die palästinensischen Judäer der nachexilischen Zeit doch eigentlich wenig in Verkehr mit Persern gekommen sein können. Sie sahen von Zeit zu Zeit den persischen Pechah oder Satrapen mit seinem Gefolge, aber mit dem Volke kamen sie doch wenig in Berührung; sie waren vielmehr mit ihrem eigenen Wesen abgeschlossen. Zeigt sich ein eranischer Einfluß unter ihnen, so kann er nur durch Vermittlung der in Persien lebenden Judäer eingeführt worden sein. Diese waren allerdings von eranischer Atmosphäre umgeben und ihrem Eindringen ausgesetzt. Durch den häufigen Verkehr der auswärtigen Judäer mit den einheimischen können eranische Elemente auch in Jerusalem bei den tonangebenden Persönlichkeiten Eingang gefunden haben. Beachtet man den konservativen Charakter des Judentums in der Zeit nach Esra und Nehemia, so muß man nur annehmen, daß bei der Scheu vor Neuerungen fremde Elemente nur dann Eingang gefunden haben, wenn in der bereits verbreiteten biblischen Literatur Anklänge dafür vorhanden waren, oder wenigstens den Neuerungen nicht entgegenstanden: so die Eschatologie, die Entlehnung der eranischen Reinheitsgesetze und manches andere. Ich möchte zum Schluß noch auf einiges aufmerksam machen, was auf eranischen Einfluß hinzuweisen scheint.

Das Schemâ und die ihm vorangehende Eulogie wurden, im Tempel wenigstens, sehr zeitig und zwar bei dem Anbruch des Tages oder beim Beginn der Morgenröte gebetet; vergl. Tosifta Jona IIb. das. p. 37b. בשעה שהחמה זורחת ניצוצות יוצאין הימנה והכל יודעין שהגיע זמן קריאת שמע. Berachot p. 26a: מצותה (של קריאת שמע) עם הנץ החמה; dazu Jerus. das. I p. 3a אמר ר' זעירא ואנא אמרית מטמא ייראוך עם שמש, woraus hervorgeht, daß dieses sich auf das Schemâ bezieht, nicht wie in B. Berachot p. 29b auf das Hauptgebet (תפלה). Bekannt ist die Tradition ותיקין היו משכימין וקורין אותה (ק"ש) כדי שיסמכו לה תפלתן עם הנץ החמה.

Die erste Eulogie bei dem Morgengebet war יוצר אור (die talmudische Diskussion darüber Berachot p. 12a ist unhaltbar und in Widerspruch mit anderen Stellen). Es liegt also darin, daß gleich bei Anbruch des Tages dem Schöpfer des Lichtes Preis erteilt werden soll. Erinnert dieser Brauch nicht an den Eranismus? In diesem spielte das Licht eine Hauptrolle. Beim Anbruch der Morgenröte war es jedem Parsen zur Pflicht gemacht das Hos-Banim (Morgengebet) zu sprechen, welches mit den Worten beginnt: „Preis dir, hohe Morgenröte" (bei Spiegel Avesta III, 7. 10; VI, das. S. 27); „die schöne Morgenröte preisen wir". Vergl. Yaçna X (das. II S. 77): „Beim Beginn der Morgenröte preise ich dich mit Worten!" Gebete bei der Morgenröte und an die Morgenröte zu sprechen, gehörte demnach zum eranischen Religionsprinzip. Dem Judentum liegt aber dieser Ritus fern. Daher scheint er aus dem Eranismus entlehnt zu sein, und, um ihn judäisch zu machen, belegte ihn R. Seïra mit dem Bibelverse ייראוך עם שמש.

Auch die Segenssprüche vor jedem Genusse und beim Anblick außerordentlicher Erscheinungen (ברכות) könnten dem Parsismus entlehnt sein. Vergl. Spiegel, Avesta II, Einleit. S. LIf. und III, S. 246: Gebet beim Essen: S. 249: Lampengebet, S. 250 LIX: Berggebet, LX: Gebet beim Anblick des Wassers, LXI: Beim Anblick der Bäume. Damit vergleiche man Mischna Berachot IX על ההרים ועל הגבעות ועל הימים ועל הנהרות ועל המדברות אומר ברוך. Boraita das. p. 59b: הרואה חמה בתקופתה לבנה בגבורתה וכוכבים במסלותם ומזלות כסדרן אומר ברוך. Das. p. 58b: ראה בריות טובות ואלנות טובות אומר ברוך. Die Anregung zu solchen Eulogien kann wohl vom Parsismus ausgegangen sein, ohne daß diese sklavisch nachgeahmt worden wären.

15.

Plan und Lehrzweck der Chronik: דברי הימים.

So viel auch in neuester Zeit für die Chronik getan wurde, um die von der rationalistischen Schule ihr angeheftete Schmach zu tilgen und ihr eine gewisse quellenmäßige Bedeutung zu vindizieren — was namentlich von Bertheau geschehen ist — so bleibt doch viel Rätselhaftes in ihr. Die zwei Hauptteile, woraus sie besteht, die genealogischen Reihen und die Geschichte der Könige aus dem Hause Davids, scheinen völlig überflüssig zu sein. Mögen die Genealogien echt und richtig sein, so sieht man nicht ein, zu welchem Zwecke der Verf. sie dem Leser hat vorführen wollen. Mögen die geringen Zusätze zur Königsgeschichte quellenmäßig historisch sein, bedeutend sind sie keineswegs. Der Hauptinhalt der Geschichte ist aus den Büchern Samuel und Könige bekannt. Wozu hat der Verf. das Bekannte noch einmal vorgeführt? Er wollte doch etwa nicht die genannten Bücher verdrängen oder ihnen Konkurrenz machen? Man sagt, der Zweck sei gewesen, eine den Bedürfnissen seiner Zeit entsprechende Darstellung der Geschichte des Volkes Israel, besonders des südlichen Teils, mit dem theokratischen oder priesterlich-levitischen Maßstab gemessen, zu geben. Allein weder ist das Bedürfnis nach einer anderen Auffassung der Geschichte nachgewiesen, noch ist dieses durch die Darstellung befriedigt, da das geschichtlich Neue darin sich auf ein Minimum beläuft, die Genealogien aber scheinbar wertlos sind.

Man muß danach einen anderen Maßstab aufsuchen, an dem der Wert der Chronik gemessen werden kann, oder vielmehr der Lehrzweck ihres Inhaltes muß ermittelt werden. Denn daß der Verfasser seinen Zeitgenossen irgendeine Belehrung hat bieten wollen, welche sie aus den bereits genannten Geschichtsbüchern nicht hätten schöpfen können, liegt auf der Hand. Auch mit den Genealogien muß er diesen Zweck verfolgt haben. Geht man von diesem Gesichtspunkte aus, dann dürfte sich die Tendenz beider Hauptteile der Chronik, der genealogischen, wie der historischen Partien, ermitteln lassen. Es gilt gegenwärtig unter den meisten Auslegern als eine unstreitige Tatsache, daß die Chronik nebst Esra—Nehemia nur ein einziges Buch bildet, und daß alle drei von einem und demselben Verfasser komponiert worden sind, eine Tatsache, die sich zwar von selbst aufdrängt, aber doch erst um 1834 zu gleicher Zeit von Movers (kritische Untersuchungen über die Chronik) und von Zunz (in den gottesdienstlichen Vorträgen) ins Licht gesetzt worden ist. Ebenso wird die Abfassungszeit der Chronik zu Ende des Perserreiches gegenwärtig fast allgemein angenommen. Der Verfasser hat also in der nachnehemianischen Zeit seinen Zeitgenossen ein Buch in die Hand geben wollen, woraus sie eine für sich ersprießliche Lehre oder einen Fingerzeig entnehmen sollten. Was hat er ihnen bieten wollen?

Gehen wir zuerst von den Genealogien aus, welche einen Hauptbestandteil des Dreibuches Chronik—Esra—Nehemia bilden. Es ist nicht zu verkennen, daß das genealogische Verzeichnis Chronik I, 9, 1—17 sich vollständig mit Nehemia 11, 3—19 deckt und zu einer und derselben Zeit, und zwar während Nehemias erster Landpflegerschaft aufgestellt wurde. Die scheinbare Divergenz beruht lediglich auf Varianten und Lückenhaftigkeit in dem einen oder anderen Buch. Bertheau hat die Identität beider Verzeichnisse sachgemäß und mit unwiderleglichen Gründen verteidigt gegen Keil, welcher sie in zwei verschiedene Zeiten setzt, das eine in die vorexilische und das andere in die nachexilische Zeit, gegen Zunz, welcher das chronistische Verzeichnis nur als eine Kopie des Nehemianischen ansieht, und gegen Herzfeld, der die ungefähre Gleichzeitigkeit beider zwar zugibt, aber die chronistische um etwas später ansetzt. Da es hier darauf ankommt, die Einerleiheit und Gleichzeitigkeit beider Verzeichnisse recht augenscheinlich zu machen, so seien sie hier parallel nebeneinander gestellt, woraus auch die Lücken in dem einen oder in dem anderen Verzeichnis erkennbar werden können:

Chronik I, 9.	Nehemia 11.
3. ובירושלם ישבו מן בני יהודה ומן בני בנימין ומן בני אפרים ומנשה.	4. ובירושלם ישבו מבני יהודה ומבני בנימין.
4. עותי בן עמיהוד בן עמרי בן אמרי בן בני[1] מן בני פרץ בן יהודה.	מבני יהודה עתיה בן עזיה בן זכריה בן אמריה בן שפטיה בן מהללאל מבני פרץ.
5. ומן השילני עשיה הבכור ובניו.	5. ומעשיה בן ברוך בן כל חזה בן־חזיה בן־עדיה בן־יויריב בן־זכריה בן השלני.
6. ומן בני זרח יעואל ואחיהם שש מאות ותשעים.	
	6. כל בני פרץ הישבים בירושלם ארבע מאות ששים ושמונה.
7. ומן בני בנימין סלוא בן־משלם בן־	7. ואלה בני בנימין סלא בן־משלם בן יועד בן פדיה בן־קוליה בן מעשיה בן איתיאל בן־ישעיה.
	8. ואחריו גבי סלי תשע מאות עשרים ושמונה.
	9. ויואל בן זכרי פקיד עליהם ויהודה בן הסנואה על העיר משנה.
הודויה בן הַסְּנֻאָה.	
8. ויבניה בן ירוחם ואלה בן עזי בן מכרי ומשלם בן שפטיה בן רעואל בן יבניה.	

[1]) So nach der Keri, des Khethib falsch: בנימין.

	Chronik I, 9.		Nehemia 11.
9.	ואחיהם לתלדותם תשע מאות וחמשים וששה כל אלה אנשים ראשי אבות לבית אבותיהם.		
10.	ומן הכהנים ידעיה ויהויריב ויכין.	10.	מן הכהנים ידעיה בן יויריב יכין.
11.	ועזריה . . . בן חלקיה בן משלם בן צדוק בן מריות בן אחיטוב נגיד בית האלהים.	11.	. . . . שריה בן חלקיה בן משלם בן צדוק בן מריות בן אחיטוב נגד בית האלהים.
		12.	ואחיהם עשה המלאכה לבית שמנה מאות עשרים ושנים.
12.	ועדיה בן ירוחם . . בן פשחור בן מלכיה.		ועדיה בן־ירוחם בן פלליה בן אמצי בן זכריה בן פשחור בן מלכיה.
		13.	ואחיו ראשים לאבות מאתים ארבעים ושנים.
	ומעשי בן־עדיאל בן יחזרה בן משלם בן משלמית בן אמר.		ועמשסי בן עזראל בן אחזי... בן משלמות בן אמר
13.	ואחיהם ראשים לבית אבותם אלף ושבע מאות וששים גבורי חיל מלאכת עבודת בית האלהים.	14.	ואחיהם גברי חיל מאה עשרים ושמנה ופקיד עליהם זבדיאל בן הגדולים.
14.	ומן הלוים שמעיה בן חשוב בן־עזריקם בן חשביה מן בני מררי.	15.	ומן הלוים שמעיה בן חשוב בן עזריקם בן חשביה בן־בוני.
		16.	ושבתי ויוזבד על המלאכה החיצונה לבית האלהים מראשי הלוים.
15.	[1] ובקבקר חרש וגלל ומתניה בן מיכא בן זכרי בן־אסף.	17.	[1] ומתניה בן מיכא בן זבדי בן אסף ראש התחלה יהודה לתפלה ובקבקיה משנה מאחיו.
16.	ועבדיה בן שמעיה בן גלל בן ידותון.		ועבדא בן שמוע בן גלל בן־ידותון.
	[2] וברכיה בן אסא בן אלקנה היושב בחצרי נטופתי.		
		18.	כל הלוים בעיר הקדש מאתים שמנים וארבעה.
17.	[3] והשוערים שלום ועקוב וטלמון ואחימן ואחיהם שלום הראש.	19.	[3] והשוערים עקוב טלמון ואחיהם השמרים בשערים מאה שבעים ושנים.

[1] Vergl. o. S. 358 über diese Namen.
[2] Vergl. darüber o. das.
[3] Vergl. darüber o. S. 360.

Deutlich genug ergänzen beide Verzeichnisse einander. Es werden Familien und Vaterhäuser aufgezählt, und zwar von Judäern, Benjaminiten und auch vom Stamme Ephraim und Manasse, ferner Ahroniden, eigentliche Leviten (o. S. 356 f.), Sänger und Torwärter. Die Judäer sind in drei Gruppen geteilt, Pharesiten, Siloniten und Serachiten (fehlt in Nehemia). Von Benjaminiten sind, wenn man beide Verzeichnisse zusammenfaßt, ebenfalls drei Gruppen, Salu, Gabaï-Salaï und Jibnija ben Jerocham (von der Familie Jerocham). Von den Ahroniden drei Gruppen Jedaja, Jojarib und Jachin, d. h. wohl alle ohne Ausnahme, ferner von der Abteilung Paschchur und Immer nur je eine Familie. Endlich die Familien von den drei levitischen Abteilungen. Indes selbst wenn man beide Verzeichnisse kombiniert, sind auch noch Lücken bemerkbar. Bei einigen ist die Zahl der Glieder oder Individuen angegeben, die sich in Jerusalem niedergelassen. So bei den גבי סלי, בני פרץ, בני זרח und anderen. Wahrscheinlich war die Zahl bei allen angegeben und nur von den Kopisten vernachlässigt worden. Manche Verse scheinen versetzt. So gehört in Nehemia V. 6, die Angabe der Zahl der Pharesiten, zu V. 4 und ebenso V. 18 zu VV. 15—16, nämlich die Angabe der Zahl der liturgischen Leviten. Bei manchen ist angegeben, wer an ihrer Spitze stand, oder wer von ihnen einen Posten einnahm. Diese Bemerkung war wahrscheinlich ursprünglich ebenfalls bei allen hinzugefügt. In Neh. V. 22 ist noch angegeben, wer Aufseher über die Leviten oder eigentlich die Sänger war.

Wozu ist aber so ausführlich berichtet, daß die und die Gruppen der verschiedenen Klassen sich in Jerusalem angesiedelt haben? In Nehemia ist die Antwort auf diese Frage erteilt. Als Nehemia die Mauern Jerusalems vollendet hatte, fand er, daß nur wenige Bewohner darin weilten (7, 14). Darauf wird erzählt (11, 1), daß die Fürsten sich in Jerusalem niederließen. Aber diese allein konnten doch die Stadt nicht ausfüllen. Da loste das Volk, daß je der zehnte Teil sich in Jerusalem niederlassen und neun Teile auf dem Lande bleiben sollten. Einige Familien haben sich aber freiwillig erboten, auch wenn das Los sie nicht getroffen hatte, sich in der heiligen Stadt niederzulassen, und das Volk pries sie (11, 3): ויברכו העם לכל האנשים המתנדבים לשבת בירושלים. Diese freiwilligen Ansiedler sind nun in den beiden Verzeichnissen aufgezählt, nämlich von judäischen, benjaminitischen, ahronidischen und levitischen Familien aller drei Abteilungen. Ja selbst vom Stamme Ephraim und Manasse, die aus dem Exile mit in Judäa eingewandert waren, haben sich ebenfalls in Jerusalem ansässig gemacht (vergl. o. S. 12, Anm. 1): מן בני אפרים ומנשה. Da ihrer wohl nicht allzuviel waren, so werden diese Familien nicht ausführlich aufgezählt.

Die Verzeichnisse weisen also notwendig auf die Nehemianische Zeit hin. Denn nur in dieser mußte für die Bevölkerung Jerusalems gesorgt werden, weil die Hauptstadt vor seiner Ankunft durch die halbe Zerstörung so ziemlich menschenleer geworden war. Für eine andere Zeit hat diese Aufzählung gar keinen Sinn. Zur Ergänzung des Verzeichnisses ist noch Nehemia V. 20 angegeben, daß die übrigen, die hier nicht aufgezählt sind, auf dem Lande blieben: ושאר ישראל הכהנים (ו)הלוים בכל ערי יהודה איש לנחלתו. Das Verzeichnis der Landstädte, worin diese gewohnt haben, ist sachgemäß das. VV. 25—36 aufgeführt. Auch die Bemerkung, daß die Nethinim in der Ophla wohnten, d. h. sich daselbst wieder niedergelassen hatten (V. 21), ist nicht überflüssig in dieser Aufzählung. Das ganze Kapitel 11 Nehemia handelt also von der freiwilligen Ansiedlung der Geschlechter in Jerusalem, und auch das 9. Kapitel Chronik handelt von derselben Tatsache. Beide Verzeichnisse haben daher die gleiche Aufschrift

Chronik 9, 2.	Nehemia 11, 3.
והיושבים הראשונים — אשר באחזתם בעריהם — ישראל הכהנים הלוים והנתינים ...	ואלה ראשי המדינה אשר ישבו בירושלם — ובערי יהודה ישבו איש באחזתו בעריהם — ישראל הכהנים והלוים והנתינים ובני עבדי שלמה.

Diese beiden Verse, deren Konstruktion unbeholfen scheint, ergänzen und erklären einander. Sie geben beide die Häupter des Landes an, die sich zu allererst — freiwillig — in Jerusalem niedergelassen hatten, nämlich Israeliten, Ahroniden, Leviten, Nethinim und Sklaven. — Die beiden letzten Klassen gehörten selbstverständlich nach Jerusalem. — Bemerkt ist dabei, daß eben diese Gruppen früher auf dem Lande gewohnt hatten, eine jede in einer der ihnen zugehörigen Städte. Sie hatten aber diese ihre Wohnsitze verlassen, um nach Jerusalem überzusiedeln. In der Chronik muß man die in der Parallele erhaltenen Worte בירושלם und ישבו ergänzen, dann lautet der V. verständlich: והיושבים הראשונים בירושלם [אשר [ישבו באחזתם בעריהם־ישראל הכהנים וגו'. In Nehemia muß man den Satz ובערי יהודה als Relativum ansehen, wie in der Parallele, dann erhält dieser Vers denselben abgerundeten Sinn: ואלה ראשי המדינה אשר ישבו בירושלם, und als Zwischensatz ובערי יהודה ישבו איש באחזתו בעריהם. Das zweite Verbum ישבו hat Plusquamperfektbedeutung. „Sie hatten gewohnt in den Städten Judas, und siedelten sich (infolge freien Entschlusses) in Jerusalem an."

Da nun das Verzeichnis in der Chronik nur die Geschlechter aufzählt, welche sich in Nehemias Zeit in Jerusalem niedergelassen hatten, so gehören die darauffolgenden VV. 18—32 ebenfalls der Ordnung nach in diese Zeit. Sie geben folgendes an. Die vier genannten Torwärterfamilien hielten Wache an vier Seiten der Tore. An ihrer Spitze stand Schallum oder Meschelemjahu (vergl. das. 26, 1). Diese Einrichtung stamme aus uralter Zeit (V. 20, 22 b). Die übrigen zu der Torwärterklasse gehörenden Leviten wohnten nicht in Jerusalem, sondern auf dem Lande, pflegten aber je eine Woche zum Dienste nach Jerusalem zu kommen (V. 25). ואחיהם בחצריהם לבא לשבעת הימים מעת אל עת עם אלה. Dann ist angegeben, daß diese Torwärterabteilung außerdem noch Funktionen im Tempel hatte, das Getreide vom gesammelten Zehnten zu bewahren, die Tore jeden Morgen zu öffnen, die Gerätschaften aufzubewahren, Wein, Öl, Weihrauch und Spezereien zu überwachen, die Brotfladen und die Schaubrote zu backen (26 b—32). V. 30 ist eine Nebenbemerkung, daß das Räucherwerk nicht von den Leviten, sondern den Ahroniden bereitet zu werden pflegte. V. 33 ist bekanntlich sehr rätselhaft, es ist da von den Sängern die Rede, während die vorhergehenden 15 Verse lediglich von den Torwärtern handelten. Man ist also genötigt המשררים in השערים zu emendieren. Dann gibt der V. etwas Neues. Diejenigen Torwärter, welche die oben aufgezählten Funktionen hatten, waren frei vom Wachedienste; denn sie mußten Tag und Nacht ihrem eigenen Geschäfte weihen. ואלה השערים ראשי אבות ללוים בלשכות פטורים כי יומם ולילה עליהם במלאכה. Auch der Schluß dieses Kapitels gibt deutlich an, daß es von den Gruppen und Familien handelt, welche sich (in Nehemias Zeit) in Jerusalem niedergelassen hatten — zuerst abschließend (V. 34 a): אלה ראשי

אבות ללוים לתלדותם, dann zum Thema zurückkehrend: ראשים אלה ישבו בירושלים (so muß man mit LXX abteilen). Dieses ראשים bezieht sich nicht auf die Leviten, sondern auf sämtliche Häupter und Vaterhäuser, die sich in Jerusalem niedergelassen hatten. Bertheau hat diesen V., sowie den gleichklingenden 8, 28 mißverstanden.

Aber wozu führte der Chronist das Verzeichnis der Vaterhäuser, welche sich in Jerusalem angesiedelt hatten, zweimal auf? Auch diese Wiederholung findet ihre Erklärung. In Neh. (7, 5) ist angegeben: als Nehemia über die Bevölkerung der verödeten Stadt nachsann, habe ihm Gott eingegeben, vorher sich das Abstammungsregister der Familien vorlegen zu lassen, welche aus Babel zurückgekehrt waren. Da er dieses als eine göttliche Eingebung betrachtete, so liegt darin, daß er damit die Reinheit der Familien prüfen wollte (vergl. o. S. 137, Anm. 5). Bei dieser Prüfung hat er 642 Israeliten der בני דליה בני טוביה בני נקודא ausgeschieden, weil sie ihre reine Abstammung nicht nachzuweisen vermochten (7, 61, 62) ולא יכלו להגיד בית אבתם וזרעם אם מישראל הם. Ebenso hat er zwei ahronidische Familien vom Priestertum entfernt (V. 63 bis 64): אלה בקשו כתבם המתיחשים ולא נמצא. Unzweifelhaft hat Nehemia auch die jüngeren ausgeschieden, welche zu seiner Zeit aus Mischehen geboren waren. Diese waren zurzeit bekannt und brauchten nicht aufgezählt zu werden, oder sind in Esra 10, 18—43 aufgeführt. Er hat also zur Ansiedlung in Jerusalem nur solche Familien zugelassen, die ihre reine Abstammung nachweisen konnten, oder welche ihre Abstammungsliste כתבם המתיחשים vorzeigen konnten. Bei der Ansiedlung in Jerusalem war also das Genealogisieren unerläßlich. Daher geht dem Verzeichnis der Ansiedler in der Chronik die Bemerkung voraus (9, 1): וכל ישראל התיחשו, d. h. sie haben ihre reine Abstammung beurkundet. Das Geschäft des התיחש war also in dieser Zeit von großer Wichtigkeit und wird daher nur in den drei Teilen des Buches, Chronik—Esra—Nehemia, gebraucht. Es bedeutet als Verbum zunächst: die reine Abstammung angeben. In diesem Sinne wird es im Neuhebräischen gebraucht יחס und ייחסין, urkundlich reine Abstammung. Dann bedeutet es überhaupt die Abstammung auf ein Vaterhaus oder die Familie zurückführen. התיחש לתלדותם (Chr. I, 5, 7; 7, 9. Esra 8, 1—3), ferner überhaupt eine Volkszählung vornehmen, wobei die Abstammung mit erwähnt wurde (Chr. I, 5, 17; 7, 7). Einer, der seine Abstammung anzugeben imstande ist, hat einen Vorzug vor einem Obskuren, der kein Stammregister hat. In diesem Sinne ist התיחש ebenfalls (das. 5, 1) gebraucht ולא להתיחש לבכורה, „nicht etwa um einen Vorzug für das Erstgeburtsrecht zu genießen". Die Stammregister wurden, wie es scheint, in eine Chronik eingetragen (9, 1): וכל ישראל התיחשו והנם כתובים על ספר מלכי ישראל ויהודה.[1] Was in der Chronik durchweg ספר מלכי ישראל ויהודה genannt wird, das wird in Könige angeführt als ספר דברי הימים למלכי. Vergl. Neh. 12, 23 בני לוי ראשי האבות כתובים על ספר דברי הימים (o. S. 359). Damit ist das rätselhafte להתיחש (Chr. II, 2, 15) בדברי ... ועדו החוזה להתיחש zu erklären, es muß dazu דברי הימים ergänzt werden.

Aus dem bisher Ermittelten steht die Tatsache fest, daß der Nachweis eines Stammregisters erst unter Nehemia eingeführt wurde, um die

[1]) In diesem V. ist das Wort יהודה einmal ausgefallen, wie LXX andeuten מלכי ישראל ויהודה ויהודה הגלו. Ebenso Könige I, 4, 19—20 ונציב אחד אשר בארץ יהודה יהודה וישראל רבים. Bertheau hat es gezwungen erklärt.

fleckenlose Abstammung zu dokumentieren. Denn diese Beweisführung für die Reinheit war durch die Vermischung mit den Nachbarvölkern notwendig geworden. Wer unter Nehemia die Erlaubnis erhalten sollte, in Jerusalem zu wohnen, mußte diesen Nachweis führen, und es wurde vorausgesetzt, daß er ihn geführt hat.

Versetzen wir uns nur ein Jahrhundert nach Nehemia, in die Zeit, in welcher der Verfasser die Chronik geschrieben hat. Damals war das Judentum noch viel rigoroser geworden. Auf Familienreinheit wurde außerordentlich viel gegeben. Ob schon damals das Gesetz eingeführt war, ein Ahronide, der heiraten will, müsse vorher sorgfältige Erkundigungen über die Familienreinheit seiner Braut einziehen (Kiddusch IV, 4): הנשא אשה כהנת צריך לבדוק אחריה ארבע אמהות . . . לויה וישראלית מוסיפין עליהן עוד אחרת, ob dieses Gesetz damals bereits bestanden, läßt sich zwar nicht konstatieren, ist aber wahrscheinlich. Vergl. Josephus, contra Apionem I, 7: *ὅπως τὸ γένος τῶν ἱερέων ἄμικτον καὶ καθαρὸν διαμένῃ, προενόησαν.* Es gab aber damals im ersten Jahrhundert nach Nehemia ein Mittel, jede weitere Nachforschung über Familienreinheit überflüssig zu machen. Denn alle die Familien, die unter Nehemia die Erlaubnis erhalten hatten, sich in Jerusalem niederzulassen, galten von selbst als unbefleckt. Die Urkunde, welche die Genealogie dieser Familien enthielt, war demgemäß von großer Wichtigkeit. Sie war das goldene Buch des Adels. Jetzt wissen wir, warum der Chronist so viel Wert auf die Genealogien gelegt hat. Er hat damit die Reinheit der von ihm aufgeführten Familien dokumentieren wollen. Ganz besonders hebt er hervor, welche Familien vom Stamme Benjamin in Jerusalem wohnten, d. h. sich zu Nehemias Zeit in Jerusalem niedergelassen hatten. Nachdem er die Vaterhäupter der Benjaminiten aufgezählt hat (8, 1—27), fügt er hinzu (V. 28): אלה ראשי אבות לתולדותם, ראשים אלה ישבו בירושלם. Weiter zählt er die Bewohner von Gibeon aus Sauls Verwandten auf. Dieses Verzeichnis kommt zweimal vor (8, 29—37 und 9, 35—44)[1]. Bei der Familie מקלות bemerkt er (8, 32 und 9, 38): ואף המה נגד אחיהם ישבו בירושלם עם אחיהם, d. h. auch diese benjaminitische Familie, außer den früher genannten בני אלפעל, בני בריעה, בני ששק und בני ירוחם, wohnten in Jerusalem. Alle diese gehörten zwar nicht zu denen, welche freiwillig die Niederlassung in Jerusalem gewählt hatten, aber sie gehörten auch zu denen, welche das Los getroffen hatte. Weiter führt der Chronist die Familie Azel auf, welche von Sauls lahmem Sohn Merib-Baal (Mephiboschet) durch Achas abstammte. Von dieser sagt er nicht, daß sie in Jerusalem gewohnt hätte. Sie scheint also in Gibeon geblieben zu sein. Eine Zweigfamilie der בני אצל waren die בני אולם, die noch zur Zeit des Chronisten existiert haben können (vergl. Bertheau z. St.). Er will damit sagen, obwohl diese von Saul stammende

[1] Es ist nicht wenig auffallend, daß dieses Verzeichnis wiederholt ist. Man kann nicht einmal annehmen, daß es einmal durch einen verschobenen Pergamentstreifen an die unrechte Stelle geraten wäre. Denn es paßt zu beiden Stellen. Bei der ersten ist vorausgehend von den Benjaminiten die Rede und von den Häuptern, welche sich in Jerusalem niedergelassen haben. אלה ראשי אבות לתלדותם. ראשים אלה ישבו בירושלם darauf folgt als Gegensatz: ובגבעון ישבו. Bei der anderen St. ist von den Leviten die Rede, die ebenfalls in Jerusalem dauernden Sitz genommen: אלה ראשי אבות ללוים לתלדותם, ראשים אלה ישבו בירושלם und darauf folgt ebenfalls ובגבעון ישבו וגו'. Möglich, daß dem Chronisten zwei Verzeichnisse vorgelegen haben, das eine in Verbindung mit den Benjaminiten und das andere in Verbindung mit den Leviten, und er beide eingereiht hat.

Familie nicht in Jerusalem gewohnt, so sei sie doch als rein anzusehen, da auch sie ihre Abstammung dokumentiert hat להתיחש לתלדותם. Dieses Moment wird bei den Genealogien meistens angeführt, auch ohne die Bemerkung von dem Wohnsitz in Jerusalem. Der Chronist wollte demnach zweierlei Ahnenproben geben, die genealogisch beurkundete Abstammung und die dauernde Niederlassung in Jerusalem unter Nehemia.

Ich glaube, dadurch ist der dunkle Hintergrund der für uns ermüdenden Genealogien in der Chronik gelichtet. Für die Zeitgenossen des Chronisten müssen diese von hohem Interesse als Urkunden für die Geschlechter gewesen sein. Was das Verzeichnis der aus dem Exile Zurückgekehrten für Nehemia war — eine Ahnenprobe — das sollten die Geschlechtsverzeichnisse der Chronik für die Zeitgenossen und die Zukunft sein. Daher wird besonders in dem genealogischen Verzeichnisse des zuerst aufgeführten, weil damals ersten und dominierenden Stammes Juda, in dem übrigens vielfache Korruptelen und Lücken kenntlich sind, genau angegeben, ob eine Familie von fremdvölkischen Stammeltern abstammt. (2, 34): ולא היה לששן בנים כי אם בנות ולששן עבד מצרי ושמו ירחע ויתן ששן את בתו ירחע עבדו לאשה ותלד לו את עתי. Von dieser Ehe einer judäischen Frau mit einem ägyptischen Sklaven Jarcha werden dreizehn Namen nach den Abstufungen von Vater, Sohn und Enkel aufgeführt. Wozu diese Ausführlichkeit? Offenbar um anzudeuten, daß der zuletzt genannte Nachkomme dieser Familie ירחע von einem ägyptischen Sklaven abstammt. Ebenso ist (das. 4, 17—19) angegeben, daß ein Mered aus dem Stamm Juda zwei Frauen hatte, eine Tochter Pharaos (Bithja) und eine Judäerin, beider Nachkommen sollen aufgeführt werden. (Vergl. Bertheau zur St.)

Die der Ägypterin mit der Einleitung: ואלה בני בתיה בת פרעה אשר לקח מרד scheinen ausgefallen zu sein. Auch das. (4, 22); ויויקים . . ושרף אשר בעלו למואב וישבי לחם scheint ein Wink zu sein, daß diese Geschlechter aus einer Vermischung mit Moabitern hervorgegangen sind. Denn בעלו kann nur bedeuten: „sie haben moabitische Frauen geheiratet". Das Rätselhafte וישבי לחם übersetzen LXX ἀπέστρεψεν αὐτούς, d. h. ungefähr וישובו להם oder אליהם, was eine enge Verbindung mit Moabitern anzudeuten scheint: „sie sind zu ihnen zurückgekehrt". Auch der Zusatz והדברים עתיקים scheint ein Wink zu sein, „diese Angabe ist alt" und bewährt, es sei nicht daran zu zweifeln. Es ist also nicht zu verkennen, daß die Genealogien für die Zeitgenossen von Wichtigkeit waren. Die Familien, welche der Chronist aufführt משפחות סופרים (2, 54), משפחות אחראל בן הרם (4, 8), משפחות בית עבדת הבוץ לבית אשבע (4, 21) mögen noch zu seiner Zeit existiert haben. Die Wichtigkeit der Genealogien für die damalige Gegenwart ergibt sich auch aus dem Umstande, daß sie in Ausführlichkeit lediglich von den damals noch existierenden Stämmen aufgeführt werden, von Juda, Benjamin und Levi. Die der übrigen Stämme dagegen sind kurz gehalten. Der Chronist scheint diese nur der Gleichheit halber und nur das, was ihm bekannt war, aufgeführt zu haben. Bei manchen der untergegangenen Stämme fügt er außer der Genealogie auch Nachrichten hinzu, die ihm aus einer uns unbekannten Quelle zugekommen waren. So bei den Simeoniten vor der zwiefachen Auswanderung einiger Geschlechter, bei den jenseitigen Stämmen vor ihren Fehden, bei den Ephraimiten vor ihrer Fehde mit den Gethiten. Geschickt führt er den Stamm Benjamin zuletzt auf, um von der Aufzählung der Nachkommen Sauls den Übergang zum zweiten Teile seiner Komposition zu machen.

Was diesen zweiten Hauptteil der Chronik betrifft, so darf man nicht übersehen, daß er eigentlich mehr die Geschichte des Hauses David, als die des judäischen Reiches gibt. Davids Nachkommen, deren Regierungsweise und Schicksale bilden den Vordergrund. Die Nachkommen Davids führt der Chronist von Serubabel abwärts noch sieben Geschlechter (I, 2, 19—24) auf. Die letzten drei, die Nachkommen des Nearja, eines Bruders des Chattusch, gehörten der Zeit nach Esra-Nehemia an. Denn Chattusch ist mit Esra nach Judäa ausgewandert (Esra 8, 2). Die letzten Nachkommen Serubabels, d. h. des davidischen Hauses, müssen also noch Zeitgenossen des Chronisten gewesen sein, und wenn diese nur bis ungefähr 400 vorchr. Zeit hinabreichen (Berth. Einl. S. XLIV. u. Erklär. S. 32), so hat der Chronist in dieser Zeit und für diese Zeit geschrieben. Denn die sieben Söhne des Eljoenaï, welche die letzten Glieder von Serubabel oder David bilden, können doch nicht sämtlich vor der Abfassungszeit der Chronik mit dem Tode abgegangen sein, vielmehr müssen sie noch zur Zeit des Chronisten gelebt haben. Darum führte er sie mit Namen auf. Er gibt also gewissermaßen an, von den Enkeln Serubabels seien Chattusch und seine Brüder mit Esra nach Judäa gekommen. Von Chattusch waren keine Nachkommen aufzuzählen, wohl aber von seinem jüngeren Bruder Nearja: dieser hatte drei Söhne, und der älteste derselben Eljoenaï sieben. Bemerkenswert ist dabei folgender Umstand. Während der Chronist von den lebenden Gliedern des Hauses David eine ausführliche Genealogie gibt, fertigt er die Glieder des hohenpriesterlichen Hauses kurz in zwei Versen ab (Nehem. 12, 10—11) und dieses auch nur gelegentlich. War denn dieses Haus nicht verzweigt? Man bedenke, was das zu jener Zeit bedeuten kann. Die Hohenpriester vom Hause Jesua und Zadok waren die offiziellen Vertreter des judäischen Gemeinwesens, sie waren προστάται τοῦ λαοῦ, dagegen die Nachkommen Serubabels waren lediglich Privatpersonen, und doch wendet der Chronist diesen seine Aufmerksamkeit zu, während er jene nur so obenhin und nebenher behandelt. Darin muß etwas liegen. Zieht man in Betracht, daß auch der Chronist in der Anrede Gottes an David im Traume die Worte hervorhebt, daß Davids Nachkommen und sein Thron für immer dauern sollen (Chronik I, 17, 14, Parall. Samuel II, 7, 16): והעמדתיהו בביתי ובמלכותי עד העולם וכסאו יהיה נכון עד עולם, so muß man diese Pointierung auffallend finden. Zur Zeit als die Bücher Samuels und der Könige zusammengestellt wurden, war noch Aussicht vorhanden, daß ein Nachkomme Davids dessen Thron einnehmen werde. Aber zur Zeit des Chronisten war doch, so sollte man denken, jede Hoffnung auf eine solche Restauration abgeschnitten. Die Erwähnung der göttlichen Verheißung für den ewigen Bestand der Davidischen Dynastie klänge wie eine Lästerung (vergl. Ps. 89 und oben S. 104), wenn der Verf. nicht die Hoffnung hegte, daß dieses Wort sich doch noch erfüllen werde. Der Chronist läßt ferner Salomo bei der Einweihung des Tempels Gott anflehen, er möge das Antlitz seines Gesalbten nicht abweisen und eingedenk sein der David gegebenen Gnadenverheißung. (Chronik II, 6, 42) אל תשב פני משיחך זכרה לחסדי דויד עבדך. Geht man davon aus, daß der Chronist die messianische Erwartung hegte, daß einer von den noch lebenden Nachkommen Serubabels, d. h. Davids, den Thron besteigen würde, dann ist der Grundgedanke des historischen Teiles der Chronik enthüllt. Er will eine Apologie für das Haus Davids sein.

Es ist einleuchtend, daß die Regierung Davids und Salomos von der günstigsten Seite dargestellt wird. Aber auch bei den übrigen Königen, ihren Nachkommen, ist die apologetische Darstellung nicht zu verkennen, nicht bloß bei den frommen, sondern auch bei den schlimmen. In der Verheißung an David hatte das göttliche Wort verkündet, daß, wenn seine Nachkommen sündigen würden, Gott sie zwar züchtigen, aber nicht abtun, seine Gnade ihnen nicht entziehen würde. Daß diese Verheißung sich erfüllt habe, das nachzuweisen ist offenbar der Zweck der Erzählung der Geschichte der judäischen Könige in der Chronik. In diesem Lichte werden ihre Taten und Leiden gezeigt. Die Chronik hebt daher hervor, daß die schlimmen Könige wegen ihrer Sünden hart bestraft worden seien, oder daß sie diese ihre Sünden bereut hätten. Als Sünden werden ihnen nicht bloß Götzendienst, Hochmut und sittliche Verbrechen angerechnet, sondern auch Verbindung mit heidnischen Völkern und Götzendienern. Rehabeam habe die Lehre Gottes verlassen, dafür sei er durch Schischak gezüchtigt worden, habe sich infolgedessen gedemütigt, und dadurch sei der völlige Untergang abgewendet worden (Chron. II, 12, 1—2, 6—7. 12. 14). — Der König Aßa habe sich auf die Ammoniter gestützt und habe den ihn deswegen tadelnden Propheten bestraft, sei dafür durch eine Krankheit gezüchtigt worden (das. 16, 7 f.). Auch Joram und Achasja seien wegen ihrer Sünden gezüchtigt worden (das. 21, 15 f. 22, 7 f.). Ebenso sei es Joasch ergangen (das. 24, 23 f.). Amazia sei wegen seines Abwendens von Gott durch Verschwörung gefallen (das. 26, 27). Usia sei wegen seiner Auflehnung gegen die Priesterordnung mit Aussatz bestraft worden (das. 26, 20 f.). Wegen Achas' schwerer Sünden sei Juda sehr heruntergekommen (das. 28, 16 f.). Manasse habe schwer gefrevelt, sei aber in Gefangenschaft geraten und habe seine Sünden bereut (das. 33, 10 f.). Wie Amazia so sei Amon seiner Sünden wegen umgekommen (das. 33, 22 f.). Selbst der fromme König Josia habe nicht ohne Schuld Niederlage und Tod erlitten, er habe nicht auf das Wort Gottes gehört (das. 35, 22). Die Strafe der letzten drei Könige Jojakim, Jojachin und Zedekia war augenfällig genug. Infolge der Sündhaftigkeit, woran der Fürst, die Priester und das Volk beteiligt gewesen (das. 36, 14), sei das judäische Reich untergegangen. Die Zerstörung und Verödung, welche, nach Jeremias Ausspruch, 70 Jahre dauern sollten, sollten die Sündenschuld sühnen. Und sie sei auch gesühnt worden. Denn Cyrus habe das verbannte Volk aus der Gefangenschaft entlassen, die Heimat bevölkern und den Tempel bauen lassen, und dieses sei durch Gottes Erweckung geschehen, gerade nach Ablauf der 70 Jahre (das. 36, 22 f., Esra 1, 1). Damit macht die Chronik den Übergang zur Geschichte der exilischen Zeit. In dieser habe sich Gottes fortdauernde Gnade für sein Volk wieder gezeigt (Esra 3, 10), indem nicht bloß der Tempel auf fremder Könige Befehl wieder erbaut, sondern auch von ihnen hochverehrt worden sei. Zur Beurkundung dessen werden die aramäischen Erlasse zugunsten des Tempels von Darius (Esra 6, 7 f.), und von Artaxerxes (7, 12 f.), ausführlich mitgeteilt. Bei der Erzählung von der Rückkehr und der Restauration des Staates, Tempels und der alten Ordnung nennt die Chronik stets Serubabels Namen zuerst (mit Ausnahme von Esra 3, 2, wo von der Erbauung des Altars die Rede ist). Aus dieser Darstellung sollte die Lehre herausleuchten, daß, so wie Gott kein Wort bezüglich der Erlösung und der Restauration aufgab, so werde er auch seine Verheißung an David von der ewigen Dauer seines Thrones und seiner Dynastie erfüllen. Diese könne sich selbstverständlich lediglich an den noch lebenden Nachkommen Serubabels bewähren.

Dieser Gesichtspunkt von der gewissermaßen davidisch-messianischen Erwartung gibt den Schlüssel zur Erklärung des Hintergrundes der Darstellung der Chronik. Sie stellt überall David und seinen Stamm voran und deutet deren Vorzug an. Sie beginnt bei den Genealogien mit dem Stamme Juda und zählt vor allem die Vorfahren Davids auf (Chronik I, 2, 10—15). Ein ganzes Kapitel widmet sie David und seinen Nachkommen bis auf die allerletzten (Kap. 2). Bei der Aufzählung der Genealogie der Rëubeniten bringt die Chronik die fernliegende Bemerkung an, daß Rëuben zwar der Erstgeborene in Israel gewesen, er habe aber die Erstgeburt verwirkt, und die Herrschaft, welche den Nachkommen des Erstgeborenen gebührte, sei daher auf den Stamm Juda übergegangen, nicht auf den Stamm Joseph (3, 1, 2): ובחללו יצועי אביו נתנה בכורתו לבני יוסף... ולא להתיחש לבכורה כי יהודה גבר באחיו ולנגיד ממנו. Dieser Zug ist offenbar apologetisch. Der Teil der Geschichtserzählung beschäftigt sich ausführlich mit David, mit kurzer Erwähnung Sauls, dessen Untergang seiner Schuld beigemessen wird (I, 10, 13—14). Dieser Teil enthält im Eingange ganz besonders Davids Biographie. Die Chronik gibt dabei nicht bloß das, was aus den Büchern Samuels bekannt war, sondern fügt auch Neues zu Davids Verherrlichung hinzu. Ihm haben sich nicht bloß die Gibborim angeschlossen, sondern auch die Besten und Tapfersten aus allen Stämmen seien zu ihm geströmt, als er noch von Saul verfolgt wurde, (das. 11, 10 f. 12, 1—23). Alle, alle Stämme hätten zahlreiche Scharen nach Hebron gesandt, um David als König zu huldigen (das. 12, 24, 41). Davids Hauptsorge sei dem Tempel und seiner Ordnung zugewandt gewesen. Diese habe er bereits bei Errichtung des Zelttempels auf Zion eingeführt (das. 15, 4 f., 16, 4 f.). Mit dem Gedanken an den Bau eines festen Tempels stets beschäftigt, habe er viele Schätze dazu angehäuft und besonders die künftige Ordnung festgestellt. Die Einteilung der Ahroniden in 24 Klassen rühre von David her (das. 24, 1 f.). Dementsprechend habe er auch 24 Sängerabteilungen geschaffen (das. 25, 1 f.). Die Ordnung der Torwärter am zukünftigen Tempel und der liturgischen Leviten als Beamte für die Vorbereitung zum Bau habe David im voraus festgestellt (26, 1 f.). Vor seinem Tode habe er seinen Sohn und Nachfolger und das Volk eindringlich ermahnt, das Heiligtum zu erbauen. Die musikalischen Instrumente für den Chor der Sänger im Tempel habe David eingeführt (Neh. 12, 36): בכלי שיר דויד, (Chron. II, 7, 6): בכלי שיר ה׳ אשר עשה דויד המלך, (das. 29, 27): החל שיר ה׳.. ועל ידי כלי דויד. So auch das. V. 26 בכלי דויד zu lesen: בכלי שיר דויד. Auch das. 23, 18. Bei jeder Gelegenheit hebt die Chronik hervor, daß die Tempelordnung durch David eingerichtet worden sei (das. II, 29, 25 f. 35, 4 f. 15).

In der Erzählung von Salomos Regierung, die wiederum weiter nichts als eine Biographie ist, nehmen der Tempelbau und die Einweihung den größten Raum ein. Nun war Judäa zur Zeit des Chronisten ein Tempelstaat, oder, wenn man so sagen darf, ein Kirchenstaat. Wem gebührte die Herrschaft über denselben? Doch wohl den Nachkommen derer, welche Tempel, Einrichtung und Ordnung mit so viel Sorgfalt geschaffen haben. Und Gott hat ja den Bestand des davidischen Thrones für ewige Zeiten verheißen. Das ist der leitende Gedanke des geschichtlichen Teils der Chronik. Die Nachkommen des ersten Hohenpriesters seien nicht ganz würdig gewesen, mehrere von ihnen haben sich durch Vermischung mit heidnischen Frauen befleckt, daher gebühre nicht ihnen die Herrschaft über die civitas Dei, sondern den Nachkommen Serubabels oder Davids.

Hat der Chronist mit der Glorifizierung des Hauses David lediglich das messianische Ideal für die Zukunft zeigen oder praktisch eine Revolution veranlassen wollen, daß die Nachkommen Davids wiederum Könige von Juda oder mindestens προστάται τοῦ λαοῦ werden sollten? Das läßt sich aus den Andeutungen nicht mehr erkennen. Aber gewiß ist es, daß er die Nachkommen Davids oder Serubabels mit Hintansetzung der hohenpriesterlichen Linie, welche faktisch im Besitze der προστασία war, in den Vordergrund stellen und die Aufmerksamkeit seiner Leser auf sie lenken wollte. Der genealogische Teil der Chronik hatte jedenfalls einen praktischen Zweck, die Familien zu bezeichnen, welche sich in der nachexilischen Zeit rein von Mischehen gehalten, und auf andere hinzuweisen, die sich durch Vermischung befleckt haben. Die Chronik war also kein überflüssiges Schriftwerk für ihre Zeit, und sie durfte verfaßt werden, um neben den Büchern Samuel und Könige zu bestehen. Denn sie verfolgte einen ganz anderen Zweck als diese. Diese reflektierten, wenn man so sagen darf, das prophetische Pathos; sie wollen den Auf- und Niedergang des Volkes und dessen Verhalten zu seinem Gotte nachweisen. Die Chronik dagegen reflektiert gewissermaßen das religiös-sopherische Pathos, sie will die Gesetzlichkeit der Norm der Thora zur Anerkennung gebracht wissen. Die Chronik ist ein originelles Geschichtswerk und hat nur äußerliche Ähnlichkeit mit Samuel—Könige.

Wie viel indes von dem historischen Stoff, welchen die Chronik enthält, eine faktische Unterlage hat, und wieviel davon auf Rechnung ihrer Tendenz zu setzen ist, wird sich schwerlich ermitteln lassen. Die Exegeten sind in neuerer Zeit gerechter gegen die Chronik geworden und verwerfen nicht alles, was sie erzählt, und weil sie es allein erzählt, in Bausch und Bogen. Bertheaus Annahme, daß der Chronist noch die ursprünglichen „Annalen der Könige" ספר־ מלכי ישראל ויהודה vor sich gehabt und mehr Auszüge daraus, als der Redakteur von Könige gemacht habe, ist einleuchtend, weil sie manches sonst Auffallende erklärt. Auch andere Quellen scheinen ihm zu Gebote gestanden zu haben. Die zweimalige Auswanderung der Simeoniten (4, 38 f.) hat er ohne Zweifel aus einer alten Quelle geschöpft (vergl. B. II. 1. Hälfte, S. 447 f.). Nur die Reden, welche die Chronik unbekannten Propheten oder frommen Königen in den Mund legt, und die Verherrlichung des Tempelkultus und der Tempeleinrichtung sind ohne Zweifel tendenziös angebracht. Damit hat sie besonders Davids Regierung ausgeschmückt.

Bezüglich der Ordnung im Tempel scheint die Chronik ganz besonders nach einem gewissen System verfahren zu sein. Ganz bestimmt wissen wir, daß die Ahroniden während der nachexilischen Epoche in 24 Abteilungen (מחלקות, משמרות פלגים) eingeteilt waren. In der talmudischen Literatur ist die Tradition verzeichnet, daß die vier ahronidischen Familien, welche unter Serubabel aus dem Exile zurückgekehrt sind, zu 24 Gruppen herangewachsen sind, (vergl. o. S. 146, Anm. 2). Auch Josephus gibt diese Zahl an contra Apionem I, 8, (nur in Rufinus' Übersetzung enthalten): Licet enim sint tribus quattuor sacerdotum et harum tribuum singulae habebant hominum plus quam quinque milia, fit tamen observatio particulariter per dies certos etc. Hier ist offenbar die Zahl korrumpiert, statt viginti quattuor. Denn 2000 Ahroniden wären eine zu geringe Zahl, zumal diese beinahe den dritten Teil der Gesamtbevölkerung ausgemacht haben. Wenn aber 24 ahronidische Abteilungen waren, so gab ihre Gesamtzahl 120000, was gewiß nicht allzuhoch gegriffen ist. Wann ist nun diese Einteilung oder diese Vermehrung der vier

Abteilungen in vierundzwanzig eingeführt worden? Dreimal wird ein Verzeichnis der ahronidischen Familien in Nehemia mitgeteilt, woraus die Richtigstellung sich ergeben dürfte. In 12, 1 b 7 werden 22 Namen aufgezählt. das. V.V. 12—21 werden 20 derselben Namen aufgeführt und mit der Angabe, daß zu einer gewissen Zeit gewisse Personen an der Spitze gestanden haben, welche diese 20 vertraten. Daraus ergibt sich, daß die 22 als Namen von Abteilungen und nicht von Individuen gelten sollen. In 10, 3 ist ein Teil dieser Namen aufgeführt bei der Aufzählung derer, welche das feierliche Versprechen, Gesetz und Heiligtum hochzuhalten, mitunterzeichnet haben. Vergleichen wir diese Nomenklatur:

I. Neh. 12, 1 f.		II. Neh. 12, 12 f.		III. Neh. 10, 3 f.	
שריה	1	לשריה מריה	1	שריה	1
ירמיה	2	לירמיה חנניה	2	ירמיה	2
עזרא	3	לעזרא משלם	3	עזריה	3
				פשחור	
אמריה	4	לאמריה יהוחנן	4	אמריה	4
מלוך	5	למלוכי יונתן	5	מלכיה	5
חטוש	6			חטוש	6
שכניה	7	לשבניה יוסף	7	שבניה	7
רחם	8	לחרם עדנא	8	מלוך	
מרמות	9	למריות חלקי	9	חרם	8
עדוא	10	לעדיא זכריה	10	מרמות	9
גנתוי	11	לגנתון משלם	11	עבדיה	10
אביה	12	לאביה זכרי	12	דניאל	
מימין	13	למנימין —	13	גנתון	11
מעדיה	14	למועדיה פלטי	14	ברוך	
בלגה	15	לבלגה שמוע	15	משלם	
שמעיה	16	לשמעיה יהונתן	16	אביה	12
ויויריב	17	וליויריב מתני	17	מימן	13
ידעיה	18	לידעיה עזי	18	מעזיה	14
סלו	19	לסלי קלי	19	בלגה	15
עמוק	20	לעמק עבר	20	שמעיה.	16
חלקיה	21	לחלקיה חשביה	21	אלה הכהנים.	
ידעיה	22	לידעיה נתנאל	22		

Ungenauigkeiten in der Wiedergabe der Namen in diesen Verzeichnissen sind unverkennbar. So fehlt in II חטוש Nr. 6, welcher in den beiden anderen vorkommt. Statt שבניה Nr. 7 in II, III hat I שכניה und statt חרם Nr. 8 רחם, statt מרמות Nr. 9 I, III מריות II; statt מעדיה oder מועדיה Nr. 14, I, II מעזיה III. עבדיה in III steht statt עדוא in I, II (Nr. 10). מלוך das. ist eine Dittographie oder Marginalglosse zu מלכיה (מלוכי מלוך Nr. 5). Auffallend ist, daß zwei Abteilungen gleiche Namen ידעיה gehabt haben sollen Nr. 18, 22, und daß פשחור in I, II fehlt. Paschchur war eine der vier ahronidischen Familien, welche unter Serubabel zurückgekehrt sind, neben der hohenpriesterlichen Familie ידעיה nämlich אמר פשחור und חרם (Esra 2, 36 f. u. Parallele). Nur Charim kommt in allen drei Verzeichnissen vor (Nr. 8) und ebenso אמר, nur hier verlängert in אמריה (Nr. 4); einer der beiden ידעיה gehört unstreitig der hohenpriesterlichen Familie an. Wir sind also genötigt anzunehmen, daß in den Verzeichnissen I, II פשחור fehlt. Dann hätten wir 23 Namen, oder doch nur 22, da die Wiederholung des Namens ידעיה nicht korrekt sein kann. Zudem fehlt noch in diesen beiden Verzeichnissen die Abteilung יכין, welche anderweitig mit der hohenpriesterlichen Familie ידעיה und mit יויריב aufgeführt wird (vergl. o. S. 385). Nehmen wir יכין hinzu und — angedeutet scheint der Name durch das ו im Namen ויויריב ולויריב zu sein — so haben wir 23 Namen. Dann scheint offenbar noch ein Name in I, II zu fehlen, welcher in III vorkommt, nämlich דניאל. Die ahronidische Familie Daniel ist zugleich mit der Familie Ginthon unter Esra in Judäa eingewandert (vergl. o. S. 117). Warum sollte diese Familie nicht auch in die Abteilungen der Ahroniden eingereiht sein? Nehmen wir die Familie Daniel hinzu, so haben wir die volle Zahl von 24 Abteilungen, indem wir aus den Verzeichnissen I, II. Nr. 22 den doppelten Namen ידעיה streichen und dafür פשחור, יכין und דניאל setzen. Endlich ist auch ein Name zu berichtigen. In allen drei Verzeichnissen steht hinter בלגה Nr. 16 שמעיה. Eine alte und unzweifelhaft echte Tradition, erhalten in der Tosifta (Sukka IV Ende jeruſ. und babli Sukka Ende zitiert), setzt nämlich hinter Bilgah[1]) als Nachbar ישבב. Die Stelle lautet zum Satz der Mischna בלגה לעולם חולקת בדרום, folgendermaßen: נכנס ישבב תחתיה לפיכך בלגה נראית יוצא לעולם וישבב נראה נכנס לעולם (oder בלגה לעולם ביוצא וישבב בנכנס). Auch in Chronik (I, 24, 13—14) werden ישבאב und בלגה als Nachbarn aufgeführt. ישבב ist offenbar eine Verkürzung von ישבאב .... Wir kennen demnach die Namen sämtlicher 24 Ahronidenabteilungen, nämlich Nr. 1—21 und dazu noch פשחור, יכין und דניאל. Das zweite ידעיה ist zu streichen und statt בלגה שמעיה muß emendiert werden בלגה ישבאב.

[1]) Diese an drei Stellen erhaltene Tradition bezüglich der Abteilung Bilgah ist höchst interessant. Zunächst scheint es, als wenn Bilgah als Femininum angesehen wurde. In der Mischna das. heißt es: בלגה לעולם חולקת בדרום וטבעתה קבועה וחלונה סתומה. Indessen hierbei könnte man das Subst. משמרת ergänzen. Allein in der Tosiphta und Jeruſ. a. a. O. wird von der Abteilung Bilgah stets im Femin. gesprochen. Es werden zwei Gründe angegeben, warum Bilgah zurückgesetzt oder gar gebrandmarkt wurde, das.: בלגה לעולם חולקת בדרום . . . מפני מרים בת בלגה שנשתמדה ונשאת לסרדיוט אחד ממלכי יון וכשנכנסו גוים להיכל, באתה וטפחה על גגו של מזבח, אמרה לו: לוקוס לוקוס! אתה החרבת ממונם של ישראל ולא עמדת להם בשעת צרתן. ויש אומרים מפני עכוב משמרות. נכנס ישבב תחתיה . . . שכנה של בלגה. Ebenso Jeruſ. mit einigen Varianten: וי"א על ידי שהגיע זמנה לעלות ולא עלת. ונכנס ישבב ושמש תחתיה בכהונה גדולה (Delend). In Babli fast ebenso, nur ungenau ונכנס ישבב אחיו עמו ושמש תחתיו (statt תחתיה — אחיה). Daraus folgt, daß Bilgah stets als ein Femininum gebraucht wird, als wenn die Abteilung ihren Namen von einer Frau erhalten hätte. — Bezüglich des Vergehens, welches sich diese Abteilung zuschulden kommen ließ, werden zwei verschiedene Gründe angegeben, der eine, daß eine Tochter aus dieser Abteilung zu den Hellenisten übergegangen sei, und sich mit einem griechischen Stratioten verheiratet habe. Der andere wirft der Abteilung nur Lässigkeit im Tempeldienste vor. Aus dem Umstande, daß man dieser Abteilung den Ring und das Behältnis im Vorhofe entzogen hat: קבעו את טבעתה וסתמו את חלונה, geht jedenfalls hervor, daß das Vergehen dieser Abteilung ein schweres gewesen sein muß. Mit Recht wirft der jeruſ. Talmud die Frage auf, warum man wegen dieses Vergehens die Abteilung Bilgah nicht ganz und gar kassiert hat, und beantwortet sie richtig, daß von den 24 Abteilungen keine fehlen dürfte, weil die Zahl durch die uralte Einrichtung geheiligt sei: ויעשו אותן עשרים ושלש? לית יכל דכתיב המה יסד דויד ושמואל. Dieser Tradition scheint die Tatsache zugrunde zu liegen, daß nicht bloß eine Frau, sondern mehrere Hauptglieder dieser Familie zur Zeit des Religionszwanges zu den Hellenisten übergegangen waren. Darum hat man sie äußerlich gebrandmarkt, keinen eigenen Ring und kein eigenes Behältnis im Vorhofe zu haben, und bei der Verteilung der Opfergaben als zurückgesetzt markiert zu werden. Der Grund der ויש אומרים scheint eine Milderung des Vergehens angeben zu wollen.

Es folgen daraus wichtige Ergebnisse. 1. Die Einführung der 24 Abteilungen statt der früheren vier fand erst nach Esras Rückkehr statt, da auch die mit Esra eingewanderten Ginthon und Daniel als besondere Abteilungen aufgeführt werden. 2. Auffallend ist, daß die Familie Jedajah, aus welcher die Hohenpriester stammten, nicht an der Spitze der Verzeichnisse I, II stehen, sondern erst in der 18. Stelle. Sonst steht sie an der Spitze: ידעיה ויהויריב ויכין (o. S. 385). Offenbar soll damit eine Zurücksetzung der hohenpriesterlichen Familie angedeutet sein. Welche Familie wird aber an die Spitze gestellt? In allen drei Verzeichnissen שריה. Warum diese? Es war die eigentliche hohenpriesterliche Familie, aus welcher der fungierende Hp. Jesua und seine Nachfolger, wie auch Esra hervorgegangen sind. Die Familie בני ידעיה לבית ישוע bildet eigentlich nur eine Abzweigung der alten Familie שריה. Wer mag diese Familie in der Zeit, aus welcher die Verzeichnisse stammen, repräsentiert haben? Ohne Zweifel Esra, der stets aufgeführt wird als עזרא בן שריה (Esra 7, 1 vergl. o. S. 385). Daraus folgt, daß Esra bei dem feierlichen Vertrag zur Übernahme der Verpflichtungen nicht gefehlt hat; er wird nur deswegen nicht aufgeführt, weil er bereits in der Familie Serajah mit erwähnt ist. Nicht als einzelner hat er den Vertrag mitunterzeichnet, sondern im Namen der Familie שריה. Das liegt klar zutage. Wie sollte er auch bei dieser ecclesia magna gefehlt haben, da er zur Zeit in Jerusalem anwesend gewesen sein muß, er, welcher der geistige Urheber derselben war, seine Prinzipien dadurch realisiert wurden und er in dem restaurierten Gemeinwesen zum Vorsteher des Tempels נגיד בית אלהים eingesetzt wurde (o. S. 145, Anm. 3)! Damit ist das Gerede über Esras Anwesenheit oder Abwesenheit bei diesem wichtigen Akte erledigt. — Bei diesem wichtigen Akte sind 21 Ahronidennamen aufgeführt, von diesen 21 ist jedenfalls מלוך zu streichen (o. S. 396) ברוך משלם kommen sonst nicht vor, und sie sind verdächtig. Warum fehlt aber der Name der hohenpriesterlichen Familie ידעיה in diesem Verzeichnis? Sollte sie sich von diesem Akte, an welchem Weiber, Kinder und selbst die Nethinim und Proselyten sich beteiligt haben, ausgeschlossen haben? Es ist ganz undenkbar. Denn dann hätte sie schwere Strafe oder mindestens der Bann getroffen, wenn sie durch ihre Abwesenheit gegen die Übernahme der Pflichten zur Beobachtung des Gesetzes und zur Heilighaltung des Tempels protestiert hätte. Erwägt man, daß in diesem Verzeichnisse auch die zwei oft und stets in Verbindung mit der Familie Jedajah genannten יויריב und יכין fehlen, so kann man nicht umhin anzunehmen, daß in III diese drei Namen, sowie andere drei סלו עמוק חלקיה, — d. h. die letzten Namen 17—21 — überhaupt ausgefallen sein müssen. Bei dem wichtigen Akte der ecclesia magna waren also ohne Zweifel sämtliche 24 Ahronidenabteilungen vertreten. Daraus folgt, daß diese Einteilung von Esra-Nehemia eingeführt worden sein muß. In der Aufschrift zu Verzeichnis I. heißt es zwar ואלה הכהנים .. אשר עלו עם זרובבל .. וישוע. Allein in dieser Gestalt kann sie ja nicht richtig sein, da Ginthon erst unter Esra zurückgekehrt ist. Man muß also lesen: אשר עלו עם זרובבל .. ועזרא הכהן. Die ursprünglichen vier Abteilungen wurden um 20 vermehrt, teils durch solche Familien, welche mit Esra und vielleicht auch mit Nehemia eingewandert waren, und teils durch solche, welche durch Abzweigung von den zahlreichen vier Familien neu geschaffen wurden. Die 24 Abteilungen sollten je eine Woche den Opferdienst im Tempel versehen und untereinander die Opfergaben der jeweiligen Woche teilen. Die Abteilungen durften daher nicht aus zahlreichen

Gliedern bestehen, sonst würden viele derselben keine Gelegenheit zu den Funktionen gehabt und nur ein Minimum von den Opfern erlangt haben. Es ist also wahrscheinlich dafür gesorgt worden, daß die Abteilungen ungefähr die gleiche Anzahl Individuen haben sollten. Dieser Umstand und der Zuwachs durch neue Familien haben gewiß dabei obgewaltet, daß 24 Priesterabteilungen kreiert wurden, und zwar zur Zeit Esra-Nehemias.

Diese Einrichtung führt nun die Chronik auf David zurück, aber von den 24 nur 11 aus dem Verzeichnisse, nämlich Nr. 17, 18, 8, 5, 13, 7, 12, 16, 15 4 (אבר = אמריה), 14, (מעזיהו = מעדיה), aber auch der dort fehlende Name יכין im ganzen 12; das ist nun ihre Art, bekannte Namen mit unbekannten zu mischen (vergl. I, 27, 2—15). Die übrigen 12 sind fremd. Dieser Einrichtung gemäß führt sie auch 24 Sängerklassen auf, und selbst die Torwärter scheint sie in 24 Abteilungen unterzubringen (I, 26, 17—18). Dieses Verfahren ist jedenfalls tendenziös.

16.

Antiochos Epiphanes' Kriegszüge gegen Ägypten, die Data seiner Gewaltakte in Jerusalem und der historische Wert des zweiten Makkabäerbuches.

Es ist außerordentlich auffallend, daß die gewiegtesten und kompetentesten Historiker und Chronologen bezüglich des ersten Feldzuges des Antiochos Epiphanes gegen Ägypten um ein Jahr differieren, obgleich Data dafür angedeutet sind. Uscher, eine Autorität in der Chronologie, und andere bis auf die neueste Zeit Mommsen setzen ihn ins Jahr 171 vorchr. Z. d. h. 142 Sel., andere dagegen und darunter nicht minder kompetente Forscher um ein Jahr später. Außerdem herrscht noch eine andere Differenz bezüglich des ägyptischen Krieges dieses Königs. Winer z. B. nimmt vier Expeditionen desselben gegen Ägypten, andere drei an. Diese Punkte müssen daher, da sie in die judäische Geschichte eingreifen, hier kritisch erledigt werden. Hofmann in seiner selten gewordenen vortrefflichen Inaugural-Dissertation: de bellis ab Antiocho Epiphane adversus Ptolemaeum gestis (Erlangen 1835, deren Benutzung ich der zuvorkommenden Gefälligkeit des Herrn Verfassers verdanke), hat aber überzeugend nachgewiesen, daß die erste Expedition erst 170 vorchr. 143. Sel., stattgefunden haben kann. Er geht mit Recht von Polybius' Angabe aus. Dieser subsumiert (27, 17) Antiochos' erste Gesandtschaft nach Rom, um Klage über die Angriffsversuche des Ptolemäischen Hofes gegen seinen Besitz vor dem Senat zu führen, unter die Begebenheiten des Jahres 584 u. c. d. h. 142—43 Sel., unter dem Consulat Hostilius-Attilius. Die Ankunft dieser Gesandtschaft in Rom setzt Polybius folgerichtig in das folgende Jahr unter das Konsulat Quintus Marcius-Servilius. Der betreffende Passus lautet (28, 1): *ὅτι πολέμου τοῦ περὶ Κοίλης Συρίας ἤδη καταρχὴν λαβόντος Ἀντιόχῳ καὶ Πτολεμαίῳ ἧκον πρέσβεις εἰς τὴν Ῥώμην παρὰ μὲν Ἀντιόχου κ. τ. λ.* Im Verlaufe erzählt Polybius von dem Auftrage des Senats an den regierenden Konsul *Κόϊντος Μάρκιος*. Die Unterhandlung dieser Gesandtschaft mit dem Senat ist in das Jahr 584—585 u. c. = 143 Sel. = 170—169 vorchr. gesetzt. Das will also entschieden sagen, daß unter dem letztgenannten Konsulat, als der Krieg bereits begonnen hatte, die Gesandten nach Rom gekommen waren. Der Beginn des Krieges ging der Absendung der Gesandten voran, welche ihn vor dem Senate rechtfertigen sollten. Denn es lag Antiochos alles daran, Rom nicht gegen sich zu haben, und durch seine Gesandten den Beweis führen zu lassen, daß er der Angegriffene sei und nur einen Defensivkrieg führe. Daraus folgert Hofmann mit Recht (l. c. p. 14 Note und p. 25): Anno 143 Sel. sub hiemem rex (Antioch.) Aegyptum invasit. Legatis ante bellum inchoatum Hostilio Attilio cons. Romam missis, Marcio Servilio cons. senatus datum est. Scheinbar steht diesem Datum die Angabe in Makkab. I (1, 20) entgegen, aus welcher hervorzugehen scheint, daß Antiochos 143 Sel. bereits von der ägyptischen Expedition zurückgekehrt sei: *καὶ ἐπέστρεψεν Ἀντ. μετὰ τὸ πατάξαι Αἴγυπτον ἐν ἑκατοστῷ καὶ τεσσαρακοστῷ καὶ τρίτῳ ἔτει.* Davon haben sich einige Chronologen und Historiker verleiten lassen, den Krieg ein Jahr früher anzusetzen. Allein Hofmann hat diesen Schein bereits aufgelöst. Er bezieht mit Recht das Datum auf das Verbum *πατάξαι* im Nebensatz und nicht auf das Verbum *ἐπέστρεψε* im Hauptsatze, das vom Datum allzu entfernt steht. Es entspricht vollständig der hebr. Konstruktion, wenn man den Vers zurückübersetzt: וישב אנטיוכוס אחרי הכותו את מצרים בשנת מאה וארבעים ושלש. Antiochos hat also Ägypten besiegt im J. 143 Sel. = 170. Also weit entfernt, ein Gegenbeweis zu sein, ist dieser V. vielmehr ein Beweis dafür, daß die erste Expedition im Jahre 143 = 170 stattgefunden habe. Nun findet sich aber in Makkab. I (1, 29 f.) eine zweite allerdings weniger bestimmte Datumangabe, daß Antiochos zwei Jahre später einen Fronaufseher nach Juda gesandt und in Jerusalem ein Blutbad und Verwüstungen habe anrichten lassen. Dieses Faktum fand allerdings 141 Sel. = 168 vorchr. statt, und einige Chronologen beziehen das Datum „zwei Jahre" auf Rückkehr von der Expedition: *μετὰ δύο ἔτη ἡμερῶν ἀπέστειλεν ὁ βασιλεὺς ἄρχοντα φορολογίας κ. τ. λ.* Hofmann bestreitet aber das Zwingende dieser Beziehung. Die zwei Jahre können eben so gut von Beginn des Krieges datieren. Man kann noch hinzufügen, daß selbst, wenn sich dies Datum auf Antiochos' Rückkehr von der Expedition bezöge, doch von dieser bis zur zweiten Vergewaltigung zwei Jahre verflossen sein konnten, da das I. Makkab. höchst wahrscheinlich den Jahresanfang vom Frühlingsmonat Nisan rechnet, also ein halbes Jahr nach dem Jahresanfang der seleuzid. Ära in Syrien.

Josephus hat jedenfalls die Data unrichtig angegeben, und er hat an der chronologischen Konfusion Schuld, wie er auch den Pragmatismus der Begebenheiten irrtümlich aufstellt. Um diese Unrichtigkeit nachzuweisen und uns überhaupt zu orientieren, muß vorausgeschickt werden, daß das I. Makkab. von Antiochos' zweimaliger Gewalttätigkeit an Jerusalem erzählt. Das erste Mal war er selbst nach Jerusalem gekommen, drang in das Heiligtum, raubte die heiligen Geräte, plünderte den Tempel und richtetete Verwüstungen an. Damals hat er zwar auch Blut vergießen lassen (V. 24): *καὶ ἐποίησε φονοκτονίαν*, aber sein Hauptzweck war die Tempelplünderung. Beim zweiten Mal kam er nicht selbst, sondern sandte seine Leute nach Jerusalem, und diese richteten ein Blutbad an, zerstörten die Mauern und Häuser der Stadt und befestigten die Akra (V. 29—35). Die zweite Vergewaltigung fand nach seinem Abzug von Ägypten, als ihn Popillius Laenas mit Roms Zorn bedroht hatte, also aus Furcht vor Rom statt. Josephus stellt aber das Sachverhältnis so dar (Altert. XII, 3—4), daß Antiochos nach der ersten Expedition aus Furcht vor Rom aus Ägypten zurückgekehrt sei — *διὰ τὸ παρὰ Ῥωμαίων δέος* — in Jerusalem Gewalttätigkeit verübt habe und zwar im J. 143 Sel., und 2 Jahre später 145 Sel. — welches Jahr zwar der 153. Olympiade entsprechen soll — sei Antiochos abermals nach Jerusalem gekommen und habe ein Blutbad angerichtet. Nach Josephus müßte also der Krieg 171 und der erste Überfall Jerusalems 170 stattgefunden haben. Allein, wie schon angegeben, ist auf seine Darstellung wenig zu bauen, da er in der Quelle, von der er abhängig ist, sich nicht zurechtfinden konnte und daher konfus war. Wir müssen also bei der kritischen Beurteilung der Begebenheiten und Data von Josephus' Relation ganz absehen.

Um diese Data und Fakta, von welchen die Vorgänge in der judäischen Geschichte abhängig sind, genau zu fixieren, ist die Erörterung der Frage notwendig, wieviel Expeditionen Antiochos gegen Ägypten unternommen hat. Es ist bereits angegeben, daß einige deren vier annehmen, wir werden weiter sehen, welche Quelle sie darauf geführt, und daß diese sie irre geführt hat. An sich scheint es fast unmöglich, daß Antiochos in kurzer Zeit so viele Einfälle in Ägypten gemacht haben soll; denn seine ganze kriegerische Operation gegen dieses Land dauerte lediglich zweiundeinhalbes Jahr. Der Beginn fällt, wie wir gesehen, Winter 170, und das Ende war etwa Ende Juni 168. Denn die Schlacht bei Pydna, in welcher Ämilius Paullus über Perseus gesiegt hat, fand am 22. Juni 145 Sel. = 168 statt, nach der damals eingetroffenen Mondfinsternis genau berechnet pridie Nonas Septembris (Livius 44, 39), und der 4. Sept. fiel damals nach dem verzwickten römischen Kalender auf den 22. Juni. Gleich darauf reisten Popillius Laenas und seine Mitgesandten, welche schon vorher Aufträge vom Senat gegen Antiochos hatten, nach Ägypten und überbrachten ihm den gemessenen Befehl des Senats, von Ägypten abzuziehen (Polybius 28, 19; Livius 45, 10). Die Gesandten gewährten ihm nur eine kurze Frist für die Entfernung seiner Truppen aus Ägypten und überwachten in Cypern, wohin sie sich von Alexandrien begeben, den faktischen Abzug derselben (Polybius 29, 11). Antiochos kann also sein Heer nicht lange in Ägypten haben stehen lassen, sondern hat es ohne Zweifel anfangs Juli 145 Sel. = 168 aus Ägypten marschieren lassen. Hieronymus zu Daniel gibt daher sachgemäß nach griechischen und römischen Historikern an: atque statim movit exercitum. Kann nun Antiochos in diesen $2^1/_2$ Jahren vier Züge nach Ägypten gemacht haben, wenn man darunter Ausrüstung, Märsche, Schlachten, Belagerung und dreimalige Rückkehr in sein Land versteht?

Daniel, dessen Verf. ein Zeitgenosse der Begebenheit war, kennt nur zwei Züge Antiochos' gegen Ägypten (11, 25—26): ויער (מלך הצפון) כחו ולבבו על מלך הנגב בחיל גדול . . . וישב ארצו ברכוש גדול ולבבו על ברית קדש ועשה ושב לארצו.

Diese apokalyptische Schilderung bezieht sich auf den ersten Zug vor dem Einfall in Ägypten bis zur Rückkehr nach Syrien mit großer Beute. Dann heißt es, (V. 29—30): למועד ישוב ובא בנגב ולא תהיה כראשונה ואחרונה . ובאו בו ציים כתים ונכאה ושב וזעם על ברית קדש. Damit ist ein zweiter Zug geschildert, wie er durch die chittäischen d. h. römischen Gesandten gedemütigt wurde und nicht, wie früher, mit Beute, sondern mit Unmut und Ingrimm Ägypten verlassen hat. Liest man statt ציים כתים gar צירים, „Boten, Gesandte", dann wären die römischen Gesandten mit P. Laenas noch deutlicher in dieser apokalyptischen Partie angedeutet. „Es kamen gegen ihn römische Boten, und er wurde gedemütigt, und er zürnte abermals auf den heiligen Bund." Hieronymus, der Porphyrius' und anderer Autoren Erzählungen von diesen

Vorgängen wiedergibt, kennt auch nur zwei Züge von Syrien nach Ägypten: **Postquam reversus est Ant. expulsus ab Aegypto venisse eum in Judaeam . . . reversum in terram suam. Et post biennium versum contra Ptol. exercitum congregasse.** Von zwei Zügen spricht auch Livius (45, 11). Er erzählt die Vorgänge in Ägypten während des mazedonischen Krieges. Antiochos habe, da er Alexandrien nicht einnehmen konnte, sich des übrigen Ägyptens bemächtigt, habe Ptolemäus Philometor, den scheinbaren Bundesgenossen, in Memphis zurückgelassen und das Heer nach Syrien zurückgeführt; in Syriam exercitum reduxit. Dann aber, als er von der Aussöhnung Philometors mit seinem Bruder vernommen, habe er einen noch heftigeren und gefährlicheren Krieg gerüstet, eine Flotte nach Cypern gesandt, und er selbst sei im Anfang des Frühlings nach Ägypten marschiert und habe in Rhinocorura Philometors Gesandte empfangen: adeo est offensus, ut multo acrius infestiusque pararet bellum. Cyprum extemplo classem misit; ipse p r i m o v e r e cum exercitu Aegyptum petens circa Rhinocorura Ptolemaei legatis . . . respondit.

Diese Livianische Stelle bestimmt auch die Zeit, in welcher Antiochos den z w e i t e n Zug antrat, nämlich im Beginn des Frühlings: p r i m o v e r e. Die Spannung zwischen ihm und seinem Schützling Philometor muß aber schon früher ausgebrochen sein, nachdem sich die beiden Brüder ausgesöhnt hatten. Denn von beiden wurden Gesandte an die Achäer um Hilfe nach dem Peloponnes gesandt, und zwar während des Winters (Polybius 29, 8): *ὅτι κατὰ τὴν Πελοπόννησον ἔτι κατὰ χειμῶνα πρεσβείας παραγενομένης παρὰ τῶν βασιλέων ἀμφοτέρων Πτολεμαίου καὶ Πτολεμαίου.* Dieses geschah während des mazedonischen Krieges unter dem Konsulat Ämilius Paullus' und Licinius', 586 u. c. d. h. 168. Der zweite Krieg dauerte also nur von Febr.—März bis Ende Juni 168. Wie lange der erste Krieg gedauert hat, läßt sich aber nicht ermitteln, da keine Angaben über den ersten Rückzug Antiochos' aus Ägypten vorliegen. Herbst und einen Teil des Winters 169/168 befand er sich jedenfalls in Antiochien. Die Zwischenzeit kann man aber nicht so lange ausdehnen, daß Raum bliebe für einen Zug des Antiochos nach Cilicien. Denn die Aussöhnung der ägyptischen königlichen Brüder, von der Schwester und den Freunden eifrig betrieben, fand wahrscheinlich nicht lange nach seinem ersten Abzug aus Ägypten statt. Jene cilicische Expedition ist daher v o r der ägyptischen anzusetzen.

Nach dieser Präzisierung der Zeit lassen sich die im Makkab. I erzählten Tatsachen chronologisch einreihen. Nach der Rückkehr aus dem ersten Kriegszuge, also jedenfalls 169 plünderte er den Tempel und richtete ein Blutbad an (1, 20—24), nach der Rückkehr aus dem zweiten, von der römischen Gesandtschaft gedemütigt, d. h. Juli 168, schickte er einen *ἄρχων φορολογίας* in die Städte Judäas, ließ die Mauern Jerusalems zerstören, viele in Gefangenschaft führen und die Akra befestigen. Dann schrieb er den Befehl aus, die Judäer mit Zwang zu hellenisieren (1, 29—42). Es ist bereits angegeben, daß aus dieser Darstellung hervorgeht, daß Antiochos nach der e r s t e n Rückkehr s e l b s t in Jerusalem a n w e s e n d w a r und die Plünderung leitete (V. 20 *ἀνέβη εἰς Ἱερουσαλήμ*), nach der zweiten dagegen nicht selbst dahin zog, sondern einen Herrn der Fronde dahin sandte.

Eine Störung in diese — so von allen Seiten bestätigte und geschlossene Reihenfolge der Begebenheiten bringt die Darstellung des II. Makkab. (5, 1 f.). Sie erzählt: n a c h d e m z w e i t e n Z u g e des Antiochos nach Ägypten — *περὶ τὸν καιρὸν τοῦτον τὴν δευτέραν ἔφοδον ὁ Ἀντίοχος εἰς Αἴγυπτον ἐστεί-*

λατο — seien wunderbare Erscheinungen gesehen worden, dann habe sich das Gerücht verbreitet, Antiochos sei in Ägypten gestorben, darauf habe Jason Jerusalem überfallen und ein Blutbad darin angerichtet; sein Rival Menelaos habe Zuflucht in der Akra genommen (5—6). Bei seiner Rückkehr (V. 11 ὅθεν ἀναζεύξας ἐξ Αἰγύπτου) habe Antiochos ein Gemetzel in Jerusalem angestellt, habe den Tempel entweiht, die Tempelschätze geplündert, und Menelaos sei sein Führer gewesen. Er habe Befehlshaber über Jerusalem und Gerisim gelassen, dann noch dazu Apollonios mit einem großen Heere geschickt, die Männer zu erschlagen, Frauen und Kinder zu verkaufen, und nicht lange darauf habe er einen Antiochenser gesandt, den Religionszwang aufzulegen (6, 1): μετ' οὐ πολὺν δὲ χρόνον. Schon aus dieser kurzen Inhaltsangabe erkennt man die Konfusion in der Darstellung, abgesehen von den Wundererzählungen und Übertreibungen, die darin vorkommen. Das zweite Makkab. drängt alle Vorgänge in die Zeit nach der zweiten Rückkehr zusammen, was nach dem ersten Makkab. auf zwei Zeiten verteilt ist. Auch läßt es nach der zweiten Rückkehr Antiochos selbst in Jerusalem einziehen, was gewiß ungenau ist. Um die Ehre des II. Makkab. zu retten und es mit I. auszugleichen, haben Harmonisten diesen zweiten Zug mit dem identifiziert, was Makkab. I zuerst erzählt, und diesem noch einen Zug vorangehen lassen. Daher die Annahme von **drei Zügen**. Allein diese Ausgleichung rettet nur sehr wenig. Augenscheinlich war der Verf. oder der Epitomator des II. Makkab. in der Chronologie nicht orientiert. Er wußte nur so viel, daß nach Antiochos' zweiter Rückkehr die Zerstörung und Entweihung den höchsten Grad erreicht hatte, darum setzt er alles in diese Zeit. Man darf also keineswegs auf Grund des II. Makkab. drei Züge annehmen.

Überhaupt ist es auffallend, wie wenig das II. Makkab. von den Kriegen und Vorgängen in Ägypten zu erzählen weiß. Es kennt sehr viele Persönlichkeiten und Vorgänge aus der Geschichte **des syrischen Reichs**. Nicht bloß **Heliodor**, sondern auch **Sostrates**, Aufseher der Akra (4, 28); auch den Namen von Antiochos' Konkubine kennt es (4, 30). Es gibt Kunde von Antiochos' Gerichtssitzung in Tyrus wegen Menelaos' und seines Bruders Tempeldiebstahls (4, 43f.), von **Philipp**, der über Jerusalem und von **Andronikos**, der über Gerisim gesetzt war (5, 22). Es weiß, daß ein **Apollonios** Μυσάρχης war, d. h. Mysien zur Statthalterschaft hatte (5, 24), ferner daß **Ptolemaios Makron** früher unter Philometor Statthalter von Cypern gewesen, dann zu Antiochos übergegangen sei (10, 12), daß ein **Nikanor** Κυπριάρχης gewesen (12, 2), ein anderer ἐλεφαντάρχης (14, 12), und unterscheidet von diesen beiden noch einen dritten (8, 9). Es weiß, daß der Brandleger an die Tempelpforten **Kallisthenes** hieß (8, 33), endlich daß **Timotheos** einen Bruder **Chareas** hatte, welcher in Gazara (Jaëser) befehligte (10, 32f.). Während es in der syrischen Geschichte sich unterrichtet zeigt, kennt es aus den Vorgängen in der judäischen Geschichte nur allgemeine Züge und Personalien, von **Onias** III., seinen Kämpfen und seinem Tode in Daphne (3, 1f.; 4, 4f. 33f.), von **Menelaos'** Brüdern **Simon** und **Lysimachos** (4, 29; 39f.), von dem Märtyrer **Eleasar** und von dem angesehenen „Vater der Judäer" **Razis** (14, 37). Von Juda Makkabi erzählt es, daß er in der Wüste umhergeirrt (5, 27) und daß ihm Nikanor geraten habe, sich zu verheiraten (14, 33f.), endlich welches Feldwort im judäischen Lager ausgegeben worden (8, 23; 13, 15). Im Grunde erzählt es den reichhaltigen Geschichtsverlauf nicht pragmatisch und chronologisch, sondern **anekdotenhaft**. Anekdotenhaft ist z. B. die Erzählung von dem Judäer Dositheos aus Tobiene, einem starken Reiter, welcher den Feldherrn Gorgias am Oberkleide gefaßt und dabei den Arm eingebüßt habe (12, 35). Solche Anekdoten sind schwerlich erfunden und aus der Luft gegriffen, sondern sind als Kristallisationen aus dem Fluß der Sagen anzusehen, wie sie unter den Judäern kursiert haben. Warum aber weiß das II. Makkab. so wenig Anekdoten aus den damaligen Vorgängen in Ägypten während des Krieges des Antiochos gegen Philometor und dieses gegen seinen Bruder und von der Versöhnung beider Brüder zu erzählen? Hier war noch eine reichere Ernte für Anekdoten, wenn der Verf. in Ägypten oder in Kyrene gelebt haben soll. Er weiß aber wenig aus Ägypten, nicht einmal genau, was Antiochos an Judäa nach dem ersten, und was er nach dem zweiten Rückzuge aus Ägypten gefrevelt hat. Der Verf. muß also durchaus in Syrien oder in der Nähe gelebt haben. Daraus ist zu erklären, daß er die syrischen Feldherren ihrem Rang und ihren Antezedentien nach genau kennt, daß er genau weiß, daß die Judäer in hellenischen Städten ebenfalls in den Religionszwang eingeschlossen worden seien, namentlich aber die in Ptolemais wohnenden (6, 8; vergl. o. S. 290, Anm. 4), und daß die Joppenser Judäer von den Heiden ertränkt worden seien (12, 3f.). Dagegen ist seine Erzählung von den Fehden Judas in Peräa außerordentlich mangel- und lückenhaft. Ja der Verf. oder Epitomator scheint nicht einmal gewußt zu haben, daß die Städte oder Burgen Kaspin, Karnion und andere, welche Juda berannt hat (vergl. Note 19), jenseits des Jordans gelegen haben, und daß Timotheos in dieser Gegend bekämpft wurde. Denn er läßt Juda von Jamnia aus in der Entfernung von nur 9 Stadien auf die Nomadenaraber stoßen und darauf jene Burgen angreifen (12, 10): *ἐκεῖθεν (ἀπὸ Ἰαμνείας) σταδίους ἐννέα.* Und weil er alle diese Lokalitäten für diesseitige hielt, läßt er Lysias dort auftreten (12, 27). Ja er scheint in Judäa selbst bezüglich der Distanzen nicht orientiert gewesen zu sein; denn er läßt Skythopolis von Jerusalem 600 Stadien, d. h. 15 geogr. Meilen entfernt sein (12, 29): *ὥρμησαν ἐπὶ Σκυθῶν πόλιν, ἀπέχουσαν ἀπὸ Ἱεροσολύμων σταδίους ἑξακοσίους*, während die Entfernung kaum 10 geogr. Meilen beträgt. Dieses Moment ist für die Beurteilung der historischen Angaben des II. Makkab. von entscheidender Bedeutung. Während es von den Vorgängen im eigentlichen Syrien und in den Hafenstädten sich sehr gut unterrichtet zeigt, zeigt es in den judäischen Dingen Ignoranz oder wenigstens Unsicherheit, soweit sie nicht Personen betreffen. Daraus folgt, es sei noch einmal wiederholt, daß der Verf. nicht in Palästina und auch nicht in Ägypten heimisch gewesen sein kann, sondern entweder in Antiochien oder in einer der größeren von Judäern bewohnten Städte Syriens, etwa in Ptolemais gelebt haben muß. Hier kann er anekdotenhafte Erzählungen von den Makkabäerkämpfen vernommen haben, wie sie innerhalb des judäischen Kreises als interessanter Gesprächsstoff von Mund zu Mund zirkulierten, und diese hat er ohne pragmatischen Leitfaden, sondern wirr durcheinander und mit Wundermärchen garniert zusammengetragen. Das Märtyrertum Eleasars und der Mutter mit sieben Kindern, dem doch etwas Historisches zugrunde liegen muß, ist ohne Zweifel in Antiochien vorgegangen (vergl. o. S. 291, Anm. 1).

Man darf sich daher durchaus nicht auf das Zeugnis dieses Buches, der Anekdotensammlung, bezüglich der Makkabäerkämpfe berufen, wo es gilt, ein Datum genau zu fixieren. Chronologische Präzision lag ihm ferne. Die Entweihung des Tempels dauert bei ihm nur zwei Jahre (10, 3). Die Zeit zwischen dem Friedensschlusse Eupators-Lysias' mit Juda und der Rückkehr des Demetrios, deren kaum zweijährige Dauer feststeht, nämlich während des Sabbatjahres 149/150 Sel. und Nov. 151 Sel., dehnt Makkab. II auf drei Jahre aus (14, 1) μετὰ δὲ τριετῆ χρόνον. Es ist auch charakteristisch für seine historische Treue, daß es den Landungsplatz des Demetrios, Tripolis, richtig angibt, aber in den Nebenumständen unzuverlässig ist, da es ihn mit einer großen Menge landen läßt, während er nur mit wenigen Personen in den Hafen eingelaufen ist (nach Polybius). Daß es Antiochos Epiphanes 148 Sel. bereits gestorben sein läßt (11, 21 f.), während dieser erst 149 starb, kann zwar nicht dem Verf. zur Last gelegt werden, da er die Urkunden wohl schwerlich gemacht, sondern bereits vorgefunden haben mag. Aber für seine Unzuverlässigkeit in der Chronologie zeugt auch dieses Moment jedenfalls, da es an dem unrichtigen Datum keinen Anstoß genommen hat. Da es in einem einzigen Datum mit Makkab. I stimmt, nämlich bezüglich Alkimos' Einsetzung zum Hohenpriester 151 Sel. (14, 2, verglichen mit I, 7, 1), so darf man seine chronologischen Differenzen nicht mit Wieseler und anderen durch Annahme eines verschiedenen Jahresanfangs oder auf andere Weise ausgleichen, sondern seine Angaben gar nicht berücksichtigen, wie sie auch Grimm (zu Makkab. II, 13) mit Recht vollständig verwirft. Sieht man demnach von der δευτέρα ἔφοδος des Antiochos Epiphanes bei Makkab. II ab, so steht es fest, daß Antiochos nur zwei Kriegszüge gegen Ägypten unternahm, und zwar den ersten Winter 170 und den zweiten Frühjahr 168, und daß er bei der Rückkehr von dem ersten Jerusalem nur geplündert, allenfalls auch Gegner des Menelaos hat umbringen lassen (nach Josephus Altert. XII, 5, 3: πολλοὺς ἀπέκτεινε τῶν ἐναντία φρονούντων), bei der Rückkehr vom zweiten Feldzuge dagegen Zerstörungen und ein Blutbad in Jerusalem angerichtet hat. Gleich darauf hat er den Religionszwang und die Verfolgung dekretiert.

Von einer dritten Expedition Antiochos' gegen Ägypten, und zwar in seinem ersten Regierungsjahre wissen die Historiker jener Zeit gar nichts. Nur Porphyrius soll nach Hieronymus (zu Daniel zu V. 11, 40) die apokalyptische Schilderung von einem Kriege zwischen dem König des Südens und dem des Nordens als geschichtliches Faktum erklärt haben: „et haec Porphyrius ad Antiochum refert, quod undecimo anno regni rursus contra sororis filium, Ptolemaeum Philometorem, dimicaverit.“ Es ist aber zweifelhaft, ob Porphyrius wirklich einen solchen Krieg als historisch und faktisch aufgestellt hat. Er mag nur zur notbehilflichen Erklärung der Danielstelle einen dritten Krieg in Antiochos' vorletztem Jahre angenommen haben, historisch verbürgt ist er keineswegs. Hofmann hat sich vergeblich abgemüht, ihn aufrecht zu erhalten (a. a. O. S. 37 f.). Er beruft sich auf Porphyrius-Hieronymus' angeführte Relation: unde (ex Aegypto) regrediens capit Arabes resistentes, et omnem in litore Phoenices vastavit provinciam. Confestimque pergit ad Artaxiam regem Armeniae. Hofmann meint, so wenig diese Angabe fingiert sein kann, kann auch die Relation von einer dritten Expedition gegen Ägypten nicht erfunden sein. Stark (Gaza S. 245) bemerkt mit Recht dagegen: „Schon eine einfache Betrachtung des Verhältnisses von Antiochos gegenüber den durch Gesandte ihn immer beobachtenden Römern erweist“ die Undenkbarkeit eines solchen Zuges, nachdem Popillius Laenas ihn aus Ägypten hinausgewiesen hatte. Die Tatsache von der Unterwerfung der phönizischen Küste mag stattgefunden haben und allenfalls historisch sein, aber sie beweist nicht einen dritten Feldzug gegen Ägypten in Antiochos' vorletztem Jahre, als er in den Ländern seiner Erbbesitzung von Verlegenheiten förmlich erdrückt war. Für einen vierten Feldzug fehlt jeder Anhaltspunkt, wenn man nicht seine kriegerischen Bewegungen innerhalb Ägyptens und die wiederholten Belagerungen Alexandriens als besondere Expeditionen ansehen will.

17.

Die Makkabäer-Psalmen.

Es war ein kühner Griff für die Psalmenauslegung, die Stimmungen einiger Klage- oder Triumphpsalmen durch Vorgänge aus der Zeit der Makkabäerkämpfe zu erklären. So manche dunkle oder rätselhafte Wendung in denselben wird dadurch klar und verständlich. Der erste, welcher diesen Fund systematisch angewendet hat, war Esromi Rudinger, ein Jünger der ersten deutschen Reformatoren, welche eine rationelle Bibelexegese angebahnt haben. Einige Kirchenväter haben zwar auch hin und wieder manchen Psalm auf die Makkabäerzeit bezogen, Melanchthon hat ebenfalls manche Psalmen durch den makkabäischen Hintergrund erklärt, aber Rudinger hat diesen Weg mit Konsequenz verfolgt. Mehr als 20 Psalmen führte er auf diese Zeit zurück. Sein vierbändiges Werk lautet: libri Psalmorum paraphrasis latina (Görlitz 1581). Ihm folgten in dieser Erklärungsweise im vorvorigen Jahrhundert v. d. Hardt, Venema, und in dem verflossenen Jahrhundert nahmen sie wieder auf Bengel, Paulus, Bertheau und andere. Häsler, Hesse und de Jong schrieben eigene Monographien de psalmis Maccabaeorum. Hitzig überbot seine Vorgänger mit der Behauptung, daß sämtliche Psalmen vom Ps. 73 an, also die letzten drei Bücher des Psalters, der Makkabäerzeit angehören. Noch weiter ging Olshausen, welcher eine sehr große Zahl von Psalmen, besonders die Bitt- und Klagepsalmen, dieser Zeit vindiziert. Hitzig und Olshausen führen sogar die Psalmenliteratur bis auf die Zeit Jonathans und sogar Jochanan Hyrkanos' herab. Die Annahme von Makkabäer-Psalmen hat selbstverständlich auch starken Widerspruch erfahren. Besonders trat Gesenius aus seiner philisterhaften Anschauung von der Bibelliteratur heraus als Gegner derselben auf. Seine und anderer Einwendungen dagegen sind indes bereits widerlegt worden. Ein Argument jedoch, das Ewald zuerst gegen diese Hypothese geltend machte, und das auch für Hupfeld so überzeugend schien, daß auch er sich gegen Psalmen aus der Makkabäerzeit erklärte, ist indes, bei näherer Betrachtung, ebenso schwach wie die von Gesenius geltend gemachten. Dieses Argument stützt sich darauf, daß schon der Verfasser der Chronik die Fünfteilung des Psalters gekannt haben müsse, da (das. I, 16, 35) nicht nur zwei Psalmenfragmente aus dem vierten Buche, sondern auch die Schlußdoxologie zu diesem Buche zu Ps. 106 David in den Mund gelegt werden. Folglich müsse der ganze Psalter zur Zeit der Chronisten bereits abgeschlossen gewesen sein. Dieser Gegenbeweis steht aber auf schwachen Füßen. 1. Die Einteilung des Psalters in fünf Teile stammt erst aus späterer, nachchristlicher Zeit, als man im judäischen Kreise zum Behufe von homiletischen Vorträgen dem Pentateuch ein Seitenstück an dem Psalter gegeben hat. 2. Die Doxologie in der Chronik bildet keineswegs den Schluß zu Ps. 106, sondern zu Ps. 105, welcher im Psalter selbst sie nicht hat. 3. Die Doxologien kamen bei jedem Psalm vor, welcher im Tempel gesungen wurde; sie bilden eine Aufforderung an die Gemeinde, durch ihr „Amen, Amen" den Inhalt des Psalmes ihrerseits anzuerkennen (vergl. darüber Monatsschr. Jg. 1872, S. 481 f. die Doxologien in den Psalmen). Es ist also nicht erwiesen, daß dem Chronisten bereits unsere ganze Psalmensammlung bekannt war, und ebensowenig, daß sie dem älteren Sirach bereits vorgelegen hat, weil ihm neben der Bekanntschaft mit dem νόμος und den Propheten noch die Kunde von anderen heiligen Schriften — τὰ ἄλλα — vindiziert wird. Die Beweisführung von dem Vorhandensein des hagiographischen Kanons zur Zeit Sirachs hat durchaus keine Beweiskraft, wie bereits an anderen Orten nachgewiesen wurde.

Es liegt also gar nichts vor, was gegen die Annahme von Makkabäer-Psalmen spräche. Aber darin muß Hupfeld zugestimmt werden, daß nur dann die makkabäische Zeitlage eines Psalmes mit Notwendigkeit folge, wenn jede andere Beziehung ausgeschlossen ist (Komment. zu Ps. IV, S. 457). Diese zwingende Notwendigkeit ist bisher nicht nachgewiesen worden. Ja, bei den meisten Psalmen, welche Hitzig und Olshausen der Makkabäerzeit vindizieren, drängt sich vielmehr die Annahme einer anderen geschichtlichen Beziehung auf. Der Gegensatz von צדיקים oder חסידים und רשעים, welchen Olshausen als Kriterium für die Makkabäerzeit geltend macht, war schon früher, noch vor dem Falle des salomonischen Tempels vorhanden. Die Gemeinde der ענוים bildete sich schon unter den älteren Propheten. Will man Psalmen historisch für die genannte Zeit verwerten, sie als Quelle für die kampfreiche Epoche benutzen, um deren Stimmung und Vorgänge zu erkennen, so muß man eine strenge Beweisführung anwenden, daß nach der negativen Seite diese in keiner anderen Zeit gedichtet sein können, und daß sie nach der positiven diese Zeit nach allen Seiten hin reflektieren. Aber nicht bloß die Makkabäerzeit im allgemeinen, sondern ein bestimmter Zeitabschnitt in derselben, welcher durch einen individuellen Zug markiert ist, muß nachgewiesen werden, wenn die Beziehung überzeugend sein soll. Eine solche Beweisführung lassen selbstverständlich nur wenige Psalmen zu, welche hier vorgeführt werden sollen.

1. Psalm 44. Sein so zu sagen makkabäisches Gepräge ist so auffallend, daß schon die Kirchenväter Chrysostomus und Theodoret ihn auf diese Zeit bezogen haben, und auch Calvin. Die ganze Situation des Leidensstandes in derselben ist hier geschildert. V. 12, daß das Volk dem Schlachtvieh gleich geachtet wurde, V. 14—15, daß es den Nachbarn zur Schmähung und zum Gespötte diente, V. 17, daß der Feind Gott schmähte und lästerte, V. 20, daß treue Bekenner Gottes in die Wüste verstoßen waren, V. 23, daß sie um Gottes Willen den Tod erlitten haben, V. 24, daß ihnen ein fremder Gott aufgezwungen wurde. Die ganze Summe der Leiden faßt V. 25 zusammen. Das sind unverkennbare Züge aus der Leidenszeit — und zwar ehe noch Juda Makkabi entscheidende Siege errungen und die Tempelweihe vollzogen hatte. Noch deutlicher tritt der Hintergrund dieser Zeit heraus, wenn man den pointierten Gegensatz ins Auge faßt, was von den Auslegern nicht scharf genug beobachtet wurde. Der Psalmist stellte die alte Zeit der Eroberung des Landes in idealer Verklärung der Gegenwart gegenüber. Die Vorfahren haben das Land ohne Kriegsmacht eingenommen, denn Gott allein hat die es bewohnenden Völker mit seiner starken Rechten vertrieben. V. 3a ist bisher mißverstanden worden. ותטעם wird fälschlich auf die Israeliten bezogen, obwohl das unmittelbar vorangehende Objekt גוים ist. Man muß dafür lesen ותתשם „du hast sie (die Völker) ausgerissen“. Dann ist auch der Parallelismus des V. abgerundet; denn ותשלחם kann nur bedeuten: „du hast sie (die Völker) vertrieben“. Die Bedeutung „ausbreiten“ ist ge-

gezwungen: Also אתה ידך גוים הורשת ותטעם תרע לאמים ותשלחם. So ohne Waffen hat das Volk in alter Zeit das Land eingenommen, und so sollte Gott auch in der Gegenwart die Feinde aufreiben (V. 5—8). Leider, so klagt der Ps., ist es in der Gegenwart nicht so. Das Volk mußte zu den Waffen greifen und ist nicht glücklich im Kriege (V. 10—11). Um den Gegensatz voll heraustreten zu lassen, muß man (V. 10) אך lesen statt אף, das nur gezwungenerweise im Sinne von „und doch" ausgelegt wird. Der Psalmist erwartete also keine Rettung von den Waffen, sondern von Gottes wunderbarem Eingreifen. Mithin gehörte er der chassidäischen Partei an, welche zuerst waffenscheu war und gleich dem Verf. des Buches Daniel das Aufhören der Leiden auf wunderbare Weise erwartete. Dieses Wunder erfleht der Psalmist für das Volk. Alle die hier aufgeführten Momente passen auf keine Zeitlage der israelitischen Geschichte, nur einzig und allein auf die Makkabäerzeit, aber wohlverstanden noch vor den errungenen Siegen. Vielmehr deutet der Ps. an, daß allerdings eine Schar Kämpfer bereits zu den Waffen gegriffen, aber kurz vorher eine Niederlage erlitten hatte: לא תצא בצבאותינו — תשיבנו אחור מני צר.

Abzuweisen ist daher die Annahme Hitzigs, der Ps. sei zur Zeit gedichtet worden, als die Unterfeldherrn bei Jamnia eine Niederlage erlitten hatten, und ebenso die Annahme Olshausens, er stamme aus der Zeit unmittelbar nach dem Tode Juda Makkabis. Denn der Ps. setzt voraus, daß der Feind noch immer Lästerung gegen Gott ausgestoßen hat, und das geschah lediglich von Antiochos Epiphanes. Der Ps. setzt ferner, wie schon gesagt, voraus, daß ein fremder Gott zur Verehrung aufgezwungen worden, und der Psalmist beteuert für sich und seine Partei, daß sie sich nicht einmal heimlich einer solchen Apostasie schuldig gemacht haben, wofür sie mit Recht Gottes Strafgericht hätte treffen müssen. In diesem Sinn sind V. 21—22 aufzufassen. Aber der Zwang, den Zeus Hellenios anzubeten bestand lediglich solange Antiochos lebte. Seine Nachfolger Eupator und Demetrios haben den Religionszwang aufgegeben und die Judäer nur als Aufständische bekämpft. Ps. 44 ist also zur Zeit gedichtet worden, als Juda Makkabi bereits eine Schar um sich gesammelt hatte, aber einmal vom Feinde geschlagen wurde. Das erste Makkabäerbuch erzählt zwar nicht von einer solchen Niederlage, aber das Stillschweigen ist kein Gegenbeweis. Diese Quelle berichtet nur von den Siegen und dem Aufschwung, und wo sie von Niederlagen spricht, will sie entweder die entscheidenden Folgen derselben nachweisen oder die Verschuldung aufdecken. Sollen die Makkabäer immer und immer gesiegt haben? Kleine Unfälle sind ohne Zweifel vorgekommen, aber der Verf., wenn er Kunde davon hatte, hielt es nicht der Mühe wert, davon zu sprechen, da sein Zweck nicht war, alle Begebenheiten annalistisch zu verzeichnen.

2. Psalm 74. Dieser Ps. spiegelt ebenso deutlich das ganze Pathos der Makkabäer-Zeit ab. V. 4, 5, 6, 7 sprechen von Verwüstungen am Tempel, V. 4, 23 von dem Wutgeschrei der Feinde bei der Verwüstung, V. 10, 18, 22 von der höhnischen Lästerung des Feindes, V. 8b vom Verbrennen sämtlicher Versammlungshäuser (Synagogen = מועדי אל) im Lande, V. 19—20 von der allgemeinen Gedrücktheit und Verzweiflung, endlich V. 9 von dem völligen Erlöschen des Prophetentums und der dadurch entstandenen entmutigenden Ungewißheit. Beachtenswert ist V. 5 ועת פתוחיה יחד „Jetzt eben haben sie allsamt ihre Pforten . . . zerschlagen"; denn statt פתוחיה muß man nach LXX. (τὰς θύρας) und Peschito (תרעא) lesen: פתחיה, und das

Suffix bezieht sich wohl auf Stadt und Mauer. Das, was dagegen geltend gemacht wurde: שלחו באש מקדשך, wolle aussagen, der Tempel sei verbrannt worden, was nicht auf diese Zeit passe, ist von keinem Gewichte, denn שלחו באש ist nur eine Versetzung der Präposition für שלח אש במקדשך; denn שלח אש ב' kommt häufiger vor als שלחו באש und dieses bedeutet „Feuer werfen an etwas“. Dieser Akt ist tatsächlich am Tempel geschehen, denn die Torflügel, welche von Zedernholz waren, sind wirklich verbrannt worden, die Mauern aber konnten nicht verbrannt werden. Man braucht daher nicht mit Hitzig und Olshausen den Einwand durch Unterscheidung von *ἱερόν* und *ναός* zu machen. Weist ja auch der zweite Halbvers darauf hin, daß hier nicht vom Zerstören des Tempels die Rede ist. Denn לארץ חללו משכן שמך bedeutet „verächtlich zertreten“ wie Ps. 89, 40b: חללת לארץ נזרו. Die ganze Schilderung bezieht sich also notwendig auf die makkabäische Zeitlage und auf keine andere.

Einige dunkle Ausdrücke kommen noch in diesem Verse vor, welche, wenn richtig erklärt, diese Beziehung noch mehr beweisen. V. 5 יודע כמביא למעלה kann unmöglich die richtige L.-A. sein; denn sie widerstrebt allen Auslegungsversuchen. Man muß wohl dafür lesen: ירוע, der Feind zertrümmerte, als wollte er in ein Baumgestrüpp Äxte bringen, d. h. er behandelte bei der Zertrümmerung das Heiligtum noch dazu mit Verächtlichkeit. Das tempus ירוע wie יהלכון. V. 6 ist Aorist ohne das Augmenta ו — V. 19 אל תתן לחית muß man lesen למות, also ganz wie Ps. 44, 23 und 79, 11 בני תמותה, daß die Treuen dem Tode preisgegeben waren. — V. 20 מחשכי ארץ kann auch nicht richtige L.-A. sein, sondern dafür wohl zu lesen מרחבי ארץ. Auch V. 8 נינם ist unstreitig eine Korruptel. Die makkabäische Zeitbeziehung dieses Ps. zugegeben, so kann er nur gedichtet sein, als Antiochos' Schergen und darunter Kallisthenes die Tore verbrannt und die Zellen und Hallen zerstört hatten (Makkab. I, 38; II, 8, 33).

3. Psalm 149. Auch dieser Psalm hat unstreitig einen makkabäischen Charakter. Nicht weil darin die חסידים eine Rolle spielen, sondern weil die Chassidäer lobsingend und kämpfend vorgeführt werden (V. 5): רוממות אל בגרונם וחרב פיפיות בידם und eine zusammenstehende Partei bildeten: תהלתו בקהל חסידים, was doch unabweislich an *συναγωγὴ Ἀσιδαίων* der Makkab. erinnert (o. S. 250, Anm. 4). Er stammt also aus der Zeit, als die Chassidäer sich bereits und noch am Kriege beteiligt haben. Erwägt man, daß sie sich bereits unter Alkimos von den Kämpfen zurückziehen wollten, um ihrer friedlichen Beschäftigung zu leben, so kann man diesen Psalm unmöglich mit Olshausen und anderen in die Zeit des Hyrkanos setzen, sondern zur Zeit eines großen Sieges, an dem die Chassidäer noch teilgenommen haben. Der ganze Ps. atmet Jubel über einen errungenen Sieg über die Völker; er fordert auf, ein neues Lied Gott zu singen, und hegt die Hoffnung, daß die Zeit sich verwirklichen werde, in der das „Volk der Heiligen“ die Könige in Fesseln schlagen werde, wie es das Buch Daniel verkündet hatte. Das Lied scheint den Sieg über Nikanor zum Hintergrunde zu haben.

4. Psalm 30. Diesem Psalm sieht man allerdings auf den ersten Blick seine Verwandtschaft mit Makkabäerpsalmen nicht an. Scheinbar ist es das Danklied eines Genesenen für die Errettung von einer schweren Krankheit und dem Tode. Wäre nicht die Überschrift, daß der Psalm sich auf „Einweihung des Hauses“ חנכת הבית beziehe, so würde allerdings der Gedanke fern liegen, daß dieser so individuell und okkasionell ausgeprägte Ps. die makkabäische Zeit-

lage reflektieren sollte. Aber die Überschrift gibt gerade wegen ihrer Seltsamkeit zu denken, ob nicht der äußere Schein auch hier trügt. Von den 12 Überschriften, welche die betreffenden Psalmen auf ein Faktum und zumeist auf eine Begebenheit in Davids Leben beziehen, paßt diese am allerwenigsten. Es ist darin auch nicht eine schattenhafte Spur von der Einweihung eines Hauses, sei es des Tempels oder des Palastes, zu bemerken. Wie kamen nun die Psalmensammler, welche die Überschriften vorangesetzt haben, auf den befremdenden Gedanken, den Psalm mit einer Einweihung in Verbindung zu setzen? So völlig gedankenlos werden sie doch schwerlich dabei verfahren sein! Sie müssen also, da sie die Beziehung unmöglich aus dem Inhalt entnommen haben können, sie aus der Tradition gehabt haben. Es muß in der Periode der nachexilischen Zeit eine Überlieferung in Umlauf gewesen sein, daß dieser Psalm bei der Einweihung des Tempels gebraucht worden ist. Denn, bemerken wir hier ein für alle Mal: der Ausdruck הַבַּיִת kann nichts anderes als der „Tempel“, das „Gotteshaus“ bedeuten, und durchaus nicht der „Palast“. In der Erzählung von Salomos Bauten bedeutet stets הבית schlechtweg „der Tempel“, der Palast dagegen wird durch den Ausdruck ביתו bezeichnet. Die Sammler der Ps. müssen also notwendigerweise einer Tradition gefolgt sein, daß Ps. 30 bei der Einweihung des Tempels gedient hat.

Auch aus anderen Momenten in diesem Ps. geht hervor, daß die Annahme, er habe seine Entstehung der Genesung des Dichters zu verdanken, nur Schein ist. Er dankt nämlich nicht bloß für die Errettung vom Tode, sondern auch für die Genugtuung, daß seine Feinde nicht Schadenfreude an ihm erlebt haben (V. 2) ולא שמחת איבי לי. Und deswegen sollen auch die Frommen Gott preisen (V. 5) זמרו לה' חסידיו והודו לזכר קדשו. Nun, das Leben eines einzelnen kann doch unmöglich so wichtig sein, daß in der Erhaltung desselben Gottes besondere Gnade erkannt werden könne! Wenigstens durfte doch der Dichter sein Leben nicht so hoch schätzen. Selbst der König Hiskija, dessen Leben einen hohen Wert für das ganze Volk hatte, hat in seinem Dankliede die Errettung desselben nicht so hoch angeschlagen, daß er die Frommen aufgefordert hätte, dafür Gott zu preisen. Und daß der Psalmist ein König gewesen wäre, dazu gibt doch der Inhalt auch nicht einen schwachen Anhalt. Es ist also offenbar, daß der Psalmist, wenn man ihm nicht häßlichen Hochmut zur Last legen will, unter „Errettung, Leben“, nicht Genesung von einer Krankheit, sondern als Tropus verstanden wissen wollte, und nicht mißverstanden zu werden befürchtete. Für einen Tropus zeugt doch jedenfalls V. 7: ואני אמרתי בשלוי בל אמוט לעולם; denn, vor einer Krankheit ist man doch wohl auch im größten Glücke nicht gefeit! Was soll also der Passus bedeuten: „in meinem Glücke meinte ich, ich werde nimmer wanken“? Das Verbum מוט, das ursprünglich vom Wanken der Erde bei einem Erdbeben gebraucht wird, hat nur tropische Bedeutung, zu Falle kommen, in ein großes Unglück geraten. In letzterem Sinne muß es hier gebraucht sein; denn es wird vorausgesetzt, daß Gott gezürnt hat, und darum sei das Unglück eingetroffen (V. 6): כי רגע באפו. Noch deutlicher ist diese Voraussetzung durch V. 8 bestätigt.

Diesen V. haben nämlich sämtliche Ausll. mißverstanden, weil sie übersehen haben, daß der Text nicht unverdorben sein kann. Der Parallelismus des V. hätte sie aber darauf führen müssen, daß es damit nicht geheuer sein kann:

a. ה' ברצונך העמדת להררי עז
b. הסתרת פניך הייתי נבהל

Sollte es ein antithetischer Parallelismus sein, so hätte b vor a stehen müssen, nämlich zur Not: „du hast dein Antlitz verborgen, ich war entsetzt, aber in deinem Wohlgefallen hast du meinen Berg der Stärke aufgestellt“. Ich sage, zur Not; denn daß העמדת „aufrichten“ bedeuten soll, ist schon ein Notbehelf, man würde eher הקמות erwarten oder gar ein anderes Verbum. Ohnehin ist es unpassend, von einer Errettung zu sagen: „du hast meinen mächtigen Berg aufgerichtet“. Nun steht gar dieser Halbvers voran. Es ist also gar nicht daran zu denken, daß er diesen Sinn haben kann. Er ist vielmehr korrumpiert. Nämlich ברצונך steht für בחרונך, wie Genes. 49, 6: וברצונם statt בחרונם, Parall. zu באפם. Ferner העמדת steht statt המעדת wie Ezech. 29, 7b והעמדת להם כל מתנים (LXX συνέκλασας, Pesch. ותרלת; vergl. Raschi und Kimchi z. St.), הַרְרִי ist ohnehin eine Unform; es muß entschieden dafür gelesen werden לְהַרְרֵי עז oder vielleicht gar: לְהררֵי עד. Also ה' בחרונך המעדת להררי עז. „In deinem Zorn hast du die Berge der Macht wankend gemacht.“ Gottes Unwille hat es herbeigeführt, daß ein bedeutender Unfall eingetreten ist.

Nach dieser Richtigstellung können sich die Klage und der Dank des Psalmes unmöglich auf das Geschick einer Einzelpersönlichkeit beziehen, sondern sie müssen ein allgemeines *nationales Interesse* zum Hintergrunde haben. Der Psalmist läßt die Nation in der ersten Person sprechen, wie Ps. 124 und 129, wobei freilich das redende Subjekt durch יאמר נא ישראל angedeutet ist, aber auch 123 und mindestens 118 auch ohne diese Andeutung. Die Nation spricht demnach, wie Olshausen es richtig aufgefaßt hat: „Ich verherrliche dich J., weil du mich herausgezogen und meinen Feind nicht hast über mich triumphieren lassen . . . Ich meinte in meinem Glücke, ich werde nie mehr zu Falle kommen, aber du hast in deinem Zorne die festen Berge wankend gemacht, hast dein Antlitz verhüllt, und ich war entsetzt. Da rief ich zu dir“ usw. Selbstverständlich müssen die Verba אליך ה' אקרא . . אתחנן als Aoriste verstanden werden. So richtig Olshausen und falsch Hupfeld. Unzweideutig genug hat bei demselben Worte das Imperf. diese Tempus-Beziehung Ps. 3, 5: קולי אל ה' אקרא ויענני; 18, 4, 7: בצר לי אקרא u. a. St. — „Und dieses Gebet hat Gott erhört, meine Trauer in Tanz verwandelt, damit meine Seele dich stets preisen kann.“ Statt כבוד zu lesen כבודי, in der Bedeutung von Seele. So richtig Hupfeld z. d. Ps.

Der Inhalt setzt demnach keineswegs die Genesung von einer Krankheit voraus. Einige Ausleger haben sich zu dieser Annahme durch das Verbum ותרפאני verleiten lassen. Es hat aber an verschiedenen Stellen die erweiterte Bedeutung „*von Gefahr erretten*“. Der Inhalt setzt vielmehr voraus, daß die *Nation in Todesnöten war* (מן שאול . . מיורדי בור), daß sie im Vertrauen auf ihren Wohlstand Gottes Zorn provoziert hat, und dadurch sind auch die festesten Stützen ins Schwanken geraten. Aber Gottes Zorn dauerte nur einen Augenblick (V. 6 רגע באפו); mit seiner Gnade hat er das Leben der Nation erhalten (חיים ברצונו), und der Wechsel folgte rasch: abends in Tränen und des Morgens schon in Jauchzen. Diesen Wechsel hat Gott auf das Flehen der Nation eintreten lassen, damit sie, welche zur Verherrlichung Gottes bestimmt ist, ihn ewig preisen könne. — Nach dieser einzig richtigen Auseinandersetzung des Inhalts erkennt man, daß die Überschrift diesen Ps. richtig als „*Lied zur Einweihung des Tempels*“ bezeichnet hat. Nur in der Makkabäerzeit und in keiner anderen kann er gedichtet sein. Er gibt die Stimmung vollkräftig wieder, welche im Gemüte der Frommen herrschte, als sie den raschen

Wechsel erlebten. Kurz vorher war die Schar der Kämpfer noch bei Bethsur bedrängt, und gleich darauf war der grimmige Feind, welcher Israel den Garaus zu machen beabsichtigt hatte, so geschlagen und entmutigt, daß die Einweihung des Tempels stattfinden konnte. Der Ps. ist mit hoher Wahrscheinlichkeit bei der makkabäischen Tempelweihe gesungen worden. Auf die Einweihung des Heiligtums unter Serubabel kann sich der Ps. unmöglich beziehen, da damals die Nation keineswegs in Todesnöten war.

5. Psalm 1. Auch dieser Psalm scheint makkabäisch oder vormakkabäisch zu sein, als sich die Feindseligkeit zwischen den Hellenisten und Chassidäern zuspitzte. Nicht etwa weil darin die צדיקים und רשעים gegensätzlich dargestellt sind — ein solcher Gegensatz bestand schon früher —, sondern weil die Frommen noch dadurch charakterisiert werden, daß sie sich emsig Tag und Nacht mit der Thora beschäftigen. בתורת ה' חפצו (V. 2) bedeutet „sein Wohlgefallen, sein ganzes Interesse, seine Freudigkeit an der Thora haben, wie Makkab. I. (1, 57): εἴ τις συνευδόκει τῷ νόμῳ, d. h. אם חפץ בתורה, wenn sich jemand mit dem Gesetze beschäftigte, darin zu lesen oder es zu lehren, sollte er dem Tode verfallen. Auch ובתורתו יהגה יומם ולילה bedeutet in der Thora lesen. Das waren also ganz andere חסידים oder צדיקים als die vorexilischen, sie waren zugleich Gesetzeskundige und Gesetzeslehrer. Solche gab es erst in der Zeit nach Esra und Nehemia. Man erwäge noch, daß die רשעים hier noch dazu als לצים charakterisiert werden, als leichtsinnige Spötter, welche sich über die Frommen lustig machten. Die Frommen dagegen waren nach dem Inhalt des Psalmes in eine geschlossene Gemeinde gruppiert und hielten zusammen. Sie bildeten עדת צדיקים (vergl. B. II. 1. Hälfte, S. 407). Rudinger bezeichnete daher mit Recht diesen Psalm als makkabäisch.

Außer diesen vier oder fünf Psalmen erweist sich sonst keiner mit exegetisch-historischer Notwendigkeit als makkabäischer. — Ps. 83 schmeichelt sich zwar förmlich als ein makkabäischer ein —, wenn nur אשור nicht darin genannt wäre! Die Ausdeutung derer, welche ihn in diese Zeit setzen, daß unter Assyrien Syrien zu verstehen sei, ist ein zu schlechter Notbehelf. Auch paßt es durchaus nicht; denn in dem V. גם אשור נלוה עמם liegt doch der Sinn, daß sich das betreffende Volk den übrigen Feinden Israels lediglich angeschlossen hat, d. h. mit ihnen in zweiter Reihe gegangen ist, während in den Makkabäerkämpfen die Assyrier, d. h. Syrer doch in erster Reihe die Israeliten verfolgt haben. In diesem Ps. erscheinen dagegen als Hauptfeinde Ammon und Moab (V. 9): היו זרוע לבני לוט. Die früher genannten Völker — und Aschur mit einbegriffen — waren lediglich der Arm für die Lotiden. Nun ist es möglich, daß אשור gar eine Korruptel ist, vielleicht für גשור. Dann müßte dieser Volksstamm damals noch existiert haben, was aber erst recht die Makkabäerzeit ausschließen würde. Außerdem spricht gegen diese Zeit, daß der Psalmist doch im Grunde die Bekehrung der Feinde zum Gott Israels erfleht (V. 17b): ויבקשו שמך ה', (V. 19): וידעו כי אתה שמך וגו'. Ein solcher propagandistischer Wunsch ist aber der Situation der Makkabäerzeit wenig angemessen. Kurz; ohne Zwang läßt sich der makkabäische Charakter dieses Ps. nicht durchführen. — Ps. 80, den mehrere als solchen stempeln, ist sicherlich nicht makkabäisch, sondern setzt die ägyptische Vasallenschaft unter Necho voraus (vergl. Monatsschrift Jahrgang 1874, S. 391 f.). Ps. 66, dessen zweite Hälfte mit der zweiten Hälfte von Ps. 108 übereinstimmt, stammt noch viel weniger aus dieser Zeit. Allenfalls könnten die Hallel-Psalmen 115 bis

118 dieser Zeitlage entstammen, aber es liegt keine zwingende Notwendigkeit vor. Dasselbe gilt von Psalm 144. Nur dürfte man beide nicht in so späte Zeit, etwa unter Johanan Hyrkanos setzen, sondern, wenn man die große Gefahr erwägt, von welcher in beiden gesprochen wird, so konnten sie allenfalls der Zeit der ersten Makkabäerkämpfe angehören. Über Ps. 79 II. 1. Hälfte, S. 365.

18.

Das Buch Daniel.

Daß die Danielsche Apokalypse die Drangsalszeit des Antiochos Epiphanes zum Hintergrunde hat, braucht gegenwärtig ebensowenig bewiesen zu werden, wie etwa daß Deutero-Jesaia die Exilszeit reflektiert. Porphyrius war übrigens nicht der erste, der diesen Hintergrund erkannt hat, sondern Josephus sah in dem kleinen Horne, welches den Tempel entweihen und das Opfer aufheben werde, den Tyrannen Antiochos Epiphanes (Altert. X, 11, 7): *καὶ δὴ ταῦτα ἡμῶν συνέβη τῷ ἔθνει παθεῖν ὑπ' Ἀντιόχου τοῦ Ἐπιφανοῦς, καθὼς εἶδεν ὁ Δανιῆλος.* Nur sah er darin eine wirkliche Prophezeiung. Porphyrius, welcher Josephus' Schriften gelesen und benutzt hat, ist ohne Zweifel durch ihn darauf geführt worden, in Daniel ein Vaticinium ex eventu zu erkennen und es in diesem Sinne auszulegen. Auch der Talmud bezog einen Ausspruch in Daniel auf das Aufstellen des Götzenbildes auf den Altar unter Antiochos.

Indessen so sehr auch der größte Teil der Danielschen Apokalypse ein retrospektives Vaticinium ist, so ist doch manches darin geradezu echt prophetisch. So z. B. die öfter ausgesprochene Erwartung, daß die Entweihung oder das Aufhören der täglichen Opfer nur „eine Zeit und zwei Zeiten und eine halbe Zeit" d. h. 3½ Jahr dauern werde. Der chassidäische Verf. schrieb das Buch, als Antiochos die Kunde zugekommen war, daß Arsaces von Parthien und Artaxias von Armenien von ihm abgefallen waren, und er zu einem Kriege gegen sie rüstete oder gegen sie auszog (Daniel 11, 44): ושמעות יבהלהו ממזרח ומצפון ויצא בחמא גדולה להשמיד, das geschah wohl 146 oder 147 Sel. 167 oder 166, also jedenfalls mehr als ein Jahr vor der Tempelentweihung, welche 148 Sel. Ende 165 stattfand. Die Entweihung hatte also noch kaum 3 Jahre gedauert, und doch verkündete das Buch, daß sie sich nicht länger als 3½ Jahr hinziehen werde. Auch die Verkündigung, daß Antiochos Epiphanes von seinem Kriegszuge gegen Osten und Norden, d. h. gegen Parthien und Armenien, nicht zurückkehren, sondern dort sein Ende finden werde (das. V. 45): ובא עד קצו ואין עוזר לו, ist prophetisch und hat sich erfüllt. Das Buch gibt selbst an, daß es die Zukunft prophezeien will, indem es öfter hervorhebt, die prophetische Vorschau habe noch nicht aufgehört, sondern bestehe noch fort (10, 14): ובאתי להבינך את אשר יקרה לעמך באחרית הימים כי עוד חזון לימים. (V. 11, 27) כי עוד קץ למועד muß man wohl lesen עוד חזון למועד. Die Frommen waren beim Beginn der Drangsale darum so verzagt, weil es keinen Propheten gab und keinen, welcher das Ende der Leiden verkündete (Ps. 74, 9): אין עוד נביא ולא אתנו יודע עד מה. Auf diese schmerzliche Klage antwortete der Verf. des Buches Daniel: „Es gibt noch ein Gesicht für die Tage oder für das Ende."

Einige noch unerledigt gebliebene dunkle Punkte zur Erklärung des Textes mögen hier beleuchtet werden. Angegeben ist (7, 8f., 24), daß auf das dritte

Reich (Alexander) ein viertes Reich entstehen werde, symbolisiert unter zehn Hörnern, weil zehn Könige von diesem Reiche aufstehen werden: וקרניא עשר מנה מלכותא עשרה מלכין יקמון. Auf diese zehn werde ein elfter König, das kleine Horn, folgen, welches Drangsale über das heilige Volk bringen werde. Wie aber diese zehn oder richtiger elf Könige des seleuzidischen Reiches zu zählen seien, ist den Auslegern rätselhaft geblieben. Denn es sind von Seleukos Nikator allenfalls bis Antiochos Epiphanes inklusive nur neun Könige aufeinander gefolgt, selbst wenn man Antiochus Hierax mitrechnet. Porphyrius selbst war ebenfalls bezüglich dieser Zahl in Verlegenheit und hat sie deswegen auf zehn schlimme Könige, aus den verschiedenen Reihen der Diadochen ausgewählt, bezogen. Hieronymus z. St. Porphyrius . . . decem reges enumerat qui fuerunt saevissimi, ipsosque reges non unius ponit regni v. e. Macedoniae, Syriae, Asiae et Aegypti, sed de diversis regnis unum efficit regum ordinem. Ihm sind einige Ausleger der Neuzeit gefolgt. Diese Deutung ist entschieden falsch; denn die zehn oder elf Könige sollen aus einem und demselben Reiche hervorgehen oder vielmehr es konstituieren. Um dieser Verlegenheit zu entgehen, haben andere Ausleger auch Heliodor hineingezogen, den Usurpator, obwohl er kaum den seleuzidischen Thron eingenommen hat, ferner noch Demetrios, obwohl er erst nach Antiochos Epiphanes regiert hat, und endlich gar Ptolemäus Philometor, obzwar er gar nicht der seleuzidischen Dynastie angehört hat. Die Zählungsweise ist aber einfach, wenn man sich nicht auf die Seleuziden beschränkt, sondern auf die Nachfolger Alexanders in dem Reiche, welches aus Asien und Syrien zusammengesetzt war. Dieses Reich hatte bis auf Antiochos Epiphanes (exklusive) zehn Herrscher. Porphyrius selbst zählt sie in seiner Chronik (bei Müller, frag. hist. Graec. III. p. 716) folgendermaßen auf: *Εἰσὶ σὺν ἀφεξῆς Ἀσίας καὶ Συρίας βασιλεῖς οἵδε:*

1. *Ἀντίγονος*; 2. *Δημήτριος*; 3. *Σέλευκος ὁ Νικάτωρ*; 4. *Ἀντίοχος ὁ Σωτήρ*; 5. *Ἀντίοχος ὁ Θεός*; 6. *Σέλευκος ὁ Καλλίνικος*; 7. *Σέλευκος ὁ Κεραυνός*; 8. *Ἀντίοχος ὁ Μέγας*; 9. *Σέλευκος ὁ Φιλοπάτωρ*. Darauf folgt Antiochos Epiphanes. Zählt man Antiochus Hierax dazu, welcher einige Jahre gleichzeitig mit seinem Bruder Seleukos Kallinikos regierte und von diesem selbst als Selbstherrscher anerkannt war (Justinus 27, 2; Porphyrius, fragment. a. a. O. S. 710), so hat man ungezwungen die Zehnzahl der „Könige des Nordens", d. h. Asiens und Syriens und als elften Antiochos Epiphanes. Der Verf. von Daniel hat also Antigonos und Demetrios Poliorketes mit gerechnet, und auch Antiochos Hierax; er war demnach mit der Geschichte dieses Reiches vertraut.

In der Chronologie dagegen zeigt er Ungenauigkeit. Er zählt von der Tempelzerstörung bis zum Aufhören der Entweihung 70 Jahrwochen 490 Jahre. Die Zeit aber dauerte nur 410 Jahre, also um 80 zu viel. Richtig gibt er zwar an, daß das Exil nur 7 Jahrwochen 49 Jahre dauern werde — von der Zerstörung 586 bis zur Rückkehr 537 = 49 Jahre. Eine Jahreswoche 7 J. setzt er auf die Begünstigung der Bundesübertreter von seiten des Antiochos, wovon eine halbe Jahrwoche auf die Entweihung kommen würde. Auf die Zwischenzeit von der Rückkehr bis auf den Tod des gesalbten Fürsten — Onias III. 172 — zählt er die noch fehlenden 62 Jahrwochen = 434 Jahre. Darin zeigt sich aber die Ungenauigkeit. Indessen war Josephus über die Dauer dieser Zeit ebenfalls nicht orientiert. Vergl. darüber Schürer, Lehrbuch der neutestam. Zeitgeschichte, S. 84 f.

19.

Die Lokalitäten, die Juda Makkabi jenseits des Jordans bezwungen hat.

So erbärmlich steht's noch mit der Kenntnis der Topographie Peräás, daß in der Erklärung der Lokalitäten, welche im ersten und zweiten Makkabäerbuch bei der Erzählung von Makkabis Kriegszügen daselbst genannt werden, nicht zwei der Ausleger übereinstimmen, ein Beweis, daß keiner von ihnen imstande war, seine Identifizierung und Orientierung auf wissenschaftlichem Wege zu begründen. Man braucht nur die Konfusion bezüglich dieser Lokalitäten bei Fritzsche (zu Makkab. I, 5) und bei Herzfeld und Ewald in der Darstellung der Geschichte zu lesen, um die Überzeugung zu gewinnen, daß zur topographischen Fixierung dieser Ortsnamen noch alles von neuem zu erörtern ist. Der Name Raphon z. B. wird von den Auslegern durchweg mit Raphana, einer der Dekapolis, identifiziert, was eine Unmöglichkeit ist; denn Raphana lag in Syrien und nicht in Peräa, (vergl. Stephanus, de urbibus). Und solchergestalt, ohne die Distanzen zu berechnen, lassen sie Juda Makkabi Kreuz- und Querzüge machen, verlegen den Schauplatz des Krieges bald in den Süden Peräas, bald in den Norden, je nachdem eine Klangähnlichkeit der Namen in ihr Ohr oder eine Buchstabenähnlichkeit in ihr Auge gefallen ist. Versuchen wir wenigstens aus der sicheren Identifizierung einiger dieser Lokalnamen den Schauplatz zu fixieren, auf dem Juda Makkabi die Feinde seiner dort angesiedelten Stammgenossen geschlagen, um diese selbst von dort nach dem diesseitigen Lande zu verpflanzen.

Das erste Makkab. erzählt (5, 9 f.) folgendermaßen. Nachdem Juda die Ammoniter unter dem Führer Timotheos geschlagen und auch Jaëser eingenommen hatte, und heimgekehrt war — man beachte wohl, in dieser Gegend war bereits alles erledigt — vernahm er, daß die Judäer in Gilead von den Nachbarn verfolgt werden, deren Führer abermals Timotheos war, und daß die Judäer sich in die Festung Diathema geflüchtet hätten: *καὶ ἔφυγον εἰς Διάθεμα*. Eine andere L.-A. ist *Δάθεμα*; so auch die Vulgata Dathema, die syr. Version hat dafür רמתא. Darauf zogen Juda und sein Heer über den Jordan und marschierten drei Tagereisen in der Wüste. Von den Nabatäern erfuhr Juda den ganzen Umfang der die peräischen Judäer bedrohenden Gefahr, daß viele von ihnen gefangen waren in den festen und großen Städten *εἰς Βόσσορα καὶ Βοσὸρ ἐν Ἀλέμοις Χασφὼρ, Μακὲδ καὶ Καρναΐν*, und auch in den übrigen Städten (26—27). Hier hat die Vulgata nur geringe Varianten: Barasa statt Bossora und Mageth und der Syrer las: בוצרא בוסירא אלים מקר. Hierbei haben die Ausleger und Historiker von vornherein die Konstruktion übersehen: *εἰς Βόσσορα . . ἐν Ἀλέμοις* oder Variante *ἐν Ἀλάμοις* kann doch unmöglich bedeuten, daß Alema ebenfalls eine Stadt oder Festung gewesen sei, sonst hätte *εἰς* stehen müssen oder brauchte gar nicht zu stehen, da das Verhältnis bereits durch das voraufgehende *εἰς* ausgedrückt ist. *ἐν Ἀλέμοις* kann demnach nur angeben, in welcher Gegend Bossora und Bosor gelegen haben. Hebräisch muß also der Text gelautet haben בבצר . . באלמא, oder wie die Namen sonst gelautet haben mögen. Im Verlaufe wird auch nicht erzählt, daß Alema von Juda erobert worden wäre. Es war eben keine Stadt, sondern eine Gegend.

Bei dem Kriegszug Judas wird zuerst Bosor erwähnt (28): εἰς Βοσὸρ ἀφνώ. Diese Stadt hat er eingenommen, verbrannt und die Einwohner umbringen lassen. Welcher der zwei ähnlich klingenden Namen ist darunter zu verstehen? Der Syrer las die ersteren: בוצרא, die Vulgata die zweite Bosor: Josephus Βοσσοῤῥάν. Er ist also noch zweifelhaft. Von da begab sich Juda in der Nacht bis zur Festung (29): ἕως ἐπὶ τὸ ὀχύρωμα. Welche Festung? Nun, dieselbe, wohin die bedrängten Judäer sich geflüchtet hatten, d. h. Diathema oder Ramtha. Sie muß also nur wenige Stunden von Bosor entfernt gewesen sein. Bei Judas Annäherung entflohen Timotheos und seine Belagerungsschar. Die Festung, worin die Judäer eingeschlossen waren, wurde dadurch frei. Von da bog Juda seitwärts ab: ἀπέκλινεν εἰς Μασφά (35). Diese L.-A. ist gesichert durch die verdorbene L.-A. im Alexandrinus Μααφά und durch die Vulgata: divertit. — in Maspha gegen die L.-A. Μάλλη bei Josephus (Altert. XII, 8, 3 und gegen אלים in der syr. Version). Es ist also מצפה. Dieses kann nicht auf dem Wege von Diathema, der befreiten Festung nach der nächsten gelegen haben. Auch dieses Maspha zerstörte Juda. Von da begab er sich nach Χασφών = Χάσφωμα, bei Josephus (das. 4 אכספור beim Syrer), nahm sie ein, nebst Mazed, Bosor (בסריא) und die übrigen Gileaditischen Städte (36). Diese drei müssen also nahe beieinander gewesen sein. Darauf bezog Timotheus ein anderes Lager von Ῥαφών jenseits eines Baches (37). Da Juda und die Seinigen über den Bach setzten, warfen Timotheos' Leute die Waffen weg und entflohen in den Tempel von Καρναΐν (43). Juda zerstörte Tempel und Stadt von Karnain ebenfalls (44). Diese Stadt muß also nicht gar zu weit von Raphon gewesen sein. Darauf sammelte Juda sämtliche peräische Judäer, um sie nach Judäa zu führen. Er mußte aber durch die Stadt Ἐφρών (S. עופרא) ziehen. Sie war fest und lag auf dem Wege, von dem aus die Judäer weder rechts noch links ausweichen konnten. Die Einwohner gestatteten ihnen aber nicht den Durchzug, und so mußte sie Juda einen ganzen Tag und eine ganze Nacht berennen, und eroberte sie endlich (46—51). Von da setzte er über den Jordan und gelangte nach Baitsan (52). Ephron muß also jenseits des Jordans, ungefähr gegenüber Baitsan-Skythopolis gelegen haben.

Im zweiten Makkabäerbuche (12, 13 f.) wird ebenfalls von Judas Siegen jenseits des Jordans erzählt. Zuerst wird eine große Stadt Κάσπιν genannt (Chasphin in der Vulgata, קצפא beim Syrer). Sie hatte eine Brücke und war durch Mauern geschützt. Juda eroberte sie und füllte sie mit Leichen. Von da begab er sich 750 Stadien (16 Meilen) nach Χάρακα = כרכא zu den Tubiner genannten Judäern. Juda verfolgte Timotheus, und dieser schickte Frauen und Kinder nach Καρνίον; gegen diese Festung und τὸ Ἀταργατεῖον zog Juda und richtete dort ein Blutbad an (17—26). Dann bekämpfte er Ephron und zog von da nach Skythopolis (27—29). Die letzte Angabe stimmt vollständig mit der im ersten Makkabäerbuche. Alles übrige ist eben im Makkab. II unbestimmbar, nur daß Kaspin wohl identisch mit Chasphon und Karnion mit Karnain ist.

Die Lage aller dieser peräischen Lokalitäten ist so unbestimmt, daß nicht eine einzige zum Ausgangspunkte genommen werden kann. Allenfalls ist Ephron bestimmbar, wo das Ende der Expedition war, nämlich ungefähr Baitsan-Skythopolis gegenüber. Diese Stadt kommt auch bei Polybius (5, 7) vor. Er erzählt, Antiochos der Große, nachdem er Skythopolis und

Atabyrion diesseits unterworfen, habe Pella, Kamun und Gephrun genommen, *παρέλαβε Πέλλαν καὶ Καμοῦν καὶ Γεφροῦν.* Der Name ist also gut hebräisch mit stark gutturalem צ, nämlich צפרון, und kann nicht weit von Pella gewesen sein, an der östlichen Seite des Jordans gegenüber Baitsan. Weiter erzählt Polybius, daß Antiochos auch Galaditis (*Γαλάτις*) und Abila eingenommen, und als auch Gadara gefallen war, zog er südlich nach Rabbatammon (*Ῥαββατάμανα*), d. h. von Nord nach Süd. Juda hatte also zuletzt Karnain und Ephron oder Gephron am Jordan genommen. Die Frage entsteht also: lag Karnain, das nicht gar zu weit von Ephron oder Gephron entfernt war, nördlich oder südlich davon?

Suchen wir zunächst die ungefähre Lage für Karnain. Denn schwerlich ist es mit Astarot-Karnain identisch, wie einige annehmen, weil diese Stadt in dieser Zeit Bostra genannt wurde, (vergl. w. unten). Karnain oder Karnion ist vielmehr ohne Zweifel identisch mit כפר קרנים, das mehrere Male in der talmudischen Literatur genannt wird. Von Hiobs gefangenen Herden durch Sabäer oder von den Sabäern heißt es (Pesikta Rabba zu Nr. 17: ויפל שבא ותקחם: יוצאות מכפר־קרנים והולכות את כל האובלין (אבלין) וכיון שהגיעו למגדל צבעיא מתו שם (Ebenso lautet der Passus Leviticus Rabba Nr. 17 und Ruth Rabba zu 1, 5 mit nur geringer Variante קריינום oder קריינום statt קרנים. Sonst ist noch in der Agada angegeben: Hamans Vater sei Scherer und Bader in Kephar-Karnaim gewesen (Midrasch Abba Gorion ed. Jellinek. Bet hamidrasch I, p. 10): אבא דהאי גברא בלנאי וספר . . . בכפר קריונום (Midrasch zu Esther gegen Ende): בכפר קריונום. Im babli Megilla p. 16b korrumpiert כפר קרצום[1]. Es ist zu lesen כפר־קרנים. Im jerus. Traktat Demai (II, p. 22d) wird die Frage aufgeworfen: עד היכן, d. h. wie weit reicht das Territorium von Baitsan, das abgabenfrei sein soll, weil es von Heiden bewohnt wurde? Die Antwort lautet: פרשתא ורציפתא ונפשה דיפנוטיה עד כפר־קרנים. וכפר קרנים כבית שאן. Aus diesem Passus geht hervor, daß Kephar-Karnaim nicht gar zu weit von Baitsan gelegen haben muß. Aus dieser Stelle könnte zwar gefolgert werden, daß Kephar-Karnaim diesseits im Territorium von Baitsan gelegen habe. Es wäre aber übereilt. Denn die Agada von Hiob, welche sein Anwesen in diesem Orte ansetzte, kann unmöglich den Dulder aus dem Lande Uz diesseits des Jordans gedacht haben. Dazu kommt noch eine bei Eusebius erhaltene Tradition, welche mit der agadischen Angabe übereinstimmt, daß Hiob in Karnaim jenseits des Jordans heimisch gewesen sei (Onomasticon ed. Lagarde p. 268). *Καρναείμ Ἀσταρώθ ἐστι νῦν κώμη μεγίστη τῆς Ἀραβίας, ἥτις ἐστὶν ἡ Βαταναία λεγομένη, ἐπέκεινα τοῦ Ἰορδάνου ἔνθα ὡς ἐκ παραδόσεως τοῦ Ἰὼβ τὸν οἶκον ἐπιδεικνύουσιν.* Hieronymus' Übersetzung lautet: Carnaim nunc vicus est grandis in angulo Batanaeae et appellatur Carnaea transfluenta Jordanis, traduntque ibi fuisse domum Job. Diese Angabe identifiziert zwar Karnaim mit Astaroth-Karnaim. Eine andere Stelle gibt aber deutlich an, daß diese Identifizierung falsch sein muß, da es in Batanäa zwei Lokalitäten mit Namen Karnaim zwischen Adara (Edreï) und Abila gegeben habe; sie setzt ihre Distanz voneinander 9 röm. Meilen (das. p. 209): *Ἀσταρώθ-Καρναείμ· καί εἰσιν εἰς ἔτι νῦν δύο κῶμαι ἐπὶ τῆς Βαταναίας τῆς καὶ Βασανίτιδος ἀλλήλων διεστῶσαι σημείους θ' μεταξὺ Ἀδάρων καὶ Ἀβίλης πόλεως.* Eine dritte Stelle (das. p. 213) gibt ebenfalls diese Lage an und

[1] Vielleicht ist jerus. Berachot VIII. p. 12b ר' יוחנן דקרציון korrumpiert für דקרנין.

bestimmt die Entfernung von Astaroth-Karnaim bis Adara auf 6 röm. Meilen und die Distanz von Adara und Bostra auf 25 röm. Meilen; aber das. (p. 253) auf 24 röm. Meilen.

Wir sind demnach über die Lage der Lokalitäten, welche Karnaim genannt wurden, so ziemlich orientiert. Sie ist westlich von Hauran zwischen Abila und Adara = Edreï (Derat) zu suchen. Was Eusebius' Identifizierung des einen Karnaim mit Astaroth-Karnaim betrifft, so ist sie schon darum falsch, weil dieses in seiner Zeit bereits unter dem, von ihm selbst angegebenen Namen Bostra bestand, verstümmelt aus בי־עשתרה, und dieses war eine Abkürzung von בעשתרות קרנים. Vergl. Wetzstein, Reisebericht über den Hauran S. 110, welcher dieses Sachverhältnis lichtvoll auseinandergesetzt und nachgewiesen hat, daß Hieronymus oder richtiger seine Quelle Eusebius sich geirrt hat. Wir dürfen also das *Καρναΐμ* oder *Καρνίον* in den Makkab. ebensowenig mit Astaroth-Karnaim identifizieren, sondern mit einem der beiden Karnaim, welches östlich von Abila gelegen hat. Dasselbe gibt ja auch die Agada an, daß das Kephar-Karnaim, in welchem Hiobs Wohnort gewesen sein soll, bei Abila gelegen hat. Diese Agada sagt nämlich aus, wenn wir die Lesart in Leviticus Rabba אבילין festhalten statt ארבלין: die von Hiob abgetriebenen Gegenstände der Beute oder die Sabäer seien von Kephar-Karnaim ausgezogen, seien durch ganz Abilene gewandert und bei der Ankunft in Migdal-Zebaim umgekommen. אבילין ist ganz unstreitig Abilene, das Territorium des peräischen Abila. Das nach Eusebius (das. p. 225) 12 röm. Meilen von Gadara entfernte Abila bildete nämlich ebenso, wie das zwischen Paneas und Damaskus gelegene, den Mittelpunkt einer Toparchie (Josephus jüd. Kr. II, 13, 2, die Parallele Altert. XX, 7, 1 ist danach zu berichtigen), und diese Toparchie hieß Abilene, hebr. אבילין. Das Karnaim lag also östlich von Abila und nicht weit davon entfernt Ephron-Gephrun gegenüber Skythopolis.

Wir können uns jetzt sicherer auf dem Schauplatz der Kriege, die Juda in Peräa geführt hat, orientieren. Wir haben die Gewißheit, daß sie keineswegs im Süden, etwa in der Gegend von Ammonitis stattgefunden haben, sondern im Norden, sozusagen zwischen dem südwestlichen Hauran und dem Jordan. Der Krieg muß sich demnach auf der Linie Karnaim—Abila—Jordangegend verbreitet haben. Nach Makkab. I bildete die Einnahme von Karnaim das Ende des Krieges; denn von hier zog Makkabi nach Ephron-Gephrun und von hier über den Jordan. Die anderen Lokalitäten, welche aufgezählt werden, müssen also mehr entfernt vom Jordan gelegen haben. Erinnern wir uns, daß Juda Makkabi mit seiner Schar drei Tage in der Wüste gezogen ist, drei Tage in Eilmärschen bezeichneten eine weite Entfernung.

Es ist bereits erwähnt, daß das biblische Astarot-Karnaim oder Beeschtera in späterer Zeit Bostra genannt wurde. Dieses war zu einer dominierenden Zentralstadt aufgestiegen. In einem Verzeichnis der Grenzstädte des heiligen Landes, so weit sie in der nachexilischen Zeit von Judäern besetzt waren: החוכי ארץ ישראל כל שהחזיקו עולי בבל wird aufgeführt ותרכונא דמתחם לבוצרה (die Quellen zusammengestellt bei Neubauer, Géographie de Palestine p. 11 f.) d. h. Trachonitis, das an Bosra grenzt. Es gehörte also zum heiligen Lande. Einige talmudische Gesetzeslehrer haben indes Bostra nicht dazu gerechnet (jerus. Schebiit VII, p. 36 d): die Judäer von Bosra haben von Simon Ben-Lakisch einen Gemeindebeamten empfohlen gewünscht, und als er einen

Babylonier empfohlen und dieser R' Jochanan um Rat angegangen ist, ob er diese Stelle annehmen sollte, da sie doch zum heiligen Lande gehöre, riet dieser ihm davon ab, weil Bosra nicht zum heiligen Lande gehöre: ר"ש בן לקיש אזל לבוצרה . . . אמר ליה ר' יוחנן מן בבל לבבל. Statt בוצרה kommt auch daselbst c und an anderen Stellen die L.-A. בוצרריה vor. Entschieden ist dieser Ortsname identisch mit **Bostra** und zwar unter der Doppelform בוצרה und בוצרריה. Hier haben wir entweder das **Bóssora** oder **Bosor** des Makkabäerbuches, nämlich das basanitische oder hauranitische **Bostra**. Es ist jedenfalls ein Irrtum, eines derselben in dem idumäischen בצר wieder erkennen zu wollen. Beide lagen aber in einer und derselben Gegend **Alema** oder **Alama** (*ἐν Ἀλέμοις*); der Name scheint übrigens korrumpiert zu sein.

Gleichviel ob Bossora oder Bosor mit Bostra identisch ist, muß jedenfalls die Festung **Diathema** oder **Dathema** oder **Ramtha**, wohin sich die bedrohten Judäer geflüchtet hatten, **nördlich** oder **östlich** von Bostra gelegen haben. Denn erst nachdem Juda das eine genommen hatte, konnte er zum Angriff und zur Belagerung der Festung schreiten.

Die Lage von Maspha (מצפה), das Juda nach einer Digression genommen, sowie der Lokalitäten **Chasphon** (Chasphor, Kaspin), ferner **Maked** (Mageth) und **Raphon** bleiben noch unentdeckt. Das Maspha kann weder das moabitische, noch das gileaditische, noch das am Hermon sein. Diese und die übrigen Lokalitäten müssen jedenfalls entweder in Batanäa (Basanitis) oder im südlichen Hauran gelegen haben. Erst nachdem Juda diese Städte erobert und zerstört hatte, gelangte er nach **Karnaim**, einer der beiden Städte dieses Namens zwischen **Bostra** östlich und **Adra** (Edreï) westlich. Von da näherte er sich dem Jordan, erzwang sich den Durchmarsch durch **Ephron** (Gephrun) und gelangte, über den Jordan setzend, nach Baitsan-Skythopolis.

Das Land **Tobiene** muß ebenfalls in der Gegend von Batanäa gelegen haben. Denn das erste Makkabäerbuch, welches doch erzählt (5, 13), daß Juda erfahren habe, daß die Juden in dem Gebiete von **Tobion** (*οἱ ὄντες ἐν τοῖς Τωβίου*) von den Heiden umgebracht worden seien, und die zu rächen Juda wohl nicht unterlassen hatte, schweigt über die Eroberung dieser Landschaft. Eine der unbekannt gebliebenen Städte muß also in Tobiene gelegen haben. Nur das zweite Makkabäerbuch nennt eine Stadt in dieser Gegend: *εἰς τὸν Χάρακα πρὸς τοὺς λεγομένους Τουβιήνους Ἰουδαίους*. Das wäre etwa eine Stadt כרך oder כרכא, d. h. Festung. Es kann aber keineswegs identisch sein etwa mit **Kerak** im Moabiterland im Süden; denn Judas Kriegsschauplatz war, wie schon angegeben, im Norden. Die Landschaft **Tubiene** oder Tobiene kommt übrigens auch in der talmudischen Literatur vor (Tosifta Schebiit c. 7, Pesachim p. 53a und Erubin p. 28b): אהיני דטובניא, kleine Datteln von **Tobiene**. Ob diese identisch ist mit ארץ טוב und mit סוסיתא **Hippos** muß noch eine offene Frage bleiben.

Noch zwei Punkte in dieser Relation von der Bedrängnis der Judäer in Galaditis oder Batanäa und von Judas Kriegszug dahin mögen hier besprochen werden. Von den judäischen Boten, welche mit Klagen und Bitten um Hilfe zu Juda gekommen waren, erfuhr er zweierlei, daß die Judäer in dieser Gegend sich in die Festung Diathema geflüchtet hätten, und daß diese bedroht sei, und zweitens, daß die Judäer in Tobiene bereits von den dortigen Heiden niedergemetzelt worden seien. Von den Nabatäern dagegen, denen er auf seinem Befreiungszuge begegnete, erfuhr er, daß Judäer von Galaditis in den Städten Bossora usw. gefangen gehalten worden seien (5, 26 f.) *ὅτι πολλοὶ ἐξ αὐτῶν συνειλημμένοι εἰσὶν εἰς Βόσσορα κ. τ. λ. καὶ ἐν ταῖς λοιπαῖς πόλεσι τῆς Γαλααδίτιδός εἰσι συνειλημμένοι.* Die Judäer dieser Gegend hatten also nur die eine Festung Diathema, oder wie sie sonst gelautet hat, in dieser Gegend. Die übrigen hier genannten festen Städte dagegen gehörten der heidnischen Bevölkerung dieser Gegend an, und die Judäer sind nur von offenen Plätzen dahin in Gefangenschaft gebracht worden. Daher mußte Juda zunächst diese Städte mit Sturm nehmen, um die Brüder zu befreien. Dagegen die Festung (*τό ὀχύρωμα*) brauchte er nicht zu erobern, sondern sie lediglich von den sie belagernden Heiden zu entsetzen. Sobald Timotheos bei der Nachricht von Judas Zug mit seiner Schar die Flucht ergriffen hatte, waren die in Diathema eingeschlossenen Judäer frei.

Das erste Makkab. erzählt, daß die von Juda bei Raphon geschlagenen Heiden sich in den Tempel von Karnaim geflüchtet hätten (*ἔφυγον εἰς τὸ τέμενος ἐν Καρναΐν*), und daß Juda die Stadt genommen und den Tempel verbrannt habe. Das zweite Makkab. (12, 26) erzählt, Juda sei gegen Karnion (Karnaim) und das Atargateion gezogen und habe da ein Blutbad unter den Heiden angerichtet: *ἐξελθὼν δὲ ἐπὶ τὸ Καρνίον καὶ τὸ Ἀταργατεῖον.* Dieses Atargateion war ohne Zweifel ein Tempel der Göttin Atargatis, oder Derketo = תרעתא. Der Verf. oder Epitomator des II. Makkab. scheint ihn aber für einen Ortsnamen gehalten zu haben.

Register.

Druck von Oskar Leiner in Leipzig. 19812